济南统计年鉴

JINAN STATISTICAL YEARBOOK

2010

(总第28期 NO.28)

济 南 市 统 计 局
国家统计局济南调查队 编

中国统计出版社
China Statistics Press

(京)新登字041号

图书在版编目(CIP)数据

济南统计年鉴-2010 / 济南市统计局 国家统计局济南调查队编.—北京:中国统计出版社,2010.8
ISBN 978-7-5037-6032-7

Ⅰ. 济… Ⅱ. ①济…②国… Ⅲ. 统计资料-济南市-2010-年鉴 Ⅳ. ①C832.521-54

中国版本图书馆CIP数据核字(2010)第152283号

济南统计年鉴—2010

作　　者/ 济南市统计局　国家统计局济南调查队
责任编辑/ 佘竞雄　郭　栋　明　磊
E-mail/ yearbook@stats.gov.cn
出版发行/ 中国统计出版社
通信地址/ 北京市西城区三里河月坛南街57号　中国统计出版社
邮　　编/ 100826
电　　话/ (010)63376907
印　　刷/ 中共济南市委机关印刷所
经　　销/ 新华书店
开　　本/ 890×1240毫米　1/16
字　　数/ 112万字
印　　张/ 32印张
印　　数/ 1200册
版　　别/ 2010年8月第1版
版　　次/ 2010年8月第1次印刷
书　　号/ ISBN 978-7-5037-6032-7/C·2388
定　　价/ 240.00元

《济南统计年鉴—2010》编辑委员会

主　　任：王祯祥

副 主 任：高　军　郭金豹

委　　员：（以姓氏笔划为序）

王广俊　刘东涛　吕历源　吕永琳　张丽娟　陈志荣

苑子建　唐爱群　商　伟　崔瑞宁　蔡精辉

总 编 辑：郭金豹

副总编辑：吕历源　孙夕良　明　磊

编　　辑：（以姓氏笔划为序）

于京明　王延仁　尹受玉　纪　强　李中亮

许　磊　邢良海　刘春英　乔　森　肖　辉

陈　鹏　胡兴公　谈友军　唐　丽　蒋义明

蔡精辉

责任编辑：佘竞雄　郭　栋　明　磊

彩页制作：石　宏

统计制图：郑海燕

英文翻译：明　磊

忠诚统计　求实创新

省委常委、济南市委书记焉荣竹到济南市社情民意调查中心视察

30年来，济南统计人默默在黄河岸边奔波劳碌、在历山脚下辛勤耕耘，他们埋首数海，不移服务发展之心，不坠科学统计之志，他们无怨无悔，把自己的青春奉献给了统计事业，为济南经济社会发展做出了统计人应有的贡献。他们始终践行着“忠诚统计，求实创新，科学严谨，服务社会”的“济南统计精神”。泉城不会忘记，历史永远铭记，统计大厦，他们是最坚固的基石，数海泉韵，他们是最动听的音符。

回顾30年的发展历程，从最初的蹒跚起步到今天的壮大成熟，济南市统计局两次荣获全国统计系统先进集体，连续五年成为省级文明机关。这些成绩的取得，无不浸透着各级领导的关心和厚爱，无不浸透着泉城人民的支持和帮助，无不浸透着统计人的心血和汗水。今天，在济南市统计局恢复成立30周年之际，省委常委、市委书记焉荣竹欣然题词，市委副书记、市长张建国发来贺信，省统计局局长刘俭朴也为济南统计人热情寄语……这些都让我们深受感动、备受鼓舞。

济南统计，如同这座城市一样，既有易安词的婉约，又有稼轩词的豪放，济南统计精神既承载着历史的厚望，也蕴涵着时代的风采。当前，济南的发展已经站在了一个新的历史起点上，全市人民在实践科学发展观的道路上，在加快省会现代化建设的征程中，正谱写着新的篇章，全市广大统计工作者也将以更加饱满的热情，紧紧围绕市委“拓展城市发展空间、打造现代产业体系”的总体要求和“转方式、调结构、促增长、惠民生、保稳定”的中心任务，反映发展，宣传发展，评价发展，促进发展，为全市经济社会科学发展作出新的更大的贡献。

科学严谨　服务社会

TONG JI JING SHEN

济南市市长张建国会见国家统计局副局长徐一帆（左一）

山东省统计局局长刘俭朴到济南市调研

国家统计局山东调查总队总队长宋志申到济南市商河县检查农村住户调查工作

服务两会

繁荣和谐现代化

历下区是省会济南的中心城区和重要窗口，相传因“舜耕于历山之下”而得名，总面积100.89平方公里，辖13个街道办事处，常住人口76.8万。历下商贸经济活跃，人文文化深厚，自然风光绮丽，素有文化区、科技区、商贸区和旅游区之称。

近年来，在市委、市政府的正确领导下，历下区以科学发展观为统领，紧紧围绕“维护省城稳定、发展省会经济、建设美丽泉城”的总体要求，坚持“以城市建设引领经济社会又好又快发展”工作思路不动摇，求真务实，真抓实干，攻坚破难，强力推进，全区经济社会发展取得显著成绩。2009年完成地区生产总值(GDP)560.5亿元，地方财政收入20.8亿元、区域总税收100.87亿元、社会消费品零售总额345.85亿元，各项主要经济指标均居全市前列。

历下大厦近景

洪山顶上俯瞰历下

奥体中心晚照

济南市市中区建设委员会

SHI ZHONG XIN MAO

今年以来，按照区委、区政府提出的“再大的困难也要上，最好的办法就是干”的工作要求，市中区建委坚持以科学发展观为统领，把迎全运城市环境综合整治工作作为中心任务，先后投入12.7亿元，全面实施了市容道路、园林绿化、环境卫生、夜景亮化、居民小区等八项整治工作，大力推进玉函路、二七南路等五项重点工程建设，着重打造了纬一路等新一批景观亮点，全区新增绿地面积30.7万平方米，积极推动各项工作取得新的成绩，为改善我区市容市貌和居民生活环境作出了积极贡献。

河道新貌

七里山小区街景花园

省道103市中段

纬一路新貌

玉函路新貌

建设济南金融商务中心区 着力打造济南区域金融中心

4月29日，日照银济南分行开业

近年来，市中区紧紧围绕建设“金融商务市中、洁净宜居市中、文明和谐市中”，发挥区位优势，完善规划布局，突出发展以金融业为主导的现代服务业。2009年，全区金融业完成增加值82.4亿元，实现税收18.77亿元，其中实现区级税收5.15亿元，占全区地方财政收入的28.2%。

优化发展环境，加大金融机构引进力度

2009年，引进汇丰银行济南分行、中德安联人寿保险山东分公司、江苏弘业期货经纪有限公司济南营业部等14家金融机构。

5月28日，天津银行济南分行开业

2010年，金融业招商成效显著，引进了北京银行、上海银行、天津银行、日照银行、莱商银行5家银行区域总部和海尔纽约人寿、浙商财产保险、英大泰和财产保险、招商信诺人寿4家保险公司省级总部。

坚持规划引领，明确金融商务中心区的功能定位

根据省、市的总体规划要求，结合区情实际，提出了建设金融商务中心区的设想，确定了“两纵三横”（纬二路、顺河街、经四路、经七路、经十路）的规划布局，明确了三个定位，即：在区域定位上，努力形成立足济南、服务山东乃至环渤海南翼的金融省级总部、监管中心；在功能定位上，全力打造以金融监督、管理功能为核心，兼有公共服务、商务公寓等相关配套功能的金融商务集聚核；在形象定位上，着力建设环渤海南翼及黄河中下游地区的金融生态示范区。

锐意进取新槐荫

区委书记杨峰

2009年槐荫区按照市委市政府的统一部署，全区坚持以科学发展观为统领，认真贯彻党的十七大和十七届三中全会精神，牢固树立以城市建设引领经济社会发展的指导思想，按照“保增长、保民生、保稳定、保全运”的要求，突出抓好西客站片区建设，进一步加快棚户区改造和街巷整治步伐，坚定不移地推进重点项目建设，切实转变经济发展方式，着力改善经济结构，繁荣发展社会事业，高度关注改善民生，推动全区经济社会又好又快发展，“活力槐荫、富裕槐荫、宜居槐荫、幸福槐荫、平安槐荫”建设取得重大成就。

2009年，槐荫统计局在区委、区政府及市局的正确领导下，紧紧围绕中心，服务大局，锐意进取，扎实工作，圆满完成各项工作任务，为全区经济和社会的平稳、健康、快速发展做出突出贡献。

槐荫

HUAI YIN

区委副书记、区长田庆盈

济南市统计局局长王桢祥同志（左一）来我局检查工作

春风送暖，生机盎然——槐荫统计局全家福

天桥

工商河—周边环境焕然一新

天桥区文体中心

小清河—板桥广场

北园高架桥夜景

棚户区改造聚贤片区回迁楼

小清河新貌

打造城市亮点　重振工业雄风

2010年，天桥区提出了“打造城市亮点，重振工业雄风”的目标，加快重点工程、重点项目建设，完善城市载体功能，强力打造鹊山龙湖、泺口片区、北湖片区、徐李片区和宝华官扎营片区等五个城市综合体项目，为经济发展提供有力支撑。

随着小清河综合治理一期工程、北园大街综合改造、工商河综合治理工程的完成，老城棚户区改造、鹊山龙湖开发、济南化工产业园区以及药山科技园建设等一系列影响深远的重点工程项目的顺利推进，天桥区经济发展的新框架已经形成，各大发展平台和载体的辐射带动作用已经凸显出来，一个宜业、宜居、宜游的滨河新区正逐步展现在世人面前。

济南裕兴化工厂房

济南化工产业园区铁路专用线

腾飞的历城

历城区南依泰山，北靠黄河，是山东省会济南最大的市辖区，是泉城东部重要的政治、经济、文化中心，2003年境内大辛庄遗址出土的甲骨文，证明在殷商时代这里就是一片繁庶的城邑。历城自西汉初建县，距今已有2100多年。总面积1298.57平方公里，2009年，全区辖6个街道办事处和11个镇、人口91.97万，全区实现地区生产总值536.17亿元；地方财政一般预算收入17.53亿元；农民人均纯收入达到8450元，综合实力稳居全省县域经济30强前列。2010年区划调整，全区辖15个街道办事处和6个镇。

2009年，全区投资5亿元，大力实施“十大惠民工程”和“十大救助工程”，重点围绕“学有所教、劳有所得、病有所医、老有所养、住有所居、难有所济”实施阳光民生救助工程，为800户农村困难群众补贴1280万元修建房屋；给予394名困难大学生109万元助学金；对2800户城乡困难群众实施大病救助；城乡低保标准分别达到每人每年4320元和1560元。大力实施道路改造、水库加固、流域治理、节水改造、产业扶贫、生态富民六大工程，城乡人民生产生活条件得到大幅度改善。

2010年，面对复杂严峻的国内外经济形势，全区上下全面贯彻党的十七大和十七届三中、四中全会精神，深入贯彻落实科学发展观，紧紧围绕“大力发展城市经济”这个主题，不断深化“一二三四”的工作思路，牢牢把握“挖掘新潜力、增创新优势、谋求新跨越”的总体要求，突出抓好保持经济平稳较快发展这一首要任务，协调推进经济、政治、文化、社会以及生态文明建设和党的建设，着力提高产业发展高端化水平、城市建设现代化水平、民生保障制度化水平、党的建设科学化水平，为加快建设省会现代化中心城区而奋斗。

卧虎国际滑雪场

历城

十一运场馆

十一届全运会摔跤馆

十一届全运会赛马场

山区风光

高架桥夜景

和谐文明的新长清

长清区位于济南西部，东倚泰山，西临黄河。总面积1178平方公里。辖有四个办事处，六个镇，境内建有济南经济开发区、大学科技园，是第七届中国国际园林花卉博览会的举办地。

长清钟灵毓秀，物华天宝，境内古迹荟萃，文物众多，是神医扁鹊的故乡，是山东省重点旅游区之一。区内有旅游文物景点47处，重点文物保护单位52处，其中国家级4处，省级6处，市级16处。有被誉为“海内四大名刹之首”的灵岩寺；道教圣地五峰山；世外桃源莲台山；汉代石室孝堂山，各以幽、奇、古、险等特色，吸引着大批中外游客。境内五峰山仙人台商周遗址，双乳山西汉古墓的发掘分别被列为1995年、1996年全国十大考古发现之一。

全区上下深入贯彻落实科学发展观，紧紧围绕建设工业新区、科教新区、城市新区的发展定位，以“保增长、保民生、保稳定、保两会”为中心，积极作为，全区经济又好又快发展。

2009年，全区实现生产总值212.5亿元、增长12.3%，一、二、三产业增加值分别实现25.8亿元、118.5亿元、68.2亿元，分别增长4.5%、13.9%、12.0%，地方财政收入4.46亿元，增长22.8%，完成全社会固定资产投资158亿元。实际利用外资3115万美元，出口创汇9061万美元。城镇居民人均可支配收入达到17059元，增长9.5%，农民人均纯收入达到8041元，增长7%。

园博园会展中心

园博园水之门

灵岩寺辟支塔远景

建设中的恒大绿洲房地产项目

山水集团厂区

济柴——亚洲最大的联合厂房

全省最大的安置小区
——乐天小区

黄金高尔夫全景

城区鸟瞰图

XIN PING YIN

开拓奋进 求真务实的新平阴

近年来，平阴县委、县政府全面贯彻党的十七大和十七届三中、四中全会精神，深入落实科学发展观，以“推动科学发展、加快富民强县、构建和谐平阴”为主题，坚持工业强县战略不动摇，立足资源优势和产业基础，进一步提高工业经济质量效益和可持续发展能力，加快新型工业化进程；紧紧围绕农业增效、农民增收、农村繁荣，积极发展现代农业，健全服务体系，夯实农业基础，全面推进新农村建设；以建设“现代山水园林城市”为目标，抓规划、拉框架、创特色、提品位，促进城市规模化、组团化、集约化发展，不断增强城市综合竞争力、发展承载力和辐射带动力；以人为本，改善民生，做到学有优教、病有所医、劳有所得、老有所养、困有所助。一个政治安定团结、经济繁荣发展、社会文明和谐、人民安居乐业的山水园林城正在迅速崛起。

平阴县老年公寓

阴

平阴新貌

新时期中华老字号福胶集团

农用飞机场

奶牛养殖厂

新农村建设

济南伊利乳业有限责任公司生产车间

近年来，济阳县委、县政府以邓小平理论、“三个代表”重要思想为指导，深入贯彻落实科学发展观和党的十七大、十七届三中、四中全会精神，围绕“科学发展、奋力崛起，建设富而美的新济阳”的发展定位，坚持“积极作为、科学务实”的工作基调，立足“保增长、保民生、保稳定”三项要求，突出“财源建设、招商引资、园区发展、民营经济”四个重点，积极推进“产业发展水平、城镇化水平、新农村建设水平、社会保障水平、公共服务水平”五个提升，全县呈现出经济快速发展、环境明显改善、社会和谐稳定的良好局面。2009年，全县完成地方生产总值165.5亿元，增长15.6%；全

图三 图四 图五

JI YANG XIN MAO

社会固定资产投资106.8亿元，增长28.48%；

地方财政收入突破5亿元大关，增长19.18%；

城镇居民人均可支配收入达到13169元，增长9.62%；农民人均纯收入6782元，增长9.1%。

图片说明

图一：旺旺乳品饮料车间
图二：济南达利公司瑞士卷生产线
图三：新农村社区
图四：济阳县人民医院
图五：济南胜源休闲观光农苑
图六：俯瞰曲堤蔬菜批发市场
图七：山东大鲁阁印染公司产品展室
图八：安达刹车片的生产车间

图一　图二

图六

图七

图八

温泉生态之城　休闲健身之都

商河县是济南市的北大门，离济青、京福高速公路70公里，距济南飞机场50公里。省道248线纵贯南北、316线横跨东西，全县公路通车里程达1170公里，公路密度名列全省之首。

商河县地热资源丰富，热储分布区面积1147.19平方公里，约占商河县总面积的98.6%。商河温泉以其储量大、埋藏浅、水质好、水温适宜、疗养价值高、用途广等特点闻名遐迩，“南有冷泉观赏，北有温泉疗养”，高标准建成地热研发中心，着手启动南部温泉旅游综合区建设，商河温泉极大丰富了济南泉文化的内涵。实施“三年绿化商河”工程，打造“田园绿城”，2009年全县林木覆盖率达到30.1%，位居全省前列。商河正逐步成为一个鼓乡文化、温泉文化、绿色生态文化相融合的新兴宜居城市。

近年来，商河县始终把环境建设牢牢抓在手上，围绕完善城市功能、提升城市形象，牢牢把握规划引领发展、基础设施先行、生态城市建设“三个关键”，以突破县城带动城市规划建设管理水平提升，为投资创业营造最优良的软硬环境，使城市载体功能不断完善，承接产业、集聚人口的龙头带动作用正在增强。济商高速和德龙烟铁路的开工建设更为商河未来的发展插上了腾飞的双翼。

2009年，商河县被济南市温州商会授予“年度最佳行政满意奖”，同时又被山东省浙江商会等多家驻鲁商会评为“山东最佳投资城市”，这也成为济南市市辖县市区唯一获得该荣誉称号的城市。商河的发展环境、行政效能、群众满意度连续三年居全市第一。

充满活力、商机流溢、魅力彰显的商河县已逐渐成为济南市最具发展潜力的城市之一，成为未来经济发展的增长极，是投资置业的理想平台。

商

鼓子秧歌之乡

国家级非物质文化遗产——商河鼓子秧歌

全民健身中心

园区现代农业展示温室

农业休闲养生区

商河温泉基地

章丘简介

章丘市地处齐鲁腹地，位于山东省会济南东45公里处，南依泰山，北临黄河，南北长70公里，东西宽37公里，总面积1855平方公里。1992年8月经国务院批准撤章丘县设章丘市。章丘市辖20个乡镇、街道办事处，其中，镇11个，乡3个，街道办事处6个，行政村908个，自然村1035个。2009年末，全市总人口1011754人。

章丘历史悠久，人杰地灵，名胜古迹众多。宋代女词人李清照、明代戏曲家李开先等都曾在中国几千年文明史上尽领风骚。章丘是“龙山文化”的发祥地，人文景观有城子崖遗址、齐长城、李清照故居、朱家峪古村、三王峪、李开先墓等。风光旅游景点有百脉泉公园、眼明泉公园、济南植物园、白云湖旅游区、莲花山风景区、锦屏山度假区、七星台度假区等。近年发现的洛庄汉墓、危山兵马俑名扬海内外。市区群泉喷涌，有小泉城之美誉。章丘人民务工经商历史悠久，世称“铁匠之乡”。

章丘资源丰富。地下矿产资源有25种，尤以煤炭、铝土、石灰石、花岗石储量最大。是全国重点产煤县（市）和优质铝土出口基地。境内水资源充沛，主要河流有黄河、小清河、绣江河、东西巴漏河、漯河、巨野河等。主要湖泊有白云湖、芽庄湖。

章丘综合经济实力雄厚。列2009年度中国中小城市科学发展百强第39位，被评为中国十佳“资源节约型、环境友好型”中小城市、中国最具投资潜力和区域带动力中小城市百强。工业基础雄厚，形成了交通装备、机械制造、食品饮料、精细化工等四大主导产业。农业结构合理，产业化程度较高，现代农业发展全面启动。集中打造了章丘大葱、明水白莲藕、鲍家芹菜、柴家韭菜、三阳生态养殖、相公庄金银花等近20个特色种养基地，形成了黄河西瓜、龙山草莓、官庄花卉、辛寨种苗繁育等10多个高档次设施农业基地。年内新申请注册31个农产品商标，新认证14个农业“三品”，总量达到116个。“章丘大葱”商标被评为中国驰名商标，成为全省第一个获此殊荣的地理标志，品牌评估价值达到22.74亿元。外向型经济迅速发展。

章丘投资环境优越。区位优越，交通方便，胶济铁路、济青、经十东路和济青高速公路贯穿东西；0九路、章莱公路纵贯南北；境内的济南国际机场距市区仅有35公里。城乡建设日新月异，城市综合服务功能日趋完善，电力充足，供气、供暖保障能力和服务水平较高。教育文化和医疗卫生事业发达，基础教育设施配套，职业教育方兴未艾，大学园区建设初具规模，城乡医疗卫生网络健全。

XINCHENGLIYING

济南高新区

济南高新区于1991年3月经国务院批准设立。目前，已形成中心区、出口加工区和孙村新区“三大片区”发展格局，总面积131平方公里。道路的框架、设施的配套、组团的开发、要素的聚集、形象的提升都面貌一新，尤其是中心区实现了与奥体文博片区的有机对接融合，创新之城、创业之城、产业之城、生态之城的雏形已经显现。

建区以来，济南高新区各项事业快速健康发展。尤其是近年来，中央、省、市各级领导高度重视高新区建设，市委、市政府作出“举全市之力支持高新区发展”的重大决策，高新区党工委、管委会大胆改革，勇于创新，团结一心，干事创业，高新区经济建设保持良好的强劲发展势头，有效发挥了引领示范作用和支撑带动作用，为全市改革开放和现代化建设作出了重要贡献。

经过19年的发展，济南高新区已具备了较强的综合经济实力和发展后劲，科技创新步伐不断加快，服务功能逐步完善，城乡统筹，和谐发展，高新区对全市经济发展和高新技术产业发展的拉动力正在逐步加大。

福瑞达生产车间

齐鲁制药

当前，济南高新区正加快谋划，推进以电子信息产业集群和生物制药产业集群为主的千亿元高新技术产业基地建设，以装备制造和发配电设备为主的千亿元先进制造业基地建设，以软件产业、服务外包、创意产业和知识总部经济为主的千亿元现代服务业基地建设，争取在三到五年时间，真正使高新区成为全市经济发展的重要增长极和承载高新技术产业发展的高地。

高新区逐渐形成以电子信息、交通装备和医药制造业为主导的三大特色产业，涌现出一批在国内有影响的高新技术产品，高新技术领航产业群初具规模。以浪潮系列服务器、松下液晶彩电、华光发光二极管、积成变电站自动化控制系统为主导产品的电子信息制造业产值占全区高新技术产业产值的比重达到70%以上；以齐鲁制药抗肿瘤药物、福瑞达制药润洁滴眼液、宏济堂制药麝香酮为主导产品的医药制造业产值占全区高新技术产业产值的比重

大招商 大投入 大建设 大发展

达到11%以上，并在抗肿瘤药物和眼科用药研发生产方面走在了全国前列；交通装备制造业的轻骑铃木、轻骑标致摩托车制造已形成年产100万辆的规模，吉利汽车、重汽、青年汽车、中车集团等汽车及零部件制造项目也正在加快建设。

新机遇，新挑战，新希望，新目标，走过近20年不平凡历程的济南高新区正站在一个新的起点上，迎来“大招商、大投入、大建设、大发展”的时期。

当前和今后一个时期，济南高新区的发展思路是：以科学发展观总揽全局，围绕“形成全市经济增长极、建设全国一流高新区”这个目标，积极实施产业化、城市化两轮驱动，努力在东部新区开发建设中当主力、在打造现代产业体系中做先锋、在推进城市建设中树形象，加快建设高新技术产业密集区、先进制造业聚集区、对外开放示范区和现代化新城区，力争尽快跻身国家创新型科技园区行列，努力实现经济社会更好更快发展。

轻骑生产车间

浪潮高性能实验室

青年汽车总装车间

吉利轿车生产线

JIA QIANG
DUI WU
JIAN SHE

统计法知识竞赛

向地震灾区捐款

加强队伍建设

参加市直机关纪念建党85周年文艺演唱会

参加统计系统运动会

参加植树活动

济南市统计局积极走访历城区高而乡北邱小学贫困学生家庭

编 辑 说 明

一、《济南统计年鉴－2010》是一部全面反映济南市国民经济和社会发展情况的资料性统计年刊。本书收录了济南市及所辖县(市)、区2009年经济和社会发展各方面大量的统计数据，以及历史重要年份的主要统计数据，是认识和研究济南市情，经济和社会发展，制定宏观政策、指导工作的重要工具书。

二、本年鉴以丰富、翔实的统计资料为主，辅以直观的统计图、特载，全面反映了济南市国民经济和社会发展状况。全书统计资料分为二十个部分，即：1. 行政区划及自然资源；2. 人口；3. 综合；4. 国民经济核算；5. 劳动就业；6. 固定资产投资；7. 城市公用事业和环境保护；8. 财政金融保险；9. 物价；10. 人民生活；11. 农业；12. 工业；13. 建筑业；14. 运输与邮电；15. 国内贸易；16. 对外经济贸易与国际旅游；17. 科技；18. 教育与文化；19. 卫生教育；20. 民政，司法和其它。各篇末附有《主要统计指标解释》，对主要统计指标的含义、统计范围，统计方法以及历史变动情况作了简要说明。

三、本年鉴主要经济指标(包括生产总值及三次产业等)总量及增长速度均按全国第二次经济普查结果对历史数据进行了调整。

四、本年鉴中使用的度量衡均采用国际统一标准计量单位，统计口径除特别注明外，均包括济南市区，章丘市，平阴县、济阳县、商河县、高新区。资料取自济南市统计局，国家统计局济南调查队及有关部门的统计报表。

五、本年鉴部分数据合计数或相对数不等于分项数之和，是由于单位取舍和不同产业的计算误差，部分指标未做机械调整。

六、本年鉴表中的符号使用说明：

"空格"表示该项统计指标数据不详；

"…"表示数据不足本表最小单位数；

"－"表示无此项事实；

"#"表示其中的主要项；

"*"或"①"表示本表下有注解。

《济南统计年鉴》自出版以来，受到了社会各界的关心，支持，在此我们深表感谢。同时，欢迎使用《济南统计年鉴－2010》，敬请广大读者提出宝贵意见。谢谢！

编　者

2010年8月

目　　录

特　载

一　行政区划及自然资源

二　人　口

三　综　合

四　国民经济核算

五　劳动就业

六 固定资产投资

七 城市公用事业和环境保护

八　财政和金融保险

九　物　价

十　人民生活

十一 农 业

十二 工 业

十三 建筑业

十四 运输与邮电

十五　国内贸易

十六　对外贸易与国际旅游

十七　科　技

十八 教育与文化

十九 卫生体育

二十 民政、司法和其它

附 录

CONTENTS

SPECIAL REPORT

Chapter 1 DIVISIONS OF ADMINISTRATIVE AREAS AND NATURAL RESOURCES

Chapter 2 POPULATION

Chapter 3 GENERAL SURVEY

Chapter 4 NATIONAL ACCOUNTS

Chapter 5 EMPLOYMENT AND WAGES

Chapter 6 INVESTMENT IN FIXED ASSETS

Chapter 7 URBAN PUBLIC UNILITIES AND ENVIRONMENTAL PROTECTION

Chapter 8 GOVERNMENT FINANCE、BANKING AND INSURANCE

Chapter 9 PRICE

Chapter 10 PEOPLE'S LIVELIHOOD

Chapter 11 AGRICULTURE

Chapter 12 INDUSTRY

Chapter 13 CONSTRUCTION

Chapter 14 TRANSPORTATION POST AND TELECOMMUNICATION SERVICES

Chapter 15 DOMESTIC TRADE

Chapter 16 FOREIGN ECONOMY TRADE AND INTERNATIONAL TOURISM

Chapter 17 SCIENCE AND TECHNOLOGY

Chapter 18 EDUCATION AND CULTURE

Chapter 19 SPORTS AND PUBLIC HEALTH

Chapter 20 SOCIAL WELFARE、CIVIL ADMINISTRATION AND OTHERS

APPENDIX

特　载

SPECIAL REPORT

特载-1

济 南 概 况

INTRODUCTION OF JINAN

济南市位于山东省中部，地理位置介于北纬36°01′至37°32′、东经116°11′至117°44′之间，面积8177平方公里。南部为泰山山地，北部为黄河平原，地势南高北低，地形复杂多样。境内河流较多，主要有黄河、小清河两大水系。还有南北大沙河、玉符河等河流。湖泊有大明湖、白云湖等。济南属于暖温带大陆性气候，春季干燥少雨，多西南风；夏季炎热多雨，秋季天高气爽；冬季严寒干燥，多东北风。年平均气温13.5℃-15.5℃，全年无霜期230天左右，降水量600-900毫米。

济南矿产资源丰富，主要有铁、煤、花岗石、耐火粘土以及铜、钾、铂、钴等多种有色金属、稀有金属和非金属。特别是石灰岩品位高、储量大。花岗石中的黑色花岗石，质地纯正，为国内独有。林木资源分乔木、灌木两大类，共有60多科300多种。南部山区盛产苹果、黄梨、柿子、核桃、山楂、板栗等，并产有远志、丹参，野菊、香附等多种药材。北部沿黄河的平原地带，大枣也有很高的产量。济南种植和养殖资源也相当丰富，有多种粮食作物、经济作物以及家禽、家畜、水产品等。这些资源为济南城乡建设和经济发展储备了一定的物质基础。

济南自然景色秀丽，名胜古迹众多，是中国历史文化名城之一。尤以泉水遍布、清冽甘美而闻名于世，有“济南泉水甲天下”和“泉城”之美誉。主要风景名胜有趵突泉、黑虎泉、珍珠泉、五龙潭、百脉泉五大泉群，大明湖、千佛山，龙洞、灵岩寺、五峰山、华山、城子崖龙山文化遗址，孝堂山汉代郭氏祠、隋代四门塔、唐代龙虎塔、九顶塔以及抢救挖掘的洛庄汉墓，新建的野生动物世界，红叶谷生态旅游区等，供人们观赏游览。

济南现在共辖历下、市中、槐荫、天桥、历城、长清六区和平阴、济阳、商河三县以及章丘市。2009年末，全市户籍总人口603.27万人，人口密度为738人／平方公里。济南又是一个多民族聚居的城市，除汉族外，主要有回、满、苗、蒙古、壮、朝鲜等49个少数民族。

济南是一座有着悠久历史的古城。据史学家考证，早在公元前45世纪之前，已有人类在此繁衍，生息。传说东夷族的首领舜，曾躬耕于济南历山(今千佛山)之下。2600多年前，就建有城廓，最早出现史册上的名称为“泺”(《春秋左传》)，系因济南诸泉汇为泺水，故名。春秋战国时代，济南为齐国之泺邑。随后，齐国又把泺邑改为历下。2100多年前的汉代改称济南(《史记》)。因处于济水之南，故名。公元前164年设立济南国。公元前154年又废国改郡。到了宋代至道三年(公元997年)，分全国为15路，济南属京东路，为齐州(《宋史》)。徽宋政和六年(公元1116年)，齐州升为济南府，辖历城等五县，治所设历城，为府治之始。自明代以来、一直是山东省的省会。1929年7月设济南市至今。1928年4月至1937年底，日本帝国主义先后二次侵占了济南，济南人民深受暴虐的民族压迫和经济掠夺，致使大部分工厂倒闭，无辜同胞惨遭杀戮。1945年8月，日寇投降后，国民党反动派又进行强盗式的劫收，城市又遭到了摧残蹂躏，民生凋敝，物价飞涨，古城一片萧条。1948年9月24日，济南获得解放，这座古城终于回到了人民的怀抱，开始了她新的历史时期。

新中国建立后，济南市始终是中国东部沿海经济大省——山东省省会，是全国副省级城市和特大城市之一，是全省的政治，经济和科技、教育、文化中心。济南是全国区域性金融中心。2009年年末金融机构本外币各项存款余额达6423亿元，各项贷款余额6201亿元。

济南是山东省铁路、公路，航空的交通枢纽，京沪，胶济铁路在市区交汇，北连北京，天津，南接南京、上海、福州，东达港口城市青岛、烟台。济南机场是经国家批准的国际空港，有通往香港、北京，哈尔滨、上海，广州，深圳、福州、厦门、西安、武汉、珠海、海口等城市的几十余条空中航线，通航城市达到53个，并开通了济南至俄罗斯的国际货运包机。“济青高速”，“济聊高速”与“京福高速”在济南交汇，从而形成了辐射全省、连接全国的高速公路系统省内中心、全国区域性枢纽的格局。济南基本形成了铁路、航空，公路立体构造，联结全省，全国和海外的现代交通网络。

2009 年济南市
国民经济和社会发展统计公报

STATISTICAL COMMUNIQUE ON NATIONAL
AND SOCIAL DEVELOPMENT OF JINAN IN 2009

济 南 市 统 计 局
国家统计局济南调查队

2009年,在市委、市政府的坚强领导下,全市上下深入学习实践科学发展观,以党的十七大和十七届四中全会精神为指导,全力做好“保增长、保民生、保稳定、保全运”各项工作,努力克服国际金融危机的严重冲击,攻坚克难,奋力发展,保增长取得积极成效,经济总体回升向好,社会民生事业全面加强,人民生活继续改善,成功承办全运会,城市功能形象显著提升,社会大局保持稳定。(注1)

一、综 合

保增长取得积极成效。初步核算,2009年,全市生产总值3351.4亿元,比上年增长12.2%(注2),其中:第一产业增加值187.1亿元,增长5.2%;第二产业增加值1453.6亿元,增长12.1%;第三产业增加值1710.7亿元,增长13.0%。按常住人口计算人均生产总值50376元(折合美元7373美元)(注3),增长11.3%。2009年,全市地域财政收入和地方财政一般预算收入分别达到967.7亿元和210.2亿元,分别增长4.9%、13.0%(注4)。全部税收435.5亿元,增长13.6%。全部税收占生产总值比重13.0%,提高0.3个百分点。

2008-2009年济南分季度地区生产总值增速

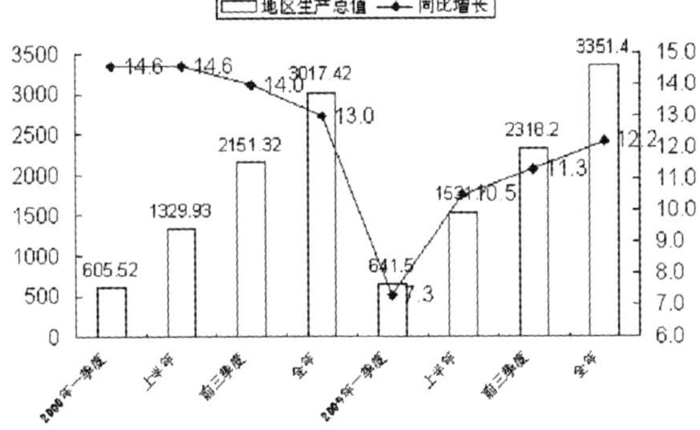

结构转型升级步伐较快。三次产业比例由5.8: 44.1: 50.1调整为5.6:43.4:51.0。非公有制经济增加值占生产总值比重42.3%,提高1.3个百分点。**工业结构调整步伐加快。**年末高新技术产业企业557家,其中:年工业总产值过亿元企业217家,增加10家;高新技术产业产值1586.95亿元,增长12.8%,占规模以上工业总产值的比重为39.51%,提高2.18个百分点。生物医药、电子信息、交通装备、新能源与节能等行业发展较快。**自主创新取得新进展。**取得重大科技成果330余项,获省级以上科技奖励249项;专利申请量达1.2万件,成功开发出国内首个具有自主知识产权的高端三维CAD/CAM软件系统和国内速度最快的桌面万亿次超级计算机。**“双高”行业得到有效控制。**高耗能工业企业完成工业总产值648.3亿元,下降25.1%;占全部工业总产值的比重16.1%,降低6.0个百分点;实现主营业务收入、利润分别下降24.6%、42.3%。节能减排成效显著,成为全国首批城市节能与新能源汽车试点示范城市。2009年全社会用电量217.79亿千瓦时,增长7.55%,低于GDP增幅4.65个百分点。重点节能减排项目进展顺利,淘汰落后立窑水泥生产线9条,除小火电外,提前一年完成“十一五”淘汰落后产能任务。

社会民生事业全面加强。**居民收入继续增加。**2009年,城市居民人均可支配收入22721.7元,增长9.2%;农民人均纯收入7804.8元,增长8.7%。年末城乡居民储蓄存款余额1911.5亿元,比年初增长20.3%。**社会保障能力增强。**养老、医疗、失业、工伤、生育保险覆盖面进一步扩大。城乡最低生活保障标准进一步提高,城市居民最低生活保障标准由月人均300元提高到330元,农村居民最低生活保障标准由年人均1080元提高到1200元。农村五保供养标准提高,集中供养标准由每人每年2600元提高到2700元,分散供养标准由每人每年1600元提高到1700元。68家敬老院建成达标。**保障性住房建设加快推进。**棚户区改造工程已启动36个集中片区和31个零星片区，完成拆迁建筑面积360万平方米，开工建设安置房210万平方米，完成投资48.5亿元；动迁居民5.1万户、15.3万人，8000户居民完成回迁。4489户家庭享受到廉租住房补贴和实物配租，增加2491户，发放租赁住房补贴1591万元。

成功承办全运会。组织了5000名赛会志愿者、9000名城市志愿者和10万名社会志愿者，确保了火炬传递、开闭幕式和700多场赛事圆满成功。全运会期间，济南赛区共接待46个体育代表团运动员6686人，教练员及随行人员5386人，裁判员及技术官员3100人，新闻媒体工作人员4021人，实现零失误、零差错的目标。期间接待观众38万人次，其中外地观众11万人次。成功举办第七届国际园林花卉博览会，自开园到年底，接待游客53.7万人次，23个国家、86个城市参展，建成108个展园，创造了参展城市、展园数量历届之最。**公众满意率明显提高。**据全运会城市公共文明群众满意度抽样调查，社会公众对环境质量的满意率比上年提高25个百分点，道路设施完好状况满意率提高31.5个百分点，交通秩序满意率提高8.7个百分点，公共建筑满意率提高4.4个百分点，文化设施满意率提高2.7个百分点。

社会大局保持稳定。“平安济南”建设力度加强。2009年破获各类刑事案件28920起，提高11.4%，八类主要案件发案下降，特别是杀人、伤害、抢劫、盗窃汽车、毒品犯罪等案件大幅下降。查处治安案件73624起，提高42.2%。据济南市社会公众安全感调查，被调查者感觉安全或基本安全的占98.2%，被调查者中92.6%居民认为社会治安状况较上年有进一步好转。**安全生产形势稳定。**2009年，全市共发生各类安全事故1637起，死亡312人，重伤1007人，比上年减少458起，下降21.9%；死亡人数减少27人，下降8.0%；重伤人数减少400人，下降28.4%。未发生重大及以上事故。

2009年，经济总体保持平稳较快发展，特别是全运会和园博会的成功举办，城市自信心、美誉度全面提升。同时经济社会发展中还存在一些问题，主要是经济回升的基础还不稳固，外需依然萎靡，经济结构性矛盾仍较突出，节能减排和污染治理的压力仍然很大，城市发展空间不足，基础设施和综合服务功能难以满足更高层次发展的需要，民生保障体系和社会事业发展水平与群众需求差距较大等，需要付出更大努力加以解决。

二、农业和农村

农业生产稳定发展。2009年，粮食生产连续七年获得丰收，呈现面积、单产、总产“三增”的良好势头。粮食播种面积695.1万亩，增长2.5%；粮食总产289.5万吨，增长2.8%，亩产416.4公斤，增长0.3%。蔬菜生产保持稳定增长，蔬菜产量达到591.2万吨，增长7.8%；畜牧业稳定增长，肉、蛋、奶产量分别增长3.9%、1.7%、6.7%；渔业生产基本稳定，水产品产量达到4.1万吨，增长2.5%。造林绿化取得积极成果，全年完成造林面积14.3万亩，其中：荒山造林8.5万亩。森林覆盖率达到28.9%，提高1.1个百分点。重点建设了15处特色品牌基地、30处都市农业园区和60个观光休闲农业精品项目。

2009年主要农产品产量

产品名称	单位	产品产量	比上年±%
粮食	万吨	289.5	2.8
棉花	万吨	3.2	-9.9
油料	万吨	6.1	2.2
水果	万吨	46.2	2.0
蔬菜	万吨	591.2	7.8
肉类	万吨	37.6	3.9
禽蛋	万吨	35.9	1.7
奶类	万吨	30.1	6.7
水产品	万吨	4.1	2.5

农业产业化水平进一步提高。全市规模以上农业龙头企业（注5）发展到300家，新增35家。其中过亿元企业发展到39家。农民专业合作社发展到2011家，新增912家。有53%的农户纳入了农业产业化的经营范畴。农业机械化总动力486万千瓦，增长4.3%。秸秆综合利用率达到88%，比上年提高了3个百分点。建设标准化畜牧业小区40处。

强农惠农力度加大。落实粮食直补、农资补贴、良种补贴、农机具购置财政补贴4.97亿元，增加1.2亿元。新农村建设“十大行动”扎实推进。通客车率和通自来水率分别达100%、95%，建成户用沼气池3.07万个。新型农村合作医疗参保人数达320.47万人，新增0.85万人。五保户集中供养率已达77%。提升改造农产品批发市场5处，标准化农家店改造建设1280家。

三、工业、建筑业

工业生产回升步伐加快。2009年,全部工业增加值1211.4亿元,增长10.3%。其中:规模以上工业(注6)增加值1154.0亿元,增长11.2%。

工业效益向好趋势增强。2009年,规模以上工业主营业务收入3926.4亿元,增长5.9%;实现利税457.0亿元,增长28.7%;实现利润231.7亿元,增长31.1%。企业亏损面12.08%,提高0.42个百分点;亏损企业亏损额7.6亿元,下降74.3%。

产品结构趋向优化。在全部工业产品中,产量增长的产品占57.3%,提高1.4个百分点。高新技术产品增长较快,传统产品增势趋缓。

规模以上工业企业主要产品产量

产品名称	单位	2009年	比上年±%
重工业产品			
原煤	万吨	287.1	8.8
原油加工量	万吨	489.3	5
发电量	亿千瓦时	128.8	7.7
化肥	万吨	57.8	19
钢	万吨	1051.7	-6.4
钢材	万吨	917.6	-2.6
水泥	万吨	761.7	5.1
变压器	万千伏安	4866.4	-2.2
工业锅炉	蒸发量吨	11280.4	-44.2
金属成形机床	台	0.03	-4.8
发电设备	万千瓦	685.0	-4
发动机	万千瓦	1768.7	10.6
载货汽车	万辆	12.1	13.7
轻工业产品			
纱	万吨	8.6	1.9
布	亿米	0.8	-51.5
乳制品	万吨	58.7	107.2
软饮料	万吨	72.9	36
卷烟	亿支	500.1	5.8
服务器	万台	9.7	17.1
摩托车整车	万辆	99.0	-16
彩色电视机	万台	25.3	14.4
塑料制品	万吨	19.6	-19.8

支柱行业平稳发展。2009年,全市六大产业集群实现工业增加值877.8亿元,增长10.3%,占规模以上工业的比重达76.1%,下降3.0个百分点。其中:电子信息增长25.9%,食品药品增长20.8%,机械装备制造增长20.3%,石油化工增长14.4%,交通装备增长9.0%,冶金钢铁下降15.8%。全年主营业务收入过亿元企业678家,其中过10亿元企业38家,分别增加165家和减少4家。

园区承载能力增强。2009年,济南出口加工区及8家省级经济开发区年末规模以上工业企业521家,占全市规模以上工业企业的比重为24.2%,提高0.1个百分点;工业增加值223.2亿元,增长13.8%,占全市规模以上工业企业增加值的比重为19.3%;实现利税总额95.1亿元,增长31.1%,占全市规模以上工业企业的20.8%;固定资产投资181.2亿元,增长28.5%,占全市固定资产投资的比重为10.9%。

建筑业较快发展。2009年,全市建筑业增加值242.2亿元,增长24.4%。产业集中度不断提高,注册地在济南的特级企业7家,产值过10亿元企业23家,过50亿元企业2家。有形建筑市场进一步规范,进场交易工程项目1093项。具有资质等级建筑业企业738家,资质建筑业企业房屋施工面积4119.8万平方米,竣工房屋价值128.0亿元。实现铁路、道路、隧道和桥梁工程建筑产值236.6亿元。

四、现代服务业

现代服务业拉动作用增强(注7)。2009年,现代服务业增加值756.1亿元,增长13.1%;占全部第三产业比重为44.2%,比上年提高0.1个百分点。

金融业发展形势稳定。2009年,金融业完成增加值228.9亿元,增长15.0%。2009年末,金融机构本外币各项存款余额6422.7亿元,较年初增加1294.1亿元,其中人民币各项存款余额6363.3亿元,较年初增加1273.9亿元;金融机构本外币各项贷款余额6200.6亿元,较年初增加1354.0亿元,其中人民币各项贷款余额5700.9亿元,较年初增加1159.8亿元。金融机构累计实现现金收入6624.4亿元,增长9.6%;现金支出6501.3亿元,增长9.9%;货币净回笼123.1亿元,下降5.1%。银行卡消费方式进一步普及,全年银行卡本外币累积消费金额476.6亿元,增长78.8%。保险业稳定增长。年末各类保险承保额12279亿元,增长6.8%;全年保险业务收入96.3亿元,增长0.8%;保险业务支出46.3亿元,增长12.4%。资本市场健康发展。全年股票基金交易成交总量为9037.4

亿元,增长123.1%;国债现货交易量29.9亿元,下降15.6%。

房地产业较快增长。2009年,房地产业增加值140.2亿元,增长17.9%(注8)。商品房销售面积439.8万平方米,增长18.5%;销售额215.8亿元,增长39.1%。

旅游业快速发展。2009年,接待国内外游客2841.7万人次,增长22.6%。其中:接待国内游客2823万人次,增长22.7%;接待入境游客18.7万人次,增长9.8%。实现旅游总收入256.5亿元,增长21.7%。其中:实现国内旅游总收入250.1亿元,增长22.1%;旅游外汇收入9317.6万美元,增长11.7%。

现代物流业、软件业、会展业发展加快。2009年,年末物流相关产业企业及个体工商户6.28万家,年营业收入1535亿元,增长13.7%。软件业销售收入310亿元,增长33.6%。共举办会展130场,与上年持平;直接营业收入2.0亿元,增长26.4%。

五、国内贸易、对外经济

国内贸易增势较强。2009年,社会消费品零售总额1617.9亿元,增长19.3%。其中:城市社会消费品零售额1395.3亿元,增长19.9%;县及县以下消费品零售额222.6亿元,增长15.4%。限额以上批发和零售业、住宿和餐饮业企业(注9)1410家,净增684家;实现零售额613.1亿元,增长29.4%。住宿和餐饮业零售额265.3亿元,增长18.5%。限额以上批发和零售业企业化妆品类零售额增长24.8%,金银珠宝类增长19.9%,体育娱乐用品类增长13.6%,汽车零售额154.2亿元,增长51.5%。"家电下乡"销售20.2万台(件),增长221.7%;销售额4.1亿元,增长317.4%。全运会、园博会拉动消费增长。据监测,全运会带动服务业相关行业新增直接营业收入达14.81亿元,实现社会消费品零售额8.6亿元。园博园自开园到年底,实现社会消费品零售额4.3亿元。

对外贸易下降。2009年,进出口总值56.57亿美元,下降29.5%。其中进口26.1亿美元,下降23.9%;出口30.47亿美元,下降33.7%。在出口产品中,机电产品出口19.43亿美元,下降17.5%;高新技术产品出口2.97亿美元,增长19.7%。

实际外资平稳增长。2009年,新签外商投资项目73个,实现合同外资额9.03亿美元,增长26.2%;实际到账外资9.81亿美元,增长13.4%。

对外合作稳定发展。2009年,共签订对外承包和劳务合作合同金额33.6亿美元,下降14.2%;完成营业额15.5亿美元,增长80.7%。新设境外企业26家,在海外建立研发中心和营销网络企业6家。对外直接投资1.14亿美元,增长249.6%。

六、交通、通讯

交通运输业发展较好。2009年,年末公路通车里程11346.6公里(含村级公路),增长3.0%,其中高级次高级路面里程10822.6公里,增长2.8%。境内高速公路343.2公里,与上年持平。年末民用机动车拥有量113.1万辆,增长9.2%,其中民用汽车拥有量66.4万辆,增长23.4%。全年各种运输工具旅客运输量14640.4万人次,下降4.7%;旅客周转量517.9亿人公里,增长11.1%;货物运输量20858万吨,增长5.4%;货物周转量1254.0亿吨公里,增长14.3%。公交线路长度3354.2公里,线路188条,增加8条;公交营运车辆4051辆,完成旅客运输量8.04亿人次,增长7.8%。

各种运输工具完成的运输量

指　　标	单　位	2009年	比上年±%
客运量	万人	14640.4	-4.7
铁路	万人	3072.4	8
公路	万人	11246	-8.2
民航	万人	322	19.84
客运周转量	亿人公里	517.9	11.1
铁路	亿人公里	278.1	5.06
公路	亿人公里	144.2	16.6
民航	亿人公里	95.6	22.9
货运量	万吨	20858	5.4
铁路	万吨	9028.4	8.2
公路	万吨	11827	3.4
民航	万吨	2.62	13.91
货物周转量	亿吨公里	1254.0	14.3
铁路	亿吨公里	1046.1	8.3
公路	亿吨公里	206.7	44.8
民航	亿吨公里	1.2	12.4

邮政通信业发展稳健。2009年,邮电通信业营业收入56.6亿元,增长4.6%。年末邮政局所209处;固定电话用户数237万户,增长1.3%;移动电话用户数582.1万户,增长15.2%;宽带网用户数95.9万户,增长9.6%。

七、固定资产投资

投资规模稳步扩大。2009年,全市固定资产投资1655.4

亿元，增长20.3%。其中：第一产业投资60.8亿元，增长9.9%，占全社会固定资产投资比重3.7%，降低0.2个百分点；第二产业554.5亿元，增长22.0%，占全社会固定资产投资比重33.5%，上升1.4个百分点；第三产业1040.1亿元，增长19.8%，占全社会固定资产投资比重62.8%，下降1.2个百分点。**重点领域投资力度加大。**基础设施投资431.1亿元，增长12.8%；现代服务业投资701.6亿元，增长29.3%；水利、环境和公共设施管理业115.7亿元，增长2.9%；批发和零售业65.7亿元，增长13.9%。一场三馆、历城体育馆、章丘体育馆和赛马场等全运场馆建设累计完成投资64.2亿元，小清河综合治理一期累计完成投资34.8亿元，园博园累计完成投资29.6亿元。**工业投资增幅提高。**在建的工业投资项目1446个，完成工业投资541.8亿元，增长24.8%，提高12.5个百分点。其中计划总投资千万元及以上工业项目842个，完成投资468.1亿元，占工业投资的86.4%；计划总投资亿元及以上的项目127个，完成投资240.1亿元，占工业投资的44.3%。

房地产投资增势良好。2009年，房地产开发投资332.6亿元，增长21.3%；其中住宅投资255.7亿元，增长14.8%，商业营业用房投资49.6亿元，增长47.0%。房屋施工面积2130.5万平方米，增长31.8%；新开工面积504.6万平方米，增长2.1%；房屋竣工面积467.2万平方米，增长87.0%，其中住宅竣工374.0万平方米，增长61.1%。

八、市场物价

居民消费价格基本稳定。2009年，居民消费价格总水平上涨0.33%，涨幅回落5.36个百分点。

2009年济南市居民消费价格指数(CPI)

指　标	以上年价格为100
居民消费价格指数	100.33
食品	102.65
烟酒及用品	101.61
衣着	94.78
家庭设备用品及维修服务	101.09
医疗保健和个人服务	103.8
交通和通信	96.10
娱乐教育文化用品及服务	99.71
居住	100.93

工业品出厂价格和原材料、燃料、动力购进价格下降。2009年，工业品出厂价格比上年下降3.76%。其中：生产资料出厂价格下降4.56%，生活资料出厂价格下降0.82%。原材料、燃料、动力购进价格下降5.67%。

2009年全市各月价格指数

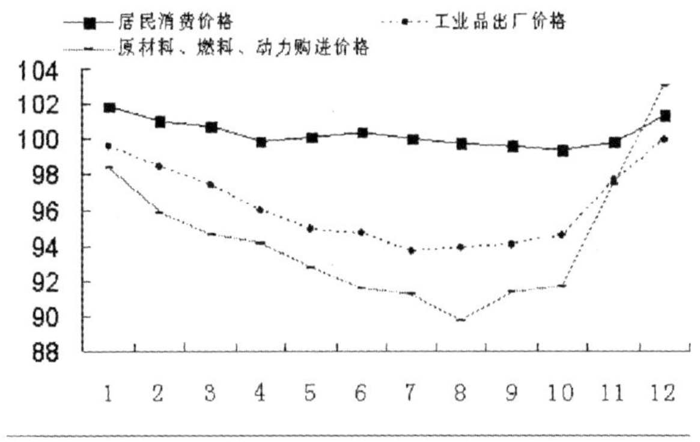

九、教育和科学技术

教育事业健康发展。2009年，年末各类学校在校学生142.66万人，增长1.52%。普通高校36所，招生15.34万人，下降0.86%；在校生49.36万人，增长2.26%。中等职业教育在校生10.99万人，下降4.6%；普通中学在校生29.2万人，下降0.86%；小学在校生39.06万人，下降1.14%；特殊教育学校在校生1605人，增长1.58%。学龄儿童入学率100%，小学毕业生升学率100.45%(注10)。年末专任教师8.29万人，增长1.97%，其中：普通高校专任教师2.56万人，增长1.89%；中等职业教育专任教师0.65万人，增长4.84%，普通中学专任教师2.17万人，增长0.93%，小学专任教师2.50万人，增长1.21%，特殊教育学校专任教师401人，增长2.56%。

科技创新能力不断增强。2009年，实施各类科研计划1083项，增长0.9%。技贸机构技术合同成交额18亿元，增长21.0%。受理专利申请13701件，增长18.28%，其中发明专利申请2999件；授权专利6392件，增长39.84%。完成科技成果420项，获国家、省科技进步奖249项。

创新型城市建设步伐加快。企业研发机构升级，组建两家国家级工程技术研究中心；新认定省级企业技术中心7家、省级工程技术研究中心8家，省级工程实验室4家、省级半导体照明/太阳能光伏工程技术中心4家、省级射频识别工程技术中心4家，75家企业通过高新技术企业认定，8家企业入选山东省首批创新型试点企业，350个项目获得国家、省资助资金2.79亿元。**专利、商标、品牌、标准战略深化。**新认定中国驰名商标、山东省著名商标4个、48个，总数分别达到22个、184个。新争创山东名牌56个，中国名牌产品、山东名牌产品总数分别达到17个、119个。制(修)订国家标准总数由

2006年的零项增加到现在的45项。科技创新平台建设实现新突破。拥有国家级火炬计划特色产业基地7个、863成果转化基地2个、国家级企业孵化器4家。济南被批准为首批中国软件名城创建试点城市。2家企业入围全国软件业务收入十强，7家企业入围百强。高新技术企业上市公司达到7家。

高新技术产业开发区较快发展。2009年，高新区实现生产总值200亿元，增长18.6%。实现出口总额3.66亿美元，增长22.4%。全部税收67.0亿元，增长153.3%；地方财政一般预算收入9亿元，增长36.6%。固定资产投资148.5亿元，增长44.6%。引进各类投资项目198个，其中过亿元项目23个。新签合同利用外资项目18项，实际使用外资1.57亿美元，增长29.9%。组织企业实施各类科技项目立项161项，其中实施省级自主创新重大专项成果转化7项。新认定高新技术企业26家，累计达到110家；新批准建立省级以上企业技术中心、工程技术研究中心8家，累计达到65家；新引进软件业企业60家；新引进服务外包企业5家，累计达到45家，实现服务外包收入8000万美元。

十、文化、卫生和体育事业

各类文化事业协调发展。2009年，年末拥有各种艺术表演团体14个；文化馆（站）及群众艺术馆145个；电影院9家，放映10.63万场，观众214.95万人次。博物馆10个；档案馆14个；公共图书馆12个；市级以上文物保护单位共156处，其中国家级12处。全年出版报纸14.61亿份，各类杂志0.79亿册，图书2.33亿册。年末广播人口混合覆盖率和电视人口混合覆盖率分别为100%和99.97%，有线广播电视用户138.58万户，其中数字电视用户8.85万户，增长34.70%。

卫生事业发展良好。2009年，积极有效应对甲型H1N1流感等重大疾病防控，扎实推进“卫生强基工程”。社区卫生服务中心（站）发展到222个，村卫生室2772个。年末拥有卫生机构5163个，其中医院199个。卫生机构床位30940张，其中医院床位23651张。各类卫生技术人员37724人，增长8.6%；执业（助理）医师为16499人，增长11.5%。每千人拥有病床5.13张，每千人拥有执业医师2.73人。

体育竞技取得新的成果。济南运动员在省级以上比赛中共获得金牌154枚，银牌116枚，其中：在世界级比赛中获金牌6枚，银牌3枚；在洲际比赛中获金牌12枚，银牌2枚；在全国比赛中获金牌17枚，银牌10枚，铜牌12枚。全民健身设施299.4万平方米。

十一、城市建设、环境保护

城市功能形象显著提升。基础设施建设全面加强。二环东路高架路、奥体中路、经十西路等一批重点道路建成通车，舜耕路南段、顺河西街、玉函路等市区主要道路整修改造相继竣工。奥体文博片区初具规模，西客站片区规划建设取得重大进展，东部和西部城区的发展空间进一步打开。小清河综合治理一期工程及工商河、东泺河等市区河道治理竣工，全运场馆工程、大明湖扩建改造和护城河西线通航工程等完成，打造一批新的泉城特色标志区。2009年末，城市建成区面积336.4平方公里，增加10.4平方公里，增长3.2%。城市道路长度和道路面积累计分别达到4300公里、6100万平方米。加强燕翅山等地质灾害治理，完成58座破损山体整治，园林绿地面积达到13300万平方米，城市绿化覆盖率36.5%，提高0.86个百分点。路灯11.35万盏，增长21.0%，增加1.97万盏。人均公共绿地面积11.0平方米，增长2.2%。道路建设总投资70亿元，增长9.4%；当年新开工建设道路38.0公里。新增公交车415部，其中新能源环保车100部，开通6条大运量BRT公交线。机扫保洁率达62%，提高7个百分点。垃圾日处理能力由2600吨提高到2900吨，污水处理率达85%以上。

城市公用事业发展水平不断提高。2009年，管道煤气、液化石油气、天然气供气量分别达到4200万立方米、9万吨和3.1亿立方米。集中供热面积6000万平方米，增长8.8%；集中供热管道长度1800公里，增长23.3%。城市用气普及率和集中供热普及率分别达到96%和46%。自来水供水量2.8亿吨，增长2.1%。

环境质量总体稳定。2009年，济南市区空气中二氧化硫平均浓度0.05毫克/立方米，下降3.80%；二氧化氮平均浓度0.025毫克/立方米，增长13.60%；可吸入颗粒物平均浓度0.123毫克/立方米，下降2.40%。空气良好以上天数295天，占监测总天数的80.82%，与上年持平。地下水水质良好；黄河水质达到地表水环境质量Ⅲ类标准；水库水质保持稳定；小清河源头断面水质达到Ⅲ类标准，出境断面主要污染物浓度下降，水体水质明显改善；大明湖水质呈现轻度富养化状态，水质较上年有所改善。市区道路交通噪声平均等效声级为69.1分贝，达到《声环境质量标准》(GB3096－2008)中适用于交通干线两侧的4类区域标准；区域环境噪声昼间平均等效声级为54.1分贝，达到以居住、文教机关为主的1类区域标准。

十二、社会保障、社会福利事业

社会保险进一步完善。2009年，年末全市基本养老保险参保人数136.58万人，增加8.51万人；基本医疗保险参保人数133.19万人，增加10.83万人；失业保险参保人数83.02万人，增加4.20万人；工伤保险参保人数116.65万人，增加12.73万人；生育保险参保人数达到66.14万人，增加5.11万人。

社会保障力度加大。2009年，享受城镇最低生活保障的城镇居民达2.7万户、6.1万人，发放最低生活保障金及各类补贴1.37亿元；享受农村最低生活保障的农村居民达4.2万户，7.3万人，发放最低生活保障金及各类补贴0.54亿元。

残疾人事业继续发展。“我的兄弟姐妹”康复救助取得新成绩，康复救助贫困残疾儿童800余名；免费实施白内障复明手术5000例；结合“社区康复年”活动的开展，配发辅助器具21300件。投资1040万元为650户农村贫困残疾人家庭实施了“安居”工程；投资150万元为1000户农村贫困残疾人家庭实施了“一建三改”工程。筹资158.8万元，对1015名贫困残疾学生及残疾人家庭子女进行了救助；新建28家“我的兄弟姐妹”扶贫开发基地，辐射带动862户农村贫困残疾人家庭脱贫；通过各种方式安置1677名残疾人实现就业。

十三、人口、人民生活

人口数量保持低速均衡增长。2009年，年末户籍总人口603.27万人，下降1.18‰(注11)。男女性别比例99.75: 100。全年人口出生率9.39‰，下降0.47个千分点；人口死亡率6.78‰，上升0.18个千分点。人口自然增长率2.61‰，下降0.65个千分点。人口机械增长率下降4.02‰，回升0.98个千分点。年末常住人口667.85万人，增加5.16万人，增长7.79‰。

就业形势总体稳定。2009年，年末全市从业人员372.25万人，增长1.33%。安置就业再就业14.84万人次，比上年多安置0.42万人次，增长2.91%，其中：安置下岗失业人员就业6.98万人次，增长10.48%。城镇登记失业率3.90%，提高0.47个百分点。全年法人单位从业人员人均劳动报酬29396元，增长8.7%。其中：中央属单位人均44779元，增长12.4%；省属单位人均48863元，增长16.7%；市及市以下和其他单位人均24056元，增长7.4%。

城乡居民生活质量继续提高。2009年，城市居民人均消费性支出14764.3元，增长6.2%；农民人均生活消费支出4733.1元，增长7.9%。城市居民人均食品、衣着、交通通讯支出分别达到4836.8元、1484.8元和2435.9元，分别增长8.3%、9.7%和15.0%。农村居民人均食品、衣着和交通通讯支出分别达到1686.3元、269.9元和746.7元，分别增长3.6%、6.7%和17.6%。城市居民恩格尔系数32.8%，提高0.7个百分点；农村居民居民恩格尔系数35.6%，下降1.5个百分点(注12)。

每百户居民家庭主要耐用消费品拥有量

指标	单位	2009年	比上年±%
城市居民家庭			
彩　电	台	113.5	0.2
电冰箱	台	95	2.5
洗衣机	台	91.5	3.8
空调器	台	105.33	8.2
家用电脑	台	68.5	11.7
移动电话	部	152.5	5.2
家用汽车	辆	16.33	7.6
农村居民家庭			
电冰箱	台	76	9.9
空调器	台	28	7.8
洗衣机	台	75	6.3
彩　电	台	119	1.2
摩托车	台	85	–3.2
家用电脑	台	23	22.5
移动电话	部	139	8.9

居住条件继续改善。2009年末，城市居民人均住宅建筑

面积29.4平方米，比上年末增加1.0平方米(注13)；农村居民人均生活用房面积39.4平方米，增加0.7平方米。

注：

1.2009年统计数据为统计快报数或初步核算数，正式数据以出版的《济南统计年鉴－2010》为准。

2.生产总值及各产业增加值、人均生产总值绝对数均按当年价格计算，其增长率均按可比价格计算。

3.按户籍人口计算人均生产总值55520元/人。

4.地方财政一般预算收入为月报数，非最终决算数据。

5.规模以上农业企业指从事农产品加工、运输、销售且年销售收入500万元及以上的法人企业。

6.规模以上工业企业指年主营业务收入500万元及以上的工业法人企业。

7.现代服务业包括：信息传输、计算机服务业和软件业，金融业，房地产业，商务服务业，研究与试验发展，专业技术服务，科技交流与技术推广服务业，教育，卫生，体育，娱乐业。

8.房地产业包括：房地产开发经营业、物业管理业、房地产中介服务业、其他房地产活动、居民自有住房服务。

9.限额以上批发和零售业、住宿和餐饮业指批发业年主营业务收入2000万元以上、零售业年主营业务收入500万元以上和年主营业务收入200万元以上的住宿和餐饮业企业。

10.小学毕业生升学率=学年初初级中学招生数/上学年末小学毕业生数。由于转学和外来人口入学，所以升学率超过100%。

11.户籍人口下降主要原因是大学生迁移等相关政策因素。

12.恩格尔系数是指食品支出在消费支出中的比重。

13.按国内通行方法，从本年开始，统计公报公布城市居民人均住宅建筑面积。

中华人民共和国统计法

STATISTICAL LAW OF THE PEOPLE´S REPUBLIC OF CHINA

（1983年12月8日第六届全国人民代表大会常务委员会第三次会议通过　根据1996年5月15日第八届全国人民代表大会常务委员会第十九次会议《关于修改〈中华人民共和国统计法〉的决定》修正　2009年6月27日第十一届全国人民代表大会常务委员会第九次会议修订）

第一章　总　则

第一条　为了科学、有效地组织统计工作，保障统计资料的真实性、准确性、完整性和及时性，发挥统计在了解国情国力、服务经济社会发展中的重要作用，促进社会主义现代化建设事业发展，制定本法。

第二条　本法适用于各级人民政府、县级以上人民政府统计机构和有关部门组织实施的统计活动。

统计的基本任务是对经济社会发展情况进行统计调查、统计分析，提供统计资料和统计咨询意见，实行统计监督。

第三条　国家建立集中统一的统计系统，实行统一领导、分级负责的统计管理体制。

第四条　国务院和地方各级人民政府、各有关部门应当加强对统计工作的组织领导，为统计工作提供必要的保障。

第五条　国家加强统计科学研究，健全科学的统计指标体系，不断改进统计调查方法，提高统计的科学性。

国家有计划地加强统计信息化建设，推进统计信息搜集、处理、传输、共享、存储技术和统计数据库体系的现代化。

第六条　统计机构和统计人员依照本法规定独立行使统计调查、统计报告、统计监督的职权，不受侵犯。

地方各级人民政府、政府统计机构和有关部门以及各单位的负责人，不得自行修改统计机构和统计人员依法搜集、整理的统计资料，不得以任何方式要求统计机构、统计人员及其他机构、人员伪造、篡改统计资料，不得对依法履行职责或者拒绝、抵制统计违法行为的统计人员打击报复。

第七条　国家机关、企业事业单位和其他组织以及个体工商户和个人等统计调查对象，必须依照本法和国家有关规定，真实、准确、完整、及时地提供统计调查所需的资料，不得提供不真实或者不完整的统计资料，不得迟报、拒报统计资料。

第八条　统计工作应当接受社会公众的监督。任何单位和个人有权检举统计中弄虚作假等违法行为。对检举有功的单位和个人应当给予表彰和奖励。

第九条　统计机构和统计人员对在统计工作中知悉的国家秘密、商业秘密和个人信息，应当予以保密。

第十条　任何单位和个人不得利用虚假统计资料骗取荣誉称号、物质利益或者职务晋升。

第二章　统计调查管理

第十一条　统计调查项目包括国家统计调查项目、部门统计调查项目和地方统计调查项目。

国家统计调查项目是指全国性基本情况的统计调查项目。部门统计调查项目是指国务院有关部门的专业性统计调查项目。地方统计调查项目是指县级以上地方人民政府及其部门的地方性统计调查项目。

国家统计调查项目、部门统计调查项目、地方统计调查项目应当明确分工，互相衔接，不得重复。

第十二条　国家统计调查项目由国家统计局制定，或者由国家统计局和国务院有关部门共同制定，报国务院备案；重大的国家统计调查项目报国务院审批。

部门统计调查项目由国务院有关部门制定。统计调查对象属于本部门管辖系统的，报国家统计局备案；统计调查对象超出本部门管辖系统的，报国家统计局审批。

地方统计调查项目由县级以上地方人民政府统计机构和有关部门分别制定或者共同制定。其中，由省级人民政府统计机构单独制定或者和有关部门共同制定的，报国家统计局审批；由省级以下人民政府统计机构单独制定或者和有关部门共同制定的，报省级人民政府统计机构审批；由县级以上地方人民政府有关部门制定的，报本级人民政府统计机构审批。

第十三条　统计调查项目的审批机关应当对调查项目的必要性、可行性、科学性进行审查，对符合法定条件的，作出予以批准的书面决定，并公布；对不符合法定条件的，作出不予批准的书面决定，并说明理由。

第十四条　制定统计调查项目，应当同时制定该项目的统计调查制度，并依照本法第十二条的规定一并报经审批或者备案。

统计调查制度应当对调查目的、调查内容、调查方法、调查对象、调查组织方式、调查表式、统计资料的报送和公布等作出规定。

统计调查应当按照统计调查制度组织实施。变更统计调查制度的内容，应当报经原审批机关批准或者原备案机关备案。

第十五条 统计调查表应当标明表号、制定机关、批准或者备案文号、有效期限等标志。

对未标明前款规定的标志或者超过有效期限的统计调查表，统计调查对象有权拒绝填报；县级以上人民政府统计机构应当依法责令停止有关统计调查活动。

第十六条 搜集、整理统计资料，应当以周期性普查为基础，以经常性抽样调查为主体，综合运用全面调查、重点调查等方法，并充分利用行政记录等资料。

重大国情国力普查由国务院统一领导，国务院和地方人民政府组织统计机构和有关部门共同实施。

第十七条 国家制定统一的统计标准，保障统计调查采用的指标涵义、计算方法、分类目录、调查表式和统计编码等的标准化。

国家统计标准由国家统计局制定，或者由国家统计局和国务院标准化主管部门共同制定。

国务院有关部门可以制定补充性的部门统计标准，报国家统计局审批。部门统计标准不得与国家统计标准相抵触。

第十八条 县级以上人民政府统计机构根据统计任务的需要，可以在统计调查对象中推广使用计算机网络报送统计资料。

第十九条 县级以上人民政府应当将统计工作所需经费列入财政预算。

重大国情国力普查所需经费，由国务院和地方人民政府共同负担，列入相应年度的财政预算，按时拨付，确保到位。

第三章 统计资料的管理和公布

第二十条 县级以上人民政府统计机构和有关部门以及乡、镇人民政府，应当按照国家有关规定建立统计资料的保存、管理制度，建立健全统计信息共享机制。

第二十一条 国家机关、企业事业单位和其他组织等统计调查对象，应当按照国家有关规定设置原始记录、统计台账，建立健全统计资料的审核、签署、交接、归档等管理制度。

统计资料的审核、签署人员应当对其审核、签署的统计资料的真实性、准确性和完整性负责。

第二十二条 县级以上人民政府有关部门应当及时向本级人民政府统计机构提供统计所需的行政记录资料和国民经济核算所需的财务资料、财政资料及其他资料，并按照统计调查制度的规定及时向本级人民政府统计机构报送其组织实施统计调查取得的有关资料。

县级以上人民政府统计机构应当及时向本级人民政府有关部门提供有关统计资料。

第二十三条 县级以上人民政府统计机构按照国家有关规定，定期公布统计资料。

国家统计数据以国家统计局公布的数据为准。

第二十四条 县级以上人民政府有关部门统计调查取得的统计资料，由本部门按照国家有关规定公布。

第二十五条 统计调查中获得的能够识别或者推断单个统计调查对象身份的资料，任何单位和个人不得对外提供、泄露，不得用于统计以外的目的。

第二十六条 县级以上人民政府统计机构和有关部门统计调查取得的统计资料，除依法应当保密的外，应当及时公开，供社会公众查询。

第四章 统计机构和统计人员

第二十七条 国务院设立国家统计局，依法组织领导和协调全国的统计工作。

国家统计局根据工作需要设立的派出调查机构，承担国家统计局布置的统计调查等任务。

县级以上地方人民政府设立独立的统计机构，乡、镇人民政府设置统计工作岗位，配备专职或者兼职统计人员，依法管理、开展统计工作，实施统计调查。

第二十八条 县级以上人民政府有关部门根据统计任务的需要设立统计机构，或者在有关机构中设置统计人员，并指定统计负责人，依法组织、管理本部门职责范围内的统计工作，实施统计调查，在统计业务上受本级人民政府统计机构的指导。

第二十九条 统计机构、统计人员应当依法履行职责，如实搜集、报送统计资料，不得伪造、篡改统计资料，不得以任何方式要求任何单位和个人提供不真实的统计资料，不得有其他违反本法规定的行为。

统计人员应当坚持实事求是，恪守职业道德，对其负责搜集、审核、录入的统计资料与统计调查对象报送的统计资料的一致性负责。

第三十条 统计人员进行统计调查时，有权就与统计有关的问题询问有关人员，要求其如实提供有关情况、资料并改正不真实、不准确的资料。

统计人员进行统计调查时，应当出示县级以上人民政府统计机构或者有关部门颁发的工作证件；未出示的，统计调查对象有权拒绝调查。

第三十一条 国家实行统计专业技术职务资格考试、评聘制度，提高统计人员的专业素质，保障统计队伍的稳定性。

统计人员应当具备与其从事的统计工作相适应的专业知识和业务能力。

县级以上人民政府统计机构和有关部门应当加强对统计人员的专业培训和职业道德教育。

第五章 监督检查

第三十二条 县级以上人民政府及其监察机关对下级人民政府、本级人民政府统计机构和有关部门执行本法的情况，实施监督。

第三十三条 国家统计局组织管理全国统计工作的监督检查，查处重大统计违法行为。

县级以上地方人民政府统计机构依法查处本行政区域内发生的统计违法行为。但是，国家统计局派出的调查机构组织实施的统计调查活动中发生的统计违法行为，由组织实施该项统计调查的调查机构负责查处。

法律、行政法规对有关部门查处统计违法行为另有规定的，从其规定。

第三十四条 县级以上人民政府有关部门应当积极协助本级人民政府统计机构查处统计违法行为，及时向本级人民政府统计机构移送有关统计违法案件材料。

第三十五条 县级以上人民政府统计机构在调查统计违法行为或者核查统计数据时，有权采取下列措施：

（一）发出统计检查查询书，向检查对象查询有关事项；

（二）要求检查对象提供有关原始记录和凭证、统计台账、统计调查表、会计资料及其他相关证明和资料；

（三）就与检查有关的事项询问有关人员；

（四）进入检查对象的业务场所和统计数据处理信息系统进行检查、核对；

（五）经本机构负责人批准，登记保存检查对象的有关原始记录和凭证、统计台账、统计调查表、会计资料及其他相关证明和资料；

（六）对与检查事项有关的情况和资料进行记录、录音、录像、照相和复制。

县级以上人民政府统计机构进行监督检查时，监督检查人员不得少于二人，并应当出示执法证件；未出示的，有关单位和个人有权拒绝检查。

第三十六条 县级以上人民政府统计机构履行监督检查职责时，有关单位和个人应当如实反映情况，提供相关证明和资料，不得拒绝、阻碍检查，不得转移、隐匿、篡改、毁弃原始记录和凭证、统计台账、统计调查表、会计资料及其他相关证明和资料。

第六章 法律责任

第三十七条 地方人民政府、政府统计机构或者有关部门、单位的负责人有下列行为之一的，由任免机关或者监察机关依法给予处分，并由县级以上人民政府统计机构予以通报：

（一）自行修改统计资料、编造虚假统计数据的；

（二）要求统计机构、统计人员或者其他机构、人员伪造、篡改统计资料的；

（三）对依法履行职责或者拒绝、抵制统计违法行为的统计人员打击报复的；

（四）对本地方、本部门、本单位发生的严重统计违法行为失察的。

第三十八条 县级以上人民政府统计机构或者有关部门在组织实施统计调查活动中有下列行为之一的，由本级人民政府、上级人民政府统计机构或者本级人民政府统计机构责令改正，予以通报；对直接负责的主管人员和其他直接责任人员，由任免机关或者监察机关依法给予处分：

（一）未经批准擅自组织实施统计调查的；

（二）未经批准擅自变更统计调查制度的内容的；

（三）伪造、篡改统计资料的；

（四）要求统计调查对象或者其他机构、人员提供不真实的统计资料的；

（五）未按照统计调查制度的规定报送有关资料的。

统计人员有前款第三项至第五项所列行为之一的，责令改正，依法给予处分。

第三十九条 县级以上人民政府统计机构或者有关部门有下列行为之一的，对直接负责的主管人员和其他直接责任人员由任免机关或者监察机关依法给予处分：

（一）违法公布统计资料的；

（二）泄露统计调查对象的商业秘密、个人信息或者提供、泄露在统计调查中获得的能够识别或者推断单个统计调查对象身份的资料的；

（三）违反国家有关规定，造成统计资料毁损、灭失的。

统计人员有前款所列行为之一的，依法给予处分。

第四十条 统计机构、统计人员泄露国家秘密的，依法追究法律责任。

第四十一条 作为统计调查对象的国家机关、企业事业单位或者其他组织有下列行为之一的，由县级以上人民政府统计机构责令改正，给予警告，可以予以通报；其直接负责的主管人员和其他直接责任人员属于国家工作人员的，由任免机关或者监察机关依法给予处分：

（一）拒绝提供统计资料或者经催报后仍未按时提供统计资料的；

（二）提供不真实或者不完整的统计资料的；

（三）拒绝答复或者不如实答复统计检查查询书的；

（四）拒绝、阻碍统计调查、统计检查的；

（五）转移、隐匿、篡改、毁弃或者拒绝提供原始记录和凭证、统计台账、统计调查表及其他相关证明和资料的。

企业事业单位或者其他组织有前款所列行为之一的，可以并处五万元以下的罚款；情节严重的，并处五万元以上二十万元以下的罚款。

个体工商户有本条第一款所列行为之一的，由县级以上人民政府统计机构责令改正，给予警告，可以并处一万元以下的罚款。

第四十二条 作为统计调查对象的国家机关、企业事业单位或者其他组织迟报统计资料，或者未按照国家有关规定设置原始记录、统计台账的，由县级以上人民政府统计机构责令改正，给予警告。

企业事业单位或者其他组织有前款所列行为之一的，可以并处一万元以下的罚款。

个体工商户迟报统计资料的，由县级以上人民政府统计机构责令改正，给予警告，可以并处一千元以下的罚款。

第四十三条 县级以上人民政府统计机构查处统计违法行为时，认为对有关国家工作人员依法应当给予处分的，应当提出给予处分的建议；该国家工作人员的任免机关或者监察机关应当依法及时作出决定，并将结果书面通知县级以上人民政府统计机构。

第四十四条 作为统计调查对象的个人在重大国情国力普查活动中拒绝、阻碍统计调查，或者提供不真实或者不完整的普查资料的，由县级以上人民政府统计机构责令改正，予以批评教育。

第四十五条 违反本法规定，利用虚假统计资料骗取荣誉称号、物质利益或者职务晋升的，除对其编造虚假统计资料或者要求他人编造虚假统计资料的行为依法追究法律责任外，由作出有关决定的单位或者其上级单位、监察机关取消其荣誉称号，追缴获得的物质利益，撤销晋升的职务。

第四十六条 当事人对县级以上人民政府统计机构作出的行政处罚决定不服的，可以依法申请行政复议或者提起行政诉讼。其中，对国家统计局在省、自治区、直辖市派出的调查机构作出的行政处罚决定不服的，向国家统计局申请行政复议；对国家统计局派出的其他调查机构作出的行政处罚决定不服的，向国家统计局在该派出机构所在的省、自治区、直辖市派出的调查机构申请行政复议。

第四十七条 违反本法规定，构成犯罪的，依法追究刑事责任。

第七章 附 则

第四十八条 本法所称县级以上人民政府统计机构，是指国家统计局及其派出的调查机构、县级以上地方人民政府统计机构。

第四十九条 民间统计调查活动的管理办法，由国务院制定。

中华人民共和国境外的组织、个人需要在中华人民共和国境内进行统计调查活动的，应当按照国务院的规定报请审批。

利用统计调查危害国家安全、损害社会公共利益或者进行欺诈活动的，依法追究法律责任。

第五十条 本法自2010年1月1日起施行。

统计违法违纪行为处分规定

Statistics Regulation Violations Of Law

中华人民共和国监察部
中华人民共和国人力资源和社会保障部　令
国家统计局

第18号

《统计违法违纪行为处分规定》已经监察部2009年2月9日第一次部长办公会议、人力资源社会保障部2008年12月30日第十六次部务会议、国家统计局2008年11月6日第十八次局务会议审议通过。现予公布,自2009年5月1日起施行。

监察部部长　马馼
人力资源社会保障部部长　尹蔚民
国家统计局局长　马建堂
二〇〇九年三月二十五日

统计违法违纪行为处分规定

第一条 为了加强统计工作,提高统计数据的准确性和及时性,惩处和预防统计违法违纪行为,促进统计法律法规的贯彻实施,根据《中华人民共和国统计法》、《中华人民共和国行政监察法》、《中华人民共和国公务员法》、《行政机关公务员处分条例》及其他有关法律、行政法规,制定本规定。

第二条 有统计违法违纪行为的单位中负有责任的领导人员和直接责任人员,以及有统计违法违纪行为的个人,应当承担纪律责任。属于下列人员的(以下统称有关责任人员),由任免机关或者监察机关按照管理权限依法给予处分:

(一)行政机关公务员;

(二)法律、法规授权的具有公共事务管理职能的事业单位中经批准参照《中华人民共和国公务员法》管理的工作人员;

(三)行政机关依法委托的组织中除工勤人员以外的工作人员;

(四)企业、事业单位、社会团体中由行政机关任命的人员。

法律、行政法规、国务院决定和国务院监察机关、国务院人力资源社会保障部门制定的处分规章对统计违法违纪行为的处分另有规定的,从其规定。

第三条 地方、部门以及企业、事业单位、社会团体的领导人员有下列行为之一的,给予记过或者记大过处分;情节较重的,给予降级或者撤职处分;情节严重的,给予开除处分:

(一)自行修改统计资料、编造虚假数据的;

(二)强令、授意本地区、本部门、本单位统计机构、统计人员或者其他有关机构、人员拒报、虚报、瞒报或者篡改统计资料、编造虚假数据的;

(三)对拒绝、抵制篡改统计资料或者对拒绝、抵制编造虚假数据的人员进行打击报复的;

(四)对揭发、检举统计违法违纪行为的人员进行打击报复的。

有前款第(三)项、第(四)项规定行为的,应当从重处分。

第四条 地方、部门以及企业、事业单位、社会团体的领导人员,对本地区、本部门、本单位严重失实的统计数据,应当发现而未发现或者发现后不予纠正,造成不良后果的,给予警告或者记过处分;造成严重后果的,给予记大过或者降级处分;造成特别严重后果的,给予撤职或者开除处分。

第五条 各级人民政府统计机构、有关部门及其工作人员在实施统计调查活动中，有下列行为之一的，对有关责任人员，给予记过或者记大过处分；情节较重的，给予降级或者撤职处分；情节严重的，给予开除处分：

（一）强令、授意统计调查对象虚报、瞒报或者伪造、篡改统计资料的；

（二）参与篡改统计资料、编造虚假数据的。

第六条 各级人民政府统计机构、有关部门及其工作人员在实施统计调查活动中，有下列行为之一的，对有关责任人员，给予警告、记过或者记大过处分；情节较重的，给予降级处分；情节严重的，给予撤职处分：

（一）故意拖延或者拒报统计资料的；

（二）明知统计数据不实，不履行职责调查核实，造成不良后果的。

第七条 统计调查对象中的单位有下列行为之一，情节较重的，对有关责任人员，给予警告、记过或者记大过处分；情节严重的，给予降级或者撤职处分；情节特别严重的，给予开除处分：

（一）虚报、瞒报统计资料的；

（二）伪造、篡改统计资料的；

（三）拒报或者屡次迟报统计资料的；

（四）拒绝提供情况、提供虚假情况或者转移、隐匿、毁弃原始统计记录、统计台账、统计报表以及与统计有关的其他资料的。

第八条 违反国家规定的权限和程序公布统计资料，造成不良后果的，对有关责任人员，给予警告或者记过处分；情节较重的，给予记大过或者降级处分；情节严重的，给予撤职处分。

第九条 有下列行为之一，造成不良后果的，对有关责任人员，给予警告、记过或者记大过处分；情节较重的，给予降级或者撤职处分；情节严重的，给予开除处分：

（一）泄露属于国家秘密的统计资料的；

（二）未经本人同意，泄露统计调查对象个人、家庭资料的；

（三）泄露统计调查中知悉的统计调查对象商业秘密的。

第十条 包庇、纵容统计违法违纪行为的，对有关责任人员，给予记过或者记大过处分；情节较重的，给予降级或者撤职处分；情节严重的，给予开除处分。

第十一条 受到处分的人员对处分决定不服的，依照《中华人民共和国行政监察法》、《中华人民共和国公务员法》、《行政机关公务员处分条例》等有关规定，可以申请复核或者申诉。

第十二条 任免机关、监察机关和人民政府统计机构建立案件移送制度。

任免机关、监察机关查处统计违法违纪案件，认为应当由人民政府统计机构给予行政处罚的，应当将有关案件材料移送人民政府统计机构。人民政府统计机构应当依法及时查处，并将处理结果书面告知任免机关、监察机关。

人民政府统计机构查处统计行政违法案件，认为应当由任免机关或者监察机关给予处分的，应当及时将有关案件材料移送任免机关或者监察机关。任免机关或者监察机关应当依法及时查处，并将处理结果书面告知人民政府统计机构。

第十三条 有统计违法违纪行为，应当给予党纪处分的，移送党的纪律检查机关处理。涉嫌犯罪的，移送司法机关依法追究刑事责任。

第十四条 本规定由监察部、人力资源社会保障部、国家统计局负责解释。

第十五条 本规定自2009年5月1日起施行。

国民经济主要指标增长速度（%）

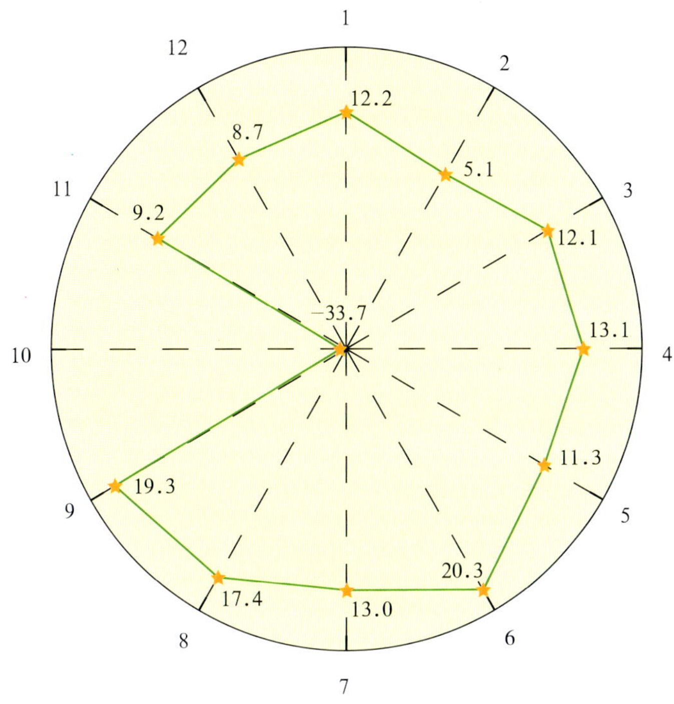

1. 生产总值
2. 第一产业增加值
3. 第二产业增加值
4. 第三产业增加值
5. 人均生产总值
6. 全社会固定资产投资
7. 地方财政一般预算收入
8. 地方财政一般预算支出
9. 社会消费品零售总额
10. 出口总额
11. 城市居民人均可支配收入
12. 农民人均纯收入

生产总值(亿元)

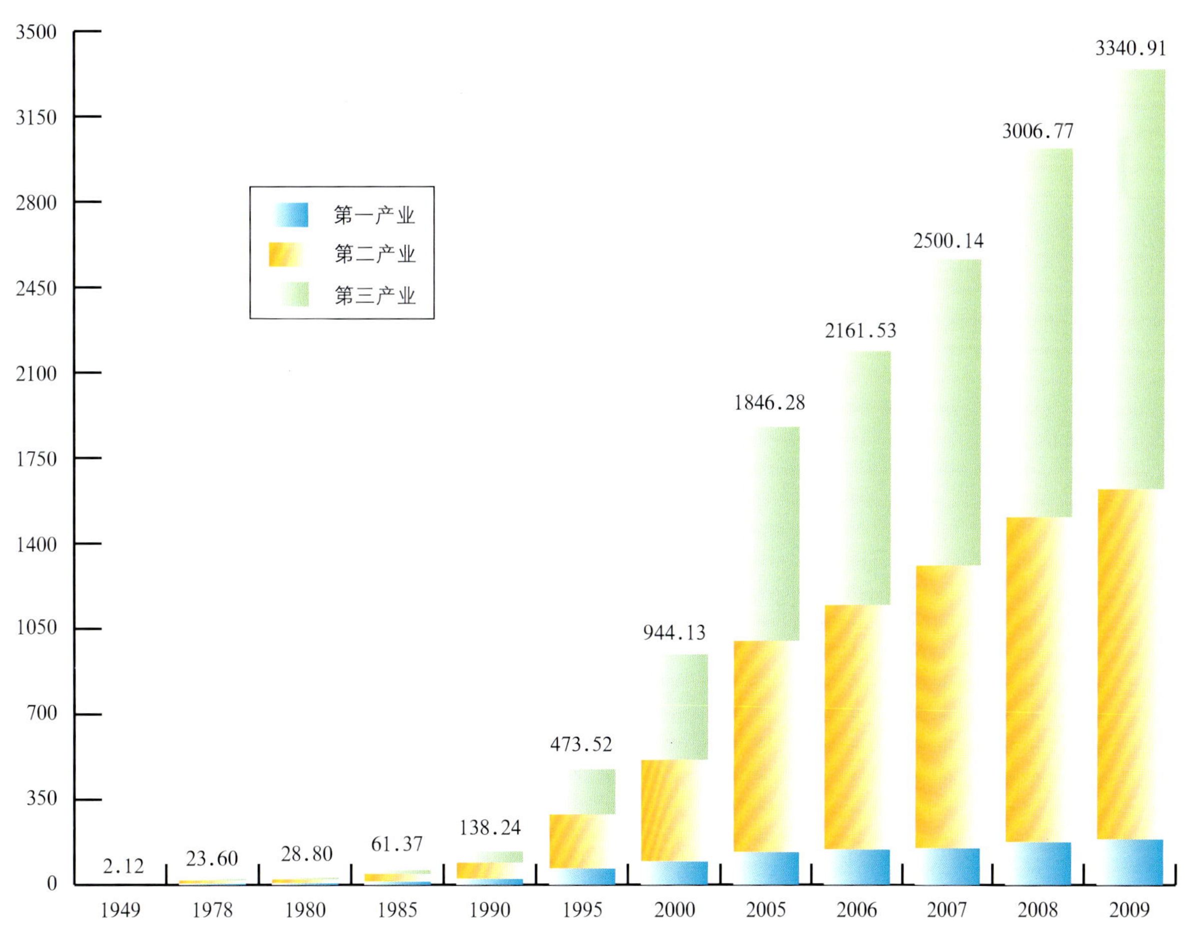

人均生产总值（元）

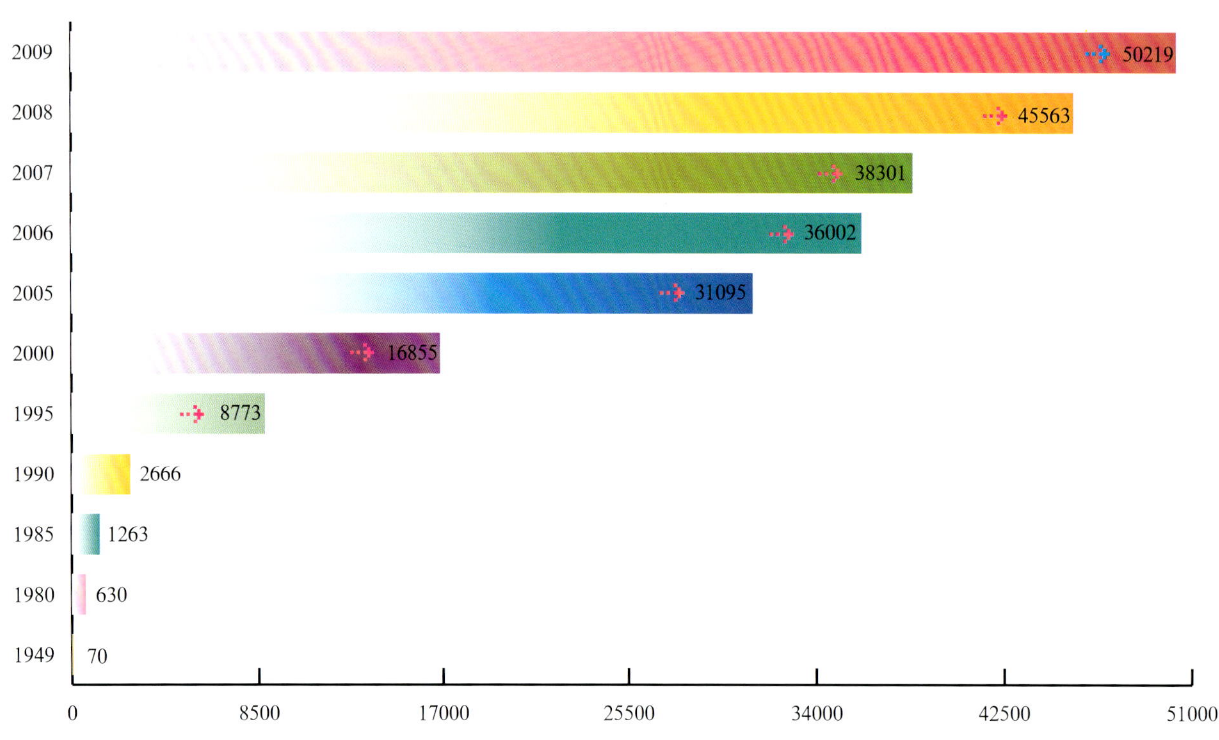

非公有制增加值及增速（亿元 /%）

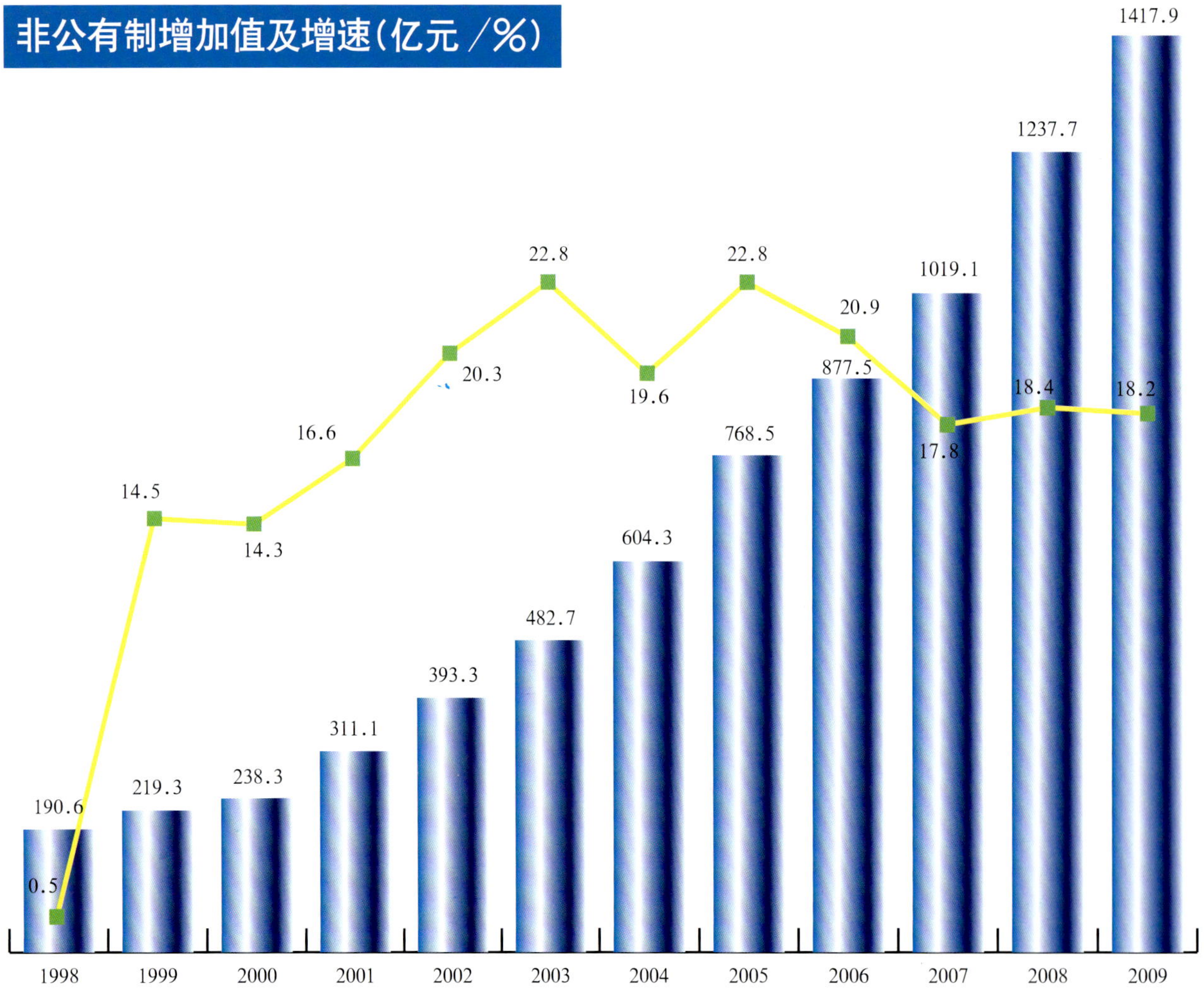

年份	增加值（亿元）	增速（%）
1998	190.6	0.5
1999	219.3	14.5
2000	238.3	14.3
2001	311.1	16.6
2002	393.3	20.3
2003	482.7	22.8
2004	604.3	19.6
2005	768.5	22.8
2006	877.5	20.9
2007	1019.1	17.8
2008	1237.7	18.4
2009	1417.9	18.2

全社会从业人员(万人)

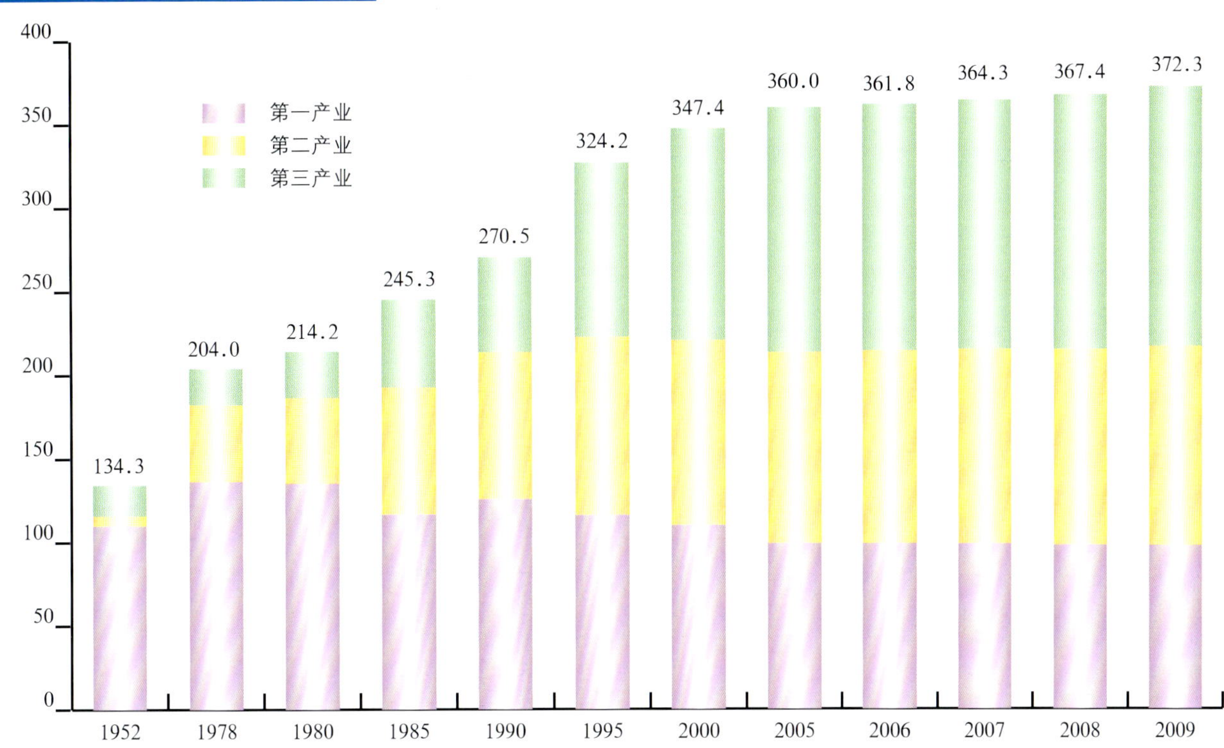

在岗职工平均工资(元)

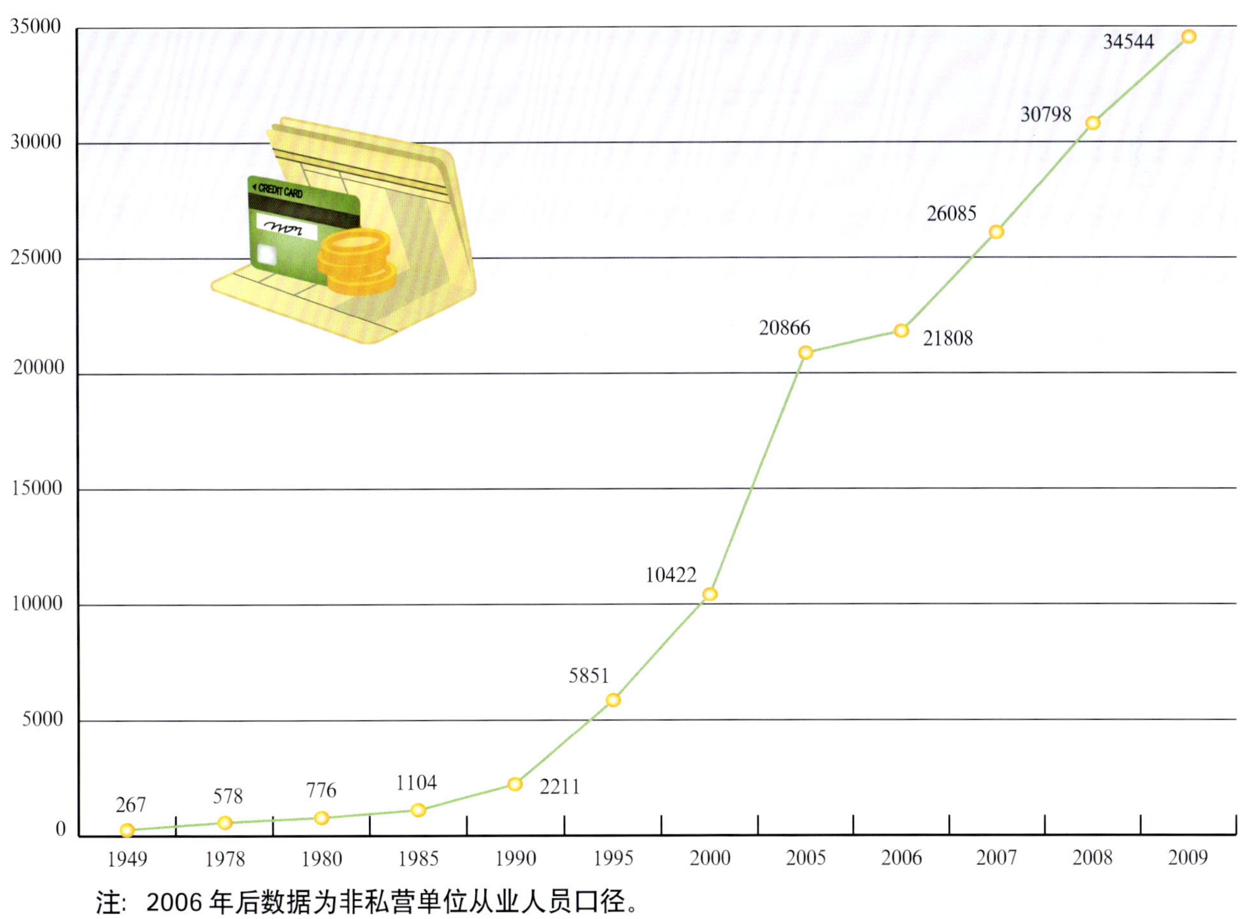

注：2006 年后数据为非私营单位从业人员口径。

年末总人口（万人）

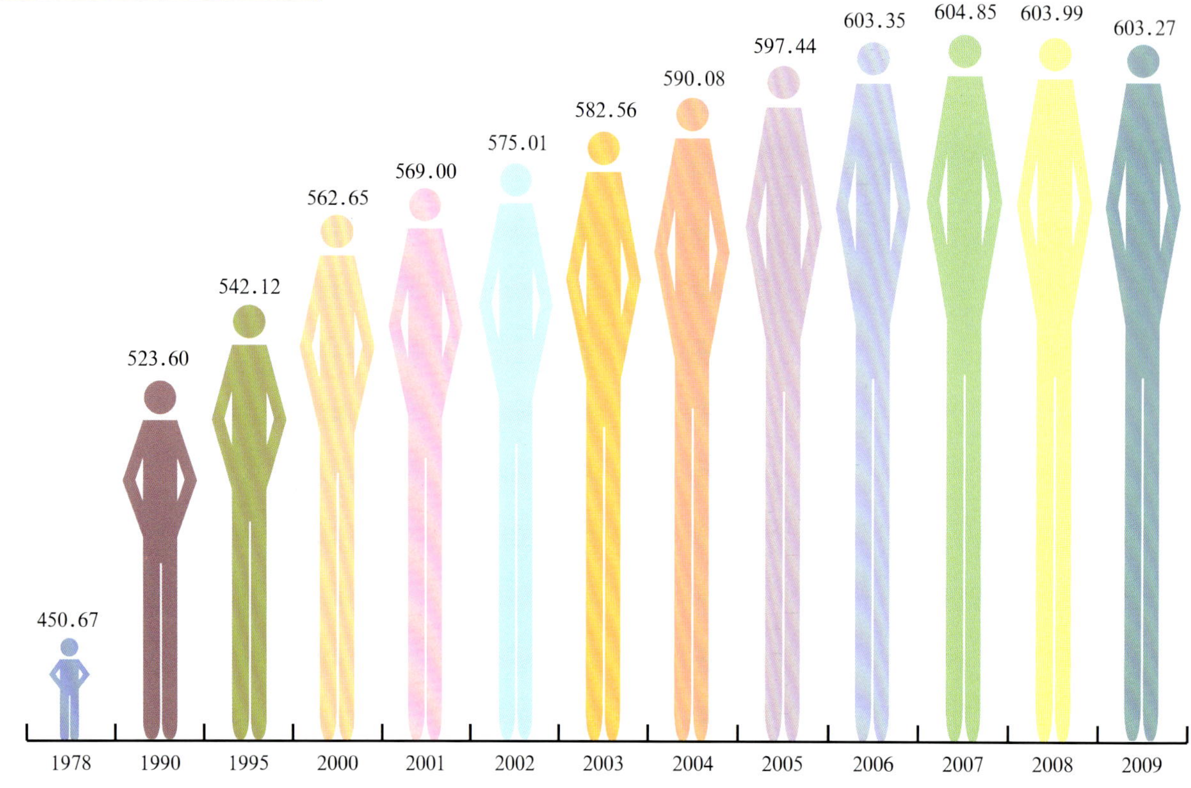

人口自然变动情况（‰）

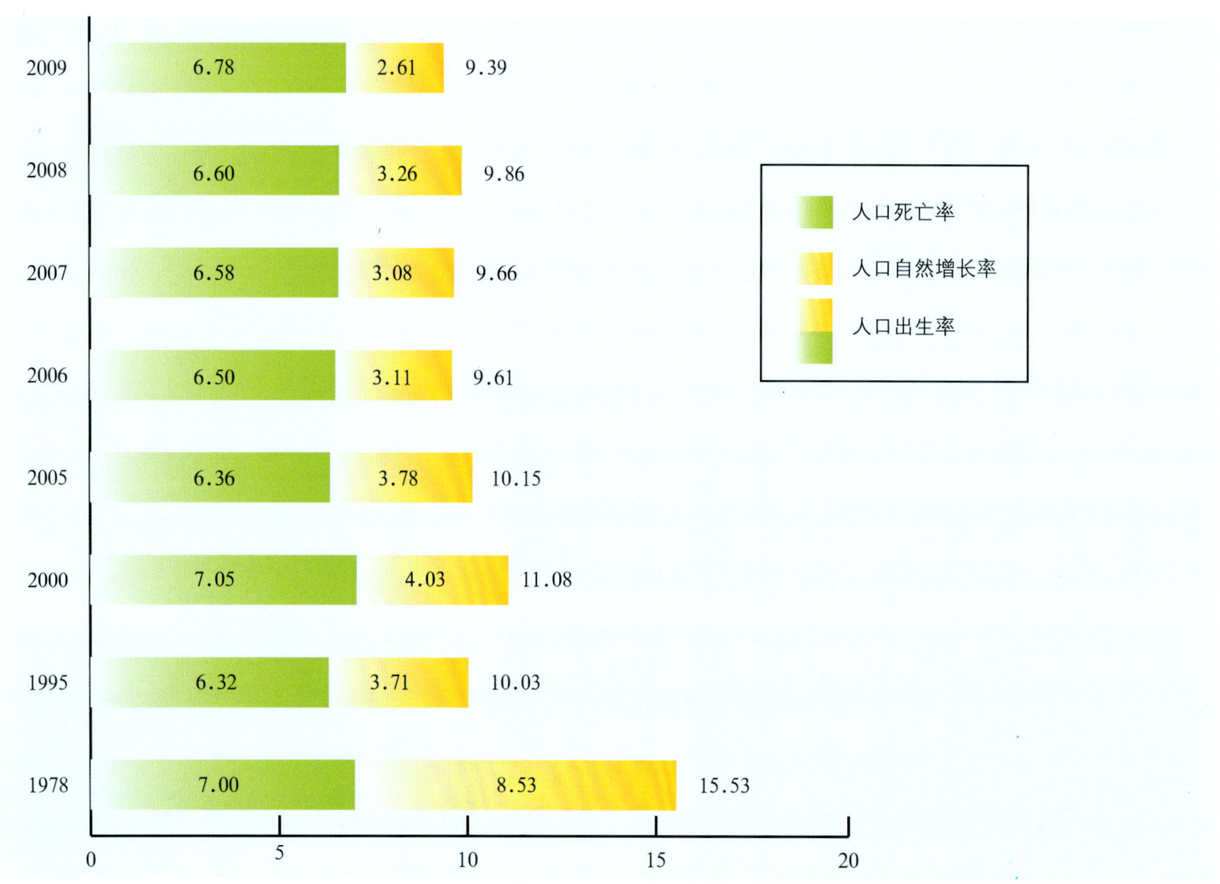

地方财政一般预算收支（亿元）

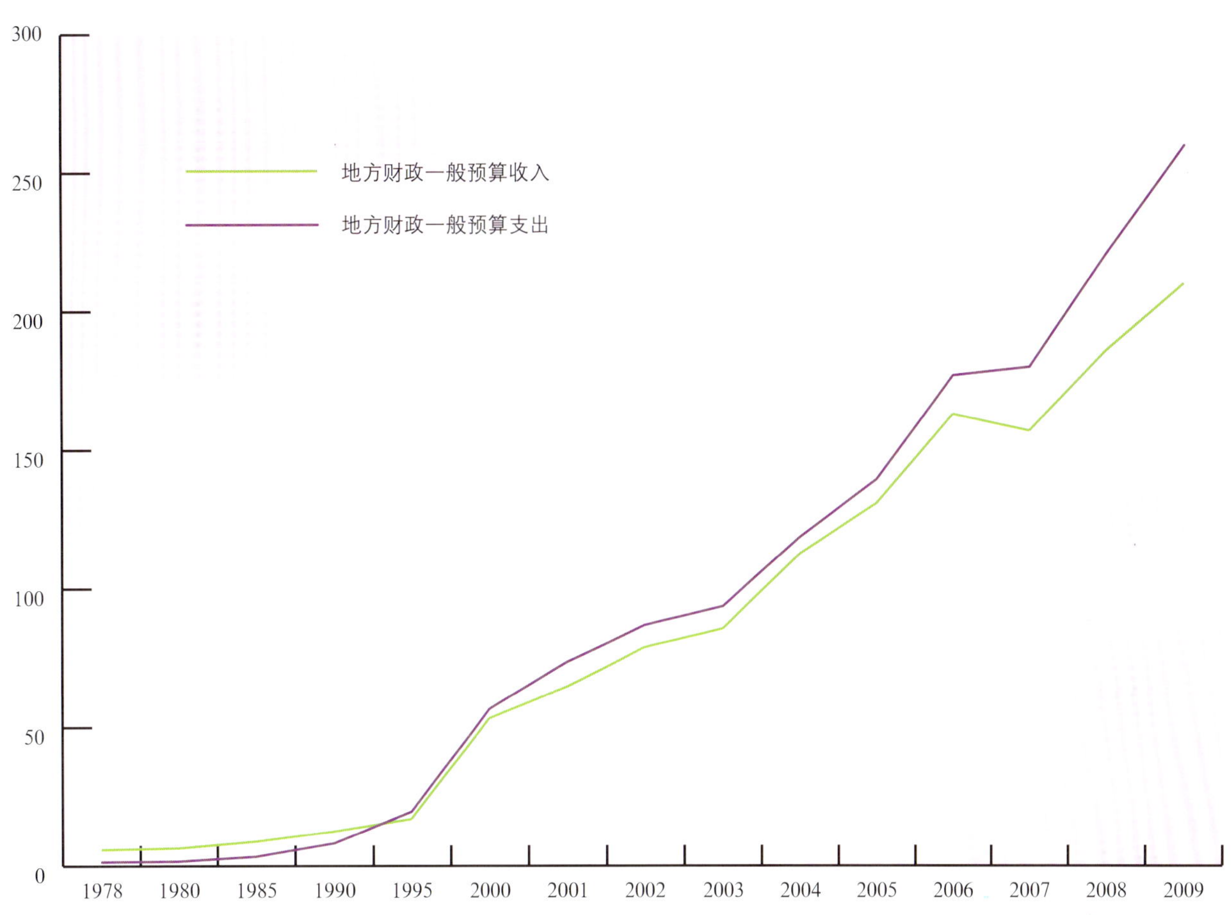

金融机构人民币存、贷款余额（亿元）

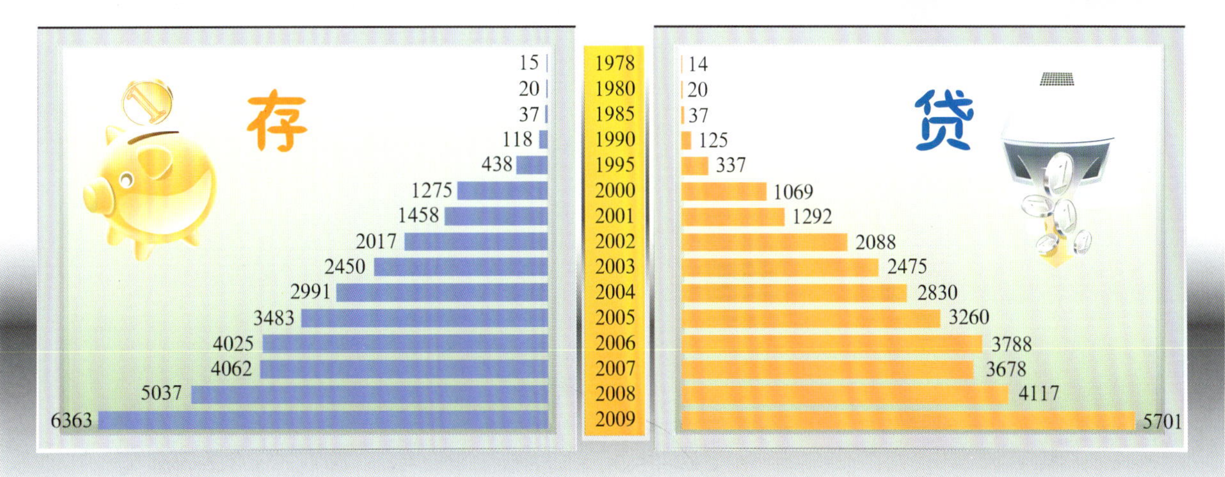

存	年份	贷
15	1978	14
20	1980	20
37	1985	37
118	1990	125
438	1995	337
1275	2000	1069
1458	2001	1292
2017	2002	2088
2450	2003	2475
2991	2004	2830
3483	2005	3260
4025	2006	3788
4062	2007	3678
5037	2008	4117
6363	2009	5701

城市居民人均可支配收入和农民人均纯收入（元）

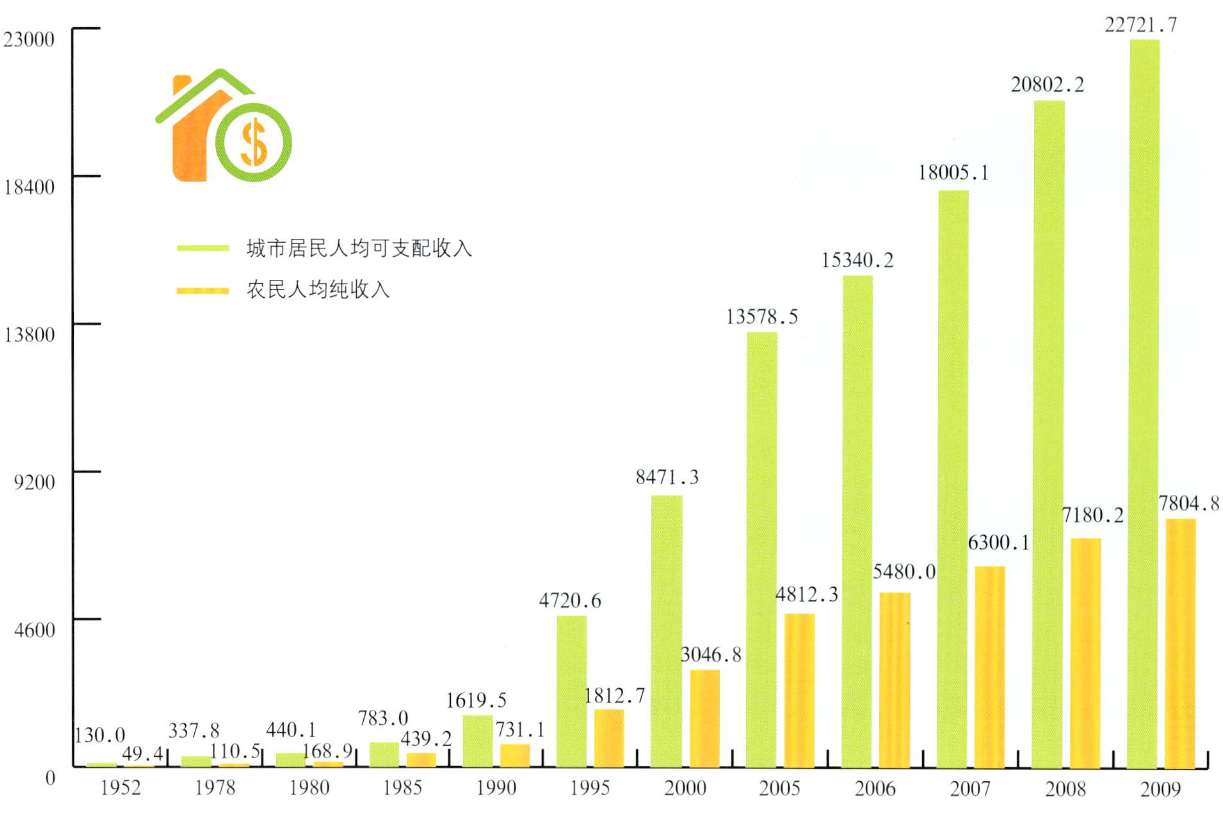

城市居民人均消费性支出和农民人均生活费支出（元）

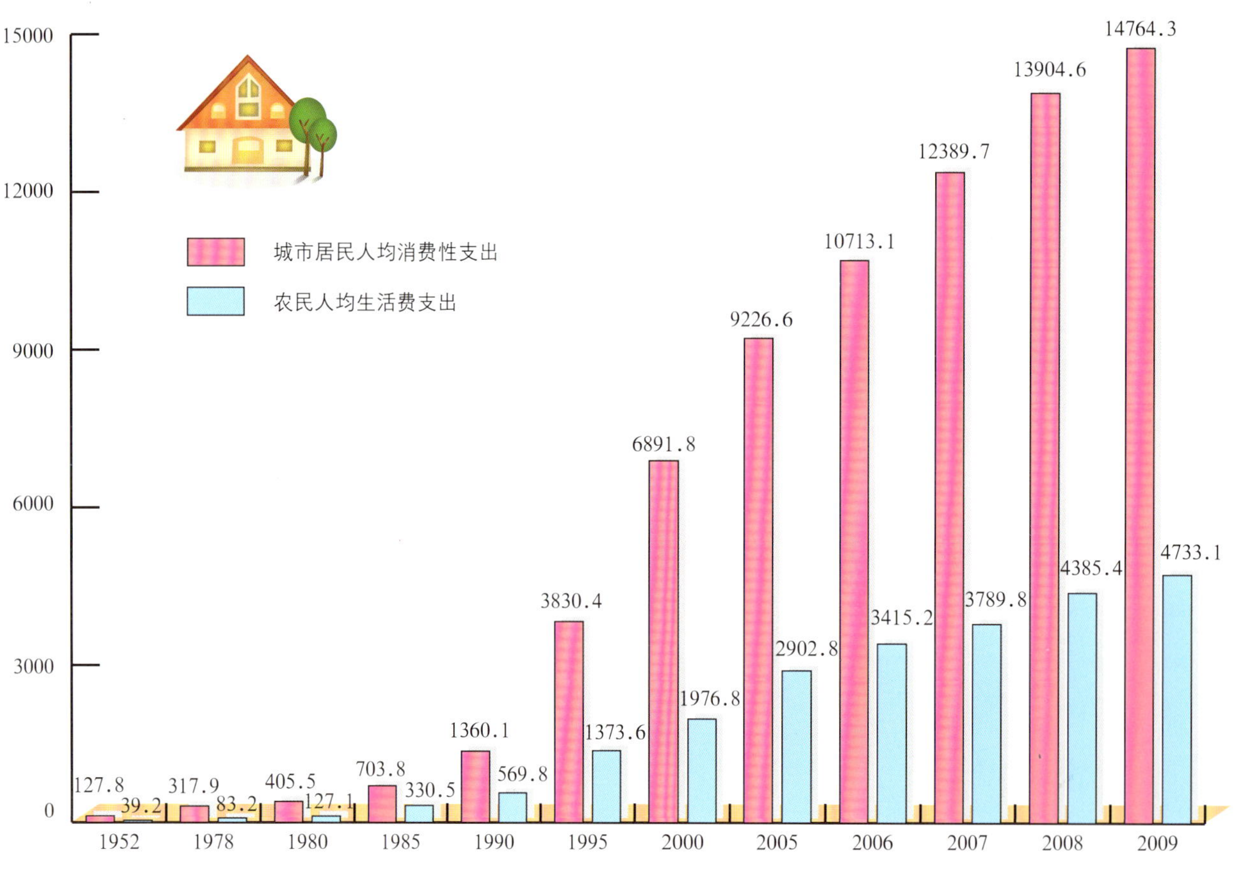

城市居民与农村居民恩格尔系数（%）

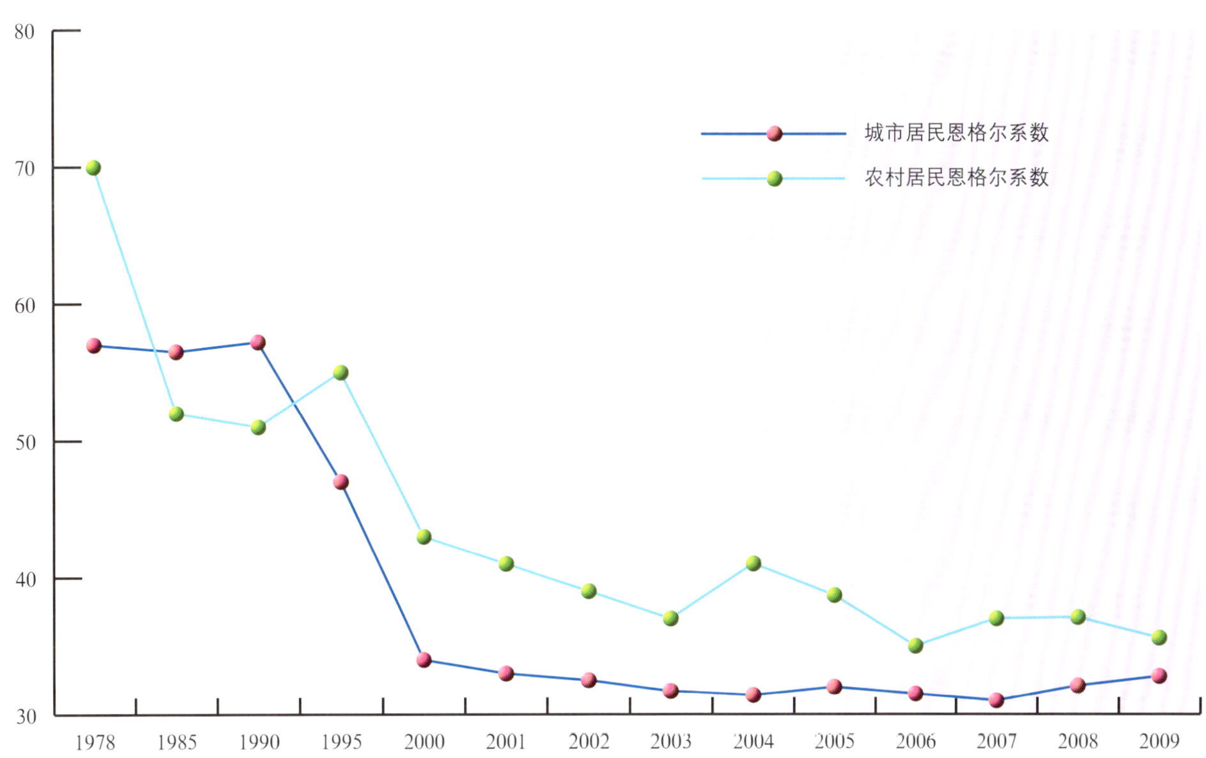

城市居民与农村居民基尼系数

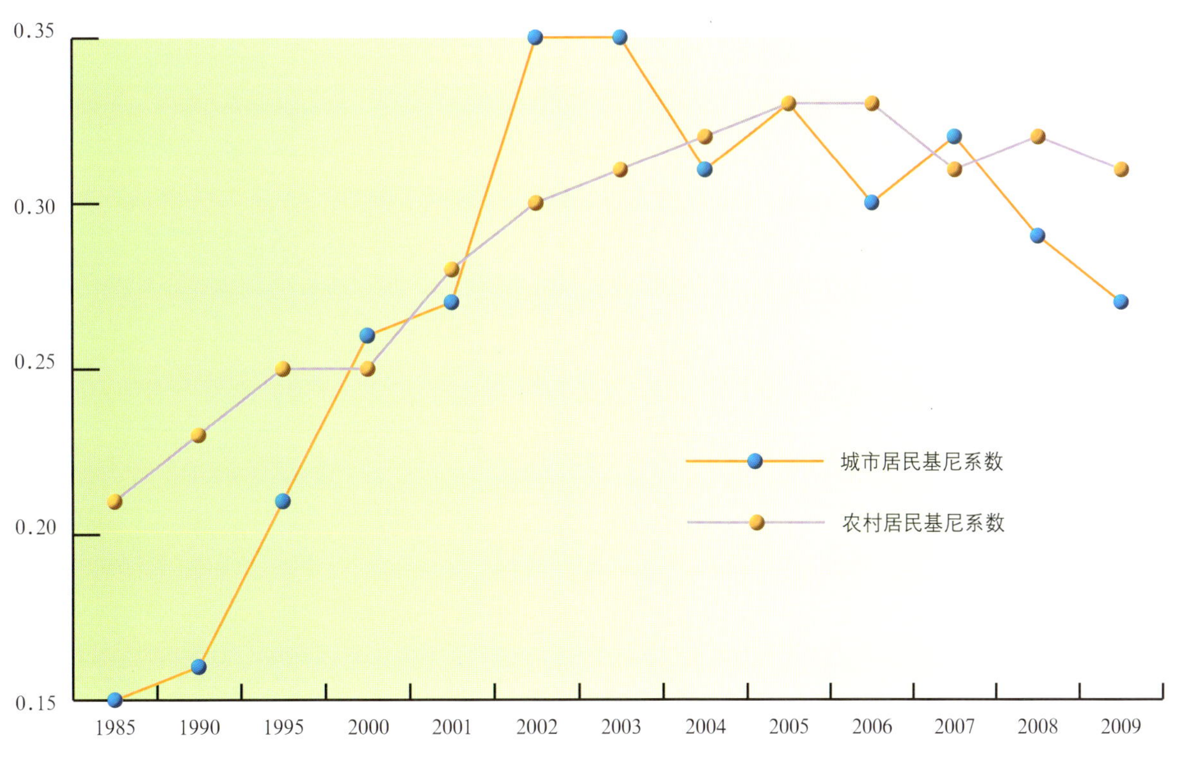

居民消费价格指数与商品零售价格指数（以上年为 100／%）

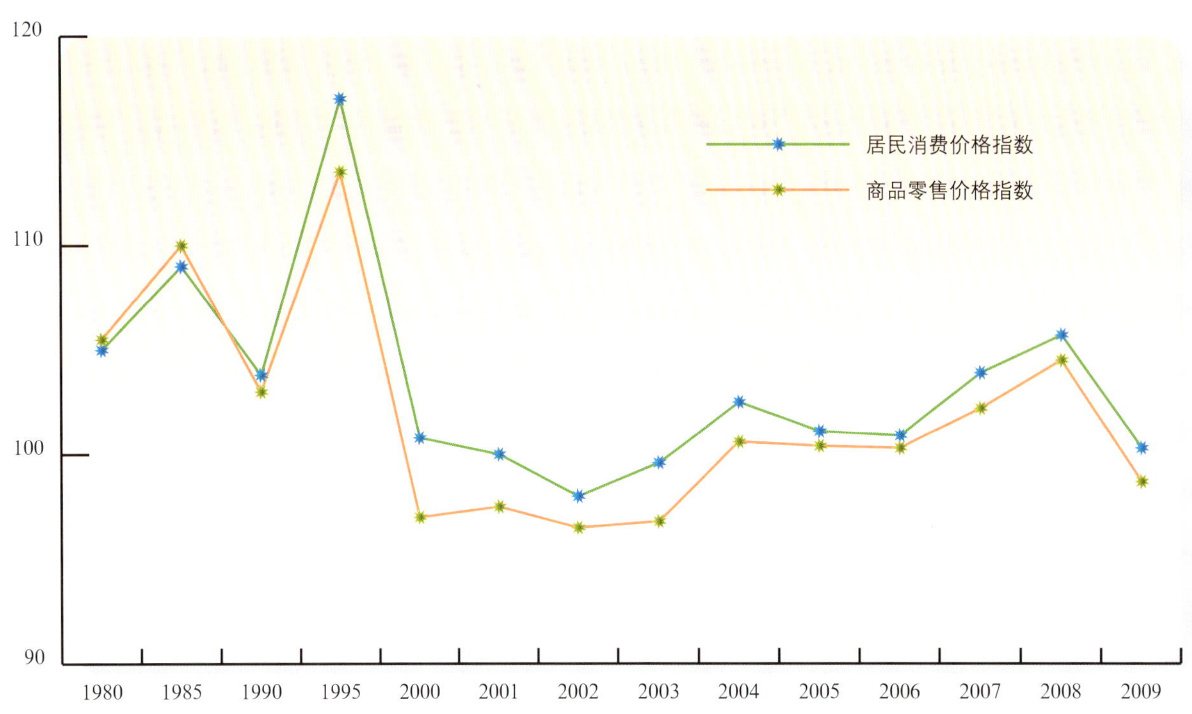

工业品出厂价格指数与原材料燃料动力购进价格指数(以上年为100／%)

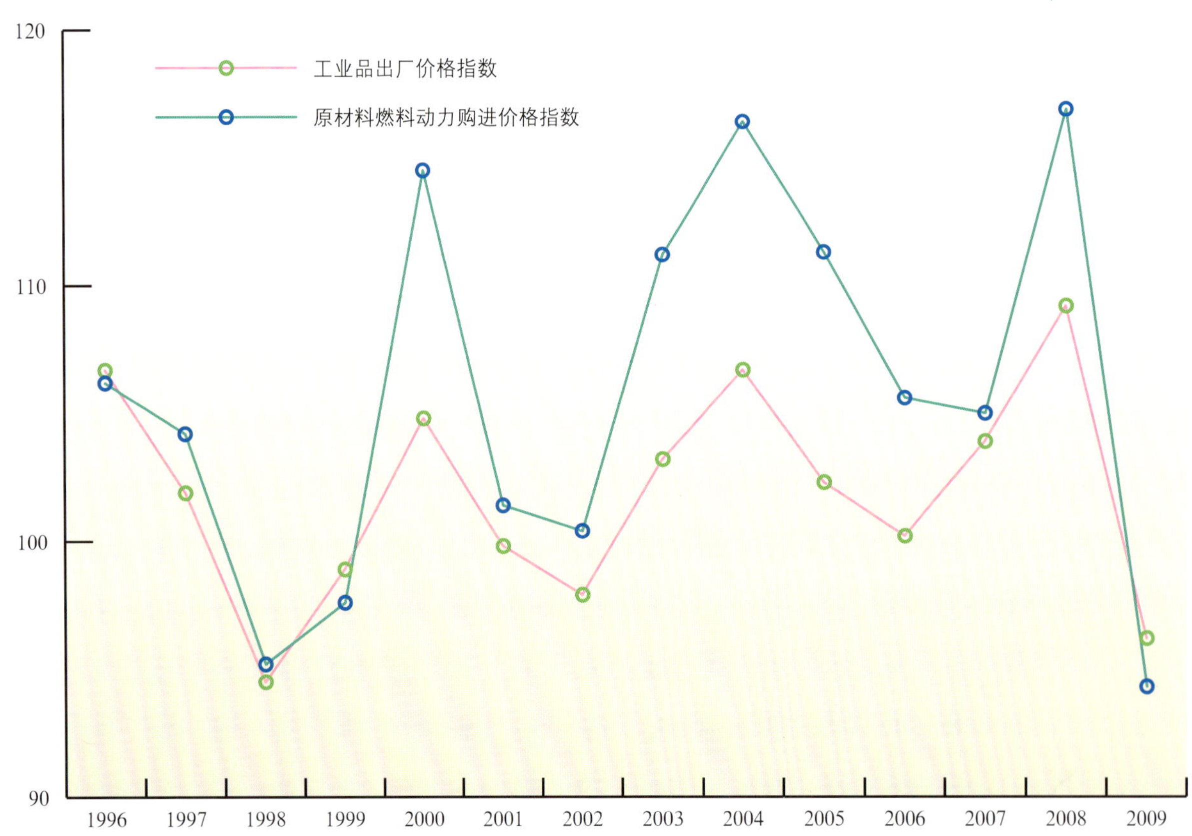

高新技术产业产值及占规模以上工业总产值的比重（亿元／%）

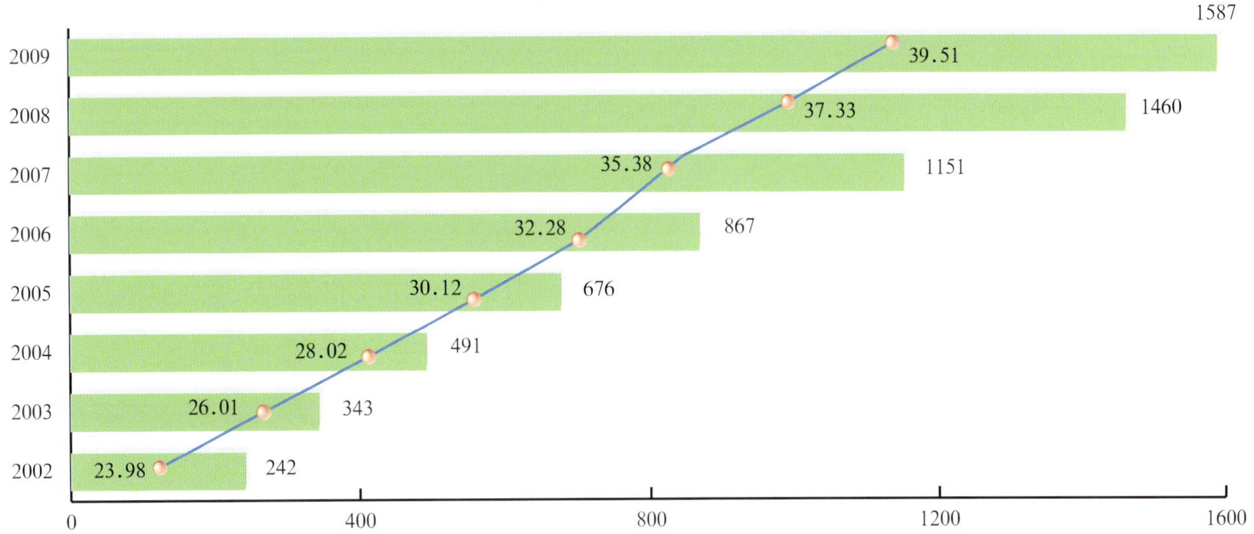

年份	产值（亿元）	比重（%）
2002	242	23.98
2003	343	26.01
2004	491	28.02
2005	676	30.12
2006	867	32.28
2007	1151	35.38
2008	1460	37.33
2009	1587	39.51

实际外资金额（万美元）

年份	金额
1992	2932
1993	15809
1994	24424
1995	25294
2000	31981
2001	42520
2002	54189
2003	65329
2004	48269
2005	54158
2006	68203
2007	61714
2008	96441
2009	98062

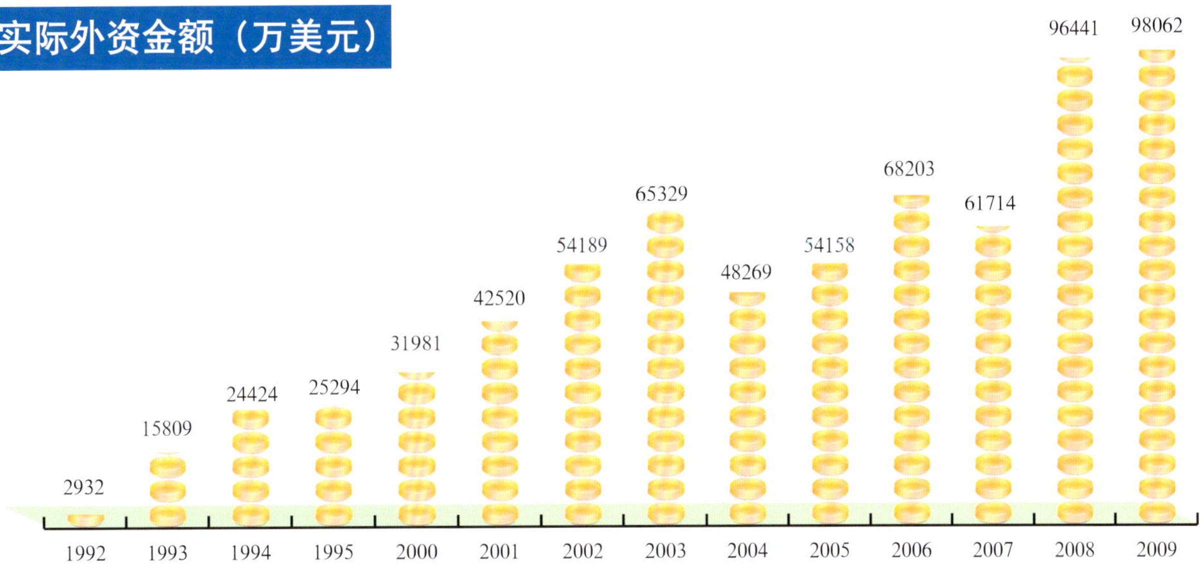

海关进出口总值（万美元）

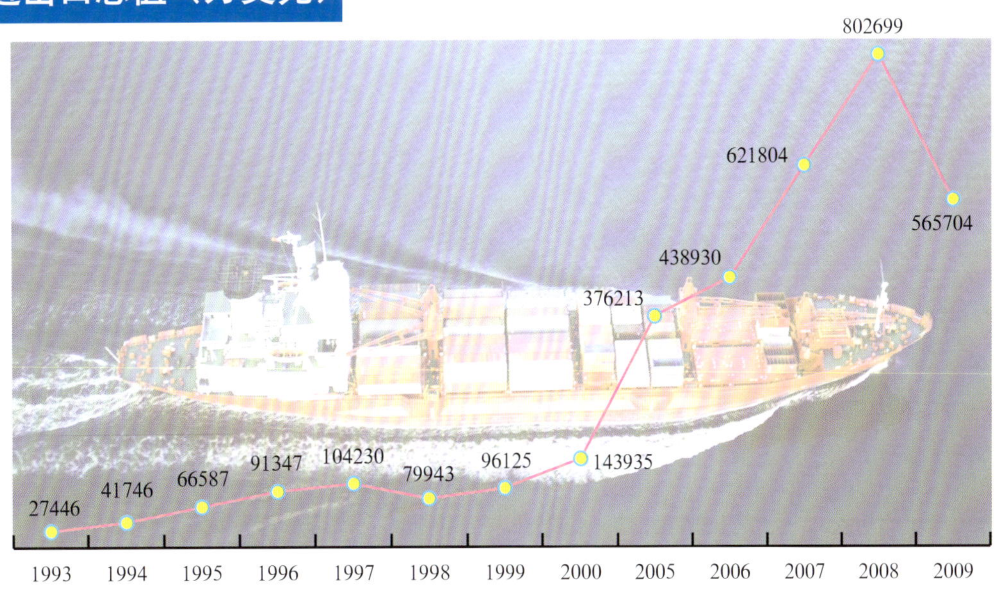

农林牧渔业增加值（亿元）

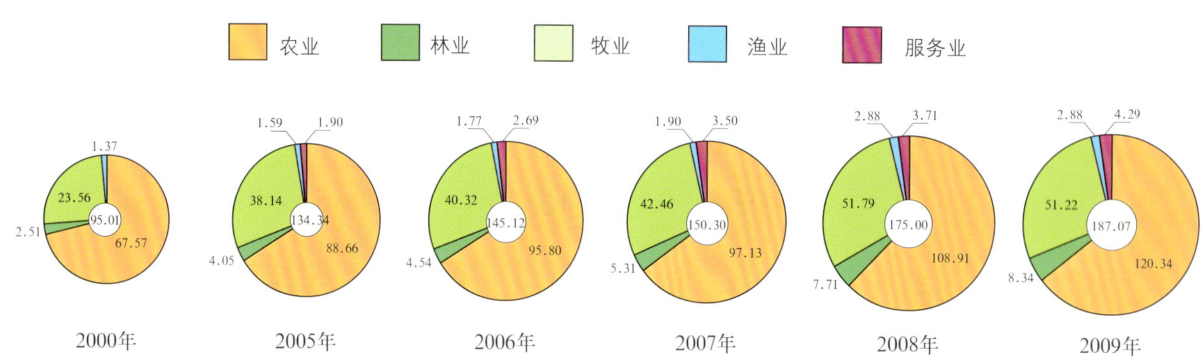

主要农产品产量（万吨）

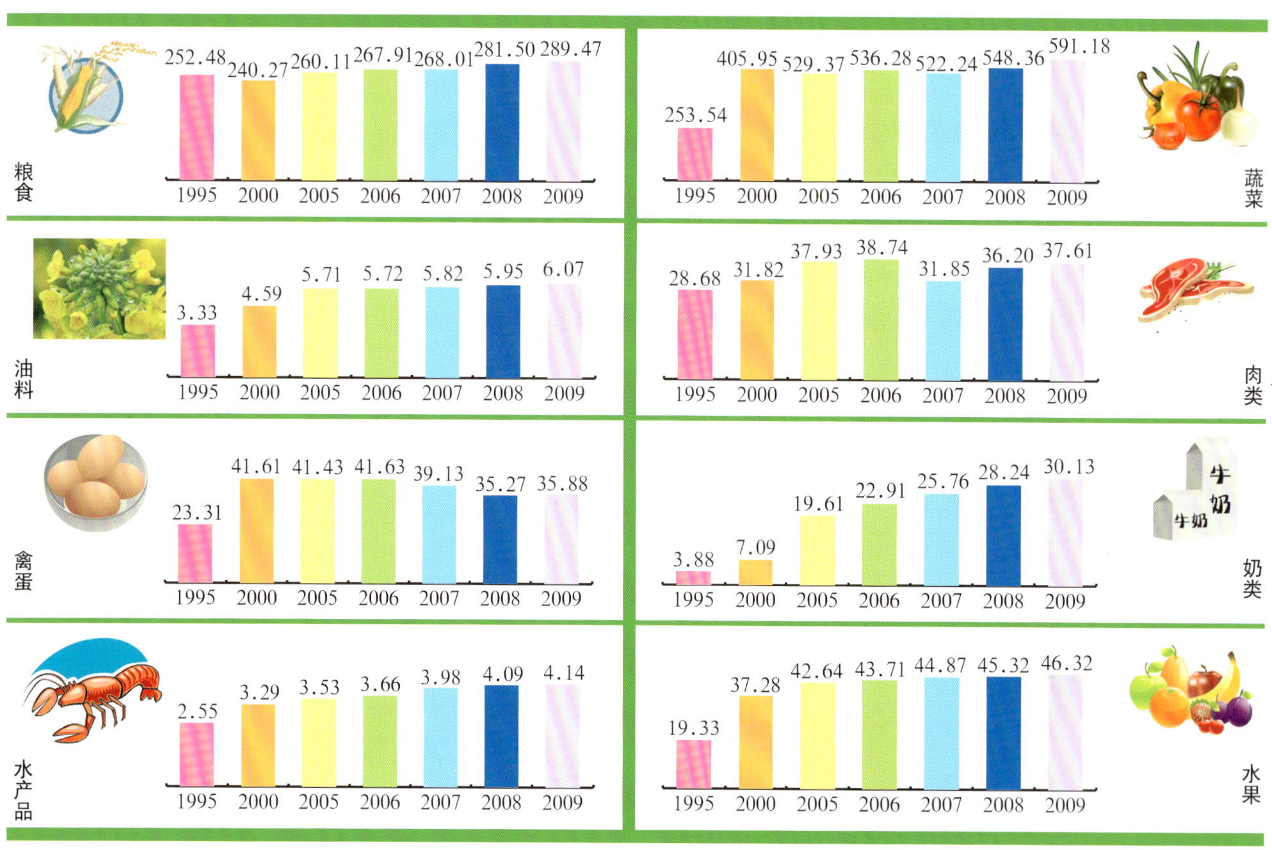

规模以上工业增加值（亿元）

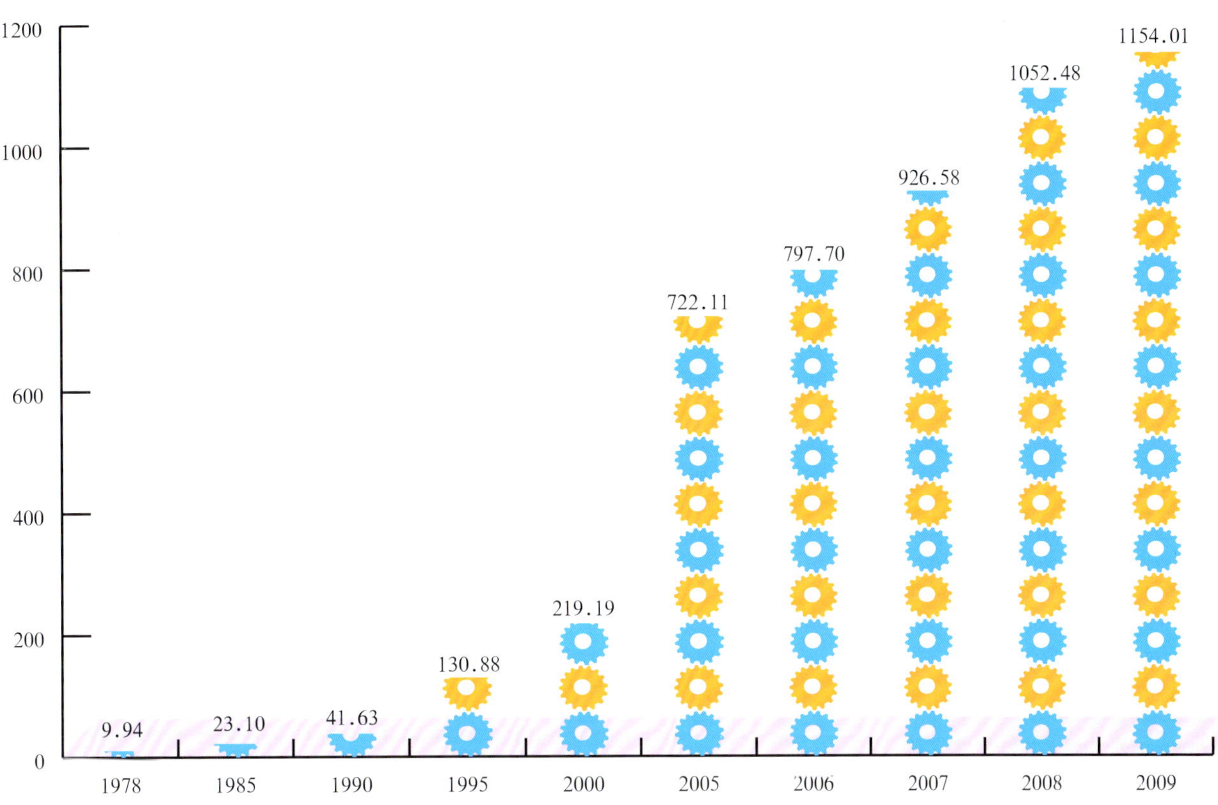

规模以上工业主营业务收入（亿元）

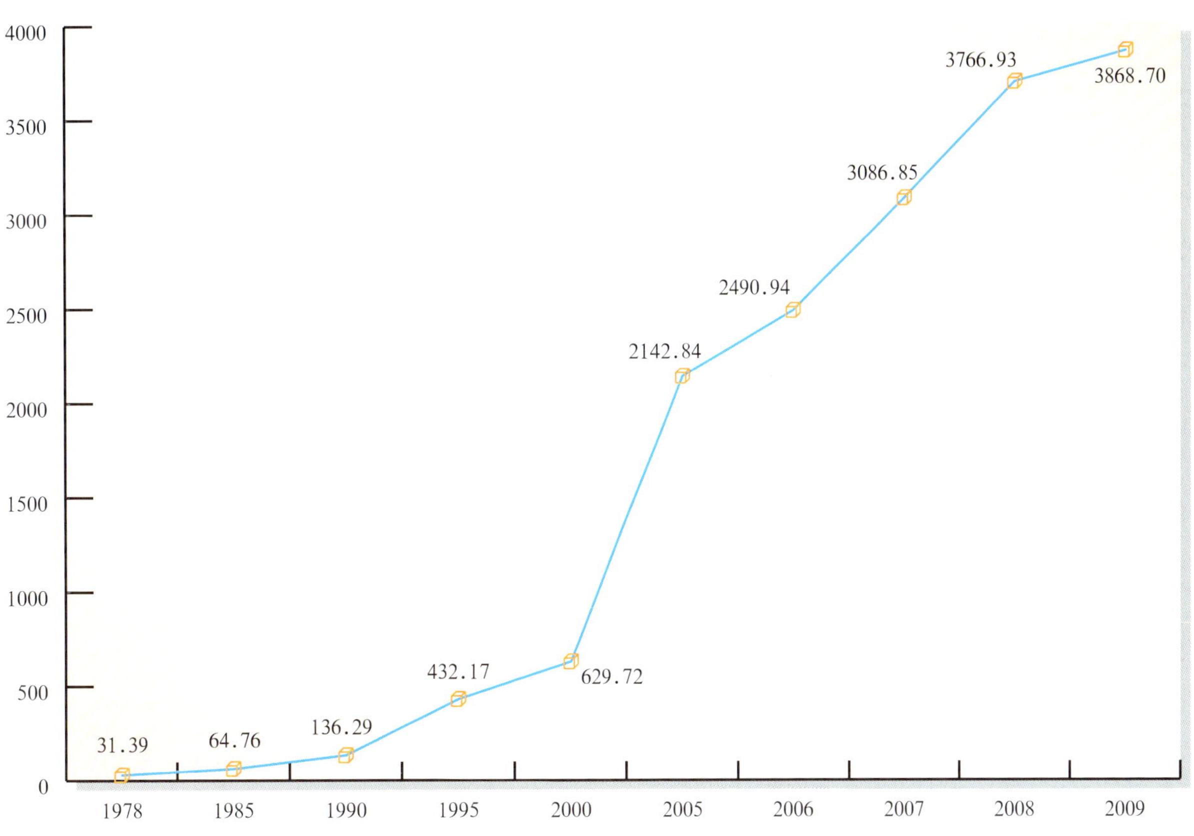

规模以上工业利税总额（亿元）

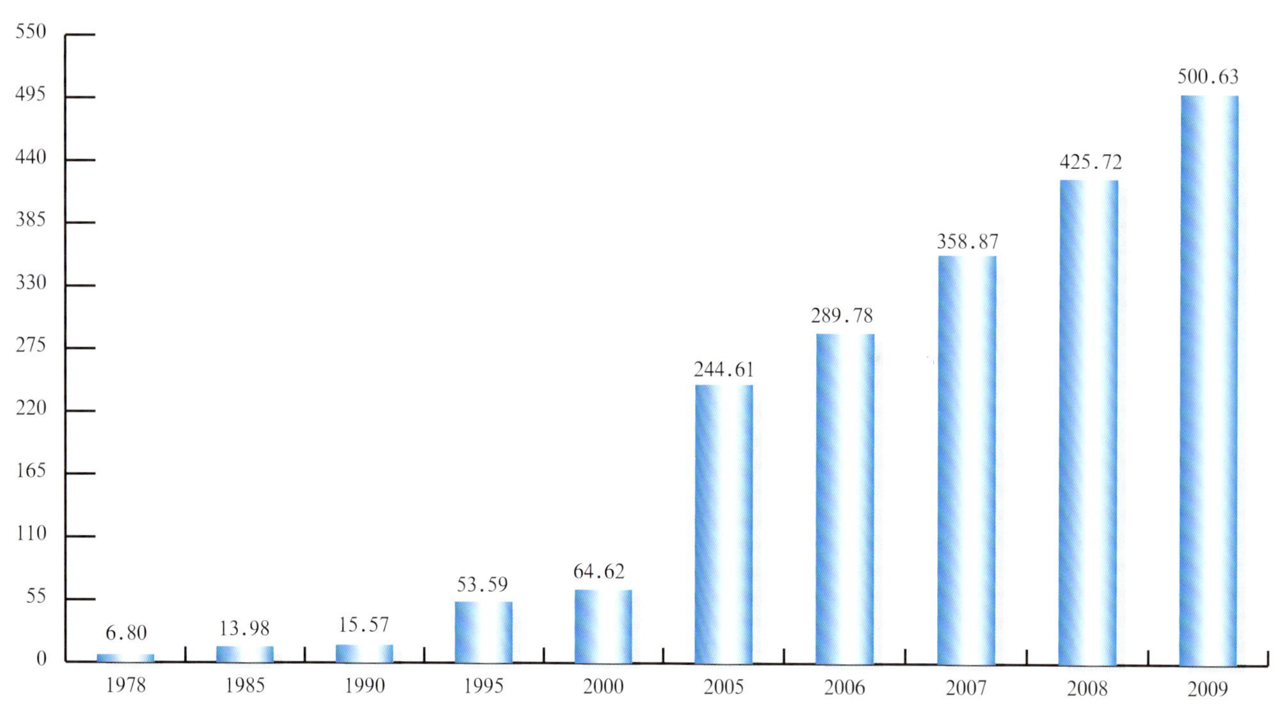

主要工业产品产量

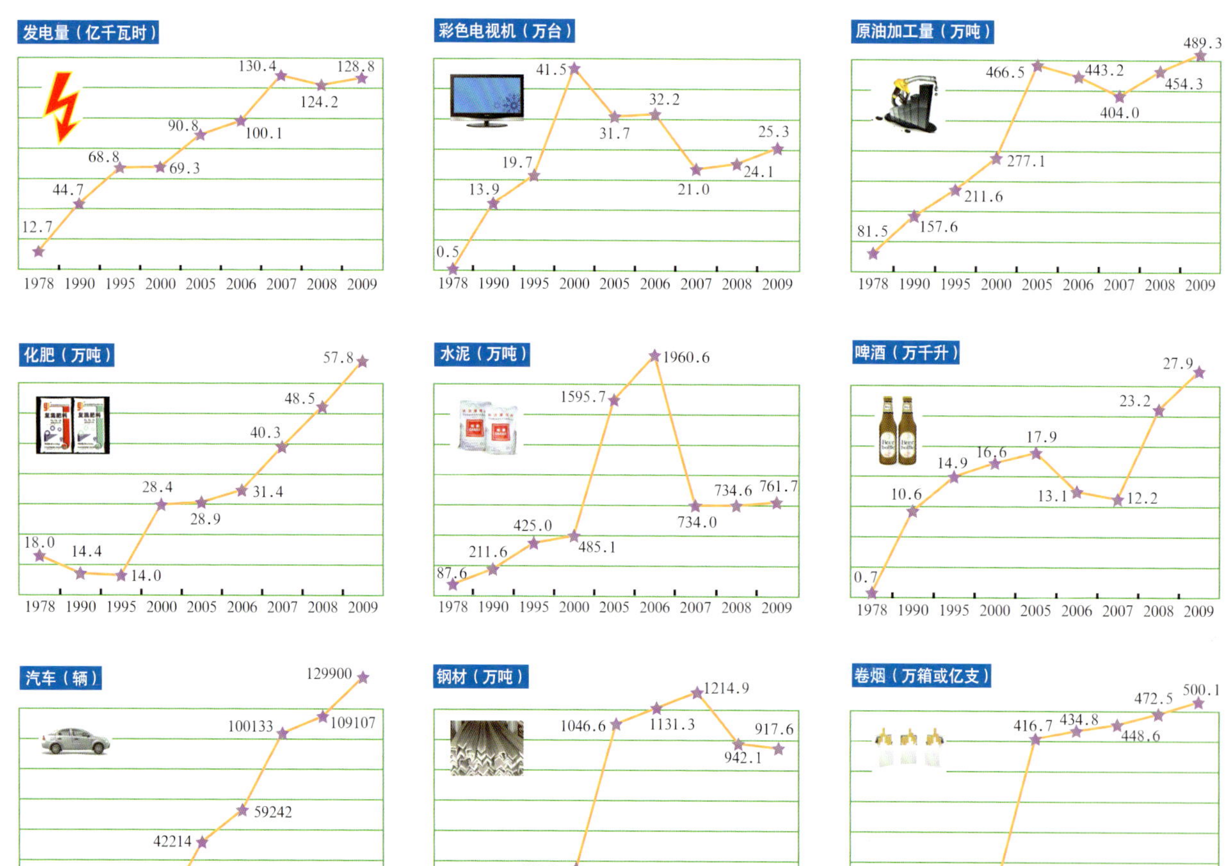

社会消费品零售总额及构成(亿元)

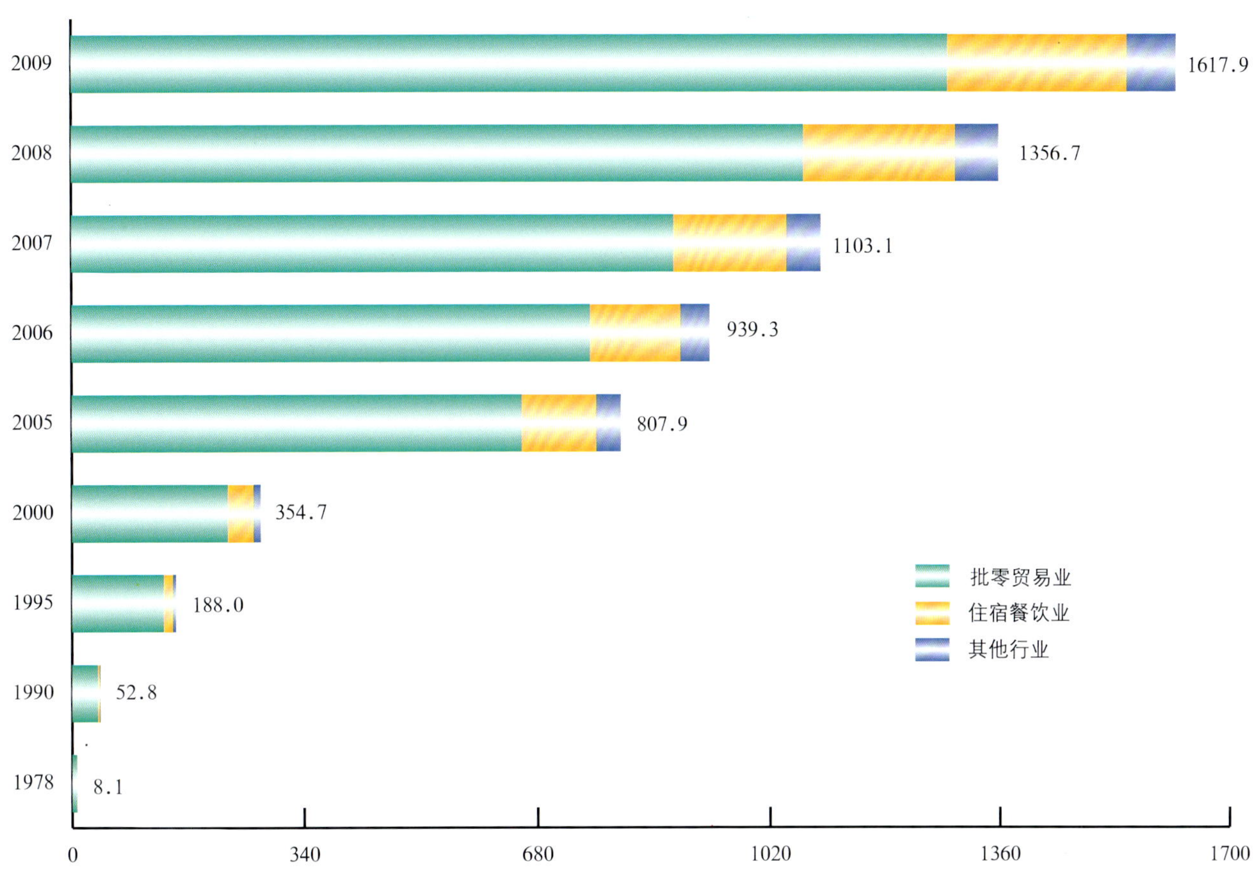

全社会固定资产投资及构成(亿元)

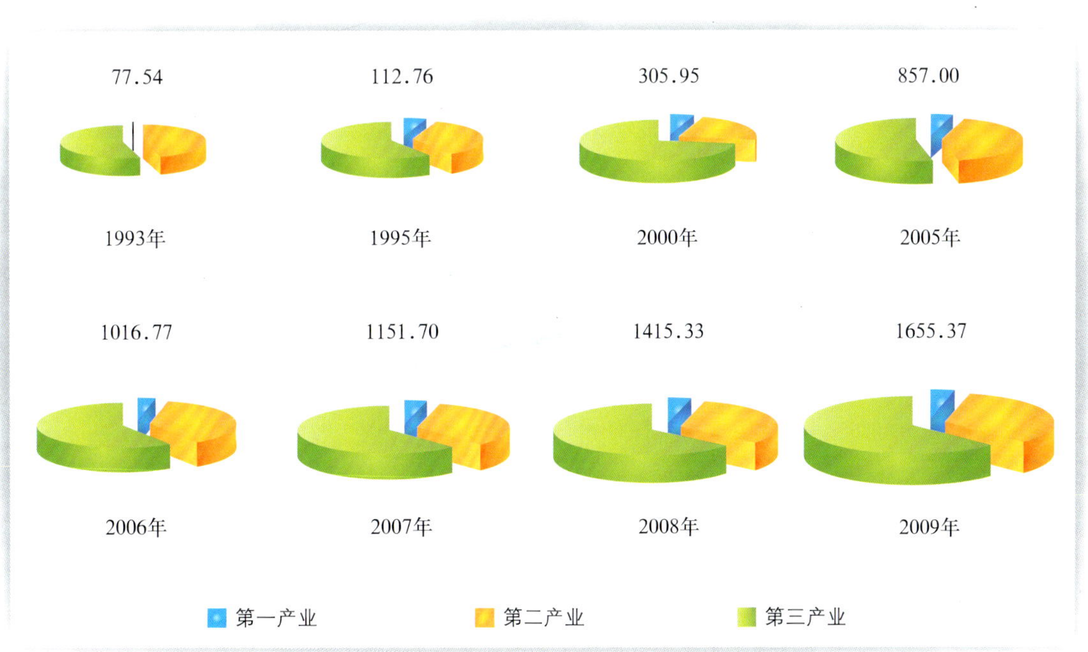

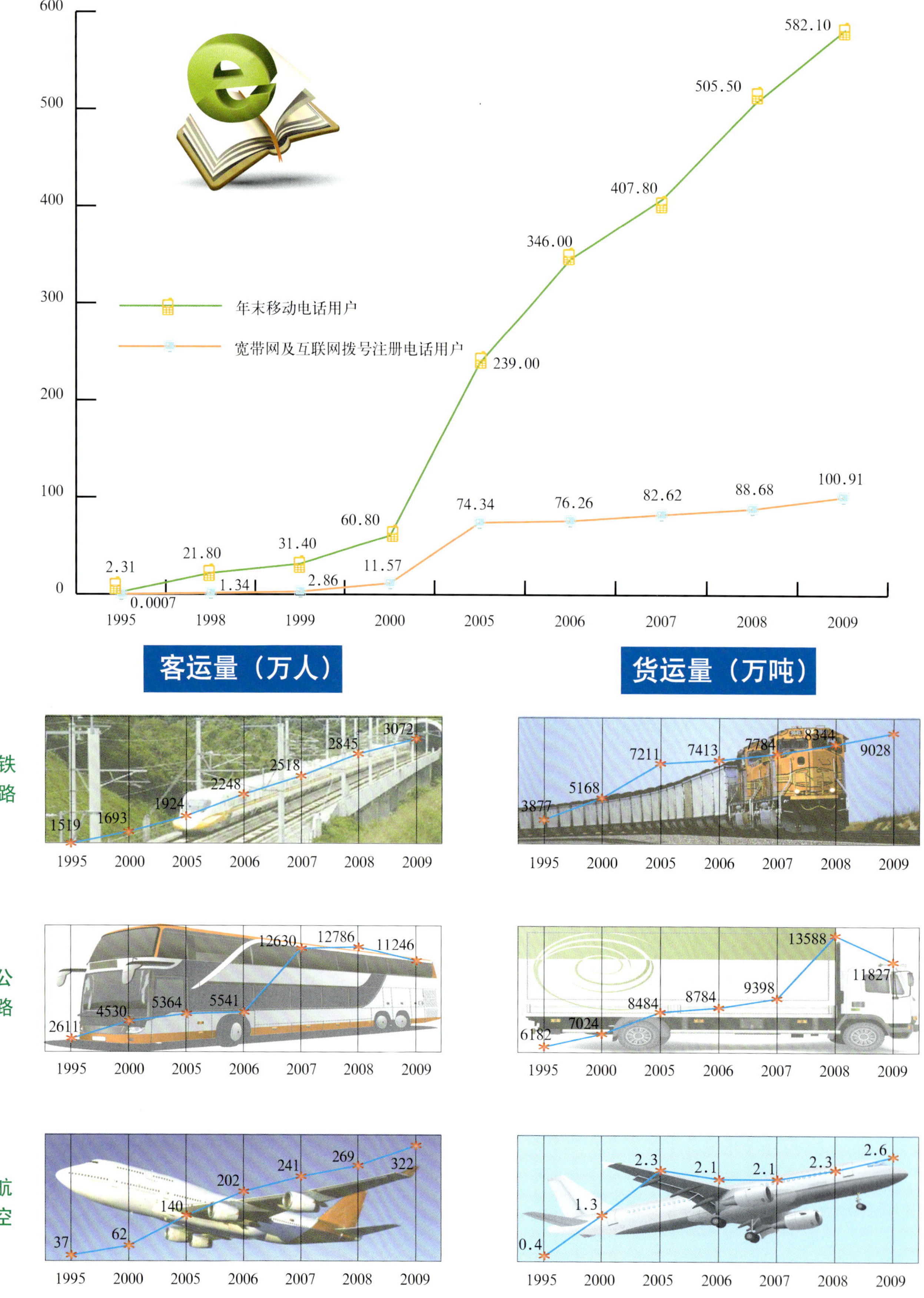
移动电话用户、宽带及互联网拨号注册电话用户（万户）
600
500
400
300
200
100
0
年末移动电话用户
宽带网及互联网拨号注册电话用户
2.31
21.80
31.40
60.80
239.00
346.00
407.80
505.50
582.10
0.0007
1.34
2.86
11.57
74.34
76.26
82.62
88.68
100.91
1995
1998
1999
2000
2005
2006
2007
2008
2009
客运量（万人）
货运量（万吨）
铁路
1519
1693
1924
2248
2518
2845
3072
3877
5168
7211
7413
7784
8344
9028
公路
2611
4530
5364
5541
12630
12786
11246
6182
7024
8484
8784
9398
13588
11827
航空
37
62
140
202
241
269
322
0.4
1.3
2.3
2.1
2.1
2.3
2.6
1995
2000
2005
2006
2007
2008
2009

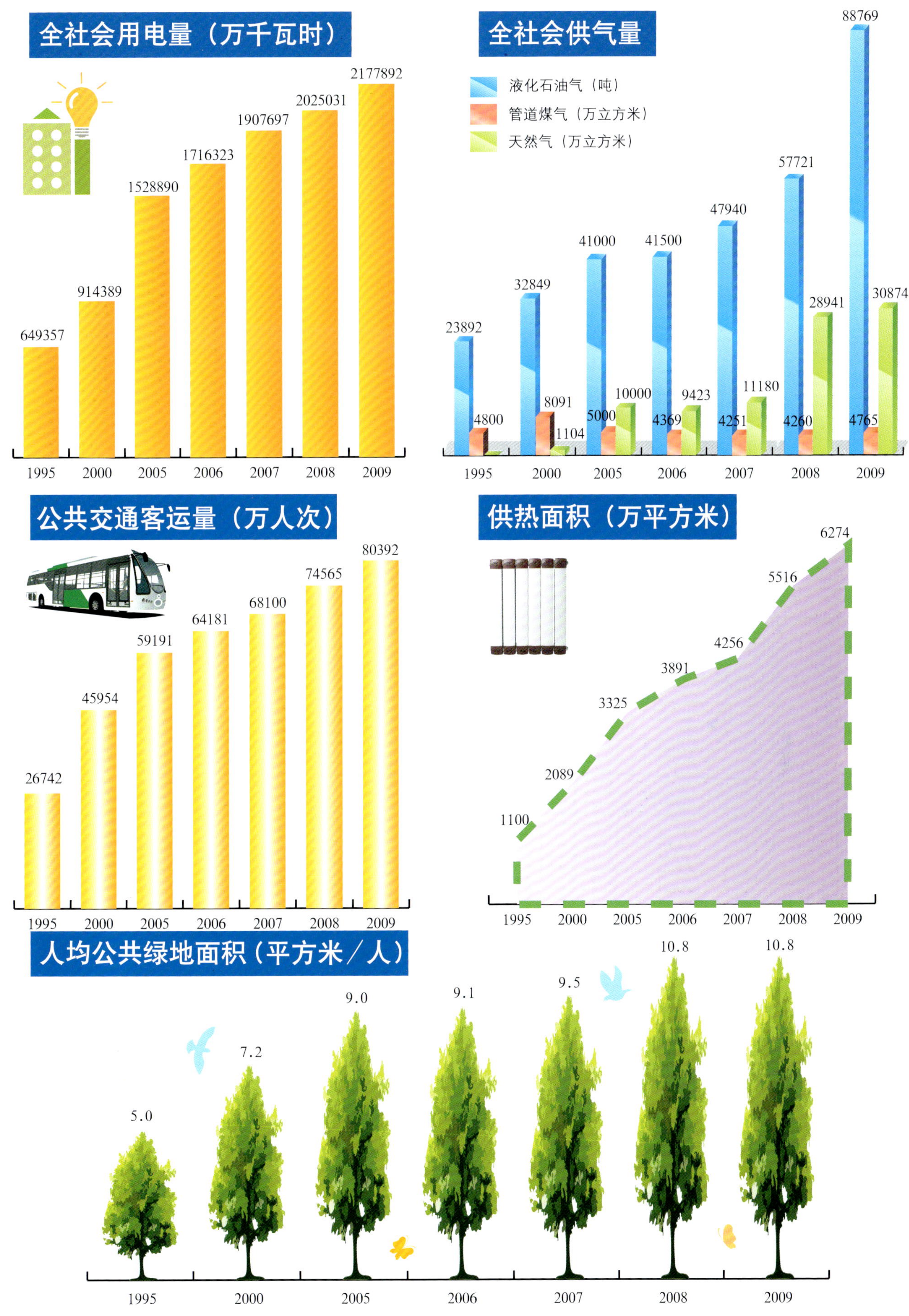
全社会用电量（万千瓦时）
649357
914389
1528890
1716323
1907697
2025031
2177892
1995 2000 2005 2006 2007 2008 2009
全社会供气量
液化石油气（吨）
管道煤气（万立方米）
天然气（万立方米）
23892
4800
32849
8091
1104
41000
5000
10000
41500
4369
9423
47940
4251
11180
57721
4260
28941
88769
4765
30874
1995 2000 2005 2006 2007 2008 2009
公共交通客运量（万人次）
26742
45954
59191
64181
68100
74565
80392
1995 2000 2005 2006 2007 2008 2009
供热面积（万平方米）
1100
2089
3325
3891
4256
5516
6274
1995 2000 2005 2006 2007 2008 2009
人均公共绿地面积（平方米/人）
5.0
7.2
9.0
9.1
9.5
10.8
10.8
1995 2000 2005 2006 2007 2008 2009

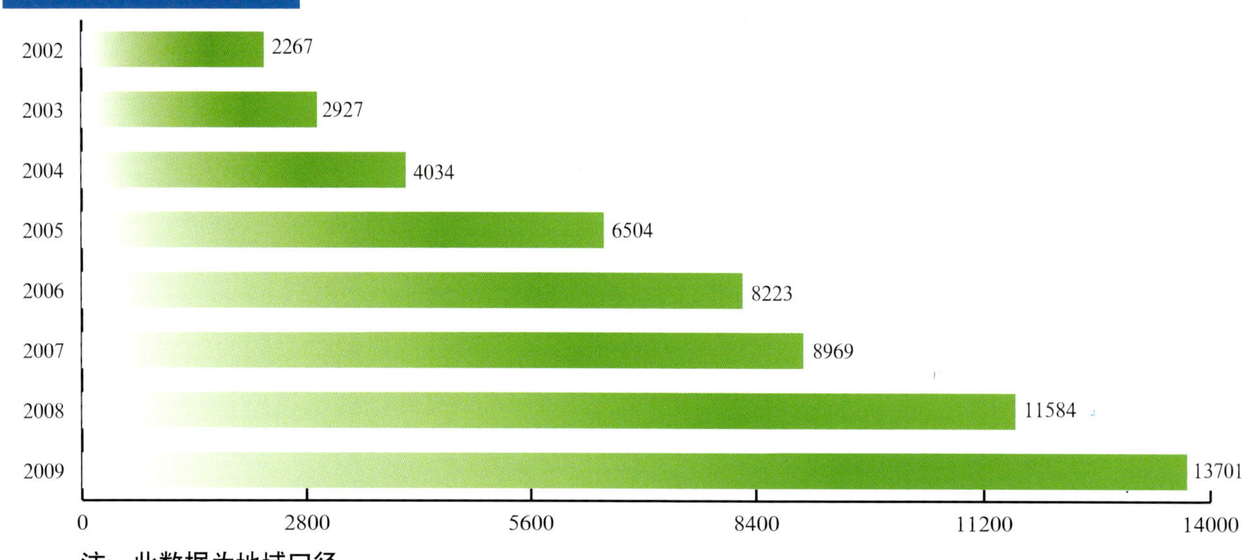

注：此数据为地域口径。

各类学校专任教师（人）

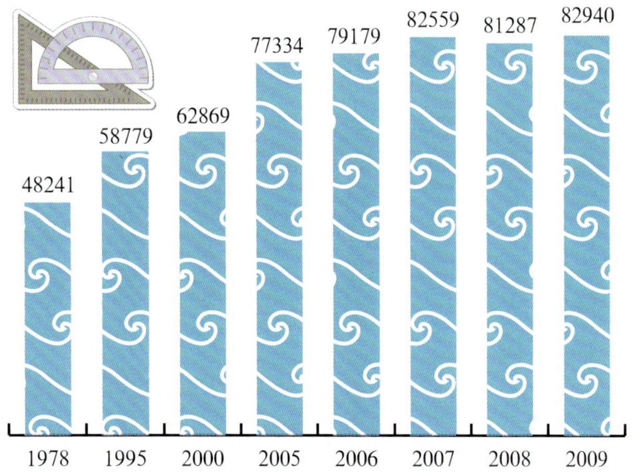

各类学校在校学生（万人）

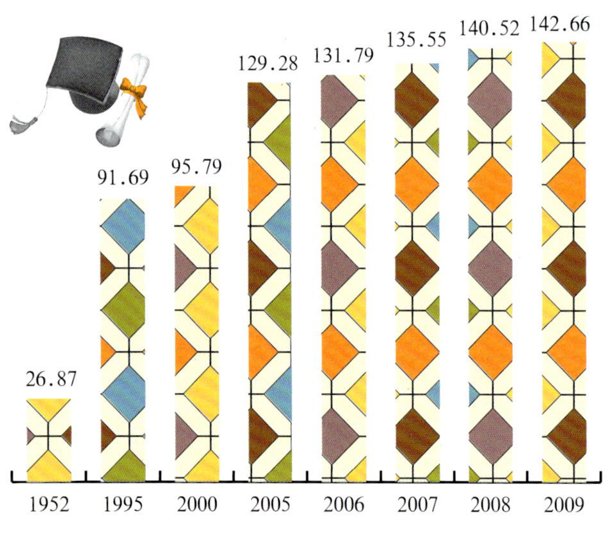

各类出版物 —— 杂志（万册）

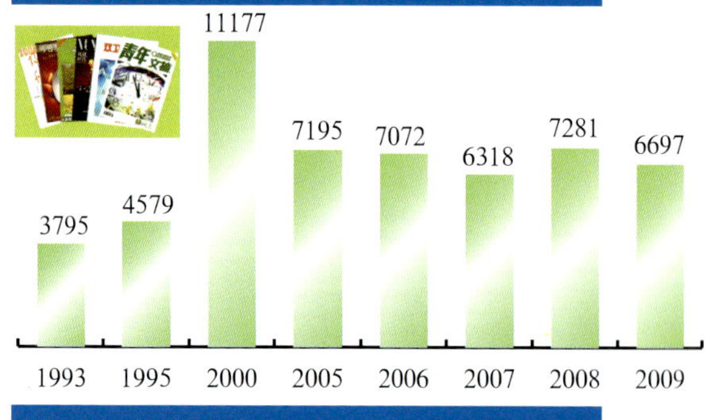

各类出版物 —— 报纸（万份）

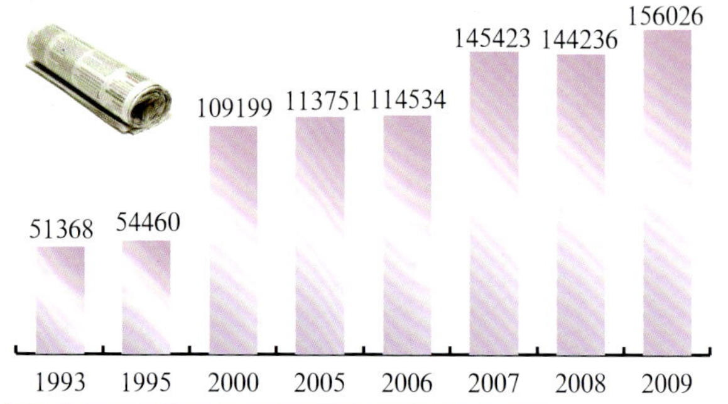

各类出版物 —— 图书（万册）

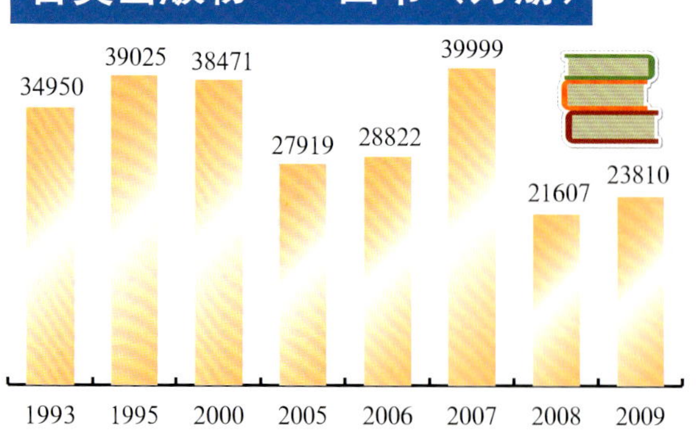

济南的一天

出生 155 人

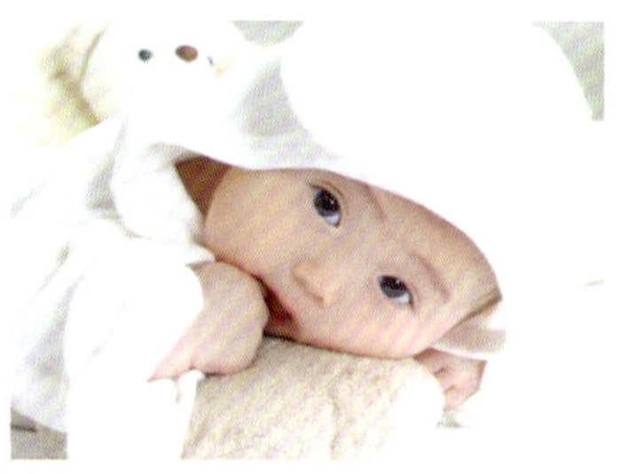

死亡 112 人

迁入 195 人
迁出 262 人

结婚 183 对

供水 69.5 万吨

用电 5967 万千瓦时

交通事故 2.4 件

火灾 2.2 起

1

行政区划及自然资源

DIVISIONS OF ADMINISTRATIVE AREAS AND NATURAL RESOURCES

1-1 行 政 区 划

DIVISIONS OF ADMINISTRATIVE AREAS

年 份 地 区	乡(个)	镇(个)	村(个)	街道(个)	居委会(个)	土地面积(平方公里)
全市主要年份						
1989	57	54	4710	53	702	8227
1990	57	54	4752	48	669	8227
1991	57	54	4752	48	670	8227
1992	57	54	4759	48	670	8227
1993	56	55	4756	48	670	8227
1994	55	56	4759	48	670	8227
1995	48	63	4723	49	721	8227
1996	42	68	4704	49	685	8154
1997	42	68	4696	50	616	8154
1998	42	69	4711	50	505	8154
1999	42	69	4714	50	468	8154
2000	42	69	4702	50	416	8154
2001	28	64	4677	54	417	8177
2002	27	65	4657	54	487	8177
2003	27	61	4657	58	487	8177
2004	27	61	4657	58	487	8177
2005	12	53	4628	64	400	8177
2006	11	53	4604	64	487	8177
2007	11	50	4563	73	500	8177
2008	11	50	4551	73	521	8177
2009	11	50	4553	75	522	8177
2009年分地区						
市 区	1	20	1551	66	446	3257
历下区			19	13	72	101
市中区			77	17	102	280
槐荫区		2	92	12	65	151
天桥区		2	120	13	125	249
历城区		11	597	4	43	1298
长清区	1	5	590	4	34	1178
平阴县	1	6	337		14	827
济阳县	1	7	810	2	46	1076
商河县	5	6	948	1	15	1162
章丘市	3	11	907	6	1	1855
高新区			56	3	5	

1-2 县(市)、区所辖乡镇、办事处(2009年末)

TOWNSHIP AND SUB-BRANCHES AT COUNTY LEVEL(END OF 2009)

县(市)、区	乡、镇、街道(个)	乡、镇、街道名称
历下区	13	解放路街道 千佛山街道 趵突泉街道 泉城路街道 大明湖街道 东关街道 文东街道 建筑新村街道 甸柳街道 燕山街道 姚家街道 智远街道 龙洞街道
市中区	17	大观园街道 杆石桥街道 四里村街道 魏家庄街道 二七街道 七里山街道 六里山街道 舜玉路街道 泺源街道 王官庄街道 舜耕街道 白马山街道 七贤街道 党家街道 陡沟街道 十六里河街道 兴隆街道
槐荫区	14	振兴街街道 中大槐树街道 道德街街道 西市场街道 五里沟街道 营市街街道 青年公园街道 南辛庄街道 段店北路街道 张庄路街道 匡山街道 美里湖街道 吴家堡镇 段店镇
天桥区	15	无影山街道 天桥东街道 北村街道 南村街道 堤口街道 北坦街道 制锦市街道 宝华街道 官扎营街道 纬北路街道 药山街道 北园街道 洛口街道 桑梓店镇 大桥镇
历城区	15	山大路街道 洪家楼街道 东风街道 全福街道 仲宫镇 港沟镇 柳埠镇 郭店镇 董家镇 唐王镇 遥墙镇 王舍人镇 华山镇 西营镇 彩石镇
长清区	10	文昌街道 崮云湖街道 平安街道 五峰山街道 归德镇 孝里镇 万德镇 张夏镇 马山镇 双泉乡
平阴县	7	平阴镇 东阿镇 孝直镇 孔村镇 洪范池镇 玫瑰镇 安城乡
济阳县	10	济阳街道 济北街道 回河镇 垛石镇 孙耿镇 曲堤镇 仁风镇 崔寨镇 二太平镇 新市乡
商河县	12	许商街道 殷巷镇 怀仁镇 龙桑寺镇 郑路镇 贾庄镇 玉皇庙镇 孙集乡 沙河乡 韩庙乡 张坊乡 白桥乡
章丘市	20	明水街道 双山街道 龙山街道 枣园街道 埠村街道 圣井街道 普集镇 绣惠镇 相公庄镇 垛庄镇 水寨镇 文祖镇 刁镇 曹范镇 白云湖镇 高官寨镇 宁家埠镇 官庄乡 辛寨乡 黄河乡
高新区	3	巨野河街道 孙村街道 舜华路街道

1-3 分地区气象情况(2009年)

METEOROLOGICAL DATA BY REGION(2009)

指标	单位	全市	市区	长清	平阴	济阳	商河	章丘
年平均气温	℃	13.9	14.8	14.3	14.2	13.2	12.9	14.2
极端最高气温	℃	41.4	41.2	41.4	41.9	41.0	39.9	39.1
出现日期	月.日	6.25	6.25	6.25	6.25	6.25	6.25	6.25
极端最低气温	℃	-14.6	-11.9	-13.3	-11.9	-12.5	-14.6	-12.2
出现日期	月.日	1.24	1.23	1.12	1.23	1.15	1.24	1.23
全年降水量	毫米	723.9	701.8	721.2	649.6	768.8	750.8	751.2
日最大降水量	毫米	122.3	80.1	71.7	106.0	122.3	91.5	110.6
出现日期	月.日	5.10	5.10	5.10	7.60	5.10	5.10	5.10
年降水日数（≥0.1mm）	天	71	70	70	76	67	65	74
全年日照时数	小时	2254.9	2153.2	2397.0	2236.4	2109.5	2533.0	2100.6
年平均相对湿度	%	61	54	61	62	67	63	57
年平均风速	米/秒	2.7	2.8	2.6	4	1.9	2.2	2.9
年平均气压	百帕	1007.3	995.7	1010.9	1006.9	1014.1	1014.6	1001.8
无霜期天数	天	210	232	210	215	200	200	200

1-4 历年气象情况

METEOROLOGICAL DATA BY YEAR

指标	单位	1985年	1990年	1995年	2000年	2005年	2009年
年平均气温	℃	12.8	13.8	14.0	14.0	13.6	13.9
最高气温	℃	36.9	38.1	36.5	37.8	41.2	41.4
出现日期	月.日	6.08	7.08	6.19	7.01	6.23	6.25
最低气温	℃	-26.8	-21.1	-12.6	-15.5	-14.9	-14.6
出现日期	月.日	12.08	1.13	12.25	1.25	2.02	1.24
全年降水量	毫米	593.2	844.9	636.2	635.1	720.6	723.9
日最大降水量	毫米	87.5	111.2	88.3	101.3	167.4	122.3
出现日期	月.日	7.29	8.29	8.07	7.22	9.19	5.10
年降水日数（≥0.1mm）	天	83	94	65	73	62	71
全年日照时数	小时	2356.2	2425.3	2517.8	2386.1	2378.8	2254.9
年均相对湿度	%	68	69	61	65	58	61
年平均风速	米/秒	2.5	2.5	2.5	2.6	2.8	2.7
年平均气压	百帕	1012.0	1012.2	1009.7	1008.5	1008.6	1007.3
无霜期天数	天	210	209	214	208	226	210

1-5 分月份气象情况(2009年)

MONTHLY METEOROLOGICAL DATA(2009)

月 份	平均气温(℃)	降水量(mm)	气压(hpa)	日照时数(小时)	相对湿度(%)	平均风速(m/s)
全市全年	13.9	723.9	1007.3	2254.9	61	2.7
一 月	-1.4	0.2	1019.2	186.5	44	2.8
二 月	4.0	12.7	1012.1	98.2	67	2.9
三 月	8.3	20.1	1010.8	209.2	50	3.7
四 月	15.8	46.7	1006.3	236.7	52	3.1
五 月	21.1	126.0	1003.0	237.4	57	2.9
六 月	27.2	91.2	993.1	282.5	50	3.1
七 月	26.1	199.9	994.9	184.4	75	2.4
八 月	24.9	136.1	999.9	160.3	80	2.0
九 月	20.5	40.3	1005.6	151.5	76	2.0
十 月	17.3	24.3	1008.4	211.1	53	2.7
十一月	3.6	82.2	1017.8	151.8	68	3.0
十二月	-0.1	4.4	1017.0	145.4	60	2.4
市区全年	14.8	701.8	995.7	2153.2	54	2.8
一 月	-0.2	0.0	1007.0	178.2	38	2.9
二 月	5.1	13.5	1000.1	100.0	61	2.6
三 月	9.0	22.2	998.8	202.6	44	3.2
四 月	16.7	57.1	994.7	234.6	45	3.2
五 月	21.9	152.8	991.7	230.4	50	3.2
六 月	28.1	65.2	982.1	287.7	44	3.2
七 月	26.5	172.2	983.8	175.7	69	2.5
八 月	25.1	128.1	988.7	139.9	75	2.1
九 月	21.1	29.0	994.3	132.5	70	2.2
十 月	18.8	26.6	996.9	193.5	44	2.9
十一月	4.8	26.5	1005.5	145.4	60	3.1
十二月	0.8	8.6	1004.5	132.7	53	2.3

主要统计指标解释

EXPLANATORY NOTES ON MAIN STATISTICAL INDICATORS

行政区划 指国家对行政区域的划分。根据宪法规定，我国的行政区域划分如下：⑴全国分为省、自治区、直辖市；⑵省、自治区分为自治州、县、自治县、市；⑶自治州分为县、自治县、市；⑷县、自治县分为乡、民族乡、镇；⑸直辖市和较大的市分为区、县；⑹国家在必要时设立的特别行政区。

国土 指一个主权国家管辖下的领土、领海和领空。

气候 指地球与大气之间长期能量交换与质量交换所形成的一种自然环境状态，它是多种因素综合作用的结果。气候既是人类生活和生产的环境要素之一，又是供给人类生活和生产的重要资源。气温、降水、湿度等气象要素的多年平均值是用来描述一个地区气候状况的主要参数，而各种气象要素某年、某月的平均值(或总量)则可以反映出该时期天气气候状况的重要特征。

自然资源 指人类可以直接从自然界获得，并用于生产和生活的物质资源。自然资源一般可以分成可再生资源和非再生资源两大类。可再生资源指在较短时间内可以再生、可以循环利用的资源，包括土地资源、水资源、气候资源、生物资源和海洋资源等。非再生资源指在使用后不能再生的资源，包括矿产资源和地热能源。

土地 指陆地的表层部分，它主要由岩石、岩石的风化物和土壤构成。土地资源按利用类型可以分为农用地、建筑用地和未利用地。农用地包括耕地、园地、林地、牧草地和水面。建筑用地包括居民点及工矿用地、交通用地和水利设施用地。未利用地指农用地和建筑用地以外的土地，包括滩涂、荒漠、戈壁、冰川和石山等等的总体。

水资源 水在自然界中以固体、液体和气态三种聚集状态存在，分布于海洋、陆地(包括土壤)以及大气之中，通过水循环形成水资源。水资源包括经人类控制并直接可供灌溉、发电、给水、航运、养殖等用途的地表水和地下水，以及江河、湖泊、井、泉、潮汐、港湾和养殖水域等。水资源是发展国民经济不可缺少的重要自然资源。

气温 指空气的温度，我国一般以摄氏度(℃)为单位表示。气象观测的温度表是放在离地面约1.5米处通风良好的百叶箱里测量的，因此，通常说的气温指的是离地面1.5米处百叶箱中的温度。其统计计算方法为：

月平均气温是将全月各日的平均气温相加，除以该月的天数而得。

年平均气温是将12个月的月平均气温累加后除以12而得。

相对湿度 指空气中实际水气压与当时气温下的饱合水气压之比。其统计方法与气温相同。

降水量 指从天空降落到地面的液态或固态(经融化后)水，未经蒸发、渗透、流失而在地面上积聚的深度。其统计计算方法为：

月降水量是将全月各日的降水量累加而得。

年降水量是将12个月的月降水量累加而得。

日照时数 指太阳实际照射地面的时间。其统计方法与降水量相同。

2 人口

POPULATION

2-1 主 要 年 份 总 户

TOTAL HOUSEHOLD AND

年　　份	年末总户数(万户)	年末总人口(万人)	按农业、非农业户口分(万人)		非农比(%)
			非农业	农　业	
1952	70.19	318.66	61.65	256.51	19.35
1957	76.44	346.38	79.24	267.15	22.88
1962	81.45	351.44	85.83	265.61	24.42
1965	83.01	373.22	91.55	281.67	24.53
1970	89.48	407.50	87.49	320.00	21.47
1975	96.54	437.73	95.14	342.59	21.73
1976	98.63	442.09	96.63	345.47	21.86
1977	100.60	445.05	97.71	347.35	21.95
1978	102.93	450.67	103.69	346.97	23.00
1979	105.34	456.37	107.81	348.56	23.60
1980	106.83	458.61	112.36	346.25	24.50
1981	110.52	467.93	117.28	350.65	25.06
1982	112.51	474.23	120.90	353.32	25.49
1983	114.92	479.38	125.38	354.00	26.15
1984	116.92	483.85	135.01	348.83	27.90
1985	120.19	488.39	141.43	346.96	28.96
1986	122.67	494.06	140.96	353.10	28.53
1987	125.43	501.03	146.12	354.91	29.16
1988	130.32	507.18	152.04	355.04	29.98
1989	134.77	513.39	157.79	355.60	30.73
1990	140.36	523.60	160.67	362.93	30.69
1991	143.42	527.43	163.29	364.14	30.96
1992	147.50	530.70	166.01	364.69	31.28
1993	149.42	533.53	169.31	364.22	31.73
1994	153.60	537.31	180.28	357.03	33.55
1995	156.45	542.12	186.04	356.08	34.32
1996	156.42	543.45	190.97	352.48	35.14
1997	157.66	549.20	194.23	354.97	35.37
1998	160.93	553.54	199.29	354.25	36.00
1999	163.52	557.63	202.47	355.16	36.31
2000	166.63	562.65	207.68	354.97	36.91
2001	168.46	569.00	222.24	343.14	39.06
2002	170.10	575.01	285.83	285.17	49.71
2003	172.18	582.56	297.21	283.58	51.02
2004	173.24	590.08	307.96	281.64	52.19
2005	177.69	597.44	330.26	267.18	55.28
2006	179.48	603.35	338.61	264.74	56.12
2007	181.88	604.85	–	–	–
2008	184.63	603.99	–	–	–
2009	187.70	603.27	–	–	–

数、总　人　口(户籍人口)

POPULATION IN MAJOR YEARS

按性别分(万人)		性别比(女=100)	年平均人口(万人)	比上年增长(‰)	人口密度(人/平方公里)
男　性	女　性				
157.68	160.98	97.95	315.94	3.30	387
170.30	176.09	96.71	343.25	17.40	421
174.55	176.89	98.68	350.18	-4.60	427
186.08	187.14	99.43	370.24	19.50	454
203.16	204.34	99.42	404.17	16.60	495
217.82	219.91	99.05	435.15	9.90	532
220.89	221.20	99.86	439.91	10.90	537
222.46	222.59	99.94	443.57	8.30	541
226.31	224.36	100.87	447.86	9.70	548
228.57	227.80	100.34	453.52	12.60	555
230.47	228.15	101.02	457.49	8.80	557
235.35	232.58	101.19	463.27	12.60	569
238.99	235.26	101.59	471.08	16.80	576
242.02	237.36	101.54	476.81	12.20	583
244.32	239.53	102.00	481.62	10.10	588
246.86	241.53	102.21	486.12	9.30	594
250.09	243.97	102.51	491.23	10.50	601
253.95	247.08	102.78	497.55	12.90	609
257.22	249.86	102.95	504.11	13.20	616
260.79	252.61	103.24	510.29	12.30	624
265.91	257.69	103.19	518.50	16.10	636
267.78	259.65	103.13	525.52	13.50	641
269.46	261.25	103.14	529.07	6.70	645
270.77	262.76	103.05	532.12	5.80	649
272.76	264.54	103.11	535.42	6.20	653
274.98	267.14	102.93	539.72	8.00	656
275.59	267.86	102.89	542.79	5.70	666
278.30	270.90	102.73	546.33	6.50	674
279.91	273.63	102.30	551.37	9.20	679
281.71	275.93	102.09	555.59	7.70	684
284.19	278.46	102.06	560.14	8.20	690
287.39	281.61	102.06	565.83	10.20	696
290.58	284.43	102.16	572.00	10.90	703
294.04	288.52	101.91	578.78	11.90	712
297.25	292.82	101.51	586.32	13.03	722
300.42	297.02	101.15	593.76	12.69	731
302.72	300.63	100.70	600.39	11.17	738
302.87	301.98	100.29	604.10	6.17	740
302.00	301.99	100.00	604.42	0.53	739
301.26	302.01	99.75	603.63	-1.30	738

2-2 主要年份市区总户数、总人口(户籍人口)

TOTAL HOUSEHOLD AND POPULATION OF URBAN IN MAJOR YEARS

年份	年末总户数(万户)	年末总人口(万人)	按农业、非农业户口分(万人)		按性别分(万人)		年平均人口(万人)
			非农业	农业	男性	女性	
1952	26.46	124.96	58.21	66.75	63.95	61.01	123.83
1957	29.13	143.17	74.52	68.65	72.05	71.13	140.11
1962	32.25	153.35	81.14	72.21	78.52	74.83	154.18
1965	34.03	162.82	85.86	76.96	83.20	79.62	161.90
1970	37.21	167.82	81.22	86.60	85.61	82.21	168.51
1975	40.67	178.78	86.07	92.71	90.83	87.95	177.74
1976	41.59	180.99	87.12	93.87	91.83	89.16	179.88
1977	42.34	181.49	88.05	93.45	91.92	89.57	181.24
1978	43.79	186.43	93.28	93.15	94.70	91.73	183.96
1979	45.33	189.26	96.86	92.40	96.22	93.04	187.84
1980	46.12	190.01	100.88	89.13	97.22	92.79	189.63
1981	48.64	194.05	104.22	89.83	99.37	94.69	192.03
1982	50.60	201.31	106.95	94.35	101.44	99.87	197.68
1983	52.32	205.48	110.93	94.55	103.42	102.07	203.39
1984	54.30	209.55	115.21	94.34	105.57	103.99	207.52
1985	56.88	213.28	120.15	93.13	107.96	105.33	211.42
1986	58.65	216.98	122.70	94.28	111.54	105.43	215.13
1987	60.54	221.49	126.05	95.44	113.79	107.70	219.23
1988	63.03	225.00	132.60	92.40	115.51	109.39	223.25
1989	65.29	228.88	134.70	94.18	117.49	111.39	226.94
1990	81.22	283.66	141.07	142.59	145.29	138.36	
1991	83.30	286.20	143.07	143.13	146.55	139.65	284.93
1992	85.87	288.52	147.74	140.78	145.19	143.33	287.36
1993	88.02	291.24	147.99	143.26	149.07	142.17	289.88
1994	90.10	294.60	153.26	141.34	150.75	143.85	292.92
1995	92.04	299.20	158.19	141.00	152.97	146.23	296.90
1996	93.12	302.78	162.50	140.28	154.58	148.20	300.99
1997	93.90	306.98	169.35	137.63	156.54	150.44	304.88
1998	96.65	309.90	169.20	140.70	157.58	152.32	308.44
1999	97.74	313.18	171.81	141.37	159.19	153.99	311.54
2000	99.25	317.20	176.04	141.16	161.03	156.17	315.19
2001	100.53	322.45	185.00	133.84	163.73	158.72	319.83
2002	101.62	327.55	234.60	88.97	166.43	161.12	325.00
2003	102.71	334.80	243.29	89.73	169.84	164.96	331.18
2004	102.68	341.73	251.69	89.56	172.91	168.82	338.27
2005	104.87	347.87	272.64	75.22	175.41	172.45	344.80
2006	106.19	352.29	277.02	75.27	177.10	175.19	350.08
2007	107.55	352.71	–	–	176.70	176.01	352.50
2008	109.26	350.23	–	–	175.08	175.15	351.47
2009	111.07	348.24	–	–	173.71	174.53	349.24

注：1990年以前的数据中不包括长清区。

2-3 主要年份人口自然变动情况

NATURAL CHANGE OF POPULATION IN MAJOR YEARS

年份	出生人口(人)	人口出生率(‰)	死亡人口(人)	人口死亡率(‰)	人口自然增长(人)	人口自然增长率(‰)
1952	72861	23.06	29949	9.48	42912	13.58
1957	108432	31.59	38082	11.09	70350	20.50
1962	108029	30.85	44464	12.70	63565	18.15
1965	121364	32.78	39355	10.63	82009	22.15
1970	111861	27.68	29965	7.41	81896	20.27
1975	82939	19.06	33837	7.78	49102	11.28
1976	70065	15.93	34693	7.89	35372	8.04
1977	67413	15.20	33723	7.60	33690	7.60
1978	69541	15.53	31343	7.00	38198	8.53
1979	72596	16.01	30205	6.66	42391	9.35
1980	60336	13.19	32004	7.00	28332	6.19
1981	70327	15.18	31671	6.84	38656	8.34
1982	74147	15.74	28679	6.09	45468	9.65
1983	56454	11.84	30080	6.31	26374	5.53
1984	61156	12.70	32277	6.70	28879	6.00
1985	55386	11.39	31678	6.52	23708	4.87
1986	69901	14.23	30790	6.27	39111	7.96
1987	86752	17.44	30007	6.03	56745	11.41
1988	78922	15.66	32850	6.52	46072	9.14
1989	76380	14.97	30721	6.02	45659	8.95
1990	66806	12.88	33916	6.54	32890	6.34
1991	59374	11.30	32675	6.20	26699	5.10
1992	52825	9.98	34969	6.61	17856	3.37
1993	46007	8.65	35317	6.64	10690	2.01
1994	49940	9.30	35308	6.60	14632	2.70
1995	54132	10.03	34107	6.32	20025	3.71
1996	58254	10.73	36452	6.71	21802	4.02
1997	62245	11.39	35768	6.55	26477	4.84
1998	62490	11.33	36497	6.64	25893	4.69
1999	55931	10.07	34956	6.29	20975	3.78
2000	62059	11.08	39499	7.05	22560	4.03
2001	55536	9.82	33816	5.98	21720	3.84
2002	57317	10.02	36234	6.33	21083	3.69
2003	54599	9.43	42539	7.35	12060	2.08
2004	60670	10.35	38158	6.51	22512	3.84
2005	60240	10.15	37782	6.36	22458	3.78
2006	57706	9.61	39040	6.50	18666	3.11
2007	58367	9.66	39752	6.58	18615	3.08
2008	59600	9.86	39887	6.60	19713	3.26
2009	56694	9.39	40911	6.78	15783	2.61

2-4 分地区户数、人口数(2009年)(户籍人口)

HOUSEHOLDANDPOPULATIONBYREGION(2009)

地　　区	户数(万户)	人口数(万人)	按性别分(万人)	
			男　性	女　性
全　市	187.70	603.27	301.26	302.01
市　区	111.07	348.24	173.71	174.53
历下区	16.47	55.07	27.59	27.48
市中区	19.07	56.92	28.03	28.89
槐荫区	12.98	37.80	18.63	19.17
天桥区	17.54	50.11	24.97	25.14
历城区	28.57	91.96	46.25	45.71
长清区	16.44	56.38	28.24	28.14
平阴县	13.26	37.24	18.65	18.59
济阳县	15.81	54.81	27.55	27.26
商河县	17.39	61.81	31.23	30.58
章丘市	30.16	101.17	50.12	51.05

2-5 计划生育情况(2009年)

BASIC STATISTICS OF FAMILY PLANNING(2009)

地　　区	合法生育(人)		合法生育率%	违法生育(人)			女性初婚晚婚率%
	一　孩	二　孩		一　孩	二　孩	多　孩	
总　计	39621	11400	96.1	185	1293	569	64.6
市　区	23674	4571	98.3	52	339	111	64.6
历下区	3657	257	99.8		9		90.1
市中区	3720	531	99.4		20	7	86.3
槐荫区	2465	332	98.2	4	42	5	77.9
天桥区	3328	381	97.0	22	57	34	76.9
历城区	6164	1566	98.1	13	99	38	67.8
长清区	3228	1318	96.9	13	109	23	53.2
高新区	1112	186	99.5		3	4	56.8
平阴县	2290	805	96.5	34	60	19	50.4
济阳县	4215	1622	90.0	32	445	171	36.4
商河县	4555	1799	91.0	43	357	227	45.2
章丘市	4887	2603	97.9	24	92	41	44.5

2-6 分地区人口机械变动情况(2009年)

UN-NATURAL CHANGES OF POPULATION BY REGION(2009)

地　　区	迁入人口(人)	迁入率(‰)	迁出人口(人)	迁出率(‰)	人口机械增　长(人)	人口机械增长率(‰)
全　市	71251	11.80	95538	15.83	-24287	-4.02
市　区	45465	13.02	76247	21.83	-30782	-8.81
历下区	11855	21.35	24085	43.38	-12230	-22.03
市中区	8547	15.03	12010	21.12	-3463	-6.09
槐荫区	4558	12.07	4710	12.47	-152	-0.40
天桥区	6020	12.00	5856	11.67	164	0.33
历城区	10806	11.72	19073	20.69	-8267	-8.97
长清区	3679	6.49	10513	18.53	-6834	-12.05
平阴县	4052	10.90	3299	8.88	753	2.03
济阳县	8513	15.59	6694	12.26	1819	3.33
商河县	5238	8.50	4537	7.36	701	1.14
章丘市	7983	7.90	4761	4.71	3222	3.19

2-7 分地区人口自然变动情况(2009年)

NATURAL CHANGES OF POPULATION BY REGION(2009)

地　　区	出生人口(人)	出生率(‰)	死亡人口(人)	死亡率(‰)	人口自然增　长(人)	人口自然增长率(‰)
全　市	56694	9.39	40911	6.78	15783	2.61
市　区	32237	9.23	21546	6.17	10691	3.06
历下区	4562	8.22	2518	4.54	2044	3.68
市中区	4791	8.42	3259	5.73	1532	2.69
槐荫区	4026	10.66	2489	6.59	1537	4.07
天桥区	4248	8.47	3511	7.00	737	1.47
历城区	9802	10.63	5422	5.88	4380	4.75
长清区	4808	8.48	4347	7.66	461	0.81
平阴县	3074	8.27	2429	6.54	645	1.74
济阳县	5845	10.70	3969	7.27	1876	3.44
商河县	7644	12.41	5186	8.42	2458	3.99
章丘市	7894	7.82	7781	7.70	113	0.11

2-8 结 婚 情 况

NUMBER OF MARRIAGES

单位:对

地　区	2004年	2005年	2006年	2007年	2008年	2009年
总　计	56823	35647	54673	48354	54628	66782
市　直	60	98	91	77	89	97
历下区	5541	3959	7307	5337	6099	7664
市中区	6134	4923	6800	5370	6002	7339
槐荫区	4034	3022	5019	3920	4648	5765
天桥区	5592	3546	5686	4494	5205	6335
历城区	9526	2242	9750	7871	8393	10017
长清区	5090	3566	3935	3717	3789	4788
平阴县	2936	2654	3009	2818	2974	3386
济阳县	4398	2650	3879	4533	4718	6143
商河县	5308	3310	3261	4767	6085	6763
章丘市	8204	5677	5936	5450	6626	8485

2-9 离 婚 情 况

NUMBER OF DIVORCES

单位:对

地　区	2004年	2005年	2006年	2007年	2008年	2009年
总　计	9872	10256	11493	13301	13922	14832
法院数	5003	4981	5005	5128	5631	5420
民政数	4869	5275	6488	8173	8291	9412
市　直	10	13	12	19	12	12
历下区	996	1125	1193	1374	1378	1520
市中区	993	1289	1136	1469	1411	1591
槐荫区	510	658	662	919	915	931
天桥区	801	860	978	1292	1239	1386
历城区	634	100	1021	1133	1350	1496
长清区	187	274	360	383	410	484
平阴县	151	204	237	347	343	404
济阳县	165	177	174	230	291	409
商河县	103	179	240	375	224	274
章丘市	319	396	475	632	718	905

主要统计指标解释

EXPLANATORY NOTES ON MAIN STATISTICAL INDICATORS

人口统计资料主要有三个来源 人口普查、人口抽样调查和人口经常性登记。

人口普查 是在国家规定的统一时间内，用统一的方法，统一的调查项目，对全国或某一地区的人口进行的一种专门调查。

人口抽样调查 是从所要研究的总人口中，随机抽取部分人口，并根据对这些人口调查所得到的数据来推算该人口总体相应指标的方法。

人口经常性登记 是指对人口出生、死亡、婚姻、迁移等事件进行连续的、持久的、强制的全面登记制度。

人口数 指一定时点、一定地区范围内的有生命的个人的总和。

年度统计的年末人口数 指每年12月31日24时的人口数。

出生率(又称粗出生率) 指在一定时期内（通常为一年）平均每千人所出生的人数的比率，一般用千分率表示。计算公式为：

出生率＝年出生人数／年平均人数×1000‰

式中：出生人数指活产婴儿，即胎儿脱离母体时（不管怀孕月数），有过呼吸或其他生命现象。

出生人数 是指活产婴儿，即胎儿脱离母体时（不管怀孕月数），有过呼吸或其他生命现象。

年平均人数 是指年初、年底人口数的平均数，也可用年中人口数代替。

死亡率(又称粗死亡率) 指在一定时期内（通常为一年）一定地区的死亡人数与同期平均人数（或期中人数）之比，一般用千分率表示。计算公式为：

死亡率＝年死亡人数／年平均人数×1000‰

人口自然增长率 指在一定时期内（通常为一年）人口自然增加数（出生人数减死亡人数）与该时期内平均人数（或期中人数）之比，一般用千分率表示。计算公式为：

人口自然增长率＝（本年出生人数－本年死亡人数）／年平均人数×1000‰

人口自然增长率＝人口出生率－人口死亡率

机械增长率 是反映迁移变动的一个相对指标。它表明一个地区在一定时间内迁入人口数与迁出人口数相抵后的差额与总人口数的比率，一般用千分率表示。计算公式为：

机械增长率=一定时期的迁入迁出人口差额/该时期的平均人口×100%

人口密度 指一定时点，一定地区的人口数与该时点、该地区的面积之比，即一定时点的单位土地面积上的人口数，通常以每平方公里的居民人数来表示：

$$人口密度=\frac{该地区人口数}{该地区土地面积}\times 100\%$$

性别比 反映两性人口间比例的指标，指在总人口中或各年龄组人口中，男性人数与女性人数之比。通常以每100个女性人口相对应的男性人口数。计算公式：

$$性别比=\frac{男性人口}{女性人口}\times 100\%$$

3

综　合

GENERAL SURVEY

3-1 国民经济和社会发展总量指标

PRINCIPAL AGGREGATE INDICATORS ON NATIONAL ECONOMIC AND SOCIAL DEVELOPMENT

指　　标	单位	1978	1990	1995	2000	2005	2008	2009
人　口								
建成区面积	平方公里	85	103	114	120	295	326	336
年末总户数	万户	102.93	140.36	156.45	166.63	177.69	184.63	187.70
年末总人口	万人	450.67	523.60	542.12	562.65	597.44	603.99	603.27
#市　区	万人	186.43	232.30	247.57	317.20	347.87	350.23	348.24
#男　性	万人	226.31	265.91	274.98	284.19	300.42	302.00	301.26
就　业								
全社会从业人员	万人	204.04	270.54	324.22	347.37	360.00	367.36	372.25
第一产业	万人	136.30	125.73	116.13	109.98	99.10	98.01	97.80
第二产业	万人	46.06	87.75	106.68	110.81	114.20	116.95	119.15
第三产业	万人	21.68	57.06	101.41	126.58	146.70	152.40	155.30
职工人数	万人	66.79	96.45	99.82	81.94	94.57	120.60	120.91
国　有	万人	47.20	71.25	71.27	54.45	46.09	54.99	53.89
集　体	万人	19.59	24.63	22.08	9.57	6.79	10.08	7.83
职工工资总额	亿元	3.78	21.06	58.14	85.73	196.68	373.60	424.18
国　有	亿元	2.87	16.63	46.53	63.93	112.69	204.95	222.80
集　体	亿元	0.91	4.30	7.99	5.95	7.77	20.30	17.70
职工平均工资	元	578	2211	5851	10422	20866	30798	34544
国　有	元	626	2370	6561	11761	24626	37191	41239
集　体	元	465	1751	3623	6211	11890	19296	21365
城镇登记失业人员数	万人			2.45	3.90	5.75	5.30	6.02
城镇登记失业率	%			2.30	3.70	3.86	3.43	3.90
国民经济核算								
生产总值	亿元	23.60	138.24	473.52	944.13	1846.28	3006.77	3340.91
#非公有制经济	亿元				238.32	768.50	1237.65	1417.91
第一产业	亿元	4.16	23.93	67.64	96.02	134.34	175.01	187.07
第二产业	亿元	13.32	67.36	220.37	414.74	847.47	1313.09	1433.51
#工　业	亿元	12.89	60.43	194.16	336.61	715.87	1115.22	1191.36
第三产业	亿元	6.12	46.95	185.51	433.38	864.47	1518.67	1720.33
人均生产总值	元	527	2666	8773	16855	31095	45563	50219
能源消耗								
万元GDP能耗	吨标煤						1.10	1.04
万元GDP电耗	千瓦时						712.97	683.52
规模以上工业万元增加值能耗	吨标煤						1.62	1.50
固定资产投资								
全社会固定资产投资	亿元	3.19	30.60	112.76	305.95	857.00	1415.33	1655.37
第一产业	亿元	0.55	0.52	3.24	13.57	38.28	55.32	60.81
第二产业	亿元	1.15	14.62	46.26	73.14	362.05	454.32	554.50
#工业	亿元	0.75	2.05	45.35	67.72	352.27	434.21	541.83
第三产业	亿元	1.29	13.94	63.27	219.24	456.67	905.68	1040.06

3-1续1

指　　标	单位	1978	1990	1995	2000	2005	2008	2009
城镇投资	亿元	3.03	20.55	88.11	251.47	724.42	1266.21	1181.36
房地产	亿元	0.00	2.18	16.46	50.53	121.09	274.12	141.45
农村投资	亿元	0.17	10.04	24.65	54.48	132.58	149.12	332.56
财政税收								
地域财政收入	亿元			58.60	169.80	380.76	922.56	967.70
地方财政收入	亿元	5.95	12.38	16.99	53.30	130.78	343.25	435.28
#一般预算收入	亿元	5.90	12.40	16.99	49.05	106.15	186.02	210.19
地方财政支出	亿元	1.48	8.19	19.63	56.67	139.38	371.91	436.59
#一般预算支出	亿元	1.50	8.20	19.63	54.72	120.66	221.32	259.92
各项税收收入	亿元			53.49	112.35	231.34	403.41	435.54
国税税收收入	亿元			39.55	72.54	144.20	250.04	259.82
地税税收收入	亿元			13.94	39.80	87.14	153.37	175.72
金融保险								
金融机构人民币存款余额	亿元	15.43	117.95	438.01	1274.96	3483.34	5036.81	6363.30
#城乡储蓄	亿元	1.14	51.08	222.06	463.04	1024.42	1588.53	1911.53
金融机构人民币贷款余额	亿元	14.08	124.76	337.26	1069.31	3259.86	4116.68	5700.86
#工业贷款	亿元	7.63	49.86	104.95	156.95	445.87	685.20	660.60
金融机构现金收入	亿元	8.86	110.73	627.69	2295.64	4716.28	6005.19	6624.39
金融机构现金支出	亿元	8.35	105.71	596.03	2191.43	4630.37	5889.14	6501.29
保险承保额	亿元				2169	5295	11499	12279
保险业务收入	万元				124982	415338	954859	962732
保险业务支出	万元				59618	141353	412034	463258
农　　业								
农林牧渔业总产值	亿元	6.57	36.92	114.07	154.30	230.46	308.69	329.00
农用机械总动力	万千瓦	69.70	183.40	241.20	349.47	426.76	446.02	486.00
年末实有耕地面积	千公顷	373.19	347.56	339.30	333.72	324.84	361.33	361.85
粮食总产量	万吨	115.38	181.47	252.48	240.27	260.11	281.50	289.47
蔬菜总产量	万吨	49.19	126.09	253.54	405.95	529.37	548.36	591.18
肉类总产量	万吨	2.50	11.38	28.68	31.82	37.93	36.20	37.61
奶类总产量	万吨	0.40	1.87	3.48	7.09	19.61	28.24	30.13
棉花总产量	万吨	0.51	5.00	2.91	2.73	3.55	3.54	3.19
规模以上工业								
单位数	个	1319	2007	2648	1038	1670	2016	2156
工业总产值	亿元	37.67	174.89	526.48	680.04	2237.51	3862.64	3950.77
工业增加值	亿元	9.94	41.63	130.88	219.19	722.11	1052.48	1154.01
主营业务收入	亿元	31.39	136.29	432.17	629.72	2142.84	3766.93	3868.70
利税总额	亿元	6.80	15.57	53.59	64.62	244.61	425.72	500.63
利润总额	亿元	3.88	3.23	16.30	21.69	131.30	220.79	275.85
资产总计	亿元	25.68	125.25	578.55	958.10	1868.06	2899.47	3478.94

3-1续2

指　　标	单位	1978	1990	1995	2000	2005	2008	2009
所有者权益	亿元	7.47	36.82	180.86	363.37	630.06	1123.03	1572.11
建筑业								
资质以上企业个数	个	10	46	141	569	737	747	737
建筑业总产值	万元	6785	125572	587769	1419160	4626493	6687058	7800224
施工面积	万平方米		269	1030	1611	3298	4013	4373
竣工面积	万平方米	49	170	306	701	1400	1602	1417
其中：住宅	万平方米		77	141	396	884	920	758
交通运输								
货运量	万吨	3967	7436	10059	12193	15697	21935	20858
铁　路	万吨	2191	3416	3877	5168	7211	8344	9028
公　路	万吨	1670	3970	6182	7024	8484	13588	11827
航　空	万吨			0.4	1.3	2.0	2.3	2.6
客运量	万人	1807	3242	4169	6285	7428	15899	14640
铁　路	万人	1302	1438	1519	1693	1924	2845	3072
公　路	万人	505	1801	2611	4530	5364	12786	11246
航　空	万人		2.6	37.0	62.0	140.0	268.7	322.0
民用汽车拥有量	辆	1684	39748	86766	129204	347687	532549	659209
#载　客	辆	1353	26032	33968	68625	196415	374396	490449
#载　货	辆	224	12141	47790	56627	71588	80668	100173
邮电通信								
邮电业务总收入	亿元	0.09	0.88	6.73	24.97	51.82	53.76	56.63
电话交换机总容量	万门	1.4	6.4	50.2	173.7	254.0	238.6	237.2
固定电话	万户	2.68	9.87	39.18	106.34	258.90	234.00	237.00
#城　市	万户	2.27	9.12	36.48	83.08	206.30	189.70	175.00
移动电话	万户			2.3	60.8	239.0	505.5	582.1
互联网用户	万户				11.57	74.34	88.68	100.91
国内贸易								
社会消费品零售总额	亿元	8.13	52.82	188.02	354.71	807.88	1356.68	1617.87
#国有经济	亿元	5.26	19.43	46.10	51.26	59.98	95.91	106.44
集体经济	亿元	2.81	23.53	45.71	69.13	29.82	48.97	54.93
个体私营经济	亿元	0.02	6.05	52.45	139.27	540.39	1170.44	1394.53
对外经济和国际旅游								
进出口总额	万美元			66587	143935	376213	802699	565704
进口总额	万美元			29812	86827	198370	342979	304706
出口总额	万美元			36775	57108	177843	459720	260998
实际外资	万美元			25294	31981	54158	96441	98062
合同外资	万美元			47449	44074	112072	146672	115165
国际旅游人数	人		20583	54468	103990	120164	170263	187303
外国人	人		12705	30011	40990	69762	107487	116357

3-1续3

指标	单位	1978	1990	1995	2000	2005	2008	2009
港澳台同胞	人		7878	24457	63000	50402	62776	70946
旅游外汇收入	亿美元		0.15	0.19	0.32	0.42	0.83	0.93
教　育								
普通高等教育在校生	万人	1.09	3.73	5.66	9.30	38.04	45.91	46.81
普通高等教育专任教师	人	2947	7245	7500	8267	18434	25121	25597
中等专业学校在校生	万人	0.68	2.51	4.79	5.75	4.79	2.57	2.01
中等专业学校专任教师	人	1020	2890	2890	2916	1578	1395	1340
普通中学在校生	万人	30.61	22.45	27.15	33.82	30.91	28.56	29.2
普通中学专任教师	人	19275	16065	17621	20585	21915	21522	21738
小学在校生	万人	60.91	47.57	49.23	41.40	37.88	39.51	39.06
小学专任教师	人	24926	26922	27417	27417	25201	24746	25036
文　化								
图书馆藏书量	万册	341.0	476.0	524.6	591.7	725.1	817.1	908.5
图书出版种数	种	389	2001	2603	3851	5389	4559	6370
图书量	万册	20166	31685	39025	38471	27919	21607	23810
报纸量	万份	25055	46930	54460	109199	113751	144236	156026
杂志量	万份	2209	3321	4579	11177	7195	7281	6697
卫　生								
卫生机构数	个	1017	1300	1185	1414	2138	5092	5163
#医院及卫生院	个	148	178	216	231	246	286	281
卫生机构床位数	张	11496	18214	20747	21698	24695	28939	30920
#医院及卫生院	张	9856	17216	19534	20830	23524	27555	28749
卫生工作人员	人	24949	41444	43648	45166	41499	44416	46311
#卫生技术人员	人	19198	31130	32848	35669	34129	36143	37648
人民生活								
城市居民人均可支配收入	元	337.8	1619.5	4720.6	8471.3	13578.5	20802.2	22721.7
城市居民人均消费性支出	元	317.9	1360.1	3830.4	6891.8	9226.6	13904.6	14764.3
#食品	元	181.6	781.6	1823.6	2387.1	3046.9	4466.2	4836.8
农民人均纯收入	元	110.5	731.1	1812.7	3046.8	4812.3	7180.2	7804.8
农民人均生活费支出	元	83.2	569.8	1373.6	1976.8	2902.8	4385.4	4733.1
#食品支出	元	58.2	287.7	770.8	860.0	1134.8	1628.2	1686.3
农民人均住宅居住面积	平方米	9.6	22.5	24.7	28.6	33.8	38.7	39.4
社会治安								
交通事故起数	起		509	1231	1306	911	1235	860
交通事故死伤人数	人		518	1345	1364	1186	1690	1269
交通事故损失折款	万元		64	369	357	316	271	253
火灾事故起数	起		309	110	1281	1071	863	795
火灾事故死伤人数	人		67	87	26	3	8	5
火灾事故损失折款	万元		166	925	471	76	182	250

3-2 国民经济和社会发展速度指标

GROWTH INDICATORS ON NATIONAL ECONOMIC AND SOCIAL DEVELOPMENT

指　　标	2009年比以下年度增长%					
	1978年	1990年	1995年	2000年	2005年	2008年
人　口						
建成区面积	295.76	226.60	195.09	180.33	14.03	3.19
年末总户数	82.36	33.73	19.97	12.64	5.63	1.66
年末总人口	33.86	15.22	11.28	7.22	0.98	-0.12
#男性	33.12	13.29	9.56	6.01	0.28	-0.25
就　业						
全社会从业人员	82.44	37.60	14.81	7.16	3.40	1.33
第一产业	-28.25	-22.21	-15.78	-11.07	-1.31	-0.21
第二产业	158.68	35.78	11.69	7.53	4.33	1.88
第三产业	616.33	172.17	53.14	22.69	5.86	1.90
职工人数	81.03	25.36	21.13	47.56	27.85	0.26
国　有	14.17	-24.37	-24.39	-1.04	16.92	-2.01
集　体	-60.01	-68.19	-64.52	-18.14	15.37	-22.28
职工工资总额	11109.87	1914.00	629.55	394.77	115.67	13.54
国　有	7654.15	1240.15	378.82	248.50	97.71	8.71
集　体	1843.72	311.65	121.46	197.67	127.76	-12.80
职工平均工资	5876.47	1462.37	490.39	231.45	65.55	12.16
国　有	6487.70	1640.04	528.55	250.64	67.46	10.88
集　体	4494.62	1120.16	489.70	243.99	79.69	10.72
城镇登记失业人员数			145.71	54.36	4.70	13.58
城镇登记失业率			69.57	5.41	1.04	13.70
国民经济核算						
生产总值	5680.99	1380.41	553.59	229.62	69.83	12.25
第一产业	1429.61	299.27	113.60	49.33	17.07	5.15
第二产业	4748.16	1337.77	564.59	249.37	66.68	12.12
#工　业	4411.74	1343.76	579.58	285.83	69.46	10.53
第三产业	10541.64	1980.88	703.75	252.72	81.12	13.13
人均生产总值	4090.54	1142.75	470.92	198.75	63.09	11.34
能源消耗						
万元GDP能耗						-5.40
万元GDP电耗						-4.13
规模以上工业万元增加值能耗						-7.45
固定资产投资						
全社会固定资产投资	51732.26	5309.91	1368.01	441.05	93.16	16.96
第一产业	10894.65	11603.50	1779.68	348.07	58.84	9.92
第二产业	48123.55	3693.65	1098.64	658.12	53.16	22.05
#工　业	71789.80	26373.51	1094.76	700.12	53.81	24.79
第三产业	80514.57	7363.31	1543.93	374.39	127.75	14.84

3-2续1

指　　　标	2009年比以下年度增长%					
	1978年	1990年	1995年	2000年	2005年	2008年
城镇投资	38916.95	5647.54	1240.73	369.78	63.08	-6.70
房地产		6392.89	759.22	179.94	16.82	-48.40
农村投资	200356.66	3210.78	1249.16	510.37	150.84	123.01
财政税收						
地方财政收入	7220.14	3416.17	2461.31	716.68	232.83	26.81
#一般预算收入	3462.58	1595.10	1136.84	328.54	98.01	13.00
地方财政支出	29375.55	5228.71	2123.66	670.36	213.25	17.39
#一般预算支出	17227.85	3069.73	1223.82	374.99	115.41	17.44
各项税收收入			714.25	287.67	88.26	7.96
国税税收收入			556.94	258.15	80.18	3.91
地税税收收入			1160.11	341.47	101.64	14.57
金融保险						
金融机构人民币存款余额	41144.33	5294.78	1352.77	399.10	82.68	26.34
#城乡储蓄	168065.22	3642.48	760.83	312.82	86.60	20.33
金融机构人民币贷款余额	40391.06	4469.33	1590.36	433.13	74.88	38.48
#工业贷款	8557.01	1224.91	529.42	320.89	48.16	-3.59
金融机构现金收入	74628.54	5882.27	955.36	188.56	40.46	10.31
金融机构现金支出	77734.65	6049.97	990.77	196.67	40.41	10.39
保险承保额				466.11	131.89	6.78
保险业务收入				670.30	131.79	0.82
保险业务支出				677.04	227.73	12.43
农　业						
农林牧渔业总产值	4907.61	791.12	188.42	113.22	42.76	6.58
农用机械总动力	597.27	164.99	101.49	39.07	13.88	8.96
年末实有耕地面积	-3.04	4.11	6.65	8.43	11.39	0.14
粮食总产量	150.88	59.51	14.65	20.48	11.29	2.83
蔬菜总产量	1101.83	368.86	133.17	45.63	11.68	7.81
肉类总产量	1404.40	230.49	31.14	18.20	-0.84	3.90
奶类总产量	7432.73	1511.28	765.83	324.98	53.65	6.70
棉花总产量	525.49	-36.20	9.62	16.85	-10.14	-9.89
规模以上工业						
单位数	63.46	7.42	-18.58	107.71	29.10	6.94
工业总产值	10387.83	2159.00	650.41	480.96	76.57	2.28
工业增加值	11509.75	2672.06	781.73	426.49	59.81	9.65
主营业务收入	12224.63	2738.58	795.18	514.35	80.54	2.70
利税总额	7262.17	3115.33	834.18	674.73	104.66	17.59
利润总额	7009.46	8440.15	1592.31	1171.77	110.09	24.94
资产总计	13447.26	2677.59	501.32	263.11	86.23	19.99
所有者权益	20937.54	4169.31	769.24	332.65	149.52	39.99

3-2续2

指　　标	2009年比以下年度增长%					
	1978年	1990年	1995年	2000年	2005年	2008年
建筑业						
资质以上企业个数	7270.00	1502.17	422.70	29.53	0.00	-1.34
建筑业总产值	114862.76	6111.75	1227.09	449.64	68.60	16.65
施工面积		1526.80	324.63	171.44	32.59	8.97
其中：住宅		885.98	437.74	91.37	-14.23	-17.58
交通运输						
货运量	425.76	180.50	107.36	71.07	32.88	-4.91
铁　路	312.01	164.30	132.87	74.70	25.20	8.20
公　路	608.33	197.91	91.31	68.38	39.40	-12.96
航　空			555.00	101.54	31.00	13.91
客运量	710.29	351.59	251.17	132.94	97.10	-7.92
铁　路	135.99	113.66	102.26	81.48	59.69	8.00
公　路	2127.37	524.43	330.72	148.26	109.66	-12.04
航　空		12478.13	770.27	419.35	130.00	19.84
民用汽车拥有量	39045.43	1558.47	659.75	410.21	89.60	23.78
#载　客	36149.00	1784.02	1343.86	614.68	149.70	31.00
#载　货	44620.09	725.08	109.61	76.90	39.93	24.18
邮电通信						
邮电业务总收入	65471.96	6336.47	741.06	126.81	9.30	5.36
电话交换机总容量	16842.86	3606.25	372.89	36.54	-6.60	-0.59
固定电话	8743.28	2301.22	504.90	122.87	-8.46	1.28
#城　市	7609.25	1818.86	379.71	110.64	-15.17	-7.75
移动电话			25099.13	857.40	143.56	15.15
互联网用户				772.35	35.73	13.78
国内贸易						
社会消费品零售总额	19791.47	2962.87	760.50	356.12	100.26	19.25
#国有经济	1924.66	447.89	130.88	107.64	77.44	10.97
集体经济	1851.91	133.45	20.16	-20.55	84.17	12.16
个体私营经济		22953.12	2558.96	901.34	158.06	19.15
对外经济和国际旅游						
进出口总额			749.57	293.03	50.37	-29.52
进口总额			922.09	250.93	53.60	-11.16
出口总额			609.72	357.03	46.76	-43.23
实际外资			287.69	206.63	81.07	1.68
合同外资			142.71	161.30	2.76	-21.48
国际旅游人数		809.99	243.88	80.12	55.87	10.01
外国人		815.84	287.71	183.87	66.79	8.25
港澳台同胞		800.56	190.08	12.61	40.76	13.01

3-2续3

指　　标	2009年比以下年度增长%					
	1978年	1990年	1995年	2000年	2005年	2008年
旅游外汇收入		520.00	389.47	190.63	121.43	11.51
教　育						
普通高等教育在校生	4194.51	1154.97	727.04	403.34	23.06	1.96
普通高等教育专任教师	768.58	253.31	241.29	209.63	38.86	1.89
中等专业学校在校生	195.59	−19.92	−58.04	−65.04	−58.04	−21.79
普通中学在校生	−4.61	30.07	7.55	−13.66	−5.53	2.24
普通中学专任教师	12.78	35.31	23.36	5.60	−0.81	1.00
小学在校生	−35.87	−17.89	−20.66	−5.65	3.12	−1.14
小学专任教师	0.44	−7.01	−8.68	−8.68	−0.65	1.17
文　化						
图书馆藏书量	166.42	90.86	73.18	53.54	25.29	11.19
图书出版种数	1537.53	218.34	144.72	65.41	18.20	39.72
图书量	18.07	−24.85	−38.99	−38.11	−14.72	10.20
报纸量	522.73	232.47	186.50	42.88	37.16	8.17
杂志量	203.17	101.66	46.25	−40.08	−6.92	−8.02
卫　生						
卫生机构数	407.67	297.15	335.70	265.13	141.49	1.39
#医院及卫生院	89.86	57.87	30.09	21.65	14.23	−1.75
卫生机构床位数	168.96	69.76	49.03	42.50	25.21	6.85
#医院及卫生院	191.69	66.99	47.17	38.02	22.21	4.33
卫生工作人员	85.62	11.74	6.10	2.54	11.60	4.27
#卫生技术人员	96.10	20.94	14.61	5.55	10.31	4.16
人民生活						
城市居民人均可支配收入	6626.36	1303.00	381.33	168.22	67.34	9.23
城市居民人均消费性支出	4544.61	985.54	285.45	114.23	60.02	6.18
#食　品	2564.01	518.85	165.23	102.62	58.74	8.30
农民人均纯收入	6963.20	967.55	330.56	156.17	62.19	8.70
农民人均生活费支出	5588.83	730.66	244.58	139.43	63.05	7.93
#食品支出	2797.43	486.13	118.77	96.08	48.60	3.57
人均住宅居住面积	310.00	74.93	59.35	37.62	16.45	1.70
社会治安						
交通事故起数		68.96	−30.14	−34.15	−5.60	−30.36
交通事故死伤人数		144.98	−5.65	−6.96	7.00	−24.91
交通事故损失折款		295.31	−31.44	−29.13	−19.94	−6.64
火灾事故起数		157.28	622.73	−37.94	−25.77	−7.88
火灾事故死伤人数		−92.54	−94.25	−80.77	66.67	−37.50
火灾事故损失折款		50.60	−72.97	−46.92	228.95	37.74

3-3 国民经济和社会发展比例和效益指标

INDICATORS ON PROPORTIONS AND EFFICIENCY IN NATIONAL ECONOMIC AND SOCIAL DEVELOPMENT

指　　标	单位	1978年	1985年	1990年	1995年	2000年	2008年	2009年
人　口								
出生率	‰	15.53	11.39	12.88	10.03	11.08	9.86	9.39
死亡率	‰	7.00	6.52	6.54	6.32	7.05	6.60	6.78
自然增长率	‰	8.53	4.87	6.34	3.71	4.03	3.26	2.61
就　业								
就业者负担人口	人	2.21	1.99	1.94	1.67	1.62	1.64	1.62
三次产业从业者比例								
第一产业	%	66.8	47.5	46.5	35.8	31.7	26.7	26.3
第二产业	%	22.6	31.0	32.4	32.9	31.9	31.8	32.0
第三产业	%	10.6	21.5	21.1	31.3	36.4	41.5	41.7
城镇登记失业率	%				2.45	3.70	3.43	3.90
国民经济核算								
三次产业增加值比例								
第一产业	%		21.1	17.3	14.3	10.0	5.8	5.6
第二产业	%		51.8	48.7	46.5	43.9	44.1	42.9
第三产业	%		27.1	34.0	39.2	46.1	50.1	51.5
人均生产总值	元		1263	2666	8773	16999	45724	50219
资本形成率（投资率）	%			39.1	39.5	40.2	52.5	52.6
最终消费率（消费率）	%			37.8	41.9	56.9	45.6	45.8
固定资产投资								
全社会固定资产投资占生产总值比重	%		23.7	22.1	23.8	32.1	46.9	49.5
财　政								
地方财政收入占生产总值比重	%	25.2	14.5	9.0	3.6	5.2	11.4	13.0
地方财政支出占生产总值比重	%	6.3	5.6	5.9	4.1	5.8	12.3	13.1
农　业								
人均耕地面积	亩	1.24	1.10	1.00	0.94	0.88	0.90	0.90
每公顷耕地化肥施用量(折纯)	公斤		225	330	569	641	619	635
每公顷播种面积粮食产量	公斤	2475	3864	4273	5512	5354	6230	6246
机耕地占耕地的比重	%	61.1	58.2	72.4	78.6	78.6	77.8	–

3-3续

指　　标	单位	1978年	1985年	1990年	1995年	2000年	2008年	2009年
工　业								
规模以上工业								
产品销售率	%				97.12	98.24	97.49	98.21
总资产贡献率	%				12.25	8.45	16.03	15.41
增加值率	%				29.41	32.23	27.25	29.21
流动资产周转次数	次				1.69	1.52	2.51	2.17
建筑业								
建筑业企业技术装备率	元/人			3283	3858	4862	6352	8489
产值利税率	%		8.41	4.27	3.50	4.26	7.11	6.44
全员劳动生产率(按总产值计算)	元	3783	6828	16234	42423	60449	176481	224263
邮电通讯业								
每百人拥有电话机	部	0.60	1.26	1.89	7.23	18.98	38.70	39.29
国内商业								
人均消费品零售总额	元	182	500	1009	3468	6332	22462	26819
教　育								
学龄儿童入学率	%		99.44	99.03	99.40	99.93	100.00	100.00
学校教师负担人数	人	21.28	16.75	14.20	15.60	15.24	17.30	17.20
高等学校	人	2.47	6.55	5.15	7.55	11.25	21.30	21.58
中等学校	人	16.65	14.46	12.99	15.30	16.78	14.50	11.69
小学学校	人	34.99	20.33	17.67	18.20	15.10	16.00	15.60
卫　生								
每万人拥有医院卫生院数	个	0.33	0.34	0.34	0.40	0.41	0.47	0.47
每万人拥有医生数	人	23.3	26.3	29.2	27.9	29.5	25.7	27.3
每万人拥有医院床位数	张	22.0	28.2	32.9	36.0	38.6	47.9	51.2
市政建设								
城市自来水普及率	%	99.0	100.0	100.0	100.0	100.0	100.0	100.0
城市用气普及率	%	17.8	26.3	45.7	72.2	90.7	94.9	94.7
城市绿地覆盖率	%	12.0	23.0	30.0	30.5	36.1	35.6	35.9
生　活								
城市家庭就业者负担人口	人	1.89	1.68	1.72	1.72	1.71	1.87	1.87
农村劳动力负担人口	人	1.70	1.65	1.61	1.40	1.40	1.35	1.36

3-4 平均每天主要社会经济活动

SELECTED INDICATORS ON AVERAGE DAILY SOCIAL AND ECONOMIC ACTIVITIES

指　　标	单位	1978年	1985年	1990年	1995年	2000年	2008年	2009年
每天创造的财富								
生产总值（当年价）	万元	646	1682	3787	12973	26087	82669	91532
第一产业	万元	114	354	656	1853	2603	4795	5125
第二产业	万元	365	872	1845	6257	11469	36457	39274
#工　业	万元	353	755	1656	5539	9222	31237	32640
第三产业	万元	167	456	1286	5082	12015	41417	47132
地方财政收入	万元	163	244	339	465	1460	9404	11925
地方财政支出	万元	41	94	224	537	1553	10189	11961
全社会固定资产投资	万元		399	838	3089	8382	38776	45353
每天生产主要工、农业产品								
粮　食	吨	3161	4479	4972	6917	6583	7712	7931
棉　花	吨	14	136.2	137	79.7	74.7	97	87
蔬　菜	吨	1348	2304	3455	6946	14733	15024	16197
猪　肉	吨	67	138	215	390	478	563	595
奶　类	吨	11	23	51	95	194	774	826
布	万米	37.8	49.6	55.2	41.2	45.2	32	21
原　煤	吨	3574	4844	3811	11849	3426	7229	7866
发电量	万千瓦时	347	724	1225	1884	1898	3404	3528
钢　材	吨	689	1197	1576	2856	6507	25811	25140
水　泥	吨	2399	3699	5796	11644	13291	20126	20869
汽　车	辆	12.1	30.5	17.1	15.5	8.4	299	356
电视机	台	-	383	381	540	1136	660	694
家用洗衣机	台	-	867	157	919	1250	258	912
每天其他经济活动								
最终消费量	万元		780	1580	5524	14833		41949
居民消费	万元		638	1274	4567	11098		34324
农业居民	万元		367	624	1938	3596		4127
非农业居民	万元		271	650	2629	7502		30196
政府消费	万元		142	306	957	3735		7625
社会消费品零售总额	万元	261	640	1447	5151	9718	37169	44325
货运量	万吨	10.9	14.2	20.4	27.6	33.4	60	57
客运量	万人	5	7.8	8.9	11.4	17.2	44	40
自来水供水量	万吨	36.9	40	45.3	57.5	76.7	75	70
用电量	万千瓦时	754	747	1255	1779	2505	5548	5967
市内公共车辆乘客人数	万人次	34	62.2	73.3	73.3	125.9	210	220
实际利用外资额	万美元			8.5	69.3	87.6	264	269
港澳台及外国来济旅游人数	人		27	56	149	285	466	513
每天人口变动和婚姻								
出　生	人	191	152	183	148	170	163	155
死　亡	人	86	87	93	94	108	109	112
结　婚	对			103	137	120	150	183
离　婚	对				17	20	38	41

3-5 国民经济人均指标

PER INDICAORS OF NATIONAL ECONOMIC

指标	单位	1978年	1985年	1990年	1995年	2000年	2008年	2009年
生产总值	元	527	1263	2666	8773	16999	45563	50219
主要农产品产量								
粮　食	公斤	258	336	350	468	429	466	480
棉　花	公斤	1.14	10.22	9.64	5.38	4.87	5.86	5.28
猪　肉	公斤	5.44	10.33	15.13	26.33	31.15	34.02	36.00
水　果	公斤	12.65	14.70	12.88	35.81	66.56	74.98	76.59
禽　蛋	公斤			18.27	41.29	74.29	58.35	59.46
蔬　菜	公斤	109.84	173.02	243.10	469.77	960.06	907.25	979.37
牛　奶	公斤	0.88	1.76	3.46	6.44	12.65	46.72	49.91
水产品	公斤	0.29	0.41	1.80	4.72	5.87	6.77	6.86
主要工业产品产量								
钢　材	公斤	48.1	69.6	169.1	195.7	424.0	1558.7	1520.2
发电量	千瓦小时	282.5	543.9	862.3	1237.0	1231.5	2055.7	2133.1
原　煤	公斤	291.3	363.7	268.3	715.4	223.3	436.5	475.6
水　泥	公斤	195.5	277.9	408.0	728.4	866.1	1215.4	1261.9
布	米	30.8	37.2	38.9	19.9	29.5	19.5	12.4
啤　酒	公斤	4.0	14.4	20.7	25.2	30.0	38.5	46.2
摩托车	辆	0.003	0.024	0.020	0.190	0.220	0.195	0.164
卷　烟	万支	0.25	0.40	0.45	0.55	0.60	0.78	0.83
洗衣机	台	–	0.065	0.010	0.062	0.081	0.016	0.055
电视机	台	0.001	0.022	0.026	0.036	0.074	0.040	0.042
其他经济活动								
社会消费品零售总额	元	182	500	1009	3468	6332	22446	26802
地方财政收入	元	133	183	239	315	952	5679	7211
地方财政支出	元	33	70	158	363	1012	6153	7233
城乡居民储蓄存款余额	元	33	236	985	4115	8266	26282	31686
职工平均工资	元	578	1104	2211	5848	10422	30798	34544
#国有单位	元	626	1169	2370	6559	11761	37191	41239
城市居民人均可支配收入	元	338	732	1620	4721	8471	20802	22722
城市居民人均消费性支出	元	318	704	1369	3830	6892	13905	14764
农民人均纯收入	元	111	439	731	1813	3047	7180	7805
农民人均生活费支出	元	83	330	570	1374	1977	4385	4733

3-6 国民经济主要指标及占全国、全省比重(2009年)

MAIN INDICATORS OF NATIONAL ECONOMY AND THEIR PROPORTION IN CHINA AND SHANDONG PROVINCE(2009)

指　　标	单位	全国	全省	济南	济南占全国比重%	济南占全省比重%
区划面积	万平方公里	960.0	15.71	0.82	0.09	5.20
年末总人口	万人	133474.0	9470.31	603.27	0.45	6.37
生产总值(当年价)	亿元	335352.9	33805.30	3340.91	1.00	9.88
第一产业	亿元	35477.0	3226.60	187.07	0.53	5.80
第二产业	亿元	156957.9	19035.00	1433.51	0.91	7.53
#工　业	亿元	134624.5	18847.78	1191.36	0.88	6.32
第三产业	亿元	142918.0	11543.70	1720.33	1.20	14.90
规模以上工业增加值	亿元		18847.78	1154.00	-	6.12
规模以上工业产品销售收入	亿元	474609.0	70676.81	3868.70	0.82	5.47
规模以上工业利税总额	亿元	21129.0	7253.38	500.62	2.37	6.90
规模以上工业利润总额	亿元	25891.0	4390.37	275.84	1.07	6.28
粮食总产量	万吨	53082.0	4316.30	289.47	0.55	6.71
棉花总产量	万吨	637.7	92.12	3.19	0.50	3.46
全社会固定资产投资额	亿元	224845.6	19030.97	1655.37	0.74	8.70
铁路货运周转量	亿吨公里	25239.0	1337.3	1046.1	4.14	78.22
公路货运周转量	亿吨公里	37189.0	6045.0	206.7	0.56	3.42
社会消费品零售总额	亿元	132678.0	12362.97	1617.88	1.22	13.09
实际利用外资	亿美元	918.0	80.10	9.81	1.07	12.2
地方财政一般预算收入	亿元	68476.9	2198.53	435.28	0.64	19.80
地方财政一般预算支出	亿元	75837.6	3266.77	436.59	0.58	13.36
普通高校在校学生	万人	2144.7	153.40	63.26	2.95	41.24
中等专业学校在校学生	万人	2178.7	116.51	96.52	4.43	82.84
医院、卫生院个数	个	59918	3029	281	0.47	9.28
卫生技术人员	万人	539.7	16.93	3.77	0.70	22.27
#医　生	万人	182.5	16.93	1.64	0.90	9.69
年末全部职工人数	万人		879.4	120.9	-	13.75
在岗职工年平均工资	元		29678.0	34544.0	-	-
城市居民人均可支配收入	元	17175.0	17811.0	22721.7	-	-
农民人均纯收入	元	5153.0	6119.0	7804.8	-	-

3-7 济南市高新技术开发区国民经济主要指标

MAIN INDICATORS OF NATIONAL ECONOMY OF HI-TECHDEVELOPMENT ZONE OF JINAN

指标名称	单位	1990年	1995年	2000年	2005年	2008年	2009年
综合情况							
规划面积	平方公里	15.9	15.9	15.9	15.9	15.9	15.9
累计已开发面积	平方公里	0	2.26	4.3	15.9	15.9	15.9
开发区企业数	家	22	1989	1876	3912	3876	4343
一般预算财政收入	万元		5102	24458	31755	65905	90023
一般预算财政支出	万元		5082	24171	65720	119184	168421
固定资产投资	万元		32940	80483	319637	1026436	1484522
#基础设施	万元		3437	1880	41452	31215	21764
新开工项目	项		18	50	42	176	270
开工建筑面积	平方米		102000	413143	465119	2191831	2381430
竣工建筑面积	平方米		77500	388707	1012902	2779181	743349
合同利用外资	万美元		4504	1178	19388	21440	28012
实际利用外资	万美元		464	302	8120	12090	15701
实施火炬计划项目	项	8	42	25	15	12	0
#国家级	项	2	4	8	12	12	0
火炬统计数据							
统计企业数	家	22	332	227	363	440	522
#高新技术企业	家	22	179	161	239	254	155
#外商投资企业	家	0	65	36	60	56	64
从业人员数	人	2966	25496	40288	91494	111934	120596
#高新技术企业	人	2966	16829	33356	45076	46116	48238
#外商投资企业	人	0	4510	4432	9110	16831	45869
总收入	万元	21379	497926	1043071	6452846	11136872	12037905.6
工业增加值	万元	6558	133179	286576	1523180	2123550	2782171
工业总产值	万元	21862	412330	1000368	5865669	7813691	8922527.9
产品销售收入	万元	20434	350825	935692	5674615	7661188	9104471
#高新技术产品	万元	20434	213880	543886	1992920	3116414	4265233.1
净利润	万元	1406	45726	35833	127114	701032	941280
实际上缴税费	万元	148	27603	48195	520122	758519	909514
出口创汇	万美元	100	5702	5724	36187	188425	153548

3-8 企业家信心指数(2009年)

ENTERPRISERS CONFIDENCE INDEX(2009)

单位:点

指　　标	一季度	二季度	三季度	四季度
总　体　状　况	107.80	112.50	124.60	137.60
按行业门类分				
工　业	93.20	112.20	114.20	130.20
采掘业	165.90	165.90	200.00	200.00
制造业	86.30	107.60	106.70	126.50
电力、煤气及水的生产和供应业	102.30	105.30	133.80	91.10
建筑业	144.50	152.70	146.40	156.00
房屋和土木工程建筑业	144.30	150.50	146.50	158.10
建筑安装业	172.40	172.40	172.40	147.40
装修装饰业	100.00	100.00	100.00	150.00
其他建筑业	100.00	200.00	100.00	100.00
交通运输、仓储及邮政业	93.80	94.90	116.20	109.00
铁路运输业	100.00	100.00	100.00	100.00
道路运输业	96.20	76.20	100.00	90.00
城市公共交通业	100.00	100.00	100.00	100.00
水上运输业	100.00	150.00	150.00	150.00
航空运输业	100.00	200.00	200.00	200.00
管道运输	100.00	100.00	100.00	100.00
装卸搬运和其他运输服务业	100.00	100.00	100.00	100.00
仓储业	100.00	100.00	100.00	100.00
邮政业	200.00	200.00	200.00	200.00
批发和零售贸易业	123.20	121.80	116.80	129.00
批发业	100.90	110.30	98.70	117.20
零售业	151.60	137.50	138.00	144.10
房地产业	69.30	102.60	126.70	113.40
社会服务业	116.70	91.70	133.30	158.30
租赁业	100.00	100.00	100.00	100.00
商务服务业	100.00	75.00	125.00	150.00
环境管理业	100.00	100.00	100.00	100.00
公共设施管理业	150.00	125.00	150.00	175.00
居民服务业	100.00	100.00	100.00	100.00
其他服务业	100.00	100.00	100.00	100.00
信息传输和计算机服务及软件业	170.80	181.80	190.90	172.70
信息传输业	200.00	200.00	200.00	200.00
计算机服务业	100.00	100.00	100.00	100.00
软件业	142.40	175.00	187.50	162.50
住宿和餐饮业	130.80	132.20	140.00	156.40
住宿业	128.60	121.40	135.70	157.10
餐饮业	137.50	152.90	150.00	150.00
按企业登记注册类型分				
国有企业	101.90	122.00	130.40	153.70
集体企业	122.20	125.00	113.30	120.00
股份合作企业	0.00	0.00	0.00	0.00
联营企业	100.00	100.00	100.00	50.00
有限责任公司	119.00	120.70	125.70	131.60
股份有限公司	116.60	119.70	122.30	123.10
私营企业	87.50	125.00	128.60	116.70
其它内资企业	0.00	0.00	0.00	0.00
外商及港、澳、台投资企业	105.30	128.90	119.80	143.40
按企业规模分				
大型及以上	112.10	128.70	129.50	149.70
特大型	126.60	128.30	128.30	128.30
大　型	108.80	128.80	129.80	154.50
中小型	104.90	112.90	119.50	124.70
中　型	106.40	111.90	120.60	128.30
小　型	101.90	114.80	117.30	117.30

3-9 企业景气综合指数(2009年)

ENTERPRISES PROSPERITY INDEX(2009)

单位:点

指　　标	一季度	二季度	三季度	四季度
总 体 状 况	110.90	119.60	131.70	126.20
按行业门类分				
工　业	110.90	135.50	139.30	128.60
采掘业	166.70	200.00	200.00	200.00
制造业	105.50	132.30	135.60	123.30
电力、煤气及水的生产和供应业	121.10	120.10	127.70	132.70
建筑业	119.80	141.00	147.80	147.90
房屋和土木工程建筑业	119.00	137.30	148.80	151.80
建筑安装业	147.40	122.40	122.40	125.00
装修装饰业	100.00	100.00	100.00	150.00
其他建筑业	100.00	200.00	100.00	0.00
交通运输、仓储及邮政业	86.70	101.90	80.70	101.10
铁路运输业	100.00	100.00	100.00	100.00
道路运输业	86.20	90.00	66.20	90.00
城市公共交通业	100.00	100.00	100.00	100.00
水上运输业	100.00	100.00	100.00	100.00
航空运输业	100.00	200.00	200.00	200.00
管道运输	100.00	100.00	100.00	100.00
装卸搬运和其他运输服务业	100.00	100.00	100.00	100.00
仓储业	100.00	100.00	100.00	100.00
邮政业	200.00	200.00	200.00	100.00
批发和零售贸易业	116.10	114.60	115.50	130.30
批发业	99.50	98.80	105.40	114.40
零售业	131.80	139.30	130.00	153.40
房地产业	80.10	115.90	115.90	102.60
社会服务业	108.30	83.30	133.30	116.70
租赁业	100.00	100.00	100.00	100.00
商务服务业	100.00	62.50	137.50	125.00
环境管理业	100.00	100.00	100.00	100.00
公共设施管理业	125.00	125.00	125.00	100.00
居民服务业	100.00	100.00	100.00	100.00
其他服务业	100.00	100.00	100.00	100.00
信息传输和计算机服务及软件业	170.80	170.80	181.80	172.70
信息传输	166.70	166.70	200.00	200.00
计算机服务业	100.00	100.00	100.00	100.00
软件业	154.90	154.90	175.00	162.50
住宿和餐饮业	136.80	132.20	150.00	148.60
住宿业	128.60	128.60	142.90	142.90
餐饮业	152.90	140.40	166.70	166.70
按企业登记注册类型分				
国有企业	114.20	135.00	139.30	125.70
集体企业	101.00	104.30	111.20	111.20
股份合作企业	100.00	0.00	0.00	0.00
联营企业	0.00	0.00	0.00	50.00
有限责任公司	116.50	134.20	133.90	137.50
股份有限公司	135.40	138.80	140.40	148.80
私营企业	100.00	112.50	142.90	133.30
其它内资企业	0.00	0.00	0.00	0.00
外商及港、澳、台投资企业	120.40	139.80	144.70	136.00
按企业规模分				
大型及以上	131.70	151.00	150.80	146.80
特大型	126.60	200.00	200.00	128.30
大　型	132.80	140.00	139.70	150.90
中小型	103.10	116.00	122.00	118.40
中　型	108.20	122.00	128.00	124.50
小　型	92.60	103.70	109.60	105.80

3-10 生产总量景气指数(2009年)

TOTAL PRODUCTS VALUE PROSPERITY INDEX(2009)

单位:点

指　　标	一季度	二季度	三季度	四季度
总 体 状 况	94.70	105.80	118.00	122.60
按行业门类分				
工　业	103.40	109.10	108.40	123.70
采掘业	166.70	165.90	165.20	165.20
制造业	96.60	106.00	99.00	117.50
电力、煤气及水的生产和供应业	124.70	63.30	188.10	151.90
建筑业	93.60	163.10	147.80	151.70
房屋和土木工程建筑业	89.10	160.10	158.30	156.10
建筑安装业	97.40	122.40	94.90	105.20
装修装饰业	100.00	150.00	100.00	150.00
其他建筑业	100.00	200.00	0.00	100.00
交通运输、仓储及邮政业	103.00	128.80	95.10	109.20
铁路运输业	100.00	100.00	100.00	100.00
道路运输业	77.20	106.20	67.20	81.10
城市公共交通业	100.00	100.00	100.00	100.00
水上运输业	200.00	200.00	200.00	200.00
航空运输业	200.00	200.00	200.00	200.00
管道运输	100.00	100.00	100.00	100.00
装卸搬运和其他运输服务业	100.00	100.00	100.00	100.00
仓储业	100.00	100.00	100.00	100.00
邮政业	200.00	200.00	100.00	100.00
批发和零售贸易业	97.20	113.60	135.40	138.30
批发业	69.10	95.40	131.40	129.10
零售业	132.50	136.00	140.30	148.20
房地产业	73.40	122.60	118.30	120.10
社会服务业	66.70	58.30	116.70	100.00
租赁业	100.00	100.00	100.00	100.00
商务服务业	50.00	37.50	125.00	100.00
环境管理业	100.00	100.00	100.00	100.00
公共设施管理业	100.00	100.00	100.00	100.00
居民服务业	100.00	100.00	100.00	100.00
其他服务业	100.00	100.00	100.00	100.00
信息传输和计算机服务及软件业	170.30	161.20	149.80	131.60
信息传输业	200.00	166.70	162.00	162.00
计算机服务业	100.00	100.00	100.00	100.00
软件业	137.50	137.50	125.00	100.00
住宿和餐饮业	101.00	100.40	155.00	175.00
住宿业	92.90	100.00	150.00	178.60
餐饮业	112.50	102.90	166.70	166.70
按企业登记注册类型分				
国有企业	99.90	122.40	128.80	135.10
集体企业	76.80	89.50	77.60	66.70
股份合作企业	0.00	0.00	0.00	0.00
联营企业	50.00	100.00	100.00	100.00
有限责任公司	108.00	126.10	124.50	138.40
股份有限公司	120.00	98.60	115.40	127.90
私营企业	75.00	75.00	71.40	100.00
其它内资企业	0.00	0.00	0.00	0.00
外商及港、澳、台投资企业	117.70	130.10	133.10	140.60
按企业规模分				
大型及以上	126.90	135.20	133.90	141.60
特大型	52.10	146.20	128.30	127.20
大　型	143.70	132.80	135.10	144.90
中小型	84.80	101.80	109.40	120.90
中　型	86.40	103.70	116.80	128.30
小　型	81.50	98.20	94.20	105.80

3-11 盈利(亏损)变化景气指数(2009年)

PROFIT(LOSS) PROSPERITY INDEX(2009)

单位:点

指标	一季度	二季度	三季度	四季度
总体状况	82.10	107.30	100.50	113.40
按行业门类分				
工业	83.00	128.70	96.20	115.30
采掘业	133.30	199.30	68.10	100.70
制造业	73.60	124.90	101.00	115.50
电力、煤气及水的生产和供应业	166.50	137.40	96.20	130.00
建筑业	47.90	104.70	101.00	126.00
房屋和土木工程建筑业	33.50	98.30	103.30	124.00
建筑安装业	127.60	127.60	97.40	172.40
装修装饰业	100.00	50.00	100.00	150.00
其他建筑业	100.00	200.00	100.00	0.00
交通运输、仓储及邮政业	110.20	95.10	95.10	88.00
铁路运输业	100.00	100.00	100.00	100.00
道路运输业	97.20	77.20	77.20	67.20
城市公共交通业	100.00	100.00	100.00	100.00
水上运输业	150.00	150.00	150.00	150.00
航空运输业	200.00	200.00	200.00	200.00
管道运输	100.00	100.00	100.00	100.00
装卸搬运和其他运输服务业	100.00	100.00	100.00	100.00
仓储业	100.00	100.00	100.00	100.00
邮政业	200.00	100.00	100.00	100.00
批发和零售贸易业	86.40	110.10	103.50	116.60
批发业	72.20	89.90	99.90	109.80
零售业	107.40	135.50	110.50	125.40
房地产业	60.10	66.70	89.30	133.30
社会服务业	75.00	75.00	100.00	100.00
租赁业	100.00	100.00	100.00	100.00
商务服务业	62.50	62.50	87.50	87.50
环境管理业	100.00	100.00	100.00	100.00
公共设施管理业	100.00	100.00	125.00	125.00
居民服务业	100.00	100.00	100.00	100.00
其他服务业	100.00	100.00	100.00	100.00
信息传输和计算机服务及软件业	143.00	149.80	169.90	160.80
信息传输业	166.70	104.60	162.00	195.40
计算机服务业	100.00	100.00	100.00	100.00
软件业	112.50	182.60	170.10	145.10
住宿和餐饮业	75.60	85.80	111.40	136.40
住宿业	64.30	64.30	100.00	135.70
餐饮业	93.30	127.90	133.30	133.30
按企业登记注册类型分				
国有企业	72.80	127.30	93.50	126.60
集体企业	59.00	68.80	70.90	64.20
股份合作企业	0.00	0.00	0.00	0.00
联营企业	0.00	50.00	50.00	50.00
有限责任公司	97.90	107.40	102.60	118.70
股份有限公司	110.00	135.90	123.20	130.40
私营企业	62.50	62.50	85.70	100.00
其它内资企业	100.00	0.00	0.00	100.00
外商及港、澳、台投资企业	98.70	118.00	128.00	135.20
按企业规模分				
大型及以上	102.30	136.00	102.20	124.10
特大型	126.60	200.00	56.60	128.30
大型	96.80	121.60	112.50	123.10
中小型	73.20	100.00	101.30	117.70
中型	75.50	107.30	104.70	121.70
小型	68.50	85.20	94.20	109.60

3-12 流动资金景气指数(2009年)

CIRCULATING CAPITAL PROSPERITY INDEX(2009)

单位:点

指标	一季度	二季度	三季度	四季度
总体状况	75.50	84.20	90.70	93.80
按行业门类分				
工业	73.30	97.00	104.00	102.90
采掘业	165.90	166.70	166.70	166.70
制造业	66.90	93.70	99.10	100.00
电力、煤气及水的生产和供应业	68.40	64.90	121.40	68.40
建筑业	58.70	58.20	62.30	81.40
房屋和土木工程建筑业	55.00	54.30	59.70	78.10
建筑安装业	72.40	72.40	50.00	75.00
装修装饰业	100.00	100.00	100.00	100.00
其他建筑业	0.00	0.00	0.00	0.00
交通运输、仓储及邮政业	57.10	86.30	65.10	57.10
铁路运输业	100.00	100.00	100.00	100.00
道路运输业	60.00	93.80	70.00	60.00
城市公共交通业	100.00	100.00	100.00	100.00
水上运输业	0.00	0.00	0.00	0.00
航空运输业	100.00	100.00	100.00	100.00
管道运输	100.00	100.00	100.00	100.00
装卸搬运和其他运输服务业	100.00	100.00	100.00	100.00
仓储业	100.00	100.00	100.00	100.00
邮政业	100.00	200.00	200.00	100.00
批发和零售贸易业	66.50	73.80	61.40	66.40
批发业	54.80	55.90	46.90	52.60
零售业	79.80	99.00	83.20	83.90
房地产业	33.30	55.90	71.50	45.00
社会服务业	91.70	66.70	91.70	108.30
租赁业	100.00	100.00	100.00	100.00
商务服务业	87.50	87.50	100.00	112.50
环境管理业	100.00	100.00	100.00	100.00
公共设施管理业	100.00	25.00	75.00	100.00
居民服务业	100.00	100.00	100.00	100.00
其他服务业	100.00	100.00	100.00	100.00
信息传输和计算机服务及软件业	135.90	145.50	154.60	145.50
信息传输业	133.30	133.30	133.30	166.70
计算机服务业	100.00	100.00	100.00	100.00
软件业	132.60	150.00	162.50	137.50
住宿和餐饮业	111.00	106.40	106.40	111.40
住宿业	92.90	92.90	100.00	100.00
餐饮业	143.30	130.80	116.70	133.30
按企业登记注册类型分				
国有企业	71.00	99.40	101.20	105.70
集体企业	51.00	56.30	44.60	51.20
股份合作企业	0.00	0.00	0.00	0.00
联营企业	0.00	0.00	0.00	0.00
有限责任公司	91.30	99.40	98.40	101.00
股份有限公司	70.10	72.80	86.40	78.40
私营企业	75.00	100.00	57.10	66.70
其它内资企业	0.00	0.00	0.00	0.00
外商及港、澳、台投资企业	118.70	131.30	140.40	136.30
按企业规模分				
大型及以上	95.40	128.90	127.30	127.10
特大型	56.10	128.30	127.80	128.30
大型	104.30	129.10	127.20	126.90
中小型	65.20	66.90	71.10	73.40
中型	69.10	69.70	72.90	73.60
小型	57.40	61.10	67.30	73.10

3-13 贷款拖欠景气指数(2009年)

OVER-DUE LOANS PROSPERITY INDEX(2009)

单位:点

指　　标	一季度	二季度	三季度	四季度
总　体　状　况	98.80	99.00	96.00	99.60
按行业门类分				
工　业	102.50	102.20	101.50	98.60
采掘业	133.30	100.00	100.70	134.10
制造业	103.60	103.40	102.60	98.00
电力、煤气及水的生产和供应业	80.70	88.80	86.90	97.30
建筑业	119.20	91.30	84.20	87.00
房屋和土木工程建筑业	118.60	95.10	80.40	83.60
建筑安装业	72.40	102.60	122.40	119.90
装修装饰业	100.00	100.00	100.00	50.00
其他建筑业	200.00	0.00	100.00	100.00
交通运输、仓储及邮政业	86.30	109.00	87.80	107.90
铁路运输业	100.00	100.00	100.00	100.00
道路运输业	66.20	90.00	66.20	100.00
城市公共交通业	100.00	100.00	100.00	100.00
水上运输业	150.00	150.00	150.00	150.00
航空运输业	200.00	200.00	200.00	100.00
管道运输	100.00	100.00	100.00	100.00
装卸搬运和其他运输服务业	100.00	100.00	100.00	100.00
仓储业	100.00	100.00	100.00	100.00
邮政业	0.00	200.00	200.00	200.00
批发和零售贸易业	102.00	97.00	98.30	111.60
批发业	97.50	91.60	99.40	114.90
零售业	110.10	105.90	100.00	109.20
房地产业	106.70	93.30	120.00	122.50
社会服务业	83.30	91.70	83.30	83.30
租赁业	100.00	100.00	100.00	100.00
商务服务业	75.00	75.00	75.00	75.00
环境管理业	100.00	100.00	100.00	100.00
公共设施管理业	100.00	125.00	100.00	100.00
居民服务业	100.00	100.00	100.00	100.00
其他服务业	100.00	100.00	100.00	100.00
信息传输和计算机服务及软件业	129.70	107.20	124.90	143.50
信息传输业	157.40	95.40	166.70	166.70
计算机服务业	100.00	100.00	100.00	100.00
软件业	104.90	117.40	87.50	117.40
住宿和餐饮业	91.90	105.00	90.00	116.40
住宿业	78.60	78.60	78.60	121.40
餐饮业	112.50	152.90	116.70	100.00
按企业登记注册类型分				
国有企业	91.50	96.70	91.20	103.30
集体企业	122.20	116.80	126.70	113.30
股份合作企业	100.00	0.00	0.00	0.00
联营企业	50.00	100.00	100.00	100.00
有限责任公司	105.40	94.60	102.20	109.30
股份有限公司	114.30	114.90	112.40	106.20
私营企业	87.50	100.00	85.70	83.30
其它内资企业	100.00	0.00	0.00	100.00
外商及港、澳、台投资企业	112.40	103.40	109.90	87.60
按企业规模分				
大型及以上	108.40	105.60	109.20	108.50
特大型	100.60	100.60	100.60	100.60
大　型	110.20	106.70	111.10	110.30
中小型	98.80	94.50	93.10	100.00
中　型	98.20	93.60	93.50	99.10
小　型	100.00	96.30	92.30	101.90

3-14 劳动力需求景气指数(2009年)

LABOUR DEMAND PROSPERITY INDEX(2009)

单位:点

指标	一季度	二季度	三季度	四季度
总体状况	79.10	99.00	102.10	102.00
按行业门类分				
工业	73.50	99.90	93.70	97.30
采掘业	100.00	165.90	100.00	100.00
制造业	70.50	94.60	93.00	97.00
电力、煤气及水的生产和供应业	95.10	98.10	100.00	100.00
建筑业	74.80	153.90	129.10	131.10
房屋和土木工程建筑业	73.80	152.50	137.20	132.40
建筑安装业	69.90	119.90	94.90	102.60
装修装饰业	100.00	150.00	100.00	150.00
其他建筑业	100.00	200.00	0.00	0.00
交通运输、仓储及邮政业	106.90	92.60	101.10	78.60
铁路运输业	100.00	100.00	100.00	100.00
道路运输业	113.80	93.80	80.00	80.00
城市公共交通业	100.00	100.00	100.00	100.00
水上运输业	50.00	50.00	150.00	50.00
航空运输业	100.00	100.00	200.00	100.00
管道运输	100.00	100.00	100.00	100.00
装卸搬运和其他运输服务业	100.00	100.00	100.00	100.00
仓储业	100.00	100.00	100.00	100.00
邮政业	100.00	100.00	100.00	100.00
批发和零售贸易业	85.70	91.20	109.10	104.50
批发业	88.40	63.40	89.70	87.20
零售业	82.30	123.10	129.30	122.10
房地产业	53.40	80.00	93.30	73.30
社会服务业	75.00	83.30	100.00	108.30
租赁业	100.00	100.00	100.00	100.00
商务服务业	62.50	75.00	87.50	125.00
环境管理业	100.00	100.00	100.00	100.00
公共设施管理业	100.00	100.00	125.00	75.00
居民服务业	100.00	100.00	100.00	100.00
其他服务业	100.00	100.00	100.00	100.00
信息传输和计算机服务及软件业	102.80	138.30	129.20	129.20
信息传输业	71.30	133.30	133.30	133.30
计算机服务业	100.00	100.00	100.00	100.00
软件业	117.40	157.60	145.10	145.10
住宿和餐饮业	107.00	108.10	133.60	122.10
住宿业	100.00	107.10	121.40	114.30
餐饮业	125.00	112.50	166.70	150.00
按企业登记注册类型分				
国有企业	71.60	111.40	104.30	95.20
集体企业	74.30	77.00	88.80	77.90
股份合作企业	100.00	0.00	0.00	0.00
联营企业	0.00	0.00	50.00	50.00
有限责任公司	79.60	112.20	97.80	107.60
股份有限公司	92.80	96.50	114.10	109.80
私营企业	87.50	87.50	100.00	83.30
其它内资企业	0.00	0.00	0.00	0.00
外商及港、澳、台投资企业	84.40	84.80	120.60	127.50
按企业规模分				
大型及以上	73.90	123.10	109.80	105.90
特大型	1.70	145.60	74.50	76.20
大型	90.10	118.00	117.70	112.60
中小型	81.70	88.30	96.20	98.10
中型	83.60	90.80	100.90	105.70
小型	77.80	83.30	86.50	82.70

3-15 固定资产投资景气指数(2009年)

INVESTMENT IN FIXED ASSETS PROSPERITY INDEX(2009)

单位:点

指　　标	一季度	二季度	三季度	四季度
总 体 状 况	80.00	106.80	104.00	101.40
按行业门类分				
工　业	75.50	111.30	90.10	101.20
采掘业	133.30	165.90	67.40	165.90
制造业	73.10	106.10	93.70	96.00
电力、煤气及水的生产和供应业	66.00	117.60	108.00	102.10
建筑业	85.40	103.30	111.90	129.40
房屋和土木工程建筑业	89.90	103.60	113.40	130.80
建筑安装业	47.40	72.40	97.40	75.00
装修装饰业	100.00	100.00	100.00	100.00
其他建筑业	0.00	100.00	0.00	100.00
交通运输、仓储及邮政业	106.90	89.10	129.50	114.10
铁路运输业	100.00	100.00	100.00	100.00
道路运输业	103.80	84.90	123.80	113.80
城市公共交通业	100.00	100.00	100.00	100.00
水上运输业	100.00	100.00	100.00	100.00
航空运输业	100.00	100.00	200.00	100.00
管道运输	100.00	100.00	100.00	100.00
装卸搬运和其他运输服务业	100.00	100.00	100.00	100.00
仓储业	100.00	100.00	100.00	100.00
邮政业	100.00	200.00	100.00	100.00
批发和零售贸易业	102.30	122.50	121.50	116.80
批发业	76.70	106.90	100.40	87.70
零售业	127.20	141.50	152.10	158.00
房地产业	80.10	113.30	113.30	113.30
社会服务业	58.30	91.70	100.00	75.00
租赁业	100.00	100.00	100.00	100.00
商务服务业	50.00	75.00	75.00	75.00
环境管理业	100.00	100.00	100.00	100.00
公共设施管理业	75.00	125.00	150.00	75.00
居民服务业	100.00	100.00	100.00	100.00
其他服务业	100.00	100.00	100.00	100.00
信息传输和计算机服务及软件业	102.00	138.30	143.00	92.80
信息传输业	100.00	162.00	200.00	104.60
计算机服务业	100.00	100.00	100.00	100.00
软件业	120.10	87.50	100.00	82.60
住宿和餐饮业	106.60	110.50	120.00	128.60
住宿业	114.30	107.10	107.10	121.40
餐饮业	97.10	115.40	150.00	150.00
按企业登记注册类型分				
国有企业	79.60	108.90	94.90	90.60
集体企业	88.90	91.80	104.60	102.40
股份合作企业	100.00	0.00	0.00	0.00
联营企业	0.00	100.00	50.00	50.00
有限责任公司	93.00	123.40	106.20	116.20
股份有限公司	87.60	118.40	126.40	117.30
私营企业	87.50	100.00	114.30	133.30
其它内资企业	0.00	0.00	0.00	0.00
外商及港、澳、台投资企业	87.70	123.20	127.50	137.10
按企业规模分				
大型及以上	82.90	128.80	108.50	112.30
特大型	97.80	99.40	27.80	28.30
大　型	79.50	135.50	126.70	131.20
中小型	87.20	100.60	101.30	101.30
中　型	90.90	105.50	102.80	107.60
小　型	79.60	90.70	98.10	88.50

3-16 重点服务业企业分行业主要经济指标(2009年)

MAIN INDICATORS OF ENTERPRIESE IN SERVICE INDUSTRY BY SECTOR(2009)

指　　标	单　位	装卸搬运及其他运输业	仓 储 业	计算机服务业	软件业	租赁业
单位数	个	276	505	1415	1128	233
年初存货	万元	158	27681	30101	44227	1538
年末存货	万元	2663	26305	28193	48942	1128
固定资产原价	万元	30065	230306	179869	73010	48130
所有者权益合计	万元	35292	184857	253478	207682	83260
其中：实收资本	万元	32383	168388	220309	154922	74850
本年折旧	万元	1952	21289	16755	11628	5263
营业收入	万元	76565	564513	537458	383472	58260
其中：主营业务收入	万元	76565	564133	480312	367406	57247
营业成本	万元	37118	472977	385668	258504	25975
其中：主营业务成本	万元	37118	472849	334352	252371	25788
营业税金及附加	万元	2212	7511	13882	7713	2788
其中：主营业务税金及附加	万元	2212	7511	10222	7368	2755
主营业务利润	万元	33601	30782	80952	104351	26040
其他业务利润	万元	1387	4326	2329	6256	158
营业费用、管理费用、财务费用合计	万元	23126	77195	89007	97408	15145
其中：税金	万元	5437	2885	4785	3532	457
其中：利息支出	万元	192	2575	3392	258	240
营业利润	万元	13665	12711	20770	25390	12848
职工工资和福利费	万元	31313	40379	57422	67331	6258
本年应交增值税	万元	59	327	7343	7567	399
全部从业人员年平均人数	人	9279	15751	9642	18675	4195
增加值	万元	41009	73667	45762	25259	2794

3-16续

指　　标	单　位	商务服务业	居民服务业	其他服务业	娱乐业	科技交流和推广服务业	体　育
单位数	个	6783	533	785	140	11	3
年初存货	万元	428112	8651	7978	840	311	0
年末存货	万元	434082	7622	5421	1148	338	0
固定资产原价	万元	3720677	31905	90435	10330	26961	602
所有者权益合计	万元	13820456	13068	63439	4934	8427	768
其中：实收资本	万元	8976267	17766	59563	18107	6843	2011
本年折旧	万元	242273	2571	10663	2603	659	26
营业收入	万元	2227006	52240	169817	20477	12286	1293
其中：主营业务收入	万元	1907332	36907	128070	19607	12173	990
营业成本	万元	1416609	24732	115250	7136	5346	0
其中：主营业务成本	万元	1234398	14062	75503	7025	5316	0
营业税金及附加	万元	66212	2218	4515	1093	644	42
其中：主营业务税金及附加	万元	54655	2439	5256	1010	2028	42
主营业务利润	万元	491532	16326	18405	7564	6672	-1221
其他业务利润	万元	72947	256	66	350	141	0
营业费用、管理费用、财务费用合计	万元	905893	16346	19763	11826	4408	249
其中：税金	万元	44941	3455	4902	374	154	20
其中：利息支出	万元	108102	555	782	152	118	0
营业利润	万元	170985	5934	18700	1006	2419	-2
职工工资和福利费	万元	429329	17256	18438	4548	2637	680
本年应交增值税	万元	9520	27	388	37	27	0
全部从业人员年平均人数	人	128736	10520	5990	1000	540	118
增加值	万元	528879	25695	38692	5545	3577	727

3-17　重点服务业行政事业单位分行业主要经济指标(2009年)

MAIN INDICATORS OF INSTITUTIONS AND STATE ORGANIZATIONS IN SERVICE INDUSTRY BY SECTOR(2009)

指　　标	单　位	计算机服务业	商　务服务业	居　民服务业	科技交流和推广服务业	社　会福利业	体育
单位数	个		60	7	30	24	16
固定资产原价	万元	689	97491	1833	19766	43680	10560
本年收入合计	万元	196	14885	2881	21110	21319	18536
其中：财政拨款	万元	0	3664	0	14882	14552	11533
事业收入	万元	0	3578	2472	3283	6105	3620
经营收入	万元	194	8532	408	1367	351	1231
本年支出合计	万元	647	11075	2617	18237	18690	13978
其中：工资福利支出	万元	253	4428	999	5005	4033	6173
商品和服务支出	万元	28	3357	1385	3493	6457	4154
取暖费	万元	0	28	2	102	234	53
劳务费	万元	0	16	56	118	42	9
差旅费	万元	6	77	20	76	23	256
出国费	万元	0	5	0	0	0	0
工会经费	万元	10	26	2	26	26	34
福利费	万元	13	150	37	13	15	7
对个人和家庭补助	万元	0	650	75	1344	6019	1354
抚恤金	万元	0	0	0	26	63	31
生活补助	万元	0	0	0	26	63	31
救济费	万元	0	0	0	0	1	19
助学金	万元	0	0	0	0	0	67
退职(役)费	万元	0	5	0	0	809	19
经营支出	万元	118	857	288	778	114	0
经营税金	万元	11	1030	13	50	19	99
全部从业人员年平均人数	人	39	1149	239	1060	753	762
增加值	万元	387	17869	1369	8004	12208	9267

3-18　重点服务业个体户分行业主要经济指标(2009年)

MAIN INDICATORS OF SELF-EMPLOYED INDUSTRIES IN SERVICE INDUSTRY BY SECTOR(2009)

指　　标	单　位	装卸搬运及其他运输业	仓储业	计算机服务业	软件业	租赁业
单位数	个	811	383	780	39	2583
期末从业人员数	人	1326	742	3682	141	5334
其中：雇员	人	785	432	2694	104	2628
营业收入	万元	20878	2708	36949	1842	59516
营业支出	万元	10872	1429	22169	296	36268
其中：雇员报酬	万元	1277	494	4061	190	4082
缴纳税费	万元	730	445	5293	309	4010
场地租金	万元	72	150	2786	39	893
水电费	万元	174	48	1793	21	567
管理费	万元	163	16	1148	96	727
通信业务费	万元	216	2	734	12	1033
商品购进成本	万元	2559	385	4184	704	8757
固定资产原价	万元	7388	1367	9153	588	26993
资产总计	万元	8148	1834	11577	1701	36509
营业面积	平方米	33401	20278	69146	1774	135280
增加值	万元	12013	2219	24133	2045	31340

3-18续

指　　标	单　位	商务服务业	居民服务业	其他服务业	娱乐业
单位数	个	1811	13152	12424	954
期末从业人员数	人	5344	78359	46936	7009
其中：雇员	人	3338	61130	30804	5760
营业收入	万元	41291	420957	365713	52410
营业支出	万元	22634	242464	232348	32035
其中：雇员报酬	万元	5123	88172	53882	11203
缴纳税费	万元	4809	56118	34216	5890
场地租金	万元	2045	24810	25160	4089
水电费	万元	648	16156	6550	859
管理费	万元	291	15709	3632	5228
通信业务费	万元	481	2403	3676	82
商品购进成本	万元	4604	36985	52129	5681
固定资产原价	万元	7989	70675	64141	34719
资产总计	万元	8414	67286	94991	6274
营业面积	平方米	69354	794711	820071	109177
增加值	万元	28589	322784	221463	37468

3-19 物流相关行业和电子信息相关行业总计主要指标(2009年)

MAIN ENERGY CONSUMPTION INDICATORS BY REGION(2009)

指　　标	单位数（个）	营业收入		增加值		从业人员（人）
		绝对数（万元）	增长（%）	绝对数（万元）	增长（%）	
物流相关行业合计	59421	15074601	10.76	2140675	7.64	318314
按国民经济行业分						
铁路运输	16	713333	7.00	288000	6.67	12969
道路运输	29070	1958735	15.85	859769	10.38	119966
水上运输						
航空运输	3	357442	10.00	130622	4.65	4603
管道运输		17976	-6.78	11335	4.21	475
装卸搬运和其他运输服务	1087	97443	15.74	49042	13.04	10605
仓　储	898	772956	10.33	102373	7.78	21722
邮　政		50659	10.13	12935	0.27	1146
批　发	28337	8221660	10.96	534930	4.96	130021
零　售	7	2884397	8.10	151669	5.93	16807
按物流类型分						
运输型物流	30170	2989853	11.77	1325216	8.65	144556
仓储型物流	889	567221	4.30	75886	2.86	16514
综合服务型物流	18	411470	31.23	52974	24.93	10416
其他相关物流	28344	11106057	10.20	686599	5.17	146828
电子信息相关行业总计	5850	5245602	11.28	1063277	9.67	84514
电子信息设备制造业	219	2565697	17.21	236136	16.05	21329
电子信息设备销售	2161	856004	4.32	92995	3.70	17229
信息服务业	3470	1823901	11.28	734147	8.13	45956
信息传输、计算机服务和软件业	3370	1481959	12.41	626970	8.56	36347
新闻出版业	54	111490	10.60	68937	10.00	4876
广播电视电影和音像业	36	223790	4.40	32528	4.04	4292
图书馆与档案馆	10	6662	21.53	5712	20.50	441

主要统计指标解释

EXPLANATORY NOTES ON MAIN STATISTICAL INDICATORS

几点说明:

1. 生产总值及一、二、三次产业增加值，历史数据有所调整，以本年鉴所列数据为准。

2. 生产总值及一、二、三次产业增加值，全部工业增加值，农业总产值等指标的增长速度均以可比价格计算。

3. 为保障历史数据的可比性、连续性，本年鉴的人均指标均按公安户籍人口数计算得出。

4. 由于国家在1994年开始财税体制改革，1994年及以后各年的财政收支与以前年份不可比。另外，2000年财政收入统计口径也有微调，请注意。

5. 工业统计口径调整。1998年以前工业统计范围为乡及乡以上独立核算工业企业，从1998年起，统计范围调整为规模以上工业，即全部国有及年销售收入500万元以上的非国有工业单位。

6. 建筑业统计范围变化。建筑业统计范围1994-1995年为县及县以上单位，1996-1997年为资质等级四级及以上独立核算建筑业企业，1998年至今为资质等级五级及以上独立核算建筑业企业。

7. 职工统计1998年及以后为在岗职工口径，1998年以前为全部职工口径，包括在岗和离岗职工。

企业(单位)登记注册类型 是以在工商行政管理机关登记注册的具有法人资格的各类企业为划分对象。行政机关、事业单位和社会团体及其他经济组织参照执行。

本项以工商行政管理部门对企业(单位)登记注册的类型为依据，将企业(单位)登记注册类型分为以下几种：

(1)国有企业是指企业全部资产归国家所有，并按《中华人民共和国企业法人登记管理条例》规定登记注册的非公司制的经济组织。不包括有限责任公司中的国有独资公司。

(2)集体企业是指企业资产归集体所有，并按《中华人民共和国企业法人登记管理条例》规定登记注册的经济组织。

(3)股份合作企业是指以合作制为基础，由企业职工共同出资入股，吸收一定比例的社会资产投资组建，实行自主经营，自负盈亏，共同劳动，民主管理，按劳分配与按股分红相结合的一种集体经济组织。

(4)联营企业是指两个及两个以上相同或不同所有制性质的企业法人或事业单位法人，按自愿、平等、互利的原则，共同投资组成的经济组织。

联营企业包括国有联营企业、集体联营企业、国有与集体联营企业和其他联营企业。

(5)有限责任公司是指根据《中华人民共和国登记管理条例》规定登记注册，由两个以上，五十个以下的股东共同出资，每个股东以其所认缴的出资额对公司承担有限责任，公司以其全部资产对其债务承担责任的经济组织。

有限责任公司包括国有独资公司以及其他有限责任公司。

①国有独资公司是指国家授权的投资机构或者国家授权的部门单独投资设立的有限责任公司。

②其他有限责任公司是指国有独资公司以外的其他有限责任公司。

(6)股份有限公司是指根据《中华人民共和国登记管理条例》规定登记注册，其全部注册资本由等额股份构成并通过发行股票筹集资本，股东以其认购的股份对公司承担有限责任，公司以其全部资产对其债务承担责任的经济组织。

(7)私营企业是指由自然人投资设立或由自然人控股，以雇佣劳动为基础的营利性经济组织。包括按照《公司法》、《合伙企业法》、《私营企业暂行条件》规定登记注册的私营有限责任公司、私营股份有限公司、私营合伙企业和私营独资企业。

①私营独资企业是指按《私营企业暂行条例》的规定，由一名自然人投资经营，以雇佣劳动为基础，投资者对企业债务承担无限责任的企业。

②私营合伙企业是指按《合伙企业法》或《私营企业暂行条例》的规定，由两个以上自然人按照协议共同投资、共同经营、共负盈亏，以雇佣劳动为基础，对债务承担无限责任的企业。

③私营有限责任公司是指按《公司法》、《私营企业暂行条例》的规定，由两个以上自然人投资或由单个自然人控股的有限责任公司。

④私营股份有限公司是指按《公司法》的规定，由五个以上自然人投资，或由单个自然人控股的有限公司。

(8)其他内资企业是指上述第(1)条至第(7)条之外的其他内资经济组织。

(9)与港澳台商合资经营企业是指港澳台地区投资者与内地的企业依照《中华人民共和国中外合资经营企业法》及有关法律的规定，按合同规定的比例投资设立、分享利润和分担风险的企业。

(10)与港澳台商合作经营企业是指港澳台地区投资者与内地企业依照《中华人民共和国中外合作经营企业法》及有关法律的规定，依照合作合同的约定进行投资或提供条件设立、分配利润和分担风险的企业。

(11)港澳台商独资经营企业是指依照《中华人民共和国外资企业法》及有关法律的规定，在内地由港澳台地区投资者全额投资设立的企业。

(12)港澳台商投资股份有限公司是指根据国家有关规定，经外经贸部依法批准设立，其中港、澳、台商的股本占公司注册资本的比例达25%以上的股份有限公司。凡其中港、澳、台商的股本占公司注册资本的比例小于25%的，属于内资企业中的股份有限公司。

(13)中外合资经营企业是指外国企业或外国人与中国内地企业依照《中华人民共和国中外合资经营企业法》及有关法律的规定，按合同规定的比例投资设立、分享利润和分担风险的企业。

(14)中外合作经营企业是指外国企业或外国人与中国内地企业依照《中华人民共和国中外合作经营企业法》及有关法律的规定，依照合作合同的约定进行投资或提供条件设立、分配利润和分担风险的企业。

(15)外资企业是指依照《中华人民共和国外资企业法》及

有关法律的规定,在中国内地由外国投资者全额投资设立的企业。

(16)外商投资股份有限公司是指根据国家有关规定,经外经贸部依法批准设立,其中外资的股本占公司注册资本的比例达25%以上的股份有限公司。凡其中外资股本占公司注册资本的比例小于25%的,属于内资企业中的股份有限公司。

机关、事业单位和社会团体参照《企业登记注册类型与代码》,主要按其经费来源和管理方式划分。具体规定如下:

(1)机关包括国家机关和政党机关,原则上均列为“国有”。但有特殊规定的,如供销社等,则列为“集体”。

(2)事业单位包括经国家机构编制部门和有关业务主管部门批准成立的各类事业单位,不包括实行企业化管理的事业单位。事业单位的划分办法如下:

①由国家财政预算拨款或列入财政预算外资金管理以及经费主要来源于国有主管部门或国有上级单位的事业单位,列为“国有”。

②经费主要来源于集体单位的事业单位,列为“集体”。

③公民个人(或个人合伙)开办的事业单位,列为“私营”。

④上述以外的其他事业单位,如果其经费来源不明确,按管理方式进行归类。

(3)社会团体包括经民政部门批准成立以及未纳入社会团体管理条例范围的工会、妇联等各类社会团体。社会团体的划分办法如下:

①未纳入民政部社会团体管理条例范围的工会、妇联、共青团、青联、工商联、科协、侨联等社会团体,国家拨款设立的基金会或基金管理组织以及经费主要来源于国有业务主管部门或国有上级单位的社会团体,列为“国有”。

②经费主要来源于集体单位的社会团体,列为“集体”。

③公民个人(或个人合伙)开办的社会团体,划为“私营”。

④上述以外的其他社会团体,如果其经费来源不明确,改按管理方式进行归类。

平均增长速度 我国计算平均增长速度有两种方法:一种是习惯上经常使用的“水平法”,又称几何平均法,是以间隔期最后一年的水平同基期水平对比来计算平均每年增长(或下降)速度;另一种是“累计法”,又称代数平均法或方程法,是以间隔期内各年水平的总和同基期水平对比来计算平均每年增长(或下降)速度。在一般正常情况下,两种方法计算的平均每年增长速度比较接近;但在经济发展不平衡、出现大起大落时,两种方法计算的结果差别较大。

本《年鉴》内所列的平均增长速度,除固定资产投资用“累计法”计算外,其余均用“水平法”计算。从某年到某年平均增长速度的年份,均不包括基期年在内。如建国四十三年的平均增长速度是以1949年为基期计算的,则写为1950-1992年平均增长速度,其余类推。

企业景气调查 企业景气调查起源于20世纪20年代的西方国家,此后在世界范围内得到了迅速的推广和普及。我国从90年代初,逐渐开始尝试开展企业景气调查。1994年8月,国家统计局建立企业景气调查制度,调查主要是借助信息公司的技术力量开展对工业和建筑业企业的直接问卷调查工作。全国企业景气调查统计制度于1998年正式建立,由国家统计局企业调查队系统组织实施。

企业调查景气是通过对部分企业家定期进行问卷调查,并根据他们对企业经营状况及宏观经济形势的判断和预期来编制景气指数,从而准确、及时地反映宏观经济运行和企业经营状况,预测经济发展的变动趋势的一种调查统计方法。它是适应我国社会主义市场经济发展的新形势,借鉴西方国家的经验而建立起来的一项进行事前统计的调查制度。企业家对本行业景气状况的判断 包括企业家对本行业景气状况的判断、对下期本行业景气状况的预计等。

对当前(下期)本行业的看法:是指企业家对本企业所在行业当前(下期)的景气状况的看法。具体分为乐观、一般、不乐观三种。

企业家对企业生产经营景气状况的判断

1. 工业企业生产经营景气状况的判断包括:企业家对本企业的生产成本、产品订货情况、产成品库存、税后利润情况、流动资金情况、货款拖欠情况、主要原材料及能源供应以及企业的综合生产经营状况等方面的本期景气状况判断和下期景气状况预计。

2. 建筑业企业生产经营景气状况包括:企业家对本企业的工程合同签定情况、施工情况、工程结算收入情况、建筑材料购进价格、工程结算成本情况以及企业的综合生产经营状况等方面的本期景气状况判断和下期景气状况预计。

3. 交通运输、仓储及邮电通信业企业生产经营景气状况判断包括 :企业家对本企业的业务量、业务收入情况、营业成本情况以及企业的综合生产经营状况等方面的本期景气状况的判断和下期景气状的预计。

4. 批发和零售贸易、餐饮业企业生产经营景气状况的判断包括: 企业家对本企业的商品购进量情况、销售量情况、销售价格情况、商品库存情况以及企业的综合生产经营状况等方面本期景气状况的判断和下期景气状况的预计。

5. 房地产企业生产经营景气状况的判断包括:企业家对本企业的土地开发面积情况、房屋施工面积情况、竣工面积情况、商品房销售面积情况、空置商品房面积情况以及企业的综合生产经营状况等方面本期景气状况的判断和下期景气状况的预计。

6. 社会服务业企业生产经营情况的判断包括:企业家对本企业业务量情况、业务收费价格情况、营业成本情况以及企业综合生产经营状况等方面的本期景气状况的判断和下期景气状况预计。

企业综合生产经营状况是指对本企业的生产经营总体情况的概括。实际上就是通过对本企业景气调查问卷中,生产经营状况判断的各项指标及其他与企业生产经营有关指标的概括,从而对本企业的生产经营状况作出判断。

景气指数,又称为景气度 它是对企业景气调查中各项定性经济指标的调查结果,通过一定的技术加工处理后形成的一种综合性数量指标。综合反映全社会或某一经济类型或某一行业所处的状态或发展趋势的一种指标。通过其上升或下降的动态特征,较准确地反映和预测经济发展状态的发展趋势波动中的转折点,从而直观地反映经济所处的状态。景气指数的数值介于0到200点之间,景气指数为100点时,说明经济处于景气与不景气的临界点;当景气指数大于100点时,表示经济处于景气状态,反之,景气指数小于100点时,表示经济处于不景气状态。

4

国民经济核算

NATIONAL ACCOUNTS

4-1 各时期生产总值(按当年价格计算)

GROSS DOMESTIC PRODUCT IN EACH PERIOD

年　　份	生产总值（万元）	第一产业	第二产业		第三产业	人均生产总值(元)
				工　业		
1952	38282	14464	11300	10907	12518	121
1957	66616	19282	22378	21840	24956	194
1962	62056	10271	24346	23610	27439	177
1965	96827	18837	44395	43388	33595	262
1970	136085	21582	76949	75571	37554	337
1975	162427	28985	86500	84614	46942	373
“五五”时期						
1976	181751	33447	99797	97215	48507	413
1977	199814	35831	112347	109811	51636	450
1978	235993	41633	133172	128910	61188	527
1979	265619	50144	147679	141048	67796	586
1980	288001	59580	158591	142369	69830	630
“六五”时期						
1981	315623	65646	176516	151131	73461	681
1982	360552	88026	185548	157894	86978	765
1983	420075	116162	204758	179572	99155	881
1984	479948	103502	254684	201017	121762	997
1985	613741	129221	318193	275447	166327	1263
“七五”时期						
1986	712831	148165	344782	286895	219884	1451
1987	845431	175195	402857	328783	267379	1699
1988	1142249	222330	570722	474895	349197	2266
1989	1258319	237692	615209	546591	405418	2466
1990	1382350	239283	673593	604274	469474	2666
“八五”时期						
1991	1633920	253797	765582	677340	614541	3109
1992	2078386	277408	983638	868539	817340	3928
1993	2707637	326614	1331453	1153600	1049570	5088
1994	3718760	494413	1768214	1544940	1456133	6946
1995	4735176	676399	2203700	1941631	1855077	8773
“九五”时期						
1996	5808366	742400	2749300	2383100	2316666	10701
1997	7099490	825200	3279700	2788668	2994590	12995
1998	8021619	902000	3664300	2984090	3455319	14549
1999	8813156	925171	3998006	3188000	3889979	15863
2000（调整前）	9521798	950125	4186077	3366075	4385596	16999
2000	9441315	960185	4147355	3319701	4333775	16855
“十五”时期						
2001	10579155	983242	4380564	3507175	5215349	18697
2002	11901167	1000514	5016352	4023830	5884300	20807
2003	13521540	1048068	5886754	4822007	6586718	23362
2004	16002700	1205800	7219300	6034000	7577600	27293
2005	18462792	1343400	8474679	7158669	8644713	31095
“十一五”时期						
2006	21615316	1451210	9971161	8441795	10192945	36002
2007	25001427	1502995	11287598	9548644	12210834	38301
2008	30067703	1750100	13130913	11152190	15186690	45563
2009	33409059	1870700	14335100	11913600	17203259	50219

注:1. 2000年之后数据为经济普查调整口径。
　　2. 2005年之后人均生产总值为常住人口口径。

4-2 生产总值环比指数(以上年为100)

CIRCLE INDICES OF GROSS DOMESTIC PRODUCT

年　　份	生产总值	第一产业	第二产业	工　业	第三产业	人均生产总值
1952	123.9	119.1	153.2	126.2	132.7	118.0
1957	97.5	91.7	89.0	92.3	112.7	95.7
1962	105.6	116.7	82.7	81.3	121.9	105.9
1965	120.8	120.4	138.8	132.9	105.3	120.7
1970	113.7	95.9	131.9	130.8	100.5	108.7
1975	139.0	121.5	160.4	167.8	117.6	133.9
“五五”时期						
1976	104.9	93.2	114.6	113.1	104.5	104.6
1977	106.8	95.0	112.3	113.9	106.3	104.7
1978	113.0	99.3	114.2	111.9	119.0	109.1
1979	112.1	120.0	110.5	109.0	110.4	110.8
1980	113.6	124.5	112.5	105.7	107.9	112.6
“六五”时期						
1981	109.5	110.1	111.2	106.1	105.1	108.0
1982	116.0	136.2	106.7	106.1	120.2	114.1
1983	117.0	132.5	110.8	114.2	114.5	115.6
1984	118.4	92.3	128.9	116.0	127.3	117.3
1985	105.4	102.9	103.0	112.9	112.6	104.4
“七五”时期						
1986	110.8	109.4	103.4	99.4	126.1	109.6
1987	112.2	111.9	110.5	108.4	115.0	110.8
1988	119.0	111.8	124.8	127.2	115.0	117.5
1989	103.2	100.1	101.0	107.8	108.8	101.9
1990	108.3	99.2	107.9	109.0	114.2	106.6
“八五”时期						
1991	112.8	101.2	108.5	107.0	124.9	111.3
1992	122.8	105.5	124.0	123.8	128.4	122.0
1993	121.4	109.7	126.1	123.8	119.7	120.7
1994	118.9	131.0	115.0	115.9	120.1	118.2
1995	113.3	121.7	110.9	111.8	112.3	112.4
“九五”时期						
1996	114.9	102.8	116.9	115.0	117.0	114.3
1997	119.6	108.8	116.7	114.5	126.3	118.8
1998	113.8	110.1	112.6	107.8	116.3	112.8
1999	113.1	109.5	111.8	110.6	115.4	112.2
2000	112.1	106.1	110.8	112.2	114.9	111.2
“十五”时期						
2001	112.1	104.0	109.8	111.0	115.9	110.9
2002	113.2	102.6	114.8	115.2	113.9	112.0
2003	114.5	104.6	118.2	121.9	113.0	113.2
2004	115.6	107.8	119.8	121.9	113.0	114.1
2005	115.6	106.0	117.4	119.8	115.4	114.2
“十一五”时期						
2006	115.7	106.0	117.2	119.3	115.6	114.4
2007	115.8	100.0	115.3	116.0	118.5	114.5
2008	113.0	105.0	110.0	110.7	116.8	111.8
2009	112.2	105.1	112.1	110.5	113.1	111.3

注:2005年后人均生产总值指数为常住人口口径。

4-3 资本形成总额(一)(按当年价格计算)

BASIC STATISTICS ON GROSS CAPITAL FORMATION

单位:万元

指　　标	2001年	2002年	2003年	2004年	2005年
资本形成总额	4183831	5008857	5624118	7601202	10173900
固定资本形成总额	4062879	4616635	5265192	6792015	8909940
第一产业	223528	275190	292000	372500	382800
第二产业	827562	1104611	1750422	2671700	3620496
工　业	764856	1022790	1611000	2605100	3522746
采掘业	31695	7677	9680	44600	62452
制造业	546505	790399	1424029	2315900	3145144
电力、煤气及水的生产和供应业	186656	224714	177291	244600	315150
建筑业	62706	81821	139422	66600	97750
第三产业	3011789	3236834	3222770	3747815	4906644
交通运输、仓储及邮电通信业	756915	818874	690314	779315	1044155
批发和零售贸易、餐饮业	306701	207692	226255	256400	358474
金融保险业	131165	64961	20575	19800	25501
房地产业	677438	947491	1084578	1287700	1648214
其他行业	1139570	1197816	1201048	1404600	1830300
存货增加	120952	392222	358926	809187	1263960
第一产业	4896	5635	26409	60065	121860
第二产业	78610	148202	280015	717143	948218
工　业	29074	87880	283339	577328	725421
建筑业	49536	60322	-3324	139814	222797
第三产业	37446	238385	52502	31979	193881
交通运输、仓储邮电通信业	-1968	0	-1505	-300	100
批发零售贸易、餐饮业	-3911	61717	54942	32279	193781
其他行业	43325	176668	-935	0	0

注:资本形成总额(一)为GB/T4754-1994国民经济分类。

4-4 资本形成总额(二)(按当年价格计算)

BASIC STATISTICS ON GROSS CAPITAL FORMATION

单位:万元

指　　标	2005年	2006年	2007年	2008年	2009年
资本形成总额	10173900	11263945	12861575	15778736	17559340
固定资本形成总额	8909940	10480163	11919841	14720855	17123540
第一产业	382800	327016	433464	553248	607018
农林牧渔业	382800	327016	433464	553248	607018
第二产业	3620496	3812905	3950868	4543234	5334995
采掘业	62452	77911	72722	40095	45928
制造业	3145144	3053703	3401816	3874471	4620433
电力、煤气及水的生产和供应业	315150	594722	392245	427502	542211
建筑业	97750	86569	84085	201166	126423
第三产业	4906644	6340242	7535509	9624373	11181527
交通运输、仓储和邮政业	580377	1007112	729224	1343679	1049788
信息传输、计算机服务和软件业	463778	411499	565027	713780	1145978
批发与零售业	311798	422086	550427	577013	656206
住宿和餐饮业	46676	70699	124158	167231	176164
金融业	25501	22136	15469	8003	19702
房地产业	1648214	2098059	3180596	4057122	5338801
其它行业	1830300	2308651	2370608	2757545	2794887
存货增加	1263960	783782	941735	1057881	435800
第一产业	121860	128302	132706	-9954	-25482
农林牧渔业	121860	128302	132706	-9954	-25482
第二产业	948218	478300	471976	700529	471180
工　业	725421	250900	408969	391441	266899
建筑业	222797	227400	63006	309088	204281
第三产业	193881	177180	337053	367306	-9899
交通运输、仓储和邮政业	100	-558	12595	-42000	-139799
批发与零售业	185434	184554	316557	405877	128800
住宿和餐饮业	8347	-6816	7901	3429	1100
其它行业	0	0	0	0	0

注:资本形成总额(二)为GB/T4754-2002国民经济分类。

4-5 最终消费支出(一)(按当年价格计算)

FINAL CONSUMPTION EXPENDITURE

单位:亿元

指标	2000年	2001年	2002年	2003年	2004年
最终消费支出	464.75	504.74	563.07	615.59	664.52
居民消费支出	332.70	357.84	401.23	430.62	457.72
农业居民	74.05	78.57	76.67	74.35	80.48
自给性消费	6.81	8.07	7.83	5.41	6.53
商品性消费支出	46.27	46.34	44.10	41.55	44.24
文化生活服务性消费支出	9.20	12.08	12.95	13.62	14.97
住房及水电消费支出	11.77	12.08	11.79	13.78	14.74
#住房消费	5.51	5.86	5.40	7.61	7.84
非农业居民	258.65	279.26	324.56	356.26	377.24
商品性消费支出	174.14	191.82	231.27	233.71	239.26
文化生活服务性消费支出	59.59	53.65	56.20	63.36	70.43
住房及水电消费支出	24.92	33.79	37.09	59.19	67.55
#住房消费	18.38	25.58	27.28	41.00	47.74
政府消费支出	132.05	146.90	161.84	184.97	206.80

4-6 最终消费支出(二)(按当年价格计算)

FINAL CONSUMPTION EXPENDITURE

单位:亿元

指　标	2005年	2006年	2007年	2008年	2009年
最终消费支出	745.56	907.16	1171.15	1371.87	1531.15
居民消费支出	522.10	621.65	820.82	940.61	1035.84
农村居民	86.98	97.26	100.39	117.90	125.45
食品类支出	32.07	32.87	35.57	40.69	42.09
衣着类支出	4.77	5.43	5.60	6.32	6.74
居住类支出	6.54	8.57	8.40	9.56	8.90
家庭设备、用品及服务类支出	4.64	5.66	5.64	7.14	6.82
医疗保健类支出	6.90	6.93	6.96	9.86	10.12
公共医疗消费支出	0.00	0.68	1.15	2.04	2.71
交通和通信类支出	9.25	11.53	13.10	15.86	18.64
文教娱乐用品及服务类支出	13.10	14.57	11.74	11.46	12.07
金融中介服务虚拟支出	0.65	0.57	0.52	0.78	1.14
自有住房服务虚拟支出	7.99	9.11	10.59	13.10	15.00
其他商品和服务类支出	1.05	1.36	1.12	1.10	1.21
城镇居民	435.12	524.39	720.43	822.71	910.39
食品类支出	108.39	124.25	178.21	207.61	227.86
衣着类支出	36.83	46.32	62.54	70.44	75.96
居住类支出	38.82	47.27	68.15	79.24	87.29
家庭设备、用品及服务类支出	22.18	25.74	48.65	58.16	59.50
医疗保健类支出	33.75	41.47	51.10	66.10	70.30
公共医疗消费支出	7.05	9.58	13.52	19.96	25.89
交通和通信类支出	63.69	82.07	119.23	121.69	133.35
文教娱乐用品及服务类支出	54.54	67.69	88.40	98.82	98.13
金融中介服务虚拟支出	13.01	16.17	19.73	22.05	24.05
自有住房服务虚拟支出	32.14	36.05	45.39	49.44	79.24
实物消费支出	11.60	11.15	4.98	5.27	4.04
其他商品和服务类支出	13.12	16.64	20.54	23.92	24.78
政府消费支出	223.46	285.51	350.33	431.26	495.31

4-7 实际最终消费(一)(按当年价格计算)

BASIC STATISTICS ON FINAL REAL CONSUMPTION EXPENDITURE

单位:亿元

指　　标	2000年	2001年	2002年	2003年	2004年
最终消费	464.75	504.74	563.07	615.59	664.52
居民消费	403.65	436.77	488.19	530.00	568.83
农业居民	86.20	92.09	91.56	91.38	99.51
自给性消费	7.07	8.37	8.16	5.78	6.95
商品性消费	50.46	51.00	49.24	47.43	50.80
文化生活服务性消费	16.29	19.97	21.64	23.54	26.07
住房及水电消费	12.38	12.75	12.53	14.62	15.69
#住房消费	5.83	6.22	5.80	8.06	8.34
非农业居民	317.45	344.67	396.62	438.62	469.32
商品性消费	196.82	217.05	259.07	265.48	274.78
文化生活服务性消费	92.93	90.75	97.07	110.07	122.65
住房及水电消费	27.69	36.87	40.48	63.07	71.88
#住房消费	20.34	27.76	29.68	43.74	50.80
政府消费	61.10	67.97	74.88	85.59	95.69

4-8 实际最终消费(二)(按当年价格计算)

BASIC STATISTICS ON FINAL REAL CONSUMPTION EXPENDITURE

单位:亿元

指　　标	2005年	2006年	2007年	2008年	2009年
最终消费	745.56	907.16	1171.15	1371.87	1531.15
居民消费	642.16	775.05	1009.05	1129.53	1252.82
农村居民	108.14	124.30	133.57	139.85	150.65
食品类消费	34.18	35.56	38.86	40.99	42.44
衣着类消费	5.11	5.88	6.14	6.37	6.79
居住类消费	7.00	9.16	9.12	9.63	8.98
家庭设备、用品及服务类消费	4.93	6.03	6.09	7.19	6.88
医疗保健类消费	7.30	7.44	7.59	9.93	10.20
公共医疗消费	5.61	7.84	9.94	12.92	15.20
交通和通信类消费	9.73	12.14	13.85	15.98	18.77
文教娱乐用品及服务类消费	23.92	28.39	28.70	21.76	23.90
金融中介服务虚拟消费	0.68	0.60	0.56	0.78	1.14
自有住房服务虚拟消费	8.55	9.83	11.47	13.20	15.11
其他商品和服务类消费	1.13	1.45	1.23	1.11	1.22
城镇居民	534.02	650.75	875.48	989.69	1102.16
食品类消费	114.70	132.32	188.10	209.15	229.62
衣着类消费	39.04	49.15	66.01	70.96	76.55
居住类消费	41.01	50.07	71.58	79.82	87.96
家庭设备、用品及服务类消费	23.68	27.67	51.02	58.59	59.99
医疗保健类消费	35.82	44.12	54.35	66.59	70.86
公共医疗消费	36.56	47.28	59.79	92.95	109.71
交通和通信类消费	67.35	86.74	124.97	122.59	134.38
文教娱乐用品及服务类消费	101.76	128.03	162.44	187.61	200.11
金融中介服务虚拟消费	13.79	17.17	20.96	22.21	24.24
自有住房服务虚拟消费	33.82	38.19	48.01	49.81	79.66
实物消费消费	12.50	12.31	6.39	5.31	4.08
其他商品和服务类消费	13.96	17.72	21.87	24.10	24.98
政府消费	103.40	132.11	162.10	242.34	278.33

4-9 生产总值分布情况

DISTRIBUTION OF GROSS DOMESTIC PRODUCT

单位:亿元

年　　份	政　府 最终消费	居　民 最终消费	国　内 总投资	国　内 储蓄总额	资金差额
GDP分布					
1990	14.63	52.28	54.12	71.36	17.24
“八五”时期					
1991	16.43	60.70	56.35	86.26	29.91
1992	20.06	71.02	80.23	116.76	36.53
1993	22.75	90.63	122.66	157.38	34.71
1994	25.57	122.10	152.31	224.21	71.90
1995	34.93	197.61	190.05	240.98	50.93
“九五”时期					
1996	50.21	240.49	236.98	290.14	53.16
1997	98.69	291.30	246.44	319.96	73.52
1998	100.52	347.78	285.39	353.86	68.47
1999	126.27	362.71	347.37	392.34	44.97
2000	132.05	332.70	398.13	479.38	81.25
“十五”时期					
2001	146.90	357.84	418.38	553.18	134.79
2002	161.84	401.23	500.89	627.04	126.16
2003	184.97	430.62	562.41	736.57	174.15
2004	206.80	457.71	760.12	935.75	175.63
2005	223.46	522.10	1017.39	1131.05	113.66
“十一五”时期					
2006	285.51	621.65	1126.39	1277.93	151.54
2007	350.33	820.82	1286.16	1391.66	105.50
2008	431.26	940.61	1577.87	1634.90	57.03
2009	495.31	1035.84	1755.93	1809.76	53.83

4-10 生产总值(一)(按当年价格计算)

VALUE OF GROSS DOMESTIC PRODUCT

单位:亿元

指　　标	2000年（调整前）	2000年	2001年	2002年	2003年	2004年
生产总值	952.18	944.13	1057.92	1190.12	1352.16	1600.27
第一产业	95.01	96.02	98.32	100.05	104.81	120.58
第二产业	418.61	414.74	438.06	501.63	588.67	721.93
工　业	336.61	331.97	350.72	402.38	482.20	603.40
采掘业	10.50	10.35	6.12	9.57	10.45	13.32
制造业	292.90	288.87	303.57	367.70	446.19	568.96
电力、煤气及水的生产供应业	33.21	32.75	41.02	25.11	25.56	21.12
建筑业	82.00	82.77	87.34	99.25	106.47	118.53
第三产业	438.56	433.38	521.54	588.44	658.68	757.76
农林牧渔服务业	2.91	2.91	4.87	3.77	1.60	1.77
地质勘探、水利管理业	4.74	3.60	4.60	4.93	8.22	4.32
交通运输、仓储、邮电通讯业	55.80	58.85	73.00	83.79	91.73	106.59
交通运输、仓储业	41.34	40.73	53.07	61.74	65.74	76.67
邮电通讯业	14.46	18.11	19.93	22.05	25.99	29.92
批发和零售贸易、餐饮业	157.68	141.13	150.26	163.26	172.38	197.07
批发和零售贸易业	118.85	114.91	120.90	130.50	140.43	158.79
餐饮业	38.82	26.22	29.36	32.76	31.95	38.28
金融保险业	39.63	39.94	54.18	65.81	74.35	92.33
金融业	38.15	38.45	51.84	60.87	70.09	86.47
保险业	1.47	1.49	2.34	4.94	4.26	5.86
房地产业	21.60	21.50	33.84	38.40	44.23	55.20
房地产管理业	4.66	3.04	7.45	8.81	9.68	10.62
房地产开发与经营业	3.26	4.93	7.22	6.54	11.03	13.92
城市居民自有住房	4.48	7.80	10.34	12.05	16.40	22.92
农村居民自有住房	9.21	5.74	8.83	11.00	7.13	7.74
社会服务业	40.20	49.03	59.35	66.74	76.75	87.50
卫生、体育、社会福利事业	18.24	30.14	34.48	39.84	50.18	57.16
教育、文艺、广播电影电视业	41.27	42.44	46.71	51.12	55.33	64.18
科学研究和综合技术服务业	10.37	10.53	11.84	14.17	15.07	15.28
国家政党机关、社会团体	37.96	28.87	38.23	44.99	51.38	57.03
其他行业	8.18	4.43	10.18	11.62	17.46	19.33

注:生产总值(一)为GB/T4754-1994国民经济分类。

4-11 生产总值(二)(按当年价格计算)

VALUE OF GROSS DOMESTIC PRODUCT

单位:亿元

指　　标	2005年	2006年	2007年	2008年	2009年
地区生产总值	1846.28	2161.53	2500.14	3006.77	3340.91
第一产业	134.34	145.12	150.30	175.01	187.07
农林牧渔业	134.34	145.12	150.30	175.01	187.07
农　业	88.65	95.80	97.13	108.91	120.34
林　业	4.05	4.54	5.31	7.71	8.34
畜牧业	38.08	40.32	42.46	51.79	51.22
渔　业	1.60	1.77	1.90	2.88	2.88
农林牧渔服务业	1.96	2.69	3.50	3.72	4.29
第二产业	847.47	997.12	1128.76	1313.09	1433.51
工　业	715.87	844.18	954.86	1115.22	1191.36
采矿业	18.00	11.06	12.49	11.94	26.60
制造业	651.41	802.54	909.07	1068.52	1073.42
电力、燃气及水的生产和供应业	46.45	30.58	33.30	34.76	91.34
建筑业	131.60	152.94	173.90	197.87	242.15
房屋和土木工程建筑业	100.87	116.05	130.54	146.84	193.94
建筑安装业	21.02	24.93	28.91	33.52	36.02
建筑装饰业	5.40	7.00	8.85	11.20	7.51
其他建筑业	4.31	4.97	5.60	6.30	4.69
第三产业	864.47	1019.29	1221.08	1518.67	1720.33
交通运输、仓储及邮政业	112.24	127.87	149.02	173.70	200.27
铁路运输业	41.99	43.71	45.27	46.89	52.01
道路运输业	33.11	46.47	61.42	79.41	96.68
城市公共交通业	21.81	18.54	16.68	13.26	13.62
水上运输业	1.58	1.09	0.75	0.52	0.60
航空运输业	4.66	6.96	10.85	15.40	17.01
管道运输业	0.24	0.39	0.63	1.02	1.20
装卸搬运和其他运输服务业	5.31	6.57	8.10	9.98	11.84
仓储业	1.65	2.54	3.88	5.94	5.79
邮政业	1.89	1.59	1.42	1.29	1.52
信息传输、计算机服务和软件业	44.21	48.81	55.03	62.56	66.24
电信和其他信息传输服务来	29.33	30.53	32.20	33.96	30.95
计算机服务业	8.73	10.26	12.21	14.54	17.95
软件业	6.15	8.03	10.62	14.06	17.33
批发和零售业	194.58	245.33	308.14	389.57	416.50
批发业	68.91	99.41	140.85	198.75	234.13
零售业	125.67	145.92	167.29	190.82	182.37
住宿和餐饮业	51.78	73.42	95.89	122.13	125.55
住宿业	6.83	9.63	12.55	15.84	12.43

注:生产总值(二)为GB/T4754-2002国民经济分类。

4-11续

指　　标	2005年	2006年	2007年	2008年	2009年
餐饮业	44.95	63.79	83.34	106.29	113.12
金融业	100.58	112.83	130.88	191.20	240.21
银行业	91.81	101.40	110.80	120.19	164.58
证券业	0.16	1.15	8.03	56.04	60.51
保险业	6.58	7.58	8.64	9.85	10.02
其他金融活动	2.03	2.69	3.41	5.11	5.10
房地产业	69.88	86.38	104.14	134.55	172.63
房地产开发经营业	21.04	27.43	39.80	58.37	62.40
物业管理业	9.71	11.42	12.02	13.33	18.69
房地产中介服务业	2.98	4.31	5.15	7.22	10.13
其他房地产活动	0.28	1.54	2.61	5.15	7.21
居民自有住房服务业	35.87	41.67	44.57	50.49	74.20
租赁和商务服务业	35.29	42.47	54.10	68.94	88.71
租赁业	1.48	1.97	2.77	3.89	4.92
商务服务业	33.81	40.50	51.33	65.05	83.78
科学研究、技术服务和地质勘查业	21.67	29.66	39.43	52.45	57.79
研究与试验发展	7.02	9.80	13.27	17.97	19.95
专业技术服务业	10.77	14.78	19.68	26.19	27.36
科技交流和推广服务业	2.06	2.81	3.74	4.96	6.74
地质勘查业	1.82	2.27	2.75	3.32	3.74
水利、环境和公共设施管理业	6.04	10.16	11.70	13.84	12.18
水利管理业	1.94	3.30	3.82	4.62	5.06
环境管理业	1.00	1.53	1.72	2.13	2.46
公共设施管理业	3.10	5.32	6.15	7.08	4.67
居民服务和其他服务业	30.25	29.44	29.15	29.58	32.95
居民服务业	23.35	20.88	18.58	16.53	18.41
其他服务业	6.90	8.56	10.57	13.05	14.53
教　育	60.41	69.19	82.20	97.63	109.66
卫生、社会保障和社会福利业	48.29	49.54	51.25	55.47	64.87
卫生	29.67	36.23	41.90	48.46	56.31
社会保障业	17.93	12.33	8.03	5.23	6.37
社会福利业	0.69	0.98	1.32	1.78	2.19
文化、体育和娱乐业	17.22	17.83	19.22	20.84	23.60
新闻出版业	6.89	7.28	7.96	8.71	9.99
广播、电视、电影和音像业	4.76	4.71	4.82	4.93	5.27
文化艺术业	2.53	2.87	3.37	3.95	4.26
体育	0.69	0.86	1.10	1.40	2.08
娱乐业	2.34	2.11	1.97	1.84	2.01
公共管理和社会组织	72.03	76.39	90.93	106.22	109.18

4-12 生产总值贡献率(一)(按当年价格计算)

DISTRIBUTION RATE OF GROSS DOMESTIC PRODUCT(CALCULATED AT CURRENT PRICES)　单位:%

指　　标	2000年	2001年	2002年	2003年	2004年
生产总值贡献率	100.0	100.0	100.0	100.0	100.0
第一产业	3.5	2.0	1.3	2.9	6.4
第二产业	26.5	20.5	48.1	53.7	53.7
工　业	25.1	16.5	39.1	49.3	48.8
采掘业	-9.0	-3.7	2.6	0.5	1.2
制造业	14.4	12.9	48.5	48.4	49.5
电力、煤气及水的生产供应业	19.7	7.3	-12.0	0.3	-1.8
建筑业	1.4	4.0	9.0	4.5	4.9
第三产业	70.0	77.5	50.6	43.3	39.9
农林牧渔服务业	0.0	1.7	-0.8	-1.3	0.1
地质勘探、水利管理业	0.8	0.9	0.3	2.0	-1.6
交通运输、仓储、邮电通讯业	19.8	12.4	8.2	4.9	6.0
交通运输、仓储业	13.5	10.8	6.6	2.5	4.4
邮电通讯业	6.3	1.6	1.6	2.4	1.6
批发和零售贸易、餐饮业	11.7	8.0	9.8	5.6	10.0
批发和零售贸易业	8.0	5.3	7.3	6.1	7.4
餐饮业	3.7	2.8	2.6	-0.5	2.5
金融保险业	4.2	12.5	8.8	5.3	7.2
金融业	4.2	11.8	6.8	5.7	6.6
保险业	0.0	0.8	2.0	-0.4	0.6
房地产业	2.9	10.8	3.4	3.6	4.4
房地产管理业	-1.0	3.9	1.0	0.5	0.4
房地产开发与经营业	1.9	2.0	-0.5	2.8	1.2
城市居民自有住房	1.2	2.2	1.3	2.7	2.6
农村居民自有住房	0.8	2.7	1.6	-2.4	0.2
社会服务业	8.3	9.1	5.6	6.2	4.3
卫生、体育、社会福利事业	5.0	3.8	4.0	6.4	2.8
教育、文艺、广播电影电视业	10.2	3.8	3.3	2.6	3.6
科学研究和综合技术服务业	0.4	1.1	1.8	0.6	0.1
国家政党机关、社会团体	7.7	8.2	5.1	3.9	2.3
其他行业	-1.0	5.0	1.1	3.6	0.8

注:生产总值贡献率(一)为GB/T4754-1994国民经济分类。

4-13 生产总值贡献率(二)(按当年价格计算)

DISTRIBUTION RATE OF GROSS DOMESTIC PRODUCT(CALCULATED AT CURRENT PRICES) 单位:%

指　　标	2005年	2006年	2007年	2008年	2009年
生产总值贡献率	100.0	100.0	100.0	100.0	100.0
第一产业	4.9	3.4	1.5	4.9	3.6
农林牧渔业	4.9	3.4	1.5	4.9	3.6
农　业	2.9	2.3	0.4	2.3	3.4
林　业	0.3	0.2	0.2	0.5	0.2
畜牧业	1.5	0.7	0.6	1.8	-0.2
渔　业	0.0	0.1	0.0	0.2	0.0
农林牧渔服务业	0.1	0.2	0.2	0.0	0.2
第二产业	51.0	47.5	38.9	36.4	36.0
工　业	45.7	40.7	32.7	31.7	22.8
采矿业	1.5	-2.2	0.4	-0.1	4.4
制造业	37.2	47.9	31.5	31.5	1.5
电力、燃气及水的生产和供应业	7.0	-5.0	0.8	0.3	16.9
建筑业	5.3	6.8	6.2	4.7	13.3
房屋和土木工程建筑业	3.7	4.8	4.3	3.2	14.1
建筑安装业	1.0	1.2	1.2	0.9	0.7
建筑装饰业	0.4	0.5	0.5	0.5	-1.1
其他建筑业	0.2	0.2	0.2	0.1	-0.5
第三产业	44.1	49.1	59.6	58.7	60.4
交通运输、仓储及邮政业	3.1	5.0	6.2	4.9	8.0
铁路运输业	0.5	0.5	0.5	0.3	1.5
道路运输业	3.3	4.2	4.4	3.5	5.2
城市公共交通业	-1.7	-1.0	-0.5	-0.7	0.1
水上运输业	-0.3	-0.2	-0.1	0.0	0.0
航空运输业	0.6	0.7	1.1	0.9	0.5
管道运输业	0.0	0.0	0.1	0.1	0.1
装卸搬运和其他运输服务业	0.4	0.4	0.5	0.4	0.6
仓储业	0.2	0.3	0.4	0.4	0.0
邮政业	0.0	-0.1	0.0	0.0	0.1
信息传输、计算机服务和软件业	2.0	1.5	1.8	1.5	1.1
电信和其他信息传输服务来	0.8	0.4	0.5	0.3	-0.9
计算机服务业	0.6	0.5	0.6	0.5	1.0
软件业	0.6	0.6	0.8	0.7	1.0
批发和零售业	14.5	16.1	18.6	16.1	8.1
批发业	8.2	9.7	12.2	11.4	10.6
零售业	6.3	6.4	6.3	4.6	-2.5
住宿和餐饮业	3.1	6.9	6.6	5.2	1.0
住宿业	0.4	0.9	0.9	0.6	-1.0

注:生产总值贡献率(二)为GB/T4754-2002国民经济分类。

4-13续

指　　标	2005年	2006年	2007年	2008年	2009年
餐饮业	2.7	6.0	5.8	4.5	2.0
金融业	3.4	3.9	5.3	11.9	14.7
银行业	3.0	3.0	2.8	1.9	13.3
证券业	0.1	0.3	2.0	9.5	1.3
保险业	0.3	0.3	0.3	0.2	0.1
其他金融活动	0.0	0.2	0.2	0.3	0.0
房地产业	6.0	5.2	5.2	6.0	11.4
房地产开发经营业	2.9	2.0	3.7	3.7	1.2
物业管理业	0.4	0.5	0.2	0.3	1.6
房地产中介服务业	0.6	0.4	0.2	0.4	0.9
其他房地产活动	0.0	0.4	0.3	0.5	0.6
居民自有住房服务业	2.1	1.8	0.9	1.2	7.1
租赁和商务服务业	3.7	2.3	3.4	2.9	5.9
租赁业	0.2	0.2	0.2	0.2	0.3
商务服务业	3.5	2.1	3.2	2.7	5.6
科学研究、技术服务和地质勘查业	2.0	2.5	2.9	2.6	1.6
研究与试验发展	0.7	0.9	1.0	0.9	0.6
专业技术服务业	1.0	1.3	1.4	1.3	0.3
科技交流和推广服务业	0.2	0.2	0.3	0.2	0.5
地质勘查业	0.1	0.1	0.1	0.1	0.1
水利、环境和公共设施管理业	-0.9	1.3	0.5	0.4	-0.5
水利管理业	-0.3	0.4	0.2	0.2	0.1
环境管理业	-0.2	0.2	0.1	0.1	0.1
公共设施管理业	-0.5	0.7	0.2	0.2	-0.7
居民服务和其他服务业	-0.7	-0.3	-0.1	0.1	1.0
居民服务业	-1.2	-0.8	-0.7	-0.4	0.6
其他服务业	0.5	0.5	0.6	0.5	0.4
教　育	4.6	2.8	3.8	3.0	3.6
卫生、社会保障和社会福利业	-3.4	0.4	0.5	0.8	2.8
卫生	1.1	2.1	1.7	1.3	2.3
社会保障业	-4.5	-1.8	-1.3	-0.6	0.3
社会福利业	0.1	0.1	0.1	0.1	0.1
文化、体育和娱乐业	0.7	0.2	0.4	0.3	0.8
新闻出版业	0.3	0.1	0.2	0.1	0.4
广播、电视、电影和音像业	0.1	0.0	0.0	0.0	0.1
文化艺术业	0.2	0.1	0.1	0.1	0.1
体育	0.1	0.1	0.1	0.1	0.2
娱乐业	0.0	-0.1	0.0	0.0	0.1
公共管理和社会组织	6.1	1.4	4.3	3.0	0.9

4-14 生产总值比重(一)(按当年价格计算)

RATIO OF GROSS DOMESTIC PRODUCT(CALCULATED AT CURRENT PRICES) 单位:%

指 标	2000年(调整前)	2000年	2001年	2002年	2003年	2004年
生产总值比重	100.0	100.0	100.0	100.0	100.0	100.0
第一产业	10.0	10.2	9.3	8.4	7.8	7.5
第二产业	43.9	43.9	41.4	42.2	43.5	45.1
工 业	35.3	35.2	33.2	33.8	35.7	37.7
采掘业	1.1	1.1	0.6	0.8	0.8	0.8
制造业	30.7	30.6	28.7	30.9	33.0	35.6
电力、煤气及水的生产供应业	3.5	3.5	3.9	2.1	1.9	1.3
建筑业	8.6	8.8	8.3	8.3	7.9	7.4
第三产业	46.1	45.9	49.3	49.4	48.7	47.4
农林牧渔服务业	0.3	0.3	0.5	0.3	0.1	0.1
地质勘探、水利管理业	0.5	0.4	0.4	0.4	0.6	0.3
交通运输、仓储、邮电通讯业	5.8	6.2	6.9	7.0	6.8	6.7
交通运输、仓储业	4.3	4.3	5.0	5.2	4.9	4.8
邮电通讯业	1.5	1.9	1.9	1.9	1.9	1.9
批发和零售贸易、餐饮业	16.6	14.9	14.2	13.7	12.7	12.3
批发和零售贸易业	12.5	12.2	11.4	11.0	10.4	9.9
餐饮业	4.1	2.8	2.8	2.8	2.4	2.4
金融保险业	4.2	4.2	5.1	5.5	5.5	5.8
金融业	4.0	4.1	4.9	5.1	5.2	5.4
保险业	0.2	0.2	0.2	0.4	0.3	0.4
房地产业	2.3	2.3	3.2	3.2	3.3	3.4
房地产管理业	0.5	0.3	0.7	0.7	0.7	0.7
房地产开发与经营业	0.3	0.5	0.7	0.5	0.8	0.9
城市居民自有住房	0.5	0.8	1.0	1.0	1.2	1.4
农村居民自有住房	1.0	0.6	0.8	0.9	0.5	0.5
社会服务业	4.2	5.2	5.6	5.6	5.7	5.5
卫生、体育、社会福利事业	1.9	3.2	3.3	3.3	3.7	3.6
教育、文艺、广播电影电视业	4.3	4.5	4.4	4.3	4.1	4.0
科学研究和综合技术服务业	1.1	1.1	1.1	1.2	1.1	1.0
国家政党机关、社会团体	4.0	3.1	3.6	3.8	3.8	3.6
其他行业	0.9	0.5	1.0	1.0	1.3	1.2

注:生产总值比重(一)为GB/T4754-1994国民经济分类。

4-15 生产总值比重(二)(按当年价格计算)

RATIO OF GROSS DOMESTIC PRODUCT(CALCULATED AT CURRENT PRICES)

单位:%

指　　标	2005年	2006年	2007年	2008年	2009年
生产总值比重	100.0	100.0	100.0	100.0	100.0
第一产业	7.3	6.7	6.0	5.8	5.6
农林牧渔业	7.3	6.7	6.0	5.8	5.6
农　业	4.8	4.4	3.9	3.6	3.6
林　业	0.2	0.2	0.2	0.3	0.2
畜牧业	2.1	1.9	1.7	1.7	1.5
渔　业	0.1	0.1	0.1	0.1	0.1
农林牧渔服务业	0.1	0.1	0.1	0.1	0.1
第二产业	45.9	46.1	45.1	43.7	42.9
工　业	38.8	39.1	38.2	37.1	35.7
采矿业	1.0	0.5	0.5	0.4	0.8
制造业	35.3	37.1	36.4	35.5	32.1
电力、燃气及水的生产和供应业	2.5	1.4	1.3	1.2	2.7
建筑业	7.1	7.1	7.0	6.6	7.2
房屋和土木工程建筑业	5.5	5.4	5.2	4.9	5.8
建筑安装业	1.1	1.2	1.2	1.1	1.1
建筑装饰业	0.3	0.3	0.4	0.4	0.2
其他建筑业	0.2	0.2	0.2	0.2	0.1
第三产业	46.8	47.2	48.8	50.5	51.5
交通运输、仓储及邮政业	6.1	5.9	6.0	5.8	6.0
铁路运输业	2.3	2.0	1.8	1.6	1.6
道路运输业	1.8	2.1	2.5	2.6	2.9
城市公共交通业	1.2	0.9	0.7	0.4	0.4
水上运输业	0.1	0.1	0.0	0.0	0.0
航空运输业	0.3	0.3	0.4	0.5	0.5
管道运输业	0.0	0.0	0.0	0.0	0.0
装卸搬运和其他运输服务业	0.3	0.3	0.3	0.3	0.4
仓储业	0.1	0.1	0.2	0.2	0.2
邮政业	0.1	0.1	0.1	0.0	0.0
信息传输、计算机服务和软件业	2.4	2.3	2.2	2.1	2.0
电信和其他信息传输服务来	1.6	1.4	1.3	1.1	0.9
计算机服务业	0.5	0.5	0.5	0.5	0.5
软件业	0.3	0.4	0.4	0.5	0.5
批发和零售业	10.5	11.3	12.3	13.0	12.5
批发业	3.7	4.6	5.6	6.6	7.0
零售业	6.8	6.8	6.7	6.3	5.5
住宿和餐饮业	2.8	3.4	3.8	4.1	3.8
住宿业	0.4	0.4	0.5	0.5	0.4

注:生产总值比重(二)为GB/T4754-2002国民经济分类。

4-15续

指　　标	2005年	2006年	2007年	2008年	2009年
餐饮业	2.4	3.0	3.3	3.5	3.4
金融业	5.4	5.2	5.2	6.4	7.2
银行业	5.0	4.7	4.4	4.0	4.9
证券业	0.0	0.1	0.3	1.9	1.8
保险业	0.4	0.4	0.3	0.3	0.3
其他金融活动	0.1	0.1	0.1	0.2	0.2
房地产业	3.8	4.0	4.2	4.5	5.2
房地产开发经营业	1.1	1.3	1.6	1.9	1.9
物业管理业	0.5	0.5	0.5	0.4	0.6
房地产中介服务业	0.2	0.2	0.2	0.2	0.3
其他房地产活动	0.0	0.1	0.1	0.2	0.2
居民自有住房服务业	1.9	1.9	1.8	1.7	2.2
租赁和商务服务业	1.9	2.0	2.2	2.3	2.7
租赁业	0.1	0.1	0.1	0.1	0.1
商务服务业	1.8	1.9	2.1	2.2	2.5
科学研究、技术服务和地质勘查业	1.2	1.4	1.6	1.7	1.7
研究与试验发展	0.4	0.5	0.5	0.6	0.6
专业技术服务业	0.6	0.7	0.8	0.9	0.8
科技交流和推广服务业	0.1	0.1	0.1	0.2	0.2
地质勘查业	0.1	0.1	0.1	0.1	0.1
水利、环境和公共设施管理业	0.3	0.5	0.5	0.5	0.4
水利管理业	0.1	0.2	0.2	0.2	0.2
环境管理业	0.1	0.1	0.1	0.1	0.1
公共设施管理业	0.2	0.2	0.2	0.2	0.1
居民服务和其他服务业	1.6	1.4	1.2	1.0	1.0
居民服务业	1.3	1.0	0.7	0.5	0.6
其他服务业	0.4	0.4	0.4	0.4	0.4
教　育	3.3	3.2	3.3	3.2	3.3
卫生、社会保障和社会福利业	2.6	2.3	2.0	1.8	1.9
卫生	1.6	1.7	1.7	1.6	1.7
社会保障业	1.0	0.6	0.3	0.2	0.2
社会福利业	0.0	0.0	0.1	0.1	0.1
文化、体育和娱乐业	0.9	0.8	0.8	0.7	0.7
新闻出版业	0.4	0.3	0.3	0.3	0.3
广播、电视、电影和音像业	0.3	0.2	0.2	0.2	0.2
文化艺术业	0.1	0.1	0.1	0.1	0.1
体育	0.0	0.0	0.0	0.0	0.1
娱乐业	0.1	0.1	0.1	0.1	0.1
公共管理和社会组织	3.9	3.5	3.6	3.5	3.3

4-16 分地区生产总值及构成(2008年)

VALUE AND COMPOSITION OF GROSS DOMESTIC PRODUCT BY REGION(2008)

单位:亿元

指标	济南市	历下区	市中区	槐荫区	天桥区	历城区
地区生产总值	3006.77	522.68	387.52	185.07	180.84	546.16
第一产业	175.01	0.00	2.65	2.68	2.68	25.99
第二产业	1313.09	101.75	79.54	59.03	50.93	329.26
工业	1115.22	64.44	63.84	39.70	26.06	287.19
建筑业	197.87	37.31	15.70	19.33	24.87	42.07
第三产业	1518.67	420.93	305.33	123.35	127.23	190.91
交通运输、仓储及邮政业	173.70	29.87	30.35	2.27	6.96	18.83
批发和零售业	389.57	101.50	44.96	44.74	44.41	69.48
住宿和餐饮业	122.13	35.58	22.26	8.68	11.62	13.10
金融业	191.20	72.00	75.30	4.80	11.20	7.00
房地产业	134.55	33.61	22.40	16.60	12.14	14.96
信息传输、计算机服务和软件业	62.56	17.66	28.73	0.67	1.41	4.19
租赁和商务服务业	68.94	25.01	15.35	8.57	5.82	7.99
居民服务和其他服务业	29.58	8.61	2.58	5.41	4.00	3.65
文化体育和娱乐业	20.84	10.36	6.45	0.71	0.33	2.09
科学研究、技术服务和地质勘查业	52.45	16.73	8.43	4.52	11.48	4.63
水利、环境和公共设施管理业	13.83	4.92	1.77	1.45	0.48	1.35
教育	97.63	24.66	14.42	5.25	6.05	29.35
卫生、社会保障和社会福利业	55.48	16.01	6.94	13.20	4.12	2.31
公共管理和社会组织	106.22	24.41	25.40	6.48	7.21	11.97

续表

指标	长清区	平阴县	济阳县	商河县	章丘市	高新区
地区生产总值	182.92	128.11	126.43	70.90	379.84	190.75
第一产业	24.29	17.36	27.93	26.34	45.09	0.00
第二产业	103.90	83.09	69.50	25.05	222.90	138.08
工业	86.53	78.62	61.53	21.48	200.41	135.36
建筑业	17.37	4.47	7.97	3.57	22.49	2.72
第三产业	54.73	27.66	29.00	19.50	111.86	52.67
交通运输、仓储及邮政业	4.39	4.66	1.88	1.91	14.26	11.42
批发和零售业	11.01	7.17	10.02	4.43	42.57	9.29
住宿和餐饮业	6.87	3.38	2.97	2.33	12.75	2.58
金融业	2.16	1.50	1.00	0.94	3.50	3.20
房地产业	7.40	2.31	5.11	3.57	9.87	6.59
信息传输、计算机服务和软件业	0.55	0.08	0.07	0.01	1.09	8.08
租赁和商务服务业	0.88	0.20	0.42	0.44	1.27	2.99
居民服务和其他服务业	0.62	0.84	0.55	1.05	1.87	0.40
文化体育和娱乐业	0.45	0.04	0.04	0.02	0.25	0.10
科学研究、技术服务和地质勘查业	0.27	0.29	0.17	0.06	0.58	5.29
水利、环境和公共设施管理业	2.61	0.37	0.01	0.04	0.77	0.05
教育	4.52	1.54	1.85	1.34	7.78	0.86
卫生、社会保障和社会福利业	2.38	1.70	1.04	0.63	7.04	0.11
公共管理和社会组织	10.61	3.59	3.87	2.73	8.24	1.71

4-17 分地区生产总值及构成(2009年)

VALUE AND COMPOSITION OF GROSS DOMESTIC PRODUCT BY REGION(2009)

单位:亿元

指标	济南市	历下区	市中区	槐荫区	天桥区	历城区
地区生产总值	3340.91	586.69	434.76	206.63	196.44	536.17
第一产业	187.07		2.79	2.86	2.82	27.82
第二产业	1433.51	111.35	86.31	62.17	50.67	296.55
工　业	1191.36	64.10	67.23	37.55	16.84	254.16
建筑业	242.15	47.25	19.08	24.62	33.83	42.39
第三产业	1720.33	475.33	345.66	141.61	142.95	211.80
交通运输、仓储及邮政业	200.27	31.81	32.31	2.74	8.53	23.04
批发和零售业	416.50	106.18	48.10	49.46	47.89	73.14
住宿和餐饮业	125.55	36.21	22.54	9.37	11.49	13.58
金融业	240.21	95.00	93.90	5.60	12.90	8.00
房地产业	172.63	43.03	27.80	21.64	16.25	18.47
营利性服务业	211.49	71.12	59.90	18.93	13.71	20.71
信息传输、计算机服务和软件业	65.33	19.13	27.41	0.90	1.66	4.45
其他营利性服务业	146.16	52.00	32.50	18.04	12.06	16.26
非营利性服务业	353.68	91.97	61.12	33.86	32.18	54.86
公共管理和社会组织	107.94	24.44	24.25	8.03	6.13	13.38
其他非营利性服务业	245.75	67.53	36.86	25.83	26.04	41.48

续表

指标	长清区	平阴县	济阳县	商河县	章丘市	高新区
地区生产总值	200.14	143.27	146.23	79.31	416.79	222.66
第一产业	25.79	18.41	30.61	28.31	47.66	
第二产业	112.56	94.04	82.49	28.52	244.52	158.95
工　业	94.94	88.93	73.60	22.71	210.37	155.55
建筑业	17.62	5.11	8.89	5.81	34.15	3.40
第三产业	61.79	30.82	33.12	22.48	124.60	63.70
交通运输、仓储及邮政业	5.39	5.73	2.14	2.21	17.47	13.12
批发和零售业	11.80	7.32	10.99	4.83	45.71	11.08
住宿和餐饮业	7.17	3.56	3.07	2.43	13.03	3.09
金融业	2.46	1.67	1.12	1.14	4.10	3.65
房地产业	9.45	2.95	6.50	4.73	12.75	9.06
营利性服务业	2.96	1.47	1.29	1.74	5.34	14.30
信息传输、计算机服务和软件业	0.62	0.12	0.09	0.01	1.34	9.61
其他营利性服务业	2.35	1.34	1.20	1.73	4.01	4.69
非营利性服务业	22.56	8.14	8.01	5.40	26.19	9.41
公共管理和社会组织	11.46	3.68	3.85	2.23	8.47	2.01
其他非营利性服务业	11.09	4.46	4.16	3.17	17.72	7.40

4-18 地区生产总值构成项目(2008年)

COMPOSITION OF GROSS DOMESTIC PRODUCT(2008)

单位:亿元

指　　标	增加值	劳动者报酬	生产税净额	固定资产折旧	营业盈余
地区生产总值	3006.77	1430.28	454.93	381.03	740.53
第一产业	175.01	169.42	0.00	5.59	0.00
农林牧渔业	175.01	169.42	0.00	5.59	0.00
农　业	108.91	105.44		3.47	
林　业	7.71	7.46		0.25	
畜牧业	51.79	50.14		1.65	
渔　业	2.88	2.79		0.09	
农林牧渔服务业	3.72	3.59		0.13	
第二产业	1313.09	586.54	233.75	173.29	319.51
工　业	1115.22	465.06	208.52	162.51	279.12
采矿业	11.94	3.91	3.42	0.63	3.98
制造业	1068.52	439.91	196.01	146.65	285.95
电力、燃气及水的生产和供应业	34.76	21.25	9.09	15.23	-10.81
建筑业	197.87	121.48	25.23	10.78	40.39
房屋和土木工程建筑业	146.84	90.90	18.92	7.42	29.59
建筑安装业	33.52	20.63	4.35	1.82	6.73
建筑装饰业	11.20	6.11	1.27	0.95	2.87
其他建筑业	6.30	3.84	0.68	0.59	1.19
第三产业	1518.67	674.32	221.18	202.14	421.03
交通运输、仓储及邮政业	173.70	63.65	19.34	41.49	49.22
铁路运输业	46.89	14.24	10.05	6.68	15.92
道路运输业	79.41	23.24	5.99	23.27	26.91
城市公共交通业	13.26	9.05	0.53	2.75	0.93
水上运输业	0.52	0.23	0.05	0.08	0.15
航空运输业	15.40	4.31	1.64	7.21	2.24
管道运输业	1.02	0.14	0.05	0.18	0.65
装卸搬运和其他运输服务业	9.98	8.14	0.30	0.54	1.00
仓储业	5.94	3.41	0.63	0.60	1.29
邮政业	1.29	0.87	0.11	0.18	0.13
信息传输、计算机服务和软件业	62.56	16.09	4.43	13.34	28.70
电信和其他信息传输服务业	33.96	3.93	1.72	11.27	17.04
计算机服务业	14.54	5.27	1.48	1.24	6.56
软件业	14.06	6.89	1.23	0.83	5.11
批发和零售业	389.57	128.58	91.53	18.37	151.08
批发业	198.75	46.04	51.78	9.78	91.15
零售业	190.82	82.54	39.75	8.59	59.93
住宿和餐饮业	122.13	99.11	4.77	11.30	6.94
住宿业	15.84	7.35	1.36	4.79	2.34

4－18续

指　　标	增加值	劳动者报酬	生产税净额	固定资产折　旧	营业盈余
餐饮业	106.29	91.76	3.41	6.52	4.60
金融业	191.20	38.70	55.32	3.68	93.50
银行业	120.19	32.96	15.46	3.16	68.61
证券业	56.04	0.66	36.93	0.10	18.36
保险业	9.85	4.05	1.45	0.32	4.03
其他金融活动	5.11	1.03	1.48	0.10	2.50
房地产业	134.55	14.18	20.63	58.15	41.58
房地产开发经营业	58.37	7.03	17.09	3.83	30.43
物业管理业	13.33	4.18	1.69	1.69	5.78
房地产中介服务业	7.22	1.51	1.07	1.17	3.47
其他房地产活动	5.15	1.47	0.79	0.97	1.91
居民自有住房服务业	50.49	0.00	0.00	50.49	0.00
租赁和商务服务业	68.94	27.70	8.42	9.88	22.95
租赁业	3.89	2.27	0.34	0.28	1.00
商务服务业	65.05	25.42	8.09	9.60	21.95
科学研究、技术服务和地质勘查业	52.45	25.84	6.48	3.49	16.64
研究与试验发展	17.97	6.68	3.71	1.09	6.49
专业技术服务业	26.19	14.15	2.16	1.28	8.60
科技交流和推广服务业	4.96	2.39	0.34	0.99	1.24
地质勘查业	3.32	2.61	0.27	0.13	0.31
水利、环境和公共设施管理业	13.84	8.30	0.42	4.30	0.82
水利管理业	4.62	2.24	0.08	2.13	0.17
环境管理业	2.13	2.18	0.09	0.15	−0.29
公共设施管理业	7.08	3.87	0.25	2.02	0.94
居民服务和其他服务业	29.58	22.93	2.81	1.47	2.37
居民服务业	16.53	13.60	1.14	0.82	0.97
其他服务业	13.05	9.33	1.67	0.65	1.40
教　育	97.63	85.99	1.46	9.90	0.28
卫生、社会保障和社会福利业	55.47	45.89	1.34	3.77	4.47
卫生	48.46	39.34	1.33	3.65	4.14
社会保障业	5.23	4.95	0.00	0.05	0.23
社会福利业	1.78	1.59	0.01	0.07	0.10
文化、体育和娱乐业	20.84	13.21	3.94	2.09	1.59
新闻出版业	8.71	4.60	1.65	0.77	1.69
广播、电视、电影和音像业	4.93	3.18	1.92	0.57	−0.73
文化艺术业	3.95	3.38	0.07	0.39	0.10
体育	1.40	1.16	0.03	0.07	0.14
娱乐业	1.84	0.89	0.26	0.29	0.39
公共管理和社会组织	106.22	84.15	0.28	20.90	0.89

4-19 地区生产总值构成项目(2009年)

COMPOSITION OF GROSS DOMESTIC PRODUCT(2009)

单位:亿元

指　　标	增加值	劳动者报酬	生产税净额	固定资产折　旧	营业盈余
地区生产总值	3340.91	1533.76	550.34	436.75	820.05
第一产业	187.07	181.11	0.00	5.96	0.00
农林牧渔业	187.07	181.11	0.00	5.96	0.00
农　业	120.34	116.50		3.84	
林　业	8.34	8.07		0.27	
畜牧业	51.22	49.59		1.63	
渔　业	2.88	2.79		0.09	
农林牧渔服务业	4.29	4.15		0.14	
第二产业	1433.51	561.90	285.67	189.70	396.23
工　业	1191.36	410.82	249.53	177.24	353.77
采矿业	26.60	11.22	5.76	1.32	8.29
制造业	1073.42	382.85	237.95	155.23	297.40
电力、燃气及水的生产和供应业	91.34	16.75	5.82	20.69	48.08
建筑业	242.15	151.08	36.14	12.46	42.47
房屋和土木工程建筑业	193.94	119.01	29.83	9.14	35.96
建筑安装业	36.02	25.80	4.52	2.20	3.49
建筑装饰业	7.51	3.51	1.04	0.71	2.24
其他建筑业	4.69	2.76	0.74	0.41	0.77
第三产业	1720.33	790.75	264.67	241.09	423.82
交通运输、仓储及邮政业	200.27	69.93	22.08	46.32	61.94
铁路运输业	52.01	15.66	11.20	7.44	17.71
道路运输业	96.68	26.64	7.47	29.02	33.55
城市公共交通业	13.62	9.37	0.54	2.78	0.94
水上运输业	0.60	0.27	0.06	0.09	0.18
航空运输业	17.01	3.98	1.69	5.33	6.01
管道运输业	1.20	0.10	0.05	0.28	0.77
装卸搬运和其他运输服务业	11.84	9.65	0.35	0.64	1.19
仓储业	5.79	3.31	0.62	0.59	1.27
邮政业	1.52	0.95	0.11	0.15	0.32
信息传输、计算机服务和软件业	66.24	17.82	5.73	14.35	28.35
电信和其他信息传输服务业	30.95	2.92	2.37	11.79	13.89
计算机服务业	17.95	6.46	1.84	1.53	8.13
软件业	17.33	8.45	1.53	1.03	6.33
批发和零售业	416.50	179.39	115.80	21.73	99.57
批发业	234.13	64.66	78.19	13.47	77.81
零售业	182.37	114.74	37.61	8.26	21.76
住宿和餐饮业	125.55	107.33	4.98	9.47	3.75
住宿业	12.43	7.06	1.34	2.90	1.12

4－19续

指　　标	增加值	劳动者报酬	生产税净额	固定资产折　旧	营业盈余
餐饮业	113.12	100.27	3.64	6.58	2.63
金融业	240.21	50.58	64.14	5.14	120.36
银行业	164.58	44.67	22.26	4.26	93.40
证券业	60.51	0.71	39.87	0.10	19.82
保险业	10.02	4.12	1.48	0.33	4.10
其他金融活动	5.10	1.08	0.53	0.44	3.05
房地产业	172.63	17.75	22.58	81.82	50.48
房地产开发经营业	62.40	7.78	17.59	2.24	34.79
物业管理业	18.69	5.83	2.37	2.38	8.12
房地产中介服务业	10.13	2.10	1.51	1.65	4.88
其他房地产活动	7.21	2.04	1.11	1.36	2.69
居民自有住房服务业	74.20	0.00		74.20	
租赁和商务服务业	88.71	35.43	10.88	12.76	29.64
租赁业	4.92	2.87	0.43	0.36	1.27
商务服务业	83.78	32.56	10.45	12.41	28.37
科学研究、技术服务和地质勘查业	57.79	28.36	7.15	4.04	18.24
研究与试验发展	19.95	7.42	4.12	1.21	7.20
专业技术服务业	27.36	14.75	2.26	1.34	9.01
科技交流和推广服务业	6.74	3.24	0.46	1.35	1.69
地质勘查业	3.74	2.94	0.30	0.15	0.35
水利、环境和公共设施管理业	12.18	7.53	0.35	3.83	0.47
水利管理业	5.06	2.46	0.09	2.33	0.19
环境管理业	2.46	2.51	0.10	0.17	-0.33
公共设施管理业	4.67	2.56	0.16	1.33	0.62
居民服务和其他服务业	32.95	25.54	3.13	1.64	2.64
居民服务业	18.41	15.15	1.27	0.92	1.08
其他服务业	14.53	10.39	1.86	0.72	1.56
教　育	109.66	96.62	1.63	11.09	0.32
卫生、社会保障和社会福利业	64.87	53.73	1.56	4.38	5.21
卫生	56.31	45.74	1.54	4.23	4.80
社会保障业	6.37	6.03	0.00	0.06	0.28
社会福利业	2.19	1.96	0.01	0.09	0.13
文化、体育和娱乐业	23.60	14.99	4.36	2.34	1.91
新闻出版业	9.99	5.26	1.90	0.88	1.94
广播、电视、电影和音像业	5.27	3.39	2.05	0.61	-0.78
文化艺术业	4.26	3.64	0.08	0.42	0.11
体育	2.08	1.72	0.05	0.11	0.20
娱乐业	2.01	0.98	0.29	0.32	0.43
公共管理和社会组织	109.18	85.76	0.30	22.17	0.94

主要统计指标解释

EXPLANATORY NOTES ON MAIN STATISTICAL INDICATORS

国民生产总值(GNP) 指一个国家(或地区)所有常住单位在一定时期内收入初次分配的最终结果。一国常住单位从事生产活动所创造的增加值在初次分配中主要分配给该国的常住单位,但也有一部分以生产税及进口税(扣除生产和进口补贴)、劳动者报酬和财产收入等形式分配给非常住单位;同时,国外生产所创造的增加值也有一部分以生产税及进口税(扣除生产和进口补贴)、劳动者报酬和财产收入等形式分配给该国的常住单位,从而产生了国民生产总值的概念。它等于国内生产总值加上来自国外的净要素收入。与国内生产总值不同,国民生产总值是个收入概念,而国内生产总值是个生产概念。

国内生产总值(GDP)指一个国家(或地区)所有常住单位在一定时期内生产活动的最终成果。国内生产总值有三种表现形态,即价值形态、收入形态和产品形态。从价值形态看,它是所有常住单位在一定时期内生产的全部货物和服务价值超过同期中间投入的全部非固定资产货物和服务价值的差额,即所有常住单位的增加值之和;从收入形态看,它是所有常住单位在一定时期内创造并分配给常住单位和非常住单位的初次收入分配之和;从产品形态看,它是所有常住单位在一定时期内最终使用的货物和服务价值与货物和服务净出口价值之和。在实际核算中,国内生产总值有三种计算方法,即生产法、收入法和支出法。三种方法分别从不同的方面反映国内生产总值及其构成。国统字[2004]4号文规定:地区GDP的中文名称改为"地区生产总值"。

生产法 生产法是从生产过程中生产的货物和服务总产品价值入手,剔除生产过程中投入的中间产品的价值,得到增加价值的一种方法。计算公式为:

增加值=总产出-中间投入

将国民经济各行业的增加值相加,得到国内生产总值。

总产出、中间投入和增加值具有相同的生产范围,即常住生产单位货物和服务的生产。它不仅包括常住生产单位为其他单位提供的货物和服务的生产,而且包括为本单位使用的货物和服务的生产,但是,住户为自己最终消费生产的服务,只计算自有住房服务和付酬家庭雇员提供的服务,不包括住户成员为本住户最终消费而生产的自给性家庭服务。

收入法 收入法也称为分配法。按收入法计算生产总值是从生产过程创造收入的角度,对常住单位的生产活动成果进行核算。按照这种计算方法,增加值由劳动者报酬、生产税净额、固定资产折旧和营业盈余四个部分组成。计算公式为:

增加值=劳动者报酬+生产税净额+固定资产折旧+营业盈余

国民经济各部门的增加值之和等于生产总值。

在计算劳动者报酬时,需要注意作为劳动者报酬的实物性收入与中间消耗的界限。如果生产单位为其从事生产活动的劳动者提供的货物或服务,可以由劳动者在自己闲暇的时间里满足他们的需要,并且可以改善和提高他们的实际生活水平,同时,其他普通消费者也可以在市场上购买到这些货物和服务,那么就属于劳动者的实物收入。生产单位为了生产能正常进行,为劳动者购买的货物和提供的服务,如因特殊工作需要提供的服装或鞋,因公出差提供的运输和旅馆服务费用等,属于中间投入。

支出法 支出法是从最终使用的角度反映国内生产总值最终使用去向的一种方法。最终使用包括货物和服务的最终消费支出、资本形成总额、货物和服务净出口三部分,计算公式为:

国内生产总值=最终消费支出+资本形成总额+货物和服务净出口

按支出法计算的生产总值,在计算最终消费支出,包括居民消费支出和政府消费支出时,是从支出的最终承担者的角度计算的,而不是从最终实际消费者的角度计算的;在计算资本形成总额时,固定资本形成总额只包括通过生产活动生产出来的固定资产,不包括自然资产,存货增加不包括由于价格因素影响产生的持有收益。

按三种方法计算的国内生产总值反映的是同一经济总体在同一时期的生产活动成果,因此,从理论上讲,三种计算方法所得到的结果应该是一致的。但是,在实践中,由于受资料来源的口径限制和计算方法的影响,要保证这三种计算方法所得到的结果完全相等几乎是不可能的。在国内生产总值的三种计算方法中,生产法和收入法都是对各产业部门的增加值进行核算,为了就每一产业部门取得一致的增加值数据,根据资料来源状况,我国在核算实践中,有的产业部门,如农业、工业的增加值,确定以生产法的计算结果为准,有的产业部门,如部分服务业增加值,确定以收入法的计算结果为准,因此,我国的生产法国内生产总值等于收入法国内生产总值。但是,支出法国内生产总值与生产法和收入法国内生产总值之间存在统计误差,有的年份支出法国内生产总值大于生产法和收入法国内生产总值,有的年份结果相反。我国通常以生产法和收入法国内生产总值数据为准,将上述统计误差控制在一定范围。各种公开发表的国内生产总值总量和增长速度数据均是生产法和收入法的计算结果。按三种方法计算的国内生产总值数据之间具有如下关系:

国内生产总值=生产法国内生产总值
=收入法国内生产总值
=支出法国内生产总值+统计误差

可比价格 指计算各种总量指标所采用的扣除了价格变动因素的价格,可进行不同时期总量指标的对比。按可比价格计算总量指标有两种方法:一种是直接用产品产量乘某一年的不变价格计算;另一种是用价格指数进行缩减。

不变价格 指以同类产品某年的平均价格作为固定价格,用于计算各年的产品价值。按不变价格计算的产品价值消除了价格变动因素，不同时期对比可以反映生产的发展速度。新中国成立后，随着工农业产品价格水平的变化，国家统计局先后五次制定了全国统一的工业产品不变价格和农业产品不变价格。从1952年到1957年使用1952年工（农）业产品不变价格，从1957年到1970年使用1957年不变价格，从1971年到1980年使用1970年不变价格，从1981年到1990年使用1980年不变价格，从1991年开始使用1990年不变价格。

三次产业 根据社会生产活动历史发展的顺序对产业结构的划分，产品直接取自自然界的部门称为第一产业，对初级产品进行再加工的部门称为第二产业。为生产和消费提供各种服务的部门称为第三产业。它是世界上通用的产业结构分类，但各国的划分不尽一致。我国的三次产业划分是：

第一产业：农业（包括种植业、林业、牧业和渔业）。

第二产业：工业（包括采掘工业、制造业、自来水、电力、蒸气、热水、煤气）和建筑业。第三产业：除第一、第二产业以外的其他各业。由于第三产业包括的行业多、范围广，根据我国的实际情况，第三产业可分为两大部分；一是流通部门，二是服务部门。具体又可分为四个层次：

第一层次：流通部门，包括交通运输业、邮电通讯业、商业、饮食业、物资供销和仓储业。

第二层次：为生产和生活服务的部门，包括金融、保险业，地质普查业，房地产、公用事业，居民服务业，咨询服务业和综合技术服务业，农、林、牧、渔、水利服务业和水利业，公路、内河（湖）航道养护业等。

第三层次：为提高科学文化水平和居民素质服务的部门，包括教育、文化、广播电视，科学研究、卫生、体育和社会福利事业等。

第四层次：为社会公共需要服务的部门，包括国家机关、政党机关、社会团体，以及军队和警察等。

国内支出总额 指一个国家（或地区）所有常住单位在一定时期内用于最终消费和投资，以及净出口的货物和服务支出总额，它反映本期生产的国内生产总值的使用构成。这一总量就是支出法测算的国内生产总值，具体包括总消费、总投资和净出口。

总消费 指常住单位在一定时期内的货物和服务的全部最终消费。总消费分为居民消费和社会消费。

居民实际最终消费 指常住住户获得的所有消费品和消费服务的价值。包括以下二类(1)居民自身通过支出所得到的个人货物和服务，其价值即居民在个人消费品和消费服务上承担的支出，包括虚拟支出。(2)作为为居民服务的非营利机构和政府的实物转移得到的个人货物和服务。其价值即为居民非营利机构和政府在个人消费品和服务上的支出。包括虚拟支出。

居民消费支出 居民消费支出包括居民实际最终消费中第(1)项内容。所以居民实际最终消费大于居民消费支出。差额为实际最终消费的第(2)项。

政府实际最终消费 指政府向社会或社会中某些部门提供的公共消费服务的价值。其价值即政府在公共服务上的支出。

政府消费支出 指(1)政府在个人消费品和消费服务，(2)在公共消费服务上承担的支出，包括虚拟支出。与政府实际最终消费差额为(1)。

总投资 指常住单位在一定时期内对固定资产和库存的投资支出合计，分为固定资产形成和库存增加两项。

(1)固定资产形成 指从常住单位在一定时期内购置、转入和自产自用的固定资产中，扣除已有固定资产的销售和转出后的价值。固定资产形成包括在一定时期内完成的建筑工程、安装工程和设备器具购置价值，以及新增役、种、奶、毛、娱乐用牲畜和新增经济林价值等。

(2)库存增加 指常住单位一定时期内库存实物量变动的市场价值。期初与期末差额为正值表示库存增加，负值表示库存减少。具体包括本期购买的原材料、燃料和储备物资等商品库存；本期生产的产成品、半成品和在制品等产品库存。

货物和服务净出口 指货物和服务出口减货物和服务进口的差额。出口包括常住单位向非常住单位出售或无偿转让的各种货物和服务的价值；进口包括常住单位从非常住单位购买或无偿得到的各种货物和服务的价值。由于服务活动的提供与使用同时发生，因此服务的进出口业务并不发生出入境现象，一般把常住单位从国外得到的服务作为进口，非常住单位从本国得到的服务作为出口。货物的出口和进口都按离岸价格计算。

来自国外的净要素收入 指一定国家（或地区）来自国外（地区外）的生产税及进口税（扣除生产及进口补贴）、劳动者报酬和财产收入，减去支付给国外（地区外）的生产税及进口税（扣除生产及进口补贴）、劳动者报酬和财产收入的差额。国内生产总值加上来自国外的净要素收入等于国民生产总值。

总产出 总产出是指一定时期内一个国家（或地区）常住单位生产的所有货物和服务的价值，即包括新增价值，也包括转移价值。它反映常住单位生产活动的总规模。总产出按生产者价格计算。

中间投入 中间投入是指常住单位在生产或提供货物与服务过程中，消耗和使用的所有非固定资产货物和服务的价值，中间投入也称为中间消耗。一般按购买者价格计算。

增加值 增加值是指常住单位生产过程创造的新增价值和固定资产的转移价值。它可以按生产法计算，也可以按收入法计算，按生产法计算，它等于总产出减去中间投入；按收入法计算，它等于劳动者报酬、生产税净额、固定资产折旧和营业盈余之和。

固定资产折旧 指一定时期内为弥补固定资产损耗而应提取的补偿价值，它反映了全部固定资产在本期生产中的资产转移价值。各类企业的固定资产折旧是指从成本费用中提取的折旧费。对不计提折旧的单位，如政府机关、事业单位、学校医院、部队和居民住房则应进行虚拟折旧。

劳动者报酬 指劳动者为常住单位提供劳务而获得的各种报酬，它反映劳动者参与增加值创造而获得的原始收入。具体包括从各种来源开支的货币工资和实物工资，即单位以工资、福利、社会保险等形式，从成本、费用和利润中为劳动者支付的各种开支，以及个体和其他劳动者通过参加社会生产活动所获得的各种劳动报酬。

生产税净额 指生产税与补贴之差，它反映政府从本期创造的增加值中所得到的原始收入份额。生产税是指政府对生产单位的生产经营活动所征收的各种税、附加和规费，具体包括销售(营业)税金及附加、增值税、管理费开支的税、应交纳的养路费、排污费和水电附加等，以及烟酒专卖上缴政府的专项收入。补贴与生产税相反，是政府对生产单位的单方面收入转移，因此视为负税处理，包括政策亏损补贴、粮食系统价格补贴、外贸企业出口退税收入等。

营业盈余 指常住单位创造的增加值扣除固定资产折旧价值、支付劳动者报酬和上缴政府生产税净额后的余额，它反映企业参与增加值创造而应得到的原始收入份额。该指标相当于企业的营业利润，但要扣除利税后项目中支付的工资、福利及公益金等。

非金融企业部门 非金融企业部门是指由以营利为目的、从事非金融经济活动的所有常住非金融企业组成的集合。包括农业企业、工业、建筑业企业、流通企业、服务企业、执行企业会计制度的事业单位；行政事业单位下属的独立核算单位(即企业化管理的事业单位)亦划入本部门。

金融机构部门 金融机构部门是指由从事金融活动的所有常住独立核算单位组成的集合。在我国的新国民经济核算体系中，将其分为三大类：银行机构、保险机构和非银行金融机构。

银行机构为中央银行(中国人民银行)、政策性银行(国家开发银行、农业开发银行、进出口银行)和商业银行(中国工商银行、中国农业银行、中国银行、中国建设银行、交通银行、中信实业银行、中国投资银行、光大银行、城市合作银行等)，以及若干区域性银行或私营银行(如华夏银行、民生银行等)。

政府部门 政府部门是指由行使国家管理职能的行政单位和为社会提供非市场化服务的事业单位(即所谓非盈利性机构单位)组成的集合。包括国家机关、政党机关、社会团体及执行预算会计制度的事业单位等。军事单位及所属的非独立核算单位也包括在本部门中。由于目前在我国非盈利机构主要是由国家拨款资助的事业单位，因此我国将为政府和为居民服务的非盈利机构统一归进政府部门。

我国的政府部门由行政单位和非盈利的事业单位组成。其中"财政"作为一个特殊的部门归列于政府部门。

住户部门 住户部门是指由所有常住居民户组成的集体。包括城镇常住居民户、农村常住居民户和城乡个体经营单位。由于个体经营单位的资产负债及财务收支还不能完全独立于所属住户，因此把个体经营单位也划入住户部门。

住户内的成员共同享用其生活设施、共同消费一些货物和服务，其收入和财产的部门或全部被集中起来，因此他们也有权利参与或影响整个住户的经济活动。

国外部门 国外部门指与我国常住机构单位发生经济往来的所有非常住机构单位组成的集合，增列国外部门并不要求编制其整个资产负债表，而只限于记录常住机构单位与非常住机构单位之间所进行的交易及往来活动的累计存量，即仅仅是为了反映我国经济总体与国外进行经济往来活动及结果的总规模和结构关系。

非金融资产 根据我国新国民经济核算体系中有关资产负债项目的基本定义和联合国1993年SNA的定义，"非金融资产"是指机构单位单独或共同对其执行所有权或处置权，并通过在核算期内持有或使用它们可从中获得经济利益的，除金融资产以外的经济资产。

非金融资产按是否具有物质形态划分为有形资产和无形资产，按产生的方式或过程可划分为生产资产和非生产资产。在非金融资产中，"生产资产"由固定资产、存货和珍贵物品组成。"非生产资产"可大致分为两类，一类是资源资产，即有形非生产资产，由土地资产、水资源资产、地下资产和非培育生物资产组成；另一类是无形非生产资产，如专利权、租约和其他可转让合同、购买的商誉等。

由于我国目前在资产负债核算中所面临的资料来源和技术条件的限制，我们仅将非金融资产简单地划分为固定资产、存货和其他非金融资产三类。

贡献率 各产业的贡献率是分析经济效益的一个指标，它是指第一、二、三产业增量与生产总值增量之比。

5

劳动就业

EMPLOYMENT AND WAGES

5-1 按三次产业分从业人员及构成

NUMBER OF EMPLOYED PERSONS AND STRUCTURE BY TYPE OF INDUSTRY

年份	从业人员（万人）				构成（合计=100）		
		第一产业	第二产业	第三产业	第一产业	第二产业	第三产业
1952	134.26	109.87	5.86	18.53	81.8	4.4	13.8
1957	144.29	118.65	13.12	12.52	82.2	9.1	8.7
1962	137.58	106.50	16.45	14.63	77.4	12.0	10.6
1965	143.67	107.68	20.96	15.03	74.9	14.6	10.5
1970	161.18	118.15	30.32	12.71	73.3	18.8	7.9
1975	192.59	135.95	41.56	15.08	70.6	21.6	7.8
1978	204.04	136.30	46.06	21.68	66.8	22.6	10.6
1980	214.21	135.16	51.30	27.75	63.1	23.9	13.0
1985	245.32	116.59	76.08	52.65	47.5	31.0	21.5
1990	270.54	125.73	87.75	57.06	46.5	32.4	21.1
1991	276.18	130.36	87.99	57.83	47.2	31.9	20.9
1992	280.19	127.09	85.59	67.51	45.4	30.5	24.1
1993	285.69	124.25	89.91	71.53	43.5	31.5	25.0
1994	303.46	122.62	91.64	89.20	40.4	30.2	29.4
1995	324.22	116.13	106.68	101.41	35.8	32.9	31.3
1996	332.33	107.70	113.91	110.72	32.4	34.3	33.3
1997	337.43	108.17	113.93	115.33	32.0	33.8	34.2
1998	341.63	109.32	113.38	118.93	31.9	33.2	34.9
1999	344.48	109.56	112.98	121.94	31.8	32.8	35.4
2000	347.37	109.98	110.81	126.58	31.7	31.9	36.4
2001	350.10	109.99	109.24	130.87	31.4	31.2	37.4
2002	352.70	108.01	109.14	135.55	30.6	30.9	38.5
2003	355.30	104.90	110.60	139.80	29.5	31.1	39.4
2004	358.50	99.30	113.30	145.90	27.7	31.6	40.7
2005	360.00	99.10	114.20	146.70	27.5	31.7	40.8
2006	361.80	99.00	115.20	147.60	27.4	31.8	40.8
2007	364.30	98.80	116.30	149.20	27.1	31.9	41.0
2008	367.36	98.01	116.95	152.40	26.7	31.8	41.5
2009	372.25	97.80	119.15	155.30	26.3	32.0	41.7

5-2 职 工 人 数

NUMBER OF EMPLOYED PERSONS BY SECTOR

单位:万人

指 标	2004年	2005年	2006年	2007年	2008年	2009年
职工人数	90.55	102.25	116.54	120.40	119.91	120.91
按经济类型分						
国有经济单位	56.96	49.33	52.10	54.76	55.37	53.89
城镇集体经济单位	8.32	6.79	11.33	10.69	10.08	7.83
其他经济单位	25.27	46.13	53.11	54.94	54.45	59.19
按企事业单位分						
企 业	63.53	75.04	88.13	91.91	91.39	91.68
事 业	19.45	19.28	19.47	19.95	20.09	20.43
机 关	7.57	7.46	7.85	7.69	7.68	7.73
女职工人数	26.62	30.26	32.78	34.94	38.97	38.25

注:1.本表职工口径为老口径,即包括在岗职工和离岗职工。2.本表女职工人数指标1998年及以后年份数字为在岗职工口径。

5-3 法人单位从业人员和劳动报酬

NUMBER AND WAGE OF EMPLOYED PERSONS IN VARIOUS UNITS

指 标	2009年		2008年	
	从业人员（人）	从业人员人均报酬（元/人）	从业人员（人）	从业人员人均报酬（元/人）
全市法人单位	1854164	29396	1700309	27047
按国民经济行业分组				
农、林、牧、渔业	1299	18551	1516	15793
采矿业	20063	32912	29671	27044
制造业	558239	22852	538486	22031
电力、燃气及水的生产和供应业	18855	40114	17733	37798
建筑业	344756	23184	305952	22221
交通运输、仓储和邮政业	98539	39365	88860	35685
信息传输、计算机服务和软件业	24990	35324	21368	29815
批发和零售业	202405	21276	171082	18079
住宿和餐饮业	64689	19300	56646	17094
金融业	58006	67019	46174	52922
房地产业	33739	27624	33662	24104
租赁和商务服务业	73279	26206	40113	28133
科学研究、技术服务和地质勘查业	29872	48153	30476	42884
水利、环境和公共设施管理业	15361	29018	17593	31415
居民服务和其他服务业	20044	21907	17222	23945
教 育	109640	46969	105158	42298
卫生、社会保障和社会福利业	44472	48833	43830	43801
文化、体育和娱乐业	15801	57531	15658	52828
公共管理和社会组织	120115	40058	119109	35765

注:本表统计口径为全部法人单位,包括非私营单位和私营单位。

5-4 主要年份职工工资

WAGE OF STAFF AND WORKERS IN MAJOR YEARS

年份地区	职工工资总额（万元）	国有经济	城镇集体经济	其他经济	职工平均工资（元）	国有经济	城镇集体经济	其他经济
1952	4881	4587	294	–	442	453	324	–
1957	14553	11654	2899	–	586	621	480	–
1962	19412	16409	3003	–	577	607	451	–
1965	20367	16821	3546	–	617	664	461	–
1970	21226	17314	3912	–	549	578	449	–
1975	29239	22662	6577	–	557	615	420	–
1978	37840	28733	9107	–	578	626	465	–
1980	55900	41809	14091	–	776	821	668	–
1985	92092	67756	24330	6	1104	1169	954	894
1986	111934	84269	27643	22	1298	1384	1092	882
1987	126263	96322	29673	268	1422	1515	1185	1603
1988	166206	130287	35515	404	1806	1946	1427	2304
1989	190106	150899	38654	553	2037	2199	1577	2614
1990	210618	166250	43003	1365	2211	2370	1751	2460
1991	229540	181185	46091	2264	2368	2535	1872	2658
1992	267295	214311	49565	3419	2710	2938	2020	2919
1993	327226	264252	54442	8532	3323	3547	2524	3553
1994	465966	371403	67351	27212	4736	5209	2975	4922
1995	581432	465311	79932	36189	5851	6561	3623	5663
1996	700636	562645	89126	48865	7031	7839	4290	6875
1997	792368	636694	67999	57675	7896	8761	4954	7303
1998	717927	578788	68455	70684	8326	9022	5459	7410
1999	756696	608052	67273	81371	9083	9929	5766	7818
2000	857337	639312	59468	158557	10422	11761	6211	8651
2001	950851	713222	60818	176811	11980	13462	7061	9945
2002	1120837	846978	74672	199187	14395	16362	8188	11729
2003	1256160	930392	69554	256214	16027	18197	9331	12942
2004	1420491	1049033	73150	298308	18029	20759	10587	13974
2005	1966782	1126918	77722	762142	20866	24626	11890	18164
2006	2459044	1326412	140974	991658	21808	26550	12332	19305
2007	3086928	1680494	166960	1239474	26085	31910	15763	22500
2008	3735956	2049453	202995	1483509	30798	37191	19296	26645
2009	4241838	2227992	177020	1836825	34544	41239	21365	30368
2009年分地区								
历下区	967027	564120	5575	397331	43422	46098	25480	40485
市中区	743899	422178	6284	315438	44693	48812	19064	41149
槐荫区	323609	214818	9095	99696	31268	40077	17684	22278
天桥区	488736	286919	19141	182676	33878	38288	19038	30821
历城区	671318	368010	37415	265893	36602	43924	24711	31473
长清区	195131	72481	6094	116556	22813	32061	12873	20029
平阴县	89833	32941	5932	50959	18547	25186	12257	16699
济阳县	88179	32772	10577	44830	17358	22728	13835	15600
商河县	63597	34044	5901	23652	17970	22095	13689	15092
章丘市	454479	163445	68161	222874	31565	36061	27914	30021

注:本表中1998年及以后年份数据均为在岗职工口径,国有、集体、其他分组按1998年新标准。
2006年及以后年份数据为非私营单位从业人员口径。

5-5 从业人员人数与报酬(2009年)

NUMBER AND WAGE OF STAFF AND WORKERS NOW-ON-POST(2009)

指　　标	从业人员年末人数(人)	市　区	从业人员平均人数(人)	市　区	从业人员平均报酬(元/人)	市　区
总　计	1232552	954922	1227968	949357	34544	37349
按企、事业和机关分						
企业单位	922316	724779	919180	720278	31159	33163
事业单位	204183	157952	203185	157229	48010	52728
机关单位	76365	54470	76175	54348	47633	54940
其他单位	28562	16595	28305	16379	13110	16551
按隶属关系分						
中央属单位	200760	198799	199927	197757	44779	44894
省属单位	233153	221063	230694	218879	48863	49634
市属单位	222156	208249	219791	205925	31630	31648
县及县以下单位	371747	178341	373657	178707	27222	29509
其　他	204736	148470	203899	148089	24863	26505
按单位注册类型分						
内　资	1155150	906307	1151039	901314	34877	37690
国　有	539703	451294	540266	452035	41239	43465
集　体	82029	41604	82856	41642	21365	20760
股份合作	14617	13633	14505	13521	39773	41184
国有联营	20436	20421	20375	20360	55259	55289
集体联营	2864	353	2841	353	21857	9541
国家与集体联营	185	65	184	65	19071	15031
其他联营	1176	931	1173	930	11972	11651
国有独资公司	31139	31105	30574	30540	39117	39143
其他有限责任公司	303758	214134	300396	211257	25441	26341
股份有限公司	120410	105561	119395	103621	40411	43622
其他内资	38833	27206	38474	26990	16856	17789
港澳台商投资	24604	13614	24221	13273	22259	23734
与港澳台商合资经营	15859	8950	15466	8581	23772	25352
与港澳台商合作经营	2237	2224	2238	2225	17556	17574
港澳台商独资	6146	2107	6155	2134	20561	24990
港澳台商投资股份有限公司	362	333	362	333	15594	15156
外商投资	52798	35001	52708	34770	32913	33709
中外合资经营	31933	19196	31690	18822	31186	29960
中外合作经营	2872	1844	2873	1845	25199	19803
外商独资	16211	12456	16365	12600	36634	39731
外商投资股份有限公司	1782	1505	1780	1503	41899	47238

5-5续1

指　　标	从业人员年末人数(人)	市　区	从业人员平均人数(人)	市　区	从业人员平均报酬(元/人)	市　区
按国民经济行业分						
农、林、牧、渔业	1093	750	1105	753	20115	22470
农　业	125	111	125	111	20544	21333
林　业	551	375	565	378	20090	22937
畜牧业	72	60	70	60	9914	9167
渔　业	21	21	21	21	13714	13714
农、林、牧、渔业服务业	324	183	324	183	22611	27563
工　业	327021	203245	326293	203293	28843	30342
采矿业	19030	2749	18840	2744	33102	34609
制造业	289582	187496	288973	187484	27807	29235
电力、燃气及水生产和供应业	18409	13000	18480	13065	40699	45324
建筑业	236749	181276	238549	180796	24638	26298
房屋和土木工程建筑业	200513	149406	200951	147272	24871	26827
建筑安装业	25457	21707	26720	23237	24880	25710
建筑装饰业	2777	2315	2835	2398	17979	19013
其他建筑业	8002	7848	8043	7889	20363	20371
交通运输、仓储及邮政业	78578	76248	78378	76050	42572	43085
铁路运输业	35839	35839	36074	36074	45447	45447
公路运输业	14623	13595	14802	13774	37826	38774
城市公共交通业	12033	11207	11716	10891	33478	33487
水上运输业	779	529	778	529	14239	14716
航空运输业	5479	5479	5357	5357	74707	74707
管道运输业	141	141	132	132	77515	77515
装卸搬动和其他运输服务业	4769	4769	4681	4681	41887	41887
仓储业	1644	1418	1640	1414	20821	21719
邮政业	3271	3271	3198	3198	29209	29209
信息传输、计算机服务和软件业	15917	15903	15888	15874	41912	41938
电信和其他信息传输服务业	7816	7816	8023	8023	45706	45706
计算机服务业	3978	3972	3750	3744	27510	27537
软件业	4123	4115	4115	4107	47638	47705
批发和零售业	98781	87122	98061	86538	23813	24189
批发业	50803	46173	50400	45815	26905	27564
零售业	47978	40949	47661	40723	20544	20392
住宿和餐饮业	33830	32294	33553	32017	19743	19763
住宿业	15235	15008	15083	14856	21843	21791
餐饮业	18595	17286	18470	17161	18029	18008

5-5续2

指　　标	从业人员年末人数(人)	市　区	从业人员平均人数(人)	市　区	从业人员平均报酬(元/人)	市　区
金融业	58006	57994	55810	55798	67019	67028
银行业	26643	26643	25466	25466	88583	88583
证券业	1805	1805	1616	1616	287736	287736
保险业	28659	28659	27847	27847	33449	33449
其他金融活动	899	887	881	869	99909	100944
房地产业	24135	22151	24140	22177	30345	31102
租赁和商务服务业	29773	28771	29359	28362	31044	31462
租赁业	752	742	745	735	24393	24518
商务服务业	29021	28029	28614	27627	31217	31647
科学研究、技术服务和地质勘查业	24035	23263	23853	23088	54822	55667
研究与试验发展	7029	7015	7014	7000	51087	51165
专业技术服务业	11704	11014	11586	10903	58516	60234
科技交流和推广服务业	2017	1949	2009	1941	51276	52552
地质勘查业	3285	3285	3244	3244	51898	51898
水利、环境和公共设施管理业	13869	11096	13986	11111	30322	32727
水利管理业	2260	1616	2264	1614	36344	39110
环境管理业	5912	4747	5903	4745	21944	24137
公共设施管理业	5697	4733	5819	4752	36477	39136
居民服务和其他服务业	10944	10692	10764	10512	21412	21328
居民服务业	4719	4548	4536	4365	17947	17532
其他服务业	6225	6144	6228	6147	23936	24024
教　育	101661	75571	100778	74933	49099	54141
卫生、社会保障和社会福利业	43297	33508	43096	33388	49670	54743
卫　生	41514	31825	41315	31708	49500	54739
社会保障业	870	796	869	794	57116	59117
社会福利业	913	887	912	886	50303	50972
文化、体育和娱乐业	14748	14110	14502	13873	60058	61445
新闻出版业	4762	4711	4733	4682	69851	70144
广播、电视、电影和音像业	4455	4131	4423	4119	63859	66646
文化艺术业	3950	3707	3912	3668	48043	49177
体　育	855	847	842	834	65945	66090
娱乐业	726	714	592	570	24387	24567
公共管理和社会组织	120115	80928	119853	80794	40058	48481

注：本表统计口径为非私营法人单位。

5-6 分隶属关系从业人员人数与报酬(2009年)

NUMBER AND WAGE OF STAFF AND WORKERS NOW-ON-POST BY RELATIONSHIP(2009)

指　　标	合　计	中央属	省　属	市　属	县及县以下	其　他
从业人员人数(人)	1232552	200760	233153	222156	371747	204736
按国民经济行业分						
农、林、牧、渔业	1093	0	68	287	665	73
工　业	327021	21830	58852	59797	91022	95520
采矿业	19030	802	1692	626	15240	670
制造业	289582	18701	54790	56562	69267	90262
电力、燃气及水生产和供应业	18409	2327	2370	2609	6515	4588
建筑业	236749	52026	26571	50164	81370	26618
交通运输、仓储及邮电通信业	78578	47224	11512	15085	1857	2900
信息传输、计算机服务和软件业	15917	7254	1578	1755	742	4588
批发和零售业	98781	3682	17444	22752	13306	41597
住宿和餐饮业	33830	1367	10177	5564	4622	12100
金融业	58006	35451	13556	3068	24	5907
房地产业	24135	272	3634	4272	8948	7009
租赁和商务服务业	29773	4061	7127	5861	7189	5535
科学研究、技术服务和地质勘查业	24035	6092	12007	3492	1399	1045
水利、环境和公共设施管理业	13869	1049	641	3519	8660	0
教　育	10944	174	3776	3632	1822	1540
居民服务和其他服务业	101661	10033	29329	9678	52516	105
卫生、社会保障和社会福利业	43297	4733	11871	10645	15933	115
文化、体育和娱乐业	14748	329	8819	3899	1617	84
公共管理和社会组织	120115	5183	16191	18686	80055	0
国际组织	0	0	0	0	0	0
从业人员人均报酬(元)	34544	44779	48863	31630	27222	24863
按国民经济行业分						
农、林、牧、渔业	20115	—	32500	20136	19567	13575
工　业	28843	40551	43786	24065	25105	23647
采矿业	33102	32612	19818	48892	34100	26440
制造业	27807	34799	44364	23448	22568	23185
电力、燃气及水生产和供应业	40699	89313	46085	31576	30985	32278
建筑业	24638	29137	27265	25328	21368	22320
交通运输、仓储及邮政业	42572	44245	56697	32831	21231	23816
信息传输、计算机服务和软件业	41912	46054	46765	47251	11651	36000
批发和零售业	23813	50098	26218	17211	20480	25116
住宿和餐饮业	19743	30710	21846	18191	16819	18576
金融业	67019	54807	96398	103652	33214	56171
房地产业	30345	42570	38042	30022	28547	28319
租赁和商务服务业	31044	43716	43794	24093	21377	25969
科学研究、技术服务和地质勘查业	54822	60649	59159	46391	32403	27852
水利、环境和公共设施管理业	30322	40412	49547	39980	23837	—
居民服务和其他服务业	21412	24626	27603	17968	11951	24758
教　育	49099	83893	56816	47623	38562	30457
卫生、社会保障和社会福利业	49670	55489	63729	55857	33438	37632
文化、体育和娱乐业	60058	65555	69033	49696	36014	23060
公共管理和社会组织	40058	54402	67167	55615	30030	—

注：本表统计口径为非私营法人单位。

5-7 内资单位从业人员人数与报酬(2009年)

NUMBER AND WAGE OF STAFF AND WORKERS NOW-ON-POST IN DOMESTICOWNED UNITS(2009)

指标	年末人数(人)	国有	集体	年平均报酬(元)	国有	集体
总计	1155150	539703	82029	34877	41239	21365
按企、事业和机关分						
企业	844957	266402	68257	31304	34047	21257
事业	204175	193572	8297	48011	48881	33349
机关	76365	76068	63	47633	47739	25381
其他	28527	3297	5403	13101	33703	4145
按隶属关系分						
中央属	195431	136311	457	44668	44334	23788
省属	226128	127367	2188	49115	49027	22744
市属	210973	97974	5842	31973	39078	17995
县及县以下	359582	165675	63720	27280	34778	21218
其他	163036	12376	9822	24161	30952	23961
按国民经济行业分						
农、林、牧、渔业	1093	871	137	20115	20555	21175
农业	125	84	24	20544	24071	8750
林业	551	551	0	20090	20090	—
畜牧业	72	0	60	9914	—	9167
渔业	21	21	0	13714	13714	—
农、林、牧、渔业服务业	324	215	53	22611	21070	40396
工业	272132	46978	30469	29048	36921	22739
采矿业	18630	9561	1955	33200	32281	27098
制造业	237969	25955	28354	27864	34410	22481
电力、燃气及水生产和供应业	15533	11462	160	42182	46472	15634
建筑业	235774	81995	23102	24578	27041	19700
房屋和土木工程建筑业	200110	65546	20454	24888	27066	20000
建筑安装业	25147	9427	1931	24247	30603	18644
建筑装饰业	2544	339	457	16987	25046	13128
其他建筑业	7973	6683	260	20385	21311	12789
交通运输、仓储和邮政业	77383	61471	496	42371	40716	22947
铁路运输业	35839	35772	67	45447	45465	35388
公路运输业	14207	5394	196	38235	26944	22908
城市公共交通业	11999	10844	0	33537	33967	—
水上运输业	779	529	37	14239	14716	7432
航空运输业	4734	619	0	74612	67565	—
管道运输业	141	129	0	77515	83467	—
装卸搬运和其他运输服务业	4769	4467	0	41887	43493	—
仓储业	1644	446	196	20821	20904	21663
邮政业	3271	3271	0	29209	29209	—
信息传输、计算机服务和软件业	10256	4735	14	34013	41155	13786
电信和其他信息传输服务业	4328	4258	0	37803	38088	—
计算机服务业	3703	221	14	26937	61160	13786
软件业	2225	256	0	37404	77102	—

5-7续

指　　标	年末人数（人）	国有	集体	年平均报酬（元）	国有	集体
批发和零售业	90999	18188	6851	24111	28311	19237
批发业	48182	13760	3415	26960	30359	20358
零售业	42817	4428	3436	20913	21956	18127
住宿和餐饮业	31352	17294	2156	20130	21417	18725
住宿业	14613	10319	1117	21776	22762	18863
餐饮业	16739	6975	1039	18698	19427	18574
金融业	55002	2730	6	69019	76202	18333
银行业	26608	1932	0	88585	75371	—
证券业	1777	90	0	290923	69589	—
保险业	25769	260	0	33924	102705	—
其他金融活动	848	448	6	101654	71238	18333
房地产业	23112	7291	1820	30306	31560	28576
租赁和商务服务业	29598	12903	3075	31053	33166	18919
租赁业	752	186	372	24393	27737	17323
商务服务业	28846	12717	2703	31227	33248	19140
科学研究、技术服务和地质勘查业	23933	21478	134	54867	53586	41276
研究与试验发展	6968	6821	88	51112	51275	45489
专业技术服务业	11684	9757	30	58551	56623	32233
科技交流和推广服务业	2017	1636	16	51276	48286	35063
地质勘查业	3264	3264	0	51982	51982	—
水利、环境和公共设施管理业	13869	12170	689	30322	32108	9964
水利管理业	2260	2260	0	36344	36344	—
环境管理业	5912	4719	661	21944	25495	8685
公共设施管理业	5697	5191	28	36477	36169	40143
居民服务和其他服务业	10899	3726	445	21440	19326	19040
居民服务业	4679	2970	318	17982	18901	18179
其他服务业	6220	756	127	23938	20896	21197
教　育	101661	93674	5047	49099	50555	34215
卫生、社会保障和社会福利业	43224	39939	3058	49639	51192	30959
卫　生	41441	38204	3058	49467	51029	30959
社会保障业	870	852	0	57116	58039	—
社会福利业	913	883	0	50303	51610	—
文化、体育和娱乐业	14748	13946	9	60058	61226	22000
新闻出版业	4762	4753	0	69851	69927	—
广播、电视、电影和音像业	4455	4325	0	63859	64116	—
文化艺术业	3950	3941	9	48043	48103	22000
体　育	855	803	0	65945	65037	—
娱乐业	726	124	0	24387	22287	—
公共管理和社会组织	120115	100314	4521	40058	46242	4454

注：本表统计口径为非私营法人单位。

5-8 外资单位从业人员人数与报酬(2009年)

NUMBER AND WAGE OF STAFF AND WORKERS NOW-ON-POST IN EXTERNAL OWNED UNITS(2009)

指　　标	年末人数(人)	港澳台投资	外商投资	年平均报酬(元)	港澳台投资	外商投资
总　计	77402	24604	52798	29559	22259	32913
按国民经济行业分						
工　业	54889	19824	35065	27824	21262	31473
采矿业	400	236	164	28607	32992	22244
制造业	51613	17750	33863	27548	20244	31307
电力、燃气及水的生产和供应	2876	1838	1038	32654	29436	38309
建筑业	975	105	870	39184	23270	41219
房屋和土木工程建筑业	403	16	387	16501	10375	16755
建筑安装业	310	29	281	77902	22818	84348
建筑装饰业	233	60	173	29209	26839	30083
其他建筑业	29	0	29	14645	—	14645
交通运输、仓储和邮政业	1195	123	1072	55558	19805	59847
道路运输业	416	123	293	23700	19805	25431
城市公共交通业	34	0	34	13000	—	13000
航空运输业	745	0	745	75290	—	75290
仓储业	0	0	0	0	—	—
信息传输、计算机服务和软件	5661	237	5424	56048	34391	57013
电信和其他信息传输服务业	3488	5	3483	56001	33000	56034
计算机服务业	275	175	100	34749	37157	30330
软件业	1898	57	1841	59157	26300	60207
批发和零售业	7782	2875	4907	20259	23668	18264
批发业	2621	1995	626	25888	25593	26787
零售业	5161	880	4281	17412	19484	16972
住宿和餐饮业	2478	515	1963	14879	17920	14082
住宿业	622	402	220	23392	18980	31473
餐饮业	1856	113	1743	12008	14036	11879
房地产业	1023	602	421	31231	31173	31312
租赁和商务服务业	175	87	88	29529	36821	23348
商务服务业	175	87	88	29529	36821	23348
科学研究、技术服务和地质勘探业	102	61	41	44654	48413	38878
地质勘查业	21	0	21	39000	—	39000
居民服务和其他服务业	45	40	5	14957	14098	22000
其他服务业	5	0	5	22000	—	22000
卫生、社会保障和社会福利业	73	0	73	68507	—	68507
卫　生	73	0	73	68507	—	68507
文化、体育和娱乐业	0	0	0	—	—	—
娱乐业	0	0	0	—	—	—

注:本表统计口径为非私营法人单位。

5-9 工业企业从业人员年末人数(2009年)

NUMBER OF STAFF AND WORKERS NOW-ON-POST IN INDUSTRIAL ENTERPRISES(2009)　单位:人

指　　标	合计	内资企业			外资企业		
			国有企业	集体企业		港澳台投资	外商投资
合　计	327021	272132	46978	30469	54889	19824	35065
采矿业	19030	18630	9561	1955	400	236	164
#煤炭开采和洗选业	14841	14841	8935	518	0	0	0
黑色金属矿采选业	729	729	626	103	0	0	0
有色金属矿采选业	0	0	0	0	0	0	0
非金属矿采选业	2086	1686	0	1334	400	236	164
制造业	289582	237969	25955	28354	51613	17750	33863
农副食品加工业	5463	4925	93	285	538	210	328
食品制造业	10903	6300	124	256	4603	3650	953
饮料制造业	6408	3046	20	224	3362	1356	2006
烟草加工业	0	0	0	0	0	0	0
纺织业	12529	9765	318	1027	2764	1664	1100
纺织服装、鞋、帽制造业	5412	2564	338	607	2848	792	2056
皮革、毛皮、羽毛(绒)及其制造业	682	542	0	238	140	0	140
木材加工及竹、藤、棕、草制品业	959	955	0	66	4	0	4
家具制造业	1165	867	0	154	298	239	59
造纸及纸制品业	2933	2770	91	1113	163	153	10
印刷业、记录媒介的复制	6372	5088	1946	987	1284	551	733
文教体育用品制造业	931	343	0	66	588	528	60
石油加工及炼焦及核燃料加工业	3557	3422	608	154	135	0	135
化学原料及化学制品制造业	26295	24618	2831	3621	1677	548	1129
医药制造业	12013	8230	21	33	3783	1736	2047
化学纤维制造业	210	113	70	0	97	97	0
橡胶制造业	616	438	0	326	178	0	178
塑料制造业	2897	1847	110	295	1050	446	604
非金属矿物制造业	26238	21536	1279	5043	4702	2540	2162
黑色金属冶炼及压延加工业	24452	24452	21	461	0	0	0
有色金属冶炼及压延加工业	1052	947	0	41	105	0	105
金属制造业	12494	7867	582	2004	4627	26	4601
通用设备制造业	41072	37786	5976	5975	3286	804	2482
专用设备制造业	12144	11202	729	2083	942	56	886
交通运输设备制造业	44177	34981	7533	868	9196	1120	8076
电气机械及器材制造业	15044	12510	2788	1535	2534	340	2194
通信设备、计算机及其他电子设备制造业	6152	5239	218	169	913	331	582
仪器仪表及文化办公用机械制造业	4607	4162	258	428	445	67	378
工艺品及其他制造业	2655	1304	1	230	1351	496	855
电力、煤气及水的生产和供应业	18409	15533	11462	160	2876	1838	1038
电力、热力生产和供应业	13174	13174	10612	78	0	0	0
燃气生产和供应业	2220	228	0	8	1992	1165	827
水的生产和供应业	3015	2131	850	74	884	673	211

注:本表统计口径为非私营法人单位。

5-10　工业企业从业人员平均报酬(2009年)

AVERAGE WAGE OF STAFF AND WORKERS NOW-ON-POST IN INDUSTRIAL ENTERPRISES(2009)　　单位:元

指　　标	合计	内资企业			外资企业		
			港澳台投资	外商投资		国有企业	集体企业
合　计	28843	29048	36921	22739	27824	21262	31473
采矿业	33102	33200	32281	27098	28607	32992	22244
#煤炭开采和洗选业	33821	33821	31086	32873	—	—	—
黑色金属矿采选业	44407	44407	48892	13925	—	—	—
有色金属矿采选业	—	—	—	—	—	—	—
非金属矿采选业	26907	26496	—	25756	28607	32992	22244
制造业	27807	27864	34410	22481	27548	20244	31307
农副食品加工业	14671	14725	17495	14524	14183	6643	19210
食品制造业	16411	16615	17371	12555	16130	14144	23602
饮料制造业	27937	24271	16402	11728	31853	31075	32376
烟草加工业	—	—	—	—	—	—	—
纺织业	15608	13701	11686	12156	22420	21649	23576
纺织服装、鞋、帽制造业	20849	21076	30379	14641	20643	12236	23881
皮革、毛皮、羽毛(绒)及其制造业	18793	13931	—	13609	37929	—	37929
木材加工及竹、藤、棕、草制品业	17725	17740	—	14359	14250	—	14250
家具制造业	15284	14306	—	18058	18121	12661	40237
造纸及纸制品业	13029	12921	12154	10604	15033	15390	10000
印刷业、记录媒介的复制	22449	21511	23402	17465	26183	37011	18029
文教体育用品制造业	16702	24335	—	14227	12226	11423	19250
石油加工及炼焦及核燃料加工业	42498	43681	26244	12351	13148	—	13148
化学原料及化学制品制造业	26309	26367	23450	28439	25515	20822	27481
医药制造业	27588	23725	10667	17656	37008	31320	41213
化学纤维制造业	17533	21124	25286	—	13351	13351	—
橡胶制造业	26039	25034	—	28488	28443	—	28443
塑料制造业	21521	19669	22636	16231	24833	27953	22618
非金属矿物制造业	23132	22354	31740	23810	26731	20130	34901
黑色金属冶炼及压延加工业	49816	49816	4143	22535	—	—	—
有色金属冶炼及压延加工业	20825	19264	—	14122	33495	—	33495
金属制造业	18599	19113	51419	14301	17718	11038	17756
通用设备制造业	27896	27290	39930	27460	34713	25237	37763
专用设备制造业	21247	21015	23013	23184	24028	6518	25139
交通运输设备制造业	32954	31766	35327	24261	37445	17306	40275
电气机械及器材制造业	34675	33629	55969	22472	39592	14806	43373
通信设备、计算机及其他电子设备制造业	30867	32377	24403	18200	22684	20544	23892
仪器仪表及文化办公用机械制造业	23945	23280	10593	37465	29913	20540	31322
工艺品及其他制造业	17807	23918	12000	13347	12170	11281	12740
电力、煤气及水的生产和供应业	40699	42182	46472	15634	32654	29436	38309
电力、热力生产和供应业	45044	45044	48447	17676	—	—	—
燃气生产和供应业	32098	24083	—	21500	33017	29538	37877
水的生产和供应业	28088	26539	21693	13041	31843	29262	39981

注:本表统计口径为非私营法人单位。

5-11 分地区从业人员人数与报酬(2009年)

NUMBER AND WAGE OF STAFF AND WORKERS NOW-ON-POST BY REGION(2009)

指　　标	合　计	市　区	平阴县	济阳县	商河县	章丘市
从业人员年末人数（人）	1232552	954922	48688	49947	33387	145608
国有经济	539703	451294	13164	14412	15262	45571
集体经济	82029	41604	4858	7586	3187	24794
联营经济	24661	21770	27	491	37	2336
股份制经济	135027	119194	5894	3191	1678	5070
外商投资经济	52798	35001	4819	1838	282	10858
港、澳、台投资经济	24604	13614	1757	5598	269	3366
其他经济	373730	272445	18169	16831	12672	53613
从业人员平均人数（人）	1227968	949357	48436	50801	35391	143983
国有经济	540266	452035	13079	14419	15408	45325
集体经济	82856	41642	4840	7645	4311	24418
联营经济	24573	21708	27	490	35	2313
股份制经济	133900	117142	5885	4423	1702	4748
外商投资经济	52708	34770	4771	1838	282	11047
港、澳、台投资经济	24221	13273	1784	5525	269	3370
其他经济	369444	268787	18050	16461	13384	52762
从业人员报酬总额（万元）	4241838	3545750	89833	88179	63597	454479
国有经济	2227992	1964791	32941	32772	34044	163445
集体经济	177020	86448	5932	10577	5901	68161
联营经济	120556	114087	39	756	43	5632
股份制经济	540176	507698	8299	7474	3333	13371
外商投资经济	173478	117206	8265	2589	325	45093
港、澳、台投资经济	53914	31502	3186	7798	338	11090
其他经济	948701	724018	31170	26212	19614	147687
从业人员平均报酬（元/人）	34544	37349	18547	17358	17970	31565
国有经济	41239	43465	25186	22728	22095	36061
集体经济	21365	20760	12257	13835	13689	27914
联营经济	49060	52555	14444	15422	12171	24350
股份制经济	40342	43340	14102	16899	19582	28162
外商投资经济	32913	33709	17323	14088	11514	40819
港、澳、台投资经济	22259	23734	17861	14114	12554	32908
其他经济	25679	26936	17269	15924	14655	27991

注:本表统计口径为非私营法人单位。

5-12 从业人员变动情况(2009年)

CHANGES OF STAFF AND WORKERS NOW-ON-POST(2009)

单位:人

指标	总计	内资单位				港澳台商投资单位	外商投资单位
			国有	集体	股份制		
本年增加人数	69766	61935	25235	629	23388	1484	6347
从农村招收	5644	4417	1289	164	929	134	1093
从城镇招收	13483	10996	2574	87	5009	264	2223
录用复员转业军人	1808	1744	1303	17	94	30	34
录用大、中专、技校毕业生	19465	16500	6621	210	4269	978	1987
调入	17940	17714	9569	101	7487	49	177
由省外调入	4735	4718	4633	0	44	3	14
其他	11426	10564	3879	50	5600	29	833
本年减少人数	71123	56444	26702	657	18215	1151	13528
离休退休退值	10221	9522	6038	280	636	146	553
开除除名辞退	1602	1313	545	42	114	84	205
终止解除合同	16996	12501	2927	184	4899	731	3764
离开本单位仍保留劳动关系的职工	4110	3729	2902	19	110	1	380
死亡	628	611	397	13	43	5	12
调出	20531	20377	11894	74	6995	72	82
调至省外	7749	7733	7330	1	68	1	15
其他	17035	8391	1999	45	5418	112	8532

注:本表统计口径为非私营法人单位。

5-13 女性从业人员(2009年)

FEMALE STAFF AND WORKERS NOW-ON-POST(2009)

指标	女性从业人员年末人数(人)	内资单位	外资单位	女性从业人员比重(%)	内资单位	外资单位
合计	382502	351487	31015	31.03	30.43	40.07
按国民经济行业分						
农、林、牧、渔业	280	280	0	25.62	25.62	—
工业	96444	75308	21136	29.49	27.67	38.51
采矿业	2201	2143	58	11.57	11.50	14.50
制造业	88390	68389	20001	30.52	28.74	38.75
电力、燃气及水的生产和供应业	5853	4776	1077	31.79	30.75	37.45
建筑业	26620	26477	143	11.24	11.23	14.67
交通运输、仓储和邮政业	18032	17967	65	22.95	23.22	5.44
信息传输、计算机服务和软件业	3774	2115	1659	23.71	20.62	29.31
批发和零售业	43559	39307	4252	44.10	43.19	54.64
住宿和餐饮业	18359	16877	1482	54.27	53.83	59.81
金融业	29829	28112	1717	51.42	51.11	57.16
房地产业	7527	7155	372	31.19	30.96	36.36
租赁和商务服务业	7642	7557	85	25.67	25.53	48.57
科学研究、技术服务和地质勘探业	7136	7111	25	29.69	29.71	24.51
水利、环境和公共设施管理业	4348	4348	0	31.35	31.35	—
居民服务和其他服务业	3064	3038	26	28.00	27.87	57.78
教育	50816	50816	0	49.99	49.99	—
卫生、社会保障和社会福利业	26411	26358	53	61.00	60.98	72.60
文化、体育和娱乐业	5865	5865	0	39.77	39.77	—
公共管理和社会组织	32796	32796	0	27.30	27.30	—

注:本表统计口径为非私营法人单位。

5-14 离岗职工人数(2009年)

NUMBER OF STAFF AND WORKERS NO-ON-POST(2009)

单位:人

指　　标	合计	内资单位	国有	集体	股份制	港澳台商投资单位	外商投资单位
离岗职工年末人数	52265	49787	22830	1562	5557	419	2059
按企、事业和机关分							
企　业	44668	42190	15580	1294	5551	419	2059
事　业	4021	4021	3753	268	0	0	0
机　关	3525	3525	3497	0	0	0	0
其　他	51	51	0	0	6	0	0
按隶属关系分							
中央属	13614	12734	8570	222	2465	0	880
省　属	7740	7695	2654	2	464	45	0
市　属	15512	14943	4300	412	2329	236	333
县及县以下	11617	11402	7273	867	61	91	124
其　他	3782	3013	33	59	238	47	722
按国民经济行业分							
农、林、牧、渔业	37	37	37	0	0	0	0
工　业	18021	17173	2430	585	2617	215	633
采矿业	233	233	35	0	0	0	0
制造业	16369	15757	2095	585	2617	83	529
电力、燃气及水的生产和供应业	1419	1183	300	0	0	132	104
建筑业	6119	6119	2276	12	5	0	0
交通运输、仓储和邮政业	6981	6981	6303	90	297	0	0
信息传输、计算机服务和软件业	1149	269	269	0	0	0	880
批发和零售业	2682	2349	945	410	741	0	333
住宿和餐饮业	339	336	278	0	0	3	0
金融业	1344	1344	10	0	1334	0	0
房地产业	7190	6776	2465	180	549	201	213
租赁和商务服务业	783	783	515	0	9	0	0
科学研究、技术服务和地质勘探业	818	818	811	2	5	0	0
水利、环境和公共设施管理业	398	398	380	18	0	0	0
居民服务和其他服务业	31	31	14	17	0	0	0
教　育	1509	1509	1320	189	0	0	0
卫生、社会保障和社会福利业	402	402	382	20	0	0	0
文化、体育和娱乐业	233	233	233	0	0	0	0
公共管理和社会组织	4229	4229	4162	39	0	0	0

注:本表统计口径为非私营法人单位。

5-15 离岗职工人均生活费(2009年)

AVERAGE LIVING PAYMENT OF STAFF AND WORKERS NO-ON-POST(2009)　　单位:元

指　　标	合计	内资单位	国有	集体	股份制	港澳台商投资单位	外商投资单位
离岗职工人均生活费(元)	15298	15421	18971	8291	18875	16054	12373
按企、事业和机关分							
企　业	13176	13197	15107	4721	18842	16054	12373
事　业	26113	26113	26272	24155	—	—	—
机　关	26378	26378	26361	—	—	—	—
其　他	47333	47333	—	—	47333	—	—
按隶属关系分							
中央属	18642	18823	17468	1830	24318	—	16047
省　属	16152	16152	14638	84500	31434	—	—
市　属	8019	7853	10314	5254	11080	16789	8053
县及县以下	23200	23248	27043	12124	5500	4000	20400
其　他	5338	4045	4886	—	—	—	8628
按国民经济行业分							
农、林、牧、渔业	541	541	541	—	—	—	—
工　业	10106	10031	13124	6092	9169	16789	9497
采矿业	—	—	—	—	—	—	—
制造业	9349	9332	11063	6092	9169	8793	10006
电力、燃气及水的生产和供应业	19356	20505	36816	—	—	21565	7328
建筑业	11803	11803	9133	3333	3850	—	—
交通运输、仓储和邮政业	16552	16552	16338	4287	34292	—	—
信息传输、计算机服务和软件业	17655	23629	23629	—	—	—	16047
批发和零售业	9791	10039	20450	3244	3883	—	8053
住宿和餐饮业	12378	12693	13988	—	—	4000	—
金融业	45255	45255	85000	—	44956	—	—
房地产业	20504	20504	25137	—	—	—	—
租赁和商务服务业	15715	15715	21425	—	26300	—	—
科学研究、技术服务和地质勘探业	12413	12413	12237	48000	26600	—	—
水利、环境和公共设施管理业	25455	25455	25232	29750	—	—	—
居民服务和其他服务业	11424	11424	23563	0	—	—	—
教　育	32185	32185	33081	26239	—	—	—
卫生、社会保障和社会福利业	19380	19380	20328	900	—	—	—
文化、体育和娱乐业	13284	13284	13284	—	—	—	—
公共管理和社会组织	27164	27164	27208	21462	—	—	—

注:本表统计口径为非私营法人单位。

5-16 城乡劳动力资源(2009年)

LABOUR RESOURSES OF URBAN AND RURAL (2009)

单位:万人

指　　标	城乡合计	城　镇	乡　村
年末劳动力资源总数	512.22	256.36	255.86
#当年新增加的劳动力资源	6.81	6.46	0.35
经济活动人口	378.27	175.25	203.02
从业人员	372.25	169.23	203.02
按经济类型分			
国有经济	53.97	43.23	10.74
集体经济	18.85	6.48	12.37
股份合作	2.32	1.92	0.40
联营经济	3.70	3.14	0.56
有限责任公司	46.85	32.75	14.10
股份有限公司	19.01	14.63	4.38
私营经济	39.02	19.20	19.82
个体经济	61.56	33.86	27.70
外商投资经济	7.35	6.27	1.08
港澳台投资经济	5.65	4.21	1.44
其他经济	113.97	3.55	110.42
按国民经济行业分			
农林牧渔业	97.80	2.40	95.79
采矿业	2.52	0.65	1.87
制造业	69.80	48.94	20.86
电力、燃气及水生产和供应业	5.45	5.24	0.21
建筑业	41.38	10.14	31.24
交通运输、仓储和邮政业	26.22	11.72	14.50
信息传输、计算机服务和软件	2.30	2.11	0.19
批发和零售业	47.13	27.97	19.16
住宿和餐饮业	14.05	9.36	4.69
金融业	5.19	4.84	0.35
房地产业	3.96	3.36	0.60
租赁和商务服务业	11.49	10.09	1.40

5-16续

指　　标	城乡合计		
		城　镇	乡　村
科学研究、技术服务、地质勘探业	3.15	3.06	0.09
水利、环境和公共设施管理业	2.23	1.62	0.61
居民服务和其他服务业	6.52	4.17	2.35
教　育	10.03	8.67	1.36
卫生、社会保障和社会福利业	6.80	5.23	1.57
文化、体育和娱乐业	3.24	2.36	0.88
公共管理和社会组织	12.99	7.29	5.70
国际组织			
失业人员	6.02	6.02	0.00
非经济活动人口	133.95	81.11	52.84
#16岁以上在校学生	68.76	58.48	10.27
家务劳动者	40.53	6.08	34.45

5-17　社会保障基本情况

BASIC CONDITIONS OF SOUAL SEWRITY

指标	单位	2005年	2006年	2007年	2008年	2009年
基本养老保险参保职工人数	万人	99.47	105.41	114.48	128.07	136.58
#企业	万人	81.66	87.25	96.29	109.92	118.43
事业机关	万人	17.81	18.15	18.19	18.15	18.15
职工基本医疗保险参保人数	万人	66.12	82.62	100.11	122.36	133.19
参加失业保险人数	万人	64.95	66.67	69.81	78.82	83.02
工伤保险参保人数	万人	65.02	73.05	98.02	103.92	116.65
生育保险参保人数	万人	55.02	56.04	57.03	61.03	66.14
农村养老保险参保人数	万人	44.85	44.95	45.10	45.09	44.90
城镇登记失业率	%	3.86	3.87	3.58	3.43	3.90

主要统计指标解释

EXPLANATORY NOTES ON MAIN STATISTICAL INDICATORS

经济活动人口 指在16岁以上，有劳动能力，参加或要求参加社会经济活动的人口；包括从业人员和失业人员。

从业人员 指从事一定社会劳动并取得劳动报酬或经营收入的人员，包括全部职工、再就业的离退休人员、私营业主、个体户主、私营和个体从业人员、乡镇企业从业人员、农村从业人员、其他从业人员（包括民办教师、宗教职业者、现役军人等）。这一指标反映了一定时期内全部劳动力资源的实际利用情况，是研究我国基本国情国力的重要指标。

单位从业人员 指在各级国家机关、政党机关、社会团体及企业、事业单位中工作，取得工资或其他形式的劳动报酬的全部人员。包括在岗职工、再就业的离退休人员、民办教师以及在各单位中工作的外方人员和港澳台方人员、兼职人员、借用的外单位人员和第二职业者。不包括离开本单位仍保留劳动关系的职工。各单位的从业人员反映了各单位实际参加生产或工作的全部劳动力。

城镇私营和个体从业人员 城镇私营从业人员指在工商管理部门注册登记，其经营地址设在县城关镇（含城关镇）以上的私营企业从业人员；包括私营企业投资者和雇工。城镇个体从业人员指在工商管理部门注册登记，并持有城镇户口或在城镇长期居住，经批准从事个体工商经营的从业人员；包括个体经营者和在个体工商户劳动的家庭帮工和雇工。

城镇登记失业人员 指有非农业户口，在一定的劳动年龄内，有劳动能力，无业而要求就业，并在当地就业服务机构进行求职登记的人员。

城镇登记失业率 指城镇登记失业人数同城镇从业人数与城镇登记失业人数之和的比。计算公式为：城镇登记失业率=城镇登记失业人数／（城镇从业人数+城镇登记失业人数）×100%

职工 指在国有经济、城镇集体经济、联营经济、股份制经济、外商和港、澳、台投资经济、其他经济单位及其附属机构工作，并由其支付工资的各类人员，不包括返聘的离退休人员、民办教师、在国有经济单位工作的外方人员和港、澳、台人员（1998年以后的数据均为在岗职工数据，其他相关指标如职工工资总额，职工平均工资等指标也从1998年按此口径进行了相应调整）。

在岗职工 指在本单位工作并由单位支付工资的人员，以及有工作岗位，但由于学习、病伤产假等原因暂未工作，仍由单位支付工资的人员。

离岗职工 指由于各种原因，已经离开本人的生产和工作岗位，并不在本单位从事其他工作，但仍与用人单位保留劳动关系的职工。新指标比原来统计指标中的“下岗职工”范围大。即只要符合“离开本单位仍保留劳动关系的职工”就统计为离岗职工。

离开本单位仍保留劳动关系职工的生活费 指离岗职工在离开本单位仍保留劳动关系期间从本单位领取的生活费用。

内部退养职工 指接近正常退休年龄但因各种原因退出工作岗位，并办理了内退手续，在办理正式退休手续前由单位按月发给一定生活费的职工。

合同制职工 指各单位根据国务院国发（1986）77号文件和国务院令第99号的规定，通过签订有固定期限劳动合同、无固定期限劳动合同和以完成一项工作为期限劳动合同所使用的职工。包括实行全员劳动合同制单位的全部职工。

离休、退休、退职人员 指正式办理了离休、退休、退职手续，并享受相应的离休、退休、退职待遇的人员。

国有单位职工 指在国有经济单位及其附属机构工作，并由其支付工资的各类人员。

城镇集体单位职工 指在城镇集体经济单位及其管理部门工作，并由其支付工资的各类人员。

其他单位职工 指在联营经济、股份制经济、外商投资经济、港、澳、台投资经济单位工作，并由其支付工资的各类人员。

在岗职工 指在本单位工作并由单位支付工资的人员，以及有工作岗位，但由于学习、病伤产假等原因暂未工作，仍由单位支付工资的人员。

在岗职工工资总额 指各单位在一定时期内直接支付给本单位全部职工的劳动报酬总额。工资总额的计算原则应以直接支付给职工的全部劳动报酬为根据。各单位支付给职工的劳动报酬以及其他根据有关规定支付的工资，不论是计入成本的还是不计入成本的，不论是按国家规定列入计征奖金税项目的，还是未列入计征奖金税项目的，不论是以货币形式支付的还是以实物形式支付的，均包括在工资总额内。

奖金 指支付给职工的超额劳动报酬和增收节支的劳动报酬。

津贴和补贴 指为了补偿职工特殊或额外的劳动消耗和因其他特殊原因支付给职工的津贴，以及为了保证职工工资水平不受物价影响支付给职工的物价补贴。

在岗职工平均工资 指企业、事业、机关单位的职工在一定时期内平均每人所得的货币工资额。它表明一定时期职工工资收入的高低程度，是反映职工工资水平的主要指标。计算公式为：职工平均工资＝报告期实际支付的全部职工工资总额／报告期全部职工平均人数

职工平均工资指数 指报告期职工平均工资与基期职工平均工资的比率，是反映不同时期职工货币工资水平变动情况的相对数。计算公式为：职工平均工资指数＝报告期职工平均工资／基期职工平均工资

职工平均实际工资指数 职工平均实际工资指扣除物价变动因素后的职工平均工资。职工平均实际工资指数是

反映实际工资变动情况的相对数，表明职工实际工资水平提高或降低的程度。计算公式为：职工平均实际工资指数＝报告期职工平均工资指数／报告期城镇居民消费价格指数×100%

保险福利费用 指企业、事业、机关单位在工资以外实际支付给职工和离休、退休、退职人员个人以及用于集体的劳动保险和福利费用。

(1)职工保险福利费用具体包括：

①医疗卫生费 指实行公费医疗企业的职工及其供养的直系亲属的医疗费、医务经费、职工因工负伤就医路费以及住院伙食补助费等；卫生部门开支的事业及机关单位职工的公费医疗经费；未参加公费医疗的企业、事业和机关单位职工的医药费。

②丧葬抚恤救济费 指职工死亡的丧葬费、丧葬补助费和所遗供养直系亲属的抚恤费、救济费、生活补助费以及职工供养直系亲属死亡时的丧葬补助等。

③生活困难补助 指对生活困难的职工实际支付的定期补助和临时性补助。

④文体宣传费 指企业、事业和机关单位实际支付的文体宣传费。不包括学习费。

⑤集体福利事业补贴费 指对职工浴室、理发室、洗衣房、哺乳室、托儿所等集体福利设施各项支出与收入相抵后的差额补助费。

⑥集体福利设施费 指按照国家规定开支的集体福利设施费用。如职工食堂炊事用具的购置费、修理费、职工宿舍的修缮费用。不包括由企业、事业、机关单位自筹经费开支的职工福利设施的基本建设费用。

⑦计划生育补贴 指发给职工独生子女的补贴费和保健费。

⑧其他 指上述费用以外，单位支付给职工的保险福利费。

(2)离休、退休、退职人员保险福利费用具体包括：

①离休金 指发给离休人员的工资和按1982年国务院发布的“关于老干部离职休养制度的几项规定”发给符合规定的离休干部相当于1-2个月标准工资的生活补贴和国务院〔1989〕82、83号文件规定提高退职人员的待遇所增加的费用及糖油价格补贴等。

②退休金 指按照国家有关规定发给退休人员的退休费和国务院〔1989〕82、83号文件规定提高离休人员的待遇所增加的费用及糖油价格补贴等。

③退职生活费 指按照1978年国务院《关于工人退休、退职的暂行办法》规定定期发给退职人员的生活费用和国务院〔1989〕82、83号文件规定提高离休人员的待遇所增加的费用及糖油价格补贴等。

④医疗卫生费 指离休、退休、退职人员的医疗费、住院费以及住院伙食补助等费用。

⑤护理费 指因工致残、饮食起居需人扶助的离休、退休人员的护理费以及因病不能自理的离休人员的护理费。

⑥生活补贴 指按照1985年国务院《关于发给离休退休人员生活补贴费的通知》规定，发给离休、退休人员的生活补贴费。

⑦交通费补贴 指按月发给离休人员的交通费补贴。

⑧丧葬抚恤救济费 指离休、退休、退职人员死亡的丧葬费、丧葬补助费和所遗供养直系亲属的抚恤费、救济费、生活补助费以及供养直系亲属死亡时的丧葬补助费等。

⑨其他 包括易地安置的离休、退休、退职人员的安家补助费；离休、退休、退职人员的生活困难补助费、书报费、洗理费、副食品价格补贴、房租价格补贴、水电补贴、少数民族补贴以及老干部活动经费开支的旅游费用等。

6

固定资产投资

INVESTMENT IN FIXED ASSETS

6-1 全社会固定资产投资

TOTAL INVESTMENT IN FIXED ASSETS

单位:万元

指　　标	2004年	2005年	2006年	2007年	2008年	2009年
全社会固定资产投资额	6513012	8569998	10167663	11517028	14153292	16553668
按管理渠道分						
城镇集体以上投资	5475299	7244213	9322459	10621684	9920908	11813551
房地产开发投资	1101613	1210872	1600507	1932069	2741166	3325576
农村投资	920659	1325785	845204	895344	1491218	1414541
按经济类型分						
国有经济	3407998	2916334	4199288	3921284	5203564	6271086
集体经济	714120	1103724	813187	1503507	2080300	2056015
联营经济	320313	505237	126752	66646	9500	2500
股份制经济	683288	2382699	2526017	2960434	3628100	4122050
外商投资经济	152148	183118	197412	257668	399168	342484
港澳台投资经济	156069	180194	219568	287387	353568	617868
个体经济	70806	1026213	1431700	1747703	2125546	2583191
其他经济	1008270	272479	653739	772399	353546	558474
按投资用途分						
第一产业	372524	382839	327016	433464	553248	608114
第二产业	2671699	3620496	3812905	3950868	4543234	5544985
#工　业	2605101	3522746	3726336	3866783	4342068	5418334
第三产业	3468789	4566663	6027742	7132696	9056810	10400569
投资资金来源分						
国家资金	129996	230431	529765	408598	607437	676599
国内贷款	1013759	864519	1664806	1176665	1508117	2521028
利用外资	51881	87971	264028	108620	168543	232454
自筹资金	4340156	6120000	6757693	8586100	11022340	12449940
其他资金	977220	1536781	1552902	1583959	1500570	2399600

6-2 固定资产投资分类(2009年)

INVESTMENT IN FIXED ASSETS (2009)

指　　标	合　计	城镇及以上单位	农村投资	房地产开发投资
本年完成投资额(万元)	16553668	11813551	1414541	3325576
按构成分				
建筑工程	9180403	6459609	914774	1806020
安装工程	905333	671154	81666	152513
设备、工器具购置	3272551	2991105	219155	62291
其他费用	3195381	1691683	198946	1304752
按工程用途分				
农林牧渔业	608114	220424	387690	
工业、建筑业	5544985	5136947	408038	
房地产业	5348437	1800584	222277	3325576
其　他	5052132	4655596	396536	
按单位登记注册类型分				
内　资	15471261	11167265	1295653	3008343
国　有	6184049	5289149	257838	637062
集　体	1979077	1410982	568095	
股份合作	57438	53148		4290
联　营	37482	26832	10650	
国有联营	15482	15282	200	
集体联营	19500	10250	9250	
国有与集体联营				
其他联营	2500	1300	1200	
有限责任公司	2127008	2048831	78177	
国有独资公司	71555	70834	721	
其他有限责任公司	3432695	1977997	77456	1377242
股份有限公司	680463	532570	2756	145137
私　营	2470028	1415483	287817	766728
其它内资	558474	390270	90320	77884
港澳台投资	617868	358574	7100	252194
港澳台商合资经营	274780	134842	7100	132838
港澳台商合作经营	15527	8170		7357
港澳台商独资	248649	136650		111999
港澳台股份有限公司	78912	78912		
外商投资	342484	271641	5804	65039
外商合资经营	250961	195900		55061
外商合作经营	2533	2533		
外商独资	80627	64845	5804	9978
外商股份有限公司	8363	8363		

6-2续

指　　标	合　计	城镇及以上单位	农村投资	房地产开发投资
按隶属关系分				
中　央	713408	641218	2100	70090
省　属	2286826	1665461	10011	611354
市　属	3386027	2441163	23167	921697
市以下	10167407	7065709	1379263	1722435
按建设性质分				
新　建	4271424	3696638	574786	
扩　建	5466095	5078437	387658	
改　建	2029042	1694515	334527	
单纯建造生活设施	400289	333319	66970	
迁　建	465907	455532	10375	
恢　复	28680	9728	18952	
单纯购置	566655	545382	21273	
按国民经济行业分				
农、林、牧、渔业	608114	220424	387690	
采掘业	46011	37711	8300	
制造业	4829133	4480519	348614	
电力、煤气及水生产和供应业	543190	502680	40510	
建筑业	126651	116037	10614	
交通运输、仓储和邮政业	1051683	936997	114686	
信息传输、计算机服务和软件业	346907	342415	4492	
批发和零售业	657390	613223	44167	
住宿和餐饮业	176482	168589	7893	
金　融	19738	19738	0	
房地产业	5348437	1800584	222277	3325576
租赁和商务服务业	193768	188512	5256	
科学研究、技术服务和地质勘查业	68440	61960	6480	
水利、环境和公共设施管理业	1156881	1004660	152221	
居民服务和其他服务业	52528	33266	19262	
教　育	641014	635531	5483	
卫生、社会保障和社会福利业	150909	144380	6529	
文化、体育和娱乐业	370712	357909	12803	
公共管理和社会组织	165680	148416	17264	
新增固定资产（万元）	9337445	6785805	1043146	1508494
施工项目个数(个)	3709	2549	1160	
#新开工	2762	1721	1041	
竣工项目个数(个)	2837	1859	978	
施工房屋面积（万平方米）	3927.7	1550.2	245.7	2131.8
#住　宅	2299.8	420.0	118.2	1761.7
竣工房屋面积（万平方米）	1321.5	692.9	161.3	467.2
#住　宅	638.8	177.1	87.6	374.0

注：本表口径为规模以上单位。

6－3 按隶属关系分的投资额和新增固定资产(2009年)

TOTAL INVESTMENT AND NEWLY INCREASED FIXED ASSETS BY RELATIONSHIP(2009)

指　　标	总　计	中央单位	省属单位	市县属单位
本年完成投资额（万元）	16553668	713408	2286826	13553434
按工程用途分				
农林牧渔业	608114	8730	400	598984
工业、建筑业	5544985	204221	918536	4422228
房地产业	5348437	49380	24274	5274783
其　他	5052132	380987	732262	3938883
按国民经济行业分				
农、林、牧、渔业	608114	8730	400	598984
采掘业	46011			46011
制造业	4829133	134211	761756	3933166
电力、煤气及水生产和供应业	543190	58895	156780	327515
建筑业	126651	11115		115536
交通运输、仓储和邮政业	1051683	37798	29287	984598
信息传输、计算机服务和软件业	346907	145220	121528	80159
批发和零售业	657390	950	20841	635599
住宿和餐饮业	176482		5509	170973
金　融	19738	5000	2750	11988
房地产业	5348437	49380	24274	5274783
租赁和商务服务业	193768	100000	33599	60169
科学研究、技术服务和地质勘查业	68440		26079	42361
水利、环境和公共设施管理业	1156881	2869	50402	1103610
居民服务和其他服务业	52528		3725	48803
教　育	641014	18502	238560	383952
卫生、社会保障和社会福利业	150909	16274	37668	96967
文化、体育和娱乐业	370712	41174	110121	219417
公共管理和社会组织	165680	13200	52193	100287
新增固定资产（万元）	9337445	217847	1091321	8028277
施工项目个数(个)	3709	58	126	3525
#新开工	2762	34	60	2668
竣工项目个数(个)	2837	30	58	2749
施工房屋面积（万平方米）	3927.7	48.2	136.0	3743.5
#住　宅	2299.8	14.9	23.5	2261.4
竣工房屋面积（万平方米）	1321.5	4.1	57.3	1260.1
#住　宅	638.8	3.2	12.8	622.8

注：本表口径为规模以上单位。

6-4 市区固定资产投资主要指标(2009年)

MAIN INDICATORS OF URBAN INVESTMENT(2009)

指　　标	市辖区	城镇及以上单位	农村投资	房地产开发投资
本年完成投资(万元)	12152158	8598489	449561	3104108
按构成分				
建筑工程	6905413	4913358	355096	1636959
安装工程	589812	449933	13597	126282
设备、工器具购置	1992855	1907734	25307	59814
其他费用	2664078	1327464	55561	1281053
按国民经济行业分				
农、林、牧、渔业	280616	119311	161305	
采掘业	3892	3892		
制造业	2566579	2504419	62160	
电力、煤气及水生产和供应业	352651	348001	4650	
建筑业	86384	81384	5000	
交通运输、仓储和邮政业	782423	758795	23628	
信息传输、计算机服务和软件业	341002	341002		
批发和零售业	582494	569117	13377	
住宿和餐饮业	144646	139746	4900	
金　融	19738	19738		
房地产业	4843339	1619569	119662	3104108
租赁和商务服务业	175706	174606	1100	
科学研究、技术服务和地质勘查业	46985	46985		
水利、环境和公共设施管理业	884382	853946	30436	
居民服务和其他服务业	23331	13506	9825	
教　育	411878	410232	1646	
卫生、社会保障和社会福利业	121409	121117	292	
文化、体育和娱乐业	341489	335489	6000	
公共管理和社会组织	143214	137634	5580	
本年新增固定资产（万元）	6091430	4475569	340072	1275789
施工项目(个)	1703	1477	226	
#本年新开工项目	1113	920	193	
本年建成投产项目	1251	1051	200	
房屋施工面积(平方米)	31316707	11104641	1340893	18871173
#住　宅	19939759	3676848	752655	15510256
房屋竣工面积(平方米)	9814647	5315955	760523	3738169
#住　宅	5089076	1553569	566575	2968932

6－5 章丘市固定资产投资主要指标(2009年)

MAIN INDICATORS OF INVESTMENT IN PINGYIN (2009)

指　　标	合　计	城镇及以上单位	农村投资	房地产开发投资
本年完成投资(万元)	2259527	1929116	207571	122840
按构成分				
建筑工程	1254714	1032524	124530	97660
安装工程	135902	102820	13140	19942
设备、工器具购置	600869	563859	34600	2410
其他费用	268042	229913	35301	2828
按国民经济行业分				
农、林、牧、渔业	105252	79784	25468	
采掘业	16049	10611	5438	
制造业	1187337	1120602	66735	
电力、煤气及水生产和供应业	51248	48438	2810	
建筑业				
交通运输、仓储和邮政业	157145	124856	32289	
信息传输、计算机服务和软件业				
批发和零售业	37103	24163	12940	
住宿和餐饮业	30414	27421	2993	
金　融				
房地产业	295616	136876	35900	122840
租赁和商务服务业	14896	11336	3560	
科学研究、技术服务和地质勘查业	14980	8500	6480	
水利、环境和公共设施管理业	101427	92447	8980	
居民服务和其他服务业	20598	18620	1978	
教　育	193994	193634	360	
卫生、社会保障和社会福利业	17860	16420	1440	
文化、体育和娱乐业	15608	15408	200	
公共管理和社会组织				
本年新增固定资产（万元）	1630845	1299855	152075	178915
施工项目(个)	465	360	105	
#本年新开工项目	199	139	60	
本年建成投产项目	347	259	88	
房屋施工面积(平方米)	2692484	1310410	153528	1228546
#住　宅	1379905	269026	105000	1005879
房屋竣工面积(平方米)	730299	108662		621637
#住　宅	482563			482563

6－6 平阴县固定资产投资主要指标(2009年)

MAIN INDICATORS OF INVESTMENT IN PINGYIN (2009)

指　　标	合　计	城镇及以上单位	农村投资	房地产开发投资
本年完成投资(万元)	810093	475918	298248	35927
按构成分				
建筑工程	312665	164835	129705	18125
安装工程	85509	55856	29252	401
设备、工器具购置	261013	192221	68725	67
其他费用	150906	63006	70566	17334
按国民经济行业分				
农、林、牧、渔业	80579	1571	79008	
采掘业	4220	1358	2862	
制造业	429455	354255	75200	
电力、煤气及水生产和供应业	16723	14523	2200	
建筑业	32822	29979	2843	
交通运输、仓储和邮政业	38199	9233	28966	
信息传输、计算机服务和软件业				
批发和零售业	9515	1790	7725	
住宿和餐饮业	160	160		
金　融				
房地产业	84420	34219	14274	35927
租赁和商务服务业				
科学研究、技术服务和地质勘查业	860	860		
水利、环境和公共设施管理业	77637	13352	64285	
居民服务和其他服务业	6794		6794	
教　育	5038	4108	930	
卫生、社会保障和社会福利业	490	490		
文化、体育和娱乐业	5699	2830	2869	
公共管理和社会组织	17482	7190	10292	
本年新增固定资产（万元）	374736	255184	108198	11354
施工项目(个)	381	186	195	
#本年新开工项目	320	163	157	
本年建成投产项目	179	99	80	
房屋施工面积(平方米)	1034491	638109	75250	321132
#住　宅	537945	237708		300237
房屋竣工面积(平方米)	495485	382441	11400	101644
#住　宅	299640	204257		95383

6－7　济阳县固定资产投资主要指标(2009年)

MAIN INDICATORS OF INVESTMENT IN JIYANG(2009)

指　　　标	合　计	城镇及以上单位	农村投资	房地产开发投资
本年完成投资(万元)	1055262	639298	376664	39300
按构成分				
建筑工程	536402	244851	259242	32309
安装工程	77263	52937	19005	5321
设备、工器具购置	369025	293767	75258	
其他费用	72572	47743	23159	1670
按国民经济行业分				
农、林、牧、渔业	109342	8078	101264	
采掘业	21770	21770		
制造业	548436	420363	128073	
电力、煤气及水生产和供应业	108833	85938	22895	
建筑业	7445	4674	2771	
交通运输、仓储和邮政业	58139	34168	23971	
信息传输、计算机服务和软件业	5207	1413	3794	
批发和零售业	20745	13950	6795	
住宿和餐饮业	962	962		
金　融				
房地产业	86474	5241	41933	39300
租赁和商务服务业	596		596	
科学研究、技术服务和地质勘查业	895	895		
水利、环境和公共设施管理业	47650	12433	35217	
居民服务和其他服务业	1655	990	665	
教　育	22571	20604	1967	
卫生、社会保障和社会福利业	4767	1628	3139	
文化、体育和娱乐业	7246	3662	3584	
公共管理和社会组织	2529	2529		
本年新增固定资产（万元）	1078614	673328	374590	30696
施工项目(个)	835	376	459	
#本年新开工项目	820	361	459	
本年建成投产项目	815	359	456	
房屋施工面积(平方米)	2598172	1440091	707942	450139
#住　宅	663965	13300	243183	407482
房屋竣工面积(平方米)	1931807	1085751	701390	144666
#住　宅	397149	13300	243183	140666

6－8 商河县固定资产投资主要指标(2009年)

MAIN INDICATORS OF INVESTMENT IN SHANGHE(2009)

指　　标	合　计	城镇及以上单位	农村投资	房地产开发投资
本年完成投资(万元)	261767	155869	82497	23401
按构成分				
建筑工程	161674	94506	46201	20967
安装工程	15150	7911	6672	567
设备、工器具购置	45663	30398	15265	
其他费用	39280	23054	14359	1867
按国民经济行业分				
农、林、牧、渔业	32325	11680	20645	
采掘业	80	80		
制造业	97326	80880	16446	
电力、煤气及水生产和供应业	13735	5780	7955	
建筑业				
交通运输、仓储和邮政业	15777	9945	5832	
信息传输、计算机服务和软件业	698		698	
批发和零售业	7533	4203	3330	
住宿和餐饮业	300	300		
金　融				
房地产业	38588	4679	10508	23401
租赁和商务服务业	2570	2570		
科学研究、技术服务和地质勘查业	4720	4720		
水利、环境和公共设施管理业	30924	17621	13303	
居民服务和其他服务业	150	150		
教　育	7533	6953	580	
卫生、社会保障和社会福利业	6383	4725	1658	
文化、体育和娱乐业	670	520	150	
公共管理和社会组织	2455	1063	1392	
本年新增固定资产（万元）	161820	81869	68211	11740
施工项目(个)	323	148	175	
#本年新开工项目	310	138	172	
本年建成投产项目	245	91	154	
房屋施工面积(平方米)	1635012	1008796	179709	446507
#住　宅	476861	2710	81337	392814
房屋竣工面积(平方米)	242655	36588	140031	66036
#住　宅	119522	310	66695	52517

6－9 固定资产投资资金来源(2009年)

INVESTMENT BY SOURCE OF FUNDS(2009)

指　　标	合　计	城镇及以上单位	农村投资	房地产开发投资
本年资金来源合计	19125057	12434207	1432412	5258438
上年结余资金	841889	159713	17440	664736
本年资金来源	18283168	12274494	1414972	4593702
国家预算内资金	676599	619126	57473	
国内贷款	2524028	1517767	53962	952299
债　券				
利用外资	232454	188596	3150	40708
#外商直接投资	126363	87955	550	37858
对外借款				
#统借统还				
自筹资金	12449946	9536659	1161803	1751484
单位自有资金	5187219	3939604	521630	725985
发行股票				
其他资金	2400141	412346	138584	1849211
#集　资				
各项应付款合计	518167	296869	12510	208788
#工程款	319446	186811	3761	128874
设备、器材款				

6－10　重点建设项目一览表(2009年)

SUMMARY OF MAJOR PROJECTS(2009)

在建项目名称	建设性质	开工年月	计划总投资(万元)	至本年底累计完成投资(万元)
中集车辆有限公司扩建	扩建	200709	50000	15200
二环南路道路建设	扩建	200904	29297	29297
济南市水质净化三厂配套管网工程	新建	200805	21420	21420
顺河西街道路建设	扩建	200906	21000	21000
舜耕路（南段）建设工程	扩建	200811	18400	18400
玉函路二期拓宽改造工程	扩建	200902	15000	15000
奥体中路历城段	新建	200901	9850	11800
190发动机产能扩建	技改	200811	8200	8200
轻骑集团摩托车有限公司技术改造	技改	200604	8000	8000
6万吨炭电极生产线原料库及煤沥青加工项目	新建	200901	7000	7000
4万吨酚醛树脂项目	新建	200903	6955	6955
阿拉伯糖项目	新建	200905	5931	5931
木糖醇生产	扩建	200803	5884	5884
孔北11万伏变电站	扩建	200903	5317	5317
6万吨焙烧炉改造及6万吨焙烧炉项目	新建	200902	5000	5000
ETFE项目	新建	200902	4830	4830
山东胜邦绿野化学有限公司草甘磷生产	扩建	200806	4800	4800
1.5万吨玛钢管件扩产项目	扩建	200908	4600	4635

本年完成投资(万元)		本年新增固定资产(万元)	建设规模和新增生产能力(或效益)				
	建筑工程		名　称	单　位	建设规模	新增能力累计	本年
13815	5320	13815	中集车辆有限有司扩建	中集车辆有限公司	35000	35000	30000
29297	29297	29297	二环南路道路建设	济南市市政公用事业局	5.4	5.4	5.4
14670	5670	21420	水质净化三厂	历城区王舍人建委	10	10	10
21000	17000	21000	顺河西街道路建设	济南市市政公用事业局	5.5	0.49	0.49
18400	14400	18400	舜耕路（南段）建设工程	济南市城区工程建设指挥部舜耕路（南段）项目部	5.5	3	3
15000	8500	15000	玉函路二期拓宽改造工程	济南市市中区重点工程办公室	5.5	1.35	1.35
11800	11800	11800	奥体中路历城段	济南市历城区王舍人镇城乡建设环境保护委员会	10.1	1.1	1.1
8200	5000	8200	190发动机	济南柴油机厂	1500	1500	1500
7600	2580	7600	轻骑摩托车技术改造	轻骑集团摩托车有限公司先锋分公司	4000	3000	0
7000	2015	7000	6万吨炭电极生产线原料库及煤沥青加工项目	济南澳海碳素有限公司	60000	60000	60000
6955	4555	6955	4万吨酚醛树脂项目生产	山东圣泉化工股份有限公司	5000	5000	5000
5931	1995	5931	阿拉伯糖生产	济南圣泉集团股份有限公司	1000	1000	1000
5652	2952	5652	木糖醇生产	济南圣泉集团股份有限公司	1000	1000	1000
5317	1371	5317	孔北11万伏变电站项目	平阴县供电公司生产技术部	22	22	22
5000	1795	4500	6万吨焙烧炉改造及6万吨焙烧炉项目	济南龙山炭素有限公司	60000	60000	60000
4830	4422	4830	ETFE项目	山东华氟化工有限责任公司	5000	5000	5000
4500	1264	4500	草甘磷生产	山东胜邦绿野化学有限公司	5000	5000	5000
4635	3873	2000	1.5万吨马钢管件扩产项目	济南市平阴县玛钢厂	1.5	1.5	1.5

6－11 新增主要生产能力和效益(2009年)

NEWLY INCREASED PRODUCTION CAPACITY AND ADMINISTRATIVE(2009)

项　　目	单　位	新增生产能力
热轧钢材	万吨/年	41.55
冷轧(拔)钢材	万吨/年	0.5
输电线路长度(11万伏及以上)	公里	111.94
氮肥	吨/年	21550
钾肥	吨/年	1000
化学农药原药	吨/年	7270
塑料树脂及共聚物	吨/年	18676
内燃机(台/年)	台/年	1500
载货汽车制造	辆/年	30000
啤酒	万吨/年	0.27
新建公路	公里	146.27
其中：一级公路	公里	1.1
二级公路	公里	10.65
改建公路	公里	201.89
其中：二级公路	公里	128.29
新建独立公路桥梁	座	5
新(扩)建公路客、货运站	个	1
城市公共交通车辆购置	辆	69
城市污水处理能力	万吨/日	10

6-12 历年房地产开发建设情况

BASIC SITUATIONS OF REAL ESTATE DEVELOPMENT IN MAJOR YEARS

指　　标	单　位	2004年	2005年	2006年	2007年	2008年	2009年
计划总投资	万元	5368615	7459324	8749506	10869839	15027272	15989894
本年完成投资	万元	1101613	1210872	1600507	1932069	2741166	3325576
#商品房建设投资	万元	619259	719504	1120665	-	-	
土地开发投资	万元	37576	62048	164247	207086	186195	29746
按构成分							
建筑工程	万元	529097	585648	948593	1115953	1333332	1806020
安装工程	万元	61886	68863	55292	103738	109410	152513
设备、工器具购置	万元	8815	10701	26765	31893	19422	62291
其他费用	万元	501815	545660	569857	680485	1279002	1304752
#旧建筑物购置费	万元	-	35	3468	1004	35016	32370
土地购置	万元	393669	377129	371919	336552	971399	959182
按工程用途分							
住　宅	万元	873664	966733	1260102	1623258	2226497	2555230
#安居工程	万元	23904	9939	17326	39570	31919	937
办公楼	万元	40378	40440	46596	52262	82122	137757
商业营业用房	万元	145987	102019	187185	134728	337394	497079
其　他	万元	41584	101680	106624	121821	95153	135510
本年新增固定资产	万元	472234	442148	494580	613264	590688	1508494
本年完成土地开发面积	万平方米	55.59	146.65	99.15	203.99	194.11	51.22
待开发土地面积	万平方米	155.57	133.76	174.36	158.63	184.10	119.34
本年购置土地面积	万平方米	225.91	391.76	111.17	217.51	233.56	128.14
房屋施工面积	万平方米	897.73	903.54	1071.07	1219.50	1616.94	2131.75
房屋竣工面积	万平方米	271.86	223.89	258.78	249.16	249.90	467.22
竣工房屋价值	万元	391302	383676	439174	524477	494899	1478039
竣工住宅	套	21896	16344	14564	14718	19692	31377
#安居工程	套	797	100	189	772	1628	184

6-13 房地产开发建设情况(2009年)

BASIC SITUATIONS OF REAL ESTATE DEVELOPMENT(2009)

指标	单位	合计	内资企业	国有	外资企业	港澳台商
计划总投资	万元	15989894	14257114	2841944	1732780	1521980
本年完成投资	万元	3325576	3008343	637062	317233	252194
土地开发投资	万元	29746	28912	133	834	834
按构成分						
建筑工程	万元	1806020	1647559	323480	158461	111641
安装工程	万元	152513	142870	40040	9643	7490
设备、工器具购置	万元	62291	58261	4009	4030	50
其他费用	万元	1304752	1159653	269533	145099	133013
#旧建筑物购置费		32370	32370			
土地购置	万元	959182	836481	207964	122701	111701
按工程用途分						
住宅	万元	2555230	2256770	396018	298460	236962
#安居工程	万元	937	937			
办公楼	万元	137757	137227	106339	530	
商业营业用房	万元	497079	485432	108052	11647	11639
其他	万元	135510	128914	26653	6596	3593
本年新增固定资产	万元	1508494	1450968	307636	57526	37013
本年完成土地开发面积	万平方米	51.22	49.39	15.67	1.83	1.83
待开发土地面积	万平方米	119.34	89.28	23.69	30.06	30.06
本年购置土地面积	万平方米	128.14	128.14	61.41	0.00	0.00
房屋施工面积	万平方米	2131.75	2011.45	364.21	120.30	73.53
房屋竣工面积	万平方米	467.22	450.69	116.55	16.53	11.77
竣工房屋价值	万元	1478039	1421278	307636	56761	36248
竣工住宅	套	31377	30184	5592	1193	728
#安居工程	套	184	184			

6－14 历年房地产开发公司经营情况

REAL ESTATE DEVELOPMENT AND MANAGMENT IN MAJOR YEARS

指　　标	单　位	2004年	2005年	2006年	2007年	2008年	2009年
开发公司家数	家	384	406	445	459	555	565
职工年平均人数	人	12411	14481	14937	15776	17025	17924
企业资本金	万元	1206808	1251609	1752961	1734429	2316296	2247506
资产与负债							
资产总计	万元	5267279	6465592	7672006	8793661	11345764	14641055
负债总计	万元	4067396	4905208	5661370	6615132	8462023	11644785
所有者权益	万元	1199883	1560384	2010636	2178529	2883741	2996270
损益情况							
经营收入	万元	1177090	1376475	1452928	1378350	2123068	2649334
土地转让收入	万元	67665	54149	52617	32484	6958	55875
商品房销售收入	万元	997585	1138609	1229939	1295237	2019615	2522151
房屋出租收入	万元	7668	1852	1483	3100	7094	
其他收入	万元	104172	181865	168889	47529	89401	71308
经营成本	万元	957063	1093240	1157168	1078711	1494795	1955681
经营税金及附加	万元	58603	78777	85837	89603	142607	166888
利润总额	万元	21717	47186	61598	82706	258621	287693
房屋销售与出租							
本年实际销售房屋面积	平方米	2701168	2612499	2846550	3202448	3711606	4410629
#住　宅	平方米	2457441	2416054	2568392	2907868	3300406	4043052
#销售给个人	平方米	2408466	–	–	–	–	–
本年房屋实际销售额	万元	833928	818427	1003407	1209334	1551066	2159821
#住　宅	万元	709783	723083	852423	1081617	1371164	1936555
预售房屋面积	平方米	1023155	–	–	–	–	–
#住　宅	平方米	881938	–	–	–	–	–
空置房屋面积	平方米	713442	526134	493128	453961	504484	646998
#住　宅	平方米	511777	428025	325773	330451	419799	423038
出租房屋面积	平方米	82287	36515	39830	107872	85568	31914
#住　宅	平方米	380	4500	1196	0	58991	2000

6－15 房地产开发公司经营情况(2009年)

REAL ESTATE DEVELOPMENT AND MANAGEMENT(2009)

指标	单位	合计	内资企业	国有	外资企业	港澳台商
开发公司家数	家	565	523	55	45	26
按资质分						
#一级资质	家	13	12	6	1	1
二级资质	家	39	35	9	4	3
三级资质	家	166	151	17	15	9
四级资质	家	49	42	7	7	3
企业资本金	万元	2247506	1954656	264991	292850	210146
资产与负债						
资产总计	万元	14641055	13032409	1918421	1608646	1146149
负债总计	万元	11644785	10380025	1612754	1264760	893930
所有者权益	万元	2996270	2652384	305667	343886	252219
损益情况						
经营收入	万元	2649334	2317310	831975	332024	273385
土地转让收入	万元	55875	52092	2662	3783	0
商品房销售收入	万元	2522151	2194985	822349	327166	272763
房屋出租收入	万元	0	0	0	0	0
其他收入	万元	71308	70233	6965	1075	622
经营成本	万元	1955681	1727305	655841	228376	182985
经营税金及附加	万元	166888	149023	51757	17865	16277
利润总额	万元	287693	254235	83627	33458	32334
房屋销售与出租						
本年实际销售房屋面积	平方米	4410629	4052767	734521	357862	211693
#住　宅	平方米	4043052	3706893	569289	336159	207297
本年房屋实际销售额	万元	2159821	1943425	381910	216396	126611
#住　宅	万元	1936555	1727028	279784	209527	124918
空置房屋面积	平方米	646998	587226	65213	59772	1600
#住　宅	平方米	423038	418960	38265	4078	1600
出租房屋面积	平方米	31914	31914	13260		
#住　宅	平方米	2000	2000			

主要统计指标解释

EXPLANATORY NOTES ON MAIN STATISTICAL INDICATORS

全社会固定资产投资 固定资产投资是社会固定资产再生产的主要手段。通过建造和购置固定资产的活动，国民经济不断采用先进技术装备，建立新兴部门，进一步调整经济结构和生产力的地区分布，增强经济实力，为改善人民物质文化生活创造物质条件。这对我国的社会主义现代化建设具有重要意义。

固定资产投资额 是以货币表现的建造和购置固定资产活动的工作量，它是反映固定资产投资规模、速度、比例关系和使用方向的综合性指标。全社会固定资产投资按经济类型可分为国有、集体、个体、联营、股份制、外商、港澳台商、其他等。按照管理渠道，全社会固定资产投资总额分为基本建设、更新改造、房地产开发投资和其他固定资产投资四个部分。

基本建设投资 基本建设指企业、事业、行政单位以扩大生产能力或工程效益为主要目的的新建、扩建工程及有关工作。其综合范围为总投资50万元以上(含50万元，下同)的基本建设项目。具体包括：(1)列入中央和各级地方本年基本建设计划的建设项目，以及虽未列入本年基本建设计划，但使用以前年度基建计划内结转投资(包括利用基建库存设备材料)在本年继续施工的建设项目；(2)本年基本建设计划内投资与更新改造计划内投资结合安排的新建项目和新增生产能力(或工程效益)达到大中型项目标准的扩建项目，以及为改变生产力布局而进行的全厂性迁建项目；(3)国有单位既未列入基建计划，也未列入更新改造计划的总投资在50万元以上的新建、扩建、恢复项目和为改变生产力布局而进行的全厂性迁建项目，以及行政、事业单位增建业务用房和行政单位增建生活福利设施的项目。

更新改造投资 更新改造指企业、事业单位对原有设施进行固定资产更新和技术改造，以及相应配套的工程和有关工作(不包括大修理和维护工程)。其综合范围为总投资50万元以上的更新改造项目。具体包括：(1)列入中央和各级地方本年更新改造计划的投资单位(项目)和虽未列入本年更新改造计划，但使用上年更新改造计划内结转的投资在本年继续施工的项目；(2)本年更新改造计划内投资与基本建设计划内投资结合安排的对企、事业单位原有设施进行技术改造或更新的项目和增建主要生产车间、分厂等其新增生产能力(或工程效益)未达到大中型项目标准的项目，以及由于城市环境保护和安全生产的需要而进行的迁建工程；(3)国有企、事业单位既未列入基建计划也未列入更新改造计划，总投资在50万元以上的属于改建或更新改造性质的项目，以及由于城市环境保护和安全生产的需要而进行的迁建工程。

房地产开发投资 指房地产开发公司、商品房建设公司及其他房地产开发法人单位和附属于其他法人单位实际从事房地产开发或经营的活动单位统一开发的包括统代建、拆迁还建的住宅、厂房、仓库、饭店、宾馆、度假村、写字楼、办公楼等房屋建筑物和配套的服务设施，土地开发工程(如道路、给水、排水、供电、供热、通讯、平整场地等基础设施工程)的投资；不包括单纯的土地交易活动。

其他固定资产投资 指全社会固定资产投资中未列入基本建设、更新改造和房地产开发投资的建造和购置固定资产的活动。具体包括：⑴国有单位按规定不纳入基本建设计划和更新改造计划管理，计划总投资(或实际需要总投资)在50万元以上的以下工程：1.用油田维护费和石油开发基金进行的油田维护和开发工程；2.煤炭、铁矿、森工等采掘采伐业用维简费进行的开拓延伸工程；3.交通部门用公路养路费对原有公路、桥梁进行改建的工程；4.商业部门用简易建筑费建造的仓库工程。⑵城镇集体固定资产投资：指所有隶属城市、县城和经国务院及省、自治区、直辖市批准建制的镇领导的集体单位(乡镇企业局管理的除外)建造和购置固定资产计划总投资(或实际需要总投资)在50万元以上的项目。⑶除上述以外的其他各种企、事业单位、个体建造和购置固定资产总投资在50万元以上的、未列入基本建设计划和更新改造计划的项目。

城镇和工矿区私人建房投资和农村个人投资 城镇和工矿区私人建房包括市、县城、镇、工矿区所辖范围内的全部私人建房，不论其房主是否系本地的常住户口均应包括。农村个人投资包括农村个人建房及购置生产性固定资产的投资。

固定资产投资的资金来源 根据固定资产投资的资金来源不同，分为国家预算内资金、国内贷款、利用外资、自筹资金和其他资金来源。

⑴国家预算内资金：指中央财政和地方财政中由国家统筹安排的基本建设拨款和更新改造拨款，以及中央财政安排的专项拨款中用于基本建设的资金和基本建设拨款改贷款的资金等。

⑵国内贷款：指报告期内企、事业单位向银行及非银行金融机构借入的用于固定资产投资的各种国内借款。包括银行利用自有资金及吸收的存款发放的贷款、上级主管部门拨入的国内贷款、国家专项贷款(包括煤代油贷款、劳改煤矿专项贷款等)、地方财政专项资金安排的贷款、国内储备贷款、周转贷款等。

⑶利用外资：指报告期内收到的用于固定资产投资的国外资金，包括统借统还、自借自还的国外贷款，中外合资项目中的外资，以及对外发行债券和股票等。国家统借统还的外资指由我国政府出面同外国政府、团体或金融组织签订贷款协议、并负责偿还本息的国外贷款。

⑷自筹资金：指建设单位报告期内收到的，用于进行固定资产投资的上级主管部门、地方和企、事业单位自筹资金。

⑸其他资金来源：指报告期内收到的除以上各种拨款、固定资产投资按国民经济行业分。

建设项目归哪个行业，按其建成投产后的主要产品或主要用途及社会经济活动性质来确定。基本建设按建设项目划分国民经济行业，更新改造、国有单位其他固定资产投资及城镇集体投资根据整个企业、事业单位所属的行业来划分。一般情况下，一个建设项目或一个企业、事业单位只能属于一种国民经济行业。为了更准确地反映国民经济各行业之间的比例关系，联合企业(总厂)所属分厂属于不同行业的，原则上按分厂划分行业。

固定资产投资按建设性质分 建设项目的性质一般分为新建、扩建、改建、迁建、恢复。基本建设按建设项目划分建设性质，更新改造、国有单位其他固定资产投资及城镇集体投资等按整个企业、事业单位的建设情况确定建设性质，房地产开发单位、农村投资、城镇工矿区私人建房等投资不划分建设性质。

⑴新建：一般是指从无到有、"平地起家"新开始建设的单位。有的单位原有的基础很小，经过建设后其新增加的固定资产价值超过原有固定资产价值(原值)三倍以上的也算新建。

⑵扩建：一般是指为扩大原有产品的生产能力，在厂内或其他地点增建主要生产车间(或主要工程)、独立的生产线或分厂的企业；事业单位和行政单位在原单位增建业务用房(如学校增建教学用房、医院增建门诊部或病床用房、行政机关增建办公楼等)也作为扩建。

⑶改建：一般是指现有企业、事业单位为了技术进步，提高产品质量，增加花色品种，促进产品升级换代，降低消耗和成本，加强资源综合利用和三废治理、劳保安全等，采用新技术、新工艺、新设备、新材料等对现有设施、工艺条件进行技术改造或更新(包括相应配套的辅助性生产、生活福利设施)。有的企业为充分发挥现有生产能力，进行填平补齐而增建不增加本单位主要产品生产能力的车间等，也属于改建。

固定资产投资按构成分 固定资产投资活动按其工作内容和实现方式分为建筑安装工程，设备、工具、器具购置，其他费用三个部分。

⑴建筑安装工程(建筑安装工作量)：指各种房屋、建筑物的建造工程和各种设备、装置的安装工程。包括各种房屋建造工程，各种用途设备基础和各种工业窑炉的砌筑工程；为施工而进行的各种准备工作和临时工程以及完工后的清理工作等；铁路、道路的铺设，矿井的开凿及石油管道的架设等；水利工程；防空地下建筑等特殊工程；以及各种机械设备的安装工程；为测定安装工程质量，对设备进行的试运工作。在安装工程中，不包括被安装设备本身的价值。

⑵设备、工具、器具购置：指购置或自制达到固定资产标准的设备、工具、器具的价值，固定资产的标准按财务部门规定。新建单位、扩建单位的新建车间按照设计和计划要求购置或自制的全部设备、工具、器具，不论是否达到固定资产标准均计入"设备、工具、器具购置"中。

⑶其他费用：指在固定资产建造和购置过程中发生的，除建筑安装工程和设备、工具、器具购置以外的各种应摊入固定资产的费用。

基本建设项目按大中小型划分 基本建设划分大中小型项目原则上应按照上级批准的设计任务书或初步设计所确定的总规模或总投资划分，没有正式批准设计任务书或初步设计的，按国家或省、自治区、直辖市年度基本建设投资计划中所列的总规模或总投资划分。上述两条均不具备的，按本年计划施工工程的建设总规模或总投资划分。生产单一产品的工业项目，按产品的设计能力划分；生产多种产品的工业项目，按其主要产品的设计能力划分。品种繁多，难以按生产能力划分的，按全部计划投资额划分。划分标准以国家颁发的《大中小型建设项目划分标准》为依据。国家曾在1953年、1962年、1972年、1977年和1979年先后五次修订《大中小型建设项目划分标准》，因此各历史时期的大中型项目数不完全可比。

施工项目 指报告期内曾进行建筑或安装工程施工活动的建设项目，包括报告期内新开工项目、报告期以前开工跨入报告期继续施工的项目以及报告期施过工并在报告期内全部建成投产或停缓建的项目。

全部建成投产项目 工业项目是指设计文件规定形成生产能力的主体工程及其相应配套的辅助设施全部建成，经负荷试运转，证明具备生产设计规定合格产品的条件，并经过验收鉴定合格或达到竣工验收标准，与生产性工程配套的生活福利设施可以满足近期正常生产的需要，正式移交生产的建设项目。非工业项目是指设计文件规定的主体工程和相应的配套工程全部建成，能够发挥设计规定的全部效益，经验收鉴定合格或达到竣工验收标准，正式移交使用的建设项目。

新增生产能力 指通过固定资产投资活动而增加的设计能力或工程效益，它是用实物形态表示的固定资产投资的成果。新增生产能力的计算，是以能独立发挥生产能力或工程效益的单项工程(或项目)为对象。当单项工程(或项目)建成，经有关部门鉴定合格，正式移交投入生产，即可计算新增生产能力。新增生产能力或工程效益有以下几种表现形式：

⑴以建设项目或单项工程建成后的年产能力表示，如煤炭开采、石油开采等。

⑵以建设项目或单项工程建成后处理原料的能力表示，如选矿工程的年处理矿石能力、洗煤厂年洗原煤能力等。

⑶以新增的主要设备数量或容量表示，如棉纺锭锭数、发电机组容量等。

⑷以建筑物容积、容量、面积或长度表示，如水库容量、铁路公路里程等。

新增生产能力的数量一般按设计能力计算。设计能力是指设计文件中规定的在正常情况下能够达到的生产能力，而不论投产后的实际产量如何。以设备数量、建筑物容积、面积、长度等表示的新增生产能力或工程效益，则按建成的实际数量计算。

房屋建筑面积 指从房屋外墙线算起的各层平面面积的总和，包括可供使用的有效面积和房屋结构(如柱、墙)占用的面积。多层建筑按各层(包括地下室)面积总和计算。

住宅建筑面积 指施工和竣工房屋建筑面积中供居住用的施工和竣工房屋建筑面积。

施工面积 指报告期内施工的全部房屋建筑面积。包括本期新开工的面积、上期跨入本期继续施工的房屋面积、上期停缓建在本期恢复施工的房屋面积、本期竣工的房屋面积及本期施工后又停缓建的房屋面积。

竣工面积 指在报告期内房屋建筑按照设计要求已全部完工,达到住人和使用条件,经验收鉴定合格,正式移交使用单位的建筑面积。

房屋建筑面积竣工率 指一定时期内房屋竣工面积占同期房屋施工面积的比率。它是从房屋建筑施工速度的角度反映投资效果和建筑业经济效益的指标。

新增固定资产 指通过投资活动所形成的新的固定资产价值,包括已经建成投入生产或交付使用的工程价值和达到固定资产标准的设备、工具、器具的价值及有关应摊入的费用。它是以价值形式表示的固定资产投资成果的综合性指标,可以综合反映不同时期、不同部门、不同地区的固定资产投资成果。

建设项目投产率 指一定时期内全部建成投入生产项目个数与同期正式施工项目个数的比率。它是从项目建设速度的角度反映投资效果的指标。

固定资产交付使用率 指一定时期新增固定资产与同期完成投资额的比率。它是反映各个时期固定资产动用速度,衡量建设过程中投资效果的一个综合性指标。

未完工程占用率 指年末未完工程累计完成投资额占全年实际完成投资额的比率。它反映未完工程的相对规模,并可从资金占用的角度反映固定资产投资效果。由于未完工程是指已经开工,但尚未建成交付使用的工程,有跨年度问题,因此未完工程占用率会出现大于1的情况。

房地产开发本年完成投资 是指从本年1月1日起至本年最后一天止完成的全部用于房屋建设工程和土地开发工程的投资额。"本年完成投资"中除包括"商品房建设投资额"和"土地开发投资额"以外,还包括土地购置费和公益性建筑等的投资。"商品房建设投资额"包括土地购置费。

①商品房建设投资额,是指房地产开发企业(单位)开发建设的供出售、出租用的商品住宅、厂房、仓库、饭店、度假村、写字楼、办公楼等房屋工程及其配套的服务设施所完成的投资额。(含拆迁、回迁还建用房)

②土地开发投资额:是房地产开发企业完成的前期工程投资,即路通、水通、电通等,场地平整(也称七通一平)所完成的投资。土地开发投资既包括生地的开发,也包括旧城区(老区拆迁)的开发,在无法区分的情况下,只要有场地平整,原有建筑物、构筑物拆除,供水供电工程等工作量就应计算"土地开发投资"。土地开发投资额在房屋用途分组中能分摊的部分就分摊、不能分摊的全部计入其它。未进行开发工程、只进行单纯的土地交易活动不作为土地开发投资统计。

土地购置和开发情况

(1)本年完成开发土地面积:是指报告期内对拥有土地使用权的土地进行开发并已完成七通一平等前期开发工程,具备进行房屋建筑物施工或出让条件的土地面积。

(2)正在开发的土地面积:是指已开始七通一平等前期开发工程,但尚未完工,不具备进行房屋建筑物施工或出让条件的土地面积。

(3)待开发土地面积:指经有关部门批准,通过各种方式获得土地使用权,但尚未进行开发的土地面积。

(4)本年购置土地面积:是指在本年内通过各种方式获得土地使用权的土地面积。

商品房屋销售与出租情况

(1)实际销售面积:是指报告期内正式交付给购房者的房屋面积。

不包括已签订预售合同正在建设的商品房屋面积。

外销(租):经有关部门批准,销售(或出租)给境外企业和个人,包括外国人、外籍华人、华侨及港澳台同胞的商品房屋面积。

销售给个人:是指实际销售给国内私人的商品房屋面积。不包括外销中销售给个人的部分。

(2)预售面积:是指报告期末仍未竣工交付使用,但已签订预售合同的正在建设的商品房屋面积。报告期预售又在报告期转正式或协议销售的商品房屋的面积应列入实际销售面积同期统计的销售收入。

(3)空置面积:是指报告期末已竣工的商品房屋建筑面积中,尚未销售或出租的部分,包括以前年度竣工和本期竣工可供出售或出租而未售出或租出的房屋面积。

(4)出租面积:是指在报告期期末房屋开发单位出租的商品房屋的全部面积。

(5)实际销售额:指报告期内售出房屋的收入(即双方签署正式买卖合同所拟定的总价)。该指标与实际销售面积同口径,包括正式交付的商品房屋在建设前期预收入的定金、预收的款项及结算尾款和拖欠款;不包括未交付的商品房所预收入的款项。收取的外汇按当时外汇调节市场价折算在其中。如果商品房屋是跨年完成的,应包括以前年度所收的定金及预收款。

7

城市公用事业和环境保护

URBAN PUBLIC UNILITIES
AND ENVIRONMENTAL
PROTECTION

7-1 城市道路与公共交通

BASIC STATISTICS ON MUNCIPAL ENGINEERING AND PUBLIC TRANSPORTATION

指　　标	2004年	2005年	2006年	2007年	2008年	2009年
城市道路						
道路长度(公里)	2283	2415	2886	2667	3666	4627
道路面积(万平方米)	3860	4128	5207	5137	5554	6461
城市桥梁(座)	718	725	748	748	855	855
#立交桥	18	79	75	72	77	80
路灯(盏)	31980	36900	49000	58000	93790	122998
人均拥有道路面积(平方米)	15.34	15.15	15.71	15.06	16.33	18.87
公共交通						
年末营运车辆(辆)	10451	11346	11991	12103	13280	13357
公共汽车	2702	3228	3751	3863	4384	4231
无轨电车	149	138	140	140	146	140
出租汽车	7600	7980	8100	8100	8750	8986
乘客人数(万人次)	53354	59191	64181	68100	74565	80392

7-2 水、电、气、热供应情况

BASIC STATISTICS ON WATER、ELECTRICITY、GAS AND HEATING IN CITIES

指　　标	单位	2004年	2005年	2006年	2007年	2008年	2009年
自来水							
水厂数	个	9	9	9	9		
年末水厂生产能力	万吨/日	157	160	157	157	184	190
年末管线长度	公里	1499	1528	1596	1560	2371	2797
全年供水量	万吨	30825	32100	30023	27833	27420	25380
生产用	万吨	13299	15000	13075	-		
生活用	万吨	16260	17100	16948	-		
人均日生活用水	升	191.3	198.0	205.4	160.4	126.8	131.35
城市人口用水普及率	%	100.0	100.0	100.0	99.2	100.0	100.0
用电量							
全社会用电量	万千瓦时	1321800	1528890	1716323	1907697	2025031	2177892
农林牧渔水利业	万千瓦时	37197	38080	42098	41409	40324	42144
工　业	万千瓦时	888793	1012112	1154855	1266655	1328982	1403642
地质普查和勘探业	万千瓦时	515	493	566	651	624	1032
建筑业	万千瓦时	11587	13538	13042	9237	11468	17364
交通运输和邮电通讯业	万千瓦时	15169	20087	22456	13267	18165	23259
商业、饮食、物资供销业	万千瓦时	47185	53463	60486	81461	73952	76966
其他事业	万千瓦时	114722	138781	153851	192751	213983	250505
城乡居民生活用电	万千瓦时	206632	252336	268969	302266	337533	362980
乡　村	万千瓦时	81019	99304	112399	109268	122187	129753
城　市	万千瓦时	125613	153032	156570	192998	215346	233227
液化石油气和管道煤气							
液化石油气全年供气量	吨	54323	41000	41500	47940	57721	88769
生产用	吨	-	-	-	-		
生活用	吨	54323	41000	41500	47940	56641	47181
居民用气人口	万人	149.4	157.1	141.0	192.0	109.8	113.55
天然气供气量	万立方米	7179	10000	9423	11180	28941	30874
生产用	万立方米	5196	5161	4512	5250	25098	26101
生活用	万立方米	1983	4839	4911	5930	3843	4773
居民用气人口	万人	55	62	88	102	172	169.3
管道煤气供气量	万立方米	4610	5000	4369	4251	4260	4765
生产用	万立方米	2068	1100	1748	1733	1747	2178
生活用	万立方米	2542	3900	2621	2518	2513	2587
居民用气人口	万人	37.6	47.0	41.5	41.6	40.0	41.58
用气普及率	%	97.0	97.2	97.6	98.0	94.9	94.74
集中供热							
管道长度	公里	929	1015	1020	1144	1460	1657
供热面积	万平方米	3055	3325	3891	4256	5516	6274

注:全年供水量指标在1996年以前年份(包括1996年)为系统内口径,1997年以后为全社会口径。2002年城市人口用水普及率为建设部新口径 计算,液化气和管道煤气中的数据变化较大,主要是液化气和天然气及管道煤气"用气置换"后的正常调整。

7-3 环境状况及污染治理情况

BASIC STATISTICS ON ENVIRONMENT AND TREATMENT OF POLLUTION

指　　标	单位	2004年	2005年	2006年	2007年	2008年	2009年
环境质量状况							
环境空气二氧化硫浓度年均值	mg / m3	0.045	0.059	0.039	0.056	0.052	0.05
环境空气可吸入颗粒物浓度年均值	mg / m3	0.149	0.127	0.114	0.118	0.126	0.123
环境空气二氧化氮浓度年均值	mg / m3	0.038	0.024	0.021	0.023	0.022	0.025
集中式饮用水源地水质达标率	%	97.59	98.25	90.16	100.00	100.00	100.00
城市水环境功能区水质达标率	%	100.00	100.00	91.67	75.00	75.00	75.00
区域环境噪声昼间平均等效声级	分贝	53.30	53.50	53.90	53.20	53.00	54.10
道路交通噪声平均等效声级	分贝	68.80	69.40	68.60	69.60	69.80	69.10
累计建成烟尘控制区面积	平方公里	200.7	236.5	270.0	348.7	372.1	372.1
累计建成环境噪声达标区面积	平方公里	123.2	163.1	196.2	224.4	309.7	309.7
环境空气质量良好以上天数	天	210	262	307	311	295	295
污染物排放情况							
废水排放总量	万吨	21568	22679	23633	24216	24244	24975
工业废水排放量	万吨	4754	5255	4949	5059	4749	5014
生活废水排放量	万吨	16814	17424	18684	19157	19495	19961
化学需氧量排放量	吨	57364	59213	57738	55280	51941	49279
工业化学需氧量排放量	吨	9209	8850	7616	6454	5854	3304
生活化学需氧量排放量	吨	48155	50363	50121	48826	46087	45975
氨氮排放量	吨	6444	7182	6922	6782	6882	6264
工业氨氮排放量	吨	235	272	307	581	545	320
生活氨氮排放量	吨	6209	6910	6616	6201	6337	5944
二氧化硫排放量	吨	84863	97252	94861	90125	83999	82670
工业二氧化硫排放量	吨	70027	79117	72833	75084	68412	65944
生活二氧化硫排放量	吨	14836	18135	22028	15131	15587	16726
烟尘排放量	吨	30934	33317	30106	27881	27868	27679
工业烟尘排放量	吨	22975	24691	21132	20546	20359	20146
生活烟尘排放量	吨	7959	8626	8974	7355	7509	7533
工业粉尘排放量	吨	25802	29487	27925	30375	30191	30022
污染治理情况							
工业重复用水率	%	94.7	95.8	96.8	96.7	96.92	96.50
工业废水排放达标率	%	98.0	98.9	100.0	98.8	98.82	98.80
工业烟尘去除率	%	98.1	98.1	98.1	98.6	98.72	98.80
工业粉尘去除率	%	97.7	97.1	97.0	95.2	95.79	95.90
工业固体废物处置利用率	%	92.6	94.7	94.3	94.0	95.20	94.50

注：1.“工业固体废物处置利用率”，2005年及以前为工业固体废物综合利用率，计算口径为重点调查工业企业。

2.“工业化学需氧量排放量”，2008年以前为厂区排放口排放量，2009年以后为外排环境排放量。

7-4 城市园林绿化、环境卫生及其他

BASIC STATISTICS ON PARKS、GARDENS、GREEN AREAS AND URBAN SANITATION IN CITIES

指　　标	单位	2004年	2005年	2006年	2007年	2008年	2009年
园林绿化							
年末公共绿地面积	万平方米	2163	2310	2526	3255	3658	3710
#公园面积	万平方米	1401	1408	1458	1515	2141	2293
人均公共绿地	平方米/人	8.6	9.0	9.1	9.5	10.8	10.8
城市绿地覆盖率	%	39.1	39.1	36.5	36.8	35.6	35.9
公园、动物园	座	16	17	22	36	40	45
城市卫生							
污水集中处理率	%	54.10	63.60	63.25	61.21	69.27	78.21
清扫街道面积	万平方米	2149	2200	2688	2855	3897	4373
清运垃圾	万吨	89	90	90	93	126	133
清运粪便	万吨	14.9	14.6	20	20	27.2	27.3
公共厕所	座	520	520	521	509	625	652
城市维护费收支							
维护费收入	万元	692360	560196	720058	840787	1331477	1315981
维护费支出	万元	692360	560196	720058	840787	1312128	1313811
维护支出	万元	167300	132900	178300	206239	462261	348870
固定资产投资支出	万元	456609	397300	461939	555873	629094	760175
其　他	万元	68451	29996	79819	78675	220089	204766

主要统计指标解释

EXPLANATORY NOTES ON MAIN STATISTICAL INDICATORS

年末自来水生产能力 指年底城建部门管理的自来水厂和自备水源的社会单位取水、净化、送水、出厂输水干管等环节的实际生产能力。

年末供水管道长度 指从送水泵到用户水表之间所有管道的长度。

全年供水总量 指公用自来水厂和自备水源的社会单位全年的供水总量,包括有效供水量及损失水量。

生活用水量 指居民日常生活与公共福利设施的用水量,包括居民、饮食店、旅馆、医院、理发店、浴池、洗衣店、游泳池、商店、学校、机关、部队等单位的用水量。

城市人口用水普及率 指城市用水的非农业人口数(不包括临时人口和流动人口)与城市非农业人口总数之比。计算公式为:

用水普及率=城市用水的非农业人口数/城市非农业人口数×100%

人工煤气生产能力 指城市煤气厂制气、净化、输送等环节的综合实际生产能力。

输气管道长度 指由压缩机、鼓风机、储气罐的出口到用户煤气表之间的全部管道长度。

全年供气总量 指全年售给各类用户的全部煤气量,包括工业用量、家庭用量和其他用量。

城市用气普及率 指使用煤气(包括人工煤气、液化石油气、天然气)的城市非农业人口数(不包括临时人口和流动人口)与城市非农业人口总数之比。计算公式为:

城市煤气普及率=城市用气的非农业人口数/城市非农业人口总数×100%

城市供热能力 指热电厂、热力公司和达到标准的集中采暖锅炉房向城市输送的供热源的设计能力,即每小时向城市输送蒸汽、热水的能力。

城市供热总量 指热电厂、热力公司和达到标准的集中采暖锅炉房向城市输送的全部蒸汽、热水量。

城市供热管道长度 指热电厂、热力公司和达到标准的集中采暖锅炉房管理的集中供热热源到用户之间的全部供气、供热水的管道长度。

年底实有铺装道路长度 指除土路外,路面经过铺装宽度在3.5米以上的道路,包括高级、次高级道路和普通道路。

城市桥梁 指城市范围内,修建在河道上的桥梁和道路与道路立交、道路跨越铁路的立交桥及人行天桥。包括永久性桥和半永久性桥,不包括临时性桥、铁路桥、涵洞。

城市下水道总长度 指所有排水总管、干管、支管及暗渠、检查井、连接井进出水口等长度之和。

城市污水日处理能力 指污水处理厂每昼夜处理污水量的设计能力。

年末实有公共汽(电)车 指年底可参加营运的全部车辆数,包括营运车辆数和库存查封未参加营运的车辆。不包括非营运车辆,如架线车、油罐车、工程车、货车及其他专用车辆和借入的客运车辆。

城市园林绿地面积 指城市公共绿地、专用绿地、生产绿地、防护绿地、郊区风景名胜区的全部面积。

公共绿地 指供游览休息的各种公园、动物园、植物园、陵园以及花园、游园和供游览休息用的林荫道绿地、广场绿地,不包括一般栽植的行道树及林荫道的面积。

废气排放总量 指燃料燃烧和生产工艺过程中排放的各种废气总量,以标准状态下每年万标立方米表示。

工业固体废物产生量 指工业企业在生产过程中产生的固体状、半固体状和高浓度液体状废弃物的总量,包括冶炼废渣、粉煤灰、炉渣、煤矸石、化工废渣、尾矿、放射性废渣和其它废渣等;不包括矿山开采的剥离废石和掘进废石(煤矸石和呈酸性或碱性的废石除外)。酸性或碱性废石是指采掘的废石其流经水、雨淋水PH值小于4或PH值大于10.5者。

工业固体废物处置量 指以符合环境保护要求的方式将固体废物放置在不再回取的场所的固体废物量,如填埋、焚烧、经封场处理的专业贮存场(库)、深层灌注、回填矿井等(包括当年处置往年的堆存量)。

二氧化硫年平均值 指城市建成区环境空气中测得的单位体积中的二氧化硫含量,按日计算的年平均值。

总悬浮颗粒物年平均值 指城市建成区环境空气中测得的单位体积中总悬浮颗粒物含量,按日计算的年平均值。

氮氧化物年平均值 指城市建成区环境空气中测得的单位体积中氮氧化物含量,按日计算的年平均值。

饮用水源水质达标率 指市区从城市集中饮用水源地中取得的水,其水质要求达到《生活饮用水卫生标准》的数量占取水总量的百分比。

城市地面水水质达标率 是指城市市区地面水功能区认证点位按各水体功能区划标准监测达标的频次占各认证点位监测总频次的百分比。目前该指标只考核下列四类功能的水体:渔业水体、农田灌溉水体、工业用水和景观娱乐用水。

区域环境噪声平均值 是指城市建成区环境噪声网格监测的等效声级算术平均值。

交通干线噪声平均值 是指城市建成区交通干线各路段监测数据,按其长度加权的等效声级平均值。

工业废水处理量 指报告期内各种水治理设施实际处理的工业废水量,包括处理后外排的和处理后回用的工业废水量。虽经处理但未达到国家或地方排放标准的废水量也应计算在内。计算时,如遇有车间和厂排放口均有治理设施,并对同一废水分级处理时,不应重复计算工业废水处理量。

工业废水处理率 工业废水处理量占需处理的工业废水量的百分率。

工业污染治理投资总额 指在报告期内,企业实际用于治理废水、废气、固体废物、噪声和其他(如电磁波、恶臭等)环境污染的环境治理工程的各种资金来源合计。

工业废水排放量 指经过企业厂区所有排放口排到企业外部的工业废水量。包括生产废水、外排的直接冷却水、超标排放的矿井地下水和与工业废水混排的厂区生活污水,不包括外排的间接冷却水(清污不分流的间接冷却水应计算在内)。

工业废水排放达标量 指各项指标都达到国家或地方排放标准的外排工业废水量,包括未经处理外排达标的和经过处理后外排达标的和两部分。国家排放标准见GB8978-88。

工业废气排放量 指企业厂区内燃料燃烧和生产工艺过程中产生的各种排放空气的含有污染物的气体的总量,以标准状态(273K,101325Pa)计。

二氧化硫排放量 指企业在燃料燃烧和生产工艺过程中排放大气的二氧化硫量。

工业烟尘排放量 指企业厂区内的燃料燃烧产生的烟气中夹带的颗粒物的量。

工业粉尘排放量 指企业在生产工艺过程中排放的颗粒物重量。如钢铁企业的耐火材料粉尘、焦化企业的筛焦系统粉尘、烧结机的粉尘、石灰窑的粉尘、建材企业的水泥粉尘等。不包括电厂排放大气的烟尘。

工业固体废物产生量 指企业在生产工艺过程中产生的固体状、半固体状和高浓度液体状废弃物的总量,包括危险废物、冶炼废渣、粉煤灰、炉渣、煤矸石、尾矿、放射性废物和其他废物等;不包括矿山开采的剥离废石和掘进废石(煤矸石和呈酸性或碱性的废石除外)。酸性或碱性废石是指采掘的废石其流经水、雨淋水的pH值小于4或pH值大于10.5者。

危险废物 指列入国家危险废物名录或根据国家规定的危险废物鉴别标准和鉴别方法认定的,具有爆炸性、易燃性、易氧化性、毒性、腐蚀性、易传染疾病等危险特性之一的废物。

工业固体废物综合利用量 指通过回收、加工、循环、交换等方式,从固体废物中提取或者使其转化为可以利用的资源、能源和其他原材料的固体废物量(包括当年利用往年的工业固体废物累计贮存量)。如用作农业肥料、生产建筑材料、筑路等。综合利用量由原产生固体废物的单位统计。

工业固体废物贮存量 指将固体废物焚烧或者最终置于符合环境保护规定要求的场所并不再回取的工业固体废物量(包括当年处置往年的工业固体废物累计贮存量)。处置方法如:填埋(其中危险废物应安全填埋)、焚烧、专业贮存场(库)封场处理、深层灌注、回填矿井等。

工业固体废物排放量 指将所产生的固体废物排到固体废物污染防治设施、场所以外的量。不包括矿山开采的剥离废石和掘进废石(煤矸石和呈酸性或碱性的废石除外)。

“三废”综合利用产品产值 指利用“三废”(废液、废气、废渣)作为主要原料生产的产品产值(现行价),已经销售或准备销售的,应计算产品产值;但留作生产上自用的,不应计算产品产值。

“三废”综合利用产品利润 指利用“三废”(废液、废气、废渣)生产的产品,销售后所得到的利润。

环境污染与破坏事故 指由于违反环境保护法规的经济、社会活动与行为,以及意外因素的影响或不可抗拒的自然灾害等原因,致使环境受到污染,国家重点保护的野生动植物、自然保护区受到破坏,人体健康受到危害,社会经济和人民财产受到损失,造成不良社会影响的突发性事件。

财政和金融保险

GOVERNMENT FINANCE
BANKING AND INSURANCE

8-1 各时期地方财政收支及指数

LOCAL GOVERNMENT REVENUE、EXPENDITURES AND INDICES OF MAJOR YEARS

年份	地方财政收入（万元）	地方财政一般预算收入（万元）	地方财政支出（万元）	地方财政一般预算支出（万元）	指数%（以上年为100）	
					地方财政收入	地方财政支出
1952	7635		1437		137.8	194.2
1957	16030		3325		116.2	119.3
1962	12035		4366		78.9	63.4
1965	19919		6041		109.0	110.9
1970	32908		11384		175.2	141.9
1975	39305		10572		233.5	124.9
“五五”时期						
1976	46107		10999		117.3	104.0
1977	53347		11921		115.7	108.4
1978	59463		14812		111.5	124.3
1979	57691		16861		97.0	113.8
1980	64676		16762		112.1	99.4
“六五”时期						
1981	71643		17763		110.8	106.0
1982	68122		19370		95.1	109.0
1983	72320		20802		106.2	107.4
1984	75193		26478		104.0	127.3
1985	89030		34239		118.4	129.3
“七五”时期						
1986	80797		48003		90.6	140.2
1987	89441		52308		110.7	108.9
1988	103482		59825		115.7	114.4
1989	115552		77340		111.7	129.3
1990	123793		81932		107.1	105.9
“八五”时期						
1991	134492		88400		108.6	107.9
1992	152317		98572		113.3	111.5
1993	192703		128262		126.5	130.1
1994	128045		152019		126.7	118.5
1995	169943		196339		132.7	129.2
“九五”时期						
1996	243335		302754		143.2	154.2
1997	316407		382391		130.0	126.3
1998	384362		449173		121.5	117.5
1999	466328	460690	507223	497667	121.3	112.9
2000	532986	490485	566735	547210	114.3	111.7
“十五”时期						
2001	646969	596061	736239	703720	121.4	129.9
2002	788209	662511	867774	775046	125.8	117.9
2003	855974	761064	936489	884597	112.3	107.9
2004	1126318	890364	1186379	1016953	135.5	126.5
2005	1307799	1061547	1393765	1206643	117.2	117.5
“十一五”时期						
2006	1630238	1284388	1769505	1469762	124.7	127.0
2007	2805421	1570192	2834439	1799787	172.1	160.2
2008	3432539	1860155	3719098	2213190	122.4	131.2
2009	4352772	2101923	4365919	2599178	126.8	117.4

注：自1994年开始财税体制改革，1994年及以后各年与以前年份不可比；各指数按可比口径计算。

8-2 财政收入分类(2009年)

FINANCIAL REVENUE(2009)

单位:万元

指标	全市合计	市本级	市直	开发区	县区级
一般预算收入	2101923	1004734	914711	90023	1097189
增值税	255773	134323	118471	15852	121450
营业税	621731	305369	277989	27380	316362
企业所得税	229119	109950	100768	9182	119169
个人所得税	73277	36972	33447	3525	36305
资源税	8879	93	0	93	8786
城市维护建设税	126052	72979	66779	6200	53073
房产税	64400	29788	27517	2271	34612
印花税	33600	5628	3729	1899	27972
城镇土地使用税	54120	23355	21662	1693	30765
土地增值税	40768	3975	1	3974	36793
车船税	16818	16818	16818	0	0
耕地占用税	34128	2400	0	2400	31728
契　税	90398	44177	32641	11536	46221
专项收入	79196	51110	48233	2877	28086
行政事业性收费收入	232559	67959	66993	966	164600
罚没收入	51221	31774	31766	8	19447
国有资本经营收入	15167	13636	13636	0	1531
国有资源（资产）有偿使用收入	62686	52616	52449	167	10070
其他收入	12031	1812	1812	0	10219
政府性基金收入	2250849	2096009	2092916	3093	154840
#地方教育附加收入	21432	13534	12652	882	7898

8-3 各区财政收入分类(2009年)

FINANCIAL REVENUE BY DISTRICT(2009)

单位:万元

指　　标	合 计	历下区	市中区	槐荫区	天桥区	历城区	长清区
一般预算收入	776313	207975	182801	80161	85445	175258	44673
增值税	73708	15109	10857	12525	9455	19807	5955
营业税	271766	100781	68767	24861	31599	33773	11985
企业所得税	93231	18900	44375	5918	7327	14827	1884
个人所得税	30988	9087	9667	2444	2833	5975	982
资源税	965	0	566	0	0	213	186
城市维护建设税	40653	10716	9416	4919	5071	8451	2080
房产税	28818	10347	6919	2382	3686	4699	785
印花税	24733	6475	8020	1711	3705	4246	576
城镇土地使用税	20036	3215	2949	2720	2902	4685	3565
土地增值税	30744	12212	5214	3801	4269	3635	1613
车船税	0	0	0	0	0	0	0
耕地占用税	19836	0	0	8886	294	8081	2575
契　税	39813	13084	8672	2185	5967	7078	2827
专项收入	19098	4754	4242	2379	2246	4141	1336
行政事业性收费收入	57027	2491	2642	2232	4783	38935	5944
罚没收入	8916	629	363	1752	585	4336	1251
国有资本经营收入	363	0	0	60	0	0	303
国有资源（资产）有偿使用收入	9392	175	132	1077	33	7927	48
其他收入	6226	0	0	309	690	4449	778
政府性基金收入	6808	1642	1373	700	716	1214	1163
#地方教育附加收入	5946	1642	1373	700	716	1214	301

8-4 各县(市)财政收入分类(2009年)

FINANCIAL REVENUE BY COUNTRY(2009)

单位:万元

指标	合计	平阴县	济阳县	商河县	章丘市
一般预算收入	320876	41970	50091	22637	206178
增值税	47742	8582	7582	2934	28644
营业税	44596	5879	11964	4794	21959
企业所得税	25938	5671	4965	2217	13085
个人所得税	5317	1110	389	250	3568
资源税	7821	2218	1777	215	3611
城市维护建设税	12420	1492	1740	1366	7822
房产税	5794	953	556	498	3787
印花税	3239	921	293	202	1823
城镇土地使用税	10729	1632	1191	994	6912
土地增值税	6049	896	2211	350	2592
耕地占用税	11892	1565	1412	1570	7345
契　税	6408	1311	1217	614	3266
专项收入	8988	1914	1120	886	5068
行政事业性收费收入	107573	4782	7286	3704	91801
罚没收入	10531	2752	2686	2007	3086
国有资本经营收入	1168	25	1143	0	0
国有资源（资产）有偿使用收入	678	34	344	36	264
其他收入	3993	233	2215	0	1545
政府性基金收入	148032	28104	31916	21523	66489
#地方教育附加收入	1952	269	347	223	1113

8-5 地方财政支出分类(2009年)

LOCAL FINANCIAL EXPENDITURES(2009)

单位:万元

指标	全市合计	市本级			县区级
			市直	开发区	
一般预算支出	2599178	1234724	1066303	168421	1364454
一般公共服务	448573	176468	162758	13710	272105
国防	10264	9909	9892	17	355
公共安全	210572	156012	153995	2017	54560
教育	368010	80238	73520	6718	287772
科学技术	52625	34158	15383	18775	18467
文化体育与传媒	86559	70949	70887	62	15610
社会保障和就业	386268	196156	193951	2205	190112
医疗卫生	159209	62079	60047	2032	97130
环境保护	73159	42164	40944	1220	30995
城乡社区事务	355831	181277	106420	74857	174554
农林水事务	182859	53350	51037	2313	129509
交通运输	61481	54137	51259	2878	7344
采掘电子信息等事务	107435	80844	41649	39195	26591
粮油物资储备管理等事务	33570	9772	7350	2422	23798
金融监管支出	95	95	95	0	0
地震灾后恢复重建支出	884	884	884	0	0
国债还本付息支出	612	0	0	0	612
其他支出	61172	26232	26232	0	34940
政府性基金支出	1766741	1534036	1407819	126217	232705
#教育	14728	5640	4882	758	9088
城乡社区事务	1714679	1505883	1381352	124531	208796
农林水事务	4739	93	0	93	4646

8-6 各区地方财政支出分类(2009年)

LOCAL FINANCIAL EXPENDITURES BY DISTRICT(2009)

单位:万元

指标	合计	历下区	市中区	槐荫区	天桥区	历城区	长清区
一般预算支出	795052	139488	133364	101267	106472	215741	98720
一般公共服务	169925	30274	37759	27520	19445	38751	16176
国防	264	149	73	22	0	20	0
公共安全	26133	4490	5112	4815	3136	5479	3101
教育	170787	26436	28547	20219	24363	49380	21842
科学技术	13425	4142	2297	1629	681	3080	1596
文化体育与传媒	11316	743	2634	1003	718	4851	1367
社会保障和就业	136680	20985	28314	21327	26392	25384	14278
医疗卫生	59715	11414	10362	8295	7972	13285	8387
环境保护	10889	1058	1158	870	3439	1732	2632
城乡社区事务	102491	24600	8597	11507	7161	44552	6074
农林水事务	44296	461	3670	1609	3404	20531	14621
交通运输	2883	20	179	30	0	1681	973
采掘电子信息等事务	12460	1366	560	717	6504	2374	939
粮油物资储备管理等事务	12612	857	1912	1629	1206	3615	3393
国债还本付息支出	128	0	0	0	0	128	0
其他支出	21048	12493	2190	75	2051	898	3341
政府性基金支出	82798	25186	5092	6204	21919	11095	13302
#教育	6026	1381	1177	712	625	1488	643
城乡社区事务	67267	22605	2589	3555	20355	7038	11125
农林水事务	3548	0	330	1097	97	1522	502

8-7 各县(市)地方财政支出分类(2009年)

LOCAL FINANCIAL EXPENDITURES BY DISTRICT(2009)

单位:万元

指标	合计	平阴县	济阳县	商河县	章丘市
一般预算支出	569402	81305	97191	89118	301788
一般公共服务	102180	14102	19396	15630	53052
国防	91	61	0	0	30
公共安全	28427	3513	5209	4266	15439
教育	116985	17691	18278	21435	59581
科学技术	5042	1048	1178	1025	1791
文化体育与传媒	4294	709	631	986	1968
社会保障和就业	53432	10073	11664	7336	24359
医疗卫生	37415	5989	8261	9701	13464
环境保护	20106	1462	2956	3023	12665
城乡社区事务	72063	4720	3163	3300	60880
农林水事务	85213	13930	15871	15432	39980
交通运输	4461	658	989	606	2208
采掘电子信息等事务	14131	2478	6955	3206	1492
粮油物资储备管理等事务	11186	1289	1823	2292	5782
国债还本付息支出	484	0	84	400	0
其他支出	13892	3582	733	480	9097
政府性基金支出	149907	22282	30762	29645	67218
#教育	3062	610	543	742	1167
城乡社区事务	141529	20865	29176	27212	64276
农林水事务	1098	91	58	596	353

8-8 金融机构人民币各项存、贷款期末余额

BALANCE OF THE DEPOSITS AND LOANS OF INSURANCE INSTITUTES

单位:万元

指　　标	2004年	2005年	2006年	2007年	2008年	2009年
各项存款合计	29912736	34833377	40246200	40624330	50368119	63632994
企业存款	9928558	11066895	13330436	15671853	19361698	26697798
财政存款	316563	350341	457750	707887	945824	1702669
储蓄存款	8705457	10244200	11825655	12666590	15885280	19115340
农业存款	357324	381138	408852	390623	461851	534932
委托存款	3130639	2974372	4148015	197879	332869	611740
其他存款	7474195	10197569	10075492	10989498	13380596	14970507
#机关团体存款	2642156	2988977	3380187	3613659	4060318	4304937
各项贷款合计	28299437	32598556	37884207	36782656	41166758	57008584
短期贷款	10945040	12404878	14170954	16186986	17620378	17293302
工业贷款	4116453	4458738	5298106	6033582	6852023	6605994
商业贷款	1736343	1735458	1683615	1859612	1308788	1334334
建筑企业贷款	206356	358480	337886	353190	352064	420999
私营企业及个体工商业贷款	71103	127164	198128	294444	387801	661225
乡镇企业贷款	489837	553521	535356	574934	567713	567742
三资企业贷款	173294	196593	445096	425810	400740	391855
农业贷款	754736	792962	901110	1084401	1201711	1444952
其他短期贷款	3396918	4181962	4771656	5561014	6549538	5866200
中长期贷款	11211968	14105791	15523386	18058456	19718048	35249681
基本建设贷款	6645291	7795409	8886120	9780696	10588643	18260320
技术改造贷款	303178	400758	332639	368473	198229	178496
其他中长期贷款	4263499	5909623	6304627	7909287	8931176	16810864
其他类贷款	6142429	6087887	8189867	2537214	3828332	4465601

8-9 金融机构现金收支

CASH INCOME AND EXPENDITURES OF STATE BANKS

单位:万元

指　　标	2004年	2005年	2006年	2007年	2008年	2009年
收入总计	42829014	47162833	55956194	59984486	60051903	66243859
商品销售收入	6882612	7575649	8445925	6797487	6863287	7404718
服务业收入	1603567	1677442	1765626	1910542	2028238	2106429
税款收入	176444	185765	150069	167543	188851	285870
城乡个体经营收入	114692	1388288	1502353	1381428	1332696	1538414
储蓄存款收入	2706832	3101125	3470632	43111380	42393978	45553205
其它金融机构收入	11888	7698	119117	190897	227067	128199
居民归还贷款收入	94205	88303	934141	1196170	1112389	1451009
汇兑收入	19420	16634	193375	152748	159042	200491
有价证券收入	14121	6218	95808	111635	96393	72310
其他收入	285885	285234	4290247	4964656	5649962	7503213
支出总计	41788378	46303702	54941471	58932290	58891401	65012947
工资性支出	3331630	3618794	3516295	4165147	4199387	3968725
农副产品采购支出	710445	849377	824345	885145	862587	1164476
工矿产品采购支出	620469	875666	1309264	1170150	917923	1033198
行政企业管理费支出	2526387	2683566	2721923	2390751	2345073	2290841
城乡个体经营支出	1606040	1794830	1899535	1754168	1787100	2024973
储蓄存款支出	28598484	32810584	39529736	42176001	43036176	46238900
其它金融机构支出	113898	143118	105859	142140	76256	140919
居民提取贷款支出	870302	747634	535698	404026	395725	974654
汇兑支出	266102	121959	169493	149782	161765	122287
有价证券支出	98143	67686	78341	84146	69598	48899
其他支出	3046480	2590488	4250982	5610833	5039812	7005074
货币投放(+)或回笼(-)	-1082156	-983438	-1086317	-1052196	-1160501	-1230912

8-10 五大银行信贷状况(2009年)

CREDIT FUNDS OF THE FIVE MAIN BANKS(2009)

单位:万元

指标	工商银行	农业银行	中国银行	建设银行	交通银行
各项存款合计	8977444	7094844	3990541	7820864	2492812
企业存款	2683494	3339776	2747137	2873939	1629758
储蓄存款	3699342	3081522	1080973	3156271	386942
机关团体存款	1112679	564916	7911	1029755	49427
农业存款	1537	0	1828	1658	26
其他存款	1480393	108631	152692	759242	426659
各项贷款合计	7583085	5507654	2268019	4513493	2370742
短期贷款	1284720	883259	565426	706442	910204
工业贷款	483129	453573	397126	345240	541989
商业贷款	258167	96746	23819	84510	57798
建筑企业贷款	19504	23600	35777	89372	20489
农业贷款	400	800	0	0	3000
私营企业及个体工商业贷款	4724	86594	523	916	0
三资企业贷款	13214	0	12759	0	0
其他短期贷款	505582	221946	95421	186404	286928
中长期贷款	5368782	3892363	1642488	3465211	1127530
基本建设贷款	4385104	2063221	964349	1149354	195700
技术改造贷款	0	0	36500	80533	42314
其他中长期贷款	983678	1829142	641639	2235324	889515
贴现及转贴现	929582	732033	60105	335980	333008
各项垫款	0	0	0	5861	0

8-11 保险业务情况

INSURANCE BUSINESS

指标	2004年	2005年	2006年	2007年	2008年	2009年
承保额(亿元)	5116	5295	10218	7148	11499	12279
企业财产险	1786	1774	2179	2568	4782	4869
家庭财产险	26	95	63	54	56	395
运输工具及责任险	399	606	901	1160	2180	1018
货物运输险	184	137	189	323	393	312
养老金险	18	17	446	207	201	204
人身意外伤害险	1410	1546	5133	1894	2704	3753
简易人身险	21	100	756	390	205	263
农业险	…	2	0	1	7	12
其他险	1273	1018	551	551	971	1453
保险业务收入(万元)	392000	415338	534510	643028	954859	962732
企业财产险	13605	15158	14070	14124	17377	19839
家庭财产险	2274	1003	996	94	-99	355
运输工具及责任险	54271	74800	97827	116049	135857	176404
货物运输险	3013	5062	2649	2850	3037	2203
养老金险	99347	159568	257369	369985	596613	539484
人身意外伤害险	7917	9587	14438	20843	29404	24306
简易人身险	29550	24856	24639	21964	41891	50879
农业险	10	85	26	723	1011	2638
其他险	182012	125219	122496	96396	129768	146624
保险业务支出(万元)	101350	141353	232243	319360	412034	463258
企业财产险	7407	8269	6479	8946	13500	7479
家庭财产险	178	538	154	218	226	110
运输工具及责任险	36253	44098	60283	74916	77489	87941
货物运输险	1320	937	705	991	4730	1539
养老金险	13009	17476	127038	188311	264799	286265
人身意外伤害险	1786	2721	3525	5986	8147	11695
简易人身险	875	14267	4299	8679	11601	36486
农业险	10	15	10	979	1010	2498
其他险	40513	53032	29750	30334	30532	29245

8-12 证券机构及证券交易情况

INSTITUTION AND TRADING SUMMARY FOR STOCKS

指　　标	单位	2004年	2005年	2006年	2007年	2008年	2009年
注册地在济南证券公司数	个	2	2	1	1	1	1
证券营业部	个	30	31	36	35	36	41
有价证券交易成交额	万元	23491504	18064910	28556629	77469403	73685849	101703400
国　债	万元	1249337	799451	858844	781190	642807	625607
代发行	万元	277921	289337	362658	307438	219317	192486
代兑付	万元	299670	370487	413791	415315	327041	213732
自　营	万元	671746	139627	82395	58437	175588	219389
国家级地方建设债券	万元	521515	1974739	2420100	712407	2247287	3676137
代发行	万元	312000	822863	2233000	506664	2110907	2122204
代兑付	万元	500	10225	0	4520	213	594
自　营	万元	209015	1141651	187100	201223	136167	1553339
股　票	万元	6210661	2585401	8573716	58518346	41197009	73851188
代理交易	万元	6199245	2580924	8569336	56659032	40134190	72224703
#上　海	万元	4282864	1765556	6277299	37790056	28679184	44378275
深　圳	万元	1916381	815368	2292037	19829803	12090071	23797168
自营交易	万元	11416	4477	4379	898487	427754	1626485
#上　海	万元	8725	2849	4379	638029	266207	1044854
深　圳	万元	2691	1628	0	260458	113962	581631
其　他	万元	15509991	12705319	16703970	17457460	29598746	23550468

主要统计指标解释

EXPLANATORY NOTES ON MAIN STATISTICAL INDICATORS

财政收入 指国家财政参与社会产品分配所取得的收入，是实现国家职能的财力保证。财政收入所包括的内容几经变化，目前主要包括：

(1)各项税收：包括增值税、营业税、消费税、土地增值税、城市维护建设税、资源税、城市土地使用税、印花税、个人所得税、企业所得税、关税、农牧业税和耕地占用税等。

(2)专项收入：包括征收排污费收入、征收城市水资源费收入、教育费附加收入等。

(3)其他收入：包括基本建设贷款归还收入、基本建设收入、捐赠收入等。

(4)国有企业计划亏损补贴：这项为负收入，冲减财政收入。

财政支出 国家财政将筹集起来的资金进行分配使用，以满足经济建设和各项事业的需要，主要包括：

(1)基本建设支出：指按国家有关规定，属于基本建设范围内的基本建设有偿使用、拨款、资本金支出以及经国家批准对专项和政策性基建投资贷款，在部门的基建投资额中统筹支付的贴息支出。

(2)企业挖潜改造资金：指国家预算内拨给的用于企业挖潜、革新和改造方面的资金。包括各部门企业挖潜改造资金和企业挖潜改造贷款资金，为农业服务的县办“五小”企业技术改造补助，挖潜改造贷款利息支出。

(3)地质勘探费用：指国家预算用于地质勘探单位的勘探工作费用，包括地质勘探管理机构及其事业单位经费、地质勘探经费。

(4)科技三项费用：指国家预算用于科技支出的费用，包括新产品试制费、中间试验费、重要科学研究补助费。

(5)支援农村生产支出：指国家财政支援农村集体(户)各项生产的支出。包括对农村举办的小型农田水利和打井、喷灌等的补助费，对农村水土保持措施的补助费，对农村举办的小水电站的补助费，特大抗旱的补助费，农村开荒补助费，扶持乡镇企业资金，农村农技推广和植保补助费，农村草场和畜禽保护补助费，农村造林和林木保护补助费，农村水产补助费，发展粮食生产专项资金。

(6)农林水利气象等部门的事业费用：指国家财政用于农垦、农场、农业、畜牧、农机、林业、森工、水利、水产、气象、乡镇企业的技术推广、良种推广(示范)、动植物(畜禽、森林)保护、水质监测、勘探设计、资源调查、干部训练等项费用，园艺特产场补助费，中等专业学校经费，飞播牧草试验补助费，营林机构、气象机构经费，渔政费以及农业管理事业费等。

(7)工业交通商业等部门的事业费：指国家预算支付给工交商各部门用于事业发展的经费，包括勘探设计费、中等专业学校经费、技术学校经费、干部训练费。

(8)文教科学卫生事业费：指国家预算用于文化、出版、文物、教育、卫生、中医、公费医疗、体育、档案、地震、海洋、通讯、电影电视、计划生育、党政群干部训练、自然科学、社会科学、科协等项事业的经费支出和高技术研究专项经费。主要包括工资、补助工资、福利费、离退休费、助学金、公务费、设备购置费、修缮费、业务费、差额补助费。

(9)抚恤和社会福利救济费：指国家预算用于抚恤和社会福利救济事业的经费。包括由民政部门开支的烈士家属和牺牲病残人员家属的一次性、定期抚恤金，革命伤残人员的抚恤金，各种伤残补助费，烈军属、复员退伍军人生活补助费，退伍军人安置费，优抚事业单位经费，烈士纪念建筑物管理、维修费，自然灾害救济事业费和特大自然灾害灾后重建补助费等。

(10)国防支出：指国家预算用于国防建设和保卫国家安全的支出，包括国防费、国防科研事业费、民兵建设以及专项工程支出等。

(11)行政管理费：包括行政管理支出，党派团体补助支出，外交支出，公安安全支出，司法支出，法院支出，检察院支出和公检法办案费用补助。

(12)价格补贴支出：指经国家批准，由国家财政拨给的政策性补贴支出。主要包括粮食加价款，粮、棉、油差价补贴，棉花收购价外奖励款，副食品风险基金，市镇居民的肉食价格补贴，平抑市价肉食、蔬菜价差补贴等以及经国家批准的教材课本、报刊新闻纸等价格补贴。

中央财政收入和地方财政收入 指按财政体制划分的中央本级收入和地方本级收入。1994年分税制财政体制以后，属于中央财政的收入包括关税、海关代征消费税和增值税，消费税，中央企业所得税，地方银行和外资银行及非银行金融企业所得税，铁道、银行总行、保险总公司等集中缴纳的营业税、所得税、利润和城市维护建设税，增值税的75%部分，证券交易税(印花税)50%部分和海洋石油资源税。属于地方财政的收入包括营业税，地方企业所得税，个人所得税，城镇土地使用税，固定资产投资方向调节税，城镇维护建设税，房产税，车船使用税，印花税，屠宰税，农牧业税，农业特产税，耕地占用税，契税，增值税25%部分，证券交易税(印花税)50%部分和除海洋石油资源税以外的其他资源税。

中央财政支出和地方财政支出 指根据政府在经济和社会活动中的不同职责，划分中央和地方政府的责权，按照政府的责权划分确定的支出。中央财政支出包括国防支出，武装警察部队支出，中央级行政管理费和各项事业费，重点建设支出以及中央政府调整国民经济结构、协调地区发展、实施宏观调控的支出。地方财政支出主要包括地方行政管理和各项事业费，地方统筹的基本建设、技术改造支出，支援农村生产支出，城市维护和建设经费，价格补贴支出等。

预算外资金收支 预算外资金指国家机关、事业单位和社会团体为履行或代行政府职能，依据国家法律、法规和具有法律效力的规章而收取、提取和安排使用的未纳入国家预算管理的各种财政性资金。其范围主要包括：法律、法规规定的行政事业性收费、基金和附加收入等；国务院或省级人民政府及其财政、计划（物价）部门审批的行政事业性收费；国务院及财政部审批建立的基金、附加收入等；主管部门所属单位集中上缴资金；用于乡镇政府开支的乡自筹和乡统筹资金；其他未纳入预算管理的财政性资金。社会保障基金在国家财政尚未建立社会保障预算制度以前，先按预算外资金管理制度进行管理，专款专用。财政部门在银行开设统一的专户，用于预算外资金收入和支出管理。部门和单位的预算外收入必须上缴同级财政专户，支出由同级财政按预算外资金收支计划和单位财务收支计划统筹安排，从财政专户中拨付，实行收支两条线管理。

信贷资金　指金融机构以信用方式积聚和分配的货币资金。金融机构信贷资金的来源有各项存款、对国际金融机构负债、流通中货币、银行自有资金及当年结益等；信贷资金的运用有各项贷款、黄金占款、外汇占款、财政借款及在国际金融机构中的资产等。

存款　指企业、机关、团体或居民根据资金必须收回的原则，把货币资金存入银行或其他信用机构保管并取得一定利息的一种信用活动形式。根据存款对象的不同可划分为企业存款、财政存款、机关团体存款、基本建设存款、城镇储蓄存款、农村存款等科目。它是银行信贷资金的主要来源。

贷款　指银行或其他信用机构根据资金必须归还的原则，按一定利率，为企业、个人等提供资金的一种信用活动形式。我国银行贷款分为流动资金贷款、固定资产贷款、城乡个体工商户贷款以及农业贷款等科目。

中资保险公司　指中国公民、法人或其他组织出资（含外资参股）设立的保险公司。

承保额　又叫保险金额。它是保险人对被保险人负提损失补偿或约定给付的金额。它是保险合同上的最高责任额，也是计算保费的依据。

保费　又叫保险费。是保险人根据保险合同的有关规定，为被保险人取得因约定危险事故发生所造成的经济损失补偿（或给付）权利，付给保险人的代价。包括财产险和人身险储金收入。

赔款　保险事故发生后，经查证确属保险责任范围以内的保险标的损失，保险人根据保险合同的规定履行赔偿义务，给予被保险人的款项叫做赔款。赔款可分为已决赔款和未决赔款两种。

给付　包括死伤医疗给付和满期给付。死伤医疗给付是指保险人根据人寿保险及长期健康保险合同的规定，因被保险人在保险期内发生保险责任范围内的保险事故支付给被保险人（或受益人）的金额。满期给付是指被保险人生存期满，保险人按人寿保险合同规定支付给被保险人的满期保险金额。

9

物 价

PRICE

9-1 主要年份物价指数(以上年价格为100)

PRICE INDICES OF MAJOR YEARS(Preceding last year=100)

单位:%

年　份	居民消费价格指数			零售物价指数
		食品类	服务项目	
1951	108.5	105.3	98.7	109.8
1952	101.5	103.9	101.0	101.2
1955	101.6	101.3	103.4	101.4
1956	100.5	100.7	100.6	100.5
1965	107.3	111.5	97.5	108.0
1970	98.4	99.0	100.0	98.3
1971	100.0	100.5	100.0	100.0
1972	100.1	100.3	100.0	100.1
1973	99.5	99.6	97.9	99.7
1974	99.4	99.1	99.9	99.5
1975	100.2	100.0	100.0	100.2
1976	100.4	100.0	100.0	100.4
1977	99.2	99.9	91.2	100.0
1978	100.3	100.3	100.0	100.3
1979	101.1	101.7	100.5	101.1
1980	104.7	107.9	100.0	105.0
1981	101.9	102.2	100.1	102.0
1982	101.1	101.6	100.3	101.2
1983	100.1	100.3	100.9	100.1
1984	101.9	101.1	109.8	101.3
1985	108.7	112.2	103.3	109.1
1986	106.2	107.6	104.9	106.3
1987	109.5	111.9	104.9	109.8
1988	122.4	128.0	108.8	123.4
1989	116.2	111.2	113.5	116.4
1990	103.3	102.6	108.0	103.0
1991	106.7	107.6	106.9	106.7
1992	110.4	108.7	122.2	109.3
1993	114.7	109.8	138.0	112.1
1994	124.8	133.9	114.5	122.7
1995	117.3	123.0	115.1	113.2
1996	109.1	109.7	116.2	106.3
1997	102.9	101.8	107.8	101.5
1998	100.9	99.4	119.0	98.9
1999	99.1	97.3	127.6	96.9
2000	100.6	97.9	129.0	98.0
2001	100.3	100.8	106.1	98.8
2002	98.8	100.2	101.3	97.8
2003	99.9	103.6	100.3	98.0
2004	102.5	107.4	101.2	100.6
2005	101.1	102.7	101.2	100.4
2006	100.9	102.4	100.9	100.3
2007	103.9	111.6	101.8	102.2
2008	105.7	115.5	101.8	104.5
2009	100.3	102.7	102.4	98.7

9-2 主要年份物价指数(以1950年价格为100)

PRICE INDICES OF MAJOR YEARS(Preceding 1950=100)

单位:%

年　份	居民消费价格指数	食品类	服务项目	零售物价指数
1951	108.5	105.3	98.7	109.8
1952	110.1	109.4	103.7	111.1
1955	117.2	123.7	108.2	118.4
1956	117.8	124.6	108.8	119.0
1965	127.7	141.5	116.9	130.7
1970	123.0	141.6	110.1	126.0
1971	123.0	142.3	110.1	126.0
1972	123.1	142.7	110.1	126.1
1973	122.5	142.1	107.8	125.8
1974	121.8	140.9	107.7	125.1
1975	122.0	140.9	107.7	125.4
1976	122.5	140.9	107.7	125.9
1977	121.5	140.7	98.2	125.9
1978	121.9	141.1	98.2	126.3
1979	123.2	143.5	98.6	127.6
1980	129.0	154.9	98.6	134.0
1981	131.5	158.3	98.7	136.7
1982	132.9	160.8	99.0	138.3
1983	133.0	161.3	99.9	138.5
1984	135.6	163.1	109.7	140.3
1985	147.4	183.0	113.3	153.0
1986	156.5	195.8	118.9	162.7
1987	171.4	219.1	124.7	178.6
1988	209.8	280.4	135.7	220.4
1989	234.8	311.8	154.0	256.5
1990	251.8	319.9	166.3	264.2
1991	268.7	344.2	177.8	281.9
1992	296.6	376.2	217.3	308.1
1993	340.2	413.1	299.8	345.4
1994	424.6	570.4	343.3	423.8
1995	498.1	709.7	395.1	479.7
1996	543.4	797.7	459.1	509.9
1997	559.2	782.5	494.9	551.6
1998	564.2	777.8	588.9	545.5
1999	559.1	756.8	751.4	528.6
2000	562.4	740.9	969.3	518.0
2001	564.1	746.8	1028.4	511.8
2002	557.3	748.3	1041.8	500.5
2003	556.7	775.2	1044.9	490.5
2004	570.6	832.6	1057.4	493.4
2005	576.9	855.1	1070.1	495.4
2006	582.1	875.6	1079.7	496.9
2007	604.8	977.2	1099.1	507.8
2008	639.3	1128.7	1118.9	530.7
2009	641.2	1159.2	1145.8	523.8

9-3 分月居民消费

CONSUMER PRICE INDICES

指标	全年	一月	二月	三月	四月
居民消费价格指数	100.33	101.86	101.05	100.73	99.92
食品类	102.65	106.35	103.27	102.19	100.57
粮食	102.57	101.50	102.73	104.46	103.39
淀粉	101.94	101.27	100.64	100.96	100.96
干豆类及豆制品	100.85	115.63	109.41	103.63	99.41
油脂	87.80	95.57	93.80	88.71	86.81
肉禽及其制品	91.30	98.08	95.51	90.50	86.43
食用畜肉及副产品	85.26	92.74	89.69	80.97	76.28
禽	91.94	90.78	88.55	91.29	87.23
加工肉禽	103.06	113.60	112.22	111.18	107.89
蛋	100.02	101.82	101.06	103.67	103.59
水产品	99.26	108.22	103.51	104.24	101.35
鱼	97.62	107.72	101.55	103.25	100.55
其它水产品	100.56	108.54	104.97	104.92	101.91
菜	125.68	117.85	101.08	106.33	120.76
鲜菜	128.28	119.22	100.75	105.90	121.84
干菜及菜制品	98.75	100.64	100.38	100.18	98.23
薯类	118.43	113.90	117.94	140.85	141.54
调味品	107.72	106.57	106.58	106.17	108.48
糖	104.55	104.44	106.70	107.19	106.26
食糖	102.78	101.07	103.31	102.86	103.08
糖果	99.63	98.43	100.84	101.65	100.04
茶及饮料	101.19	101.47	101.37	100.91	100.79
茶叶	100.00	100.00	100.00	100.00	100.00
饮料	102.14	102.64	102.45	101.61	101.41
干鲜瓜果	108.78	102.86	105.45	109.33	95.73
鲜瓜果	110.81	102.95	106.32	111.32	93.91
干(坚)果	102.39	102.29	101.90	102.01	102.82
糕点饼干	104.18	111.76	111.27	109.28	107.82
液体乳及乳制品	101.19	104.24	104.08	103.28	98.26
在外用膳食品	102.60	111.67	108.86	103.01	102.93
其他食品	104.96	108.82	105.74	110.33	108.48
烟酒及用品类	101.61	103.52	102.76	101.64	101.44
烟草	99.87	99.99	99.99	99.95	99.95
酒	103.12	106.67	105.23	103.11	102.74
吸烟、饮酒用品	100.18	100.00	99.66	100.00	99.78
衣着类	94.78	93.77	95.55	95.20	94.71
服装	93.42	91.66	94.85	94.60	93.91
男式服装	94.51	90.85	96.32	95.10	94.28
女式服装	93.38	92.95	95.29	94.85	94.14
儿童服装	87.45	86.81	83.56	89.58	89.97
衣着材料	99.33	100.50	100.06	98.27	97.82
鞋袜帽	94.34	98.99	96.54	95.96	96.12
鞋	93.39	98.40	95.59	95.40	95.60
袜子	100.02	102.01	101.50	99.63	99.62
帽子	105.15	107.85	111.86	101.81	101.81
衣着加工服务费	119.32	100.00	100.00	100.00	100.00

价 格 指 数（2009年，以上年同期价格为100）

BY MONTH(2009, Preceding last year=100)

单位：%

五 月	六 月	七 月	八 月	九 月	十 月	十一月	十二月
100.14	100.37	100.04	99.70	99.65	99.35	99.82	101.40
102.57	102.87	101.86	101.15	101.88	101.30	102.62	105.28
104.01	104.51	103.66	100.58	98.89	99.17	102.30	106.18
100.96	100.96	100.96	100.96	100.95	103.83	105.11	105.85
98.31	97.60	97.54	96.79	96.02	97.34	99.75	101.81
85.94	85.48	85.21	85.68	80.70	82.41	90.50	94.83
84.87	85.20	86.73	89.91	91.43	93.73	95.89	98.04
75.32	75.67	78.43	84.00	87.05	92.37	95.32	98.17
85.47	92.28	92.54	94.54	94.72	91.86	95.68	99.83
104.29	101.35	100.92	99.63	98.43	96.61	96.72	97.16
100.13	98.45	97.45	99.09	97.17	98.86	99.14	100.55
99.90	96.50	95.05	95.34	96.14	97.17	97.30	97.68
96.63	92.64	91.99	93.68	95.22	96.09	96.63	97.86
102.43	99.56	97.67	96.87	97.05	98.07	97.88	97.57
125.74	129.19	128.62	133.55	143.98	130.49	140.81	159.04
128.63	133.29	133.00	138.38	150.19	134.65	146.15	165.83
97.93	98.00	98.72	99.17	98.22	96.78	97.59	99.22
121.33	119.01	106.49	105.96	108.26	109.68	113.08	124.17
107.28	107.89	108.89	108.10	108.92	107.70	107.87	108.00
106.14	105.61	105.67	105.58	103.67	100.89	101.24	101.67
104.19	104.19	104.19	104.19	100.95	100.67	101.96	102.83
99.93	99.24	99.24	99.24	99.24	99.24	99.24	99.24
100.70	101.30	101.41	100.98	101.71	100.89	101.31	101.50
100.00	100.00	100.00	100.00	100.00	100.00	100.00	100.00
101.23	102.32	102.53	101.75	103.06	101.61	102.36	102.69
121.94	134.25	123.67	105.21	108.37	104.63	100.75	100.99
128.12	145.96	132.30	106.34	110.89	105.93	100.11	99.97
102.91	102.61	101.28	102.10	102.33	101.38	102.78	104.27
105.20	101.20	101.13	101.28	101.01	101.11	100.42	100.76
98.00	99.63	100.53	102.73	100.79	102.30	100.58	100.40
102.93	101.65	101.26	100.39	100.00	100.00	100.00	100.00
109.56	108.70	103.17	101.91	100.73	100.73	100.99	102.16
101.11	101.10	101.16	101.16	101.59	101.49	101.15	101.31
99.95	99.95	99.95	99.95	99.76	99.66	99.66	99.66
102.08	102.01	102.18	102.18	103.14	103.09	102.47	102.77
100.25	100.96	100.36	100.36	100.83	100.00	100.00	100.00
92.36	93.33	94.98	96.01	94.96	95.38	93.93	97.34
90.24	91.65	93.45	94.29	93.19	94.20	92.59	96.68
91.80	93.80	95.59	96.65	93.71	95.45	94.14	96.81
89.55	90.45	92.76	93.51	93.60	94.47	92.53	96.78
86.58	88.73	86.36	86.84	87.11	85.33	84.41	95.04
97.82	100.64	99.72	99.72	100.78	99.34	97.82	99.62
92.33	91.88	93.36	95.11	93.99	92.77	91.68	93.52
91.18	90.69	92.42	94.38	92.52	91.72	90.53	92.48
99.69	99.60	98.56	99.34	103.85	98.89	98.89	98.89
104.36	104.36	106.26	102.53	106.57	104.36	102.53	108.56
128.99	128.99	128.99	128.99	128.99	128.99	128.99	128.99

9-3续

指　　标	全　年	一　月	二　月	三　月	四　月
家庭设备用品及维修服务类	101.09	103.59	103.28	103.18	102.77
耐用消费品	99.49	100.54	100.72	101.14	101.07
家　具	99.29	97.76	99.19	100.10	100.10
家庭设备	99.58	101.89	101.45	101.63	101.53
室内装饰品	97.68	98.53	98.35	98.53	98.70
床上用品	98.17	100.16	100.77	100.80	97.57
家庭日用杂品	102.81	106.87	105.52	105.21	104.74
家庭服务及加工维修服务	110.36	119.37	119.37	114.53	114.53
医疗保健和个人用品类	103.80	100.92	103.30	104.76	104.95
医疗保健	105.17	100.68	103.56	105.77	106.15
医疗器具及用品	95.89	91.95	91.95	91.95	91.95
中药材及中成药	101.14	98.53	98.28	98.79	98.94
西　药	99.15	102.07	100.73	100.80	101.80
保健器具及用品	102.60	104.36	103.05	103.05	103.05
医疗保健服务	115.27	100.00	110.86	117.24	117.24
个人用品及服务	100.46	101.52	102.65	102.28	101.97
化妆美容用品	99.50	98.44	99.58	99.56	100.06
清洁化妆用品	100.73	100.84	101.16	101.30	101.20
个人饰品	97.95	96.24	100.27	98.14	95.58
个人服务	102.66	108.42	108.42	108.42	108.42
交通和通信类	96.10	97.44	96.05	96.30	96.46
交　通	97.79	97.21	96.54	97.66	98.12
交通工具	98.29	98.50	98.51	98.51	98.59
车用燃料及零配件	88.88	87.47	85.59	86.15	89.56
车辆使用及维修费	100.00	100.00	100.00	100.00	100.00
市区公共交通费	100.00	100.00	100.00	100.00	100.00
城市间交通费	99.71	95.68	93.05	99.34	99.34
通　信	94.01	97.67	95.42	94.61	94.39
通信工具	69.27	86.35	76.07	72.22	71.13
通信服务	100.00	100.00	100.00	100.00	100.00
娱乐教育文化用品及服务类	99.71	100.89	100.99	100.43	99.52
文娱用耐用消费品及服务	91.87	89.88	91.15	91.52	90.75
教　育	102.03	105.70	105.70	104.85	101.90
教材及参考书	103.60	101.81	101.81	101.81	101.81
学杂托幼费	101.85	106.14	106.14	105.19	101.91
文化娱乐类	101.42	100.46	101.88	101.43	101.69
文化娱乐用品	100.09	99.85	101.14	99.91	99.46
书报杂志	104.29	105.41	105.41	105.41	105.41
文娱费	100.57	97.31	99.94	99.94	101.10
旅　游	98.19	95.66	93.67	92.98	98.46
居住类	100.93	103.19	103.19	102.72	101.36
建房及装修材料	102.59	105.60	105.57	105.21	105.21
租　房	100.40	100.40	100.40	100.40	100.40
自有住房	99.10	99.03	99.03	99.03	99.03
水、电、燃料	100.89	103.58	103.58	102.96	100.91

五　月	六　月	七　月	八　月	九　月	十　月	十一月	十二月
102.17	101.47	100.54	100.20	100.41	98.87	98.63	98.29
100.92	100.14	99.20	98.41	98.32	98.12	97.80	97.56
100.36	100.03	98.94	98.94	98.97	99.42	98.88	98.88
101.18	100.18	99.32	98.16	98.01	97.51	97.30	96.94
96.86	96.86	97.88	97.03	97.94	97.03	97.03	97.45
96.15	98.39	96.41	96.23	99.23	97.17	97.05	98.42
104.32	102.98	102.00	102.32	103.03	99.27	99.06	99.19
110.13	110.13	110.13	110.13	106.38	106.38	106.38	100.00
103.72	103.90	103.63	103.72	103.97	103.79	104.17	104.79
105.73	105.76	105.43	105.47	105.51	105.45	105.86	106.65
91.95	97.91	97.91	97.91	97.91	99.41	100.74	100.74
99.30	102.30	102.23	102.39	102.09	102.24	103.28	105.46
100.18	98.43	97.57	97.57	97.87	97.51	97.59	97.73
103.30	101.15	101.15	101.15	101.25	101.57	103.05	105.15
117.24	117.24	117.24	117.24	117.24	117.24	117.24	117.24
98.85	99.41	99.28	99.47	100.20	99.77	100.05	100.27
99.53	99.54	99.27	99.80	100.60	99.43	99.30	98.87
101.37	101.12	101.27	100.79	101.29	99.61	99.53	99.40
92.36	95.88	95.48	96.24	98.42	100.25	102.34	104.75
100.00	100.00	100.00	100.00	100.00	100.00	100.00	100.00
96.41	96.15	95.58	95.36	95.28	95.32	95.86	97.02
98.30	98.05	97.47	96.90	97.10	97.53	98.57	100.03
98.88	98.70	98.70	98.07	97.59	97.76	97.84	97.84
90.08	89.78	88.27	86.19	88.96	86.88	89.56	98.05
100.00	100.00	100.00	100.00	100.00	100.00	100.00	100.00
100.00	100.00	100.00	100.00	100.00	100.00	100.00	100.00
99.34	99.34	98.60	98.32	98.32	102.42	106.58	107.21
94.06	93.80	93.24	93.45	93.02	92.57	92.49	93.29
69.57	68.33	65.65	66.51	64.43	62.24	61.62	65.12
100.00	100.00	100.00	100.00	100.00	100.00	100.00	100.00
99.16	100.11	100.19	99.16	98.88	98.33	98.65	100.33
90.59	92.34	93.73	93.37	88.30	93.26	93.92	94.26
101.90	101.90	101.90	100.18	100.98	99.96	99.96	99.96
101.81	101.81	101.81	99.84	107.62	107.62	107.62	107.62
101.91	101.91	101.91	100.22	100.22	99.10	99.10	99.10
100.09	101.42	101.83	101.39	103.09	101.97	100.82	101.03
99.80	99.89	99.83	99.81	101.75	100.30	99.70	99.70
105.41	105.41	105.41	105.41	105.41	103.27	100.00	100.00
96.42	99.94	101.10	99.94	102.71	102.71	102.71	103.29
97.44	100.69	99.32	99.77	99.77	95.33	97.47	108.68
101.23	100.73	100.53	100.56	98.98	99.18	99.71	100.07
104.61	102.84	101.92	100.28	100.28	100.08	100.08	100.02
100.40	100.40	100.40	100.40	100.40	100.40	100.40	100.40
99.03	99.03	99.03	99.03	99.19	99.53	98.90	99.33
100.86	100.53	100.46	100.94	98.51	98.79	99.73	100.20

9-4 主要年份零售商品

PER RETAIL AND SERVICES

商品名称	规格等级牌号	单　位	1978年	1980年	1985年	1990年
面　粉	特一	元/千克	0.50	0.50	0.50	0.50
粳　米	标一	元/千克	0.34	0.34	0.40	1.04
小　米	一等	元/千克	0.27	0.27	0.44	1.32
土　豆		元/千克	0.19	0.22	0.30	0.36
豆　腐	水豆腐	元/千克	0.16	0.18	0.26	0.70
花生油	二级	元/千克	1.66	1.66	1.98	2.35
猪　肉	净肉	元/千克	1.72	1.95	2.65	5.52
牛　肉	净肉	元/千克	1.26	1.76	2.91	5.43
羊　肉	净肉	元/千克	1.38	1.88	2.80	5.91
鸡　蛋	新鲜完整	元/千克	1.58	2.20	2.60	4.96
海　带	盐干一级	元/千克	1.18	1.26	1.32	3.60
大白菜	一等	元/千克	0.11	0.07	0.09	0.13
菠　菜	一等	元/千克	0.08	0.09	0.28	0.50
油　菜	一等	元/千克	0.05	0.07	0.26	0.63
芹　菜	一等	元/千克	1.13	0.11	0.39	0.60
韭　菜	一等	元/千克	0.15	0.16	0.54	1.01
黄　瓜	一等	元/千克	0.19	0.18	0.47	0.99
西红柿	一等	元/千克	0.15	0.18	0.53	1.02
茄　子	一等	元/千克	0.14	0.11	0.27	0.89
青　椒	一等	元/千克	0.23	0.20	0.47	1.34
大　葱	一等	元/千克	0.11	0.12	0.28	0.54
黑木耳	甲级	元/千克	30.00	32.00	34.86	48.95
精　盐	再制盐	元/500克	0.16	0.16	0.14	0.31
酱　油	二级	元/千克	0.22	0.22	0.34	0.68
味　精	含麸酸钠80%以上	元/千克	10.80	9.68	12.60	16.50
绵白糖	国产机制一级	元/千克	1.60	1.70	1.70	2.60
红　糖	一级	元/千克	1.30	1.30	1.30	2.21
甲级纸烟	嘴大鸡	元/盒	0.59	0.59	0.91	1.30
啤　酒	熟12度瓶装	元/瓶	0.58	0.58	0.73	1.41
花　茶	茉莉烘青二级	元/千克	4.60	4.60	8.60	34.40
苹　果	一级	元/千克	0.82	0.90	1.19	2.48
桔　子	一级	元/千克	1.30	1.52	2.35	2.27
西　瓜	一级	元/千克	0.24	0.28	0.32	0.58
香　蕉	一级	元/千克	1.46	1.65	1.82	2.93
黑瓜子	一级熟货	元/千克	2.48	3.40	3.61	6.59
花生米	一级生货	元/千克	0.98	1.10	1.20	3.10
饼　干	中等	元/千克	1.32	1.40	1.54	2.68
鲜牛奶	瓶装消毒	元/千克	0.48	0.60	0.60	1.13
奶　粉	500克袋装全脂	元/袋	2.71	3.39	3.93	5.65

和服务项目年平均价格

PRICE OF MAJOR YEARS

1995年	2000年	2005年	2006年	2007年	2008年	2009年
2.24	1.78	2.86	2.71	3.08	3.30	3.75
3.33	2.03	3.08	3.35	3.51	3.59	4.05
2.66	2.07	3.26	3.69	4.33	5.83	6.30
1.48	1.48	1.92	2.36	2.36	2.68	3.20
1.43	1.55	2.14	2.10	2.29	3.45	4.26
10.45	8.59	10.43	10.57	12.83	16.30	13.02
12.91	12.87	14.90	13.75	20.67	25.41	22.65
12.06	10.99	16.34	16.25	22.01	29.40	36.03
15.49	15.04	22.07	23.25	28.39	35.77	40.18
5.99	3.99	5.72	5.41	6.72	6.84	6.67
5.35	5.36	8.76	9.33	10.94	15.72	18.85
0.72	0.91	1.64	1.60	2.14	2.11	2.28
0.90	1.57	2.21	2.04	2.47	2.39	4.24
1.11	1.26	1.83	1.71	1.92	1.99	3.83
1.22	1.25	2.28	2.74	3.08	3.40	3.72
1.80	1.98	2.99	3.11	3.47	4.08	4.64
2.45	2.53	3.16	3.37	3.85	4.10	5.12
2.66	2.07	2.90	3.50	3.70	4.30	4.97
2.67	2.51	3.07	3.18	3.93	4.43	4.63
4.13	3.15	4.10	4.23	4.95	5.46	6.25
1.46	1.31	2.51	2.85	3.07	5.49	5.62
59.16	68.57	65.13	64.48	67.98	74.70	85.96
0.70	1.10	2.02	3.00	3.00	1.50	1.48
1.83	2.40	4.53	4.50	4.50	6.08	6.77
22.81	14.26	15.67	14.67	14.55	14.54	18.68
6.89	6.12	5.43	7.30	7.62	7.75	7.78
6.32	5.90	5.54	7.24	7.53	7.63	7.78
1.20	2.00	2.63	4.00	5.00	5.00	5.00
2.13	2.30	2.42	2.46	2.53	2.55	2.58
45.83	75.00	126.67	126.33	135.33	153.33	225.00
3.86	2.72	3.19	5.38	5.56	5.58	7.43
3.37	2.35	3.30	5.67	4.12	5.75	6.40
3.20	2.70	3.06	3.05	3.50	3.91	4.05
4.78	4.05	4.02	4.51	4.76	5.42	6.04
12.54	12.04	11.50	12.26	13.61	16.00	18.64
5.58	5.00	7.00	7.80	10.80	11.00	10.00
11.75	12.50	9.74	9.81	9.61	11.49	11.95
2.90	3.60	5.00	5.00	5.42	6.88	7.44
10.21	10.75	32.26	34.00	39.23	51.21	54.35

9-4续

商品名称	规格等级牌号	单　位	1978年	1980年	1985年	1990年
白细布	36”32*32　79.5*78	元/米	0.98	0.98	1.08	2.04
涤棉细布	39”45*45　100*92	元/米	3.75	3.87	2.25	4.00
被单布	18*18	元/米	1.67	2.25	2.22	4.72
人造棉布	幅宽90CM	元/米	1.62	1.95	1.95	4.80
纯毛华达呢	2201.00	元/米	29.40	29.40	37.00	68.28
纯毛西服	华达呢男套装	元/套				274.83
牛皮光面男鞋	25.5号一级品	元/双	14.65	15.38	28.28	34.52
纯毛线	175三级国毛中粗	元/千克	55.16	36.40	36.40	86.07
混纺毛线	670毛腈混纺	元/千克		27.60	28.20	57.07
肥　皂	地产一级品	元/条	0.40	0.40	0.42	1.20
洗衣粉	25型500克袋装一级品	元/袋	0.31	0.62	0.65	1.94
缝纫机	家用一级品	元/架	119.00	131.00	135.00	247.00
自行车	26型一级品	元/辆	167.50	167.50	167.50	299.90
电风扇	400MM落地扇一级品	元/台			202.00	274.00
铱金笔	普通	元/支	0.99	1.13	2.50	2.84
彩色电视机	51CM	元/架				2473.33
液晶电视机	东芝32"	元/台				
木　材	板材	元/立方米				1050.00
蜂窝煤		元/百千克	3.20	3.20	3.20	3.56
液化石油气		元/千克	0.16	0.16	0.16	0.24
自来水	生活用水	元/吨	0.08	0.08	0.09	0.19
房　租	民用住宅混合租价	元/月	0.11	0.11	0.11	0.11
照明用电	民用220V	元/度	0.18	0.18	0.18	0.18
长途火车票	百公里直客硬座人	元/公里			0.02	0.05
电报费	普通	元/十字			0.70	1.25
平　信	外埠	元/封	0.08	0.08	0.08	0.13
注射费	肌肉注射	元/次	0.10	0.10	0.10	0.20
住院费	普通床位	元/天				2.50
学杂费	高中学生	元/学期	2.50	2.50	2.50	12.00
保育费	幼儿日托	元/月			4.00	4.00
电影票	首轮甲等票	元/张		0.20	0.25	0.60
公园门票	大明湖	元/张	0.03	0.03	0.03	0.30
理　发	男理一级全活	元/次	0.30	0.30	0.45	1.30
洗　澡		元/次	0.24	0.24	0.30	0.58
干　洗	西服一套	元/套				4.96
胶　卷	进口135彩色21锭36张	元/卷				19.29
省　报	大众日报	元/份				0.15
课　本	高中语文一年级	元/本				2.00
党　参	二等	元/千克	10.90	11.00	8.50	20.67
银　花	二等	元/千克	6.65	8.00	18.00	28.00

1995年	2000年	2005年	2006年	2007年	2008年	2009年
6.73	6.53	8.64	9.96	9.89	9.60	10.50
10.04	5.98	10.41	18.59	18.43	18.66	16.84
8.75	10.52	16.10	22.14	22.82	21.50	21.00
16.83	13.38	13.43	15.68	12.54	11.50	11.50
86.50	59.83	94.75	90.00	118.00	106.00	107.00
388.83	641.00	1389.61	1116.01	1683.92	1536.84	1504.39
135.00	141.42	299.85	283.48	268.11	346.70	336.44
107.77	110.38	117.78	117.56	113.90	109.22	112.40
63.07	75.50	103.81	103.61	103.57	99.28	103.76
1.87	1.73	2.47	2.52	2.93	3.91	3.97
4.20	5.13	6.81	8.19	8.52	9.10	9.14
280.42	394.33	350.00	360.00	370.00	375.00	370.00
406.33	363.88	397.34	398.00	398.00	398.00	358.00
2278.17	222.25	342.52	383.74	336.01	278.50	399.10
5.13	5.66	6.85	6.99	7.43	8.65	10.62
2490.00	1105.73	1234.42	997.96	938.57		
					5990.42	6110.45
1500.00	1050.00	1350.00	1360.42	1461.11	1470.83	1481.67
23.50	25.80	48.00	51.25	52.00	71.32	87.60
2.12	2.94	5.19	6.00	6.10	7.45	6.42
0.51	1.60	2.78	2.95	2.95	2.95	2.95
0.61	1.42	2.07	2.07	2.07	2.07	2.07
0.29	0.43	0.53	0.55	0.55	0.55	0.55
0.10	0.14	0.17	0.17	0.17	0.18	0.18
1.40	1.40					
0.20	0.80	0.80	0.85	1.20	1.20	1.20
0.25	1.67	2.00	1.60	1.60	1.60	1.97
4.00	7.67	15.00	15.00	18.75	20.00	21.53
49.00	600.00	800.00	800.00	800.00	800.00	800.00
13.00	90.00	117.00	117.00	117.00	117.00	117.00
7.00	15.17	28.61	27.22	28.75	30.42	32.78
4.33	13.48	15.63	16.25	30.00	30.00	30.00
5.63	10.00	17.50	17.50	17.50	19.50	20.50
5.00	8.00	12.00	28.00	28.00	29.33	30.00
5.50	8.00	15.00	11.25	11.25	11.25	14.08
19.31	22.13	22.22	22.13	22.13	19.95	19.95
0.40	0.50	0.60	0.60	0.60	0.60	0.60
2.55	6.41	4.60	4.62	4.62	4.77	5.34
18.17	43.00	37.50	35.00	37.78	43.33	42.00
70.00	93.00	87.22	90.42	99.03	145.83	218.89

9-5 鲜菜价格指数(以上年价格为100)

VEGETABLE PRICE INDICES(Preceding last year=100)

单位:%

商品名称	2004年	2005年	2006年	2007年	2008年	2009年
大白菜	98.0	120.8	97.63	134.21	98.31	108.36
洋白菜	90.5	129.3	87.37	122.68	94.43	167.05
菠 菜	92.1	139.4	92.2	120.83	97.03	177.21
油 菜	89.8	126.1	93.16	112.61	103.28	192.81
芹 菜	101.7	128.5	120.01	112.62	110.41	109.24
韭 菜	111.9	121.0	104.32	111.42	117.55	113.75
菜 花	92.8	113.5	102.24	110.65	105.07	143.71
生 笋	98.4	112.1	105.15	107.86	107.33	140.97
黄 瓜	95.3	125.7	106.62	114.37	106.37	124.83
冬 瓜	101.3	94.0	126.47	97.8	121.01	122.52
西红柿	107.0	107.8	120.52	105.9	116.19	115.43
茄 子	95.9	117.5	103.6	123.54	112.73	104.32
萝 卜	89.7	107.3	125.65	102.47	113.91	146.88
胡萝卜	95.0	104.7	148.46	77.57	131.41	166.83
青 椒	108.8	114.5	103.37	116.91	110.30	114.44
豆 角	107.0	100.3	100.61	114.68	108.74	131.13
洋葱头	100.9	81.8	128.78	102.05	102.12	200.68
大 葱	131.4	100.8	113.31	107.99	178.54	102.42
大 蒜	141.0	126.8	144.51	78.39	66.96	190.93
蒜 苔	124.6	123.2	97.16	89.36	124.03	128.00
连 藕	133.1	87.8	108.23	107.49	106.99	134.52
豆 芽	99.0	116.1	103.28	119.71	145.61	131.51
生 姜	362.7	85.3	69.44	84.13	120.10	122.56
土 豆	116.8	117.2	122.95	99.79	113.52	119.55

9-6 房地产价格指数(2009年)

PRICE INDICES OF REAL ESTATE(2009)

单位:%

指　　标	一季度	二季度	三季度	四季度	全年平均
(以上年同期价格为100)					
土地交易价格指数总计	101.7	101.2	101.0	103.6	101.9
居住用地	102.3	101.4	101.2	102.5	101.9
工业用地	101.5	101.1	101.0	103.3	101.7
商业营业用地	101.4	101.5	101.2	107.8	103.0
其它用地	100.9	100.5	100.3	104.0	101.4
房屋租赁价格指数总计	100.3	100.4	101.1	101.2	100.8
住宅	100.4	100.8	102.6	102.8	101.7
办公楼	100.5	100.5	100.4	100.4	100.5
商业营业用房	100.0	100.0	100.0	100.0	100.0
其他	100.0	100.0	100.0	100.0	100.0
(以上季价格为100)					
土地交易价格指数总计	100.2	100.1	100.2	103.1	
居住用地	100.4	100.0	100.2	101.9	
工业用地	100.0	100.1	100.4	102.8	
商业营业用地	100.1	100.2	100.1	107.3	
其它用地			100.2	103.8	
房屋租赁价格指数总计	100.1	100.2	100.8	100.0	
住宅	100.1	100.6	102.0	100.0	
办公楼	100.2	100.0	100.2	100.0	
商业营业用房	100.0	100.0	100.0	100.0	
其他		100.0	100.0	100.0	

9-7 主要原材料、燃料、动力购进价格指数(2009年，以上月价格为100)

IN-FACTORY PRICE INDICES OF MAIN MATERIALS、FUELS AND MONITORS (2009,Preceding last month=100)　单位:%

指　　标	1月	2月	3月	4月	5月	6月
总　指　数	97.83	98.84	100.57	100.81	100.39	101.19
燃料、动力类	96.58	98.07	101.76	101.86	100.88	102.26
黑色金属材料类	97.28	98.80	99.92	99.48	100.63	99.58
#钢　材	98.34	98.62	99.63	99.94	99.76	99.57
其　它	95.57	99.10	100.38	98.73	102.04	99.59
有色金属材料和电线类	99.07	99.81	97.21	99.68	101.98	101.86
化工原料类	98.78	99.41	99.80	100.92	98.14	100.94
木材及纸浆类	98.81	99.52	99.36	99.52	99.67	100.00
建筑材料及非金属矿类	98.01	99.57	99.93	100.91	101.31	100.00
其它工业品原料及半成品类	99.23	99.98	100.05	99.63	100.44	100.27
农副产品类	99.14	98.01	99.35	99.90	100.28	100.81
纺织原料类	101.55	99.97	100.11	100.13	98.89	100.43

9-7续

指　　标	7月	8月	9月	10月	11月	12月
总　指　数	103.07	99.75	101.73	99.76	100.35	100.89
燃料、动力类	106.45	99.23	103.07	98.71	100.88	100.55
黑色金属材料类	101.03	100.56	100.97	101.59	99.51	100.43
#钢　材	99.59	101.69	101.46	99.75	99.49	100.67
其　它	103.35	98.73	100.17	104.58	99.54	100.03
有色金属材料和电线类	102.64	101.20	103.66	100.08	99.70	102.08
化工原料类	99.77	100.75	99.82	101.80	100.06	101.63
木材及纸浆类	100.03	100.53	102.25	100.49	99.66	100.74
建筑材料及非金属矿类	99.97	100.03	99.72	99.71	99.71	99.89
其它工业品原料及半成品类	100.28	99.03	101.10	100.82	100.31	100.52
农副产品类	102.67	100.56	103.48	97.89	100.00	104.60
纺织原料类	99.20	99.57	93.61	96.50	100.11	100.13

9-8 主要原材料、燃料、动力购进价格指数(2009年,以上年同期价格为100)

IN-FACTORY PRICE INDICES OF MAIN MATERIALS、FUELS AND MONITORS (2009,Preceding last year=100)

单位:%

指　　标	全年	1月	2月	3月	4月	5月	6月
总 指 数	94.33	98.41	95.79	94.63	94.14	92.80	91.58
燃料、动力类	94.25	99.89	95.91	94.57	93.58	91.65	89.95
黑色金属材料类	87.90	95.04	93.06	91.25	89.37	87.89	84.55
#钢　材	88.28	98.47	95.09	92.39	90.08	88.39	84.64
其　它	87.27	89.50	89.77	89.40	88.23	87.08	84.41
有色金属材料和电线类	81.34	82.59	80.37	78.03	77.64	76.09	74.91
化工原料类	87.30	89.00	86.58	86.65	88.36	86.31	86.43
木材及纸浆类	91.34	90.78	90.82	90.71	90.47	88.73	88.61
建筑材料类及非金属矿类	112.55	121.57	115.76	113.52	114.04	114.87	111.78
其它工业品原料及半成品类	101.32	102.80	102.60	101.30	100.69	101.04	100.54
农副产品类	96.47	95.85	95.46	94.13	94.61	94.01	94.64
纺织原料类	96.35	99.81	99.19	101.34	100.53	98.03	98.72

9-8续

指　　标	7月	8月	9月	10月	11月	12月
总 指 数	91.17	89.74	91.37	91.72	97.49	103.09
燃料、动力类	89.28	86.76	90.15	90.09	99.59	109.56
黑色金属材料类	83.79	83.23	84.41	83.90	86.73	91.53
#钢　材	82.34	82.73	84.36	83.29	85.69	91.90
其　它	86.13	84.05	84.48	84.90	88.41	90.92
有色金属材料和电线类	75.83	77.38	80.21	82.03	94.34	96.61
化工原料类	84.68	82.69	82.31	85.29	92.78	96.57
木材及纸浆类	88.40	89.56	91.50	91.95	94.50	100.05
建筑材料类及非金属矿类	111.65	111.01	109.51	111.38	109.23	106.22
其它工业品原料及半成品类	101.12	100.85	101.09	101.20	101.26	101.36
农副产品类	96.17	94.66	98.01	97.67	99.06	103.39
纺织原料类	98.10	98.29	92.03	88.59	89.81	91.72

9-9 工业产品出厂价

EX-FACTORY PRICE INDICES OF INDUSTRIAL

指　　标	1月	2月	3月	4月	5月
总 指 数	99.16	99.76	99.98	99.81	99.82
按轻重工业分					
轻工业	99.31	99.53	99.89	99.73	99.56
以农产品为原料	100.18	99.90	99.57	100.00	99.43
以非农产品为原料	98.89	99.35	100.05	99.60	99.63
重工业	99.05	99.94	100.04	99.88	100.02
采　掘	99.63	95.89	100.59	104.57	99.24
原　料	96.54	100.30	100.56	102.64	100.23
加　工	100.09	100.03	99.78	98.39	99.98
按两大部类划分					
生产资料	99.12	99.65	100.06	99.85	99.90
采　掘	99.63	95.89	100.59	104.57	99.24
原　料	96.49	100.27	100.48	102.68	100.20
加　工	99.80	99.63	99.93	98.92	99.85
生活资料	99.32	100.15	99.67	99.65	99.53
食　品	100.08	100.02	99.61	99.77	99.53
衣　着	100.47	100.47	99.15	100.20	100.00
一般日用品	99.47	100.40	99.58	99.19	99.34
耐用消费品	96.72	100.02	100.10	99.85	99.66
按工业部门分					
冶金工业	100.76	100.29	98.64	96.97	100.29
电力工业	100.88	100.02	99.88	100.00	100.12
煤炭炼焦业	99.65	97.11	101.30	100.48	96.16
石油工业	92.04	99.84	102.27	106.69	101.25
化学工业	98.68	100.09	100.09	100.69	99.50
机械工业	99.32	99.23	100.23	99.51	99.71
建筑材料工业	99.16	100.32	100.21	99.31	99.53
森林工业	99.90	100.28	100.43	101.11	100.15
食品工业	100.20	99.98	99.63	99.91	99.59
纺织工业	99.70	100.47	100.00	99.60	99.53
缝纫工业	100.00	100.00	98.80	100.28	100.00
皮革工业	101.60	101.60	100.00	100.00	100.00
造纸工业	101.74	97.57	98.92	100.22	98.09
文教艺术用品工业	97.54	100.69	100.24	99.26	99.61
其它工业	99.93	100.22	98.45	100.00	100.04

格 总 指 数(2009年,以上月价格为100)

PRODUCTS (2009,Preceding last month=100)

单位:%

6月	7月	8月	9月	10月	11月	12月
100.27	100.38	100.97	100.11	99.72	100.49	100.85
99.77	99.50	99.86	100.24	100.36	100.44	100.40
99.92	100.02	99.67	100.89	100.67	100.60	100.50
99.70	99.25	99.96	99.92	100.21	100.36	100.35
100.66	101.06	101.83	100.01	99.23	100.54	101.20
100.61	101.77	99.78	102.59	101.34	98.21	102.52
101.56	101.80	100.66	101.20	99.33	102.12	102.19
100.27	100.69	102.46	99.33	99.05	100.00	100.69
100.35	100.52	101.23	100.11	99.47	100.49	100.95
100.61	101.77	99.78	102.59	101.34	98.21	102.52
101.68	102.04	100.59	101.37	99.54	102.25	102.38
99.99	100.07	101.46	99.68	99.38	100.11	100.51
99.96	99.84	100.00	100.08	100.65	100.51	100.46
99.95	100.09	100.15	100.29	100.60	100.35	100.29
100.08	99.59	97.91	100.49	101.33	101.15	99.97
99.60	99.28	100.23	99.45	100.92	100.71	100.54
100.46	100.06	99.89	100.31	100.16	100.46	100.97
101.11	101.98	105.26	98.31	98.09	100.70	100.82
100.24	100.18	100.08	99.88	100.03	99.91	100.31
101.24	100.68	101.20	99.69	101.48	99.01	99.69
103.22	106.02	98.97	104.09	98.19	103.29	103.55
99.89	98.94	99.77	99.92	100.93	100.33	101.40
99.76	99.68	100.56	99.96	99.91	99.94	100.56
99.41	98.32	99.89	99.70	99.77	100.43	100.09
99.98	99.98	99.91	99.95	100.00	99.98	99.99
99.91	100.09	100.07	100.76	100.74	100.57	100.52
100.27	100.05	100.92	101.40	100.46	101.10	100.21
100.12	99.42	98.69	100.70	100.49	100.23	99.95
100.00	100.00	96.06	100.00	103.33	103.33	100.00
99.17	100.00	97.61	102.95	99.29	100.12	101.99
99.60	99.05	101.64	100.00	99.35	101.44	100.94
100.30	100.22	100.13	101.35	100.10	101.32	99.82

9-10 工业产品出厂价格

EX-FACTORY PRICE INDICES OF INDUSTRIAL

指标	全年	1月	2月	3月	4月	5月
总指数	96.24	99.60	98.45	97.38	95.99	94.93
按轻重工业分						
轻工业	98.78	101.14	100.94	99.87	99.65	98.67
以农产品为原料	100.20	101.73	101.86	101.60	101.01	100.01
以非农产品为原料	98.08	100.85	100.50	99.03	98.98	98.01
重工业	94.27	98.41	96.52	95.46	93.16	92.02
采掘	93.48	115.99	105.23	91.79	90.62	86.41
原料	95.03	94.30	93.97	94.66	95.24	93.47
加工	93.98	99.09	97.08	96.03	92.41	91.74
按两大部类划分						
生产资料	95.44	99.27	97.70	96.50	94.91	93.80
采掘	93.48	115.99	105.23	91.79	90.62	86.41
原料	95.14	94.44	94.05	94.65	95.21	93.26
加工	95.60	99.91	98.38	97.17	95.00	94.23
生活资料	99.18	100.84	101.24	100.68	100.01	99.09
食品	100.90	102.44	102.39	102.66	101.86	100.90
衣着	99.86	106.25	105.19	102.27	101.42	100.09
一般日用品	98.09	100.40	102.18	100.47	99.73	98.50
耐用消费品	95.98	95.54	95.56	95.22	95.04	94.81
按工业部门分						
冶金工业	84.76	93.45	90.00	85.94	79.45	77.96
电力工业	107.05	108.12	107.63	108.01	108.61	108.66
煤炭炼焦业	95.21	124.22	109.22	107.64	103.96	91.03
石油工业	93.59	91.99	92.17	88.63	90.86	88.49
化学工业	94.51	95.63	96.54	97.29	96.28	95.40
机械工业	98.55	101.57	100.37	99.78	98.66	98.50
建筑材料工业	102.18	104.56	103.48	105.11	106.73	103.80
森林工业	101.35	103.15	101.62	100.78	103.48	103.02
食品工业	100.41	102.36	101.92	101.64	100.91	99.54
纺织工业	97.89	96.59	97.64	96.81	96.07	96.28
缝纫工业	97.86	105.48	103.97	99.83	98.62	96.73
皮革工业	104.63	108.09	108.09	108.09	108.09	108.09
造纸工业	99.84	103.91	103.92	104.11	104.01	101.25
文教艺术用品工业	96.40	95.06	98.04	97.69	96.95	95.75
其它工业	101.37	104.90	102.90	98.97	101.06	101.19

总 指 数(2009年，以上年同期价格为100)

PRODUCTS (2009,Preceding last year=100)

单位:%

6月	7月	8月	9月	10月	11月	12月
94.69	93.67	93.93	94.07	94.55	97.64	99.94
98.05	97.41	97.21	97.49	97.85	98.36	98.66
99.68	99.39	98.79	98.96	99.51	99.40	100.46
97.25	96.44	96.44	96.77	97.04	97.86	97.78
92.07	90.76	91.38	91.42	91.99	97.07	100.93
86.92	83.69	84.13	87.61	87.45	93.85	108.12
92.17	90.16	90.47	91.24	92.79	103.78	108.06
92.35	91.46	92.22	91.74	91.92	94.37	97.40
93.64	92.45	92.82	92.98	93.58	97.46	100.19
86.92	83.69	84.13	87.61	87.45	93.85	108.12
92.15	90.17	90.50	91.45	93.05	104.21	108.52
94.29	93.40	93.77	93.59	93.96	95.80	97.67
98.57	98.17	98.06	98.13	98.13	98.29	98.98
100.47	100.25	99.86	100.09	100.13	99.51	100.25
100.58	99.71	96.98	95.59	94.99	97.21	98.06
97.32	96.18	95.98	95.79	96.15	96.77	97.63
94.71	95.04	96.66	97.12	96.65	97.62	97.84
79.52	78.27	81.52	80.53	82.89	91.71	95.91
108.32	108.46	107.38	106.41	106.41	103.40	103.21
90.08	83.68	85.92	83.42	83.94	84.72	94.74
89.45	86.81	87.67	90.19	90.14	108.02	118.66
93.41	91.00	90.16	90.99	91.69	96.75	99.00
98.13	97.85	97.45	97.59	97.29	97.01	98.36
102.42	99.44	100.08	100.31	100.17	100.83	99.28
101.28	100.88	100.44	100.41	100.41	100.38	100.36
99.07	99.21	99.23	99.59	100.53	100.08	100.86
97.44	97.53	97.91	98.41	99.39	100.00	100.62
97.24	96.20	95.36	93.74	93.22	96.37	97.58
108.55	108.09	100.83	100.00	99.20	99.20	99.20
98.63	97.64	94.71	95.38	97.65	97.06	99.79
95.29	95.71	95.81	96.41	95.52	96.62	97.89
101.11	101.60	100.28	100.09	101.14	102.03	101.17

9-11 房屋销售价格指数(2009年,以上年同期价格为100)

IN-FACTORY PRICE INDICES OF MAIN MATERIALS、FUELS AND MONITORS (2009,Preceding last year=100)

单位:%

指　　标	1月	2月	3月	4月	5月	6月
房屋销售总计	102.3	101.8	101.5	101.0	101.2	100.3
新建房	101.7	101.4	101.1	100.6	100.8	99.7
住宅	101.7	101.4	101.0	100.7	100.8	99.7
非住宅	101.2	101.5	101.3	99.6	100.1	100.0
二手房	103.4	102.6	102.4	101.8	101.9	101.3
住宅	103.8	102.9	102.7	102.1	102.1	101.3
非住宅	100.9	100.7	100.7	100.1	101.0	101.1

9-11续

指　　标	7月	8月	9月	10月	11月	12月
房屋销售总计	100.2	101.2	101.6	102.0	102.7	104.6
新建房	99.8	101.2	101.7	102.0	102.5	104.6
住宅	99.8	101.2	101.8	102.2	102.7	105.0
非住宅	100.6	100.8	100.7	100.3	100.9	101.3
二手房	100.9	101.1	101.3	102.0	102.9	104.6
住宅	100.8	101.1	101.3	102.1	102.9	104.8
非住宅	101.1	101.1	101.1	101.5	102.5	103.7

9-12 主要年份工业品、原材料价格指数(以上年价格为100)

EX-FACTORY PRICE INDICES OF INDUSTRIAL PRODUCTS AND IN-FACTORY PRICE INDICES OF MAIN MATERIALS IN MAIN YEARS(Preceding last year=100)

单位:%

年　　份	工业品出厂价格指数	原材料购进价格指数
1998	94.5	95.2
1999	98.9	97.6
2000	104.8	114.5
2001	99.8	101.4
2002	97.9	100.4
2003	103.2	111.2
2004	106.7	116.4
2005	102.3	111.3
2006	100.2	105.6
2007	103.9	105.0
2008	109.2	116.9
2009	96.2	94.3

主要统计指标解释

EXPLANATORY NOTES ON MAIN STATISTICAL INDICATORS

居民消费价格　是指城乡居民支付生活消费品和服务项目消费的价格,是社会产品和服务项目的最终价格,同人民生活密切相关,在整个国民经济价格体系中具有极为重要的地位。

居民消费价格指数　是度量一组代表性消费品及服务项目价格水平随着时间而变动的相对数,反映居民家庭购买的消费品及服务项目价格水平的变动情况。它是宏观经济分析和决策、价格总水平监测和调控以及国民经济核算的重要指标。其按年度计算的变动率通常被用来作为反映通货膨胀(或紧缩)程度的指标。

按用途划分为8个大类,包括食品、烟酒及用品、衣着、家庭设备用品及维修服务、医疗保健及个人用品、交通和通信、娱乐教育文化用品及服务、居住等。下设251个基本分类,我市根据国家规定,确定代表规格品630种。对比基期分类分别为2000年(定基)、上年同月、上月和上年12月。定基价格指数是从2001年开始编制的。

商品零售价格　是指工业、商业、餐饮业和其它零售企业向城乡居民、机关团体出售生活消费品和办公用品的价格。

商品零售价格指数　是反映一定时期内商品零售价格变动趋势和变动程度的相对数。

商品零售价格的调查范围涉及到各种类型的工业、商业、餐饮业和其它行业的零售商品以及农民对非农业居民出售商品的价格。包括食品、饮料烟酒、服装鞋帽、纺织品、家用电器及音像器材、文化办公用品、日用品、体育娱乐用品、交通通信用品、家具、化妆品、金银珠宝、中西药品及医疗保健用品、书报杂志及电子出版物燃料、建筑材料及五金电料等16个大类,225个基本分类的商品零售价格。

工业品出厂价格　工业品出厂价格是指工业企业向商品(物资)部门或商业企业、其他生产单位、个人出售或调拨产品的价格,亦称工业生产者价格。工业品出厂价格一般由平均生产成本加上工业利润和税构成。它是工业品进入流通领域的最初价格,是制定工业产品批发价格和零售价格的基础。

工业品出厂价格指数　是反映工业产品出厂价格水平变动趋势及变动程度的相对数,一般用百分数(%)表示。

原材料、燃料和动力购进价格指数　是反映工业企业作为生产投入,而从物资交易市场和能源、原材料生产企业购买原材料、燃料和动力产品时,所支付的价格水平变动趋势和程度的统计指标,是扣除工业企业物质消耗成本中的和价格变动影响的重要依据。

土地交易价格　是指房地产开发商或其它建设单位在进行商品房开发之前,为取得土地使用权而实际支付的价格,不包括土地的后续开发费用、税费、各种手续费和拆迁费等。土地交易方式一般包括:出让、转让、租赁等。

房屋销售价格　指房产所有权转移时买卖双方成交价格,房产买卖时,买房人购买的是房产的所有权,卖房人将房产的所有权出让,同时要获得房产所有权出让的价值补偿。它包括商品房销售、公房销售和私房销售三部分。

房屋租赁价格　指所有人出租房屋面积取得的实际租金。在此种流通形式中,房屋所有权不变,承租者支付房租,获得一定时期内的房屋使用权;出租者放弃或出让一定时期内的房屋使用权。它包括住宅租赁、办公用房租赁、商业用房租赁和厂房仓库租赁四部分。

商品房销售价格　是指具有经营资格的房地产开发公司(房地产开发商)出售的住宅、写字楼、商品用房以及其它建筑物的市场实际成交价格。其价格由成本、税金、利润、代收费用等组成,它受地段、层次、朝向、质量、材料差价等因素的影响。

10

人民生活

PEOPLE´S LIVELIHOOD

10-1 人民物质文化生活提高情况

IMPROVEMENT IN PEOPLE`S MATERIAL AND CULTURAL LIFE

指　　标	单位	1978年	1985年	1990年	1995年	2000年	2008年	2009年
就　业								
每一农村劳动力负担人数	人	1.70	1.65	1.61	1.40	1.40	1.35	1.36
每一城市就业者负担人数	人	1.89	1.68	1.72	1.80	1.71	1.87	1.86
城镇登记失业率	%				2.30	3.70	3.43	3.90
收入与支出								
农村居民家庭人均纯收入	元	111	439	731	1813	3047	7180	7805
农村居民家庭人均生活费支出	元	83	331	570	1374	1977	4385	4733
农村居民恩格尔系数	%	69.9	51.8	50.5	56.1	43.5	37.1	35.6
农村居民基尼系数		0.20	0.21	0.23	0.25	0.25	0.32	0.31
城市居民家庭人均可支配收入	元	338	783	1620	4721	8471	20802	22722
城市居民家庭人均消费性支出	元	318	704	1360	3830	6892	13905	14764
城市居民恩格尔系数	%	57.1	56.5	57.5	47.6	34.6	32.1	32.8
城市居民基尼系数			0.15	0.16	0.21	0.26	0.29	0.27
职工年平均工资	元	578	1104	2211	5851	10422	30798	34544
居民储蓄								
城乡居民年末储蓄存款余额	亿元	1.3	8.1	51.1	222.1	463.0	1588.5	1911.5
人均储蓄存款余额	元	28.5	167.1	975.5	4114.4	8229.6	26281.9	31686
住房面积								
农村人均住房面积	平方米	9.6	16.9	22.5	24.7	28.6	38.7	39.4
城市人均住房面积	平方米	4.1	5.2	7.5	8.0	10.5	21.5	29.4
交通通讯								
农村每百户拥有摩托车	辆		1.0	4.0	26.0	61.0	87.7	84.8
城市每百户拥有摩托车	辆			7.7	13.0	34.3	14.2	14.3
城市公用事业								
自来水普及率	%	99.0	99.0	100.0	100.0	100.0	100.0	100.0
每万人拥有公共绿地	公顷	1.6	3.0	4.0	5.0	7.2	10.8	10.8
文化生活								
城市每百户有彩色电视机	台	–	11.5	61.3	95.0	132.3	113.3	113.5
农村每百户有电视机	台	–	25.0	70.0	106.0	125.0	120.7	122.0
教育卫生								
每万人口中在校大学生数	人	22.23	62.12	71.24	104.40	165.29	1006.0	1048.0
每万人拥有卫生技术人员	人	10.98	53.61	59.45	60.59	63.40	59.8	62.4
每万人拥有医院病床	张	22.01	28.24	32.88	36.03	38.57	47.9	51.2

注：1. 城市居民家庭人均消费性支出1990年以前为生活费支出。
2. 城市人均居住面积2002年以后为人均使用面积，2009年为建筑面积。

10-2 各时期城市居民生活情况
BASIC CONDITIONS OF URBAN HOUSEHOLDS IN EACH PERIOD

年份	人均可支配收入（元）	人均消费性支出(元)		就业者负担人数(人)	人均住宅居住面积（平方米）
			人均食品支出		
1949	64.53	61.30	37.39		4.09
1952	130.00	127.84	77.98		4.11
1957	206.50	194.15	117.69		3.64
1962	201.74	209.84	131.42		3.48
1965	219.51	212.82	131.59		3.31
1970					3.51
1975					3.66
1978	337.80	317.88	181.56	1.89	4.06
1980	440.09	405.53	230.11	1.67	4.22
“六五”时期					
1981	487.19	452.77	256.67	1.73	4.40
1982	502.97	468.03	275.30	1.70	4.57
1983	552.37	484.87	293.32	1.66	4.93
1984	671.89	537.27	326.97	1.69	5.10
1985	783.00	703.82	397.33	1.68	5.21
“七五”时期					
1986	946.46	836.50	474.62	1.70	7.40
1987	1057.48	943.58	534.12	1.73	7.30
1988	1272.83	1150.44	635.11	1.70	7.50
1989	1487.91	1355.64	745.32	1.71	7.50
1990	1619.50	1360.08	781.58	1.72	7.50
“八五”时期					
1991	1854.33	1569.26	896.62	1.71	7.60
1992	2148.49	1781.21	979.03	1.73	7.65
1993	2873.94	2394.03	1146.02	1.74	7.80
1994	3951.94	3224.73	1566.59	1.72	7.90
1995	4720.55	3830.38	1823.64	1.80	8.00
“九五”时期					
1996	5681.49	4422.91	2161.00	1.71	8.00
1997	6261.21	5210.40	2185.11	1.62	8.10
1998	6757.12	5440.10	2179.99	1.61	9.89
1999	7162.48	6415.39	2204.76	1.66	10.00
2000	8471.32	6891.75	2387.06	1.71	10.50
“十五”时期					
2001	9564.99	7465.04	2386.84	1.74	10.70
2002	10094.13	7818.33	2575.21	1.72	17.83
2003	11012.86	8395.36	2610.75	1.68	18.85
2004	12005.06	8580.54	2784.87	1.65	19.50
2005	13578.46	9226.61	3046.93	1.73	19.55
“十一五”时期					
2006	15340.17	10713.13	3335.31	1.74	20.1
2007	18005.10	12389.69	3900.91	1.72	21.0
2008	20802.17	13904.59	4466.18	1.87	21.5
2009	22721.65	14764.28	4836.78	1.86	29.4

注：1. 可支配收入1983年以前为生活费收入,消费性支出1992年以前为生活费支出。
2. 从2002年开始,“居民住宅居住面积”改为“使用面积”,2009年为“建筑面积”。

10-3 城市不同收入层次居

BASIC CONDITIONS OF URBAN HOUSEHOLDS BY LEVEL

指　　标	单　位	平　均	最低10%	
				更低5%
调查户情况				
调查户数	户	600	60	30
家庭人口	人/户	2.77	3.17	3.17
有收入者人数	人/户	1.98	1.59	1.49
就业人口数	人/户	1.49	1.24	1.08
国有经济单位职工	人/户	0.99	0.50	0.40
城镇集体单位职工	人/户	0.12	0.15	0.17
其他经济单位职工	人/户	0.12	0.15	0.13
城镇个体经营者	人/户	0.08	0.07	0.10
城镇个体被雇	人/户	0.12	0.25	0.23
离退休再就业人员	人/户			
其他就业人员	人/户	0.06	0.12	0.04
离退休人数	人/户	0.45	0.19	0.17
其他有收入者	人/户	0.04	0.16	0.25
无收入者人数	人/户	0.79	1.61	1.74
人均收入				
家庭总收入	元	24752.66	8848.94	6757.22
可支配收入	元	22721.65	7835.15	6122.09
借贷收入	元	7830.69	3275.19	2678.51
人均支出				
家庭总支出	元	18385.90	7783.09	6318.40
消费支出	元	14764.28	6342.24	5232.05
#食　品	元	4836.78	2959.00	2682.96
借贷支出	元	13861.02	4034.26	2993.00
人均手存现金				
期初手存现金	元	885.87	490.22	334.68
期末手存现金	元	1501.96	872.86	502.01

民 家 庭 基 本 情 况[样本数](2009年)

OF INCOME[DATA OF SAMPLING SURVEY](2009)

低10%	较低20%	中间20%	较高20%	高10%	最高10%	
						更高5%
60	120	120	120	60	60	30
3.08	2.85	2.77	2.66	2.53	2.32	2.07
2.04	1.89	2.10	2.07	2.14	1.93	1.77
1.59	1.46	1.52	1.55	1.61	1.40	1.13
0.92	0.87	0.99	1.13	1.41	1.07	0.77
0.12	0.15	0.11	0.14	0.05	0.05	0.07
0.13	0.13	0.16	0.12	0.03	0.08	0.13
0.10	0.12	0.08	0.04	0.03	0.13	0.13
0.28	0.10	0.13	0.08	0.05	0.05	0.03
0.05	0.09	0.05	0.04	0.03	0.02	
0.37	0.38	0.54	0.51	0.53	0.53	0.63
0.08	0.04	0.03	0.01			
1.04	0.97	0.67	0.59	0.39	0.38	0.30
14168.92	17991.10	23083.33	30133.06	36583.69	56304.11	68391.89
12354.48	16335.29	21226.91	27648.87	34123.48	52741.18	64292.42
5679.90	6390.18	6868.86	8477.45	11433.69	17447.54	17426.62
13306.98	13954.55	19116.60	20297.70	24584.31	37890.31	40047.75
10653.24	11520.48	15016.00	16408.71	20286.88	29515.21	29430.37
3700.14	4351.46	5231.81	5261.79	6130.41	6814.66	6955.40
6326.77	9948.23	10663.52	17987.70	23164.17	35180.42	45306.36
434.65	653.01	781.30	1218.11	953.30	2029.58	2758.03
684.55	1187.61	1668.32	1933.07	1640.27	2685.20	3170.55

10-4 城市不同收入层次居

BASIC CAPITA CASH INCOME OF URBAN

指　　标	合　计	最低 10%	更低 5%	低 10%
家庭总收入	24752.66	8848.94	6757.22	14168.92
其中：可支配收入	22721.65	7835.15	6122.09	12354.48
工薪收入	18026.66	7151.60	4678.79	11019.03
工资及补贴收入	17560.81	6613.53	4345.96	10510.69
其他劳动收入	465.86	538.08	332.83	508.34
经营净收入	1373.22	338.23	589.07	643.14
财产性收入	138.56	26.60	46.76	125.95
利息收入	9.68	0.37	0.21	0.33
股息与红利收入	12.53			
出租房屋收入	70.40	6.35	7.22	125.62
转移性收入	5214.21	1332.51	1442.59	2380.79
养老金或离退休金	4438.13	1002.88	906.61	2073.38
社会救济收入	24.69	134.28	262.66	16.22
保险收入	19.72	4.17	8.25	6.49
#失业保险金	3.88	4.17	8.25	
赡养收入	72.58	35.56	53.90	19.50
捐赠收入	312.90	99.13	131.47	29.80
借贷收入	7830.69	3275.19	2678.51	5679.90
提取储蓄存款	7623.29	3149.03	2593.47	4837.58
借入款	88.25	8.59	17.01	278.50
收回借出款	57.83		294.73	
收回储蓄性保险本金				
住房贷款				
汽车贷款				
教育贷款				
其他贷款	49.80	116.79	68.03	249.62
其他借贷收入	8.43	0.78		19.47

民 家 庭 人 均 现 金 收 入 (2009年)

HOUSEHOLDS BY LEVEL OF INCOME(2009)

单位:元

较低20%	中间20%	较高20%	高10%	最高10%	
					更高5%
17991.10	23083.33	30133.06	36583.69	56304.11	68391.89
16335.29	21226.91	27648.87	34123.48	52741.18	64292.42
13765.69	17063.19	23050.15	28068.06	32732.23	33541.63
13265.69	16589.70	22710.44	27641.71	32192.02	32481.31
499.99	473.49	339.71	426.35	540.22	1060.32
1277.91	961.11	509.75	744.09	7684.58	12039.42
49.72	18.89	70.47	291.64	806.55	1389.35
8.69	4.76	18.66	18.13	19.32	
	1.51	3.38		138.91	264.52
40.91	1.21	34.56	241.91	218.93	272.26
2897.78	5040.15	6502.68	7479.90	15080.75	21421.48
2492.49	4605.71	5600.01	6222.60	12142.31	17325.70
26.94		9.39			
13.32	29.47	41.64	20.54		
7.38			20.54		
20.87	8.55	110.70	288.32	151.93	230.32
149.59	159.08	441.39	553.86	1199.96	946.94
6390.18	6868.86	8477.45	11433.69	17447.54	17426.62
6130.73	6858.16	8406.06	11427.79	17098.33	17034.00
208.69		5.70		144.50	322.58
25.13	7.13	20.66		173.38	
25.62		9.18		17.84	39.87
	3.57	25.61	5.89		

10-5 城市不同收入层次

COMPOSITION OF INCOME AND EXPENDITURE

指　　标	平　均	最低10%	更低5%	低10%
家庭总收入	100.00	100.00	100.00	100.00
其中：可支配收入	91.79	88.54	90.60	87.19
工薪收入	72.83	80.82	69.24	77.77
工资及补贴收入	70.95	74.74	64.32	74.18
其他劳动收入	1.88	6.08	4.93	3.59
经营净收入	5.55	3.82	8.72	4.54
财产性收入	0.56	0.30	0.69	0.89
利息收入	0.04	0.00	0.00	0.00
股息与红利收入	0.05	0.00	0.00	0.00
出租房屋收入	0.28	0.07	0.11	0.89
转移性收入	21.07	15.06	21.35	16.80
养老金或离退休金	17.93	11.33	13.42	14.63
社会救济收入	0.10	1.52	3.89	0.11
保险收入	0.08	0.05	0.12	0.05
#失业保险金	0.02	0.05	0.12	0.00
赡养收入	0.29	0.40	0.80	0.14
捐赠收入	1.26	1.12	1.95	0.21
借贷收入	31.64	37.01	39.64	40.09
提取储蓄存款	30.80	35.59	38.38	34.14
借入款	0.36	0.10	0.25	1.97
收回借出款	0.23	0.00	0.00	2.08
收回储蓄性保险本金				
住房贷款				
汽车贷款				
教育贷款				
其他贷款	0.20	1.32	1.01	1.76
其他借贷收入	0.03	0.01	0.00	0.14
家庭总支出	100.00	100.00	100.00	100.00
消费支出	80.30	81.49	82.81	80.06
食　品	26.31	38.02	42.46	27.81
衣　着	8.08	6.83	5.81	7.71
居　住	8.14	8.72	8.74	6.89
家庭设备用品及服务	5.91	5.16	3.85	3.71
医疗保健	6.78	7.12	7.88	6.86
交通和通信	13.25	8.71	8.49	17.55
教育文化娱乐服务	9.43	5.41	4.12	7.93
其它商品和服务	2.41	1.53	1.47	1.60
非消费性支出				
#购房与建房支出	1.81	0.00	0.00	0.00

居 民 家 庭 收 支 构 成 (2009年)

OF URBAN HOUSEHOLDS(2009)

单位:%

较低20%	中间20%	较高20%	高10%	最高10%	更高5%
100.00	100.00	100.00	100.00	100.00	100.00
90.80	91.96	91.76	93.28	93.67	94.01
76.51	73.92	76.49	76.72	58.13	49.04
73.73	71.87	75.37	75.56	57.18	47.49
2.78	2.05	1.13	1.17	0.96	1.55
7.10	4.16	1.69	2.03	13.65	17.60
0.28	0.08	0.23	0.80	1.43	2.03
0.05	0.02	0.06	0.05	0.03	0.00
0.00	0.01	0.01	0.00	0.25	0.39
0.23	0.01	0.11	0.66	0.39	0.40
16.11	21.83	21.58	20.45	26.78	31.32
13.85	19.95	18.58	17.01	21.57	25.33
0.15	0.00	0.03			
0.07	0.13	0.14	0.06		
0.04	0.00	0.00	0.06		
0.12	0.04	0.37	0.79	0.27	0.34
0.83	0.69	1.46	1.51	2.13	1.38
35.52	29.76	28.13	31.25	30.99	25.48
34.08	29.71	27.90	31.24	30.37	24.91
1.16	0.00	0.02	0.00	0.26	0.47
0.14	0.03	0.07	0.00	0.31	
0.14	0.00	0.03	0.00	0.03	0.06
0.00	0.02	0.08	0.02		
100.00	100.00	100.00	100.00	100.00	100.00
82.56	78.55	80.84	82.52	77.90	73.49
31.18	27.37	25.92	24.94	17.99	17.37
7.99	8.07	8.91	8.67	7.23	7.96
6.58	7.32	9.30	11.60	7.09	8.61
6.28	5.56	5.97	7.84	5.80	6.15
8.39	6.81	5.74	6.40	6.72	6.34
11.79	13.06	12.70	8.47	18.16	12.06
8.24	8.36	9.61	11.93	11.66	11.64
2.11	2.01	2.69	2.67	3.25	3.36
0.00	4.73	0.83	0.00	3.81	8.05

10-6 城市不同收入层次

BASIC CAPITA CASH EXPENDITURE OF URBAN

指　　标	平　均	最低10%	更低5%	低10%
人均家庭总支出	18385.90	7783.09	6318.40	13306.98
消费支出	14764.28	6342.24	5232.05	10653.24
购房与建房支出	333.01			
转移性支出	1431.44	462.39	479.79	907.81
交纳的个人收入税	121.01	6.16		36.14
捐赠支出	819.47	292.49	268.72	647.48
购买彩票	8.70	1.27	1.67	1.71
赡养支出	280.19	128.17	170.70	177.53
#在外就学子女费用	46.11	30.67	60.70	
非储蓄性保险支出	106.54	29.49	35.77	30.66
财产性支出	15.66	1.04		0.49
社会保障支出	1841.51	977.42	606.56	1745.45
个人交纳的养老基金	872.64	638.67	428.89	964.60
个人交纳的住房公积金	755.13	196.32	111.79	548.07
个人交纳的医疗基金	145.26	121.13	50.26	190.31
个人交纳的失业基金	56.46	19.30	14.36	38.57
其他社会保障支出	12.00	2.00	1.26	3.89
借贷支出	13861.02	4034.26	2993.00	6326.77
存入储蓄款	13191.71	3861.87	2928.77	6093.44
借出款	71.69			
归还借款	50.70	88.54	31.96	7.03
储蓄性保险支出	175.36	67.43	0.41	117.87
购买有价证券	0.02			
其他投资支出	3.09	16.09	31.86	
归还住房贷款	339.07			105.99
归还汽车贷款	21.35			
归还教育贷款				
归还其他贷款	2.71			
其他借贷支出	5.31	0.31		2.43

居 民 家 庭 总 支 出 (2009年)

HOUSEHOLDS BY LEVEL OF INCOME(2009)

单位:元

较低20%	中间20%	较高20%	高10%	最高10%	
					更高5%
13954.55	19116.60	20297.70	24584.31	37890.31	40047.75
11520.48	15016.00	16408.71	20286.88	29515.21	29430.37
	903.84	167.81		1443.17	3225.81
886.31	1475.66	1475.54	2033.30	3957.26	3935.81
64.92	68.55	154.93	185.28	509.55	568.47
574.43	927.51	835.92	1210.44	1661.50	1496.74
1.26	17.30	7.50	8.79	28.87	8.61
146.45	188.15	298.32	450.70	951.20	1015.00
4.07	13.59	6.26	9.87	442.69	423.71
48.17	135.74	106.68	82.01	415.85	285.52
13.92	12.30	0.12	67.61	47.38	105.81
1533.84	1708.79	2245.51	2196.53	2927.29	3349.96
822.75	849.49	962.10	800.60	1126.05	1401.35
527.92	657.06	1052.77	1153.02	1481.79	1610.88
123.33	118.03	138.85	161.29	235.42	241.45
49.27	67.01	64.35	79.52	80.96	91.95
10.57	17.19	27.45	2.10	3.08	4.33
9948.23	10663.52	17987.70	23164.17	35180.42	45306.36
9401.83	10129.75	17252.30	22238.68	33044.65	42896.22
174.50	9.35	95.80	9.87	173.18	
47.62	5.53	24.37	41.17	243.50	
136.59	218.99	166.95	192.20	394.13	157.05
0.12					
0.58	0.51	2.49	1.38	4.88	
167.32	290.40	425.12	680.11	1090.19	2223.90
13.09				223.69	16.13
6.40	2.41	4.70			
0.17	6.58	15.98	0.74	6.21	13.06

10-7 城市不同收入层次居

CAPITAL LIVING EXPENDITURE OF URBAN

指　　标	平　均	最低10%	
			更低5%
消费支出	14764.26	6342.24	5232.05
#服务性消费支出	3537.65	1252.26	1031.95
食　品	4836.78	2959.00	2682.96
粮油类	595.06	513.70	488.01
#粮　食	357.01	319.38	306.93
淀粉及薯类	28.92	25.25	23.47
干豆类及豆制品	61.43	56.80	57.07
油脂类	147.70	112.28	100.55
肉禽蛋水产品类	1115.81	726.44	681.52
#肉　类	599.00	421.38	407.97
禽　类	128.41	81.53	89.17
蛋　类	122.97	98.71	87.94
水产品类	265.42	124.82	96.43
蔬菜类	417.00	315.40	286.06
#鲜　菜	375.84	291.41	265.10
干　菜	27.91	12.84	7.70
菜制品	13.25	11.14	13.25
调味品	71.40	55.39	52.17
糖烟酒饮料类	536.68	312.64	288.22
#糖　类	35.23	18.07	18.44
烟草类	162.85	108.51	116.88
酒　类	205.95	115.34	100.42
饮料	132.65	70.72	52.49
干鲜瓜果类	388.53	246.15	201.53
#鲜　果	223.58	138.68	109.94
鲜　瓜	56.23	35.19	30.92
干鲜瓜果类及制品	108.73	72.29	60.67
糕点、奶及奶制品	355.98	216.36	189.56

民家庭人均消费性支出 (2009年)

HOUSEHOLDS BY LEVEL OF INCOME(2009)

单位:元

低10%	较低20%	中间20%	较高20%	高10%	最高10%	
						更高5%
10653.24	11520.39	15016.00	16408.71	20286.88	29515.21	29430.37
2603.00	2640.59	3497.60	3877.90	5124.50	7747.84	7816.17
3700.14	4351.46	5231.81	5261.79	6130.41	6814.66	6955.40
519.35	569.33	662.88	608.52	587.39	687.61	643.32
314.22	344.96	399.71	360.48	351.94	391.44	389.50
24.85	25.58	31.18	32.32	33.37	29.57	31.76
55.12	58.65	68.68	62.94	58.78	65.25	56.36
125.16	140.14	163.31	152.78	143.29	201.34	165.70
924.74	1086.71	1213.43	1165.68	1304.98	1426.20	1340.49
508.59	618.86	646.06	621.25	659.56	686.12	625.88
115.32	127.03	128.85	139.08	146.00	169.33	182.47
110.51	117.54	136.36	130.55	125.85	134.01	127.67
190.31	223.28	302.16	274.80	373.57	436.74	404.47
363.91	382.30	473.13	431.78	455.59	503.89	520.71
330.13	344.65	421.80	388.26	409.91	455.09	456.98
22.85	25.56	35.54	28.31	34.24	35.24	48.75
10.94	12.09	15.78	15.20	11.45	13.56	14.98
58.72	69.41	72.09	76.72	92.15	78.80	68.61
420.33	478.67	564.42	559.86	813.79	722.54	669.24
24.72	32.89	32.19	43.11	53.72	47.71	48.54
152.51	141.68	170.55	156.42	255.37	199.43	150.05
142.27	188.69	222.94	215.40	314.89	277.35	256.05
100.83	115.42	138.75	144.93	189.81	198.04	214.61
304.43	348.56	420.91	415.06	518.94	515.50	585.86
168.51	207.33	237.15	244.95	281.46	309.78	333.62
45.87	51.93	63.53	57.09	78.43	66.03	87.60
90.05	89.31	120.22	113.02	159.05	139.69	164.64
234.91	338.15	374.58	421.96	450.60	454.81	452.24

10-7续1

指　　标	平　均	最低10%	
			更低5%
#糕　点	110.85	62.88	54.79
奶及奶制品	245.13	153.48	134.77
其他食品	122.75	48.45	37.27
饮食服务	1233.56	524.45	458.63
#食品加工服务费	1.34	0.87	1.14
在外饮食	1232.22	523.58	457.48
非食品类			
衣　着	1484.78	531.22	366.87
服　装	1059.39	327.79	212.66
衣着材料	14.11	15.72	20.99
鞋　类	351.72	154.46	104.49
其他衣着用品	51.36	30.98	27.43
衣着加工服务费	8.20	2.28	1.29
居住	1496.68	678.64	552.10
住　房	603.30	67.25	33.42
#租赁房房租	43.53	25.19	0.38
住房装潢支出	343.03	14.77	13.77
维修用建筑材料	188.53	16.56	7.86
其　他	28.21	10.73	11.41
水电燃料及其他	820.63	561.07	446.39
#水	65.87	42.79	45.16
电	292.14	214.03	207.28
燃　料	168.61	201.00	175.36
其　他	32.05	38.62	0.98
居住服务费	72.75	50.31	72.29
#物业管理费	34.94	10.49	3.79

低10%	较低20%	中间20%	较高20%	高10%	最高10%	
						更高5%
83.03	99.71	115.73	128.87	152.75	142.86	135.21
151.88	238.44	258.85	293.09	297.85	311.96	317.03
89.14	93.79	137.05	123.50	113.09	316.95	430.27
784.61	984.52	1313.32	1458.73	1793.88	2108.35	2244.66
1.51	0.59	0.95	0.80	0.63	6.59	0.13
783.10	983.93	1312.37	1457.93	1793.24	2101.76	2244.53
1026.09	1115.57	1541.92	1809.04	2130.68	2741.29	3187.73
729.52	759.82	1087.41	1313.27	1538.20	2078.89	2519.62
6.62	18.17	10.25	12.88	21.82	15.39	17.18
257.36	285.34	380.01	418.03	490.18	543.20	539.15
30.65	46.14	51.60	58.71	65.16	87.46	85.33
1.93	6.09	12.64	6.14	15.32	16.35	26.45
917.28	917.91	1398.40	1887.39	2851.58	2687.97	3447.40
244.40	260.78	551.24	921.67	1365.28	1229.83	1780.63
108.00	25.47	34.53	74.14	1.97	24.30	2.71
108.39	118.27	252.92	621.22	904.79	627.02	931.45
26.66	100.26	187.81	201.64	455.33	540.69	774.73
1.35	16.78	75.97	24.67	3.19	37.81	71.74
636.01	631.36	807.16	874.29	1341.38	1233.65	1235.39
55.73	62.28	68.75	62.22	84.68	101.16	86.78
243.73	258.98	315.33	308.89	353.28	386.03	424.42
139.23	184.54	178.95	142.02	205.24	119.82	101.70
14.77	6.50	27.31	37.28	115.25	17.47	2.42
36.88	25.77	40.00	91.42	144.92	224.49	431.38
13.53	5.54	15.89	35.56	95.34	148.32	307.18

10-7续2

指　　标	平　均	最低10%	
			更低5%
维修服务费	8.06	0.23	0.10
其　他	29.75	39.59	68.40
家庭设备用品及服务	1086.71	401.76	243.06
耐用消费品	535.45	155.64	23.01
#家具	198.84	40.06	
家庭设备	336.61	115.58	23.01
室内装饰品	30.85	5.72	3.66
床上用品	58.44	26.34	24.84
家庭日用杂品	379.47	196.62	174.58
家具材料	17.83	6.76	3.71
家庭服务	64.66	10.68	13.26
医疗保健	1247.45	553.79	497.61
医疗器具	17.80	0.06	
保健器具	19.02	1.70	
药品费	500.91	278.87	233.50
滋补保健品	208.23	33.38	11.49
医疗费	484.97	226.32	243.70
其　他	16.52	13.46	8.92
交通和通信	2435.85	678.05	536.54
交　通	1869.49	312.46	315.05
#家庭交通工具	1231.79	180.35	213.28
车辆用燃料及零配件	236.13	19.74	19.14
交通工具服务支出	159.87	24.19	10.94
交通费	241.70	88.18	71.69
通　信	566.36	365.59	221.49
#通信工具	139.00	94.98	22.47
通信服务	427.36	270.61	199.01
教育文化娱乐服务	1733.61	420.82	260.19
文化娱乐用品	539.92	145.00	86.06
音像制品及软件	11.76	2.48	0.63
体育用品	8.00	2.28	0.05

低10%	较低20%	中间20%	较高20%	高10%	最高10%	
						更高5%
2.13	6.13	4.63	15.71	25.38	3.17	5.26
21.22	14.10	19.49	40.15	24.20	73.01	118.94
493.55	876.10	1062.84	1212.07	1927.43	2196.00	2463.57
186.09	365.91	521.81	593.92	1194.49	1123.78	1410.14
8.25	69.45	188.77	253.23	595.67	457.78	725.50
177.84	296.46	333.03	340.69	598.81	666.00	684.64
3.33	26.10	24.68	22.97	102.97	68.09	59.65
16.47	37.72	62.62	86.16	95.30	96.00	105.46
250.99	372.86	411.68	403.95	456.80	602.36	698.13
1.41	42.28	6.39	10.42	27.50	28.34	27.52
35.28	31.24	35.67	94.66	50.37	277.43	162.68
912.25	1170.40	1301.78	1165.28	1574.44	2547.58	2540.97
3.52	8.85	8.08	5.46	125.57	17.19	18.14
0.97	12.44	11.23	6.25	22.74	127.40	270.97
354.31	488.60	526.72	550.60	530.97	825.39	844.56
49.45	119.62	215.01	220.43	404.13	622.93	793.63
496.18	529.19	511.52	373.70	479.90	917.17	550.00
7.83	11.71	29.21	8.84	11.13	37.52	63.69
2334.86	1645.31	2497.25	2578.05	2082.05	6879.35	4829.47
1924.12	1167.53	1944.35	1925.28	1363.22	5941.59	3867.95
1493.35	821.04	1105.72	1221.73	563.60	4415.75	2137.82
122.64	77.68	308.42	282.09	268.59	765.62	927.09
147.21	90.08	304.40	121.09	106.74	339.25	340.40
160.92	178.72	225.82	300.37	424.30	420.97	462.64
410.74	477.79	552.90	652.77	718.83	937.77	961.51
101.71	107.88	128.63	164.46	178.99	249.29	251.54
309.03	369.91	424.26	488.31	539.83	688.48	709.97
1055.81	1149.52	1597.63	1949.71	2933.78	4417.26	4660.93
220.10	355.17	527.04	699.02	994.57	1137.68	1301.67
5.85	5.74	12.49	9.70	33.97	26.07	22.49
1.78	6.08	11.57	6.99	7.72	23.10	33.22

10-7续3

指　　标	平　均	最低10%	更低5%
书报杂志	62.52	28.40	24.62
纸张文具	19.17	12.72	9.44
其他文娱用品	122.63	48.57	25.47
文化娱乐服务	450.89	48.73	26.61
#参观游览	155.83	17.13	10.46
健身活动	21.41	1.58	0.28
团体旅游	161.25	11.88	8.04
其他文娱活动	104.82	17.87	7.52
文娱用品修理服务费	7.58	0.27	0.31
教　育	742.80	227.10	147.51
教　材	28.91	22.58	8.89
教育费用	713.89	204.51	138.62
#非义务教育学杂费	282.47	62.54	54.83
义务教育学杂费	21.24	20.20	6.49
托幼费	81.12	37.21	42.11
成人教育费	74.50	23.96	19.74
家教费	15.40	1.04	
培训班	176.40	53.61	10.08
学校住宿费	2.48	0.31	
其　他	60.28	5.64	5.36
其它商品和服务	442.42	118.97	92.73
其它商品	327.25	86.29	73.98
金银珠宝饰品	73.53	1.00	1.26
理发美容工具	4.12	1.68	1.10
化妆品	127.13	27.27	18.60
其他杂品	104.13	55.90	52.15
服　务	115.17	32.68	18.75
#旅馆住宿费	20.15	3.13	
理发洗澡费	24.43	13.11	9.86
美容费	22.72	0.78	0.31
其他服务	47.87	15.66	8.58

低10%	较低20%	中间20%	较高20%	高10%	最高10%	更高5%
35.66	47.68	78.71	77.41	92.77	76.15	74.43
15.39	12.96	17.51	23.10	28.34	33.41	47.27
65.35	82.35	123.51	167.54	174.03	239.59	235.97
141.48	200.31	437.05	507.38	800.56	1561.97	2411.10
43.41	78.72	163.59	190.01	387.51	337.86	300.19
4.49	1.01	28.46	20.18	38.64	89.14	120.50
6.27	57.82	103.44	195.97	197.44	850.27	1602.11
73.66	58.84	134.47	97.40	160.96	265.46	379.91
13.65	3.93	7.09	3.82	16.01	19.24	8.39
694.24	594.04	633.54	743.31	1138.65	1717.60	948.16
34.35	24.21	27.80	34.90	28.50	31.32	30.11
659.89	569.82	605.74	708.40	1110.14	1686.27	918.05
390.70	179.37	233.03	307.26	291.52	749.82	413.42
29.16	15.72	24.10	19.24	22.48	22.20	19.77
6.48	106.18	110.45	46.79	113.72	152.49	114.08
32.88	118.15	34.90	39.74	85.72	254.45	226.79
	7.61	15.12	41.70	27.98	1.46	3.26
137.50	102.60	156.77	226.89	423.49	241.26	89.35
4.33	3.78		4.07		4.80	10.73
58.84	36.41	31.37	22.72	145.24	259.80	40.65
213.25	294.12	384.37	545.39	656.51	1231.10	1344.89
143.46	220.01	276.71	411.36	465.24	948.22	1039.07
18.46	29.52	65.96	76.14	104.19	335.17	268.58
1.84	5.35	2.72	5.96	3.99	6.70	3.85
55.67	107.58	106.93	180.21	177.10	280.53	303.58
66.23	69.33	89.73	124.64	170.24	222.53	264.42
69.79	74.11	107.66	134.03	191.27	282.87	305.82
4.15	5.26	12.54	26.87	49.84	72.22	107.92
17.51	20.18	23.88	25.98	37.15	43.66	54.35
20.94	11.87	12.63	42.81	34.78	47.00	53.00
27.19	36.81	58.61	38.37	69.50	119.98	90.55

10-8 主要年份城市居民消费性支出构成

CAPITA LIVING EXPENDITURE COMPISITION OF URBAN HOUSEHOLDS IN MAJOR YEARS

单位:%

指　　标	1985年	1990年	1995年	2000年	2005年	2008年	2009年
消费性支出	100.00	100.00	100.00	100.00	100.00	100.00	100.00
食　品	56.45	57.47	47.61	34.64	33.02	32.12	32.76
#粮　食	5.26	4.46	6.16	3.18	2.50	2.60	2.42
油脂类	1.69	2.25	2.30	1.05	0.99	1.39	1.00
肉禽及制品	8.37	10.45	10.58	6.01	6.50	5.10	4.93
蛋　类	5.64	5.90	3.55	1.22	1.09	0.89	0.83
水产品类	2.24	3.22	2.44	2.00	1.59	1.49	1.80
菜　类	5.91	7.23	5.26	2.52	2.56	2.60	2.82
糖　类	1.22	0.61	0.61	0.38	0.27	0.22	0.24
烟草类	2.67	2.79	1.48	1.06	1.03	1.01	1.10
酒和饮料	3.94	4.22	2.50	2.33	2.09	2.35	2.29
干鲜瓜果类	4.41	4.64	2.82	2.19	2.86	2.45	2.63
糕点类	1.86	1.47	1.23	0.97	0.85	0.80	0.75
奶及奶制品	0.93	1.25	1.05	1.98	2.02	1.72	1.66
在外用餐	7.90	4.77	4.00	6.71	7.73	7.81	8.35
衣　着	13.97	13.17	13.36	10.98	10.02	9.74	10.06
#衣着材料	4.24	4.18	2.16	0.81	0.18	0.12	0.10
服装类	5.72	5.59	7.63	7.18	7.03	7.13	7.18
鞋　类	1.95	2.15	2.57	2.36	2.34	2.14	2.38
设备用品及服务	10.45	10.44	10.17	11.69	5.81	7.74	7.36
#家　具	1.99	2.04	1.26	1.92	0.82	1.65	1.35
家庭设备	4.89	4.90	4.38	4.35	2.19	2.35	2.28
室内装饰	0.06	0.26	0.19	0.62	0.24	0.32	0.21
医疗保健	0.58	1.27	3.07	6.61	8.60	8.55	8.45
#医药费			2.22	3.92	4.33	3.58	3.39
交通和通讯	1.67	1.81	6.80	6.69	15.70	15.23	16.50
娱乐教育和文化服务	9.81	8.63	7.86	15.49	12.80	12.74	11.74
文娱耐用消费品	6.72	4.52	1.53	4.05	4.36	4.08	3.66
教　育	1.22	1.82	3.84	8.17	6.53	5.79	5.03
文化娱乐	1.88	2.29	2.49	3.27	1.91	2.87	3.05
居　住	3.59	3.56	6.77	8.45	10.68	10.78	10.14
#房　租	1.04	0.81	1.52	2.63	0.23	0.54	0.29
水、电、燃	2.45	2.65	4.32	4.24	5.50	5.86	5.56
住房装饰			1.41	1.29	2.31	2.35	2.32
杂项商品和服务	3.48	3.65	4.36	5.46	3.36	3.11	3.00
#金银珠宝饰品		0.42	0.66	0.47	0.34	0.57	0.50
美容化妆品	0.17	0.28	0.40	0.79	1.24	0.76	0.86
在消费性支出中							
购买商品支出	93.54	91.89	85.15	74.15	74.80	75.24	76.04
非商品支出	6.46	8.11	14.85	25.85	25.20	24.76	23.96
交通费	0.74	0.79	1.04	2.43	2.48	2.01	1.64
医疗保健费	0.21	0.40	0.40	2.07	8.60	0.31	3.28
学杂费	0.69	1.31	3.15	7.27	2.21	1.38	2.06
保育费	0.55	0.50	0.43	0.58	0.68	0.60	0.55
文娱费	0.25	0.41	0.89	1.07	1.84	2.87	3.05
修理服务费	1.42	1.58	4.13	2.84	6.29	5.50	4.96

10-9 城市居民家庭人均全年购买商品数量

NUMBER OF PER CAPITA PURCHASE OF GOODS IN URBAN HOUSEHOLDS

商品名称	单位	1985年	1990年	1995年	2000年	2005年	2008年	2009年
食品购买量								
粮 食	千克	137.40	126.85	108.54	95.84	69.80		
食用植物油	千克	5.53	7.81	8.70	7.19	7.73	9.48	8.08
猪牛羊肉	千克	17.45	20.64	21.93	20.40	19.58	16.08	18.56
家 禽	千克	2.64	2.32	4.60	6.28	5.89	3.29	2.84
鱼	千克	5.16	6.21	5.91	6.73	5.82	5.94	6.85
鲜 蛋	千克	16.09	17.20	22.96	20.08	16.30	16.08	16.11
鲜 菜	千克	131.52	131.55	143.44	116.38	118.40	124.94	115.44
酒 类	千克	10.70	13.11	12.90	12.76	13.08	9.88	11.49
#白 酒	千克	3.05	3.21	2.60	2.11	2.80	2.04	2.35
啤 酒	千克	7.07	9.54	9.86	10.39	9.93	7.67	8.96
鲜瓜果	千克	50.39	51.38	63.87	87.26	77.59	68.61	70.4
茶 叶	千克		0.50	0.48	0.56	0.46	0.74	0.75
鲜乳品	千克	7.65	12.84	8.67	23.48	24.90	18.99	21.93
工业品购买量								
服 装	件			5.89	7.78	8.38	8.14	8.34
鞋	双	1.92	2.33	2.84	2.94	3.10	3.10	3.22
煤 炭	千克	281.87	284.66	233.97	127.54	166.86	119.90	96.77
液化石油气	千克	11.00	13.55	20.06	19.93	15.38	11.44	7.16

注：自2007年以来国家统计局修改了部分指标如粮食、酒类、液化石油气等。

10-10 城市不同收入层次居民家

NUMBER OF DURABLE CONSUMER GOODS OWNED

指　　标	单　位	平　均	最低10%		低10%
				更低5%	
摩托车	辆	14.33	16.67	20.00	16.67
助力车	辆	31.67	36.67	33.33	35.00
家用汽车	辆	16.33	1.67	3.33	11.67
洗衣机	台	91.50	88.33	86.67	86.67
电冰箱	台	95.00	83.33	76.67	93.33
彩色电视机	台	113.50	103.33	106.67	110.00
家用电脑	台	68.50	46.67	40.00	61.67
组合音响	套	15.50	6.67	6.67	15.00
摄像机	架	9.67	1.67		6.67
照相机	架	44.50	23.33	16.67	35.00
钢　琴	架	3.50			1.67
其他中高档乐器	件	3.50	1.67		3.33
微波炉	台	51.67	23.33	10.00	41.67
空调器	台	105.33	45.00	33.33	70.00
淋浴热水器	台	76.33	41.67	43.33	65.00
消毒碗柜	台	5.17			6.67
洗碗机	台	0.50			
健身器材	套	2.83	1.67		
普通电话	部	51.33	43.33	46.67	50.00
移动电话	部	152.50	135.00	123.33	148.33

庭每百户耐用消费品拥有量 (2009年)

PER 100URBAN HOUSEHOLDS BY LEVEL OF INCOME(2009)

较低20%	中间20%	较高20%	高10%	最高10%	
					更高5%
20.83	12.50	7.50	18.33	10.00	6.67
36.67	30.83	26.67	40.00	16.67	10.00
8.33	16.67	23.33	21.67	31.67	26.67
90.00	88.33	91.67	93.33	106.67	103.33
96.67	94.17	96.67	98.33	100.00	96.67
112.50	111.67	115.00	118.33	125.00	113.33
65.00	74.17	74.17	70.00	80.00	60.00
16.67	13.33	18.33	15.00	21.67	16.67
5.00	5.83	20.83	10.00	15.00	6.67
41.67	45.00	50.83	53.33	58.33	53.33
0.83	5.83	5.00	3.33	6.67	6.67
4.17	5.00	2.50	5.00	1.67	3.33
50.00	55.00	57.50	60.00	66.67	63.33
95.00	111.67	116.67	136.67	155.00	160.00
70.00	85.00	84.17	86.67	91.67	93.33
2.50	7.50	4.17	5.00	11.67	20.00
0.83	0.83	0.83			
2.50	4.17	1.67	3.33	6.67	3.33
50.00	47.50	55.00	53.33	61.67	60.00
153.33	154.17	157.50	150.00	161.67	133.33

10-11 每百户城市居民家庭主要耐用消费品拥有量

NUMBER OF DURABLE CONSUMER GOODS OWNED PER 100URBAN HOUSEHOLDS IN MAJOR YEARS

商品名称	单位	1995年	2000年	2005年	2006年	2008年	2009年
成套家具	套	62.0	73.3	70.9	70.5		
自行车	辆	237.0	223.7	176.6	159.5		
助力车	辆			18.1	22.7	29.2	14.3
摩托车	辆	13.0	34.3	30.1	28.5	14.2	31.7
家用汽车	辆			5.4	6.8	15.2	16.3
电风扇	台	187.0	193.3	152.5	138.5		
洗衣机	台	91.5	100.0	97.0	99.0	88.2	91.5
电冰箱	台	92.0	99.3	97.0	96.7	92.7	95.0
冰　柜	台	11.5	17.7	13.7	14.1		
彩色电视机	台	95.0	132.3	126.8	121.9	113.3	113.5
影蝶机	台		50.0	62.2	64.0		
录放像机	台	24.5	31.7	21.1	21.9		
家用电脑	台		20.0	54.2	64.5	61.3	68.5
组合音响	台	10.5	29.0	26.8	27.5	14.3	
摄像机	台		2.3	4.0	5.0	7.5	9.7
照相机	架	40.5	76.0	59.2	62.5	39.5	44.5
钢　琴	架		2.7	2.3	3.8	3.3	3.5
其它中高档乐器	件	6.5	12.3	6.4	8.6	3.3	3.5
微波炉	台		32.3	53.2	57.7	44.3	51.7
空调器	台	16.0	65.0	104.4	112.3	97.3	105.3
电炊具	个	47.0	106.7	82.6	80.1		
淋浴热水器	台	36.5	81.3	79.3	82.9	75.3	76.3
脱排油烟机	台	49.0	84.0	86.6	88.4		
消毒碗柜	台			5.4	5.8	3.7	5.2
洗碗机	台			1.0	2.0	0.7	0.5
吸尘器	台	6.5	19.3	18.1	16.1		
健身器材	件		4.7	6.4	5.0	2.2	2.8
住宅电话	部	38.0	86.7	88.6	83.9	52.5	51.3
移动电话	部		28.7	145.2	162.7	145.0	152.5

10-12 主要年份农村居民生活

BASIC CONDITIONS OF RURAL HOUSEHOLDS IN MAJOR YEARS

年份地区	农民人均纯收入(元)	人均生活费支出(元)		每一劳动力负担人数(人)	人均住宅居住面积（平方米）
			人均食品支出		
1952	49.4	39.2	29.2	1.8	7.5
1957	63.6	57.9	34.8	1.8	7.8
1962	67.7	59.9	36.3	1.8	8.0
1965	92.6	69.7	46.1	1.8	8.2
1970	82.7	67.2	42.2	1.7	8.5
1975	79.1	59.5	40.8	1.7	9.0
1978	110.5	83.2	58.2	1.7	9.6
1980	168.9	127.1	85.8	1.6	10.5
1985	439.2	330.5	171.1	1.6	16.9
1990	731.1	569.8	287.7	1.6	22.5
1991	810.1	610.6	303.7	1.6	23.7
1992	865.3	660.5	335.1	1.6	21.1
1993	1031.4	724.8	371.4	1.6	22.9
1994	1401.0	942.5	511.0	1.6	24.1
1995	1812.7	1373.6	770.8	1.4	24.7
1996	2328.1	1728.1	926.2	1.4	26.9
1997	2600.0	1799.7	922.0	1.4	27.1
1998	2826.4	1872.5	935.9	1.4	27.4
1999	2943.7	1841.2	876.7	1.4	28.3
2000	3046.8	1976.8	860.0	1.4	28.6
2001	3215.7	2057.8	852.5	1.5	29.9
2002	3355.8	2133.9	849.5	1.4	30.6
2003	3619.3	2316.2	900.7	1.4	32.5
2004	4198.7	2543.1	1040.4	1.4	32.9
2005	4812.3	2902.8	1134.8	1.4	33.8
2006	5480.0	3415.3	1199.8	1.4	35.3
2007	6300.1	3789.8	1423.0	1.4	37.3
2008	7180.2	4385.4	1628.2	1.4	38.7
2009	7804.8	4733.1	1686.3	1.4	39.4
2009年分地区					
市中区	8796.7	6632.1	2065.1	1.5	55.5
槐荫区	9082.8	4214.5	1405.8	1.3	36.7
天桥区	8519.9	4232.4	1977.3	1.3	39.9
历城区	8450.2	5985.4	1868.0	1.4	49.7
长清区	8040.8	4042.1	1658.6	1.2	43.1
平阴县	6657.0	3699.6	1565.3	1.4	35.6
济阳县	6781.8	3754.2	1567.9	1.4	24.9
商河县	5824.4	4144.4	1467.6	1.3	32.0
章丘市	9009.9	5290.0	1740.3	1.4	41.5

10-13 分地区农村居

BASIC CONDITIONS OF RURAL

指　　标	单　位	济南市	市中区	槐荫区	天桥区
调查户数	户	960	60	60	60
调查人口	人	3477	230	219	208
户均基本情况					
常住人口	人	3.62	3.83	3.65	3.47
#整半劳力	人	2.67	2.60	2.72	2.75
常住人口外出劳动人数	人	0.52	0.30	0.60	0.70
每个劳动力负担人口	人	1.36	1.47	1.34	1.26
劳动力文化程度					
文盲或半文盲	人	0.08	0.03	0.02	0.02
小　学	人	0.40	0.38	0.43	0.32
初中程度	人	1.50	1.13	1.07	0.97
高中程度	人	0.41	0.47	0.70	0.85
中专程度	人	0.15	0.18	0.33	0.27
大专以上	人	0.12	0.40	0.17	0.33
平均每人年收入					
总收入	元	10175.7	10073.6	10175.2	8994.4
纯收入	元	7804.8	8796.7	9082.8	8519.9
现金收入	元	9343.2	9859.5	9424.6	8589.5
平均每人年支出					
总支出	元	7285.9	9187.3	5065.5	4814.7
#家庭经营费用支出	元	1895.0	1042.4	799.5	368.9
生活消费支出	元	4733.1	6632.1	4214.5	4232.4
现金支出	元	6988.6	9153.2	4959.0	4520.5
#生产费用	元	2192.0	2319.6	797.3	379.0
税费支出	元	17.0			
生活消费支出	元	4477.0	6600.8	4110.3	3938.2
非消费性现金支出	元	1747.0	1004.2	161.1	282.8
人均经营耕地	亩	1.3	0.8	0.4	1.5
农民人均住房面积	平方米	39.4	55.5	36.7	39.9
#砖木结构	平方米	26.5	19.2	19.1	26.5
钢混结构	平方米	12.7	36.4	17.6	13.4
人均拥有住房价值	元	20635.0	42592.6	41848.4	53346.2

民家庭基本情况 (2009年)

HOUSEHOLDS BY REGION(2009)

历城区	长清区	平阴县	济阳县	商河县	章丘市
150	120	110	120	120	160
531	387	397	469	488	548
3.54	3.23	3.61	3.91	4.07	3.43
2.55	2.59	2.55	2.88	3.08	2.49
0.45	0.54	0.59	0.74	0.72	0.30
1.39	1.24	1.41	1.36	1.32	1.38
0.07	0.04	0.05	0.08	0.18	0.08
0.35	0.32	0.25	0.52	0.62	0.38
1.26	1.58	1.59	1.68	1.92	1.48
0.48	0.38	0.38	0.33	0.30	0.37
0.27	0.10	0.14	0.17	0.04	0.10
0.13	0.17	0.15	0.09	0.03	0.08
10710.8	9001.6	7795.2	9689.5	8787.9	12604.2
8450.2	8040.8	6657.0	6781.8	5824.4	9009.9
10124.4	8014.6	7124.2	8930.1	7437.7	11717.4
8287.3	5616.6	4893.8	6759.4	7399.4	8848.5
1639.7	666.9	956.5	2435.4	2486.1	2905.2
5985.4	4042.1	3699.6	3754.2	4144.4	5290.0
8074.6	5318.7	4394.8	6426.2	7056.8	8540.4
1665.0	1328.5	851.5	2580.2	2999.6	3225.9
5.4			11.7	78.5	12.6
5803.1	3746.8	3348.6	3509.1	3818.1	5020.2
1369.5	3898.8	1110.5	1715.2	3121.7	802.0
0.7	1.1	1.3	2.0	2.3	1.1
49.7	43.1	35.6	24.9	32.0	41.5
24.6	17.6	32.7	24.4	29.3	32.1
25.2	25.6	2.9	0.4	1.9	9.0
28153.1	17081.3	15171.3	8850.1	10467.2	20668.2

10-14 农村居民家庭基本情况

BASIC CONDITIONS OF RURAL HOUSEHOLDS

指　　标	单　位	2004年	2005年	2006年	2007年	2008年	2009年
调查户数	户	870	890	1000	1000	1000	960
调查人口	人	3138	3275	3698	3661	3636	3477
户均基本情况							
常住人口	人	3.61	3.68	3.70	3.66	3.64	3.62
#整半劳力	人	2.56	2.65	2.71	2.69	2.69	2.67
常住人口外出劳动人数	人	0.33	0.48	0.44	0.38	0.47	0.52
每个劳动力负担人口	人	1.39	1.39	1.37	1.36	1.35	1.36
劳动力文化程度							
文盲或半文盲	人	0.13	0.10	0.15	0.07	0.07	0.08
小　学	人	0.48	0.52	0.46	0.42	0.41	0.40
初中程度	人	1.39	1.40	1.48	1.53	1.51	1.50
高中程度	人	0.42	0.44	0.42	0.44	0.45	0.41
中专程度	人	0.09	0.14	0.14	0.15	0.16	0.15
大专以上	人	0.05	0.05	0.07	0.08	0.09	0.12
平均每人年收入							
总收入	元	5644.5	6432.7	7161.7	8067.6	9219.0	10175.7
纯收入	元	4198.7	4812.3	5480.0	6300.1	7180.2	7804.8
现金收入	元	4765.9	5635.3	6427.8	7256.8	8509.5	9343.2
平均每人年支出							
总支出	元	4231.7	4618.4	5280.5	5671.1	6654.2	7285.9
#家庭经营费用支出	元	1240.6	1374.3	1448.5	1488.7	1716.0	1895.0
生活消费支出	元	2543.1	2902.8	3415.3	3789.8	4385.4	4733.1
其他非生产性支出	元						
现金支出	元	3906.0	4336.0	4975.2	5323.3	6341.6	6988.6
#生产费用	元	1350.7	1433.1	1365.5	1571.7	1906.6	2192.0
生活消费支出	元	2307.3	2674.3	3194.4	3515.8	4125.7	4477.0
人均经营耕地	亩	1.3	1.5	1.39	1.3	1.3	1.3
农民人均住房面积	平方米	32.9	33.8	35.3	37.3	38.7	39.4
#砖木结构	平方米	20.6	22.0	24.6	26.5	26.6	26.5
钢混结构	平方米	11.1	11.4	10.4	10.2	11.7	12.7
人均拥有住房价值	元	9562.8	9843.8	12982.6	16113.4	19885.2	20635.0

10-15 农村居民人均总收入和总支出

GROSS EXPENDITURE AND NET INCOME OF RURAL HOUSEHOLDS PER CAPITA　　单位:元

指标名称	2004年	2005年	2006年	2007年	2008年	2009年
总收入	5644.5	6432.7	7161.7	8067.6	9219.0	10175.7
工资性收入	1614.7	1827.4	2160.0	2645.9	3178.5	3483.5
在非企业组织中得到收入	325.7	331.0	364.6	465.8	541.7	586.3
在本地企业中得到收入	892.1	952.8	1130.8	1387.3	1737.3	1929.2
常住人口外出从业得到收入	396.9	543.6	664.6	792.8	899.4	968.0
家庭经营收入	3631.7	4205.9	4532.7	4850.7	5333.5	5876.9
农业收入	1868.1	2136.4	2347.4	2216.8	2434.8	2542.0
#种植业收入	1782.3					
林业收入	54.7	54.4	89.4	117.8	142.4	112.4
牧业收入	753.4	946.9	771.6	862.0	875.5	905.6
渔业收入	2.6	2.3	29.4	29.2	19.1	17.2
工业收入	124.2	143.3	124.2	194.5	249.2	409.7
建筑业收入	82.4	186.5	307.6	408.2	395.3	616.0
交通、运输和邮电业收入	274.9	338.0	395.7	369.1	345.0	357.2
批发零售贸易、餐饮业收入	303.9	230.6	296.6	405.3	528.6	539.0
社会服务业收入	75.7	68.4	74.2	71.1	118.8	149.0
文教卫生业收入	12.0	12.9	16.3	16.4	20.0	19.3
其他家庭经营收入	79.8	86.2	80.3	160.3	204.8	209.5
财产性收入	180.9	219.9	249.8	305.1	367.3	415.0
利息	5.7	17.6	3.9	7.8	10.7	18.4
股息	13.9	14.0	12.2	8.7	37.5	45.4
租金	44.4	35.1	36.6	43.8	50.3	34.8
红利	0.9	3.7	8.0	22.5	1.4	6.4
土地征用补偿	78.6	106.6	110.8	137.7	190.3	195.5
其他	37.5	42.9	78.3	84.6	77.1	114.5
转移性收入	217.2	179.5	219.2	266.0	339.7	400.1
家庭非常住人口寄回	30.2	30.2	19.9	17.1	15.1	27.5
亲友赠送	58.5	56.5	69.8	63.7	100.3	151.2
#农村外部亲友赠送	34.6	18.4	8.0	4.4	17.3	21.2
调查补贴	21.1	18.1	16.9	21.5	25.8	34.0
救济金	1.0	1.2	1.0	1.1	4.4	1.0
救灾款						
保险年金						
退休金	60.7	35.6	35.8	51.0	74.1	73.6
抚恤金	1.6	1.0	3.6	5.7	5.8	2.8
其他	44.1	36.9	72.2	105.9	114.2	110.0
总支出	4231.7	4618.4	5280.5	5671.1	6654.2	7285.9
家庭经营费用支出	1240.6	1374.3	1448.5	1488.7	1716.0	1895.0
农业生产	441.9	442.8	695.9	581.9	730.5	693.7
#种植业	355.9					

10-15续

指 标 名 称	2004年	2005年	2006年	2007年	2008年	2009年
林业生产	11.7	14.0	13.6	21.2	18.4	10.7
牧业生产	506.3	559.7	367.6	385.6	378.9	411.9
渔业生产	0.4	0.4	9.6	0.2	2.1	3.7
工业生产	41.7	40.5	37.3	102.0	150.7	232.2
建筑业生产	13.9	25.8	103.5	108.6	119.3	217.3
交通、运输和邮电业	70.4	82.5	111.5	106.6	124.1	130.6
批发和零售贸易、餐饮业	109.0	52.1	66.9	163.4	170.8	155.7
社会服务业	26.4	6.3	6.7	5.1	11.1	23.0
文教卫生业	1.2	5.5	9.6	5.5	4.1	6.1
其他家庭经营支出	17.7	29.9	26.3	8.6	6.0	10.0
购置生产性固定资产支出	197.7	97.8	215.9	151.7	226.8	322.6
税费支出	50.3	35.8	9.7	14.9	12.8	17.0
缴纳生产税	34.9	15.5	0.9	0.3	2.9	1.2
缴纳其他直接税	15.4	20.3	8.8	14.6	9.9	15.8
生活消费支出	2543.1	2902.8	3415.3	3789.8	4385.4	4733.1
食品消费支出	1040.4	1134.8	1199.8	1423.0	1628.2	1686.3
#主食	234.2	243.2	246.1	299.4	306.0	324.5
副食	415.6	445.0	453.1	567.2	685.8	677.1
其他食品	270.4	299.1	329.9	373.9	437.0	451.0
在外饮食	111.8	139.5	163.8	174.9	191.3	228.0
衣着消费	171.8	168.7	198.4	224.0	252.9	269.9
居住消费	376.0	450.1	655.9	709.7	790.1	925.3
#住房装饰	39.1	28.6	42.7	75.8	62.9	30.9
家庭设备、用品及服务	142.6	164.4	206.7	225.6	285.6	273.1
医疗保健	196.9	244.3	252.9	278.6	394.4	405.4
交通通讯消费	237.3	327.2	420.8	524.2	634.8	746.7
文教娱乐用品及服务	343.3	376.1	431.3	359.7	355.5	377.8
其他商品和服务消费	34.7	37.3	49.6	45.0	43.9	48.6
财产性支出	43.4	11.0	19.0	17.6	9.1	14.1
转移性支出	154.5	185.5	166.1	204.3	296.9	295.8
寄给或带给家庭非常住人口	47.2	25.5	12.3	5.5	24.1	6.6
赠送亲友	82.0	96.2	96.9	116.2	164.6	154.6
#赠送农村外部亲友	19.6	62.5	7.1	13.2	9.1	12.4
缴纳保险费	8.6	18.2	24.0	36.1	41.1	70.9
缴纳罚款	0.9	0.8	0.9	8.0	8.6	0.8
其他	15.8	44.8	32.0	38.5	58.5	62.9

10-16 农村居民人均生活消费现金支出

LIVING CONSUMER EXPENDITURE OF PEASANT HOUSEHOLD PER CAPITAL 单位:元

指 标 名 称	2004年	2005年	2006年	2007年	2008年	2009年
农村住户生活消费现金支出	2307.3	2674.3	3194.4	3515.8	4125.7	4477.0
食 品	814.9	913.1	1000.4	1158.3	1379.3	1433.4
主 食	54.1	59.4	67.8	80.0	90.3	107.1
粮 食	25.8	24.7				
粮食复制品	28.3	34.7				
副 食	417.8	451.1	472.3	580.4	712.9	696.0
蔬 菜	78.3	81.1	99.7	116.2	126.9	127.3
豆制品	6.1	8.6	9.4	9.7	11.2	11.4
油脂类	58.2	56.9	54.8	74.7	104.6	94.5
食 糖	3.5	3.0	3.3	3.1	3.7	3.3
肉、禽及其制品	158.6	185.8	193.2	229.2	307.4	302.7
蛋 类	56.3	52.7	47.6	56.7	66.8	62.7
水产品	22.8	27.4	29.6	36.1	41.3	43.0
调味品	16.5	18.0	18.8	21.2	26.6	29.4
其 他	17.4	17.6	15.9	33.4	24.4	21.7
其他食品	222.8	257.2	289.6	318.1	378.3	398.3
烟草类	48.7	60.0	70.9	77.4	85.6	93.3
酒 类	70.6	86.5	90.6	99.3	105.9	113.1
饮料类	17.6	20.3	23.0	26.2	36.8	31.0
干鲜果品	35.6	42.3	51.5	56.5	69.2	75.2
糖果糕点	17.1	19.5	20.8	21.6	27.2	25.5
奶和奶制品	17.4	17.6	20.2	25.1	24.6	24.9
罐头类	…	…	…	…	…	–
其 他	15.9	11.0	12.6	12.0	29.0	35.3
在外饮食	111.8	139.5	163.8	174.9	191.3	228.3
食品加工费	8.4	5.9	5.5	4.9	6.5	3.7
衣 着	162.3	162.2	192.1	220.5	246.7	268.1
服 装	96.9	98.5	120.8	142.9	155.8	176.3
衣着材料	11.9	10.5	13.2	9.7	10.8	9.7
鞋、帽、袜类	42.5	43.3	45.4	56.3	69.6	69.5
衣着加工费	1.7	1.3	1.3	1.3	1.0	1.1
其他	9.4	8.6	11.4	10.3	9.5	11.5
居 住	375.9	450.0	642.5	706.0	785.4	925.0
住 房	211.7	264.2	432.5	467.	494.3	628.4
建筑材料	128.2	207.3	287.1	273.0	176.9	217.4
住房装饰、装修	39.1	28.6	42.7	75.8	118.8	86.1
房租	2.6	3.8	7.4	5.2	5.0	8.7
其他	41.8	24.5	95.3	113.1	193.6	316.2
电 费	46.6	53.6	66.8	76.8	94.1	105.8
水 费	3.8	2.9	5.8	5.0	5.7	7.1
燃 料	97.0	111.5	122.4	133.5	157.2	168.5
煤 炭	67.2	80.3	85.7	102.3	125.5	136.1
液化气(煤气、天然气)	23.6	25.5	29.0	28.5	29.7	30.0
柴草	…	0.3	1.0	0.2	0.4	0.1
其 他	6.2	5.4	6.7	2.5	1.6	2.3
其 他	16.8	17.8	15.0	23.6	34.1	15.2
家庭设备、用品及服务	142.6	164.3	206.7	225.5	285.6	271.9

10-16续

指 标 名 称	2004年	2005年	2006年	2007年	2008年	2009年
耐用消费品	84.3	91.1	132.1	141.4	190.5	174.7
家 具	28.0	35.0	41.5	52.1	61.4	54.7
家庭设备	50.5	51.3	84.3	81.6	98.5	103.5
其 他	5.9	4.8	6.3	7.7	30.6	16.5
床上用品	9.0	7.4	8.1	12.3	12.1	14.3
家庭日用杂品	41.7	46.7	55.2	60.9	71.0	71.8
日用小五金	6.5	12.2				
日用百货	22.4	23.4				
其 他	12.8	11.1				
设备用品加工修理费	3.8	8.4	7.1	7.1	7.5	7.4
其 他	3.8	10.7	4.2	3.8	4.5	3.7
医疗保健	196.9	244.3	252.9	278.6	394.4	405.4
医疗卫生保健用品	63.5	76.9	82.6	71.4	108.2	100.4
医疗保健服务费	128.5	163.8	166.4	204.2	284.6	300.8
医疗卫生保健设备	3.7	0.9	1.8	0.9	1.6	4.2
其 他	1.3	2.7	2.1	2.1	…	
交通和通讯	237.3	327.2	420.8	524.2	634.8	746.7
交通工具	60.4	94.4	146.6	229.7	298.4	392.7
通讯工具	18.0	31.6	31.9	34.9	31.7	27.5
交通费	30.8	31.5	30.3	33.9	43.4	39.9
客运交通费	24.5	29.3	28.6	33.0	42.4	38.5
货运费	0.3	2.2	1.7	0.9	1.0	1.4
邮电费	93.2	103.0	127.6	143.6	161.1	147.1
交通、通讯工具修理费	9.0	14.4	16.4	12.4	24.3	53.4
动力燃料及其他	9.0	52.3	68.0	69.7	75.9	86.1
文化教育、娱乐用品及服务	343.3	376.1	431.3	359.7	355.5	377.8
文化教育、娱乐用品	64.2	69.7	68.8	85.4	98.5	109.7
文化教育娱乐用机电消费品	42.2	39.6	37.9	34.9	69.0	77.1
书、报、杂志	8.8	13.3	12.1	12.2	8.4	8.2
纸张、文具	3.2	3.3	4.3	5.5	5.7	4.9
其他用品	10.1	13.5	14.5	32.8	15.4	19.5
文化教育、娱乐服务	279.1	306.3	362.5	274.2	257.1	268.2
学杂费	234.1	257.8	293.9	199.7	194.9	180.3
技术培训费	6.3	2.6	4.2	18.1	4.8	13.8
文娱费	15.4	24.0	28.4	29.2	27.7	33.7
用品加工修理服务费	2.7	1.2	4.1	0.8	1.7	0.9
其 他	20.5	20.7	31.9	26.4	28.0	39.5
其他商品和服务	34.1	37.3	47.6	43.0	43.9	48.6
商品性支出	18.8	17.9	23.8	25.9	27.9	28.8
化妆品	3.0	1.7	2.2	2.5	3.5	5.0
首饰饰品	4.8	2.5	4.4	4.9	5.3	6.5
其 他	11.0	13.7	17.2	18.5	19.1	17.3
服务支出	15.3	19.4	23.8	17.1	16.0	19.7
旅店住宿费	3.1	0.9	1.1	1.7	1.1	0.7
殡殓费	2.9	3.2	5.0	3.5	4.3	3.1
其 他	9.3	15.3	17.7	11.9	10.6	15.9

注:本表各项指标为新口径,与历史资料不可比。

10-17 农村每百户居民家庭主要耐用消费品拥有量

NUMBER OF MAJOR DURABLE CONSUMER GOODS OWEND PER 100RURAL HOUSEHOLDS

商 品 名 称	单位	2004年	2005年	2006年	2007年	2008年	2009年
自行车	辆	163	167	143	147	153	151
电风扇	台	191	206	180			
洗衣机	台	38	45	57	63	70	75
电冰箱	台	41	42	51	61	70	76
摩托车	辆	82	89	87	89	88	85
黑白电视机	台	30	17	5	5	3	3
彩色电视机	台	88	102	109	113	118	119
录像机	台	5	5	5			
照相机	架	10	10	11	9	12	12
抽油烟机	台	14	14	13	17	18	19
空调器	台	10	12	17	22	26	28
热水器	台	20	20	22	31	38	48
电话机	部	87	96	93	92	87	81
移动电话	部	49	64	85	105	128	139
影碟机	台	47	61	67	70	73	71
组合音响	台	30	30	29			
家用计算机	台	5	5	8	13	19	23

10-18 农村居民人均购买商品情况

AVERAGE GOODS PURCHASING OF PEASANT HOUSEHOLD

指 标 名 称	单 位	2004年	2005年	2006年	2007年	2008年	2009年
购买生活消费品情况		1524.29	1759.30	2096.89	2442.57	2923.89	3202.86
食品类	元	694.65	765.54	829.71	975.76	1180.07	1199.76
购买谷物数量	公斤	30.59	28.41	35.56	37.89	36.15	38.32
购买谷物金额	元	50.01	47.08	56.71	66.33	73.06	88.40
其中：购买小麦	公斤	1.18	1.22	0.36	2.22	0.46	0.99
金额	元	1.83	1.80	0.54	2.26	0.84	1.82
购买面粉	公斤	14.32	8.86	12.48	16.15	17.37	18.67
金额	元	20.88	13.03	18.13	24.76	29.44	34.16
购买稻谷	公斤	0.04	0.20	0.08	0.07	0.06	0.11
金额	元	0.09	0.32	0.15	0.18	0.29	0.39
购买大米	公斤	4.04	3.84	6.03	5.84	6.22	6.10
金额	元	7.34	7.55	11.60	12.20	14.08	15.18
购买玉米	公斤	3.74	7.70	9.15	6.26	3.47	3.56
金额	元	4.62	9.58	10.36	9.50	4.96	5.28
购买玉米面	公斤	0.06	0.35	0.06	0.13	0.13	0.15
金额	元	0.12	0.31	0.12	0.29	0.35	0.45
购买高粱	公斤	0.06	0.00	0.02	0.00	0.01	0.01
金额	元	0.07	0.00	0.04	0.02	0.04	0.02
购买谷子	公斤	0.39	0.28	0.43	0.46	0.41	0.46
金额	元	0.74	0.68	1.07	1.16	1.74	2.00
购买薯类	公斤	0.54	0.55	0.54	0.65	0.63	0.47
金额	元	4.08	4.74	4.39	5.74	7.77	6.30
其中：购买红薯	公斤	0.17	0.16	0.22	0.23	0.28	0.20
金额	元	0.73	0.99	1.17	1.42	1.81	1.47
购买马铃薯	公斤	0.04	0.03	0.06	0.10	0.10	0.10
金额	元	0.25	0.23	0.33	0.70	0.93	0.93
购买豆类	公斤	2.12	2.55	2.30	2.58	2.24	3.93
金额	元	6.12	7.56	6.69	7.98	9.36	12.38
其中：购买大豆	公斤	0.52	0.65	0.64	0.60	0.48	1.55
金额	元	1.68	2.08	2.01	2.07	2.30	2.80
购买食用油	公斤	6.98	7.58	7.48	7.83	8.45	8.45
金额	元	58.23	56.91	54.77	74.65	104.61	94.46
其中：购买植物油	公斤	6.62	7.29	7.24	7.67	8.28	8.34
金额	元	55.48	54.86	53.59	73.26	102.22	93.57
购买动物油	公斤	0.36	0.30	0.23	0.15	0.17	0.11
金额	元	2.76	2.04	1.17	1.40	2.38	0.89
购买蔬菜及制品金额	元	78.33	81.13	99.72	116.22	126.89	127.28
购买蔬菜	公斤	57.97	58.30	67.74	63.55	64.40	60.20
金额	元	72.38	74.68	94.62	109.63	121.81	122.45
购买叶菜类	公斤	21.48	22.66	27.31	25.86		
金额	元	19.41	19.79	32.41	34.18		
购买瓜菜类	公斤	6.56	6.64	8.04	5.97		
金额	元	8.25	8.90	10.46	10.23		
购买块根、块茎类	公斤	11.13	9.25	8.01	9.50		
金额	元	14.47	12.66	12.06	15.67		
购买茄果类	公斤	9.67	9.18	8.71	8.53		
金额	元	14.20	13.83	13.57	16.14		
购买葱蒜类	公斤	4.40	5.32	9.54	7.26		
金额	元	6.44	7.91	12.35	11.42		
购买菜用豆类	公斤	1.69	1.95	2.16	2.13		
金额	元	2.60	3.34	3.70	4.32		
购买水生菜类	公斤	0.66	0.82	1.00	0.98		
金额	元	1.26	1.65	2.13	2.15		
购买蘑菇和菌类	公斤	0.61	0.84	0.91	0.79		
金额	元	1.84	2.59	3.02	3.22		
干菜及蔬菜制品金额	元	5.96	6.45	5.11	6.59		

10-18续1

指 标 名 称	单 位	2004年	2005年	2006年	2007年	2008年	2009年
其中：购买干菜	公斤	0.29	0.36	0.26	0.32	0.83	0.67
金额	元	2.32	2.93	2.30	2.88	3.88	4.00
购买肉、禽、蛋、奶及其制品金额	元	232.31	256.08	256.91	311.01	398.83	390.25
购买猪肉	公斤	7.48	8.92	10.38	8.77	8.58	9.97
金额	元	92.40	107.36	109.03	126.25	173.14	166.01
购买牛肉	公斤	0.49	0.49	0.41	0.45	0.42	0.44
金额	元	6.80	7.44	6.27	7.81	10.53	11.30
购买羊肉	公斤	0.28	0.36	0.42	0.52	0.63	0.49
金额	元	4.31	6.33	7.25	9.25	10.91	11.81
购买鸡	公斤	1.81	2.60	2.57	2.89	3.31	2.84
金额	元	16.14	23.24	21.84	29.40	39.08	32.16
购买鸭	公斤	0.02	0.02	0.05	0.07	0.12	0.11
金额	元	0.22	0.29	0.58	1.03	2.02	1.87
购买鹅	公斤	0.00	0.00	0.00	0.01	0.00	0.00
金额	元	0.01	0.00	0.04	0.08	0.01	0.03
购买生畜下水	公斤	0.81	0.91	0.98	1.04	0.66	0.84
金额	元	5.26	6.26	7.58	7.90	10.75	14.89
购买禽下水	公斤	0.05	0.16	0.15	0.11	0.09	0.12
金额	元	0.30	1.06	1.09	0.73	0.87	0.93
购买鲜鸡蛋	公斤	10.42	9.48	9.45	8.80	10.31	9.71
金额	元	55.87	52.40	47.27	56.29	65.96	62.07
购买鲜鸭蛋	公斤	0.07	0.06	0.06	0.06	0.16	0.13
金额	元	0.39	0.34	0.31	0.36	0.81	0.66
购买鲜奶	公斤	5.77	5.27	5.90	6.72	4.67	4.25
金额	元	17.41	17.63	20.18	25.11	24.58	24.85
购买酥油	公斤	0.01	0.03	0.02	0.01	0.00	0.00
金额	元	0.04	0.13	0.04	0.03	0.05	0.04
购买水产品及制品金额	元	22.80	27.39	29.64	36.10	41.27	43.01
其中：购买海水鱼类	公斤	1.38	1.44	1.31	1.37	1.41	1.55
金额	元	9.53	10.74	9.95	10.95	13.93	14.83
购买海水虾类	公斤	0.30	0.21	0.22	0.28	0.65	0.36
金额	元	3.16	3.23	4.14	5.34	5.95	7.29
购买海水贝类	公斤	0.01	0.00	0.01	0.02	0.02	0.04
金额	元	0.10	0.03	0.12	0.16	0.19	0.24
购买海水蟹类	公斤	0.00	0.00	0.01	0.00	0.00	0.00
金额	元	0.02	0.01	0.11	0.04	0.14	0.02
购买海水藻类	公斤	0.05	0.05	0.06	0.06	0.04	0.06
金额	元	0.22	0.26	0.33	0.38	0.31	0.60
购买淡水鱼类	公斤	1.06	1.63	1.93	1.81	1.79	1.66
金额	元	6.62	10.37	11.67	12.10	15.15	13.50
购买淡水虾类	公斤	0.07	0.05	0.13	0.21	0.13	0.12
金额	元	0.60	0.65	1.19	2.17	2.22	2.40
购买淡水贝类	公斤	0.00	0.00	0.01	0.01	0.01	0.00
金额	元	0.01	0.01	0.02	0.07	0.05	0.02
购买淡蟹	公斤	0.00	0.00	0.00	0.00	0.00	0.00
金额	元	0.01	0.01	0.03	0.04	0.06	0.06
购买烟酒金额	元	119.23	146.48	163.39	181.26	193.40	208.16
其中：购买卷烟	盒	23.55	26.11	27.56	24.93	22.62	22.32
金额	元	48.36	59.62	70.46	77.04	85.35	93.00
购买烟丝、烟叶	公斤	0.07	0.09	0.06	0.06	0.04	0.04
金额	元	0.32	0.39	0.42	0.35	0.27	0.27
购买啤酒	公斤	10.06	10.47	13.06	10.91	8.55	8.86
金额	元	21.99	26.04	32.67	33.11	34.89	37.45
购买白酒	公斤	6.09	6.32	5.90	5.67	5.66	5.39
金额	元	45.00	58.16	57.97	65.92	70.70	75.38
购买果酒	公斤	0.09	0.04	0.03	0.02	0.02	0.02
金额	元	0.58	0.36	0.44	0.24	0.35	0.25

10-18续2

指 标 名 称	单 位	2004年	2005年	2006年	2007年	2008年	2009年
购买茶叶、饮料金额	元	17.60	20.30	22.98	26.16	36.81	32.85
其中：购买茶叶	公斤	0.51	0.51	0.54	0.50	1.01	0.81
金额	元	12.99	13.96	14.91	16.57	24.82	21.53
购买冷饮金额	元	1.29	1.63	2.43	2.36	2.83	2.61
购买碳酸类饮料金额	元	1.06	1.43	1.73	2.38	2.98	2.41
购买果汁类饮料金额	元	0.62	1.09	1.56	2.17	3.55	3.28
购买瓶(桶)装水金额	元	0.35	0.49	0.71	0.80	0.89	1.20
购买其他种类食品金额	元	105.92	117.87	134.51	150.31	188.09	196.66
其中：购买豆制品	元	6.86	8.63	9.36	9.72	11.18	11.35
购买调味	元	16.47	17.97	18.80	21.25	26.57	29.36
购买食糖	公斤	0.84	0.68	0.62	0.79	0.68	0.95
金额	元	3.52	2.97	3.25	3.09	3.73	3.33
购买西瓜	公斤	6.41	5.55	14.78	9.16	9.57	10.21
金额	元	4.24	5.62	9.68	7.55	9.81	11.69
购买其他果用瓜	公斤	0.26	0.32	0.95	0.41	0.73	0.88
金额	元	0.58	0.68	1.53	0.84	1.52	2.04
购买水果	公斤	12.85	13.57	12.72	14.28	15.53	15.74
金额	元	21.46	24.93	27.98	34.48	39.91	43.36
购买坚果、果仁及制品	元	9.31	11.08	12.26	13.63	17.95	18.10
购买糖果	元	2.89	3.43	4.53	3.86	4.65	3.43
购买糕点	元	14.20	16.12	16.31	17.77	22.56	22.11
购买营养滋补品	元	4.17	2.92	2.47	5.27	5.99	6.19
衣着类		160.37	160.56	190.28	218.95	244.91	266.87
其中：购买服装	件	3.04	2.70	2.88	2.99	3.30	3.36
金额	元	42.51	98.47	120.80	142.85	155.80	176.27
购买鞋类	双		2.66	2.38	2.51	2.49	2.48
金额	元		43.34	45.35	56.28	69.57	69.46
居住类		279.58	348.48	463.96	518.08	590.56	733.00
购买建筑生活用房材料支出	元	110.60	195.70	255.47	262.99	162.49	201.09
其中：购买水泥	公斤	114.39	86.01	106.11	144.15	45.36	91.74
金额	元	27.66	25.24	36.11	36.41	20.50	26.54
购买木材	立方米	0.01	0.03	0.04	0.04	0.04	0.02
金额	元	3.40	6.48	6.40	5.10	1.87	2.65
购买钢材	公斤	2.39	4.67	8.69	8.96	4.68	6.69
金额	元	8.78	15.03	26.79	29.77	15.56	18.50
购买水泥预制件	件	0.25	0.92	0.42	1.20	0.36	0.58
金额	元	6.02	11.63	8.60	9.52	6.42	5.76
购买玻璃	平方米	0.03	0.03	0.05	0.02	0.02	0.05
金额	元	0.29	0.72	0.77	0.44	0.21	0.73
购买砖	块	116.11	357.02	319.40	322.12	117.53	208.11
金额	元	18.00	57.80	63.36	59.53	24.22	51.95
购买瓦	块	16.84	27.93	17.26	10.33	4.68	2.41
金额	元	4.02	7.47	5.39	4.13	3.78	6.45
购买沙石	立方米	1.94	1.04	1.15	6.97	1.78	2.43
金额	元	13.31	37.98	39.11	30.97	16.12	30.01
购买生活用房支出	元	15.35	1.10	11.75	35.80	193.64	316.17
其中：购买砖木结构房屋间数	间			2.26	0.00	0.01	0.00
面积	平方米			0.12	0.04	0.10	0.09
金额	元			3.23	16.60	18.72	19.88
购买钢筋混凝土房屋间数	间	0.00	0.00	0.00	0.01	0.01	0.00
面积	平方米	0.05	0.00	0.00	0.03	0.11	0.13
金额	元	15.31	0.03	1.94	19.20	174.92	289.42
购买其他结构房屋间数	间	0.00	0.04	0.00			0.00
面积	平方米	0.00	0.04	0.02			0.00
金额	元	0.04	1.07	6.58			6.87
购买生活用燃料	元	96.97	111.52	122.36	133.54	157.16	168.53

10-18续3

指 标 名 称	单 位	2004年	2005年	2006年	2007年	2008年	2009年
其中：购买柴	公担		0.18	0.36	0.05	0.38	0.04
金额	元		0.25	0.99	0.14	0.35	0.04
购买草	公担	0.00	0.00	0.01	0.05		0.09
金额	元	0.02	0.05	0.05	0.10		0.09
购买煤	公斤	248.47	225.16	218.98	239.95	174.36	167.77
金额	元	67.18	80.33	85.73	102.26	125.46	136.05
液化气	元	23.63	25.50	29.01	28.53	29.69	30.04
购买生活用水	吨	3.01	2.05	4.80	3.58	4.18	5.09
金额	元	3.83	2.88	5.79	5.01	5.68	7.07
购买生活用电	度	80.18	92.14	106.43	116.69	168.02	185.41
金额	元	46.56	53.62	66.82	76.80	94.08	105.81
家用设备和日用品		135.02	145.24	195.31	214.66	273.70	260.84
其中：购买洗涤及卫生用品	元	22.42	23.42	28.28	32.19	36.24	41.25
购买厨具、餐具、茶具	元	6.48	12.18	11.93	12.05	15.85	15.53
购买家具及做家具材料	元	27.97	34.96	41.48	52.12	61.44	54.73
购买洗衣机	台	0.01	0.01	0.01	0.01	0.01	0.01
金额	元	9.02	9.33	10.06	10.69	12.00	13.07
购买缝纫机	台	0.00	0.01		0.00	0.00	0.00
金额	元	0.28	0.78		0.10	0.24	0.26
购买电风扇	台	0.01	0.02	0.03	0.02	0.02	0.03
金额	元	0.88	1.48	2.07	1.42	1.95	2.19
购买电冰箱	台	0.01	0.01	0.01	0.02	0.01	0.02
金额	元	15.98	15.00	24.64	33.26	26.76	30.59
购买空调机	台	0.00	0.00	0.01	0.00	0.01	0.00
金额	元	8.19	10.23	19.08	12.72	17.08	12.33
购买吸尘器	台		0.00	0.00	0.00		
金额	元		0.00	0.09	0.15		
购买抽油烟机	台	0.00	0.00	0.00	0.00	0.01	0.12
金额	元	0.55	0.16	0.72	0.78	2.03	0.49
购买热水器	台	0.00	0.00	0.01	0.01	0.01	0.01
金额	元	1.85	1.43	6.47	4.19	8.15	14.55
微波炉	台	0.00	0.00	0.00	0.00	0.00	0.00
金额	元	0.58	0.33	0.83	0.95	1.04	0.42
购买电饭锅	个	0.00	0.02	0.03	0.02	0.03	0.01
金额	元	0.60	2.57	3.33	2.28	4.05	1.83
购买液化气炉具	套	0.01	0.03	0.02	0.01	0.02	0.01
金额	元	1.25	1.39	0.78	1.29	2.71	2.00
交通、通讯工具和用品		104.42	174.09	240.70	329.41	398.46	499.31
其中：购买自行车	辆	0.03	0.03	0.03	0.03	0.04	0.03
金额	元	7.30	6.40	7.53	8.33	7.50	6.60
购买电动自行车	辆	0.01	0.01	0.03	0.02	0.02	0.12
金额	元	9.52	13.00	58.47	48.62	48.95	50.95
购买摩托车	辆	0.01	0.01	0.01	0.01	0.01	0.01
金额	元	38.72	44.12	25.07	46.80	36.59	36.45
购买汽车(生活用)	辆		0.00	0.00	0.00	0.00	0.01
金额	元		30.40	51.11	125.76	194.30	294.65
购买电话	部	0.02	0.03	0.02	0.03	0.04	0.02
金额	元	1.83	2.22	1.49	1.60	1.24	1.47
购买手机	部	0.02	0.03	0.04	0.05	0.06	0.07
金额	元	15.89	29.29	29.67	33.07	30.09	25.92
文化、教育、娱乐用品		64.22	69.74	68.77	85.43	98.49	109.66
其中：购买收录机	台	0.00	0.00	0.01	0.01	0.01	0.01
金额	元	0.36	0.25	0.34	0.26	0.34	0.20
购买组合音响	台	0.00	0.00	0.00	0.00	0.00	0.00
金额	元	3.24	1.40	0.38	0.53	1.45	0.94
购买电子游戏机	台	0.00	0.00		0.00	0.00	

10-18续4

指 标 名 称	单 位	2004年	2005年	2006年	2007年	2008年	2009年
金额	元	0.03	0.01		0.03	0.54	
购买黑白电视机	台	0.00	0.00	0.00	0.00	0.00	0.00
金额	元	0.08	0.46	0.04	0.01	0.26	0.57
购买彩色电视机	台	0.02	0.01	0.02	0.01	0.02	0.01
金额	元	26.47	17.31	19.59	14.84	19.68	27.65
购买录放像机	台			0.00			
金额	元			0.43			
购买影碟机	台	0.01	0.01	0.01	0.01	0.00	0.00
金额	元	3.68	3.13	4.85	3.12	1.29	1.11
购买摄像机	台						0.00
金额	元						0.50
购买照相机	只	0.00	0.00	0.00	0.00	0.00	0.00
金额	元	1.13	0.08	0.13	0.21	1.34	1.03
购买家用计算机(电脑)	台	0.00	0.00	0.00	0.00	0.01	1.66
金额	元	5.03	11.29	8.69	11.47	41.17	38.75
购买家用计算机外部设备	元	0.16	1.51	0.15	0.51	0.56	2.00
购买中高档乐器	元			0.60		0.08	1.40
购买体育健身器材	元	0.01		0.02	0.01	0.03	0.16
购买观赏盆栽植物	盆	0.02	0.02	0.06	0.50	0.02	0.02
金额	元	0.35	0.12	2.62	9.73	0.28	0.31
购买宠物	只	0.01	0.01	0.01	0.03	0.02	0.02
金额	元	0.12	0.70	0.09	0.14	0.05	0.05
医疗卫生保健用品		67.20	77.75	84.35	74.40	109.79	104.60
其中：购买药品	元	61.68	72.49	77.97	71.09	105.76	93.76
购买医疗卫生器械	元	2.34	0.45	0.91	0.49	0.36	0.41
购买药品类保健品	元	1.24	3.38	2.21	1.74	1.78	6.29
购买保健器材	元	1.40	0.48	0.89	0.40	1.15	3.78
其他杂项商品		18.84	17.89	23.82	25.89	27.91	28.81
其中：购买首饰	元	4.27	2.46	4.43	4.85	5.30	6.46
购买手表	只	0.02	0.02	0.02	0.01	0.01	0.01
金额	元	0.57	0.35	0.52	1.28	0.44	0.40
购买化妆品	元	3.00	1.69	2.24	2.51	3.47	5.01
购买迷信、宗教用品	元	2.36	3.49	3.13	3.53	3.76	4.13
购买生产资料情况		909.40	1113.89	910.81	1034.57	1234.74	1229.67
购买农业用种籽	公斤	6.56	10.45	14.64	11.44	19.57	14.58
金额	元	30.94	43.85	54.59	45.88	53.82	53.78
购买小麦种籽	公斤	2.06	4.22	5.91	5.78	6.44	7.51
金额	元	6.12	7.90	11.76	11.87	15.46	17.29
购买稻谷种籽	公斤	0.01	0.16	0.52	0.27	0.28	0.13
金额	元	0.03	0.51	1.22	0.82	0.77	0.50
购买玉米种籽	公斤	2.16	2.77	2.70	2.24	4.09	3.58
金额	元	12.14	22.09	21.34	15.65	20.50	21.57
购买其他粮食种籽	公斤	0.37	0.21	0.34	0.34	3.15	0.81
金额	元	1.39	0.98	1.09	1.31	4.39	3.42
购买其他种籽	公斤	1.97	3.09	5.18	2.82	5.62	2.54
金额	元	11.26	12.37	19.18	16.24	12.70	11.00
购买农业用饲料	公斤	2.08	14.52	7.54	10.53	5.51	13.54
金额	元	2.92	20.84	11.33	17.65	11.86	25.64
购买小麦饲料	公斤	0.38	0.14	0.25	0.14	0.01	0.05
金额	元	0.41	0.23	0.50	0.19	0.03	0.09
购买稻谷饲料	公斤				0.01	0.01	0.01
金额	元				0.02	0.01	0.02
购买玉米饲料	公斤	0.39	2.48	0.87	4.17	0.37	1.70
金额	元	0.49	3.31	1.11	6.12	0.33	2.77
购买其他生产饲料	公斤	1.31	11.89	6.41	6.21	5.13	11.78
金额	元	2.02	17.30	9.71	11.32	11.48	22.77

10-18续5

指 标 名 称	单 位	2004年	2005年	2006年	2007年	2008年	2009年
购买农业用其他生产资料	元	293.57	376.94	420.65	383.32	499.57	433.03
其中：购买化肥	公斤	143.52	155.98	231.18	145.07	147.79	140.68
金额	元	205.79	259.31	280.12	250.37	350.40	291.12
购买微量元素肥	克	6.39	11.75	21.23	10.47	8.17	11.59
金额	元	6.66	8.28	13.02	8.80	8.62	14.04
购买饼肥	公斤	2.23	1.68	1.00	0.51	1.97	1.43
金额	元	2.17	2.35	1.67	0.93	2.94	2.64
购买农药	元	19.07	23.87	28.27	28.52	29.69	30.39
购买薄膜	公斤	1.35	1.70	1.81	1.73	3.20	1.15
金额	元	15.18	17.33	21.36	17.97	19.01	13.08
购买燃料	公斤	7.63	10.80	10.46	7.84	7.51	8.19
金额	元	24.03	41.46	51.76	42.46	51.37	44.99
购买林业用饲料	公斤	0.24	1.47	0.37	0.07	0.09	0.27
金额	元	0.33	2.67	0.56	0.19	0.17	0.36
购买小麦饲料	公斤	0.00	0.00	0.00	0.00		
金额	元	0.01	0.00	0.00	0.00		
购买稻谷饲料	公斤	0.00	0.00	0.00	0.00		
金额	元	0.00	0.00	0.00	0.00		
购买玉米饲料	公斤	0.18	0.05	0.19	0.07		0.23
金额	元	0.21	0.05	0.22	0.19		0.33
购买其他生产饲料	公斤	0.06	1.43	0.19	0.00	0.09	0.04
金额	元	0.11	2.61	0.34	0.01	0.17	0.03
购买林业用其他生产资料	元	10.87	11.01	11.67	19.95	16.99	9.82
其中：购买树种	公斤	0.02	0.01	0.01	0.22	0.45	0.00
金额	元	0.04	0.03	0.03	0.39	0.38	0.01
购买树苗	株	4.25	6.04	9.24	6.89	7.56	3.59
金额	元	3.57	5.46	8.60	12.59	8.87	4.80
购买化肥	公斤	2.64	2.88	0.80	2.75	1.99	1.61
金额	元	3.61	3.73	1.45	5.52	5.91	3.80
购买微量元素肥	克	0.27		0.09	0.02	0.11	0.01
金额	元	0.40		0.22	0.00	0.08	0.03
购买农药	元	1.68	1.02	0.65	0.57	1.13	0.72
购买燃料	公斤	0.10	0.01			0.04	0.02
金额	元	0.40	0.03			0.26	0.10
购买牧业用饲料	公斤	139.93	225.28	123.27	110.55	121.32	325.59
金额	元	239.37	326.85	206.65	225.54	273.81	322.70
购买小麦	公斤	0.69	3.54	0.36	0.06	0.11	0.00
金额	元	0.68	5.22	0.45	0.19	0.14	0.12
购买稻谷	公斤	0.02	0.08	0.00	0.00	0.01	
金额	元	0.02	0.14	0.00	0.01	0.01	
购买玉米	公斤	38.87	60.47	24.68	16.33	17.67	32.13
金额	元	50.45	70.27	30.81	25.39	26.52	60.79
购买其他生产饲料	公斤	100.35	161.19	98.22	94.16	103.53	293.46
金额	元	188.23	251.21	175.39	199.95	247.16	261.79
购买牧业用其他生产资料	元	173.16	174.74	68.47	83.71	55.56	54.14
其中：购买仔、幼畜	头	0.33	0.43	0.30	0.07	0.13	0.11
金额	元	103.43	95.75	20.04	13.64	16.00	17.17
购买育肥周转畜	头	0.07	0.03	0.02	0.08	0.01	0.01
金额	元	32.40	5.73	7.85	8.66	10.47	6.09
仔、幼禽	元	16.69	51.11	21.76	17.62	7.89	5.25
仔、幼小动物	元	2.88	4.12	10.75	23.43	1.07	2.40
购买种蛋	公斤	0.00	0.00		0.00	0.00	
金额	元	0.01	0.01		0.05	0.08	
兽药	元	10.37	12.56	4.84	3.71	11.03	20.49
燃料	元	1.59	0.63		11.84	0.16	0.15

10-18续6

指　标　名　称	单　位	2004年	2005年	2006年	2007年	2008年	2009年
购买渔业用生产饲料	公斤	0.00	0.11	0.31	0.08	0.63	0.24
金额	元	0.00	0.24	0.60	0.07	1.81	0.45
购买小麦饲料	公斤					0.13	0.01
金额	元					0.42	0.02
购买玉米饲料	公斤	0.00	0.00				
金额	元	0.00	0.00				
购买其他生产资料	公斤		0.11	0.31	0.08	0.50	0.23
金额	元		0.24	0.60	0.07	1.39	0.43
购买渔业用生产资料	元	0.27	0.04	8.73	0.11	0.19	1.99
其中：购买种苗	元	0.26		8.23	0.08	0.03	1.47
购买渔用药	元	0.00		0.50	0.02	0.04	
购买燃料	元					0.03	0.02
购买工业生产用原料	元	23.03	16.46	6.72	41.69	39.56	40.62
购买工业用燃料	公斤	0.02	0.00	0.50	0.52	0.69	0.28
金额	元	0.08	0.01	1.50	4.22	4.03	1.44
购买建筑业生产用原料	元	0.32	9.73	0.77	1.52	14.94	49.97
购买建筑业生产用燃料	公斤		1.47	0.48	0.90	4.32	4.42
金额	元		4.46	4.13	7.83	25.37	28.36
购买交通运输业邮电业燃料	公斤	7.93	9.43	9.93	11.88	13.14	13.31
金额	元	34.75	42.23	42.80	53.27	77.66	66.49
购买批零贸易业用原料	元	38.37	34.82	25.28	80.11	122.33	87.57
购买批零贸易业用燃料	公斤	2.14	0.86	0.58	85.61	1.30	1.12
金额	元	7.07	3.98	2.02	48.24	7.42	7.39
购买社会服务业用原料	元	0.40	2.32	2.81	0.20	6.89	16.41
购买社会服务业用燃料	公斤	4.29	0.00	0.21	0.01	0.21	0.00
金额	元	20.59	0.02	1.27	0.07	1.73	0.01
购买文教卫生业用原料	元	0.14	4.40	9.49	5.38	4.05	3.81
购买其他行业用原料	元	15.35	23.53	0.06	0.36	1.39	4.37
购买其他行业用燃料	公斤	0.42	0.45	0.11	1.40	0.24	0.28
金额	元	0.22	1.32	0.60	4.91	1.39	1.50
购买生产用电情况	度	8.94	14.16	13.63	9.35	9.48	13.71
金额	元	6.45	10.15	9.34	6.62	5.82	8.93
农业生产用电	度	6.08	7.47	8.56	7.18	6.61	9.79
金额	元	4.18	5.21	5.88	5.09	4.03	6.34
林业生产用电	度	0.26	0.14	0.00	0.02	0.18	0.29
金额	元	0.14	0.11	0.01	0.04	0.13	0.21
牧业生产用电	度	0.71	1.56	0.08	0.21	1.33	0.83
金额	元	0.52	1.07	0.07	0.11	0.76	0.45
渔业生产用电	度	0.13	0.13	0.05			
金额	元	0.07	0.07	0.03			
工业生产用电	度	0.20	1.90	4.37	1.34	0.83	0.96
金额	元	0.16	1.51	2.89	0.90	0.55	0.56
建筑业生产用电	度	0.01					0.06
金额	元	0.01					0.04
交通运输邮电业生产用电	度		0.00	0.00	0.01	0.07	0.02
金额	元		0.01	0.00	0.02	0.06	0.01
批零贸易业生产用电	度	0.34	0.47	0.04	0.21	0.02	0.19
金额	元	0.36	0.35	0.02	0.21	0.01	0.19
社会服务业生产用电	度	1.18	2.30	0.27	0.14	0.30	1.57
金额	元	0.99	1.62	0.24	0.11	0.18	1.12
文教卫生业生产用电	度		0.01	0.05			
金额	元		0.00	0.03			

10-18续7

指 标 名 称	单 位	2004年	2005年	2006年	2007年	2008年	2009年
其他行业生产用电	度	0.03	0.18	0.21	0.23	0.14	
金额	元	0.01	0.18	0.17	0.14	0.10	
购买生产性固定资产情况		197.66	97.79	215.92	151.71	226.77	322.55
购买建筑生产用建筑物材料	元	17.83	6.71	44.20	6.93	20.56	16.08
其中：购买水泥	公斤	6.83	1.61	33.87	2.55	2.79	9.03
金额	元	1.78	0.44	7.39	0.89	2.96	4.17
购买木材	立方米	0.00	0.00	0.00	0.00	0.00	0.00
金额	元	0.14	0.03	0.82	0.13	0.12	0.01
购买钢材	公斤	1.67	0.01	0.62		1.03	0.10
金额	元	3.20	0.03	1.33		4.19	1.47
购买水泥预制作	件	0.10	0.02	0.09	0.01	0.05	0.05
金额	元	1.55	0.29	0.87	0.32	0.72	0.68
购买玻璃	平方米	0.00	0.00	0.00	0.01		0.01
金额	元	0.00	0.00	0.01	0.05		0.19
购买砖瓦	块	30.46	13.01	140.13	10.70	16.71	19.14
金额	元	5.38	1.99	25.26	4.06	4.51	4.14
购买沙石	立方米	0.06	0.02	0.53	0.03	0.09	0.02
金额	元	1.85	0.39	5.75	0.59	2.63	1.43
购买生产用房间数	间		0.00	0.01		0.00	
面积	平方米		0.01	0.41		0.49	
金额	元		0.34	60.40		49.11	
购买役畜	头	0.00	0.00	0.01	0.00	0.00	0.00
金额	元	1.55	2.78	10.08	7.04	7.32	7.25
购买产品畜	头	0.00	0.00	0.00	0.00	0.01	0.03
金额	元	3.59	1.78	6.40	3.12	0.13	0.87
购买农林牧渔业机械支出	元	11.59	29.50	30.66	46.15	71.71	127.55
其中：购买大中型铁木家具	元	0.22		0.16	0.53	1.78	2.94
购买小型拖拉机	台	0.00	0.00	0.00	0.00	0.00	0.00
金额	元	3.04	11.07	3.13	9.21	6.60	10.66
购买大中型拖拉机	台		0.00	0.00	0.00	0.00	0.00
金额	元		7.49	1.74	12.82	0.67	23.67
购买机动脱粒机	台		0.00	0.00	0.00		0.00
金额	元		0.07	0.04	0.37		1.57
购买收割机	台		0.00	0.00		0.00	0.00
金额	元		0.38	5.13		39.48	67.00
购买动力机	台		0.00	0.00	0.00	0.00	0.00
金额	元		0.24	5.61	0.71	2.53	1.08
购买胶轮大车	辆					0.00	
金额	元					3.28	
购买水泵	台	0.00	0.00	0.01	0.01	0.01	0.01
金额	元	1.58	1.99	2.99	2.78	2.21	2.80
购买风力发电机	台	0.00			0.00		
金额	元	0.02			0.09		
购买工业机械支出	元	7.88	0.45		22.78		8.75
购买运输机械支出	元	131.81	46.07	58.65	59.53	21.38	69.33
购买小型拖拉机	辆	0.00		0.00	0.00	0.00	0.00
金额	元	2.48		4.74	2.38	3.37	4.17
购买汽车	辆	0.00	0.00	0.00	0.00	0.00	0.00
金额	元	129.22	46.04	49.64	40.27	17.25	65.14

10-19 农村居民人均现金收支

AVERGE CASH INCOME AND EXPERDITURE OF PEASANT HOUSEHOLD PER CAPITAL　　单位:元

指 标 名 称	2004年	2005年	2006年	2007年	2008年	2009年
期内现金收入	4765.9	5635.3	6427.8	7256.8	8509.5	9343.2
工资性收入	1610.3	1818.9	2149.5	2641.5	3175.1	3475.1
在非企业组织中得到收入	323.8	325.0	362.0	465.6	541.3	584.8
在本地企业中得到收入	890.1	950.3	1125.1	1383.9	1735.3	1922.4
#在本地乡企得到收入	244.1	261.0	242.3	252.9		
常住人口外出从业得到收入	396.4	543.6	662.4	792.1	898.5	967.9
家庭经营收入	2788.2	3429.7	3843.0	4088.7	4651.6	5113.6
出售产品的收入	1817.5	2296.4	2445.0	2365.6	2652.0	2685.3
出售农业产品收入	1046.6	1272.6	1572.3	1428.7	1630.2	1670.0
#种植业	960.8					
出售林业产品收入	35.8	48.9	82.9	81.5	123.3	98.8
出售牧业产品收入	750.9	936.2	751.7	817.6	879.1	894.4
出售渔业产品收入	2.7	2.3	29.4	27.3	16.9	17.2
出售工业产品的收入	0.7	4.5	7.7	3.4	1.0	4.7
出售其他产品的收入	30.3	31.9	1.0	7.1	1.5	0.2
工业加工费	123.5	138.1	116.5	191.1	248.2	405.0
建筑业	82.4	186.5	306.1	407.2	395.3	616.0
交通运输、邮电	274.9	338.0	395.7	369.1	345.0	357.2
批发和零售贸易、餐饮业	303.9	230.6	296.6	405.3	528.6	539.0
社会服务业	75.7	68.4	74.2	71.1	118.8	149.0
文教卫生业	12.0	12.9	16.3	16.4	20.0	19.3
其他家庭经营收入	48.0	158.9	192.6	262.9	343.7	343.0
财产性收入	169.7	219.0	223.1	269.3	363.3	401.0
利 息	5.7	17.6	3.9	7.8	10.7	18.4
股 息	13.9	14.0	12.2	8.7	37.5	45.4
租 金	44.4	35.0	36.6	43.8	50.3	34.8
红 利	0.9	3.7	8.0	22.5	1.4	6.4
土地征用补偿	78.6	106.6	110.8	137.7	190.3	195.5
其 他	26.3	42.0	31.4	48.8	73.1	100.5
转移性收入	197.8	167.6	212.3	257.3	319.5	353.5
家庭非常住人口寄回或带回	24.8	27.4	19.6	17.1	15.1	26.4
亲友赠送	47.1	48.9	63.3	55	80.5	107.3
#其中:农村外部亲友赠送	27.1	33.7	7.3	3.5	10.5	20.8
调查补贴	21.1	18.1	16.9	21.5	25.8	34
救济金	1.0	1.2	1.0	1.1	4.4	1.0
救灾款				0.3		

10-19续1

指　标　名　称	2004年	2005年	2006年	2007年	2008年	2009年
退休金	60.7	35.6	35.8	51	74.1	73.6
抚恤金	1.6	1.0	3.6	5.7	5.8	2.8
其　他	14.4	35.3	89.0	105.6	113.8	108.4
非收入所得	753.1	585.6	809.0	754.9	774.9	1270.6
从银行信用社得到的贷款	114.3	93.9	169.6	59.1	99.2	53.3
借入款	186.6	158.7	187.7	224.8	159.6	293.3
收回借出款	29.0	35.6	48.6	46.8	32.7	45.8
从银行信用社取回存款	247.6	176.5	250.8	241.4	294.0	644.4
收回投资款	1.5	1.2	1.0	1.3	0.5	0.3
出售财产得款	83.0	34.4	15.3	30.6	38.6	36.4
一次性工伤补贴	0.4	0.0	–	–		0.6
保险公司赔付	0.4	0.0	0.1	1.7	1.8	–
其　他	90.2	85.1	135.9	149.2	148.5	196.5
期内现金支出	3906.0	4336.0	4975.2	5323.3	6341.6	6988.6
生产费用支出	1350.7	1433.1	1587.5	1571.7	1906.6	2192.0
家庭经营费用支出	1150.9	1323.9	1365.5	1415.9	1672.6	1861.1
农业生产支出	431.5	556.6	694.6	580.0	726.2	684.6
#种植业支出	327.4					
林业生产支出	11.7	14.0	13.6	20.7	18.4	10.7
牧业生产支出	429.0	510.5	304.8	315.7	339.8	387.0
渔业生产支出	0.4	0.3	9.6	0.2	2.1	3.7
工业生产支出	41.7	40.5	37.3	102	150.7	232.2
建筑业生产支出	13.9	25.8	103.5	108.6	119.3	217.3
交通运输支出	68.8	82.4	110.2	106.3	124.1	130.6
批发和零售贸易、餐饮业	108.6	52.1	66.9	163.4	170.7	155.7
社会服务业支出	26.4	6.2	6.7	4.9	11.1	23.0
文教卫生业	1.2	5.5	9.6	5.5	4.1	6.1
其他经营支出	17.7	29.9	8.7	8.6	6.0	10.0
购置生产性固定资产支出	197.7	97.8	215.9	151.7	226.8	322.6
其中：房屋及建筑物	17.8	6.7	44.2	6.9	69.7	16.1
农林牧渔业机械	11.6	29.5	30.7	46.1	71.7	127.6
工业机械	7.9	0.5	–	22.8	0.0	8.7

10-19续2

指　标　名　称	2004年	2005年	2006年	2007年	2008年	2009年
运输机械	131.8	46.1	58.7	59.5	21.4	69.3
役　畜	1.6	2.8	10.1	7.1	7.3	7.2
产品畜	3.6	1.8	6.4	3.1	0.1	0.9
税费支出	50.1	34.7	9.6	14.9		17
缴纳生产税	34.7	14.4	0.8		2.9	1.2
第一产业	32.9	0.2	0.4	0.1	–	–
第二产业	0.0	5.5	0.1	–	1.2	0.7
第三产业	1.8	8.6	0.3	0.2	1.7	0.5
缴纳其他直接税	15.5	20.3	8.8	14.6	9.9	15.8
生活消费支出	2307.3	2674.3	3194.4	3515.8	4125.7	4477.0
财产性支出	43.4	11.0	19.0	17.6	9.1	14.1
转移性支出	154.5	183.0	164.7	203.2	287.4	288.5
寄给或带给家庭非常住人口	47.2	25.5	12.1	5.5	24.1	6.6
赠送亲友支出	82.0	93.7	95.7	115.2	156.4	147.4
#赠送农村外部亲友	62.5	87.1	7.1	13.1	8.4	9
支付保险费支出	8.6	18.2	16.4	38.2	60.4	70.9
缴纳罚款	0.9	0.8	0.9	8	8.6	0.8
其　他	15.8	44.8	39.6	23.2	37.9	62.8
非消费性现金支出	690.5	968.6	825.7	1002.9	1332.5	1747.0
归还银行信用社贷款	32.2	94.3	43.2	24.4	45.4	78.0
借出款	29.7	24.8	29.1	22.9	27.6	39.4
归还借款	140.4	166.2	134.6	194.9	148.6	137.7
存入银行信用社	343.5	535.2	447.8	530	764.1	1089.4
购买股票支出	–	0.2	0.5	0.6	2.2	3.7
其　他	144.8	147.9	170.5	230.1	344.6	398.8
期末金融资产余额	3269.3	4297.6	4932.3	6385.4	7883.9	8970.5
债　券	33.5	2.3	–	–	–	–
股　票	1.6	0.0	0.4	11.2	11.6	9.6
银行存款	2706.2	3676.8	4143.3	5614.3	7179.9	8192.7
手存现金	528.1	618.5	781.9	751.5	675.8	757.6
其　他	0.0	0.0	6.7	8.4	16.6	10.6
期末债务余额	158.4	216.9	286.1	341.6	269.9	327.5
银行、信用社贷款	61.8	126.8	158.0	240.7	177.3	229.8
乡村集体组织、企业借款	49.9	0.0	–	1.4		
个人借（欠）款	46.6	83.3	125.4	90.3	87.0	87.5
其　他	0.0	6.8	2.7	9.1	5.6	10.2

注：本表各项指标为新口径，与历史资料不可比。

10-20 农村不同收入层次居民家庭收支(2009年)

INCOME AND EXPERDITURE OF PEASANT HOUSEHOLD BY LEVEL OF INCOME(2009)　单位:元

指标名称	平均	低20%	较低20%	中间20%	较高20%	高20%
人均总收入	10175.7	4948.6	6518.5	8016.1	11940.9	20385.8
工资性收入	3483.5	1346.7	2484.1	3441.1	4931.3	6604.3
在非企业组织中劳动得到收入	586.3	99.7	375.3	344.5	773.3	1810.0
在本乡地域内劳动得到收入	1929.2	717.7	1328.3	2133.0	2816.9	3423.7
外出从业得到收入	968.0	529.3	780.4	963.6	1341.1	1370.6
家庭经营收入	5876.9	3279.6	3571.9	3969.3	5976.6	11653.2
第一产业收入	3577.1	2718.3	2751.7	2665.6	3608.4	5876.5
农业收入	2542.0	2157.8	2374.5	2269.6	2668.0	2908.8
林业收入	112.4	66.0	99.5	74.2	116.4	185.5
牧业收入	905.6	468.7	277.7	321.7	795.5	2680.8
渔业收入	17.2	25.9	0.0	0.1	28.5	101.4
第二产业收入	1025.7	114.1	156.7	378.5	1502.9	2235.0
工业收入	409.7	56.1	38.8	193.3	1152.9	176.7
建筑业收入	616.0	58.0	117.9	185.3	350.0	2058.3
第三产业收入	1274.2	447.2	663.5	925.2	865.3	3541.7
其他产品收入	0.2	0.5	0.3	0.2	0.2	0.0
第三产业服务性收入	1274.0	446.7	663.3	925.0	865.1	3541.7
交通.运输.邮电业收入	357.2	251.5	200.2	309.8	264.2	1205.1
批零贸易业.饮食业收入	539.0	93.1	199.3	296.7	179.3	1599.8
社会服务业收入	149.0	49.7	93.5	101.9	173.6	359.4
文教卫生业收入	19.3	9.1	46.6	44.4	0.1	33.4
其他行业收入	209.5	43.4	123.6	172.2	248.1	344.0
财产性收入	415.0	107.4	109.3	226.7	466.5	1552.1
转移性收入	400.2	214.9	353.3	379.1	566.4	576.2
人均总支出	7285.9	4604.9	5146.9	5585.3	7868.5	13116.6
家庭经营费用支出	1895.0	1360.6	1001.9	872.1	1938.3	3759.6
第一产业生产费用支出	1119.9	1079.0	815.6	698.0	1015.7	1935.5
农业生产费用支出	693.7	691.6	656.0	554.5	688.6	751.9
林业生产费用支出	10.7	5.2	11.0	10.1	11.9	17.8
牧业生产费用支出	411.9	374.9	148.5	131.9	314.6	1148.2
渔业生产费用支出	3.7	7.1	0.2	1.5	0.7	17.6
第二产业生产费用支出	449.6	59.8	9.1	96.2	774.3	836.8
工业生产费用支出	232.2	37.2	0.3	84.3	727.9	9.9
建筑业生产费用支出	217.3	22.6	8.8	11.9	46.4	826.9
第三产业生产费用支出	325.5	221.8	177.2	78.0	148.3	987.3
交通运输邮电业生产费用支出	130.6	150.5	41.0	32.1	56.9	500.5
批零贸易餐饮业生产费用支出	155.7	28.3	102.3	32.8	22.7	460.9
社会服务业生产费用支出	23.0	41.2	7.8	4.4	40.9	11.4
文教卫生业生产费用支出	6.1	1.6	25.6			
其他行业生产费用支出	10.0	0.1	0.4	8.8	27.8	14.4
购置生产性固定资产支出	322.6	112.3	133.4	282.7	242.3	959.4
建.造生产性固定资产雇工支出	8.3	28.9	7.2			0.4
税费支出	17.0	18.2	17.9	14.8	11.8	13.5
生活消费支出	4733.1	2966.5	3801.5	4073.3	5220.3	7991.7
食品消费支出	1686.3	1292.2	1450.0	1650.3	1774.6	2420.7
衣着消费支出	269.9	169.5	223.3	293.9	348.1	390.3
居住消费支出	925.3	400.7	642.5	582.1	831.9	2262.5
家庭设备.用品消费支出	273.1	174.1	232.1	268.0	337.2	386.2
交通和通讯消费支出	746.7	403.7	527.8	522.0	915.3	1378.0
文化教育.娱乐消费支出	377.8	197.9	366.9	425.5	467.5	488.7
医疗保健消费支出	405.4	298.0	324.5	291.3	474.0	588.7
其他商品和服务消费支出	48.6	30.6	34.3	40.2	71.6	76.5
财产性支出	14.1	4.3	29.5	4.0	8.8	18.4
转移性支出	295.8	114.1	155.6	338.4	446.9	373.7
人均纯收入	7804.8	3242.6	5191.1	6865.5	9296.6	16114.5
工资性收入	3483.5	1346.7	2484.1	3441.1	4931.3	6604.3
家庭经营纯收入	3635.5	1650.7	2383.3	2897.0	3532.8	7473.2
财产性纯收入	415.0	107.4	109.3	226.7	466.5	1552.1
转移性纯收入	270.8	137.8	214.5	300.8	366.0	484.8

10-21 农村居民家庭人均主要食品消费量

AVERGE CASH INCOME AND EXPERDITURE OF PEASANT HOUSEHOLD PER CAPITAL

指 标 名 称	单位	2004年	2005年	2006年	2007年	2008年	2009年
粮 食	公斤	163.77	183.19	187.36	203.79	184.89	176.35
谷 物	公斤	158.19	178.30	183.44	198.70	180.31	171.04
#小 麦	公斤	122.90	135.52	135.93	146.70	131.49	120.39
稻 谷	公斤	4.16	5.63	7.61	8.19	6.83	8.60
玉 米	公斤	22.58	29.21	31.28	34.80	31.09	31.40
薯 类	公斤	0.97	1.35	0.62	0.95	0.78	0.55
豆 类	公斤	4.61	3.53	3.30	4.14	3.80	4.76
油脂类	公斤	6.98	7.58	7.48	7.83	8.45	8.51
植物油	公斤	6.62	7.29	7.24	7.67	8.28	8.40
动物油	公斤	0.36	0.30	0.23	0.15	0.17	0.11
豆制品	公斤	2.78	3.29	3.65	3.69	3.23	3.20
蔬菜及菜制品	公斤	125.29	122.60	134.30	129.60	119.61	113.81
瓜 类	公斤	14.32	7.96	16.71	12.78	11.38	11.66
西 瓜	公斤	14.06	7.59	15.74	12.17	10.58	10.66
其他瓜果	公斤	0.26	0.37	0.96	0.61	0.80	1.00
水果类	公斤	17.77	14.57	13.29	15.14	16.37	16.61
消费茶叶	公斤	0.51	0.51	0.54	0.50	1.01	0.81
坚 果	公斤	2.61	1.97	2.22	2.03	2.31	2.57
肉禽及其制品	公斤	13.68	16.27	17.58	17.00	17.28	17.56
猪 肉	公斤	7.48	9.10	10.45	8.77	8.58	9.97
牛 肉	公斤	0.56	0.55	0.43	0.62	0.42	0.44
羊 肉	公斤	0.34	0.50	0.47	0.62	0.63	0.49
家 禽	公斤	2.07	2.82	2.73	3.13	3.55	3.01
其他肉禽及制品	公斤	3.22	3.29	3.49	3.86	4.12	3.65
蛋类及蛋制品	公斤	11.11	10.39	10.29	9.79	11.24	10.52
奶和奶制品	公斤	7.00	9.04	7.64	9.17	7.80	7.32
水产品	公斤	3.22	3.59	3.85	4.10	4.45	4.07
食 糖	公斤	0.84	0.68	0.62	0.79	0.68	0.95
酒 类	公斤	16.31	16.87	19.02	16.63	14.25	14.31
#白 酒	公斤	6.09	6.32	5.90	5.67	5.66	5.39
啤 酒	公斤	10.06	10.47	13.06	10.91	8.55	8.86

主要统计指标解释

EXPLANATORY NOTES ON MAIN STATISTICAL INDICATORS

城镇居民家庭就业人口 指城镇居民从事社会劳动并取得劳动报酬或经营收入的人口。就业人口包括通过国家统筹规划和指导由劳动部门介绍就业,自愿组织起来就业和自谋职业等方式,在国有制、集体所有制、中外合资、中外合作、外资在华独资的企事业单位和私营企业单位工作或从事个体劳动的有固定性职业或临时性职业的人口。被聘用和留用的离退休人员也计入就业人口。

城镇居民家庭全部收入 指被调查城镇居民家庭全部的实际现金收入,包括经常或固定得到的收入和一次性收入。不包括周转性收入,如提取银行存款、向亲友借入款、收回借出款以及其他各种暂收款。

城镇居民家庭可支配收入 指被调查城镇居民家庭在支付个人所得税之后,所余下的实际收入。

可支配收入=实际收入-个人所得税-家庭副业生产支出-记帐补贴

现金收入 包括实际收入和借贷收入。

(1)实际收入 指调查户的全部实际的现金收入;不包括借贷收入,如提银行存款、向亲友借入款、收回借出款以及其他各种暂收款。

(2)借贷收入 指周转性收入。包括提取银行存款、储金会款、借入款、收回借出款、兑售有价证券、赊购、为购买房屋从银行贷款等。

城镇居民家庭生活费收入 指被调查的城镇居民家庭全部收入中能用于安排家庭日常生活的实际收入。即城镇居民家庭的全部实际收入除“赡养支出”、“赠送支出”和缴纳的各种税款以及被调查户非本家庭人口的经济用饭人口所交的“搭伙费”。

现金支出 包括现金的实际支出和借贷支出

(1)实际支出 包括消费性支出、非消费性支出和家庭副业生产支出。

(2)借贷支出 包括存入储蓄款、存入储金会款、归还借款、借出款、储蓄性保险支出、购买有价证券、预购、归还为购买住房的银行贷款等。

城镇居民家庭消费性支出 指被调查的城镇居民家庭用于日常生活的全部支出,包括购买商品支出和文化生活、服务等非商品性支出。不包括罚没、丢失款和缴纳的各种税款(如个人所得税、牌照税、房产税等),也不包括个体劳动者生产经营过程中发生的各项费用。

城镇居民家庭购买商品支出 指被调查的城镇居民家庭为自用或赠送亲友而购买商品的全部支出,包括从商店、工厂、饮食业、工作单位食堂、集市以及直接从农民手中购买各种商品的开支。商品支出分为以下八类:食品;衣着;家庭设备用品及服务;医疗保健;交通与通信;娱乐、教育、文化服务;居住;杂项商品和服务。

农民总收入 是指农村住户年内从各种来源得到的全部实际收入(包括现金收入和实物收入)。由基本收入,转移性收入和财产性收入等三部分组成。

基本收入:包括劳动者报酬收入和家庭经营收入。

劳动者报酬收入:指受雇于单位或个人,出卖劳动而得到的报酬收入。包括在乡村组织中劳动得到的报酬收入、在企业劳动得到的报酬收入和在其他单位劳动得到的报酬收入。

工资性收入:指农村住户成员受雇于单位或个人,靠出卖劳动而获得的收入。按来源渠道划分为,在非企业组织中劳动得到的收入、在本地企业劳动得到的收入、常住人口外出务工收入和从其他单位劳动得到的收入。

家庭经营收入主要用来反映以家庭为生产单位的收入水平、生产规模和经济效益情况。它是农村住户从事各项生产的收入,包括种植业收入、林业收入、牧业收入、渔业收入、手工业收入、采集捕猎收入、工业收入、建筑业收入、运输业收入、商业收入、饮食业收入、服务业收入和其他家庭经营收入。

转移性收入:包括在外人口寄回和带回、农村外部亲友赠送的收入、调查补贴、保险赔款、救济金、救灾款、退休金、抚恤金、五保户的供给、奖励收入、土地征用补偿收入和其他转移性收入。

财产性收入:包括利息收入、股息收入、租金收入、出让特许权收入、集体财产收入、其他财产收入。

农民纯收入 是总收入扣除相应的各项费用性支出后归农民所有的收入。它既可以用于生产、非生产投资,改善个指标用来观察农民实际收入水平,以及农民扩大再生产和改善生活的能力。

全年纯收入=总收入-家庭经营费用支出-生产用固定资产折旧-税收-上交集体承包任务-调查补贴-赠送农村外部亲友的支出

农民总支出 是指农村住户全年用于生产、生活和再分配等方面的全部实际支出。包括家庭经营费用支出、购置生产用固定资产支出、缴纳税款、上交集体承包任务、集体提留和摊派、生活消费支出和其他非借贷性支出。但借贷性支出不包括在内。

11 农 业

AGRICULTURE

11-1 各时期农业主要经济指标

MAJOR ECONOMIC INDICATORS OF AGRICULTURE IN EACH PERIOD

年份	农村劳动力(万人)	农林牧渔业总产值(亿元)	农用机械总动力(万千瓦)	年末实有耕地面积(千公顷)	粮食总产量(万吨)	蔬菜总产量(万吨)	肉类总产量(万吨)	粮食单产(千克/公顷)
1949	106.51	1.50	…	469.85	51.63	10.72	0.24	825
1952	112.35	1.91	…	481.17	62.75	8.61	0.40	960
1957	121.09	2.79	0.32	479.58	67.92	15.86	0.66	1065
1962	108.44	1.33	2.98	412.34	39.74	27.67	0.72	765
1965	111.74	2.61	4.84	410.02	73.80	29.12	1.12	1350
1970	123.91	2.75	14.32	396.49	75.47	31.81	1.21	1470
1975	141.00	4.07	48.04	382.05	100.46	42.00	2.07	2025
1978	140.05	6.57	69.70	373.19	115.38	49.19	2.50	2475
1979	141.60	7.48	80.63	372.45	122.56	49.42	2.92	2610
1980	143.19	7.79	88.45	370.87	116.54	58.13	3.69	2565
“六五”时期								
1981	146.52	11.73	94.47	369.80	121.27	49.85	3.99	2865
1982	149.07	14.47	106.60	369.22	121.13	63.45	4.31	3060
1983	152.39	18.07	112.19	368.45	147.41	65.66	4.66	3570
1984	158.23	19.00	123.92	367.35	160.60	86.91	5.03	3915
1985	162.51	18.36	130.41	357.41	163.50	84.11	5.43	3915
“七五”时期								
1986	165.86	20.91	147.36	353.96	168.16	118.86	6.44	3855
1987	168.56	24.65	156.23	352.18	167.25	101.52	7.13	3945
1988	171.44	34.24	172.89	350.56	167.95	122.83	8.68	4080
1989	173.38	35.14	182.40	349.59	162.45	117.99	9.70	3945
1990	176.83	36.92	183.40	347.56	181.47	126.09	11.38	4273
“八五”时期								
1991	180.09	40.13	191.00	344.76	207.55	146.87	13.50	4779
1992	182.51	45.14	191.50	343.29	198.29	170.61	15.36	4655
1993	183.78	57.81	194.40	341.54	232.21	205.62	19.12	4963
1994	183.42	85.37	207.40	339.97	237.66	226.39	26.14	5237
1995	183.55	114.07	241.20	339.30	252.48	253.54	28.68	5512
“九五”时期								
1996	184.68	117.65	247.07	337.25	267.08	350.36	30.43	5602
1997	186.68	131.69	258.50	335.90	240.34	328.64	24.75	5064
1998	186.54	141.45	273.30	334.83	273.10	344.67	27.38	5634
1999	188.27	148.61	297.55	333.72	279.01	366.78	29.89	5752
2000	189.15	154.30	349.47	333.72	240.27	405.95	31.82	5354
“十五”时期								
2001	189.87	162.27	409.07	331.75	239.08	435.20	33.23	5480
2002	190.98	167.99	410.17	329.35	189.86	478.34	31.87	4440
2003	192.71	180.30	417.43	325.18	220.56	504.81	33.29	5448
2004	191.31	204.39	418.54	324.89	242.74	515.26	35.35	5807
2005	190.21	230.46	426.76	324.84	260.11	529.37	37.93	5932
“十一五”时期								
2006	190.80	247.70	429.62	322.03	267.91	536.28	38.74	6042
2007	191.16	265.50	446.60	322.03	268.01	522.24	31.85	6064
2008	190.45	308.70	466.00	361.33	281.50	548.36	36.20	6230
2009	195.56	329.00	486.00	361.85	289.47	591.18	37.61	6246

注:1. 2009年始年末实有耕地面积为国土资源局数据。

2. 依据2006年农业普查数据,对1997年至2007年蔬菜面积、产量做了相应调整。

11-2 农村基层组织和农业基本情况

BASIC CONDITIONS OF RURAL GRASSROOTS UNITS AND AGRICULTURE

指　　标	单位	2004年	2005年	2006年	2007年	2008年	2009年
乡镇数量	个	88	65	64	61	61	61
#镇	个	61	53	53	50	50	50
村民委员会	个	4709	4628	4628	4619	4600	4608
乡村户数	万户	98.47	98.89	98.47	98.64	98.34	99.92
乡村人口	万人	355.67	354.33	353.11	353.04	350.80	353.86
家庭从业人员	万人	191.31	190.21	190.80	191.16	190.45	195.56
男	万人	99.77	100.33	100.62	100.98	101.81	104.33
女	万人	91.54	89.88	90.18	90.18	88.64	91.23
按行业分家庭从业人员							
农林牧渔业	万人	95.90	82.77	81.13	77.07	76.46	76.48
工　业	万人	25.78	28.76	29.40	30.73	31.34	33.12
建筑业	万人	21.62	25.41	26.14	27.17	27.51	28.70
交通运输、仓储及邮电通讯业	万人	13.83	13.98	14.26	14.60	13.50	13.67
批零贸易及餐饮业	万人	18.58	21.46	21.91	22.55	22.37	23.63
其他非农行业	万人	15.60	17.83	17.96	19.04	19.27	19.96
年末实有耕地面积	千公顷	324.89	324.84	322.03	322.03	361.33	361.85
水　田	千公顷	10.41	10.33	12.93	9.88	7.39	7.47
旱　地	千公顷	314.48	314.51	309.10	312.15	353.94	87.93
机耕地占耕地的比重	%	81.3	80.5	81.0	81.3	77.8	
机电排灌面积占耕地的比重	%	72.0	72.6	70.6	73.6	62.8	
年内增加耕地面积	千公顷	0.49	0.20	0.14	0.14	2.61	1.60
年内减少耕地面积	千公顷	0.78	0.20	0.40	0.14	2.10	1.68
#国家基建占地	千公顷	0.47	0.16	0.31	0.07	1.91	
乡村集体占地	千公顷	0.26	0.01	0.04	0.05		
农民个人建房占地	千公顷	0.03	…	…	…	…	
平均每个乡村人口占有耕地	公顷	0.09	0.09	0.09	0.09	0.10	0.10
平均每个种植业劳动力占有耕地	公顷	0.38	0.47	0.45	0.42	0.56	0.55
农业机械总动力	万千瓦	418.54	426.76	429.62	446.55	466.02	486.00
农用大中型拖拉机	台	7797	9133	10095	11707	15376	16523
农用小型拖拉机	台	50279	50266	47980	45714	41734	42219
联合收割机	台	2912	3286	3754	4300	5170	6795
柴油机	台	95572	98523	95728	95041	83277	85453
割晒机	台	8443	8193	6496	5654	3048	4483
脱粒机	台	28368	28292	24658	24728	18534	18276
农用汽车	辆	6477	6616	6697	6994		
农村用电量	亿千瓦小时	18.75	21.03	23.27	24.88	24.03	25.32
农作物总播种面积	千公顷	608.73	623.65	630.42	620.32	606.0	618.5

注：2009年始年末实有耕地面积为国土资源局数据。

11-3 分地区农村基层组织

BASIC CONDITIONS OF RURAL GRASSROOTSUNITS

指　　　标	单　位	济南市	历下区	市中区	槐荫区
乡镇数量	个	61			2
#镇	个	50			2
村民委员会	个	4608		91	92
乡村户数	万户	99.92		3.90	2.95
乡村总人口	万人	353.86		13.59	10.23
乡村劳动力	万人	195.56		6.86	5.53
男	万人	104.33		3.56	2.95
女	万人	91.23		3.30	2.58
按行业分乡村劳动力					
农林牧渔业	万人	76.48		2.69	2.04
工　业	万人	33.12		0.82	0.73
建筑业	万人	28.70		1.31	0.56
交通运输、仓储及邮电通讯业	万人	13.67		0.54	0.55
批零贸易及餐饮业	万人	23.63		0.81	0.79
其他非农行业	万人	19.96		0.69	0.86
年末实有耕地面积	千公顷	361.85		5.78	4.08
水　田	千公顷	7.47			1.88
旱　地	千公顷	87.93		4.21	0.34
机耕地占耕地的比重	%				
机电排灌面积占耕地的比重	%				
年内增加耕地面积	公顷	1602.46		34.03	110.33
年内减少耕地面积	公顷	1676.41		51.09	119.33
平均每个乡村人口占有耕地	公顷	0.10		0.04	0.04
平均每个种植业劳动力占有耕地	公顷	0.55		0.29	0.24
农业机械总动力	万千瓦	486.00		11.82	8.54
农用大中型拖拉机	台	16523		402	206
农用小型拖拉机	台	42219		1118	442
联合收割机	台	6795		31	81
柴油机	台	85453		65	2
割晒机	台	4483			43
脱粒机	台	18276		130	2782
农用汽车	辆				
农村用电量	亿千瓦小时	25.32		2.82	0.49
农作物总播种面积	千公顷	618.45		9.69	5.55

和农业基本情况 (2009年)

AND AGRICULTURE BY REGION(2009)

天桥区	历城区	长清区	平阴县	济阳县	商河县	章丘市
2	12	6	7	8	10	14
2	12	5	6	7	5	11
120	655	590	337	852	963	908
4.15	18.48	12.46	8.47	11.82	13.26	24.43
12.86	62.26	43.98	29.00	47.74	52.08	82.12
7.18	36.65	21.38	15.66	26.93	27.89	47.48
3.91	19.22	11.28	8.17	15.33	14.97	24.94
3.26	17.43	10.10	7.49	11.60	12.93	22.54
1.56	16.14	9.31	7.19	10.43	14.32	12.80
1.62	5.84	2.81	2.46	4.59	2.58	11.67
0.64	5.19	4.16	2.27	3.48	3.43	7.66
0.62	2.04	1.28	0.84	1.33	0.89	5.58
1.90	3.88	2.17	1.05	3.40	2.99	6.64
0.84	3.56	1.65	1.85	3.70	3.68	3.13
9.95	35.06	46.89	33.44	70.68	76.30	79.67
0.32	2.11	0.11		2.53	0.01	0.51
0.27	13.26	25.79	17.08	0.82	0.51	25.65
178.85	386.55	132.01	206.37	231.19	243.36	79.77
26.17	482.31	163.84	243.01	211.05	180.23	199.38
0.08	0.06	0.11	0.12	0.15	0.15	0.10
0.72	2.58	0.58	0.54	0.74	0.64	0.74
17.90	61.65	46.47	42.02	98.00	85.78	113.82
420	2168	2024	2618	2342	2048	4295
2210	5613	3105	1855	12275	9101	6500
194	908	595	424	1266	1219	2077
4500	2713	1392	2288	26467	34657	13369
	40	137	228	1914	2121	
	896	646	1587	5117	3920	3198
1.50	5.62	2.28	1.63	1.03	0.88	9.07
13.50	63.30	69.97	54.71	112.20	134.14	155.39

11-4 各时期农林牧渔业增加值(按当年价格计算)

ADDED VALUE OF FARMING,ANIMAL HUSBANDRY AND FISHERY IN EACH PERIOD 单位:亿元

年份地区	合计	农业	林业	牧业	渔业	农林牧渔服务业
1952	1.45	1.09	…	0.36	…	–
1957	1.89	1.42	…	0.47	…	–
1962	1.01	0.76	…	0.25	…	–
1965	1.85	1.39	…	0.46	…	–
1970	2.11	1.58	…	0.53	…	–
1975	2.84	2.13	…	0.71	…	–
1978	4.08	2.94	0.19	0.89	0.06	–
1980	5.84	4.21	0.27	1.28	0.08	–
1985	12.16	8.75	0.57	2.66	0.18	–
"七五"时期						
1986	13.94	10.03	0.65	3.05	0.21	–
1987	16.21	11.66	0.76	3.55	0.24	–
1988	22.05	15.87	1.03	4.83	0.32	–
1989	22.74	16.37	1.06	4.98	0.33	–
1990	22.70	16.34	1.06	4.97	0.33	–
"八五"时期						
1991	24.68	18.00	0.95	5.31	0.42	–
1992	27.74	19.52	1.31	6.38	0.53	–
1993	35.66	23.83	1.45	9.72	0.66	–
1994	49.44	33.39	2.02	13.48	0.55	–
1995	67.24	49.59	1.97	14.95	0.75	–
"九五"时期						
1996	72.74	55.35	2.68	13.49	1.22	–
1997	81.07	62.25	2.95	14.66	1.21	–
1998	88.06	67.07	2.67	16.92	1.40	–
1999	92.52	67.30	2.21	21.33	1.68	–
2000	95.01	67.57	2.51	23.56	1.37	–
"十五"时期						
2001	97.17	68.96	2.25	24.49	1.47	–
2002	98.74	68.88	2.44	25.99	1.43	–
2003	104.90	70.71	2.87	28.51	1.22	1.60
2004	120.47	80.17	3.15	33.86	1.50	1.77
2005	134.34	88.66	4.05	38.14	1.59	1.90
"十一五"时期						
2006	145.12	95.80	4.54	40.32	1.77	2.69
2007	150.30	97.13	5.31	42.46	1.90	3.50
2008	175.00	108.91	7.71	51.79	2.88	3.71
2009	187.07	120.34	8.34	51.22	2.88	4.29
2009年分地区						
历下区						
市中区	2.79	1.04	0.50	1.23		0.02
槐荫区	2.86	1.77	0.09	0.88	0.10	0.02
天桥区	2.82	1.45	0.04	1.18	0.10	0.05
历城区	27.82	15.99	2.79	7.93	0.39	0.72
长清区	25.79	16.19	1.84	7.47	0.11	0.18
平阴县	18.40	11.51	0.77	5.58	0.11	0.43
济阳县	30.61	26.59	0.35	2.68	0.70	0.29
商河县	28.31	17.17	0.34	8.78	0.52	1.50
章丘市	47.67	28.63	1.62	15.49	0.85	1.08

11-5 各时期农林牧渔业总产值(按当年价格计算)

GROSS OUTPUT VALUE OF FARMING、FORESTRY、ANIMAL HUSBANDRY IN EACH PER IOD

单位:亿元

年 份 地 区	合 计	农 业	林 业	牧 业	渔 业	农林牧渔服务业
1952	1.91	1.67	0.04	0.18	0.02	–
1957	2.79	2.41	0.09	0.28	0.01	–
1962	1.33	1.18	0.03	0.12	…	–
1965	2.61	2.25	0.07	0.28	0.01	–
1970	2.75	2.32	0.10	0.32	0.01	–
1975	4.07	3.48	0.13	0.44	0.02	–
1978	6.57	5.63	0.20	0.72	0.02	–
1980	7.78	6.66	0.18	0.93	0.01	–
1985	18.36	14.63	0.75	2.93	0.05	–
“七五”时期						
1986	20.91	16.81	0.79	3.23	0.08	–
1987	24.65	19.50	0.99	4.05	0.11	–
1988	34.24	24.83	1.42	7.67	0.32	–
1989	35.14	25.04	1.24	8.47	0.39	–
1990	36.92	24.70	1.41	10.36	0.45	–
“八五”时期						
1991	40.13	26.44	1.47	11.64	0.58	–
1992	45.14	29.01	1.70	13.71	0.72	–
1993	57.81	36.00	1.98	18.86	0.97	–
1994	85.37	52.36	2.80	29.38	0.83	–
1995	114.07	71.48	2.71	38.69	1.19	–
“九五”时期						
1996	117.65	77.16	3.35	35.25	1.89	–
1997	131.69	87.91	3.86	38.04	1.88	–
1998	141.45	93.56	3.55	42.17	2.17	–
1999	148.61	96.81	3.12	46.27	2.41	–
2000	154.30	100.18	3.64	48.34	2.14	–
“十五”时期						
2001	162.27	105.54	3.27	51.16	2.30	–
2002	167.99	106.27	3.51	55.84	2.37	–
2003	180.30	109.41	4.11	60.90	2.05	3.83
2004	204.39	121.28	4.49	71.87	2.50	4.25
2005	230.46	137.01	5.56	80.56	2.69	4.64
“十一五”时期						
2006	247.72	147.98	6.44	84.86	2.89	5.55
2007	265.49	156.88	7.34	91.90	3.06	6.31
2008	308.68	179.13	10.82	105.85	4.20	8.68
2009	329.00	202.74	11.46	100.84	4.26	9.70
2009年分地区						
历下区						
市中区	4.53	1.48	0.53	2.48		0.04
槐荫区	4.16	2.59	0.11	1.15	0.28	0.03
天桥区	4.39	2.25	0.06	1.89	0.14	0.05
历城区	47.05	26.71	3.94	14.75	0.55	1.10
长清区	38.70	22.96	2.37	12.90	0.17	0.30
平阴县	34.39	21.29	1.16	10.82	0.16	0.96
济阳县	58.53	44.35	0.52	12.25	0.90	0.51
商河县	56.02	34.41	0.67	16.21	0.97	3.76
章丘市	81.23	46.70	2.10	28.39	1.09	2.95

11-6 各时期农林牧渔业总产值定基指数(以1952年为100)

GROSS OUTPUT VALUE AND INDICES OF FARMING、FORESTRY、ANIMAL HUSBANDRY IN EACH PERIOD

年　份	农林牧渔业定基指数	农　业	林　业	牧　业	渔　业
1952	100.00	100.00	100.00	100.00	100.00
1957	116.18	114.55	170.35	119.90	109.96
1962	73.32	74.42	69.10	69.25	20.68
1965	123.31	121.76	147.34	141.38	28.95
1970	151.35	146.28	254.82	184.02	58.65
1975	201.09	196.80	317.61	226.74	78.38
“五五”时期					
1976	198.67	185.64	340.19	269.52	118.70
1977	197.95	190.19	373.20	218.87	56.26
1978	208.10	203.90	304.32	239.93	57.89
1979	233.93	224.05	316.47	293.89	53.70
1980	264.53	259.07	286.30	330.80	43.98
“六五”时期					
1981	279.36	279.29	281.28	377.56	55.36
1982	312.68	308.75	346.83	460.13	51.95
1983	402.03	369.18	434.91	460.59	57.98
1984	493.28	436.59	572.67	651.29	69.52
1985	505.48	460.68	992.56	841.94	161.47
“七五”时期					
1986	531.29	488.47	964.62	857.25	229.32
1987	560.14	506.85	1075.00	960.76	291.92
1988	585.14	510.86	992.11	1191.92	383.08
1989	571.95	483.32	886.96	1320.55	495.30
1990	607.77	449.63	1126.99	1931.15	695.49
“八五”时期					
1991	670.19	488.17	1189.04	2204.93	830.45
1992	712.62	491.78	1298.34	2574.55	1007.33
1993	844.31	566.55	1420.51	3221.58	1209.21
1994	945.74	603.90	1671.10	2864.71	1064.29
1995	1093.57	657.49	1508.72	4905.57	1945.11
“九五”时期					
1996	1197.20	727.03	1818.36	5258.95	2224.25
1997	1273.56	820.27	2002.99	5116.96	2202.07
1998	1426.28	914.05	1858.14	5907.41	2516.54
1999	1486.09	934.64	2110.21	6277.65	2639.47
2000	1569.90	991.58	2255.81	6620.62	2441.73
“十五”时期					
2001	1599.32	1005.16	1700.16	6905.18	2646.43
2002	1638.09	997.16	1826.57	7349.57	2712.97
2003	1711.88	1072.24	1977.78	7726.93	2324.25
2004	1804.32	1132.29	1979.76	8121.00	2803.05
2005	1930.62	1188.90	2237.13	8770.68	2802.30
“十一五”时期					
2006	2046.15	1249.31	2454.25	9245.35	3003.10
2007	2046.15	1334.26	2610.83	9006.43	3540.65
2008	2148.45	1422.32	2783.14	9231.59	3204.85
2009	2260.17	1524.73	2964.04	9342.35	3323.43

11-7 主要农作物播种面积及产量

SOWN AREAS AND OUTPUT OF MAIN FARM CROPS

指　　标	2004年	2005年	2006年	2007年	2008年	2009年
农作物总播种面积(万公顷)	58.33	59.82	60.47	59.64	60.60	61.85
粮食作物	41.80	43.85	44.34	44.20	45.19	46.34
谷　物						
小　麦	17.74	19.58	20.18	20.06	20.76	21.36
稻　谷	1.09	1.10	1.09	1.11	0.97	0.88
玉　米	18.15	18.74	18.84	18.93	19.76	20.52
谷　子	0.80	0.72	0.67	0.66	0.65	0.65
高　粱	0.20	0.15	0.14	0.14	0.14	0.11
其　他	0.05	0.04	0.04	0.04	0.04	0.01
豆　类	1.39	1.34	1.26	1.26	1.20	1.19
薯　类	2.38	2.18	2.11	2.01	1.67	1.61
油料作物	1.57	1.62	1.61	1.59	1.62	1.62
#花　生	1.47	1.52	1.46	1.46	1.50	1.19
棉　花	3.61	3.03	3.14	3.11	2.99	2.67
蔬　菜	9.52	9.53	9.63	8.99	9.12	9.64
果用瓜	1.53	1.57	1.55	1.56	1.51	1.41
其他作物	0.22	0.16	0.15	0.15	0.11	0.10
果园种植面积(万公顷)	3.75	3.73	3.74	3.60	3.17	3.20
#苹　果	1.94	2.02	2.03	1.89	1.68	1.60
梨	0.18	0.22	0.22	0.21	0.18	0.18
葡　萄	0.29	0.25	0.26	0.24	0.14	0.13
桃	0.31	0.39	0.40	0.36	0.40	0.46
农作物总产量(万吨)						
粮食作物产量	242.74	260.11	267.91	268.01	281.50	289.47
谷　物						
小　麦	97.54	110.75	116.90	114.61	123.20	122.81
稻　谷	7.81	7.82	8.23	8.18	7.15	6.56
玉　米	115.79	121.04	123.12	125.36	133.48	142.49
谷　子	3.01	2.59	2.29	2.29	2.38	2.41
高　粱	0.55	0.39	0.34	0.36	0.36	0.28
其　他	0.19	0.16	0.16	0.16	0.16	0.03

11-7续

指　　标	2004年	2005年	2006年	2007年	2008年	2009年
豆　类	3.66	3.56	3.41	3.56	3.49	3.67
薯　类	14.19	13.82	13.46	13.49	11.28	11.22
油料作物	5.34	5.71	5.72	5.82	5.95	6.07
#花　生	5.09	5.45	5.38	5.54	5.68	5.75
棉　花	3.93	3.55	3.71	3.56	3.54	3.19
蔬　菜	515.26	529.37	536.28	522.24	548.36	591.18
果用瓜	85.54	92.02	94.72	93.96	91.10	86.28
水果总产量(万吨)	40.02	42.64	43.71	44.87	45.32	46.23
#苹　果	23.66	24.65	24.97	26.03	24.17	24.85
梨	2.12	2.27	2.89	2.47	3.80	3.76
葡　萄	3.48	3.32	3.28	2.71	2.48	2.27
桃	3.77	4.55	4.35	4.74	5.52	5.98
杏	1.75	1.81	2.09	2.05	2.78	2.67
枣(鲜)	1.72	2.00	1.98	1.44	1.60	1.43
柿子(鲜)	2.01	2.38	2.45	2.58	2.75	2.76
山　楂	1.07	1.10	1.12	1.16	1.20	1.39
其　他	0.46	0.56	0.58	1.69	0.57	0.45
农作物单位面积产量(公斤/公顷)						
粮食作物单位面积产量	5807	5932	6042	6064	6229	6246
谷　物						
小　麦	5498	5656	5793	5714	5933	5750
稻　谷	7143	7120	7552	7384	7396	7473
玉　米	6379	6460	6534	6623	6756	6944
谷　子	3755	3610	3394	3476	3677	3678
高　粱	2809	2596	2406	2495	2507	2526
其　他	3445	3640	3814	3934	3981	2886
豆　类	2631	2651	2710	2833	2895	3075
薯　类	5977	6325	6373	6726	6762	6954
油料作物	3391	3515	3553	3660	3662	3743
#花　生	3457	3588	3681	3787	3780	3855
棉　花	1090	1170	1181	1147	1185	1194
麻　类	2299					
蔬　菜	54112	55547	55673	58122	60109	61316
果用瓜	55937	58494	61001	60382	60153	61059

注：依据2006年农业普查数据，对1997年至2007年蔬菜面积、产量做了相应调整。

11-8 林、牧、渔业生产情况

BASIC STATISTICS ON FORESTRY、ANIMAL HUSBANDRY AND FISHERY

指　　　标	单　位	2004年	2005年	2006年	2007年	2008年	2009年
林业生产							
造林面积	公顷	14385	10249	10125	10546	12364	9534
迹地更新	公顷	765	188	381	528	354	167
四旁植树	万株	1670	1393	1655	1113	1496	1355
本年育苗面积	公顷	1764	3296	2702	6197	6735	5526
幼林抚育面积	公顷	38284	37349	30834	23016	24009	36252
成林抚育	公顷	48183	42018	43471	36738	33203	51869
果品产量	吨	445378	465067	472703	539844	547694	481490
木材采伐量	立方米	48903	53280	80222	94623	111281	106753
牧业生产							
大牲畜存栏	万头	99.78	99.43	88.28	68.33	73.64	73.83
#役　畜	万头	9.52	9.12	7.43	5.59	3.69	3.30
#牛	万头	95.89	97.34	87.65	67.71	72.74	73.65
猪存栏	万头	194.64	209.70	190.51	174.67	194.07	199.33
羊存栏	万只	186.61	192.26	164.07	124.64	133.99	137.67
家禽存栏	万只	3201.05	3093.38	3020.15	2771.43	3381.47	3543.62
猪出栏数	万头	277.33	300.65	305.21	238.81	276.27	289.67
羊出栏数	万只	183.22	198.97	203.81	181.62	175.83	185.47
肉类总产量	吨	353479	379305	387352	318521	362021	376093
#猪牛羊肉	吨	381117	342848	327286	261768	282080	294963
猪　肉	吨	217970	234336	239224	188684	205622	217290
牛　肉	吨	60428	67428	68601	55890	55920	56242
羊　肉	吨	18167	19558	19461	17194	20538	21431
禽　肉	吨	50187	53046	56203	52381	76293	77624
奶　类	吨	154234	196070	229054	257641	282411	301309
#牛　奶	吨	154463	196340	229054	257641	282360	301262
禽　蛋	吨	410508	414329	416309	391269	352691	358824
#鸡　蛋	吨	397808	400167	401525	38550	339158	344462
渔业生产							
水产品产量	吨	33970	35285	36649	39758	40886	41362
捕　捞	吨	3211	3322	2345	2627	1910	1867
养　殖	吨	30759	31963	34304	37131	38976	39495
养殖面积	公顷	7419	7614	7653	7692	6722	6776
养殖单产	公斤/公顷	4146	4634	4789	4827	5798	6104

11-9 分地区主要农作物

SOWN AREAS AND OUTPUT OF

指标	济南市	历下区	市中区	槐荫区
农作物播种总面积(公顷)	618454		9692	5547
粮食	463425		9348	5037
谷物	435358		9186	5031
小麦	213603		4537	2465
稻谷	8777		0	1365
玉米	205205		4434	1202
谷子	6547		214	0
高粱	1123		1	0
其他	104		1	0
豆类	11925		95	6
薯类	16141		67	0
油料作物	16217		103	0
#花生	14910		103	0
棉花	26684		75	0
蔬菜	96416		165	510
果用瓜	14130		1	0
其他作物	1019		0	0
果园种植面积(公顷)	31987		188	12
#苹果	15969		47	4
梨	1804		0	2
葡萄	1347		90	3
桃	4599		43	3
农作物产量(吨)				
粮食作物产量	2894732		42964	30551
谷物	2745827		42038	30535
小麦	1228107		18328	13570
稻谷	65588		0	8948
玉米	1424917		22971	8016
谷子	24080		731	0
高粱	2836		2	0
其他	299		6	0

播 种 面 积 及 产 量 (2009年)

MAIN FARM CROPS BY REGION(2009)

天桥区	历城区	长清区	平阴县	济阳县	商河县	章丘市
13504	63304	69968	54709	112197	134138	155395
11808	47183	54639	38177	75882	104951	116400
11638	43888	47653	30978	73700	104246	109038
5784	22026	23170	16320	36475	47694	55132
830	1459	0	0	5000	0	123
5024	18642	23164	13092	32226	56548	50873
0	1558	1192	1505	0	0	2078
0	202	25	61	0	3	831
0	1	102	0	0	0	0
170	643	1061	3171	2115	593	4071
0	2651	5925	4028	67	112	3291
353	1002	5037	2958	3561	113	3090
353	997	4896	2007	3561	113	2880
593	210	447	3772	5124	9654	6809
689	13860	9129	7534	21013	18671	24845
61	1020	308	1147	6616	730	4247
0	29	156	834	0	0	0
55	10567	3699	9326	2090	800	5250
3	4548	299	6806	1469	247	2546
50	858	108	49	50	407	280
1	73	24	441	186	76	453
1	2711	365	267	136	59	1014
70496	270065	341971	217778	516559	744610	659738
70164	249977	295138	176148	509268	741786	630773
33012	113786	125001	79232	235264	307762	302152
5503	9764	0	0	40496	0	877
31649	120521	164622	89149	233508	434007	320474
0	5304	5117	7606	0	0	5322
0	600	107	161	0	17	1949
0	2	291	0	0	0	0

11-9续

指　　标	济南市	历下区	市中区	槐荫区
豆　类	36664		281	16
薯　类	112240		644	0
油料作物	60693		308	0
#花　生	57486		308	0
棉　花	31879		182	0
蔬　菜	5911760		8948	18760
果用瓜	862779		52	0
水果总产量(吨)	462258		4278	283
#苹　果	248485		1055	104
梨	37550		0	16
葡　萄	22653		2186	87
桃	59795		298	58
杏	26652		448	18
枣(鲜)	14281		0	0
柿子(鲜)	27614		248	0
山　楂	13898		43	0
其　他	4462		0	0
农作物单位面积产量(公斤/公顷)				
粮食作物单位面积产量	6246		4596	6065
谷　物	6297		4570	6058
小　麦	5750		4040	5505
稻　谷	7473		0	6557
玉　米	6944		5181	6672
谷　子	3678		3422	0
高　粱	2526		3000	0
其　他	2886		6000	0
豆　类	3075		2958	2625
薯　类	6954		9618	0
油料作物	3743		3003	0
#花　生	3855		3003	0
棉　花	1194		2442	0
蔬　菜	61316		54186	36783
果用瓜	61059		38730	0

天桥区	历城区	长清区	平阴县	济阳县	商河县	章丘市
332	1832	3066	11403	6726	1690	11318
0	18254	43767	30227	565	1135	17648
854	4703	16485	10599	17422	593	9729
854	4336	16211	8341	17422	593	9421
801	350	375	4558	6403	11214	7996
27969	908748	718070	497461	1125529	908111	1698164
2545	42315	16038	69361	483894	38357	210217
947	143159	47950	115601	52619	33784	63637
45	51649	6746	95576	40704	11920	40686
499	21555	3662	1415	554	7931	1918
16	1869	447	5223	2986	6658	3181
25	37869	6224	3208	1245	2167	8701
9	8597	11733	1591	605	1052	2599
353	1246	3392	409	1383	3000	4498
0	12210	10086	2692	306	1056	1016
0	6488	257	1298	4836	0	976
0	171	56	4174	0	0	61
5970	5724	6260	5705	6807	7095	5669
6027	5698	6173	5734	6905	7064	5789
5708	5166	5396	4856	6450	6453	5481
6630	6690	0	0	8100	0	7107
6300	6465	7107	6810	7247	7676	6300
0	3405	4293	5052	0	0	2561
0	2970	4268	2670	0	5111	2345
0	2070	2865	0	0	0	0
1950	2850	2889	3597	3180	2849	2781
0	6885	7388	7503	8481	10133	5363
2417	4692	3273	3584	4892	5229	3149
2417	4350	3311	4157	4892	5229	3272
1350	1665	840	1209	1250	1161	1268
40614	65567	78660	66027	53562	48638	68351
41490	41501	52118	60494	73142	52544	49490

11-10 分地区林、牧、渔

BASIC STATISTICS ON FORESTRY、

指标	单位	济南市	历下区	市中区	槐荫区
林业生产					
造林面积	公顷	9534		700	67
迹地更新	公顷	167		67	
四旁植树	万株	1355		90	80
本年育苗面积	公顷	5526		80	20
幼林抚育面积	公顷	36252		800	42
成林抚育	公顷	51869		750	370
果品产量	吨	481490		14983	
木材采伐量	立方米	106753			90
牧业生产					
大牲畜存栏	万头	73.8		0.9	0.3
#役　畜	万头	3.3		0.0	0.0
#牛	万头	73.7		0.9	0.3
猪存栏	万头	199.3		4.1	0.8
羊存栏	万只	137.7		2.2	0.2
家禽存栏	万只	3543.6		132.2	32.4
猪出栏数	万头	289.7		6.2	2.0
羊出栏数	万只	185.5		3.3	0.3
肉类总产量	吨	376093		7912	2077
#猪牛羊肉	吨	294963		5751	1613
猪　肉	吨	217290		4687	1491
牛　肉	吨	56242		562	90
羊　肉	吨	21431		502	31
禽　肉	吨	77624		2133	464
奶　类	吨	301309		20044	15812
#牛　奶	吨	301262		20044	15765
禽　蛋	吨	358824		13057	1029
#鸡　蛋	吨	344462		13057	1026
渔业生产					
水产品产量	吨	41362			3235
捕　捞	吨	1867			
养　殖	吨	39495			3235
养殖面积	公顷	6776			407
养殖单产	公斤/公顷	6104			7948

业生产情况 (2009年)

ANIMALHUSBANDRY AND FISHERY BY REGION(2009)

天桥区	历城区	长清区	平阴县	济阳县	商河县	章丘市
67	1750	1305	923	733	2000	1800
34		66				
2	120	180	120	120	160	320
119	2150	1733	96	260	105	950
67		1500	8001	15380	10000	5796
268	5000	6000	2667	9938	12000	10876
1758	13014	23189	99829	40560	36200	70855
215	3370	14692	12000	20489	22000	33897
1.0	5.0	7.1	7.8	19.9	9.4	22.4
0.0	0.2	0.5	0.7	0.2	1.6	0.1
1.0	5.0	7.1	7.7	19.9	9.4	22.4
2.0	29.7	25.2	17.6	29.0	36.6	54.4
0.9	13.4	26.5	33.0	21.4	13.9	26.2
34.2	556.2	309.6	254.1	429.2	367.4	1428.3
6.2	35.9	37.8	29.9	33.1	66.2	72.3
2.9	11.8	28.7	58.8	27.8	17.9	33.9
9652	44333	35421	41631	53884	80458	100725
8513	33748	29896	34050	50260	63854	67277
5499	28020	23970	21557	29186	52935	49945
2595	4167	3550	5700	18454	8410	12714
419	1561	2376	6793	2619	2509	4619
1139	10246	5227	6682	3508	16556	31669
2860	104234	29718	25683	37046	5487	60425
2860	104234	29718	25683	37046	5487	60425
3849	58238	32346	30848	45109	32794	141554
3841	57913	29751	30455	42084	27838	138498
1900	5280	1050	1900	8532	8865	10600
	90	338		515	727	197
1900	5190	712	1900	8017	8138	10403
230	1053	470	444	1170	1282	1720
8261	5014	2234	4279	7292	6915	6163

11-11 农业"四化"情况(2009年)

BASIC STATISTICS ON FOUR MODERNIZATION OF AGRICULTURE(2009)

指　　标	机耕面积(千公顷)	有效灌溉面积(千公顷)	旱涝保收面积(千公顷)	化肥施用量(吨折纯)	每公顷耕地化肥施用量(公斤折纯)	农药施用量(吨)	每公顷耕地农药施用量(公斤)
全　市	348.2	245.3	150.2	229866	635.3	3320.0	9.2
历下区							
市中区	5.9	4.2	3.5	1116	193.1	46.8	8.1
槐荫区	3.8	4.5	4.5	657	161.0	50.1	12.3
天桥区	7.5	5.6	3.5	5267	529.3	42.6	4.3
历城区	35.7	25.4	20.0	16929	482.9	516.7	14.7
长清区	34.4	22.2	19.5	13265	282.9	393.6	8.4
平阴县	30.0	16.4	12.6	15582	466.0	151.7	4.5
济阳县	73.1	49.7		53110	751.4	954.8	13.5
商河县	68.1	59.7	47.6	69382	909.3	550.1	7.2
章丘市	89.7	57.7	39.0	54558	684.8	613.6	7.7

11-12 主要农副产品产量与上年和历史最高年份比较

OUTPUT OF MAJOR AGRICULTRAL PRODUCTS IN COMPARISION WITH LAST YEAR AND PERK YEAR

指　　标	2009年	2008年	历史最高年		2009年为历史最高年的%	2009年为2008年的%
			年　份	产　量		
农产品产量(万吨)						
粮食总产量	289.5	281.5	2008	281.50	102.84	102.84
#小　麦	122.8	123.2	1999	126.85	96.81	99.68
稻　谷	6.56	7.15	2000	9.89	66.33	91.75
玉　米	142.49	133.48	2008	133.48	106.75	106.75
薯　类	11.22	11.28	1995	23.10	48.57	99.47
经济作物(万吨)						
#棉　花	3.19	3.54	1999	5.00	63.80	90.11
油料花生	6.07	5.95	2008	5.95	102.02	102.02
蔬菜总产量	591.18	548.36	2008	548.36	107.81	107.81
水果总产量	46.22	45.32	2008	45.32	101.99	101.99
水产品总产量(万吨)	4.14	4.09	2008	4.09	101.22	101.22

11-13 农户积累的生产用固定资产

PRODUCTIVE FIXED ASSETS OF RURAL HOUSEHOLDS

指标	合计	市区			平阴县	济阳县	商河县	章丘市
			历城区	长清区				
农户积累的生产用固定资产原值(万元)								
1985	37760	8607	4988	3291	2938	6620	6715	9589
1986	48098	11978	7610	6379	4687	7528	7325	10201
1987	65227	15254	12297	6884	5482	10523	10656	16428
1988	77633	20233	15161	7252	6346	13323	12686	17793
1989	87488	24902	18529	8160	6526	15002	13494	19404
1990	93706	24862	19175	8338	7614	16615	15406	20871
1991	108426	25497	20069	10647	8968	20762	19782	22770
1992	131110	33546	21034	11961	10230	23368	24394	27611
1993	148881	35460	22348	12198	11226	30292	25729	33976
1994	166021	37578	26026	12804	14931	31161	27518	42029
1995	187499	42896	26904	17788	15127	35747	33767	42174
1996	212343	44653	36037	22723	16746	36967	39342	51912
1997	239129	53273	42386	31267	18051	36313	45214	55011
1998	287541	58608	46436	40365	22120	44544	50180	71724
1999	300114	59486	46918	44760	23048	47114	44476	81230
2000	324679	77164	40790	48285	22664	41932	49571	85285
2001	413917	131804	42562	55575	26531	48137	56987	102313
2002	443339	142554	46756	62187	26597	49768	59115	110099
2003	460589	153507	51440	65766	27667	51134	65261	121057
2004	469168	179248	61169	69709	30258	57395	72165	130102
2005	539834	199737	84753	71725	38838	68626	75037	146670
2006	540611	198168	93495	63162	38975	72079	76020	149003
2007	686576	241922	95190	88427	43262	110443	97686	187446
2008	820343	321235	152101	90134	46499	129019	124740	198850
2009	973050	371273	167271	112669	64220	141881	137181	258495
农村居民人均拥有生产用固定资产(元)								
1985	107	110	79	71	90	149	139	112
1986	135	130	118	139	114	167	151	119
1987	183	168	164	150	168	234	218	191
1988	217	221	201	158	196	296	258	204
1989	243	251	244	177	200	329	273	225
1990	258	251	250	180	232	357	294	241
1991	296	256	260	230	272	428	380	262
1992	357	336	272	257	310	501	448	317
1993	406	357	289	262	340	629	490	390
1994	459	379	338	291	471	650	530	486
1995	521	432	350	400	481	748	650	490
1996	595	451	472	512	597	775	769	600
1997	670	541	558	702	644	764	870	637
1998	807	600	611	897	790	928	965	834
1999	842	612	624	998	807	990	854	943
2000	907	789	691	1073	793	880	950	983
2001	1156	923	722	1235	927	1010	1089	1185
2002	1239	998	787	1385	928	1044	1126	1278
2003	1288	1078	866	1468	964	1072	1236	1406
2004	1349	1264	1053	1556	1051	1201	1357	1547
2005	1518	1469	1459	1591	1349	1436	1411	1744
2006	1531	1458	1607	1452	1350	1507	1463	1805
2007	1945	1780	1638	2032	1499	2260	1880	2270
2008	2317	2757	2573	2064	1697	2712	2390	2407
2009	2780	2819	2830	2580	2049	2984	2630	3129

主要统计指标解释

EXPLANATORY NOTES ON MAIN STATISTICAL INDICATORS

农林牧渔业产值 是以货币表现的农、林、牧、渔业全部产品的总量,它反映一定时期内农林牧渔业生产的总规模和总成果。

农、林、牧、渔四业的统计范围是辖区内各种经济组织类型、各个系统的全部农林牧渔业生产单位和非农行业单位附属的农林牧渔业生产活动单位。不包括农业科学试验机构进行的农业生产。

农林牧渔业总产值的核算范围是本辖区内在一定时期内生产的农业、林业、牧业、渔业产品的价值和对农林牧渔业生产活动进行的各种支持性服务活动的价值总和,执行日历年度。

(1)农业产值,包括谷物和其他作物产值:蔬菜,园艺作物产值:水果,坚果,饮料和香料产值;中药材产值。其中谷物和其他作物产值包括谷物、薯类、豆类、棉花、油料,糖料,麻类、烟叶和其他农作物的产值。其他农作物包括青饲料,绿肥、牧草、桑叶及采集的野生植物。

(2)林业,包括林木的培育和种植(不包括茶园、桑园和果园的栽培,管理和收获等活动)。林产品的采集和竹木采伐。

(3)牧业,包括除渔业养殖以外的一切动物饲养和放牧以及捕猎野兽野禽产值。

(4)渔业,包括水生动物和海藻类植物的养殖和捕捞。

(5)农林牧渔服务业,包括灌溉,农产品初加工。农机服务,病虫害防治、森林防火、兽医服务、鱼苗及鱼种场等对农林牧渔业生产活动进行的各种支持性服务活动。但不包括各种科学技术和专业技术服务活动。农林牧渔业总产值核算采用"产品法"进行计算,即用产品产量乘以价格以求出各种产品产值,然后加总求得各业产值,最后各业相加求得农林牧渔业总产值。

1957年以前的农业总产值中包括了厩肥和农民自给性手工业(如农民自制衣服、鞋、袜,自己从事粮食初步加工等)。1958年及以后的农业总产值,林业中增加了村及村以下竹木采伐产值;牧业中取消了厩肥产值;副业中取消了农民自给性手工业产值,增加了村及村以下办的工业产值;渔业中增加了海洋捕捞水产品产值。1980年及以后的农业总产值,在副业中增加了农民家庭兼营工业商品性部分的产值。从1984年起村及村以下办工业产值划归工业。从1993年起取消副业,将采集野生植物产值和农民家庭兼营商品性工业产值划归农业产值,捕猎野兽、野禽产值划入牧业产值。2003年根据新的国民经济行业分类,农林牧渔服务业划归第一产业。原农业产值中的农民家庭兼营商品性工业产值划归工业产值;林业中竹木采伐产值统计范围由村及村以下改为全社会。

农林牧渔业增加值 是指农、林、牧、渔及农林牧渔服务业生产货物或提供服务活动而增加的价值,为农林牧渔业现价总产值扣除农林渔业现价中间投入后的余额。

农林牧渔业增加值的核算范围同农林牧渔业总产值的核算范围相同。

农林牧渔业增加值的计算方法:采用生产法和分配法(收入法)两种。

1. 生产法计算公式:

农林牧渔业增加值=农林牧渔业总产值—农林牧渔业中间消耗

2. 分配法计算公式:

农林牧渔业增加值=固定资产折旧+劳动者报酬+生产税净额+营业盈余

其中:生产税净额=生产税收—生产补贴

农林牧渔业中间消耗 指在农林牧渔业生产过程中投入(或消耗)的各种物质产品和劳务价值的总和。包括中间物质消耗和对非物质生产部门的劳务支出两部分。计算中间消耗有两个原则:一是计算的口径范围要与总产值保持一致,二是本期消耗的不属于固定资产的低值易耗品。某些小农具即使使用年限超过一年,但价值在50元以下,也作为中间物质消耗处理。

粮食产量 指全社会的粮食作物产量。包括国营农场等全民所有制经营的、集体统一经营和农民家庭经营的粮食产量,还包括工矿企业家属办的农场和其他生产单位的产量粮食除包括稻谷、小麦、玉米、高粱、谷子及其他杂粮外,还包括薯类和大豆。其产量计算方法,豆类按去豆荚后的干豆计算;薯类包括甘薯和马铃薯,不包括芋头和木薯。1963年以前按每4公斤鲜薯1公斤粮食计算,从1964年以后按5公斤鲜薯折1公斤粮食计算。其他粮食一律按脱粒后的原粮计算。

油料产量 指全部油料作物的生产量。包括花生、油菜籽、芝麻、向日葵籽、胡麻籽(亚麻籽)和其他油料。不包括大豆、木本油料和野生油料。花生以带壳干花生计算。

水产品产量 指人工养殖的水产品和天然生长的水产的捕捞量。包括海水的鱼类、虾蟹类、贝类和藻类以及淡水的鱼类、虾蟹类和贝类,不包括淡水水生植物。

猪、牛、羊肉产量 指当年出栏并已屠宰的猪、牛、羊的肉产量。即屠宰后除去头蹄下水后带骨肉(即胴体重)的重量。

耕地面积 指年初可以用来种植农作物、经常进行耕锄的田地,包括熟地、当年新开荒地、连续撂荒未满三年的耕地和当年的休闲地(轮歇地),还包括以种植农作物为主并附带种植桑树、茶树、果树和其他林木的土地,以及沿海、沿湖地区已围垦利用的"海涂"、"湖田"等面积。

不包括属于专业性的桑园、茶园、果园、果木苗圃、林地、芦苇地、天然或人工草地面积。

农作物播种面积 指实际播种或移植有农作物的面

积。凡是实际种植有农作物的面积，不论种植在耕地上还是种植在非耕地上，均包括在农作物播种面积中。在播种季节基本结束后，因遭灾而重新改种和补种的农作物面积，也包括在内。

灌溉面积　指有效灌溉面积，即具有一定的水源，地块比较平整，灌溉工程或设备已经配套，在一般年景下半年能够进行正常灌溉的耕地面积。

农用化肥施用量　指本年内实际用于农业生产的化肥数量，包括氮肥、磷肥、钾肥和复合肥。化肥施用量要求按折纯量计算数量。折纯量是指把氮肥、磷肥、钾肥分别按含氮、含五氧化二磷、含氧化钾的百分之一百成份进行折算后的数量。复合肥按其所含主要成分折算。

农业机械总动力　指主要用于农、林、牧、渔业的各种动力机械的动力总和。包括耕作机械、排灌机械、收获机械、农产品加工机械、运输机械、植物保护机械、牧业机械、林业机械、渔业机械和其他农业机械(内燃机按引擎马力折成瓦(特)计算)，电动机按功率折成瓦特计算。不包括专门用于乡办工业、基本建设、非农业运输、科学试验和教学等非农业生产方面用的动力机械与作业机械。

工　业

INDUSTRY

12-1 各时期全部工业基本情况

BASIC STATISTICS OF TOTAL INDUSTRY IN EACH PERIOD

年份	全部工业单位数(个)		工业总产值(亿元)		工业增加值(亿元)		国有独立核算工业(万元)	
		国有单位		国有单位		国有单位	利润总额	利税总额
1949	52	—	1.20	0.52	0.40	0.15	190	541
1952	92	—	2.97	1.65	1.09	0.52	1616	2761
1957	399	—	6.90	6.13	2.18	1.84	5742	10065
1962	847	286	6.67	5.61	2.36	1.80	3293	8242
1965	724	247	11.99	10.09	4.34	3.39	16246	22906
1970	828	285	23.12	17.93	7.56	5.64	19347	31834
1975	1041	326	26.41	18.87	8.46	5.50	11555	27846
1978	1319	398	39.06	25.87	12.89	7.11	28852	53031
1979	1353	359	42.95	28.90	14.10	8.01	31875	57532
1980	1535	356	45.31	30.37	14.24	8.85	32909	59572
“六五”时期								
1981	1538	350	47.61	31.72	15.11	9.47	35077	62657
1982	1619	357	51.98	33.91	15.79	10.01	32062	64673
1983	1674	369	59.06	36.99	17.96	11.49	35870	60308
1984	1981	325	66.96	39.78	20.10	13.17	45869	83520
1985	2584	477	74.41	44.66	27.54	16.97	61274	112154
“七五”时期								
1986	3005	369	86.93	48.71	28.69	17.53	54804	115006
1987	3957	361	107.63	56.16	32.88	19.40	58715	125775
1988	5252	372	138.05	68.58	47.49	25.09	80173	156056
1989	7655	380	158.53	76.19	54.66	30.51	76571	170703
1990	11020	394	222.63	116.92	60.43	37.11	25084	125522
“八五”时期								
1991	12211	376	245.73	131.35	67.73	43.35	36715	151718
1992	15374	373	303.33	162.35	86.85	48.97	55463	193000
1993	19392	376	448.25	230.93	115.36	69.65	57984	223445
1994	22009	366	614.08	236.40	154.49	69.64	60393	240473
1995	24621	495	752.23	279.16	194.16	83.12	65335	316289
“九五”时期								
1996	32902	425	834.45	260.16	238.31	91.30	79615	337807
1997	33000	325	897.59	263.34	278.87	92.99	95267	343426
1998	32793	227	966.62	234.03	298.41	94.28	42152	292991
1999	29319	211	981.78	212.95	318.80	79.51	-2340	254619
2000	30899	195	994.00	237.14	336.61	81.00	34824	292198
“十五”时期								
2001	34135	169	1090.70	140.44	356.72	64.69	49222	226242
2002	30064	155	1302.00	144.78	410.98	49.16	28011	234986
2003	30258	126	1544.50	167.30	494.55	68.80	53363	302975
2004	31163	115	1981.80	150.70	620.14	37.21	-3943	72684
2005	31370	102	2447.51	177.00	786.11	66.49	268573	354111
“十一五”时期								
2006	35370	86	2806.94	193.10	861.48	73.95	315323	458191
2007	36112	76	3389.09	283.32	985.78	103.65	364790	751182
2008	36416	80	4149.99	338.24	1140.14	136.55	418265	853091
2009	37656	77	4229.86	345.44	1191.36	166.36	422898	885006

注：1. 工业增加值、工业总产值按当年价格计算。
2. 1985、1995年因工业普查对教育局校办工厂统计方法的规定，故国有单位较多。
3. 2001年后炼油、浪潮、将军等原国有企业陆续改制，故国有数字较以前年份有所减小。

12-2 各时期规模以上工业基本情况

BASIC STATISTICS OF INDUSTRIAL ENTERPRISES ABOVE DESIGNATED SIZE IN EACH PERIOD

年　　份	单位数(个)	工业总产值(亿元)	工业增加值(亿元)	产品销售销售收入(亿元)	利税总额(亿元)	利润总额(亿元)	资产总计(亿元)	所有者权益(亿元)
1949	52	1.06	0.40	0.91	0.07	0.03	0.58	0.17
1952	92	2.83	1.02	2.40	0.32	0.18	1.89	0.55
1957	399	6.04	2.08	5.85	1.04	0.60	2.85	0.83
1962	847	6.65	2.15	6.87	0.92	0.39	5.66	1.65
1965	724	11.89	4.07	9.49	2.47	1.73	5.93	1.73
1970	828	22.94	7.29	19.30	3.66	2.22	10.67	3.10
1975	1041	26.16	7.94	19.70	3.47	1.55	17.21	5.01
1978	1319	37.67	9.94	31.39	6.80	3.88	25.68	7.47
1979	1353	38.79	11.18	35.51	7.21	4.13	27.19	7.91
1980	1535	43.60	12.15	36.90	7.51	4.26	29.22	8.50
“六五”时期								
1981	1538	42.26	12.77	39.84	7.98	4.37	31.49	9.20
1982	1619	45.58	13.63	42.94	8.13	4.18	34.52	10.08
1983	1674	49.64	14.86	46.38	8.84	4.74	38.09	11.12
1984	1981	55.95	17.91	52.16	10.46	5.82	41.66	12.16
1985	1915	66.98	23.10	64.76	13.98	7.62	47.09	13.75
“七五”时期								
1986	2036	75.67	24.54	73.98	14.38	7.07	56.79	16.70
1987	2004	88.17	27.24	86.19	15.88	7.52	64.21	18.88
1988	1984	107.76	35.39	113.84	19.65	10.37	81.67	24.01
1989	1993	118.88	43.20	131.86	20.88	9.73	104.34	30.68
1990	2008	174.89	41.63	136.29	15.57	3.23	125.25	36.82
“八五”时期								
1991	1985	194.29	44.84	160.58	18.46	4.97	138.34	40.81
1992	1941	236.37	60.16	200.54	23.48	7.84	167.44	49.39
1993	2156	319.49	104.43	309.91	31.88	10.26	338.15	99.61
1994	2202	414.81	113.71	346.13	41.69	13.61	462.34	136.14
1995	2648	526.48	130.88	432.17	53.59	16.30	578.55	180.86
“九五”时期								
1996	2301	549.40	175.21	494.99	66.82	27.83	705.50	225.53
1997	1843	603.30	194.42	605.81	70.12	26.99	882.36	286.59
1998	1060	593.83	189.88	539.29	58.56	18.62	882.38	297.81
1999	1064	628.59	201.38	579.64	59.17	15.97	931.22	302.21
2000	1038	680.04	219.19	629.72	64.62	21.69	958.10	363.37
“十五”时期								
2001	1015	786.70	252.61	746.92	77.79	28.45	984.71	369.40
2002	1125	1009.04	325.98	917.31	92.71	32.13	1120.60	407.36
2003	1319	1318.54	426.30	1223.76	132.84	54.71	1312.97	440.85
2004	1512	1781.78	560.15	1677.93	175.98	83.68	1473.90	507.63
2005	1670	2237.51	722.11	2142.84	244.61	131.30	1868.06	630.06
“十一五”时期								
2006	1752	2591.65	797.70	2490.94	289.78	153.74	2000.62	702.78
2007	1820	3189.09	926.58	3086.85	358.87	199.73	2337.09	903.87
2008	2016	3862.64	1052.48	3766.93	425.72	220.79	2899.47	1123.03
2009	2156	3950.77	1154.01	3868.70	500.63	275.85	3478.94	1572.11

注：1. 工业增加值、工业总产值按当年价格计算。
2. 1997年及以前统计口径为乡及乡以上工业企业，1998年及以后为全部国有及年销售收入500万元以上工业企业（规模以上工业企业）。
3. 1991年及以前“工业增加值”指标为“工业净产值”指标。

12-3 各时期规模以上工业总产值、增加值环比指数(以上年为100)

GROSS OUTPUT AND INDICES OF INDUSTRIAL ENTERPRISES ABOVE DESIGNATED SIZE IN EACH PERIOD

年份	规模以上工业总产值	轻工业	重工业	规模以上工业增加值	轻工业	重工业
1952	128.7	125.8	143.9	126.2	125.8	143.9
1957	93.9	91.4	97.1	93.9	91.4	97.1
1962	81.3	78.3	84.6	81.3	78.3	84.6
1965	132.9	122.2	143.1	132.9	122.2	143.1
1970	130.8	128.6	143.3	130.8	128.6	143.3
1975	160.4	150.1	171.6	162.8	150.1	171.6
“五五”时期						
1976	113.4	101.2	120.0	112.1	104.9	122.8
1977	113.6	114.0	111.7	108.2	106.9	110.5
1978	111.9	108.5	114.6	109.6	106.5	112.3
1979	108.9	107.0	99.3	108.1	110.5	106.6
1980	106.9	110.4	102.5	105.7	109.6	101.7
“六五”时期						
1981	103.6	109.0	97.6	106.1	110.1	99.6
1982	107.6	103.4	113.9	106.7	102.8	110.1
1983	109.1	101.2	118.4	109.0	102.2	119.6
1984	111.8	106.4	118.5	116.8	111.5	122.4
1985	115.9	112.3	118.9	113.5	109.6	117.9
“七五”时期						
1986	112.1	119.0	104.5	101.8	105.4	99.4
1987	117.4	118.4	114.9	111.0	113.8	110.5
1988	122.2	127.6	117.4	129.9	134.5	125.4
1989	110.3	107.1	113.4	108.9	105.7	114.9
1990	107.8	108.5	107.1	109.1	103.3	114.1
“八五”时期						
1991	106.8	104.3	108.6	107.1	110.8	104.8
1992	121.8	115.4	127.1	123.8	119.6	127.1
1993	122.9	120.4	125.6	123.8	120.1	128.2
1994	114.6	118.0	111.5	115.9	105.9	120.5
1995	111.8	114.1	110.1	115.1	121.5	111.5
“九五”时期						
1996	116.5	122.0	109.5	114.3	118.7	109.1
1997	114.9	112.1	115.9	108.7	110.7	106.7
1998	108.9	96.8	115.1	104.3	95.1	108.6
1999	110.9	113.5	106.9	110.6	112.6	108.1
2000	110.2	106.2	114.3	111.2	108.2	111.5
“十五”时期						
2001	113.7	110.7	115.9	113.9	112.1	114.6
2002	115.6	110.7	120.5	116.5	106.0	123.1
2003	122.5	120.7	124.1	122.4	118.5	125.6
2004	123.1	116.5	128.5	126.9	116.5	132.1
2005	120.4	118.8	127.4	125.2	115.1	131.6
“十一五”时期						
2006	119.3	109.4	122.1	122.4	105.6	129.5
2007	115.8	121.1	112.1	117.5	122.1	115.1
2008	110.9	115.6	108.2	112.0	106.5	113.2
2009	102.3	108.9	101.2	112.1	119.7	108.2

12-4 各时期主要工业产品产量

OUTPUT OF MAJOR INDUSTRIAL PRODUCTS IN EACH PERIOD

年份	钢(万吨)	发电量(亿千瓦小时)	水泥(万吨)	化肥(万吨)	金切机床(台)	汽车(辆)	电视机(万部)	布(万米)
1949	—	0.29	0.15	—	40	—	—	2682
1952	—	0.55	1.08	1.62	565	—	—	5104
1957	0.03	1.07	1.29	0.48	2312	—	—	5573
1962	0.57	4.20	4.85	0.81	1140	12	—	2160
1965	0.54	5.65	19.24	3.79	2061	335	—	4853
1970	7.01	11.28	38.06	4.87	4718	1775	—	11665
1975	22.81	11.07	58.48	9.06	3994	3507	0.04	12547
1978	34.54	12.65	87.55	18.02	3610	4025	0.48	13806
1979	33.19	11.92	93.77	11.07	3771	4515	3.03	14300
1980	36.34	11.95	98.86	12.78	4414	5641	4.63	15236
“六五”时期								
1981	34.23	11.12	96.50	11.62	3336	5099	5.50	16290
1982	34.96	11.15	104.64	13.23	4262	5993	3.44	17657
1983	41.24	13.01	112.38	15.37	4816	7249	4.60	17963
1984	43.80	23.49	117.17	14.53	5533	7947	6.77	16522
1985	52.64	26.44	135.10	11.44	6686	9400	10.84	18082
“七五”时期								
1986	57.24	27.01	154.51	12.31	7472	7600	5.05	12346
1987	64.09	28.83	158.92	13.00	7007	5225	10.00	20137
1988	75.23	42.97	182.80	13.69	7280	6741	10.93	19374
1989	81.58	43.98	198.95	14.48	6806	7701	13.60	21744
1990	87.68	44.71	211.56	14.44	5121	6239	13.90	20155
“八五”时期								
1991	105.42	56.43	248.33	14.90	5330	7096	15.80	20109
1992	113.34	61.46	335.61	14.64	7443	8544	16.05	14896
1993	139.35	69.00	340.35	14.47	6724	10132	15.59	13205
1994	166.19	66.87	384.00	15.62	3297	9380	18.00	16062
1995	172.72	68.75	425.02	14.03	4109	5657	19.72	15046
“九五”时期								
1996	205.49	63.50	379.32	13.73	3855	7125	15.20	13710
1997	237.70	59.14	392.23	13.89	2526	5656	32.69	14213
1998	267.33	60.06	379.40	17.29	1508	3615	47.25	11286
1999	265.29	64.24	474.47	22.91	1955	3738	60.60	14782
2000	277.04	69.29	485.12	28.41	2908	3078	41.46	16493
“十五”时期								
2001	293.83	69.81	572.28	28.71	3528	7395	50.83	14107
2002	394.41	69.12	867.71	28.29	4522	12152	44.56	16027
2003	507.70	77.60	925.20	28.50	6751	19989	44.30	17040
2004	688.30	74.70	1343.90	40.30	8904	29648	42.00	16336
2005	1046.60	90.80	1595.70	28.90	7166	42214	31.70	14018
“十一五”时期								
2006	1131.26	100.14	1960.64	31.44	10057	59242	32.16	22852
2007	1214.90	130.37	733.98	40.31	9473	100133	20.99	27469
2008	1123.20	124.25	734.58	48.52	5110	109107	24.08	11786
2009	1051.67	128.76	761.72	57.77	2400	129900	25.32	7500

注:按经济普查规定汽车产量不含底盘。

12-5 规模以上工业主要经济指标(2009年)

MAIN ECONOMIC INDICATORS OF INDUSTRIAL ENTERPRISES ABOVE DESIGNATED SIZE(2009)

指标	企业单位数(个)	亏损企业数(个)	工业总产值(现价)(万元)	工业销售产值(现价)(万元)	工业增加值(生产法)(万元)	全部从业人员年平均人数(人)
总　计	2156	214	39507662	38800314	11540087	424272
按登记注册类型分						
内资企业	1931	178	35733816	35104036	10507998	371157
国有企业	77	19	3454419	3367337	1663610	42255
中央企业	23	5	2390819	2327748	1249637	12417
省属企业	14	3	225722	213592	68918	9143
市属企业	11	4	182713	181055	21127	5263
市以下	29	7	655165	644942	323929	15432
集体企业	98	12	1186731	1147486	355492	19153
省属企业	2		8172	6993	2795	206
市属企业	7	4	26636	27572	7630	1828
市以下	89	8	1151923	1112922	345067	17119
股份合作企业	18	1	1905911	1893308	418884	5614
联营企业	7		4172878	4175007	1265310	22431
国有联营企业	2		4126595	4130149	1254728	21637
集体联营企业	3		43179	41761	9650	581
其他联营企业	2		3103	3098	932	213
有限责任公司	417	39	13154501	12893453	3268686	129621
国有独资企业	9	1	5067818	5059348	772274	30160
其他有限责任公司	408	38	8086682	7834105	2496412	99461
股份有限公司	71	8	1399033	1390272	396860	28499
私营企业	1228	96	10362893	10140948	3110323	122009
私营独资企业	316	8	3043764	2947594	866713	34230
私营合伙企业	18	1	203028	197809	66299	1791
私营有限责任公司	840	83	6369080	6275811	1953353	77217
私营股份有限公司	54	4	747022	719734	223958	8771
港澳台商投资	71	10	1119910	1107540	304788	17744
与港澳台商合资经营	37	5	545772	533273	172614	8241
与港澳台商合作经营	2	1	33586	27920	10620	1904
港澳台商独资	32	4	540553	546347	121554	7599
外商投资	154	26	2653936	2588737	727302	35371
中外合资经营	94	16	2027650	1933594	527798	20526
中外合作经营	4		45252	70800	16661	1206
外商独资	53	10	369319	375420	106401	8751
外商投资股份有限公司	3		211714	208923	76442	4888
按轻重工业分						
轻工业	680	79	8087540	7947292	2623532	118298
重工业	1476	135	31420122	30853022	8916556	305974
按企业规模分						
大型企业	18	3	14080376	14017002	3360890	95565
中型企业	199	15	9546492	9324432	3068440	138607
小型企业	1939	196	15880794	15458880	5110757	190100

12-5续

指　　标	企业单位数(个)	亏损企业数(个)	工业总产值(现价)(万元)	工业销售产值(现价)(万元)	工业增加值(生产法)(万元)	全部从业人员年平均人数(人)
按工业行业分						
煤炭开采和洗选业	9	1	189668	182963	122895	15026
石油和天然气开采业	3	1	27668	27435	24999	560
黑色金属矿采选业	4		77019	76418	12326	746
非金属矿采选业	23		149323	145743	64126	2158
农副食品加工业	117	6	854569	826837	203441	9707
食品制造业	81	6	1097462	1099773	277302	17321
饮料制造业	35	1	491659	513411	143368	7597
纺织业	67	6	697061	672195	202808	17304
服装及其他纤维制品制造业	26	3	133144	133362	45432	5493
皮革、毛皮、羽绒及其制品业	6	1	61171	59349	20943	938
木材加工及竹、藤、棕、草制品业	23		141205	136391	27194	2077
家具制造业	17	3	87453	86732	21902	1390
造纸及纸制品业	33	4	367080	360282	114608	4583
印刷业和记录媒介的复制	46	11	248866	247712	95805	6058
文教体育用品制造业	16	4	144802	142366	46934	1858
石油加工、炼焦及核燃料加工业	11	1	2332758	2327365	480400	4256
化学原料及化学制品制造业	181	23	2606089	2461239	764344	34702
医药制造业	83	16	997878	958712	367424	14778
橡胶制品业	10	1	85516	84002	14372	931
塑料制品业	74	7	565945	551530	164060	6534
非金属矿物制品业	191	9	2354868	2313946	622340	31203
黑色金属冶炼及压延加工业	18		4933469	4927793	1479243	25413
有色金属冶炼及压延加工业	21	1	158180	155452	43167	1511
金属制品业	124	14	1207456	1188876	419918	17123
通用设备制造业	377	23	4594926	4422647	1403570	61146
专用设备制造业	142	24	1011188	993985	345573	18704
交通运输设备制造业	118	11	6644517	6638422	1078011	54956
电气机械及器材制造业	118	14	2146427	2085586	642959	21003
通信设备、计算机及其他电子设备制造业	48	6	2020646	1929235	714668	10246
仪器仪表及文化、办公用机械制造业	66	4	321773	320188	109408	6388
工艺品及其他制造业	21	2	170679	170470	52529	2681
废弃资源和废旧材料回收加工业	2	1	28790	28543		346
电力、蒸汽、热水的生产和供应业	21	6	1646965	1644205	885287	13176
煤气生产和供应业	12		108990	107450	43522	2179
自来水的生产和供应业	10	4	94148	93386	34476	2907

12-6 规模以上国有及国有控股工业主要经济指标(2009年)

MAIN ECONOMIC INDICATORS OF STATE-OWNED AND STATE-CONTROLLED INDUSTRIAL ENTERPRISES ABOVE DESIGNATED SIZE(2009)

指　　标	企业单位数（个）	亏损企业数（个）	工业总产值(现价)(万元)	工业销售产值(现价)(万元)	工业增加值(生产法)(万元)	全部从业人员年平均人数(人)
总　计	162	27	17698611	17486134	5102485	134106
按登记注册类型分						
内资企业	145	27	17205001	16991363	4976008	129043
国有企业	77	19	3454419	3367337	1663610	42255
中央企业	23	5	2390819	2327748	1249637	12417
省属企业	14	3	225722	213592	68918	9143
市属企业	11	4	182713	181055	21127	5263
市以下	29	7	655165	644942	323929	15432
股份合作企业	2		1660189	1671590	353865	2100
联营企业	2		4126595	4130149	1254728	21637
国有联营企业	2		4126595	4130149	1254728	21637
有限责任公司	51	7	7440199	7289488	1569799	49625
国有独资企业	9	1	5067818	5059348	772274	30160
其他有限责任公司	42	6	2372381	2230140	797524	19465
股份有限公司	13	1	523600	532799	134006	13426
港澳台商投资	4		52390	52372	22102	1293
与港澳台商合资经营	4		52390	52372	22102	1293
外商投资	13		441221	442398	104375	3770
中外合资经营	12		436184	437487	102858	3655
中外合作经营	1		5037	4911	1517	115
按轻重工业分						
轻工业	46	13	1456440	1448084	654758	23097
重工业	116	14	16242171	16038050	4447728	111009
按企业规模分						
大型企业	11	3	12807619	12750143	3044704	71743

12-6续

指　　标	企业单位数（个）	亏损企业数（个）	工业总产值(现价)(万元)	工业销售产值(现价)(万元)	工业增加值(生产法)(万元)	全部从业人员年平均人数(人)
中型企业	54	3	3420502	3302475	1368454	47006
小型企业	97	21	1470490	1433516	689328	15357
按工业行业分						
煤炭开采和洗选业	4	1	150285	144076	100983	10445
农副食品加工业	3	1	14907	13012	4371	499
食品制造业	7	1	21582	21501	5279	1253
饮料制造业	3		61608	74838	19226	1283
纺织业	3	2	33924	35401	9145	3307
服装及其他纤维制品制造业	2		10493	10203	3530	617
造纸及纸制品业	2	1	3099	2826	1063	459
印刷业和记录媒介的复制	7	2	44064	43709	19456	2078
石油加工、炼焦及核燃料加工业	4		2050053	2047897	416456	3515
化学原料及化学制品制造业	12		360049	335629	103470	5352
医药制造业	4	1	46339	44016	13943	2381
非金属矿物制品业	10	1	145305	144850	35522	2605
黑色金属冶炼及压延加工业	2		4092048	4101786	1251767	20619
有色金属冶炼及压延加工业	2		3608	3608	1233	122
金属制品业	11	1	73455	79564	24984	1337
通用设备制造业	12	3	593019	513228	160797	12839
专用设备制造业	6	2	69604	64563	20602	3429
交通运输设备制造业	17	2	5463913	5467998	843420	35592
电气机械及器材制造业	13	1	404129	379034	116891	4223
通信设备、计算机及其他电子设备制造业	5	1	1563000	1489626	565097	4006
仪器仪表及文化、办公用机械制造业	4		31761	31761	10893	484
电力、蒸汽、热水的生产和供应业	15	3	1590608	1588904	874323	12054
煤气生产和供应业	4		57958	56775	18860	1656
自来水的生产和供应业	6	4	49284	48599	13599	1832

12-7 国有工业主要经济指标(2009年)

MAIN ECONOMIC INDICATORS OF STATE-OWNED INDUSTRIAL ENTERPRISES(2009)

指标	企业单位数(个)		工业总产值(现价)(万元)	工业销售产值(现价)(万元)	工业增加值(生产法)(万元)	全部从业人员年平均人数(人)
		亏损企业数(个)				
总　计	77	19	3454419	3367337	1663610	42255
按隶属关系分						
中央企业	23	5	2390819	2327748	1249637	12417
省属企业	14	3	225722	213592	68918	9143
市属企业	11	4	182713	181055	21127	5263
市以下	29	7	655165	644942	323929	15432
按轻重工业分						
轻工业	22	10	784133	758737	478819	8085
重工业	55	9	2670286	2608599	1184792	34170
按企业规模分						
大型企业	4	3	349181	340323	102316	11748
中型企业	27	1	2024847	1985531	987838	22412
小型企业	46	15	1080391	1041483	573457	8095
按工业行业分						
煤炭开采和洗选业	3	1	138025	131547	92615	9045
农副食品加工业	1				993	75
食品制造业	4	1	3459	3405	1094	641
纺织业	1	1	3245	3836	938	298
服装及其他纤维制品制造业	1		8850	8496	2977	318
造纸及纸制品业	1	1	918	851	219	94
印刷业和记录媒介的复制	5	2	19081	18744	9352	1494
石油加工、炼焦及核燃料加工业	3		392365	378807	63378	1515
化学原料及化学制品制造业	4		133481	114262	39079	1952
医药制造业	2	1	35443	33177	10990	2246
非金属矿物制品业	3		41381	40748	11228	1519
金属制品业	4	1	22257	22519	8426	446
通用设备制造业	5	1	90006	93485	30116	1906
专用设备制造业	4	2	14276	14916	4732	702
交通运输设备制造业	8	1	75788	72767	13106	3458
电气机械及器材制造业	7	1	266549	245307	74291	2398
通信设备、计算机及其他电子设备制造业	1		3976	3065	653	199
电力、蒸汽、热水的生产和供应业	13	3	1444677	1442974	838941	11377
煤气生产和供应业	1		7876	7882	3280	72
自来水的生产和供应业	4	3	5893	5208	1600	692

12-8 规模以上工业主要经济指标比重(2009年)

MAIN INDICATORS' STRUCTURE ON ECONOMIC BENIFIT OF INDUSTRIAL ENTERPRISES ABOVE DESIGNATED SIZE(2009)

单位:%

指　　标	企业单位数	工业总产值(现价)	工业增加值(生产法)	资产总额	所有者权益	利税总额	全部从业人员年平均人数
总　计	100.00	100.00	100.00	100.00	100.00	100.00	100.00
按登记注册类型分							
内资企业	89.56	90.45	91.06	90.03	88.13	88.07	87.48
国有企业	3.57	8.74	14.42	11.35	8.06	17.68	9.96
中央企业	1.07	6.05	10.83	6.86	4.41	15.92	2.93
省属企业	0.65	0.57	0.60	1.51	1.14	0.87	2.15
市属企业	0.51	0.46	0.18	1.11	0.93	-0.22	1.24
市以下	1.35	1.66	2.81	1.87	1.57	1.11	3.64
集体企业	4.55	3.00	3.08	1.67	2.18	3.03	4.51
省属企业	0.09	0.02	0.02	0.02	0.03	0.02	0.05
市属企业	0.32	0.07	0.07	0.30	0.04	0.03	0.43
市以下	4.13	2.92	2.99	1.35	2.11	2.98	4.03
股份合作企业	0.83	4.82	3.63	1.32	1.48	11.49	1.32
联营企业	0.32	10.56	10.96	13.25	9.50	2.39	5.29
国有联营企业	0.09	10.45	10.87	13.21	9.46	2.29	5.10
集体联营企业	0.14	0.11	0.08	0.03	0.03	0.10	0.14
其他联营企业	0.09	0.01	0.01	0.02	0.01	0.00	0.05
有限责任公司	19.34	33.30	28.32	44.54	46.94	25.24	30.55
国有独资企业	0.42	12.83	6.69	27.94	30.07	9.45	7.11
其他有限责任公司	18.92	20.47	21.63	16.60	16.87	15.79	23.44
股份有限公司	3.29	3.54	3.44	4.30	3.95	3.17	6.72
私营企业	56.96	26.23	26.95	13.47	15.81	24.86	28.76
私营独资企业	14.66	7.70	7.51	3.19	4.54	7.56	8.07
私营合伙企业	0.83	0.51	0.57	0.32	0.47	0.44	0.42
私营有限责任公司	38.96	16.12	16.93	8.64	9.45	15.00	18.20
私营股份有限公司	2.50	1.89	1.94	1.32	1.35	1.86	2.07
港澳台商投资	3.29	2.83	2.64	3.37	3.89	3.91	4.18
与港澳台商合资经营	1.72	1.38	1.50	1.72	1.98	1.69	1.94
与港澳台商合作经营	0.09	0.09	0.09	0.08	0.08	0.03	0.45
港澳台商独资	1.48	1.37	1.05	1.56	1.83	2.19	1.79
外商投资	7.14	6.72	6.30	6.59	7.98	8.01	8.34
中外合资经营	4.36	5.13	4.57	4.75	5.54	5.56	4.84
中外合作经营	0.19	0.11	0.14	0.12	0.15	0.18	0.28
外商独资	2.46	0.93	0.92	1.08	1.23	0.90	2.06
外商投资股份有限公司	0.14	0.54	0.66	0.64	1.07	1.38	1.15
按轻重工业分							
轻工业	31.54	20.47	22.73	16.52	20.66	27.70	27.88
重工业	68.46	79.53	77.27	83.48	79.34	72.30	72.12
按企业规模分							
大型企业	0.83	35.64	29.12	47.78	45.19	27.64	22.52
中型企业	9.23	24.16	26.59	26.93	25.16	27.76	32.67
小型企业	89.94	40.20	44.29	25.28	29.64	44.60	44.81

12-8续

指　　标	企业单位数	工业总产值(现价)	工业增加值(生产法)	资产总额	所有者权益	利税总额	全部从业人员年平均人数
按工业行业分							
煤炭开采和洗选业	0.42	0.48	1.06	0.76	0.40	0.65	3.54
石油和天然气开采业	0.14	0.07	0.22	0.18	0.39	0.16	0.13
黑色金属矿采选业	0.19	0.19	0.11	0.13	0.20	0.18	0.18
非金属矿采选业	1.07	0.38	0.56	0.13	0.19	0.42	0.51
农副食品加工业	5.43	2.16	1.76	0.76	0.99	1.70	2.29
食品制造业	3.76	2.78	2.40	1.58	1.96	3.36	4.08
饮料制造业	1.62	1.24	1.24	1.05	1.16	1.58	1.79
烟草加工业	0.05	1.75	3.87	2.08	2.70	8.03	0.28
纺织业	3.11	1.76	1.76	1.42	1.52	1.05	4.08
服装及其他纤维制品制造业	1.21	0.34	0.39	0.18	0.29	0.29	1.29
皮革、毛皮、羽绒及其制品业	0.28	0.15	0.18	0.04	0.04	0.14	0.22
木材加工及竹、藤、棕、草制品业	1.07	0.36	0.24	0.13	0.15	0.32	0.49
家具制造业	0.79	0.22	0.19	0.12	0.13	0.18	0.33
造纸及纸制品业	1.53	0.93	0.99	0.51	0.75	0.90	1.08
印刷业和记录媒介的复制	2.13	0.63	0.83	0.84	0.82	0.66	1.43
文教体育用品制造业	0.74	0.37	0.41	0.13	0.10	0.30	0.44
石油加工、炼焦及核燃料加工业	0.51	5.90	4.16	2.36	1.80	11.49	1.00
化学原料及化学制品制造业	8.40	6.60	6.62	6.46	5.81	5.15	8.18
医药制造业	3.85	2.53	3.18	3.32	4.49	4.29	3.48
化学纤维制造业	0.05	0.04	0.03	0.03	0.04	0.04	0.02
橡胶制品业	0.46	0.22	0.12	0.13	0.24	0.25	0.22
塑料制品业	3.43	1.43	1.42	0.78	0.82	1.27	1.54
非金属矿物制品业	8.86	5.96	5.39	4.89	5.24	6.57	7.35
黑色金属冶炼及压延加工业	0.83	12.49	12.82	13.87	10.26	3.74	5.99
有色金属冶炼及压延加工业	0.97	0.40	0.37	0.21	0.29	0.34	0.36
金属制品业	5.75	3.06	3.64	1.76	2.32	3.41	4.04
通用设备制造业	17.49	11.63	12.16	8.54	8.63	10.81	14.41
专用设备制造业	6.59	2.56	2.99	2.14	2.19	2.62	4.41
交通运输设备制造业	5.47	16.82	9.34	30.15	32.10	12.39	12.95
电气机械及器材制造业	5.47	5.43	5.57	5.20	5.62	5.68	4.95
通信设备、计算机及其他电子设备制造业	2.23	5.11	6.19	2.35	2.98	2.63	2.41
仪器仪表及文化、办公用机械制造业	3.06	0.81	0.95	0.86	1.03	0.87	1.51
工艺品及其他制造业	0.97	0.43	0.46	0.36	0.55	0.35	0.63
废弃资源和废旧材料回收加工业	0.09	0.07		0.02	0.02	0.10	0.08
电力、蒸汽、热水的生产和供应业	0.97	4.17	7.67	4.67	1.55	7.45	3.11
煤气生产和供应业	0.56	0.28	0.38	0.66	0.89	0.41	0.51
自来水的生产和供应业	0.46	0.24	0.30	1.18	1.33	0.22	0.69

12-9 规模以上国有及国有控股工业主要经济指标比重(2009年)

MAIN INDICATORS' STRUCTURE ON ECONOMIC BENIFIT OF STATE-OWNED AND STATE-CONTROLLED INDUSTRIAL ENTERPRISES ABOVE DESIGNATED SIZE(2009)

指　标	企业单位数	工业总产值(现价)	工业增加值(生产法)	资产总额	所有者权益	利税总额	全部从业人员年平均人数
总　计	100.00	100.00	100.00	100.00	100.00	100.00	100.00
按登记注册类型分							
内资企业	89.51	97.21	97.52	97.68	97.13	97.21	96.22
国有企业	47.53	19.52	32.60	18.51	14.33	38.54	31.51
中央企业	14.20	13.51	24.49	11.19	7.85	34.71	9.26
省属企业	8.64	1.28	1.35	2.46	2.03	1.90	6.82
市属企业	6.79	1.03	0.41	1.82	1.66	-0.49	3.92
市以下	17.90	3.70	6.35	3.04	2.79	2.42	11.51
股份合作企业	1.23	9.38	6.94	1.46	1.66	23.79	1.57
联营企业	1.23	23.32	24.59	21.54	16.83	4.99	16.13
国有联营企业	1.23	23.32	24.59	21.54	16.83	4.99	16.13
有限责任公司	31.48	42.04	30.77	52.64	60.93	27.82	37.00
国有独资企业	5.56	28.63	15.14	45.58	53.49	20.61	22.49
其他有限责任公司	25.93	13.40	15.63	7.06	7.44	7.22	14.51
股份有限公司	8.02	2.96	2.63	3.52	3.39	2.06	10.01
港澳台商投资	2.47	0.30	0.43	0.56	0.80	0.51	0.96
与港澳台商合资经营	2.47	0.30	0.43	0.56	0.80	0.51	0.96
外商投资	8.02	2.49	2.05	1.76	2.06	2.28	2.81
中外合资经营	7.41	2.46	2.02	1.72	1.99	2.23	2.73
中外合作经营	0.62	0.03	0.03	0.04	0.08	0.05	0.09
按轻重工业分							
轻工业	28.40	8.23	12.83	7.96	10.18	21.28	17.22
重工业	71.60	91.77	87.17	92.04	89.82	78.72	82.78
按企业规模分							
大型企业	6.79	72.37	59.67	72.21	74.35	51.24	53.50
中型企业	33.33	19.33	26.82	18.94	14.92	27.67	35.05
小型企业	59.88	8.31	13.51	8.85	10.73	21.09	11.45

12-9续

指　　标	企业单位数	工业总产值(现价)	工业增加值(生产法)	资产总额	所有者权益	利税总额	全部从业人员年平均人数
按工业行业分							
煤炭开采和洗选业	2.47	0.85	1.98	1.08	0.57	0.85	7.79
石油和天然气开采业	0.62	0.05	0.16	0.13	0.29	0.18	0.20
黑色金属矿采选业	0.62	0.30	0.17	0.18	0.30	0.22	0.47
非金属矿采选业	0.62	0.05	0.07	0.02	0.01	0.03	0.03
农副食品加工业	1.85	0.08	0.09	0.07	0.01	0.02	0.37
食品制造业	4.32	0.12	0.10	0.08	0.08	0.05	0.93
饮料制造业	1.85	0.35	0.38	0.36	0.72	0.87	0.96
烟草加工业	0.62	3.92	8.76	3.39	4.80	17.50	0.88
纺织业	1.85	0.19	0.18	0.16	0.06	0.01	2.47
服装及其他纤维制品制造业	1.23	0.06	0.07	0.04	0.06	0.05	0.46
造纸及纸制品业	1.23	0.02	0.02	0.04	-0.04	0.00	0.34
印刷业和记录媒介的复制	4.32	0.25	0.38	0.45	0.44	0.18	1.55
石油加工、炼焦及核燃料加工业	2.47	11.58	8.16	2.50	2.42	24.41	2.62
化学原料及化学制品制造业	7.41	2.03	2.03	3.43	3.24	1.09	3.99
医药制造业	2.47	0.26	0.27	0.46	0.64	0.87	1.78
非金属矿物制品业	6.17	0.82	0.70	0.71	0.65	1.03	1.94
黑色金属冶炼及压延加工业	1.23	23.12	24.53	21.18	16.73	4.94	15.38
有色金属冶炼及压延加工业	1.23	0.02	0.02	0.06	0.14	0.02	0.09
金属制品业	6.79	0.42	0.49	0.45	0.46	0.31	1.00
通用设备制造业	7.41	3.35	3.15	4.88	3.95	3.03	9.57
专用设备制造业	3.70	0.39	0.40	0.58	0.26	0.22	2.56
交通运输设备制造业	10.49	30.87	16.53	45.00	52.79	21.61	26.54
电气机械及器材制造业	8.02	2.28	2.29	2.56	2.26	2.22	3.15
通信设备、计算机及其他电子设备制造业	3.09	8.83	11.07	2.53	3.53	3.58	2.99
仪器仪表及文化、办公用机械制造业	2.47	0.18	0.21	0.14	0.06	0.09	0.36
电力、蒸汽、热水的生产和供应业	9.26	8.99	17.14	7.24	2.41	15.95	8.99
煤气生产和供应业	2.47	0.33	0.37	0.90	1.30	0.58	1.23
自来水的生产和供应业	3.70	0.28	0.27	1.36	1.82	0.11	1.37

12-10　国有工业主要经济指标比重(2009年)

MAIN INDICATORS´STRUCTURE ON ECONOMIC BENIFIT OF STATE-OWNED INDUSTRIAL ENTERPRISES(2009)

指　　标	企业单位数	工业总产值(现价)	工业增加值(生产法)	资产总额	所有者权益	利税总额	全部从业人员年平均人数
总　计	100.00	100.00	100.00	100.00	100.00	100.00	100.00
按隶属关系分							
中央企业	29.87	69.21	75.12	60.44	54.78	90.05	29.39
省属企业	18.18	6.53	4.14	13.31	14.16	4.94	21.64
市属企业	14.29	5.29	1.27	9.82	11.57	-1.27	12.46
市以下	37.66	18.97	19.47	16.44	19.49	6.28	36.52
按轻重工业分							
轻工业	28.57	22.70	28.78	24.35	42.10	47.73	19.13
重工业	71.43	77.30	71.22	75.65	57.90	52.27	80.87
按企业规模分							
大型企业	5.19	10.11	6.15	13.27	1.79	-5.59	27.80
中型企业	35.06	58.62	59.38	50.29	40.83	56.53	53.04
小型企业	59.74	31.28	34.47	36.43	57.39	49.07	19.16
按工业行业分							
煤炭开采和洗选业	3.90	4.00	5.57	5.53	3.44	1.83	21.41
黑色金属矿采选业	1.30	1.55	0.51	0.95	2.12	0.57	1.50
农副食品加工业	1.30		0.06	0.03	0.01	0.03	0.18
食品制造业	5.19	0.10	0.07	0.06	0.03	0.02	1.52
烟草加工业	1.30	20.07	26.87	18.33	33.52	45.40	2.78
纺织业	1.30	0.09	0.06	0.06	0.02	0.01	0.71

12-10续

指　　　标	企业单位数	工业总产值(现价)	工业增加值(生产法)	资产总额	所有者权益	利税总额	全部从业人员年平均人数
服装及其他纤维制品制造业	1.30	0.26	0.18	0.05	0.04	0.03	0.75
造纸及纸制品业	1.30	0.03	0.01	0.08	-0.29	-0.01	0.22
印刷业和记录媒介的复制	6.49	0.55	0.56	1.54	1.25	-0.02	3.54
石油加工、炼焦及核燃料加工业	3.90	11.36	3.81	5.93	6.30	1.64	3.59
化学原料及化学制品制造业	5.19	3.86	2.35	13.85	17.08	1.31	4.62
医药制造业	2.60	1.03	0.66	2.41	4.40	2.23	5.32
非金属矿物制品业	3.90	1.20	0.67	0.64	0.78	0.71	3.59
金属制品业	5.19	0.64	0.51	0.75	0.54	0.21	1.06
通用设备制造业	6.49	2.61	1.81	3.12	3.22	0.82	4.51
专用设备制造业	5.19	0.41	0.28	1.08	0.39	0.04	1.66
交通运输设备制造业	10.39	2.19	0.79	3.18	3.59	0.55	8.18
电气机械及器材制造业	9.09	7.72	4.47	9.74	11.45	3.79	5.68
通信设备、计算机及其他电子设备制造业	1.30	0.12	0.04	0.41	-0.98	0.15	0.47
电力、蒸汽、热水的生产和供应业	16.88	41.82	50.43	31.55	11.89	40.46	26.92
煤气生产和供应业	1.30	0.23	0.20	0.09	0.26	0.24	0.17
自来水的生产和供应业	5.19	0.17	0.10	0.61	0.95	-0.03	1.64

12-11 规模以上工业资产结构(2009年)

CAPITAL STRUCTURE OF INDUSTRIAL ENTERPRISES ABOVE DESIGNATED SIZE(2009)

指　　标	自有资本构成比率	资本负债比　率	流动资产构成比率	流动比率	负债比率	固定资产净值率
总　计	45.19	82.92	51.25	123.43	54.50	64.27
按登记注册类型分						
内资企业	44.23	79.78	50.91	120.94	55.44	63.84
国有企业	32.08	47.85	40.36	99.76	67.04	57.77
中央企业	29.08	41.85	42.67	108.34	69.48	54.45
省属企业	34.14	51.84	52.13	117.36	65.86	71.74
市属企业	37.79	60.74	27.82	67.18	62.21	59.62
市以下	38.04	61.42	29.82	73.40	61.95	61.45
集体企业	58.91	144.11	36.11	113.77	40.88	62.07
省属企业	56.11	127.86	71.29	569.52	43.89	77.55
市属企业	6.60	7.09	54.42	59.47	93.07	63.64
市以下	70.48	240.30	31.49	166.73	29.33	61.78
股份合作企业	50.59	105.16	37.78	83.80	48.11	44.77
联营企业	32.40	47.93	40.35	79.95	67.60	61.92
国有联营企业	32.36	47.85	40.41	80.01	67.64	61.84
集体联营企业	47.54	90.64	34.48	113.67	52.46	88.18
其他联营企业	32.55	48.25	7.26	11.09	67.45	67.77
有限责任公司	47.63	91.06	57.43	134.12	52.30	69.10
国有独资企业	48.64	94.69	60.39	137.54	51.36	71.16
其他有限责任公司	45.92	85.22	52.43	127.96	53.89	68.00
股份有限公司	41.50	71.07	53.61	112.12	58.40	63.86
私营企业	53.05	115.45	51.04	158.28	45.95	69.47
私营独资企业	64.35	183.89	46.48	226.16	35.00	69.31
私营合伙企业	65.98	194.15	49.90	242.26	33.98	66.21
私营有限责任公司	49.42	99.31	51.33	143.04	49.76	69.52
私营股份有限公司	46.32	91.84	60.49	152.76	50.44	70.00
港澳台商投资	52.11	110.10	46.81	143.61	47.33	70.22
与港澳台商合资经营	51.98	109.79	45.61	119.26	47.35	75.87
与港澳台商合作经营	40.97	78.50	38.72	112.62	52.19	60.04
港澳台商独资	52.85	112.34	48.55	184.89	47.05	64.44
外商投资	54.69	120.76	58.29	152.03	45.29	65.79
中外合资经营	52.67	111.30	61.29	147.03	47.33	61.56
中外合作经营	55.87	126.72	43.96	108.18	44.09	72.22
外商独资	51.15	104.87	48.93	154.94	48.77	77.76
外商投资股份有限公司	75.52	308.52	54.61	223.09	24.48	69.43
按轻重工业分						
轻工业	56.53	133.60	48.67	136.31	42.31	66.20
重工业	42.95	75.46	51.77	121.30	56.91	63.81
按企业规模分						
大型企业	42.74	74.75	53.68	115.69	57.17	61.64

12-11续

指　　标	自有资本构成比率	资本负债比　率	流动资产构成比率	流动比率	负债比率	固定资产净值率
中型企业	42.22	73.38	45.83	119.89	57.54	65.48
小型企业	52.98	114.65	52.44	146.42	46.21	66.76
按工业行业分						
煤炭开采和洗选业	23.88	31.51	26.69	71.93	75.77	68.64
石油和天然气开采业	95.23	1994.80	27.66	857.27	4.77	53.44
黑色金属矿采选业	70.11	234.59	70.28	236.84	29.89	30.73
非金属矿采选业	64.59	182.42	44.08	160.37	35.41	78.32
农副食品加工业	58.83	143.35	53.17	161.86	41.04	72.26
食品制造业	56.21	131.70	42.43	134.61	42.68	72.11
饮料制造业	49.94	99.76	37.19	89.09	50.06	77.47
烟草加工业	58.65	160.32	52.70	138.49	36.58	54.07
纺织业	48.36	94.30	44.28	102.48	51.28	69.07
服装及其他纤维制品制造业	70.38	238.92	50.12	204.26	29.46	77.68
皮革、毛皮、羽绒及其制品业	43.26	76.25	51.08	96.76	56.74	79.32
木材加工及竹、藤、棕、草制品业	52.13	108.89	50.35	144.20	47.87	64.41
家具制造业	47.47	90.38	57.86	139.83	52.53	73.70
造纸及纸制品业	66.87	215.49	29.17	167.33	31.03	81.64
印刷业和记录媒介的复制	43.96	79.08	42.06	95.33	55.58	58.97
文教体育用品制造业	33.38	50.17	49.45	177.06	66.53	60.13
石油加工、炼焦及核燃料加工业	34.43	52.51	41.68	90.39	65.57	55.64
化学原料及化学制品制造业	40.65	69.29	45.38	118.56	58.66	68.67
医药制造业	61.00	161.81	53.17	161.42	37.70	69.74
橡胶制品业	68.74	219.91	40.27	128.83	31.26	95.40
化学纤维制造业	83.24	677.42	35.01	339.26	12.29	35.39
塑料制品业	47.79	91.80	48.65	135.12	52.06	59.38
非金属矿物制品业	48.47	94.81	49.42	142.02	51.13	67.69
黑色金属冶炼及压延加工业	33.42	50.19	42.90	84.83	66.58	60.57
有色金属冶炼及压延加工业	62.71	168.26	60.09	218.33	37.27	61.43
金属制品业	59.49	148.20	60.22	206.83	40.14	65.19
通用设备制造业	45.67	84.50	56.76	137.15	54.05	66.24
专用设备制造业	46.42	87.39	53.43	124.81	53.12	61.79
交通运输设备制造业	48.12	92.78	58.84	130.73	51.86	70.94
电气机械及器材制造业	48.79	95.39	67.28	150.76	51.15	65.30
通信设备、计算机及其他电子设备制造业	57.18	133.95	76.85	230.12	42.69	39.52
仪器仪表及文化、办公用机械制造业	53.61	115.56	70.66	163.41	46.39	69.88
工艺品及其他制造业	69.63	231.02	35.08	135.28	30.14	65.01
废弃资源和废旧材料回收加工业	60.63	153.98	30.36	77.10	39.37	64.51
电力、蒸汽、热水的生产和供应业	15.03	17.69	16.52	49.31	84.95	58.71
煤气生产和供应业	60.89	155.78	33.36	125.22	39.09	87.36
自来水的生产和供应业	50.88	103.57	33.97	123.43	49.12	71.39

12-12 规模以上国有及国有控股工业资产结构(2009年)

CAPITAL STRUCTURE OF STATE-OWED AND STATE-CONTROLLED INDUSTRIAL ENTERPRISES ABOVE DESIGNATED SIZE(2009)

指　　标	自有资本构成比率	资本负债比　率	流动资产构成比率	流动比率	负债比率	固定资产净值率
总　计	41.44	70.96	51.14	114.60	58.40	61.37
按登记注册类型分						
内资企业	41.21	70.29	50.99	114.18	58.62	61.15
国有企业	32.08	47.85	40.36	99.76	67.04	57.77
中央企业	29.08	41.85	42.67	108.34	69.48	54.45
省属企业	34.14	51.84	52.13	117.36	65.86	71.74
市属企业	37.79	60.74	27.82	67.18	62.21	59.62
市以下	38.04	61.42	29.82	73.40	61.95	61.45
股份合作企业	47.04	88.82	31.51	59.75	52.96	42.59
联营企业	32.36	47.85	40.41	80.01	67.64	61.84
国有联营企业	32.36	47.85	40.41	80.01	67.64	61.84
有限责任公司	47.96	92.18	59.26	137.23	52.04	68.87
国有独资企业	48.64	94.69	60.39	137.54	51.36	71.16
其他有限责任公司	43.62	77.37	51.96	134.98	56.38	64.85
股份有限公司	39.91	66.42	56.15	112.86	60.09	58.66
港澳台商投资	59.20	145.12	33.98	136.09	40.80	80.22
与港澳台商合资经营	59.20	145.12	33.98	136.09	40.80	80.22
外商投资	48.62	94.65	64.91	132.26	51.38	63.39
中外合资经营	47.74	91.36	64.31	128.86	52.26	63.28
中外合作经营	89.95	895.04	92.78	923.23	10.05	86.82
按轻重工业分						
轻工业	52.97	117.72	49.65	121.69	45.00	59.18
重工业	40.44	67.91	51.27	114.04	59.56	61.62
按企业规模分						
大型企业	42.67	74.43	53.78	114.76	57.33	60.84
中型企业	32.64	48.45	38.50	106.69	67.36	62.70
小型企业	50.25	104.86	56.70	126.93	47.92	60.21

12-12续

指　　标	自有资本构成比率	资本负债比　率	流动资产构成比率	流动比率	负债比率	固定资产净值率
按工业行业分						
煤炭开采和洗选业	21.68	27.68	23.15	67.00	78.32	79.10
石油和天然气开采业	91.36	1056.91	61.71	1220.11	8.64	53.56
黑色金属矿采选业	71.40	249.71	72.63	256.27	28.60	19.90
非金属矿采选业	25.31	33.89	48.97	65.57	74.69	87.90
农副食品加工业	8.49	9.27	55.81	62.30	91.51	75.64
食品制造业	41.49	70.92	31.00	53.12	58.51	85.75
饮料制造业	81.90	452.41	31.19	250.76	18.10	85.58
烟草加工业	58.65	160.32	52.70	138.49	36.58	54.07
纺织业	16.80	20.24	56.28	77.72	83.00	31.27
服装及其他纤维制品制造业	59.96	149.78	67.73	245.65	40.04	75.66
造纸及纸制品业	-37.09	-27.05	52.68	41.92	137.09	28.68
印刷业和记录媒介的复制	40.25	67.36	44.70	122.39	59.75	51.79
石油加工、炼焦及核燃料加工业	40.17	67.14	39.60	74.15	59.83	49.09
化学原料及化学制品制造业	39.18	64.44	37.79	124.49	60.81	66.04
医药制造业	57.63	136.04	43.66	112.60	42.37	73.49
非金属矿物制品业	37.65	60.37	63.99	120.94	62.35	72.05
黑色金属冶炼及压延加工业	32.74	48.69	41.00	80.93	67.26	60.98
有色金属冶炼及压延加工业	95.77	2265.78	8.36	1398.59	4.23	65.77
金属制品业	42.89	75.09	72.43	129.81	57.11	60.63
通用设备制造业	33.54	50.47	58.98	108.01	66.46	57.95
专用设备制造业	18.86	23.24	77.87	99.98	81.14	42.23
交通运输设备制造业	48.62	94.62	60.28	136.07	51.38	71.24
电气机械及器材制造业	36.69	57.95	73.82	132.49	63.31	67.40
通信设备、计算机及其他电子设备制造业	57.76	136.77	77.81	254.07	42.24	33.67
仪器仪表及文化、办公用机械制造业	17.75	21.58	95.43	117.12	82.25	54.20
电力、蒸汽、热水的生产和供应业	13.80	16.01	16.02	47.88	86.20	58.18
煤气生产和供应业	59.77	148.61	32.10	115.70	40.22	87.80
自来水的生产和供应业	55.18	123.11	37.56	116.82	44.82	67.38

12-13 国有工业资产结构(2009年)

CAPITAL STRUCTURE OF STATE-OWNED INDUSTRIAL ENTERPRISES(2009)

指　　标	自有资本构成比率	资本负债比　率	流动资产构成比率	流动比率	负债比率	固定资产净值率
总　计	32.08	47.85	40.36	99.76	67.04	57.77
按隶属关系分						
中央企业	29.08	41.85	42.67	108.34	69.48	54.45
省属企业	34.14	51.84	52.13	117.36	65.86	71.74
市属企业	37.79	60.74	27.82	67.18	62.21	59.62
市以下	38.04	61.42	29.82	73.40	61.95	61.45
按轻重工业分						
轻工业	55.47	135.52	49.52	129.29	40.93	58.15
重工业	24.55	32.54	37.41	90.91	75.45	57.69
按企业规模分						
大型企业	4.32	4.52	24.52	37.64	95.68	58.07
中型企业	26.04	35.21	34.66	109.05	73.96	57.84
小型企业	50.53	107.36	54.00	124.30	47.07	57.30
按工业行业分						
煤炭开采和洗选业	19.94	24.91	21.74	64.38	80.06	83.37
黑色金属矿采选业	71.40	249.71	72.63	256.27	28.60	19.90
农副食品加工业	16.14	19.25	87.49	104.33	83.86	40.18
食品制造业	16.89	20.32	40.95	49.99	83.11	53.92

12-13续

指标	自有资本构成比率	资本负债比率	流动资产构成比率	流动比率	负债比率	固定资产净值率
烟草加工业	58.65	160.32	52.70	138.49	36.58	54.07
纺织业	12.29	14.46	46.26	72.80	84.99	81.78
服装及其他纤维制品制造业	23.31	30.40	31.58	107.79	76.69	93.73
造纸及纸制品业	-121.16	-54.78	85.97	45.41	221.16	23.51
印刷业和记录媒介的复制	25.98	35.10	44.39	112.65	74.02	50.23
石油加工、炼焦及核燃料加工业	34.05	51.64	48.50	94.34	65.95	76.46
化学原料及化学制品制造业	39.55	65.45	41.76	141.99	60.44	49.88
医药制造业	58.59	141.49	43.20	113.47	41.41	74.82
非金属矿物制品业	38.94	63.78	25.92	288.09	61.06	82.68
金属制品业	22.95	29.78	64.73	88.86	77.05	76.06
通用设备制造业	33.04	49.35	66.90	104.86	66.96	72.82
专用设备制造业	11.47	12.96	62.44	70.57	88.53	79.59
交通运输设备制造业	36.23	56.82	48.05	93.56	63.77	76.41
电气机械及器材制造业	37.71	60.53	73.36	124.41	62.29	71.86
通信设备、计算机及其他电子设备制造业	-75.65	-43.07	64.40	147.29	175.65	48.04
电力、蒸汽、热水的生产和供应业	12.09	13.75	17.95	51.34	87.91	53.36
煤气生产和供应业	97.20	3639.67	89.38		2.67	18.17
自来水的生产和供应业	49.61	98.46	26.39	56.25	50.39	61.85

12-14 分隶属关系规模以上工业主要经济指标(2009年)

MAIN ECONOMIC INDICATORS OF INDUSTRIAL ENTERPRISES ABOVE DESIGNATED SIZE(2009)

指标	全市	中央属企业	省属企业	市属企业	县属企业	县属以下及其它企业
企业个数(个)	2156	39	62	145	141	1769
工业总产值(万元)	39507662	4655523	6469996	6866199	2533369	18982576
工业增加值(万元)	11540087	1761092	2104163	1217636	867627	5589569
资产与负债(万元)						
实收资本	6321692	818719	530094	2421068	360814	2190997
#国家资本金	642866	146414	51014	312950	65868	66620
应收账款净额	2660701	266360	450275	471883	141356	1330827
流动资产合计	17831030	1377298	3052158	7005634	891777	5504163
#存　货	4408417	513466	917904	1258828	288922	1429298
固定资产合计	10300861	1548884	2150159	2017616	1045442	3538759
资产总计	34789372	3440609	6391433	12020080	2154145	10783104
流动负债合计	14445821	1414978	3106165	5383083	920013	3621582
长期负债合计	3630603	906434	872345	953775	290270	607780
所有者权益	15721103	1093240	2315506	5662580	913273	5736504
损益及分配(万元)						
主营业务收入	38687008	4646822	5349887	7817026	2597949	18275324
主营业务成本	31637126	3140518	4640873	6808725	2237850	14809160
主营业务税金及附加	953898	678161	29618	33577	16459	196083
管理费用	1889804	215107	441298	365378	148485	719537
#税　金	79360	13761	15540	12153	5539	32367
亏损企业亏损额	138173	65895	3876	36611	9362	22430
利润总额	2758469	517603	137551	465181	169124	1469010
利税总额	5006273	1393268	311707	653617	267578	2380104
应交所得税	436759	53209	20400	70140	29367	263643
应交增值税	1293907	197504	144538	154859	81995	715011
主要效益指标						
产品销售率(%)	98.21	98.86	99.01	100.03	97.65	97.19
总资产贡献率(%)	15.41	41.67	6.65	5.85	14.04	23.17
资金利税率(%)	18.58	49.52	6.15	7.53	14.85	27.73
增加值率(%)	29.21	37.83	32.52	17.73	34.25	29.45
全员劳动生产率(元/人)	271997	705424	499956	170602	154278	243439
流动资产周转次数(次)	2.17	3.37	1.75	1.12	2.91	3.32
经济效益综合指数(%)	283.30	632.23	379.91	187.77	212.86	295.93

12-15 规模以上工业主要经济指标(2007-2009年)

MAIN ECONOMIC INDICATORS OF INDUSTRIAL ENTERPRISES ABOVE DESIGNATED SIZE(2007-2009)

指标	2007年规模以上工业	国有	2008年规模以上工业	国有	2009年规模以上工业	国有
企业个数(个)	1820	76	2016	80	2156	77
工业总产值(万元)	31890879	2833197	38626420	3382439	39507662	3454419
工业增加值(万元)	9265785	1036521	10524803	1365571	11540087	1663610
资产与负债(万元)						
实收资本	4018232	493702	5499107	780767	6321692	735675
#国家资本金	1016328	193236	971205	265296	642866	244447
应收账款净额	1941234	184213	2313239	174541	2660701	211069
流动资产合计	12088709	1205137	16266516	1588964	17831030	1593256
#存货	3839827	439164	4430556	543251	4408417	548881
固定资产合计	8841709	1414382	8991046	1610089	10300861	1731753
资产总计	23370885	2841009	28994744	3657461	34789372	3947787
流动负债合计	11306770	1292505	14659867	1610187	14445821	1597163
长期负债合计	2550693	652083	2625930	779448	3630603	972023
所有者权益	9038683	888026	11230313	1235998	15721103	1266442
损益及分配(万元)						
主营业务收入	30868457	2821138	37669371	3335025	38687008	3493623
主营业务成本	25583955	1974146	31941626	2364096	31637126	2421096

12-15续

指　　标	2007年规模以上工业	国　有	2008年规模以上工业	国　有	2009年规模以上工业	国　有
主营业务税金及附加	509817	231091	650748	278152	953898	310681
管理费用	1380646	197259	2333224	235699	1889804	247545
#税　金	59112	5341	83524	6983	79360	7783
亏损企业亏损额	103414	38856	295950	57012	138173	89354
利润总额	1997302	364790	2207903	418265	2758469	422898
利税总额	3588723	751182	4257229	853091	5006273	885006
应交所得税	574386	38036	384797	29373	436759	25115
应交增值税	1081604	155301	1398579	156674	1293907	151427
主要效益指标						
产品销售率(%)	98.08	99.58	97.49	98.12	98.21	97.48
总资产贡献率(%)	16.54	27.44	16.03	24.32	15.41	23.26
资金利税率(%)	19.08	32.47	18.73	30.55	18.58	28.81
增加值率(%)	29.05	36.58	27.25	40.37	29.21	48.16
全员劳动生产率(元/人)	234371	242393	251197	308130	271997	393707
流动资产周转次数(次)	2.69	2.44	2.51	2.24	2.17	2.19
经济效益综合指数(%)	264.35	320.05	268.18	349.74	283.30	397.66

12-16 规 模 以 上 工

CAPITAL POWER OF INDUSTRIAL ENTERPRISES

指　　标	实收资本	国家资本金	应收帐款净额	流动资产合计	存货
总　计	6321692	642866	2660701	17831030	4408417
按登记注册类型分					
内资企业	5385607	579652	2192391	15944828	3925615
国有企业	735675	244447	211069	1593256	548881
中央企业	509962	65320	117224	1018030	417106
省属企业	54104	26492	42797	273858	89601
市属企业	88214	86912	16317	107846	26605
市以下	83395	65724	34731	193522	15570
集体企业	58369		38810	209974	84505
省属企业	740		84	5549	639
市属企业	5359		3922	56365	14660
市以下	52271		34803	148060	69206
股份合作企业	67651		72088	173978	69262
联营企业	244580	2807	146186	1860583	717560
国有联营企业	238265	2807	145892	1856314	714880
集体联营企业	4515		284	3868	2640
其他联营企业	1800		10	402	40
有限责任公司	2946709	248506	960738	8898679	1701321
国有独资企业	1775620	180135	249449	5870082	875222
其他有限责任公司	1171089	68372	711289	3028597	826100
股份有限公司	419075	73779	224843	801744	178509
私营企业	905580	10113	534584	2392065	623233
私营独资企业	221114		76588	515793	129364
私营合伙企业	23415		14425	56342	9936
私营有限责任公司	598433	3021	359859	1542725	412057
私营股份有限公司	62619	7092	83712	277206	71876
港澳台商投资	348191	34735	121839	548989	114786
与港澳台商合资经营	176830	29935	60294	273578	61016
与港澳台商合作经营	6908	4800	2476	11306	2079
港澳台商独资	164453		59069	264105	51692
外商投资	587894	28479	346471	1337213	368016
中外合资经营	403068	27331	283182	1012751	287915
中外合作经营	11037		5277	18762	6184
外商独资	150129		48043	184433	53741
外商投资股份有限公司	23660	1148	9969	121266	20176
按轻重工业分					
轻工业	1589590	131320	428429	2796409	938685
重工业	4732102	511546	2232272	15034622	3469732

业 资 产 实 力 (2009年)

ABOVE DESIGNATED SIZE(2009)

单位:万元

流动资产平均余额	固定资产合计	固定资产原价	固定资产净值平均余额	资产总计			
					流动负债	长期负债	所有者权益
17831030	10300861	14183572	9116412	34789372	14445821	3630603	15721103
15944828	9070483	12624634	8059802	31322390	13183975	3364443	13855166
1593256	1731753	2559695	1478686	3947787	1597163	972023	1266442
1018030	929791	1523683	829681	2385863	939627	726645	693718
273858	140929	171569	123087	525350	233339	26676	179361
107846	273357	287299	171282	387681	160532	80648	146501
193522	387676	577144	354636	648892	263664	138053	246862
209974	222551	302115	187527	581532	184557	18495	342567
5549	2235	2882	2235	7784	974		4368
56365	14836	22602	14385	103577	94783	570	6837
148060	205480	276631	170908	470171	88800	17925	331362
173978	245005	522487	233915	460513	207621	8364	232977
1860583	1728898	2784571	1724306	4610767	2327194	785052	1493972
1856314	1717424	2769987	1712991	4594017	2320169	783583	1486837
3868	6343	7013	6184	11218	3403	1470	5333
402	5131	7571	5131	5533	3622		1801
8898679	3072127	3827392	2644907	15495852	6634690	1225999	7380021
5870082	1126338	1343040	955669	9719556	4267889	724352	4727316
3028597	1945789	2484352	1689238	5776296	2366801	501647	2652705
801744	471063	626513	400112	1495392	715086	103672	620656
2392065	1592756	1993042	1384485	4686394	1511321	249987	2486180
515793	383065	514175	356393	1109654	228062	57610	714108
56342	16541	21381	14156	112913	23256	5043	74496
1542725	1062015	1298879	902917	3005594	1078538	152378	1485306
277206	131134	158607	111020	458233	181465	34956	212270
548989	506149	699536	491194	1172924	382284	157680	611237
273578	285504	364212	276340	599761	229399	53322	311781
11306	16788	27895	16749	29202	10039	3916	11963
264105	203856	307429	198105	543962	142846	100442	287494
1337213	724229	859403	565416	2294058	879562	108480	1254700
1012751	460753	576685	355020	1652413	688827	48753	870365
18762	23148	29444	21263	42680	17344		23847
184433	160992	159430	123977	376901	119032	59728	192782
121266	79336	93844	65157	222065	54359		167706
2796409	2056726	2779924	1840244	5746041	2051541	257979	3248320
15034622	8244135	11403649	7276168	29043331	12394280	3372624	12472783

12-16续

指　　标	实收资本	国家资本金	应收帐款净额	流动资产合　计	存　货
按企业规模分					
大型企业	2369857	254371	688105	8924082	1907976
中型企业	1775170	265961	887150	4294312	1105520
小型企业	2176665	122534	1085445	4612636	1394921
按工业行业分					
煤炭开采和洗选业	36372	14289	5838	70186	5499
石油和天然气开采业	17761	6961	17767	17770	4
黑色金属矿采选业	15270	14580	1666	31545	6823
非金属矿采选业	8120		4911	20616	7170
农副食品加工业	64060	10	35008	140799	43101
食品制造业	176542	558	60135	233064	64536
饮料制造业	117053	3372	12266	135998	56191
纺织业	95968	1530	52965	219197	70453
服装及其他纤维制品制造业	28428	816	4565	32181	5636
皮革、毛皮、羽绒及其制品业	2345		1051	6648	2890
木材加工及竹、藤、棕、草制品业	14781		2895	22677	8723
家具制造业	12952		4884	25070	8736
造纸及纸制品业	76901	620	11517	51279	15708
印刷业和记录媒介的复制	70291	14185	31176	123534	33479
文教体育用品制造业	5982	675	4628	22537	8356
石油加工、炼焦及核燃料加工业	136030	7659	117013	341861	101274
化学原料及化学制品制造业	430158	65514	185938	1019478	244011
医药制造业	283520	50	93719	614751	108022
化学纤维制造业	6517		105	4074	70
橡胶制品业	11409		5514	16140	4359
塑料制品业	57465		27080	131662	42832
非金属矿物制品业	309435	12532	232326	840323	136809
黑色金属冶炼及压延加工业	270002		158620	2070537	761229
有色金属冶炼及压延加工业	5877		13975	44287	11807
金属制品业	124044	9921	76160	369634	86978
通用设备制造业	597621	73766	380800	1685372	604452
专用设备制造业	120963	8539	100176	396962	107008
交通运输设备制造业	2042285	185085	387400	6172304	1072210
电气机械及器材制造业	305019	25339	343673	1217616	313672
通信设备、计算机及其他电子设备制造业	124407	21672	136204	628589	103266
仪器仪表及文化、办公用机械制造业	55010	369	57303	212549	59411
工艺品及其他制造业	50941		18216	43442	5652
废弃资源和废旧材料回收加工业	800		574	1599	299
电力、蒸汽、热水的生产和供应业	218253	115382	45047	268517	14134
煤气生产和供应业	109118	24960	6496	76932	1850
自来水的生产和供应业	92006	34482	15407	139851	2619

流动资产平均余额	固定资产合计	固定资产原价	固定资产净值平均余额	资产总计	流动负债	长期负债	所有者权益
8924082	3874249	5667567	3493735	16623661	7713870	1789495	7104988
4294312	3603900	4863958	3184704	9369255	3581728	1346552	3955839
4612636	2822712	3652048	2437973	8796457	3150223	494556	4660277
70186	99040	136121	93428	263000	97570	23584	62797
17770	11008	20597	11008	64235	2073	994	61169
31545	13051	16844	5175	44886	13319	96	31471
20616	23499	26260	20566	46771	12855	1456	30210
140799	99835	124460	89940	264787	86989	18504	155770
233064	227805	297900	214816	549259	173144	25575	308726
135998	185403	222524	172384	365714	152648	20799	182628
219197	182879	257280	177714	495037	213887	22439	239404
32181	30234	38002	29522	64210	15755	1833	45191
6648	4786	5715	4533	13014	6870	328	5630
22677	17343	25191	16226	45036	15726	5595	23476
25070	14284	17222	12692	43332	17929	872	20572
51279	108837	128483	104894	175771	30644	7073	117532
123534	126458	178780	105428	293726	129580	28711	129112
22537	17356	26018	15644	45578	12728	4306	15214
341861	462600	742192	412982	820110	378222	47198	282352
1019478	811821	1016548	698057	2246719	859911	354487	913273
614751	394515	424082	295755	1156279	380837	45850	705327
4074	6042	6333	6042	10116	3162		6954
16140	12611	32079	11353	46095	4757		38371
131662	106779	172576	102477	270630	97437	31103	129344
840323	569068	751055	508390	1700412	591675	230400	824244
2070537	1701366	2779948	1683827	4826110	2440864	754856	1612785
44287	16997	21897	13452	73699	20285	4172	46217
369634	193743	251695	164087	613843	178718	22839	365197
1685372	807118	1097126	726703	2969440	1228888	159191	1356065
396962	222391	295547	182631	742895	318049	28518	344868
6172304	1420853	1694997	1202372	10489140	4721531	688292	5047106
1217616	348842	443496	289593	1809797	807653	61257	882958
628589	139943	213352	84316	817979	273157	74951	467729
212549	63995	81979	57290	300808	130069	7011	161262
43442	75737	110315	71721	123845	32113	2255	86230
1599	1113	1718	1108	5266	2074		3193
268517	1285358	1899645	1115203	1625740	544526	836019	244331
76932	142573	128279	112069	230610	61440	28508	140413
139851	172113	196990	140626	411676	113307	88922	209447

12-17 规模以上国有及

CAPITAL POWER OF STATE-OWNED AND STATE-CONTROLLED

指　　标	实收资本		应收帐款净额	流动资产合　计	
		国家资本金			存　货
总　计	3587873	577897	1043764	10905960	2592763
按登记注册类型分					
内资企业	3423683	548042	974071	10621603	2469045
国有企业	735675	244447	211069	1593256	548881
中央企业	509962	65320	117224	1018030	417106
省属企业	54104	26492	42797	273858	89601
市属企业	88214	86912	16317	107846	26605
市以下	83395	65724	34731	193522	15570
股份合作企业	39843		41416	98120	52937
联营企业	238265	2807	145892	1856314	714880
国有联营企业	238265	2807	145892	1856314	714880
有限责任公司	2148133	231659	434879	6652755	1044045
国有独资企业	1775620	180135	249449	5870082	875222
其他有限责任公司	372513	51524	185431	782673	168824
股份有限公司	261767	69129	140815	421159	108301
港澳台商投资	55509	23630	6972	40776	5133
与港澳台商合资经营	55509	23630	6972	40776	5133
外商投资	108681	6225	62721	243581	118585
中外合资经营	108181	6225	59121	236305	118335
中外合作经营	500		3600	7276	250
按轻重工业分					
轻工业	547057	122817	67118	843027	453613
重工业	3040816	455081	976646	10062933	2139150
按企业规模分					
大型企业	2242784	254371	551477	8281145	1705307
中型企业	745892	244968	307992	1554755	480452
小型企业	599197	78558	184295	1070060	407004

国有控股工业资产实力 (2009年)

INDUSTRIAL ENTERPRISES ABOVE DESIGNATED SIZE(2009)

单位:万元

流动资产平均余额	固定资产合计	固定资产原价	固定资产净值平均余额	资产总计			
					流动负债	长期负债	所有者权益
10905960	5725807	8465863	5195519	21324374	9516586	2791060	8837012
10621603	5540294	8242860	5040815	20829084	9302451	2764634	8583483
1593256	1731753	2559695	1478686	3947787	1597163	972023	1266442
1018030	929791	1523683	829681	2385863	939627	726645	693718
273858	140929	171569	123087	525350	233339	26676	179361
107846	273357	287299	171282	387681	160532	80648	146501
193522	387676	577144	354636	648892	263664	138053	246862
98120	201291	465659	198346	311353	164215	204	146460
1856314	1717424	2769987	1712991	4594017	2320169	783583	1486837
1856314	1717424	2769987	1712991	4594017	2320169	783583	1486837
6652755	1687383	2106375	1450664	11225881	4847734	975138	5384397
5870082	1126338	1343040	955669	9719556	4267889	724352	4727316
782673	561045	763335	494995	1506325	579845	250786	657081
421159	202443	341145	200128	750046	373171	33688	299347
40776	64914	79301	63613	120009	29963	18996	71050
40776	64914	79301	63613	120009	29963	18996	71050
243581	120599	143702	91091	375281	184172	7429	182479
236305	120033	143058	90532	367439	183384	7429	175426
7276	566	644	560	7842	788		7054
843027	557487	856111	506627	1697910	692777	77001	899394
10062933	5168319	7609752	4688892	19626463	8823809	2714058	7937618
8281145	3411266	5089688	3096353	15398513	7216256	1610772	6570479
1554755	1818470	2659398	1667571	4038473	1457314	1116692	1318116
1070060	496071	716777	431595	1887388	843015	63595	948418

12-17续

指　　标	实收资本	国家资本金	应收帐款净额	流动资产合计	存货
按工业行业分					
煤炭开采和洗选业	30289	14289	2141	53406	4676
石油和天然气开采业	9800		17095	17095	
黑色金属矿采选业	14580	14580	21	27334	5637
非金属矿采选业	800		244	1596	773
农副食品加工业	2716		1795	8646	3984
食品制造业	1952	419	1054	5581	1078
饮料制造业	56711	372	1844	24206	8261
纺织业	3851	861	3037	19082	4698
服装及其他纤维制品制造业	1276	776	232	5875	482
造纸及纸制品业	980	570	927	4430	2672
印刷业和记录媒介的复制	27784	10836	12524	42861	9442
石油加工、炼焦及核燃料加工业	99515	7659	65555	211053	93771
化学原料及化学制品制造业	202934	59298	16604	276013	36678
医药制造业	24651		4892	43098	8552
非金属矿物制品业	29506	5132	52908	97457	11128
黑色金属冶炼及压延加工业	234565		141381	1851732	709369
有色金属冶炼及压延加工业	250		419	1094	324
金属制品业	23358	9121	21569	68936	23606
通用设备制造业	250808	57879	128468	613615	195610
专用设备制造业	17699	8159	22248	96489	26720
交通运输设备制造业	1874007	184994	269618	5784177	950790
电气机械及器材制造业	63927	15978	135769	402668	123602
通信设备、计算机及其他电子设备制造业	48901	18742	69065	420131	60917
仪器仪表及文化、办公用机械制造业	1858	369	7665	29280	8786
电力、蒸汽、热水的生产和供应业	198596	113382	43097	247498	9915
煤气生产和供应业	89095	20000	4653	61937	583
自来水的生产和供应业	49482	34482	11256	109218	1562

流动资产平均余额	固定资产合计	固定资产原价	固定资产净值平均余额	资产总计			
					流动负债	长期负债	所有者权益
53406	84356	104098	82338	230720	79710	23584	50021
17095	10385	19391	10385	27703	1401	994	25309
27334	10302	12766	2541	37636	10666	96	26874
1596	1663	1892	1663	3259	2434		825
8646	6843	8999	6807	15492	13877	300	1315
5581	10643	12381	10617	18001	10505	24	7469
24206	40533	43376	37121	77608	9653	1911	63559
19082	6771	21652	6771	33907	24554	702	5696
5875	2799	3459	2617	8674	2392	1081	5202
4430	595	2074	595	8409	10567	960	-3118
42861	42118	69555	36021	95893	35019	20210	38596
211053	306861	576227	282889	532975	284624	34254	214098
276013	187577	263967	174324	730474	221720	217823	286236
43098	38382	38261	28117	98724	38276	3550	56898
97457	43183	53589	38612	152289	80583	9529	57331
1851732	1649894	2705642	1649894	4515890	2288145	749022	1478723
1094	51	78	51	13088	78		12534
68936	20713	31115	18866	95183	53107	105	40820
613615	224435	358586	207818	1040464	568126	67777	348981
96489	23875	50901	21498	123904	96507	3033	23364
5784177	1161539	1393991	993021	9595890	4251027	676148	4665326
402668	116717	168034	113249	545450	303926	40217	200118
420131	95611	130808	44042	539940	165361	61682	311892
29280	1363	2515	1363	30681	25001	235	5446
247498	1231471	1839614	1070260	1544587	516871	814388	213179
61937	120087	105212	92372	192929	53530	23982	115322
109218	103575	147349	99278	290795	93496	36841	160459

12-18 国有工业

CAPITAL POWER OF STATE-OWNED

指标	实收资本	国家资本金	应收帐款净额	流动资产合计	存货
总计	735675	244447	211069	1593256	548881
按隶属关系分					
中央企业	509962	65320	117224	1018030	417106
省属企业	54104	26492	42797	273858	89601
市属企业	88214	86912	16317	107846	26605
市以下	83395	65724	34731	193522	15570
按轻重工业分					
轻工业	282209	26417	23288	476010	311959
重工业	453466	218030	187781	1117246	236923
按企业规模分					
大型企业	97094	55000	12674	128485	15112
中型企业	175563	148030	141061	688075	183411
小型企业	463019	41418	57334	776695	350359
按工业行业分					
煤炭开采和洗选业	27289	14289	2141	47427	4162
黑色金属矿采选业	14580	14580	21	27334	5637
农副食品加工业	20		113	950	491
食品制造业	256	156	391	900	324
纺织业	462	462		1169	1002
服装及其他纤维制品制造业	500		216	623	376
造纸及纸制品业	270	270	435	2592	1326
印刷业和记录媒介的复制	12623	7467	6703	27027	4369
石油加工、炼焦及核燃料加工业	59772	7659	24413	113591	41149
化学原料及化学制品制造业	165123	38922	3675	228338	19705
医药制造业	22030		4333	41074	8203
非金属矿物制品业	3214		1013	6568	1426
金属制品业	3319	1266	4914	19250	10593
通用设备制造业	16981	14663	23527	82506	29267
专用设备制造业	8567	6719	2554	26594	5673
交通运输设备制造业	24802	24497	12532	60280	20744
电气机械及器材制造业	32912	8836	82696	282120	91857
通信设备、计算机及其他电子设备制造业	2590	2590	1886	10523	2105
电力、蒸汽、热水的生产和供应业	107804	97590	30857	223545	9899
煤气生产和供应业	95		354	3012	76
自来水的生产和供应业	4482	4482	612	6381	1347

资 产 实 力 (2009年)

INDUSTRIAL ENTERPRISES(2009)

单位:万元

流动资产平均余额	固定资产合计	固定资产原价	固定资产净值平均余额	资产总计			
					流动负债	长期负债	所有者权益
1593256	1731753	2559695	1478686	3947787	1597163	972023	1266442
1018030	929791	1523683	829681	2385863	939627	726645	693718
273858	140929	171569	123087	525350	233339	26676	179361
107846	273357	287299	171282	387681	160532	80648	146501
193522	387676	577144	354636	648892	263664	138053	246862
476010	298546	437271	254258	961165	368169	36447	533184
1117246	1433207	2122424	1224428	2986621	1228994	935576	733258
128485	378779	480144	278834	524022	341331	160053	22638
688075	981201	1535361	888038	1985498	630958	755535	517034
776695	371773	544189	311813	1438266	624873	56434	726770
47427	81480	95307	79462	218167	73672	23584	43505
27334	10302	12766	2541	37636	10666	96	26874
950	133	331	133	1086	911		175
900	627	1113	600	2198	1801	24	371
1169	1358	1660	1358	2526	1605	542	311
623	1350	1402	1314	1973	578	935	460
2592	423	1799	423	3015	5707	960	-3652
27027	26363	42941	21568	60891	23991	19010	15821
113591	105570	110569	84543	234222	120410	34050	79763
228338	64953	130217	64953	546818	160813	169660	216278
41074	37238	36162	27056	95071	36198	3170	55703
6568	15263	15034	12429	25341	2280	8843	9868
19250	5884	5611	4268	29738	21663	101	6824
82506	37831	50185	36547	123318	78679	3890	40749
26594	13366	14421	11477	42590	37687	-983	4886
60280	55987	58886	44994	125457	64426	12183	45459
282120	98826	134896	96938	384579	226766	11609	145016
10523	4824	10040	4824	16340	7145	21556	-12361
223545	969877	1515435	808666	1245460	435391	659340	150581
3012	357	1223	222	3370			3276
6381	16278	19370	11981	24184	11345	841	11998

12-19 规 模 以 上 工

PROFIT、LOSS AND DISTRIBUTION OF INDUSTRIAL

指　　标	主营业务收入				管理费用	
		主营业务成本	营业费用	主营业务税金及附加		税　金
总　计	38687008	31637126	1373188	953898	1889804	79360
按登记注册类型分						
内资企业	34962042	28738371	1174222	938330	1705952	73998
国有企业	3493623	2421096	87193	310681	247545	7783
中央企业	2363429	1466557	35152	303845	128068	5700
省属企业	295896	179084	43490	2257	38412	198
市属企业	180019	180413	2472	588	15808	568
市以下	654280	595043	6079	3991	65257	1317
集体企业	1065180	868390	26731	17217	42963	2054
省属企业	6450	5197	30	56	393	6
市属企业	45164	39159	800	151	5347	387
市以下	1013567	824034	25901	17010	37222	1661
股份合作企业	1913291	1331395	26099	369536	49925	1101
联营企业	2966192	2749322	70230	19246	197376	6194
国有联营企业	2921740	2713308	69202	18851	196566	5870
集体联营企业	41761	33480	1007	391	780	325
其他联营企业	2691	2535	22	4	30	
有限责任公司	14037725	11853302	529693	85435	715348	29220
国有独资企业	6027506	5348785	169659	15956	232812	7993
其他有限责任公司	8010219	6504516	360034	69479	482536	21228
股份有限公司	1379381	1163388	57361	12439	91550	10429
私营企业	10005981	8274280	372629	123516	354697	17137
私营独资企业	2832324	2365782	112438	39066	90236	2992
私营合伙企业	190087	165889	8131	2815	7672	544
私营有限责任公司	6272531	5165450	222963	73293	227677	13202
私营股份有限公司	711039	577158	29097	8341	29113	400
港澳台商投资	1108067	889783	23708	2872	49231	1192
与港澳台商合资经营	531350	425738	11700	732	27268	895
与港澳台商合作经营	37133	33568	837		1308	62
港澳台商独资	539584	430477	11171	2140	20656	234
外商投资	2616899	2008973	175259	12696	134620	4171
中外合资经营	1934283	1495228	142416	10719	96119	2671
中外合作经营	88437	66678	11949	649	1999	
外商独资	386274	299136	12249	603	28463	1345
外商投资股份有限公司	207905	147931	8645	725	8039	155
按轻重工业分						
轻工业	7981266	6117898	406157	377383	422678	22328
重工业	30705742	25519229	967031	576515	1467126	57032

业 损 益 及 分 配 (2009年)

ENTERPRISES ABOVE DESIGNATED SIZE(2009)

单位:万元

利息支出	利润总额	亏损企业亏损额	利税总额	应交所得税	应交增值税
356134	2758469	138173	5006273	436759	1293907
342000	2324682	128990	4409204	381624	1146192
33177	422898	89354	885006	25115	151427
21110	381233	65895	796937	14690	111859
3145	30531	619	43737	3955	10948
2420	-13300	17970	-11203	799	1509
6502	24434	4869	55536	5671	27111
5692	80292	3028	151808	16862	54299
7	403		753		294
35	347	539	1683	217	1185
5650	79542	2490	149373	16645	52821
4625	132786	14	575408	30819	73086
81811	23486		119864	5962	77132
81773	20717		114648	5174	75081
38	2702		5108	777	2015
	67		108	12	37
137114	827059	22110	1263826	149840	351332
27997	359675	3375	473150	51842	97519
109117	467384	18735	790676	97999	253813
16762	97390	3854	158898	8864	49069
62281	734343	10591	1244470	142287	386612
14437	219867	258	378416	39203	119484
1236	11819	96	21945	2304	7311
42096	443957	10114	750897	92161	233646
4512	58700	123	93212	8620	26171
7311	142629	2953	195983	18566	50482
3622	64020	648	84697	11048	19945
204	997	1307	1583	473	586
3486	77612	998	109702	7046	29951
6823	291158	6231	401086	36569	97232
2770	199223	2259	278150	25278	68208
8	6153		8909	1713	2107
3458	32767	3971	45184	4711	11815
588	53016		68843	4868	15102
51429	671543	12029	1386919	109634	337993
304706	2086926	126144	3619355	327125	955914

12-19续

指　　标	主营业务收入				管理费用	
		主营业务成本	营业费用	主营业务税金及附加		税　金
按企业规模分						
大型企业	13876732	11890031	436163	418675	739929	32724
中型企业	9399748	7440657	351930	76911	466887	25903
小型企业	15410528	12306439	585095	458312	682987	20734
按工业行业分						
煤炭开采和洗选业	178021	133946	1657	2895	21365	356
石油和天然气开采业	27435	19592		933	2179	
黑色金属矿采选业	75874	67138	1397	982	3343	92
非金属矿采选业	138471	115184	6976	2000	4632	211
农副食品加工业	840441	700333	34391	7918	34638	955
食品制造业	1098804	885771	64982	13402	40463	5192
饮料制造业	534030	410691	34060	15861	24575	743
纺织业	660383	575632	13432	7224	28704	1735
服装及其他纤维制品制造业	132923	112746	4160	1498	6814	472
皮革、毛皮、羽绒及其制品业	62535	51907	4123	1401	1729	133
木材加工及竹、藤、棕、草制品业	136545	107967	6597	1634	6384	406
家具制造业	83437	63232	5315	576	2780	41
造纸及纸制品业	363649	313345	7356	3928	6238	307
印刷业和记录媒介的复制	253044	207581	8513	1054	18183	742
文教体育用品制造业	136732	114831	4401	4938	7159	153
石油加工、炼焦及核燃料加工业	2339161	1750574	5903	377290	60512	2530
化学原料及化学制品制造业	2499699	2114201	82415	19988	109000	4030
医药制造业	1021931	698596	70953	6360	75939	1608
化学纤维制造业	15902	13723	72	116	212	
橡胶制品业	66465	55074	1905	1079	1788	43
塑料制品业	539573	448495	21093	9224	20700	408
非金属矿物制品业	2291332	1900607	78737	24996	78192	4885
黑色金属冶炼及压延加工业	3713823	3381092	106984	19574	240923	6203
有色金属冶炼及压延加工业	151414	130253	3625	2731	5444	9
金属制品业	1228650	991280	45642	16044	41028	1918
通用设备制造业	4425593	3561631	188417	49558	197922	10375
专用设备制造业	1037122	821853	38593	8764	61848	1485
交通运输设备制造业	7489034	6489669	214897	32721	306136	16247
电气机械及器材制造业	2081265	1665039	125724	9670	89574	2717
通信设备、计算机及其他电子设备制造业	1980269	1618205	132577	8339	198772	9217
仪器仪表及文化、办公用机械制造业	319029	249727	18680	1870	24288	873
工艺品及其他制造业	178493	154494	4708	1825	4665	130
废弃资源和废旧材料回收加工业	29000	25175	157	74	209	
电力、蒸汽、热水的生产和供应业	1685915	1266468	2759	5657	74138	2668
煤气生产和供应业	121880	96719	7684	456	7491	128
自来水的生产和供应业	86663	73919	2222	571	11360	554

利息支出	利润总额	亏损企业亏损额	利税总额	应交所得税	应交增值税
161549	615230	85810	1383642	119138	349738
94160	1006145	23584	1389889	91650	306833
100426	1137093	28780	2232742	225971	637336
2957	13223	2550	32565	3105	16447
	4705	19	7854	6	2216
154	4569		8845	805	3294
327	11203		20837	2290	7634
4331	57578	729	85325	6794	19830
4491	103422	124	167977	12300	51154
2898	42279	17	78948	11289	20809
6978	27002	2259	52702	3216	18476
950	8537	423	14270	1216	4235
280	2823	259	6857	202	2633
1242	9244		16221	1999	5343
1020	6181	279	9190	1044	2434
1416	30801	512	45216	6995	10486
1716	23108	1114	33097	6213	8934
228	6156	356	15239	936	4145
19296	126720	5	575428	30811	71418
29285	163383	8864	257727	29145	74356
14088	167441	2635	214653	24213	40852
	1529		2167		522
276	7336	5	12534	401	4119
3025	30738	3166	63778	6482	23816
28835	200408	3706	329016	32845	103611
84113	69811		187413	27821	98029
1084	9117	21	16841	2443	4993
4813	96750	795	170932	13248	58138
24710	308188	15780	541035	61436	183290
4560	80567	1195	131344	13628	42013
40505	446168	945	620095	79024	141206
6637	210090	1856	284248	24062	64487
23151	70341	1784	131588	8177	52908
1467	31296	314	43776	4547	10609
2789	8585	12	17355	2524	6945
74	3083	57	5152	780	1995
29274	315383	87501	372899	4727	51860
778	15705		20320	1434	4159
3770	6240	893	11013	824	4202

12-20 规模以上国有及国有

PROFIT、LOSS AND DISTRIBUTION OF STATE-OWNED AND STATE-CONTROLLED

指　　标	主营业务收入	主营业务成本	营业费用	主营业务税金及附加	管理费用	税　金
总　计	17500656	14329020	521711	750143	1017533	42084
按登记注册类型分						
内资企业	17014895	13973531	491276	742048	988550	41690
国有企业	3493623	2421096	87193	310681	247545	7783
中央企业	2363429	1466557	35152	303845	128068	5700
省属企业	295896	179084	43490	2257	38412	198
市属企业	180019	180413	2472	588	15808	568
市以下	654280	595043	6079	3991	65257	1317
股份合作企业	1681920	1153580	775	368750	40788	928
联营企业	2921740	2713308	69202	18851	196566	5870
国有联营企业	2921740	2713308	69202	18851	196566	5870
有限责任公司	8386446	7231312	303562	38063	451646	19280
国有独资企业	6027506	5348785	169659	15956	232812	7993
其他有限责任公司	2358940	1882527	133903	22107	218834	11287
股份有限公司	531166	454236	30544	5704	52006	7830
港澳台商投资	51836	39121	3030	29	4255	185
与港澳台商合资经营	51836	39121	3030	29	4255	185
外商投资	433925	316368	27405	8066	24727	208
中外合资经营	429014	312599	27405	8056	24606	208
中外合作经营	4911	3769		10	122	
按轻重工业分						
轻工业	1478028	855422	99972	310272	149084	9247
重工业	16022628	13473598	421740	439871	868449	32837

控股工业损益及分配 (2009年)

INDUSTRIAL ENTERPRISES ABOVE DESIGNATED SIZE(2009)

单位:万元

利息支出	利润总额	亏损企业亏损额	利税总额	应交所得税	应交增值税
193836	1047840	101597	2296164	137333	498181
191990	1010488	101597	2232025	129192	479490
33177	422898	89354	885006	25115	151427
21110	381233	65895	796937	14690	111859
3145	30531	619	43737	3955	10948
2420	-13300	17970	-11203	799	1509
6502	24434	4869	55536	5671	27111
4467	113126		546159	28047	64283
81773	20717		114648	5174	75081
81773	20717		114648	5174	75081
67083	429538	12203	638831	69854	171230
27997	359675	3375	473150	51842	97519
39086	69864	8828	165681	18013	73711
5489	24208	41	47381	1002	17469
366	8761		11694	1545	2904
366	8761		11694	1545	2904
1480	28591		52444	6596	15787
1480	27659		51202	6363	15487
	933		1242	233	300
9576	81147	3523	488521	19064	97102
184260	966693	98074	1807642	118269	401078

12-20续

指标	主营业务收入	主营业务成本	营业费用	主营业务税金及附加	管理费用	税金
按企业规模分						
大型企业	12562441	10789952	393319	414603	692988	31156
中型企业	3401745	2552797	82023	39231	191906	7072
小型企业	1536470	986271	46369	296310	132639	3856
按工业行业分						
煤炭开采和洗选业	138355	109532	1657	2171	15557	195
石油和天然气开采业	8916	4570		819	1259	
黑色金属矿采选业	54917	48473	886	323	3095	92
非金属矿采选业	8506	7155	795	11	183	
农副食品加工业	21332	19621	1245	22	1243	44
食品制造业	22320	18590	1686	26	1352	14
饮料制造业	69509	50756	1593	7152	3611	62
纺织业	33080	27982	1276	244	5402	26
服装及其他纤维制品制造业	9957	8688	7	108	646	6
造纸及纸制品业	3121	3137	201	11	446	1
印刷业和记录媒介的复制	50266	40656	1010	112	6512	178
石油加工、炼焦及核燃料加工业	2055223	1502642	2118	376239	53067	1993
化学原料及化学制品制造业	379669	329735	12075	2615	23372	1197
医药制造业	109062	39719	36313	453	13682	23
非金属矿物制品业	141256	113721	4871	918	6950	120
黑色金属冶炼及压延加工业	2890589	2683130	68982	18737	197365	5747
有色金属冶炼及压延加工业	3613	3082	24	17	163	
金属制品业	137695	127311	2051	424	5087	77
通用设备制造业	585902	412132	27152	8684	53909	3275
专用设备制造业	76272	62310	2497	407	10597	410
交通运输设备制造业	6374894	5602123	191141	26914	258619	14135
电气机械及器材制造业	377889	292476	19929	2119	29083	787
通信设备、计算机及其他电子设备制造业	1532474	1249237	112409	5171	168807	8884
仪器仪表及文化、办公用机械制造业	30466	23972	1560	111	3392	
电力、蒸汽、热水的生产和供应业	1616409	1205829	1132	5191	71436	2563
煤气生产和供应业	64617	48305	5093	28	5068	99
自来水的生产和供应业	41875	43697	1930	370	7158	363

利息支出	利润总额	亏损企业亏损额	利税总额	应交所得税	应交增值税
144440	468493	85810	1176501	101587	293405
39270	488467	10525	635305	16282	107607
10125	90881	5262	484359	19464	97168
1964	5547	2550	19494	1395	11777
	2257		4032		957
–6	3058		5031	765	1649
	345		724	26	368
182	197	211	420	–51	201
9	670	10	1085	142	389
173	8081		19879	1304	4646
307	–1373	1688	308	79	1437
–56	628		1059	18	323
0	–116	120	–14	1	91
442	2423	585	4187	773	1652
8172	118271		560443	29354	65932
4388	13213		25028	1174	9200
753	17874	0	19929	3455	1602
1658	14472	24	23580	3453	8191
78657	19849		113395	5068	74810
	271		390	16	103
119	4365	7	7108	651	2319
5938	34371	10121	69681	3235	26627
342	1791	168	5057	86	2860
29592	365415	317	496121	62700	103792
4169	35861	20	50986	4399	13006
21757	38927	117	82169	5429	38071
24	1168		2179	157	900
28897	311249	84765	366315	2981	49874
–75	11027		13340	945	2286
1811	–758	893	2420		2808

12-21 国 有 工 业

PROFIT、LOSS AND DISTRIBUTION OF

指　　标	主营业务收　入	主营业务成本	营业费用	主营业务税金及附加	管理费用	税　金
总　计	3493623	2421096	87193	310681	247545	7783
按隶属关系分						
中央企业	2363429	1466557	35152	303845	128068	5700
省属企业	295896	179084	43490	2257	38412	198
市属企业	180019	180413	2472	588	15808	568
市以下	654280	595043	6079	3991	65257	1317
按轻重工业分						
轻工业	825318	335700	60309	291549	92596	2002
重工业	2668305	2085396	26885	19132	154950	5781
按企业规模分						
大型企业	395178	335244	37179	2769	37658	1088
中型企业	2010198	1476384	17411	13566	103206	3157
小型企业	1088247	609467	32603	294347	106681	3538
按工业行业分						
煤炭开采和洗选业	125078	100475	1657	1924	13590	195
黑色金属矿采选业	54917	48473	886	323	3095	92
农副食品加工业	5152	4933	188		126	2
食品制造业	4290	3226	747	6	151	1
纺织业	3836	3475	76	11	187	26
服装及其他纤维制品制造业	8250	7980		82	41	
造纸及纸制品业	912	857	30	6	124	
印刷业和记录媒介的复制	25838	22458	238	112	4166	58
石油加工、炼焦及核燃料加工业	375803	351256	1343	7502	12360	1065
化学原料及化学制品制造业	153513	131769	4296	1938	14471	925
医药制造业	98485	29773	36058	432	13434	
非金属矿物制品业	35818	27481	1579	718	1892	19
金属制品业	25049	22628	587	120	1670	11
通用设备制造业	92758	77509	3035	473	8757	175
专用设备制造业	16034	12894	777	61	2771	44
交通运输设备制造业	72573	52942	1869	503	5979	110
电气机械及器材制造业	244756	186378	10968	1509	19562	592
通信设备、计算机及其他电子设备制造业	3065	1306	70	7	1092	
电力、蒸汽、热水的生产和供应业	1471500	1075014	643	4108	70979	2563
煤气生产和供应业	7876	5784			156	
自来水的生产和供应业	5648	4045	67	97	2465	109

损 益 及 分 配 (2009年)

STATE-OWNED INDUSTRIAL ENTERPRISES(2009)

单位:万元

利息支出	利润总额	亏损企业亏损额	利税总额	应交所得税	应交增值税
33177	422898	89354	885006	25115	151427
21110	381233	65895	796937	14690	111859
3145	30531	619	43737	3955	10948
2420	-13300	17970	-11203	799	1509
6502	24434	4869	55536	5671	27111
5905	55813	1535	422454	13272	75092
27273	367085	87819	462553	11843	76335
11031	-68092	85810	-49508	2817	15816
15223	432304	452	500266	9130	54397
6923	58686	3092	434248	13167	81215
1958	3767	2550	16233	808	10542
-6	3058		5031	765	1649
41	290		290		
	61	10	180	18	113
117	-17	17	100		107
	72		240	18	86
	-120	120	-68		47
76	-451	585	-154	3	184
3705	5303		14514	1307	1709
911	6015		11621	822	3668
753	17718		19708	3455	1558
274	3777		6319	559	1824
2	1512	7	1880	18	248
509	3097	48	7219	664	3648
154	-69	168	331	41	339
868	2448	277	4893	915	1942
2408	24401	20	33513	3041	7602
	1291		1354		57
16521	310852	84765	358116	2889	43156
	1787		2112	14	325
266	-651	786	-243		311

12-22 规模以上工业主要经济效益指标(2009年)

MAIN INDICATORS ECONOMIC BENEFIT OF INDUSTRIAL ENTERPRISES ABOVE DESIGNATED SIZE(2009)

指标	产品销售率(%)	总资产贡献率(%)	资金利税率(%)	增加值率(%)	全员劳动生产率(元/人)	流动资产周转次数(次)	经济效益综合指数(%)
总计	98.21	15.41	18.58	29.21	271997	2.17	283.30
按登记注册类型分							
内资企业	98.24	15.17	18.37	29.41	283115	2.19	287.74
国有企业	97.48	23.26	28.81	48.16	393707	2.19	397.66
中央企业	97.36	34.29	43.13	52.27	1006392	2.32	820.41
省属企业	94.63	8.92	11.02	30.53	75378	1.08	152.65
市属企业	99.09	-2.27	-4.01	11.56	40143	1.67	49.71
市以下	98.44	9.56	10.13	49.44	209907	3.38	230.22
集体企业	96.69	27.08	38.19	29.96	185606	5.07	283.66
省属企业	85.57	9.76	9.67	34.20	135660	1.16	175.94
市属企业	103.51	1.66	2.38	28.65	41741	0.80	69.24
市以下	96.61	32.97	46.83	29.96	201570	6.85	323.34
股份合作企业	99.34	125.95	141.07	21.98	746142	11.00	870.75
联营企业	100.05	4.37	3.34	30.32	564090	1.59	405.27
国有联营企业	100.09	4.28	3.21	30.41	579899	1.57	414.15
集体联营企业	96.72	45.87	50.82	22.35	166095	10.80	358.80
其他联营企业	99.83	1.94	1.94	30.03	43746	6.70	142.50
有限责任公司	98.02	9.04	10.95	24.85	252173	1.58	247.52
国有独资企业	99.83	5.16	6.93	15.24	256059	1.03	237.36
其他有限责任公司	96.88	15.58	16.76	30.87	250994	2.64	269.47
股份有限公司	99.37	11.75	13.22	28.37	139254	1.72	189.76
私营企业	97.86	27.88	32.95	30.01	254926	4.18	317.17
私营独资企业	96.84	35.40	43.39	28.48	253203	5.49	344.31
私营合伙企业	97.43	20.53	31.13	32.66	370179	3.37	358.59
私营有限责任公司	98.54	26.38	30.70	30.67	252969	4.07	311.16
私营股份有限公司	96.35	21.33	24.01	29.98	255339	2.57	293.81
港澳台商投资	98.90	17.33	18.84	27.22	171769	2.02	250.62
与港澳台商合资经营	97.71	14.73	15.40	31.63	209458	1.94	263.80
与港澳台商合作经营	83.13	6.12	5.64	31.62	55777	3.28	126.94
港澳台商独资	101.07	20.81	23.73	22.49	159960	2.04	257.76
外商投资	97.54	17.78	21.08	27.40	205621	1.96	262.94
中外合资经营	95.36	17.00	20.34	26.03	257136	1.91	287.97
中外合作经营	156.46	20.89	22.26	36.82	138152	4.71	244.58
外商独资	101.65	12.91	14.65	28.81	121587	2.09	193.51
外商投资股份有限公司	98.68	31.27	36.93	36.11	156386	1.71	331.30
按轻重工业分							
轻工业	98.27	25.03	29.91	32.44	221773	2.85	284.39
重工业	98.20	13.51	16.22	28.38	291415	2.04	288.56
按企业规模分							
大型企业	99.55	9.30	11.14	23.87	351686	1.55	302.31
中型企业	97.67	15.84	18.58	32.14	221377	2.19	269.39
小型企业	97.34	26.52	31.67	32.18	268846	3.34	315.46

12—22续

指　　标	产品销售率(%)	总资产贡献率(%)	资金利税率(%)	增加值率(%)	全员劳动生产率(元/人)	流动资产周转次数(次)	经济效益综合指数(%)
按工业行业分							
煤炭开采和洗选业	96.46	13.51	19.90	64.79	81788	2.54	164.53
石油和天然气开采业	99.16	12.23	27.29	90.35	446418	1.54	428.86
黑色金属矿采选业	99.22	20.05	24.09	16.00	165223	2.41	223.97
非金属矿采选业	97.60	45.25	50.60	42.94	297155	6.72	402.63
农副食品加工业	96.75	33.86	36.98	23.81	209582	5.97	315.62
食品制造业	100.21	31.40	37.51	25.27	160096	4.71	280.50
饮料制造业	104.42	22.38	25.60	29.16	188717	3.93	268.05
纺织业	96.43	12.06	13.28	29.09	117203	3.01	178.02
服装及其他纤维制品制造业	100.16	23.70	23.13	34.12	82709	4.13	199.87
皮革、毛皮、羽绒及其制品业	97.02	54.84	61.33	34.24	223275	9.41	387.41
木材加工及竹、藤、棕、草制品业	96.59	38.77	41.70	19.26	130929	6.02	278.07
家具制造业	99.18	23.56	24.34	25.04	157565	3.33	243.32
造纸及纸制品业	98.15	26.53	28.95	31.22	250072	7.09	345.44
印刷业和记录媒介的复制	99.54	11.85	14.46	38.50	158147	2.05	214.04
文教体育用品制造业	98.32	33.93	39.91	32.41	252604	6.07	331.41
石油加工、炼焦及核燃料加工业	99.77	72.52	76.23	20.59	1128758	6.84	950.35
化学原料及化学制品制造业	94.44	12.77	15.01	29.33	220259	2.45	246.27
医药制造业	96.08	19.78	23.58	36.82	248629	1.66	316.05
化学纤维制造业	96.93	21.42	21.42	24.73	381309	3.90	389.31
橡胶制品业	98.23	27.79	45.59	16.81	154366	4.12	272.55
塑料制品业	97.45	24.68	27.24	28.99	251087	4.10	300.76
非金属矿物制品业	98.26	21.04	24.39	26.43	199449	2.73	261.96
黑色金属冶炼及压延加工业	99.88	5.63	4.99	29.98	582081	1.79	424.83
有色金属冶炼及压延加工业	98.28	24.32	29.17	27.29	285682	3.42	315.24
金属制品业	98.46	28.63	32.03	34.78	245236	3.32	307.39
通用设备制造业	96.25	19.05	22.43	30.55	229544	2.63	268.27
专用设备制造业	98.30	18.29	22.66	34.17	184759	2.61	243.42
交通运输设备制造业	99.91	6.30	8.41	16.22	196159	1.21	205.43
电气机械及器材制造业	97.17	16.07	18.86	29.95	306127	1.71	312.86
通信设备、计算机及其他电子设备制造业	95.48	18.92	18.46	35.37	697509	3.15	540.92
仪器仪表及文化、办公用机械制造业	99.51	15.04	16.22	34.00	171271	1.50	225.56
工艺品及其他制造业	99.88	16.26	15.07	30.78	195931	4.11	247.91
废弃资源和废旧材料回收加工业	99.14	99.23	190.31			18.14	448.66
电力、蒸汽、热水的生产和供应业	99.83	24.74	26.95	53.75	671894	6.28	633.42
煤气生产和供应业	98.59	9.15	10.75	39.93	199732	1.58	245.13
自来水的生产和供应业	99.19	3.59	3.93	36.62	118596	0.62	149.19

注:全员劳动生产率按生产法增加值计算。

12-23 规模以上国有及国有控股工业主要经济效益指标(2009年)

MAIN INDICATORS ON ECONOMIC BENEFIT OF STATE-OWNED AND STATE-CONTROLLED INDUSTRIAL ENTERPRISES ABOVE DESIGNATED SIZE(2009)

指　　标	产品销售率(%)	总资产贡献率(%)	资金利税率(%)	增加值率(%)	全员劳动生产率(元/人)	流动资产周转次数(次)	经济效益综合指数(%)
总　计	98.80	11.68	14.26	28.83	380482	1.60	331.70
按登记注册类型分							
内资企业	98.76	11.64	14.25	28.92	385609	1.60	334.45
国有企业	97.48	23.26	28.81	48.16	393707	2.19	397.66
中央企业	97.36	34.29	43.13	52.27	1006392	2.32	820.41
省属企业	94.63	8.92	11.02	30.53	75378	1.08	152.65
市属企业	99.09	-2.27	-4.01	11.56	40143	1.67	49.71
市以下	98.44	9.56	10.13	49.44	209907	3.38	230.22
股份合作企业	100.69	176.85	184.22	21.31	1685071	17.14	1595.53
联营企业	100.09	4.28	3.21	30.41	579899	1.57	414.15
国有联营企业	100.09	4.28	3.21	30.41	579899	1.57	414.15
有限责任公司	97.97	6.29	7.88	21.10	316332	1.26	274.67
国有独资企业	99.83	5.16	6.93	15.24	256059	1.03	237.36
其他有限责任公司	94.00	13.59	12.97	33.62	409722	3.01	353.12
股份有限公司	101.76	7.05	7.63	25.59	99811	1.26	142.02
港澳台商投资	99.97	10.05	11.20	42.19	170935	1.27	245.10
与港澳台商合资经营	99.97	10.05	11.20	42.19	170935	1.27	245.10
外商投资	100.27	14.37	15.67	23.66	276858	1.78	280.41
中外合资经营	100.30	14.34	15.67	23.58	281418	1.82	282.81
中外合作经营	97.51	15.84	15.86	30.12	131913	0.67	243.45
按轻重工业分							
轻工业	99.43	29.34	36.20	44.96	283482	1.75	310.75
重工业	98.74	10.15	12.25	27.38	400664	1.59	340.68
按企业规模分							
大型企业	99.55	8.58	10.34	23.77	424390	1.52	341.78
中型企业	96.55	16.70	19.72	40.01	291123	2.19	329.76
小型企业	97.49	26.20	32.25	46.88	448869	1.44	403.33

12–23续

指　　标	产品销售率(%)	总资产贡献率(%)	资金利税率(%)	增加值率(%)	全员劳动生产率(元/人)	流动资产周转次数(次)	经济效益综合指数(%)
按工业行业分							
煤炭开采和洗选业	95.87	9.30	14.36	67.19	96680	2.59	150.39
石油和天然气开采业	100.00	14.55	14.67	91.91	302391	0.52	400.22
黑色金属矿采选业	100.00	13.35	16.84	16.00	135535	2.01	187.80
非金属矿采选业	97.07	22.22	22.22	43.25	943800	5.33	716.16
农副食品加工业	87.29	3.88	2.72	29.32	87589	2.47	115.73
食品制造业	99.62	6.08	6.70	24.46	42130	4.00	126.87
饮料制造业	121.48	25.84	32.41	31.21	149853	2.87	263.62
纺织业	104.35	1.81	1.19	26.96	27653	1.73	55.16
服装及其他纤维制品制造业	97.24	11.57	12.47	33.65	57217	1.69	136.95
造纸及纸制品业	91.17	–0.17	–0.28	34.30	23157	0.70	23.76
印刷业和记录媒介的复制	99.20	4.83	5.31	44.16	93630	1.17	134.86
石油加工、炼焦及核燃料加工业	99.89	106.69	113.46	20.31	1184798	9.74	1080.93
化学原料及化学制品制造业	93.22	4.03	5.56	28.74	193330	1.38	189.48
医药制造业	94.99	20.95	27.98	30.09	58559	2.53	212.30
非金属矿物制品业	99.69	16.57	17.33	24.45	136362	1.45	208.96
黑色金属冶炼及压延加工业	100.24	4.25	3.24	30.59	607094	1.56	430.52
有色金属冶炼及压延加工业	100.00	2.98	34.10	34.17	101049	3.30	169.00
金属制品业	108.32	7.59	8.10	34.01	186868	2.00	199.39
通用设备制造业	86.55	7.27	8.48	27.12	125241	0.95	160.00
专用设备制造业	92.76	4.36	4.29	29.60	60083	0.79	92.84
交通运输设备制造业	100.07	5.48	7.32	15.44	236969	1.10	226.36
电气机械及器材制造业	93.79	10.11	9.88	28.92	276797	0.94	272.09
通信设备、计算机及其他电子设备制造业	95.31	19.25	17.70	36.15	1410626	3.65	974.60
仪器仪表及文化、办公用机械制造业	100.00	7.18	7.11	34.30	225054	1.04	207.41
电力、蒸汽、热水的生产和供应业	99.89	25.59	27.80	54.97	725339	6.53	672.68
煤气生产和供应业	97.96	6.88	8.64	32.54	113886	1.04	202.35
自来水的生产和供应业	98.61	1.45	1.16	27.59	74233	0.38	84.96

注:全员劳动生产率按生产法增加值计算。

12-24 国有工业主要经济效益指标(2009年)

MAIN INDICATORS ON ECONOMIC BENEFIT OF STATE-OWNED INDUSTRIAL ENTERPRISES(2009)

指　　标	产品销售率(%)	总资产贡献率(%)	资金利税率(%)	增加值率(%)	全员劳动生产率(元/人)	流动资产周转次数(次)	经济效益综合指数(%)
总　计	97.48	23.26	28.81	48.16	393707	2.19	397.66
按隶属关系分							
中央企业	97.36	34.29	43.13	52.27	1006392	2.32	820.41
省属企业	94.63	8.92	11.02	30.53	75378	1.08	152.65
市属企业	99.09	-2.27	-4.01	11.56	40143	1.67	49.71
市以下	98.44	9.56	10.13	49.44	209907	3.38	230.22
按轻重工业分							
轻工业	96.76	44.57	57.85	61.06	592231	1.73	541.20
重工业	97.69	16.40	19.75	44.37	346734	2.39	358.59
按企业规模分							
大型企业	97.46	-7.34	-12.15	29.30	87092	3.08	36.17
中型企业	98.06	25.96	31.74	48.79	440763	2.92	479.95
小型企业	96.40	30.67	39.89	53.08	708409	1.40	568.78
按工业行业分							
煤炭开采和洗选业	95.31	8.34	12.79	67.10	102394	2.64	147.78
黑色金属矿采选业	100.00	13.35	16.84	16.00	135535	2.01	187.80
农副食品加工业		30.54	26.80		132373	5.42	229.71

12-24续

指　　标	产品销售率(%)	总资产贡献率(%)	资金利税率(%)	增加值率(%)	全员劳动生产率(元/人)	流动资产周转次数(次)	经济效益综合指数(%)
食品制造业	98.42	8.22	12.02	31.61	17059	4.77	110.03
纺织业	118.22	8.59	3.96	28.90	31470	3.28	102.62
服装及其他纤维制品制造业	96.00	12.16	12.39	33.64	93629	13.24	246.86
造纸及纸制品业	92.68	−2.25	−2.25	23.84	23277	0.35	−40.96
印刷业和记录媒介的复制	98.23	−0.13	−0.32	49.01	62600	0.96	75.28
石油加工、炼焦及核燃料加工业	96.54	7.78	7.33	16.15	418336	3.31	342.77
化学原料及化学制品制造业	85.60	2.29	3.96	29.28	200201	0.67	184.05
医药制造业	93.61	21.52	28.93	31.01	48931	2.40	215.10
非金属矿物制品业	98.47	26.02	33.26	27.13	73918	5.45	231.18
金属制品业	101.18	6.33	7.99	37.86	188913	1.30	196.01
通用设备制造业	103.87	6.27	6.06	33.46	158006	1.12	168.89
专用设备制造业	104.48	1.14	0.87	33.15	67405	0.60	78.28
交通运输设备制造业	96.01	4.59	4.65	17.29	37900	1.20	95.60
电气机械及器材制造业	92.03	9.34	8.84	27.87	309803	0.87	292.85
通信设备、计算机及其他电子设备制造业	77.10	8.29	8.82	16.42	32809	0.29	236.86
电力、蒸汽、热水的生产和供应业	99.88	30.08	34.69	58.07	737401	6.58	699.37
煤气生产和供应业	100.07	62.66	65.29	41.65	455583	2.61	568.73
自来水的生产和供应业	88.38	0.10	−1.33	27.15	23120	0.89	24.70

注:全员劳动生产率按生产法增加值计算。

12-25 分地区规模以上

MAIN ECONOMIC INDICATORS OF INDUSTRIAL

指　　标	全　市	历下区	市中区	槐荫区	天桥区
企业个数(个)	2156	66	67	128	134
工业总产值(万元)	39507662	2507278	4136860	1761002	629579
工业增加值(万元)	11540087	651870	658528	397768	157455
资产与负债(万元)					
实收资本	6321692	334498	1435926	408975	231471
#国家资本金	642866	100423	151932	40893	108101
应收账款净额	2660701	137334	342210	208223	111976
流动资产合计	17831030	524473	4629811	1391872	475390
#存　货	4408417	132368	789436	253286	176383
固定资产合计	10300861	444183	975897	288786	383146
资产总计	34789372	1063262	7673860	2233314	1172227
流动负债合计	14445821	592387	3422134	1001799	456350
长期负债合计	3630603	55789	606258	98919	273175
所有者权益	15721103	413211	3644305	1101187	373339
损益及分配(万元)					
主营业务收入	38687008	2534448	4789590	1856800	694140
主营业务成本	31637126	1897149	4219995	1496741	594099
主营业务税金及附加	953897	375420	19044	9155	2375
管理费用	1889804	97303	198085	108798	53549
#税　金	79360	8957	6968	6211	1707
亏损企业亏损额	138173	2216	8419	3159	21812
利润总额	2758469	148478	288182	135272	-246
利税总额	5006273	607715	386380	197377	15639
应交所得税	436759	33612	39455	23643	4320
应交增值税	1293907	83817	79155	52951	13510
主要效益指标					
产品销售率(%)	98.21	99.71	99.82	99.10	102.69
总资产贡献率(%)	15.41	58.09	5.48	9.09	1.80
资金利税率(%)	18.58	64.72	7.06	12.12	2.14
增加值率(%)	29.21	24.32	16.52	23.67	24.65
全员劳动生产率(元/人)	271997	384828	217483	181145	78826
流动资产周转次数(次)	2.17	4.83	1.03	1.33	1.46
经济效益综合指数(%)	283.30	455.45	214.85	208.05	102.24

注:为保持GDP核算的一致性,分地区增加值均为2009年12月快报数据。

工业主要经济指标 (2009年)

ENTERPRISES ABOVE DESIGNATED SIZE(2009)

历城区	长清区	平阴县	济阳县	商河县	章丘市	高新区
308	214	158	255	121	482	222
8529998	3685247	2741879	2872256	649542	6862559	4353426
2501283	960659	864710	805883	200363	1995914	1547609
792965	525258	229684	558120	87012	822158	895626
50196	32332	2545	20944	9414	70147	55937
444034	289335	129713	89192	61752	428506	418427
3534431	1234649	610293	588730	229538	2142665	2414910
1037615	309941	109413	149666	65471	615659	769180
2663909	785200	523303	564730	221458	2003497	1044301
7497010	2549330	1617782	1286924	535853	4701943	4000939
3667438	948939	351287	269840	224653	1801558	1674883
934381	221867	122244	95581	46154	595418	158443
2561914	1320230	1065752	780065	257234	2102210	2101657
7504143	3678164	2482005	2844043	644174	6533650	4337045
6539581	2970291	2016248	2310870	569805	5622164	2995514
94220	36042	20225	30447	5263	42595	318144
396736	165560	62359	114652	34727	240918	415911
15034	5845	5419	5649	848	8047	14141
73074	2752	2147	1870	1291	10857	10575
258725	292805	224268	214397	31835	480673	301545
579488	486984	343502	341063	57933	783958	806136
90606	23905	38792	22173	2498	115979	41778
226543	158138	99009	96219	20835	260689	186447
98.33	98.05	97.59	97.85	96.24	97.27	96.78
9.27	20.50	22.46	27.59	12.72	17.95	21.27
9.62	24.71	31.60	29.75	13.17	19.87	25.53
29.51	26.09	31.86	27.98	31.43	30.75	36.94
397104	226513	263450	208142	151000	211952	380639
2.12	2.98	4.07	4.83	2.81	3.05	1.80
329.38	276.87	319.24	295.21	200.50	260.46	357.27

12-26 规 模 以 上 大 中 型

MAIN INDICATORS OF LARGE AND

指 标	企业单位数(个)	亏损企业数(个)	工业总产值(万元)	工业销售产值(万元)	工业增加值(万元)
总 计	217	18	23626868	23341434	6429330
按登记注册类型分					
内资企业	179	16	21281535	21007582	5822531
国有企业	31	4	2374028	2325853	1090153
中央企业	11	1	1514716	1488136	751449
省属企业	6	1	192667	179458	56653
市属企业	4	1	161658	160968	14476
市以下	10	1	504988	497292	267575
集体企业	10		356792	344172	98385
市属企业	1		7735	7689	1845
市以下	9		349057	336483	96540
股份合作企业	4		1781088	1792320	378924
联营企业	2		4126595	4130149	1254728
国有联营企业	2		4126595	4130149	1254728
有限责任公司	73	9	10128128	9919503	2312575
国有独资企业	5	1	5042516	5038532	762868
其他有限责任公司	68	8	5085612	4880971	1549707
股份有限公司	19	1	973684	985032	268029
私营企业	39	2	1525220	1495063	414703
私营独资企业	11		386842	381150	92229
私营合伙企业	1		16656	15815	4835
私营有限责任公司	23	2	692733	684632	182076
私营股份有限公司	4		428989	413466	135563
港澳台商投资	15	1	728272	713045	192110
与港澳台商合资经营	10	1	415989	405252	127383
与港澳台商合作经营	1		21463	15598	7223
港澳台商独资	4		290820	292195	57505
外商投资	23	1	1617061	1620807	414689
中外合资经营	16		1331790	1311919	316589
中外合作经营	1		19773	45414	10740
外商独资	4	1	68184	68333	14828
外商投资股份有限公司	2		197313	195141	72533
按隶属关系分					
中 央	18	1	3718284	3705412	1244536
省 属	17	1	6134604	6071086	1999912
市 属	38	5	6471640	6475925	1102600
县属及以下	144	11	7302340	7089010	2082282

工业企业经营情况 (2009年)

MEDIUM-SIZED ENTERPRISES(2009)

资产总额 (万元)	负债总额 (万元)	所有者权益 (万元)	产品销售收入 (万元)	利税总额 (万元)	利润总额 (万元)	全部从业人员 年平均人数 (人)
25992916	14895532	11060827	23276480	2773532	1621376	234172
23757236	13890687	9832006	20949496	2370386	1318479	200623
2509521	1969781	539672	2405376	450759	364212	34160
1197260	1177270	19922	1489204	379575	334863	9452
462839	291234	171605	256875	41574	29031	8040
348040	196333	151707	159086	-12032	-14427	4148
501382	304944	196439	500212	41642	14745	12520
229418	60951	168467	278393	41415	23448	6313
16920	23034	-6114	8270	240		460
212498	37916	174581	270123	41175	23448	5853
367128	186775	174353	1812551	559285	122088	4268
4594017	3107179	1486837	2921740	114648	20717	21637
4594017	3107179	1486837	2921740	114648	20717	21637
13693614	7213714	6476892	11037423	911510	601325	89242
9679157	4969403	4709754	5953289	470928	358200	29644
4014457	2244311	1767138	5084135	440583	243125	59598
1181921	700736	480986	997536	114640	73232	21728
1177238	649731	502239	1480987	176808	112899	22825
217123	89203	127919	381134	48004	29505	7501
21700	11887	9813	15798	669	490	455
613645	389620	212944	678058	78696	47616	10442
324771	159021	151563	405997	49439	35287	4427
851928	438284	411644	708215	135199	101597	12172
480271	245220	235051	400273	67066	52546	5566
15146	6581	6565	24120	2890	2304	1800
356511	186483	170028	283822	65242	46747	4806
1383752	566561	817177	1618769	267947	201299	21377
1058072	454794	603277	1296979	190773	142266	12055
23873	14289	9570	63063	5144	4357	907
93232	53218	40015	64606	4774	2498	3733
208574	44260	164315	194122	67256	52179	4682
2187085	1805196	381822	3712400	966475	464791	21255
5940777	3752916	2187861	4998099	269000	112545	37022
11489948	6022810	5467138	7397136	621675	448106	58329
6375105	3314610	3024006	7168845	916382	595934	117566

12-26续

指　　标	企业单位数(个)	亏损企业数(个)	工业总产值(万元)	工业销售产值(万元)	工业增加值(万元)
按企业规模分					
大型企业	18	3	14080376	14017002	3360890
中型企业	199	15	9546492	9324432	3068440
按工业行业分					
煤炭开采和洗选业	6	1	182689	175825	120436
农副食品加工业	6		158585	143383	30933
食品制造业	11		568955	570844	119349
饮料制造业	7		293423	321628	85636
纺织业	10		281327	275594	78454
服装及其他纤维制品制造业	2		19953	19916	6713
造纸及纸制品业	3		73685	72533	21253
印刷业和记录媒介的复制	4	1	63301	62546	26005
石油加工、炼焦及核燃料加工业	4		2201733	2199904	452387
化学原料及化学制品制造业	18	4	1060049	1037368	298528
医药制造业	11	1	522256	498124	189258
非金属矿物制品业	15		917832	905090	208591
黑色金属冶炼及压延加工业	4		4478179	4475279	1337752
金属制品业	5		259423	253888	95957
通用设备制造业	32	4	1353700	1245305	363255
专用设备制造业	9	1	250068	252971	87802
交通运输设备制造业	23		5965620	5976226	946572
电气机械及器材制造业	14	1	1231144	1196159	349260
通信设备、计算机及其他电子设备制造业	6		1847633	1763934	658468
仪器仪表及文化、办公用机械制造业	4		81765	80620	26262
电力、蒸汽、热水的生产和供应业	14	3	1559413	1557709	858812
煤气生产和供应业	2		45967	45967	13851
自来水的生产和供应业	2		64466	64466	17175

资产总额(万元)			产品销售收入(万元)	利税总额(万元)	利润总额(万元)	全部从业人员年平均人数(人)
	负债总额(万元)	所有者权益(万元)				
16623661	9504486	7104988	13876732	1383642	615230	95565
9369255	5391046	3955839	9399748	1389889	1006145	138607
253363	192880	59560	171172	31247	12641	14433
57404	32193	25211	137399	18816	11930	2605
275621	124721	144901	587807	79236	46785	10248
259689	142701	116975	332109	48784	26627	5006
275176	163926	111250	269223	15560	7502	7841
15932	2969	12963	20419	2644	1764	780
70035	5301	64734	76277	14794	9951	1096
129306	61138	68168	68332	16044	12393	2138
740169	526116	214053	2205818	563546	119570	3648
1155701	783740	357707	1059743	87207	61435	20105
929834	324002	595831	571260	164245	135959	8780
855682	424953	426747	849947	148332	97678	13192
4714678	3185112	1529566	3271942	120268	22799	23684
187816	32638	155177	250863	59296	44071	6198
1653921	1066827	586991	1343852	142305	72508	25958
238051	124388	113663	262355	33857	19524	6467
10041771	5169543	4871028	6849081	548306	399521	44353
1200863	623423	577439	1201425	167649	129995	11276
669084	277823	391181	1806989	101584	47923	6736
131638	48794	82844	83140	15427	12637	2212
1511734	1322049	189685	1598768	370048	315532	12150
184005	75626	108379	54378	10495	8594	1533
271880	121832	150048	57303	4541	529	1733

12-27 规模以上大中型工业企业一览表(2009年)

SUMMARY OF LARGE AND MEDIUM-SIZED ENTERPRISES(2009)

企业名称	登记注册类型	企业规模	隶属关系	所属行业
山东黄台火力发电厂	国有	大型	中央属	火力发电
浪潮集团有限公司	其他有限责任公司	大型	省属	电子计算机整机制造
山东福瑞达医药集团公司	国有	大型	省属	生物、生化制品的制造
济南锅炉集团有限公司	其他有限责任公司	大型	其他	锅炉及辅助设备制造
济南钢铁集团总公司	国有联营	大型	省属	钢压延加工
山东明水大化集团	其他有限责任公司	大型	县（市）区属	氮肥制造
章丘市埠村煤矿	国有	大型	县（市）区属	烟煤和无烟煤的开采洗选
济南圣泉集团股份有限公司	私营有限股份公司	大型	其他	初级形态的塑料及合成树脂制造
济南二机床集团有限公司	国有独资公司	大型	市属	液压和气压动力机械及元件制造
济南轻骑摩托车股份有限公司	股份有限公司	大型	中央属	摩托车整车制造
济南玫德铸造有限公司	外商投资股份有限公司	大型	县（市）区属	建筑装饰及水暖管道零件制造
中国重型汽车集团有限公司	国有独资公司	大型	市属	汽车整车制造
济南轨道交通装备有限责任公司	其他有限责任公司	大型	中央属	铁路机车车辆及动车组制造
中国石油化工股份有限公司济南分公司	股份合作	大型	中央属	原油加工及石油制品制造
山东山水水泥集团有限公司	港澳台商独资	大型	其他	水泥制造
山东佳宝集团有限公司	其他有限责任公司	大型	市属	液体乳及乳制品制造
济南达利食品有限公司	私营独资	大型	其他	饼干及其他焙烤食品制造
济南热电有限公司	国有	大型	市属	热力生产和供应
山东北方现代化学有限公司	国有独资公司	中型	中央属	专项化学用品制造
山东新华印刷厂	国有	中型	省属	书、报、刊印刷
山东重骑摩托车（集团）厂	国有	中型	市属	摩托车整车制造
山东天鹅棉业机械股份有限公司	股份有限公司	中型	省属	其他专用设备制造
山东电力设备制造有限公司	国有	中型	中央属	变压器、整流器和电感器制造
齐鲁动物保健品有限公司	其他有限责任公司	中型	其他	兽用药品制造
山东胜利股份有限公司	股份有限公司	中型	省属	生物、生化制品的制造
山东桑乐太阳能有限公司	其他有限责任公司	中型	县（市）区属	燃气、太阳能及类似能源的器具制造
济南柴油机股份公司	股份有限公司	中型	其他	内燃机及配件制造
济南长城炼油厂	国有	中型	中央属	原油加工及石油制品制造
济南文建印刷厂	国有	中型	中央属	书、报、刊印刷
济南镇海机械厂（7313工厂）	国有	中型	中央属	液压和气压动力机械及元件制造
济南市冶金科学研究所	股份合作	中型	其他	有色金属合金制造
济南宏济堂制药有限责任公司	其他有限责任公司	中型	市属	中成药制造
济南风机厂有限责任公司	其他有限责任公司	中型	其他	风机、风扇制造
济南沃德汽车零部件有限公司	外资企业	中型	其他	汽车零部件及配件制造
中国人民解放军六四五五厂	国有	中型	中央属	改装汽车制造
山东塑料试验厂	集体	中型	市属	无机碱制造
济南一机床集团有限公司	其他有限责任公司	中型	市属	金属切削机床制造
济南金钟电子衡器股份有限公司	股份有限公司	中型	市属	衡器制造
山东电力集团公司济南供电公司	国有	中型	中央属	电力供应
中国人民解放军第七四二三工厂（液压泵）	国有	中型	中央属	机械零部件加工及设备修理
济南元首针织股份有限公司	股份有限公司	中型	市属	棉、化纤针织品及编织品制造
济南水业集团有限责任公司	国有独资公司	中型	市属	自来水的生产和供应
济南瑞通铁路电务有限责任公司	其他有限责任公司	中型	中央属	电线电缆制造

12-27续1

企业名称	登记注册类型	企业规模	隶属关系	所属行业
济南黄台煤气炉有限公司	其他有限责任公司	中型	县（市）区属	气体、液体分离及纯净设备制造
重汽集团济南考格尔专用汽车有限公司	其他有限责任公司	中型	其他	改装汽车制造
济南市历城区供电公司	国有	中型	县（市）区属	电力供应
济南镁碳砖厂有限公司	私营有限股份公司	中型	镇	耐火陶瓷制品及其他耐火材料制造
济南沃德机械制造有限公司	股份有限公司	中型	其他	汽车零部件及配件制造
济南野风酥食品有限公司	私营有限责任公司	中型	其他	饼干及其他焙烤食品制造
山东璟华标志服厂	集体	中型	村委会	纺织服装制造
济南钢铁集团新事业有限公司	其他有限责任公司	中型	县（市）区属	专项化学用品制造
章丘市炊具机械总厂	集体	中型	村委会	食品、饮料、烟草工业专用设备制造
章丘市铜铝铸造厂	集体	中型	村委会	汽车零部件及配件制造
章丘东风煤炭集团总公司	国有	中型	县（市）区属	烟煤和无烟煤的开采洗选
山东明水汽车配件厂	国有	中型	省属	汽车零部件及配件制造
章丘市供电公司	国有	中型	县（市）区属	电力供应
山东省章丘鼓风机厂有限公司	股份有限公司	中型	县（市）区属	风机、风扇制造
山东晋煤日月化工有限公司	国有联营	中型	县（市）区属	氮肥制造
济南普天通信设备厂	国有	中型	中央属	改装汽车制造
章丘市琅沟热电厂	国有	中型	县（市）区属	火力发电
章丘市汇丰铸造厂	集体	中型	村委会	锻件及粉末冶金制品制造
章丘海尔电机有限公司	其他有限责任公司	中型	县（市）区属	微电机及其他电机制造
章丘华明水泥有限公司	其他有限责任公司	中型	县（市）区属	水泥制造
济南市第二汽车配件厂	股份有限公司	中型	街道	汽车零部件及配件制造
济南冶金化工设备厂	股份有限公司	中型	其他	制冷、空调设备制造
长清县供电公司	国有	中型	县（市）区属	电力供应
山东水龙王集团有限公司	集体	中型	乡	制冷、空调设备制造
山东平阴丰源炭素有限责任公司	其他有限责任公司	中型	其他	石墨及碳素制品制造
济南压缩机厂有限公司	其他有限责任公司	中型	县（市）区属	气体压缩机械制造
济南市琦泉热电有限责任公司	其他有限责任公司	中型	县（市）区属	火力发电
济南晨彩包装印刷有限公司	私营有限责任公司	中型	其他	纸和纸板容器的制造
山东福胶集团有限公司	其他有限责任公司	中型	市属	中药饮片加工
山东齐发药业有限公司	私营有限责任公司	中型	其他	兽用药品制造
济南市平阴县玛钢厂	集体	中型	乡	建筑装饰及水暖管道零件制造
济南汇九齿轮厂	集体	中型	村委会	汽车零部件及配件制造
济南黄河特钢有限责任公司	其他有限责任公司	中型	其他	钢压延加工
平阴鲁西化工第三化肥厂有限公司	股份有限公司	中型	市属	氮肥制造
济南乐喜施肥料有限公司	私营有限责任公司	中型	其他	复混肥料制造
商河供电公司	国有	中型	县（市）区属	电力供应
齐鲁宏业纺织集团有限公司	其他有限责任公司	中型	其他	棉、化纤纺织加工
山东力诺新材料有限公司	私营有限责任公司	中型	其他	技术玻璃制品制造
济阳县供电公司	国有	中型	县（市）区属	电力供应
济南市银花纺织品有限公司	其他有限责任公司	中型	县（市）区属	棉、化纤纺织加工
济南闻韶化工有限公司	私营有限责任公司	中型	其他	化学试剂和助剂制造
山东小鸭集团有限责任公司	国有独资公司	中型	市属	制冷、空调设备制造
济南天辰机器集团有限公司	其他有限责任公司	中型	县（市）区属	其他专用设备制造

12-27续2

企业名称	登记注册类型	企业规模	隶属关系	所属行业
济南黄泰实业发展中心	股份合作	中型	其他	铸造机械制造
山东三塑集团有限公司	其他有限责任公司	中型	其他	塑料薄膜制造
新时代（济南）民爆科技产业有限公司	其他有限责任公司	中型	中央属	炸药及火工产品制造
济南晶恒电子有限责任公司	私营有限责任公司	中型	其他	半导体分立器件制造
山东绿霸化工股份有限公司	其他有限责任公司	中型	县（市）区属	化学试剂和助剂制造
济南四机数控机床有限公司	其他有限责任公司	中型	市属	工业自动控制系统装置制造
济南重工股份有限公司	股份有限公司	中型	市属	采矿、采石设备制造
山东建设机械股份有限公司	股份有限公司	中型	市属	建筑工程用机械制造
山东中德设备有限公司	股份有限公司	中型	省属	食品、饮料、烟草工业专用设备制造
济南变压器集团股份有限公司	股份有限公司	中型	市属	变压器、整流器和电感器制造
山东齐鲁电机制造有限公司	国有	中型	省属	发电机及发电机组制造
济南中集考格尔特种汽车有限公司	中外合资经营	中型	其他	汽车整车制造
济南轻骑铃木摩托车有限公司	中外合资经营	中型	市属	摩托车整车制造
山东松下电子信息有限公司	中外合资经营	中型	市属	家用影视设备制造
西门子变压器有限公司	中外合资经营	中型	市属	变压器、整流器和电感器制造
济南亚细亚药业有限公司	与港澳台商合资经营	中型	其他	食品及饲料添加剂制造
济南亨通制笔有限公司	与港澳台商合资经营	中型	其他	笔的制造
东港安全印刷股份有限公司	外商投资股份有限公司	中型	县（市）区属	本册印制
济南台有玻璃制品有限公司	与港澳台商合作经营	中型	街道	日用玻璃制品及玻璃包装容器制造
济南弘正科技有限公司	港澳台商独资	中型	其他	摩托车零部件及配件制造
山东威明汽车产品有限公司	中外合资经营	中型	其他	汽车零部件及配件制造
济南欣泺灯具有限公司	私营有限责任公司	中型	其他	灯用电器附件及其他照明器具制造
济南新远摩托车配件有限公司	中外合资经营	中型	其他	摩托车零部件及配件制造
济阳县济北石化有限责任公司	其他有限责任公司	中型	县（市）区属	机械零部件加工及设备修理
山东鲁信天一印务有限公司	与港澳台商合资经营	中型	其他	包装装潢及其他印刷
济南华鲁食品有限公司	私营有限责任公司	中型	其他	食品及饲料添加剂制造
济南宏达永盛实业集团有限公司	私营独资	中型	其他	棉及化纤制品制造
齐鲁制药有限公司	其他有限责任公司	中型	其他	化学药品制剂制造
齐鲁安替制药有限公司	与港澳台商合资经营	中型	其他	化学药品原药制造
济南民天面粉有限责任公司	其他有限责任公司	中型	市属	谷物磨制
济南试金集团有限公司	其他有限责任公司	中型	市属	试验机制造
山东兴牛乳业有限公司	其他有限责任公司	中型	省属	液体乳及乳制品制造
济南鼎鑫机械制造有限公司	私营独资	中型	其他	液压和气压动力机械及元件制造
济南六和双利食品有限公司	其他内资	中型	镇	肉制品及副产品加工
济南大千力机械制造有限公司	私营独资	中型	其他	液压和气压动力机械及元件制造
山东力诺光热科技有限公司	其他有限责任公司	中型	市属	技术玻璃制品制造
济南灏源纸业有限公司	其他有限责任公司	中型	其他	加工纸制造
济南安达刹车片有限公司	股份有限公司	中型	其他	铁路机车车辆配件制造
济南娃哈哈恒枫饮料有限公司	中外合资经营	中型	市属	含乳饮料和植物蛋白饮料制造
济南春雨福田饲料有限公司	私营独资	中型	其他	饲料加工
山东省鲁棉集团天元纺织有限公司	其他有限责任公司	中型	省属	棉、化纤纺织加工
山东太古飞机工程有限公司	中外合资经营	中型	省属	飞机制造及修理
济南趵突泉酿酒有限责任公司	其他有限责任公司	中型	县（市）区属	白酒制造
济南腾龙排气管有限公司	集体	中型	街道	风机、风扇制造

12-27续3

企　业　名　称	登记注册类型	企业规模	隶属关系	所　属　行　业
华电章丘发电有限公司	其他有限责任公司	中型	中央属	火力发电
济南汇九缸体制造有限公司	集体	中型	村委会	锻件及粉末冶金制品制造
山东中创软件工程股份有限公司	股份有限公司	中型	省属	计算机网络设备制造
山东东方药业集团有限责任公司	其他有限责任公司	中型	其他	化学药品制剂制造
济南盛源化肥有限责任公司	私营有限责任公司	中型	其他	氮肥制造
济南钢城矿业有限公司	国有	中型	市属	铁矿采选
济南民泰煤矿有限公司	其他有限责任公司	中型	街道	烟煤和无烟煤的开采洗选
积成电子股份有限公司	股份有限公司	中型	其他	其他电子设备制造
济南鲍德气体有限公司	其他有限责任公司	中型	省属	其他未列明的制造业
济南庚辰钢铁有限公司	其他有限责任公司	中型	县（市）区属	炼铁
济南龙山炭素有限公司	其他有限责任公司	中型	其他	石墨及碳素制品制造
济南鲁联集团有限公司	其他有限责任公司	中型	县（市）区属	改装汽车制造
济南宝世达实业发展有限公司	其他有限责任公司	中型	其他	电线电缆制造
山东大汉建设机械有限公司	其他有限责任公司	中型	其他	建筑工程用机械制造
山东力诺瑞特新能源有限公司	中外合资经营	中型	其他	光学玻璃制造
山东宏业纺织股份有限公司	股份有限公司	中型	其他	棉、化纤纺织加工
山东百脉泉酒业有限公司	其他有限责任公司	中型	县（市）区属	白酒制造
济阳县天宇液压机械有限公司	私营有限责任公司	中型	其他	液压和气压动力机械及元件制造
山东黄泰热力有限公司	其他有限责任公司	中型	其他	热力生产和供应
济南中燃科技发展有限公司	私营有限责任公司	中型	其他	建筑工程用机械制造
济南东新热电有限公司	国有	中型	县（市）区属	热力生产和供应
济南澳海炭素有限公司	其他有限责任公司	中型	其他	石墨及碳素制品制造
山东华迪建筑科技有限公司	私营独资	中型	其他	专项化学用品制造
济南裕兴化工有限责任公司	国有	中型	中央属	专项化学用品制造
济南慧成铸造有限公司	其他有限责任公司	中型	市属	钢铁铸件制造
济南力诺玻璃制品有限公司	私营有限责任公司	中型	其他	玻璃仪器制造
济南维维乳业有限公司	私营有限责任公司	中型	其他	液体乳及乳制品制造
山东法因数控机械股份有限公司	私营有限股份公司	中型	市属	工业自动控制系统装置制造
山东八三碳化硅热件厂	国有	中型	省属	石墨及碳素制品制造
九阳股份有限公司	中外合资经营	中型	其他	家用厨房电器具制造
济南百事可乐饮料有限公司	中外合资经营	中型	其他	碳酸饮料制造
济南万方炭素有限责任公司	其他有限责任公司	中型	其他	石墨及碳素制品制造
济南钢铁集团闽源钢铁有限公司	其他有限责任公司	中型	市属	钢压延加工
济南德馨斋食品有限公司	私营独资	中型	其他	酱油、食醋及类似制品的制造
济南莱钢钢结构有限公司	其他有限责任公司	中型	其他	金属密封件制造
山东赛克赛斯药业科技有限公司	其他有限责任公司	中型	省属	化学药品制剂制造
山东大鲁阁织染工业有限公司	港澳台商独资	中型	其他	棉、化纤纺织加工
蓝星石油有限公司济南分公司	国有	中型	中央属	原油加工及石油制品制造
山东华塑建材有限公司	其他有限责任公司	中型	县（市）区属	初级形态的塑料及合成树脂制造
济南港华燃气有限公司	中外合资经营	中型	市属	燃气生产和供应业
济南时代试金仪器有限公司	其他有限责任公司	中型	市属	试验机制造
济南川蜜食品有限责任公司	私营有限责任公司	中型	其他	饼干及其他焙烤食品制造
山东鲍德翼板有限公司	私营有限股份公司	中型	其他	锻件及粉末冶金制品制造
山东明龙建筑机械有限公司	其他有限责任公司	中型	其他	建筑工程用机械制造

12-27续4

企 业 名 称	登记注册类型	企业规模	隶属关系	所 属 行 业
济南同智创新科技有限公司	私营合伙	中型	其他	电容器及其配套设备制造
章丘矿业有限公司	其他有限责任公司	中型	县（市）区属	烟煤和无烟煤的开采洗选
平阴山水水泥有限公司	与港澳台商合资经营	中型	其他	水泥制造
济南金力液压机械有限公司	私营独资	中型	其他	液压和气压动力机械及元件制造
山东中氟化工科技有限公司	中外合资经营	中型	市属	化学试剂和助剂制造
济南信赢煤焦化有限公司	其他有限责任公司	中型	其他	炼焦
章丘鑫岳有限责任公司	其他有限责任公司	中型	县（市）区属	烟煤和无烟煤的开采洗选
济南民丰玛钢有限公司	私营有限责任公司	中型	其他	建筑装饰及水暖管道零件制造
山东小鸭电器有限公司	其他有限责任公司	中型	其他	家用清洁卫生电器具制造
济南杰菲特气动有限公司	外资企业	中型	其他	液压和气压动力机械及元件制造
山东省胜帮绿野化学有限公司	私营有限责任公司	中型	其他	生物化学农药及微生物农药制造
山东神思电子技术有限公司	私营有限责任公司	中型	其他	通信终端设备制造
山东新阳能源有限公司	国有	中型	省属	烟煤和无烟煤的开采洗选
济南可口可乐饮料有限公司	中外合作经营	中型	其他	果菜汁及果菜汁饮料制造
济钢集团重工机械有限公司成套设备事业部	国有	中型	市属	起重运输设备制造
济南青年汽车有限公司	私营有限责任公司	中型	其他	汽车整车制造
山东济华燃气有限公司	与港澳台商合资经营	中型	市属	燃气生产和供应业
济南伊利乳业有限责任公司	股份合作	中型	其他	液体乳及乳制品制造
山东诺思家纺织品有限公司	外资企业	中型	市属	其他针织品及编织品制造
山东冠世针织有限公司	外资企业	中型	其他	棉、化纤针织品及编织品制造
山东华氟化工有限责任公司	私营有限责任公司	中型	其他	化学试剂和助剂制造
安莉芳(山东)服装有限公司	港澳台商独资	中型	县（市）区属	丝针织品及编织品制造
济南福满多食品有限公司	中外合资经营	中型	其他	方便面及其他方便食品制造
山东同欣电子有限公司	中外合资经营	中型	其他	电力电子元器件制造
济南宇飞食品有限公司	其他有限责任公司	中型	县（市）区属	畜禽屠宰
济南万润肉类加工有限公司	其他有限责任公司	中型	其他	畜禽屠宰
济南佳源太阳能有限公司	其他有限责任公司	中型	县（市）区属	技术玻璃制品制造
齐鲁天和惠世制药有限公司	与港澳台商合资经营	中型	其他	化学药品原药制造
青岛啤酒(济南)有限公司	其他有限责任公司	中型	市属	啤酒制造
济南泓泉制水有限公司	与港澳台商合资经营	中型	市属	自来水的生产和供应
济南佳明正远服装有限公司	与港澳台商合资经营	中型	其他	纺织服装制造
济南轻骑标致摩托车有限公司	中外合资经营	中型	其他	摩托车整车制造
济南朗硕电子科技有限公司	私营独资	中型	其他	电力电子元器件制造
山东银鹭食品有限公司	与港澳台商合资经营	中型	市属	含乳饮料和植物蛋白饮料制造
济南金百利包装用品有限公司	私营有限责任公司	中型	其他	纸和纸板容器的制造
万斯达钢构工程有限公司	私营独资	中型	其他	金属结构制造
济南新峨嵋实业有限公司	私营有限责任公司	中型	其他	锻件及粉末冶金制品制造
章丘市埠村煤矿矸石热电	国有	中型	其他	火力发电
山东北辰集团有限公司	其他有限责任公司	中型	乡	气体、液体分离及纯净设备制造
济南长清宏达供热设备厂	其他有限责任公司	中型	其他	气体、液体分离及纯净设备制造
济阳盛元食用油有限责任公司	私营独资	中型	其他	食用植物油加工
济南吉隆锻造有限公司	其他有限责任公司	中型	其他	锻件及粉末冶金制品制造
山东澳信工贸有限公司	私营有限责任公司	中型	其他	金属压力容器制造

12-28 主要工业产品生产量(2009年)

OUTPUT OF MAJOR INDUSTRIAL PRODUCTS(2009)

主要工业产品名称	单位	生产量	主要工业产品名称	单位	生产量
原煤	万吨	287.1	商品混凝土	万立方米	601.56
铁矿石原矿	万吨	235.17	水泥混凝土压力管	千米	151
小麦粉	万吨	12.74	砖	亿块	6.28
饲料	万吨	23.33	瓷质砖	万平方米	0.58
精制食用植物油	万吨	1.17	天然花岗石建筑板材	万平方米	346.47
鲜、冷藏肉	万吨	8.42	钢化玻璃	万平方米	13.42
糕点	万吨	0.09	中空玻璃	万平方米	161.63
糖果	万吨	0.14	日用玻璃制品	万吨	7.65
速冻米面食品	万吨	0.48	日用陶瓷制品	亿件	0.02
乳制品	万吨	58.65	耐火材料制品	万吨	110.69
液体乳	万吨	57.36	石墨及炭素制品	万吨	13.99
味精(谷氨酸钠)	万吨	0.25	生铁	万吨	860.3
酱油	万吨	6.05	粗钢	万吨	1051.67
冷冻饮品	万吨	3.55	钢材	万吨	917.62
饮料酒	万千升	30.98	大型型钢	万吨	15.73
白酒(折65度,商品量)	万千升	3.12	中小型型钢	万吨	40.39
啤酒	万千升	27.86	棒材	万吨	68.33
软饮料	万吨	72.87	钢筋	万吨	250.39
碳酸饮料类(汽水)	万吨	35.64	特厚板	万吨	7.52
包装饮用水类	万吨	34.95	厚钢板	万吨	138.57
果汁和蔬菜汁饮料类	万吨	2.27	中板	万吨	190.31
纱	万吨	8.58	中厚宽钢带	万吨	148.08
棉纱	万吨	6.95	冷轧薄宽钢带	万吨	33.18
布	亿米	0.75	冷轧窄钢带	万吨	7.05
棉布	亿米	0.4	镀层板(带)	万吨	3.3
棉混纺布	亿米	0.34	涂层板(带)	万吨	2.19
化学纤维布	亿米	0.01	焊接钢管	万吨	12.57
印染布	亿米	0.21	铝合金	万吨	0.22
棉被	万条	10.12	铜材	万吨	0.05
无纺布(无纺织物)	万吨	0.86	铝材	万吨	0.44
服装	万件	6004.55	工业锅炉	蒸发量吨	11280.36
针织服装	万件	5056.87	发动机	万千瓦	1768.67
梭织服装	万件	947.68	汽车用发动机	万千瓦	1567.55
羽绒服	万件	18.25	数控系统设备	台	2017
水泥	万吨	761.72	西服套装	万件	130.58

12-28续1

主要工业产品名称	单位	生产量	主要工业产品名称	单位	生产量
衬衫	万件	317.18	数控金属切削机床	万台	0.15
婴儿服装及衣着附件	万件	79.35	金属成形机床	万台	0.03
轻革	万平方米	72.5	数控金属成形机床(数控锻压设备)	台	142
天然皮革制手提包(袋)、背包	万个	11.35	起重机	万吨	11.51
人造板	万立方米	0.74	泵	万台	30.96
家具	万件	14.97	气体压缩机	万台	0.26
木质家具	万件	11.83	阀门	万吨	1.22
软体家具	万件	2.34	液压元件	万件	0.18
机制纸及纸板(外购原纸加工除外)	万吨	3.37	气动元件	万件	2894.41
未涂布印刷书写用纸	万吨	2.67	齿轮	万吨	3.49
纸制品	万吨	11.18	工业电炉	台	92
瓦楞纸箱	万吨	10.02	风机	万台	8.21
单色印刷品	万令	233.09	电动手提式工具	万台	16.6
多色印刷品	万对开色令	171.68	包装专用设备	台	15
本册	亿本	0.01	衡器（秤）	万台	0.53
木杆铅笔	亿支	16.03	减速机	万台	0.01
玩具	万元	1710.8	金属紧固件	万吨	0.53
原油加工量	万吨	489.3	铸铁件	万吨	0.94
汽油	万吨	136.99	铸钢件	万吨	0.13
柴油	万吨	199.03	锻件	万吨	83.21
润滑油	万吨	16.81	采矿专用设备	万吨	0.76
燃料油	万吨	7.9	挖掘、铲土运输机械	台	135
石脑油	万吨	3.9	水泥专用设备	吨	22481
溶剂油	万吨	3.66	混凝土机械	台	1635
润滑脂	万吨	0.52	金属冶炼设备	吨	13353.41
液化石油气	万吨	26.96	金属轧制设备	吨	2547
石油焦	万吨	27.03	炼油、化工生产专用设备	万吨	0.12
石油沥青	万吨	36.3	塑料加工专用设备	台	378
焦炭	万吨	261.5	棉花加工机械	台	2169
机焦	万吨	261.5	环境污染防治专用设备	台（套）	35
硫酸（折100%）	万吨	5.07	大气污染防治设备	台	35
盐酸（氯化氢,含量31%）	万吨	0.36	铁路货车	辆	2354
烧碱（折100%）	万吨	2.99	汽车	万辆	12.99
纯苯	万吨	2.51	合成氨（无水氨）	万吨	85.75
精甲醇	万吨	27.3	农用氮、磷、钾化学肥料总计(折纯)	万吨	57.77
金属切削机床	万台	0.24	氮肥（折含N100%）	万吨	57.77

12-28续2

主要工业产品名称	单位	生产量	主要工业产品名称	单位	生产量
尿素（折含N100%）	万吨	52.29	民用钢质船舶	万载重吨	0.26
化学农药原药(折有效成分100%)	万吨	3.62	发电机组(发电设备)	万千瓦	685
杀虫剂原药	万吨	0.87	交流电动机	万千瓦	260.34
杀菌剂原药	万吨	1.14	变压器	万千伏安	4866.38
除草剂原药	万吨	1.6	低压开关板	万面	0.24
涂料	万吨	0.28	通信及电子网络用电缆	万对千米	10.24
油墨	万吨	0.14	电力电缆	万千米	18.24
颜料	万吨	3.97	光缆	万芯千米	0.72
染料	万吨	0.87	铅酸蓄电池	万千伏安时	30.49
初级形态的塑料	万吨	17.68	商用冷藏展示柜	万台	0.57
聚乙烯树酯	万吨	7.87	家用电风扇	万台	2.11
聚丙烯树脂	万吨	9.74	家用洗衣机	万台	33.27
合成纤维聚合物	万吨	0.29	家用电热水器	万台	0.17
化学试剂	万吨	10.57	电光源	万只	260
催化剂	万吨	0.37	灯具及照明装置	万套(台、个)	1.44
合成洗涤剂	万吨	1.51	微波终端机	部	28412
香精	万吨	0.01	电话单机	万部	8.75
化学药品原药	万吨	0.94	电子计算机整机	万台	20.76
中成药	万吨	1.59	微型计算机设备	万台	20.76
化学纤维	万吨	0.7	服务器	万台	9.68
合成纤维	万吨	0.7	半导体分立器件	亿只	36.68
塑料制品	万吨	19.63	印制电路板	万平方米	1.18
塑料薄膜	万吨	3.99	彩色电视机	万台	25.32
农用薄膜	万吨	1.76	液晶（LCD）电视机	万台	25.32
塑料板、片	万吨	2.5	工业自动调节仪表与控制系统	万台(套)	0.42
塑料管及其附件	万吨	1.72	电工仪器仪表	万台	17.81
塑料条、棒、型材	万吨	1.48	试验机	万台	0.97
塑料丝、绳及编织品	万吨	0.89	汽车仪器仪表	万台	1.61
泡沫塑料	万吨	1.98	钟	万只	624.98
塑料包装箱及容器	万吨	0.22	发电量	亿千瓦小时	128.76
日用塑料制品	万吨	1.4	火力发电量	亿千瓦小时	128.53
水泥熟料	万吨	699.75	煤气生产量	亿立方米	154.11
窑外分解窑水泥熟料	万吨	665.48	自来水生产量	亿立方米	4.58
改装汽车	万辆	1.5			
摩托车整车	万辆	99.01			
电动自行车	万辆	2.78			

12-29 工业企业能源购进、消费及库存(2009年)

PURCHASES、CONSUMPTION AND INVETORY OF MAIN ENERGY SOURCE IN INDUSTRIAL ENTERPRISES(2009)

能源名称	计量单位	年初库存量	本年购进量	本年消费			年末库存量
					工业生产消费	非工业生产消费	
能源合计	吨标准煤			27916061	27709485	206576	
原煤	吨	617987	10259558	10101637	10037432	64204	890949
洗精煤	吨	465678	3544255	3903607	3899920	3687	122461
其他洗煤	吨	62948	1405776	1454821	1419442	35379	83903
型煤	吨	27827	169805	180915	180262	653	16560
焦炭	吨	6161	447251	5023200	5022874	325	7515
其他煤气	万立方米	0	6	6	6	0	0
天然气	万立方米	0	16510	17524	17339	185	0
液化天然气	吨	0	220	220	204	16	3
原油	吨	80862	4753708	4705410	4694325	11085	132715
汽油	吨	223	32938	33755	25048	8708	206
煤油	吨	98	2399	2284	2036	249	101
柴油	吨	2462	37794	48004	32685	15319	1342
燃料油	吨	4647	125346	116283	116283	0	13180
液化石油气	吨	228	24296	24165	24113	53	344
炼厂干气	吨	0	0	117413	117413	0	0
其他石油制品	吨	4765	369595	649148	649148	0	17574
热力	百万千焦	0	8720363	13421349	11881197	1540153	0
电力	万千瓦时	0	877373	1402923	1381294	21630	0
其他燃料	吨标准煤	88	23917	81115	81115	0	88

注:按照经济普查要求,免填能源合计中,年初库存、购进量、年末库存。

12-30 工业分行业主要能源消费量(2009年)

CONSUMPTION OF MAIN ENERGY SOURCE IN INDUSTRIAL ENTERPRISES BY SECTOR(2009)

指　　标	原煤(吨)	汽油(吨)	煤油(吨)	柴油(吨)	燃料油(吨)	热　力(百万千焦)	电　力(万千瓦时)
总　计	10101637	33755	2284	48004	116283	13421349	1402923
采矿业	67710	396	0	661	0	169083	26459
煤炭开采和洗选业	66975	151	0	369	0	169083	19169
石油和天然气开采业	560	56	0	60	0	0	503
黑色金属矿采选业	2	12	0	95	0	0	5397
非金属矿采选业	173	178	0	137	0	0	1390
制造业	5305865	31930	2284	43586	116283	11826378	1189971
农副食品加工业	6109	1073	69	286	0	0	15131
食品制造业	27465	1379	0	885	0	642663	12851
饮料制造业	11040	280	0	273	0	218405	7724
纺织业	8342	657	1	116	0	335064	29677
纺织服装、鞋、帽制造业	736	297	0	131	0	5255	1116
皮革、毛皮、羽毛(绒)及其制品业	782	14	0	2	0	1619	263
木材加工及木、竹、藤、棕、草制品业	2415	472	0	111	0	0	1017
家具制造业	16	213	0	29	0	0	946
造纸及纸制品业	9704	462	0	198	210	18473	2908
印刷业和记录媒介的复制	2595	386	0	217	0	19483	5240
文教体育用品制造业	324	296	1	103	0	12295	1128
石油加工、炼焦及核燃料加工业	5007	587	0	26	102894	3630338	42556
化学原料及化学制品制造业	2078773	4041	1758	2924	4163	3052490	237185
医药制造业	65613	1273	3	442	0	1938622	47089
化学纤维制造业	0	117	0	0	0	0	161
橡胶制品业	1901	85	2	160	0	0	835
塑料制品业	4114	728	0	222	0	0	8468
非金属矿物制品业	1110641	2634	55	12581	0	20749	127868
黑色金属冶炼及压延加工业	1689976	1304	0	9725	9014	1317897	365694
有色金属冶炼及压延加工业	541	284	77	216	0	0	4775
金属制品业	31005	1473	0	739	0	0	19165
通用设备制造业	144138	4831	150	4592	0	16070	64331
专用设备制造业	4626	2453	7	740	0	2976	18451
交通运输设备制造业	66189	2185	74	7578	0	490445	56903
电气机械及器材制造业	29563	2785	47	639	0	1191	26898
通信设备、计算机及其他电子设备制造业	0	791	0	422	0	3056	6281
仪器仪表及文化、办公用机械制造业	3382	576	38	56	2	3880	2675
工艺品及其他制造业	869	253	0	172	0	0	78263
电力、燃气及水的生产和供应业	4728061	1429	0	3757	0	1425888	186494
电力、热力的生产和供应业	4728043	655	0	3665	0	1425888	175446
燃气生产和供应业	0	477	0	57	0	0	527
水的生产和供应业	18	297	0	36	0	0	10520

主要统计指标解释

EXPLANATORY NOTES ON MAIN STATISTICAL INDICATORS

按照国家统计方法制度规定,1998年独立核算工业统计范围由原乡及乡以上调整为全部国有及年销售收入500万元以上非国有工业企业(即新口径)。同时,统计分类中的原经济组织类型分组相应地调整为按企业登记注册类型分组。

工业 指从事自然资源的开采,对采掘品和农产品进行加工和再加工的物质生产部门。具体包括:(1)对自然资源的开采,如采矿、晒盐、森林采伐等(但不包括禽兽捕猎和水产捕捞);(2)对农副产品的加工、再加工,如粮油加工、食品加工、轧花、缫丝、纺织、制革等;(3)对采掘品的加工、再加工,如炼铁、炼钢、化工生产、石油加工、机器制造、木材加工等,以及电力、自来水、煤气的生产和供应等;(4)对工业品的修理、翻新,如机器设备的修理、交通运输工具(包括小卧车)的修理等。

1984年以前农村的村及村以下办工业归属农业,1984年以后划归工业。

工业统计调查单位 工业统计调查单位分为两类:独立核算法人工业企业和工业活动单位。

(1)独立核算法人工业企业 是指从事工业生产经营活动的单位。独立核算法人工业企业应同时具备以下条件:①依法成立,有自己的名称、组织机构和场所,能够承担民事责任;②独立拥有和使用资产,承担负债,有权与其他单位签订合同;③独立核算盈亏,并能够编制资产负债表。

(2)工业活动单位 是指在一个场所从事一种或主要从事一种工业生产活动的经济单位。它包括独立核算工业企业按主营业务活动(即工业生产活动)划分的主营业务活动单位和非工业企业所属的工业生产活动单位(即原非独立核算工业生产单位)。工业活动单位,一般应同时具备以下三个条件:①具有一个场所,从事一种或主要从事一种工业活动;②单独组织工业生产、经营或业务活动;③单独核算收入和支出。

企业登记注册类型 是指具有法人资格的各类企业在工商行政管理机关登记注册的类型。本年鉴中,国有经济、集体经济、股份制经济、国有控股等概念与过去含义有所区别。

(一)国有企业:是指企业全部资产归国有家所有,并按《中华人民共和国企业法人登记管理条例》规定登记注册的非公司制的经济组织。不包括有限责任公司中的国有独资公司。

(二)集体企业:是指企业资产归集体所有,并按《中华人民共和国企业法人登记管理条例》规定登记注册的经济组织。

(三)股份合作企业:是指以合作制为基础,由企业职工共同出资入股,吸收一定比例的社会资产投资组建,实行自主经营,自负盈亏,共同劳动,民主管理,按劳分配下按股分红相结合的一种集体经济组织。

(四)联营企业:是指两个及两个以上相同或不同所有制性质的企业法人或事业单位法人,按自愿、平等、互利的原则,共同投资组成的经济组织。联营企业包括:

1.国有联营企业:指国有企业与国有企业间的联营;

2.集体联营企业:指集体企业与集体企业间的联营;

3.国有与集体联营企业:指国有企业与集体企业间的联营;

4.其他联营企业:指国有企业与私人企业间的联营,集体企业与私人企业间的联营,国有、集体与私人企业间的联营。

(五)有限责任公司:是指根据《中华人民共和国公司登记管理条例》规定登记注册,由两个以上,五十个以下的股东共同出资,每个股东以其所认缴的出资额对公司承担有限责任,公司以其全部资产对其债务承担责任的经济组织。有限责任公司包括国有独资公司以及其他有限责任公司。

1.国有独资公司:是指国家授权的投资机构或者国家授权的部门单独投资设立的有限责任公司。

2.其他有限责任公司:是指国有独资公司以外的其他有限责任公司。

(六)股份有限公司:是指根据《中华人民共和国公司登记管理条例》规定登记注册,其全部注册资本由等额股份构成并通过发行股票筹集资本,股东以其认购的股份对公司承担有限责任,公司以其全部资产对其债务承担责任的经济组织。

(七)私营企业:是指由自然人投资设立或由自然人控股,以雇佣劳动为基础的营利性经济组织。包括按照《公司法》、《合伙企业法》、《私营企业暂行条例》规定登记注册的私营有限责任公司、私营股份有限公司、私营合伙企业和私营独资企业。

1.私营独资企业:是指按《私营企业暂行条例》的规定,由一名自然人投资经营,以雇佣劳动为基础,投资者对企业债务承担无限责任的企业。

2.私营合伙企业:是指按《合伙企业法》或《私营企业暂行条例》的规定,由两个以上自然人按照协议共同投资、共同经营、共负盈亏,以雇佣劳动为基础,对债务承担无限责任的企业。

3.私营有限责任公司:是指按《公司法》、《私营企业暂行条例》的规定,由两个以上自然人投资或由单个自然人控股的有限责任公司。

4.私营股份有限公司:是指按《公司法》的规定,由五个以上自然人投资,或由单个自然人控投的股份有限公司。

(八)其他企业:是指上述第(一)至第(七)之处的其他内资经济组织。

(九)合资经营企业(港或澳、台资):是指港澳台地区投资者也内地的企业依照《中华人民共和国中外台资经营企业法》及有关法律的规定，按合同规定的比例投资设立、分享利润和分担风险的企业。

（十）合作经营企业（港和澳、台资）：是指港澳台地区投资者与内地企业依照《中华人民共和国中外合作经营企业法》及有关法律的规定，依照合作合同的约定进行投资或提供条件设立、分配利润和分担风险的企业。

（十一）港、澳、台商独资经营企业：是指依照《中华人民共和国外资企业法》及有关法律的规定，在内地由港澳台地区投资者全额投资设立的企业。

（十二）港、澳、台投资股份有限公司：是指根据国家有关规定，经外经贸部依法批准设立，其中港、澳、台商的股本占公司注册资本的比例达25%以上（含25%）的股份有限公司。凡其中港、澳、台商的股本占公司注册资本的比例小于25%的，属于内资企业中的股份有限公司。

（十三）中外合资经营企业，是指外国企业或外国人与中国内地企业依照《中华人民共和国外合资经营企业法》及有关法律的规定，按合同规定的比例投资设立、分享利润和分担风险的企业。

（十四）中外合作经营企业：是指外国企业或外国人与中国内地企业依照《中华人民共和国中外合作经营企业法》及有关法律的规定，依照合作合同的约定进行投资或提供条件设立、分配利润和分担风险的企业。

（十五）外资企业：是指依照《中华人民共和国外资企业法》及有关法律的规定，在中国内地由外国投资者全额投资设立的企业。

（十六）外商投资股份有限公司：是指根据国家有关规定，经外经贸部依法批准设立，其中外资的股本占公司注册资本的比例达25%以上（含25%）的股份有限公司。凡其中外资股本占公司注册资本的比例小于25%的，属于内部企业中的股份有限公司。

轻工业　指主要提供生活消费品和制作手工工具的工业。按其所使用的原料不同，可分为两大类：(1)以农产品为原料的轻工业，是指直接或间接以农产品为基本原料的轻工业。主要包括食品制造、饮料制造、烟草加工、纺织、缝纫、皮革和毛皮制作、造纸以及印刷等工业；(2)以非农产品为原料的轻工业，是指以工业品为原料的轻工业。主要包括文教体育用品、化学药品制造、合成纤维制造、日用化学制品、日用玻璃制品、日用金属制品、手工工具制造、医疗器械制造、文化和办公用机械制造等工业。

重工业　是指为国民经济各部门提供物质技术基础的主要生产资料的工业。按其生产性质和产品用途，可以分为下列三类：(1)采掘（伐）工业，是指对自然资源的开采，包括石油开采、煤炭开采、金属矿开采、非金属矿开采和木材采伐等工业；(2)原材料工业，指向国民经济各部门提供基本材料、动力和燃料的工业。包括金属冶炼及加工、炼焦及焦炭、化学、化工原料、水泥、人造板以及电力、石油和煤炭加工等工业；(3)加工工业，是指对工业原材料进行再加工制造的工业。包括装备国民经济各部门的机械设备制造工业、金属结构、水泥制品等工业，以及为农业提供的生产资料如化肥、农药等工业。

根据上述划分原则，修理业中以重工业产品为修理作业对象的划为重工业，反之划为轻工业。

工业总产值　是以货币表现的工业企业在一定时期内生产的已出售或可供出售工业产品总量，它反映一定时间内工业生产的总规模和总水平。它包括：在本企业内不再进行加工，经检验、包装入库（规定不需包装的产品除外）的成品价值，对外加工费收入，自制半成品、在产品期末初差额价值。工业总产值采用“工厂法”计算，即以工业企业作为一个整体，按企业工业生产活动的最终成果来计算，企业内部不允许重复计算，不能把企业内部各个车间（分厂）生产的成果相加。但在企业之间、行业之间、地区之间存在着重复计算。

轻重工业总产值的划分也是按“工厂法”计算的，即一个工业企业在正常情况下生产的主要产品的性质属于轻工业，则该企业的全部总产值作为轻工业总产值。如生产的主要产品的性质属于重工业，则该企业的全部总产值作为重工业总产值。

工业增加值　是指工业行业在报告期内以货币表现的工业生产活动的最终成果。

实收资本　指企业实际收到的投资人投入的资本。按投资主体可分为国家资本、集体资本、法人资本、个人资本、港澳台资本和外商资本等。

资产合计　指企业拥有或控制的能以货币计量的经济资源。包括各种财产、债权和其他权利。资产按其流动性划分为流动资产、长期投资、固定资产、无形及递延资产和其他资产。

(1)流动资产　指企业可以在一年内或者超过一年的一个生产周期内变现或耗用的资产合计。包括现金及各种存款、短期投资、应收及预付款项、存货等。

(2)固定资产　指企业固定资产净值、固定资产清理、在建工程、待处理固定资产损失所占用的资金合计。

(3)无形资产　指企业长期使用而没有实物形态的资产。包括专利权、非专利技术、商标权、著作权、土地使用权、商誉等。

负债合计　指企业承担的能以货币计量，将以资产或劳务偿付的债务。负债一般按偿还期长短分为流动负债和长期负债、递延税项等。

(1)流动负债　指企业在一年内或者超过一年的一个营业周期内需要偿还的债务合计，其中包括短期借款、应付及预收款项、应付工资、应交税金和应交利润等。

(2)长期负债　指企业在一年以上或者超过一年的一个营业周期以上需要偿还的债务合计，其中包括长期借款、应付债务、长期应付款项等。

所有者权益　指企业投资人对企业净资产的所有权。企业净资产等于企业全部资产减去全部负债后的余额，其中包括投资者对企业的最初投入，以及资本公积金、盈余公积金和未分配利润，对股份制企业即为股东权益。

固定资产原价　指企业在建造、购置、安装、改建、扩建、技术改造某项固定资产时所支出的全部货币总额。它一般包括买价、包装费、运杂费和安装费等。

固定资产净值 是指固定资产原价减去历年已提折旧额后的净额。

产品销售收入 指企业销售产品和提供劳务等主要经营业务取得的业务总额。

产品销售成本 指企业销售产品和提供劳务等主要经营业务的实际成本。

产品销售税金及附加 指企业销售产品和提供工业性劳务等主要经营业务应负担的城市维护建设税、消费税、资源税和教育费附加。

产品销售利润 指企业销售产品和提供工业性劳务等主要经营业务收入扣除其成本、费用、税金后的利润。

利润总额 指企业实现的利润。

应交增值税 指企业在报告期内应交纳的增值税额。

总资产贡献率 反映企业全部资产的获利能力，是企业经营业绩和管理水平的集中体现，是评价和考核企业盈利能力的核心指标。计算公式为：

总资产贡献率(%)＝(利润总额＋税金总额＋利息支出)／平均资产总额×100%

资产负债率 该指标既反映企业经营风险的大小，也反映企业利用债权人提供的资金从事经营活动的能力。计算公式为：

资产负债率(%)＝负债总额／资产总额×100%

工业成本费用利润率 指在一定时期内实现的利润与成本费用之比，是反映工业生产成本及费用投入的经济效益指标，同时也是反映降低成本的经济效益的指标。计算公式为：

工业成本费用利润率(%)＝利润总额／成本费用总额×100%

工业增加值率 指在一定时期内工业增加值占同期工业总产值的比重，反映降低中间消耗的经济效益。计算公式为：

工业增加值率(%)＝工业增加值(现价)／工业总产值(现价)×100%

流动资产周转次数 指在一定时期内流动资产完成的周转次数，反映流动资产的周转速度。计算公式为：

流动资金周转次数＝产品销售收入／全部流动资产平均余额

产品销售率 指报告期工业销售产值与同期全部工业总产值之比，是反映工业产品已实现销售的程度，分析工业产销衔接情况，研究工业产品满足社会需求程度的指标。计算公式为：

产品销售率(%)=工业销售产值／工业总产值(现价)×100%

全员劳动生产率 指根据产品的价值量指标计算的平均每一个从业人员在单位时间内的产品生产量。是考核企业经济活动的重要指标，是企业生产技术水平、经营管理水平、职工技术熟练程度和劳动积极性的综合表现。目前我国的全员劳动生产率是将工业企业的工业增加值除以同一时期全部从业人员的平均人数来计算的。计算公式为：

全员劳动生产率＝工业增加值／全部从业人员平均人数

利润总额=营业利润＋投资收益＋补贴收入＋营业外收入－营业外支出＋以前年度损益调整

利税总额 指企业产品销售税金及附加、利润总额和应交增值税之和。

资本金 指企业在工商行政管理部门登记的注册资金合计。企业资本金按投资主体可分为国家资本金、法人资本金、个人资本金和外商资本金等。资本金合计包括企业各种投资主体注册的全部资本金。

总资产 指企业拥有或控制的全部资产。包括流动资产、长期投资、固定资产、无形及递延资产、其他资产等，即为企业资产负债表的资产总计项。

13

建 筑 业

CONSTRUCTION

13-1 建筑业主要指标

MAIN INDICATORS OF CONSTRUCTION ENTERPRISES

指标	单位	2004年	2005年	2006年	2007年	2008年	2009年
汇总单位数	个	734	737	697	687	747	737
建筑业增加值	万元	1052982	1046082	1089797	1165283	1509502	1553274
建筑业总产值	万元	3823263	4626493	5059755	5869367	6687058	7800224
按隶属关系分							
中央属	万元	1365138	1902956	1933354	2425515	2791559	3473978
省　属	万元	438459	514123	821388	994161	795537	974431
市　属	万元	1025765	1107748	1060442	1074816	1118838	1349695
县及县以下	万元	376372	402738	453516	1374875	628573	680112
其　他	万元	617529	698928	791056	0	1352551	1322008
按工程性质分							
建筑工程	万元	3203131	3774209	4321313	4473078	4541550	5617047
安装工程	万元	477939	616229	574589	801842	1233279	2069364
其他产值	万元	142193	236055	163853	594447	912229	113812
竣工产值	万元	2068254	2633733	3046230	3313298	3703164	3473307
房屋施工面积	万平方米	3048	3298	3483	3809	4013	4373
#本年新开工	万平方米	1457	1586	1705	1688	1708	1740
房屋竣工面积	万平方米	1149	1400	1139	1590	1602	1417
#住　宅	万平方米	679	883	555	1142	920	758
从业人员年平均人数	万人	31.99	33.76	34.59	35.45	43.52	40.17
建筑业劳动生产率	元/人	119522	137051	146274	167237	176486	224262
自有机械设备总台数	台	57110	66031	73779	55749	54928	80816
自有机械设备总功率	万千瓦	102.13	117.00	91.21	156.65	122.45	127.08
自有机械设备净值	万元	241789	242884	176534	219353	229913	299349
所有者权益	万元	1027828	1197714	1177553	1364205	1622684	1680636
利润总额	万元	87839	107304	101848	149017	237782	266340
上缴税金	万元	114786	150025	168211	179384	237743	274807
工资总额	万元	479635	615148	641394	649615	800835	824305

注: 1. 建筑业劳动生产率按建筑业总产值计算。

2. 建筑业增加值2006年起采用以企业营业利润为主的收入法计算。

3. 建筑业汇总单位数为具有建筑业新资质的独立核算建筑业企业报送统计局数，下同。

13-2 分地区建筑业主要指标(2009年)

MAIN INDICATORS OF CONSTRUCTION ENTERPRISES BY REGION(2009)

指标	单位	全市	平阴县	济阳县	商河县	章丘市
汇总单位数（总承包与专业承包）	个	737	29	29	21	62
特级	个	7	0	0	0	0
一级	个	68	1	1	0	3
二级	个	252	4	6	4	15
三级	个	410	25	22	17	44
建筑业增加值	万元	1553274	18314	53085	31599	188239
建筑业总产值	万元	7800224	66643	180264	66121	644975
房屋和土木工程建筑业	万元	6459418	64686	157517	60966	548939
建筑安装业	万元	1063937	745	19447	4040	68934
建筑装饰业	万元	149987	1212	3300	1115	2377
其它建筑业	万元	126882	0	0	0	24725
竣工产值	万元	3473307	39554	101291	50599	416398
房屋施工面积	万平方米	4372.85	96.56	183.36	50.68	384.22
房屋竣工面积	万平方米	1416.88	41.22	104.92	27.38	166.69
#住宅	万平方米	758.22	8.83	53.33	16.06	94.01
从业人员年平均人数	万人	40.17	0.72	1.72	0.76	3.66
建筑业劳动生产率	元/人	224262	95504	104804	88527	179159
自有机械设备总台数	台	80816	1088	1631	5035	7248
自有机械设备总功率	万千瓦	127.08	1.88	2.42	6.41	4.16
自有机械设备净值	万元	299349	4328	15427	4051	21554
资产合计	万元	7453204	56746	102255	41585	240346
负债合计	万元	5772568	25351	55167	13173	132156
所有者权益	万元	1680636	31395	47089	28412	108190
利润总额	万元	266340	991	20357	13887	27738
上缴税金	万元	274807	1953	6622	2868	38133
工资总额	万元	824305	11252	25557	10936	71706

注：本表统计口径为具有建筑业资质等级的独立核算建筑业单位。

13－3 建筑业增加值构成(2009年)

VALUE ADDED OF CONSTRUCTION BY STRUCTURE(2009)

单位:万元

指 标	建筑业增加值	本年提取固定资产折旧	工程结算税金及附加	管理费中的税金	营业利润	劳动待业保险费	应付工资	应付福利费
总 计	1553274	81295	228274	7485	279744	59125	824305	73046
其中：国有及国有控股企业	711500	44829	120319	1911	82144	33046	388688	40563
按登记注册类型分组								
内资企业	1514185	79557	222165	7425	268217	58686	806107	72027
国有企业	327183	20293	57842	1342	31587	20603	179132	16384
集体企业	69211	4649	8072	513	11108	2433	37520	4916
股份合作企业	2598	67	202	10	969	15	1176	159
联营企业	1283	63	206	10	188	8	741	67
国有联营企业	42	3	0	0	–1	7	29	3
集体联营企业	882	28	70	1	212	0	520	52
其他联营企业	359	31	136	9	–23	0	193	12
有限责任公司	925650	43557	136787	3970	173162	33599	491093	43481
国有独资公司	23627	82	3165	19	1236	933	16242	1949
其他有限责任公司	902023	43475	133622	3950	171926	32667	474851	41532
股份有限公司	31360	1001	2980	305	10669	145	15458	802
私营企业	156253	9867	16042	1267	40514	1861	80565	6136
私营独资企业	8036	189	556	110	4112	5	2883	182
私营合伙企业	406	27	24	2	49	14	278	12
私营有限责任公司	140053	9183	14752	1103	34763	1787	72816	5647
私营股份有限公司	7758	468	710	52	1590	55	4588	295
其他企业	649	61	35	8	20	22	422	81
港、澳、台商投资企业	2058	128	388	23	410	55	1003	51
合资经营企业（港或澳、台资）	1980	109	385	20	381	54	981	51
港、澳、台商独资经营企业	78	19	3	3	29	1	22	0
外商投资企业	37030	1610	5721	37	11116	384	17195	968
中外合资经营企业	31236	976	5542	33	8150	137	15565	833
外资企业	5795	634	179	4	2967	247	1629	135
按国民经济行业分组								
房屋和土木工程建筑业	1245172	59611	189119	5475	236945	41639	656121	56262
建筑安装业	229084	14363	28216	1301	23129	15847	131731	14498
建筑装饰业	48900	4628	6300	493	14619	465	21035	1360
其它建筑业	30117	2693	4640	217	5051	1173	15417	926
按隶属关系分组								
中 央	521982	35814	95642	1073	52369	27030	278682	31372
省	144287	9351	20378	759	40676	3222	65149	4752
市	338250	9037	43300	1178	51814	13940	205593	13388
县（区、市）及其他	548755	27094	68954	4474	134885	14933	274880	23534
按企业资质等级分组								
施工总承包	1313890	59967	203058	5716	219049	53773	708982	63346
特 级	291459	14767	44067	264	37754	14869	169531	10208
一 级	729152	32116	124985	2276	119018	31628	380896	38234
二 级	160930	7313	21357	1549	31032	4531	86670	8478
三级及以下	132350	5772	12649	1628	31245	2746	71885	6426
专业承包	239383	21328	25217	1769	60694	5352	115323	9700
一 级	67777	5910	8385	315	13425	1709	35139	2894
二 级	97763	7422	10232	703	28421	1951	45362	3674
三级及以下	73843	7996	6600	751	18848	1693	34821	3133

13－4 建筑业施工产值构成(2009年)

OUTPUT VALUE OF CONSTRUCTION BY STRUCTURE(2009)

单位:万元

指　　标	建筑业总产值				竣工产值
		建筑工程	安装工程	其他产值	
总　计	7800224	5617047	2069364	113812	3473307
其中：国有及国有控股企业	4425827	3016175	1358233	51419	1288482
按登记注册类型分组					
内资企业	7544079	5594728	1836321	113030	3469131
国有企业	2068656	1541812	481015	45829	914825
集体企业	238598	207239	29769	1590	122084
股份合作企业	5214	4460	754	0	1914
联营企业	5493	1705	1296	2492	2796
国有联营企业	5	5	0	0	0
集体联营企业	2200	1700	500	0	2000
其他联营企业	3288	0	796	2492	796
有限责任公司	4620764	3396882	1193337	30544	1993191
国有独资公司	105066	105066	0	0	67708
其他有限责任公司	4515698	3291816	1193337	30544	1925483
股份有限公司	99937	81464	12007	6466	79382
私营企业	504292	360857	118142	25293	353943
私营独资企业	20385	20098	4	283	11318
私营合伙企业	1513	1020	0	493	1020
私营有限责任公司	465437	323934	117078	24425	284649
私营股份有限公司	16957	15805	1060	92	56956
其它企业	1127	310	0	816	997
港、澳、台商投资企业	20430	20345	85	0	85
合资经营企业（港或澳、台资）	20345	20345	0	0	0
港、澳、台商独资经营企业	85	0	85	0	85
外商投资企业	235715	1974	232958	782	4091
中外合资经营企业	226149	1974	223393	782	293
外资企业	9566	0	9566	0	3798
按国民经济行业分组					
房屋和土木工程建筑业	6459418	5073009	1352575	33834	2742870
建筑安装业	1063937	401236	651725	10976	596051
建筑装饰业	149987	78489	47286	24212	57770
其它建筑业	126882	64313	17778	44790	76616
按隶属关系分组					
中　央	3473978	2135144	1299995	38839	895143
省	974431	767975	181609	24847	648650
市	1349695	1282272	63291	4132	880096
县（区、市）及其他	2002119	1431656	524469	45994	1049418
按企业资质等级分组					
施工总承包	6984845	5221157	1734340	29348	3092340
特　级	1803668	795066	1008602	0	226799
一　级	4147102	3476787	653792	16522	2225471
二　级	671818	627125	37680	7013	414863
三级及以下	362257	322179	34265	5813	225206
专业承包	815379	395891	335024	84464	380968
一　级	286340	102021	132695	51623	77820
二　级	299519	165852	119446	14221	123986
三级及以下	2295205	1280171	828836	186198	1791619

13-5 建筑施工企业设备

POWER OF MACHINERY AND MAIN ECONOMIC

指　　标	企业个数（个）	年末从业人员（万人）	增加值(万元)	自有机械设备净值（万元）	自有机械设备总台数(台)	自有机械设备总功率(千瓦)
总　计	737	35.26	1553274	299349	80816	1270841
其中：国有及国有控股企业	106	13.75	711500	164198	39522	611575
按登记注册类型分组						
内资企业	721	33.58	1514185	298737	80583	1260998
国有企业	77	6.34	327183	113569	35941	433795
集体企业	65	1.92	69211	16963	4702	41943
股份合作企业	5	0.05	2598	145	130	170
联营企业	4	0.06	1283	267	68	1960
国有联营企业	1	0.00	42	0	0	0
集体联营企业	1	0.04	882	200	60	1400
其他联营企业	2	0.02	359	67	8	560
有限责任公司	226	20.20	925650	135910	31675	629116
国有独资公司	1	0.73	23627	529	21	1944
其他有限责任公司	225	19.47	902023	135380	31654	627172
股份有限公司	24	0.90	31360	8385	1173	27173
私营企业	317	4.11	156253	23044	6820	126555
私营独资企业	12	0.17	8036	787	67	1345
私营合伙企业	2	0.01	406	96	25	400
私营有限责任公司	291	3.73	140053	19318	6250	120794
私营股份有限公司	12	0.19	7758	2843	478	4016
其他企业	3	0.01	649	455	74	286
港、澳、台商投资企业	6	0.04	2058	123	62	4380
合资经营企业（港或澳、台资）	4	0.04	1980	123	62	4380
港、澳、台商独资经营企业	2	0.00	78	0	0	0
外商投资企业	10	1.64	37030	489	171	5463
中外合资经营企业	8	1.62	31236	452	107	5369
外资企业	2	0.03	5795	38	64	94
按国民经济行业分组						
房屋和土木工程建筑业	319	29.36	1245172	228680	64463	953271
建筑安装业	188	4.28	229084	55092	13569	215526
建筑装饰业	178	1.19	48900	3263	1671	55111
其它建筑业	52	0.43	30117	12314	1113	46933
按隶属关系分组						
中　央	31	10.50	521982	120310	9851	436221
省	76	2.00	144287	64241	9868	185019
市	70	7.84	338250	37732	30499	183448
县（区、市）及其他	560	5.17	548755	77067	30598	466153
按企业资质等级分组						
施工总承包	287	30.30	1313890	259535	68349	1049587
特　级	7	8.31	291459	47020	3903	265113
一　级	40	14.34	729152	158836	24233	548320
二　级	86	3.53	160930	29582	32421	141054
三级及以下	154	4.12	132350	24096	7792	95100
专业承包	450	4.96	239383	39815	12467	221254
一级	28	1.34	67777	17768	2021	78330
二级	166	2.03	97763	9889	4057	86193
三级及以下	256	1.59	73843	12158	6389	56731

及主要经济效益指标 (2009年)

INDICATORS OF CONSTRUCTION(2009)

技术装备率 (元/人)	动力装备率 (千瓦/人)	房屋建筑面积 竣工率 (%)	产值利润率 (%)	产值利税率 (%)	全员劳动生产率 (元/人)	计算劳动生产率 平均人数 (万人)
8489.4	3.6	32.40	3.41	6.44	224263	34.78
11941.7	4.4	16.35	1.89	4.65	326179	13.57
8896.7	3.8	32.40	3.38	6.42	225039	33.52
17915.1	6.8	17.03	1.51	4.38	317351	6.52
8853.5	2.2	33.73	4.54	8.14	117236	2.04
3193.8	0.4	33.81	18.58	22.64	109544	0.05
4257.2	3.1	77.50	3.43	7.36	85157	0.06
0.0	0.0		-12.50	-10.42	3200	0.00
4545.5	3.2	77.50	9.62	12.84	47826	0.05
3888.9	3.3		-0.69	3.72	193400	0.02
6729.0	3.1	34.34	3.52	6.56	236842	19.51
725.1	0.3	18.55	1.18	4.21	171901	0.61
6954.1	3.2	35.48	3.57	6.62	238942	18.90
9269.0	3.0	50.69	10.67	13.95	94253	1.06
5612.6	3.1	51.86	7.60	11.03	117814	4.28
4527.9	0.8	59.96	19.97	23.24	117832	0.17
7892.6	3.3		0.62	2.33	85989	0.02
5174.1	3.2	54.57	7.01	10.42	119705	3.89
15275.7	2.2	8.77	9.34	13.83	84112	0.20
64928.6	4.1		1.79	5.60	160929	0.01
3181.3	11.3		2.27	4.28	622866	0.03
3292.2	11.7		2.13	4.12	635781	0.03
0.0	0.0		34.59	42.12	106250	0.00
297.6	0.3		4.69	7.13	192357	1.23
279.4	0.3		3.60	6.07	186407	1.21
1373.6	0.3		30.41	32.33	784066	0.01
7788.3	3.2	31.82	3.44	6.46	224664	28.75
12878.7	5.0	51.92	2.34	5.11	242184	4.39
2739.3	4.6		9.21	13.74	126497	1.19
28591.6	10.9	37.98	4.12	7.95	281084	0.45
11453.9	4.2	14.07	1.58	4.37	347617	9.99
32141.5	9.3	7.13	4.01	6.18	486292	2.00
4812.9	2.3	42.69	3.90	7.20	168245	8.02
14899.3	9.0	34.37	5.98	9.64	384055	5.21
8566.2	3.5	31.93	2.93	5.91	234220	29.82
5659.3	3.2	100.00	2.13	4.59	248029	7.27
11078.0	3.8	19.67	2.59	5.66	288245	14.39
8369.0	4.0	34.63	4.26	7.67	168043	4.00
5853.7	2.3	35.16	8.23	12.17	86989	4.16
8020.5	4.5	49.86	7.60	10.91	164394	4.96
13225.8	5.8	81.50	4.51	7.55	223511	1.28
4870.7	4.2	39.52	10.07	13.72	146457	2.05
7644.7	3.6	50.87	0.83	1.15	1404912	1.63

13-6 建筑企业

ASSETS OF CONSTRUCTION

指 标	资本金合计	国家资本金	流动资产合计	存 货	固定资产合计
总 计	1235156	464551	5987570	1530118	785550
其中：国有及国有控股企业	478407	464022	3182252	772286	355278
按登记注册类型分组					
内资企业	1190568	464551	5773540	1500293	775356
国有企业	226931	223746	1491577	345100	203331
集体企业	51300	0	175279	63022	41305
股份合作企业	3454	0	4426	1835	1768
联营企业	1766	750	6562	3231	1830
国有联营企业	750	750	591	0	0
集体联营企业	503	0	2500	2200	700
其他联营企业	513	0	3472	1031	1129
有限责任公司	665463	236821	3641277	941049	390564
国有独资公司	10000	10000	90134	1978	1025
其他有限责任公司	655463	226821	3551144	939071	389539
股份有限公司	38577	3233	82772	52784	18329
私营企业	201277	0	369008	92705	117146
私营独资企业	7056	0	6324	1231	7132
私营合伙企业	1108	0	1764	899	131
私营有限责任公司	188643	0	351882	86781	106150
私营股份有限公司	4470	0	9038	3794	3733
其它企业	1800	0	2639	569	1083
港、澳、台商投资企业	3569	0	8543	509	653
合资经营企业（港或澳、台资）	3061	0	8144	454	431
港、澳、台商独资经营企业	508	0	399	55	222
外商投资企业	41020	0	205488	29316	9541
中外合资经营企业	37503	0	196921	26065	9169
外资企业	3517	0	8567	3251	372
按国民经济行业分组					
房屋和土木工程建筑业	900165	372658	4964861	1236479	558416
建筑安装业	232382	78746	831573	251362	162987
建筑装饰业	69433	4661	122883	30986	37998
其它建筑业	33176	8485	68254	11292	26149
按隶属关系分组					
中 央	329531	308156	2307673	704573	253529
省	202979	77505	767317	220404	110900
市	161542	57698	1356708	125435	126168
县（区、市）及其他	541105	21191	1555872	479707	294953
按企业资质等级分组					
施工总承包	890310	403649	4902951	1272951	588049
特 级	284898	213817	1692315	316177	146806
一 级	312978	148130	2576490	790599	259660
二 级	175172	31767	419422	112149	94603
三级及以下	117262	9934	214725	54027	86981
专业承包	344846	60902	1084619	257167	197500
一 级	49351	19070	190890	32959	31185
二 级	161219	35500	517302	136899	83134
三级及以下	134277	6332	376428	87309	83181

资 产 实 力 (2009年)

ENTERPRISES(2009)

单位:万元

固定资产原值	生产经营用	无形及递延资产	其它资产	流动负债	长期负债	负债合计	所有者权益
1129518	891225	248142	37461	5398104	374463	5772568	1680636
532979	456319	83553	19651	3052452	176511	3228963	652685
1113282	879717	248087	37303	5280340	281664	5562005	1631462
314070	282193	41461	11801	1484249	31543	1515792	290165
41410	26665	9217	233	155792	2128	157920	71215
1968	578	45	15	3038	0	3038	3448
2007	1607	0	0	5370	300	5670	2743
3	3	0	0	84	0	84	528
850	510	0	0	1200	300	1500	1700
1154	1094	0	0	4086	0	4086	515
581109	462668	176992	19770	3296041	224618	3520658	975312
2051	2051	38	133	69971	0	69971	22530
579058	460617	176954	19637	3226069	224618	3450687	952782
24478	15293	2320	1370	69844	990	70835	42606
146798	90291	18040	4114	264828	21486	286314	243938
6950	4850	0	150	4978	610	5587	8034
311	311	4	0	1273	0	1273	825
134756	82417	18037	3965	251902	19869	271771	229890
4780	2713	0	0	6676	1007	7683	5189
1441	423	11	0	1178	600	1778	2036
1438	678	0	0	5215	0	5215	3994
1234	659	0	0	5108	0	5108	3479
204	18	0	0	107	0	107	514
14799	10830	55	158	112550	92799	205349	45181
13288	9629	2	158	105944	90068	196012	45525
1511	1201	54	0	6606	2731	9337	-344
804906	663335	211215	31218	4493284	362028	4855313	1239154
234076	172611	14587	3523	739842	9961	749803	313446
46976	30041	13559	2514	97584	2022	99605	87012
43561	25238	8780	206	67394	453	67848	41023
394065	358798	48730	8542	2210803	158534	2369337	440829
202867	173987	94151	14328	696085	72130	768215	273543
172772	116796	59425	7502	1303102	15873	1318975	258167
359815	241644	45836	7089	1188114	127927	1316041	708098
864203	726510	208625	32521	4501693	334847	4836540	1212425
212878	200196	35481	4085	1495076	225210	1720286	378517
460650	385727	153514	25070	2526948	95185	2622133	463830
110866	85579	11477	1453	315188	11141	326329	218621
79809	55007	8154	1913	164481	3311	167792	151457
265316	164715	39517	4940	896412	39616	936028	468211
48902	40779	13520	1159	177729	10024	187753	63733
109539	55697	17538	2809	422745	14480	437225	230078
106875	68238	8459	972	295937	15112	311049	174400

13-7 建筑企业损益及分配(2009年)

PROFIT LOSS AND DISTRIBUTION OF CONSTRUCTION ENTETPTISES(2009)　　单位:万元

指　　标	工程结算收入	营业利润	利润总额	利税总额	本年应付工资	本年应付福利费
总　计	7791258	279744	266340	502100	824305	73046
其中：国有及国有控股企业	3959758	82144	83495	205725	388688	40563
按登记注册类型分组						
内资企业	7560732	268217	254820	484410	806107	72027
国有企业	1893996	31587	31323	90507	179132	16384
集体企业	207021	11108	10834	19419	37520	4916
股份合作企业	6371	969	969	1180	1176	159
联营企业	6607	188	188	404	741	67
国有联营企业	5	-1	-1	-1	29	3
集体联营企业	2100	212	212	282	520	52
其他联营企业	4502	-23	-23	122	193	12
有限责任公司	4850145	173162	162510	303267	491093	43481
国有独资公司	95052	1236	1236	4420	16242	1949
其他有限责任公司	4755093	171926	161274	298846	474851	41532
股份有限公司	85852	10669	10661	13946	15458	802
私营企业	509683	40514	38315	55624	80565	6136
私营独资企业	20466	4112	4071	4737	2883	182
私营合伙企业	1411	49	9	35	278	12
私营有限责任公司	466832	34763	32650	48506	72816	5647
私营股份有限公司	20975	1590	1584	2346	4588	295
其他企业	1057	20	20	63	422	81
港、澳、台商投资企业	12720	410	464	875	1003	51
合资经营企业（港或澳、台资）	12635	381	434	839	981	51
港、澳、台商独资经营企业	85	29	29	36	22	0
外商投资企业	217806	11116	11056	16814	17195	968
中外合资经营企业	205246	8150	8147	13722	15565	833
外资企业	12560	2967	2909	3092	1629	135
按国民经济行业分组						
房屋和土木工程建筑业	6479421	236945	222413	417007	656121	56262
建筑安装业	991019	23129	24880	54397	131731	14498
建筑装饰业	181500	14619	13818	20610	21035	1360
其它建筑业	139318	5051	5229	10086	15417	926
按隶属关系分组						
中　央	3226203	52369	54933	151648	278682	31372
省	828124	40676	39103	60240	65149	4752
市	1280376	51814	52674	97153	205593	13388
县（区、市）及其他	2456556	134885	119630	193058	274880	23534
按企业资质等级分组						
施工总承包	6933033	219049	204333	413106	708982	63346
特　级	1519479	37754	38507	82838	169531	10208
一　级	4447184	119018	107365	234625	380896	38234
二　级	621563	31032	28651	51557	86670	8478
三级及以下	344808	31245	29810	44087	71885	6426
专业承包	858225	60694	62008	88993	115323	9700
一　级	276910	13425	12916	21615	35139	2894
二　级	338261	28421	30155	41089	45362	3674
三级及以下	243054	18848	18937	26289	34821	3133

13－8 施工工程个数及施工面积(2009年)

NUMBER OF PROJECTS AND SPACE UNDER CONSTRUCTION(2009)

指　　标	房屋建筑施工面积(万平方米)	房屋建筑竣工面积(万平方米)	住宅(万平方米)	房屋建筑竣工造价(万元)
总　计	4372.85	1416.88	758.22	1364709
其中：国有及国有控股企业	2146.41	351.00	188.08	486384
按登记注册类型分组				
内资企业	4372.85	1416.88	758.22	1364709
国有企业	881.03	150.06	87.02	218619
集体企业	194.77	65.69	36.20	59313
股份合作企业	6.95	2.35	0.00	860
联营企业	4.00	3.10	1.30	2000
国有联营企业	4.00	3.10	1.30	2000
集体联营企业				
其他联营企业	0.00	0.00	0.00	0
有限责任公司	2894.28	993.84	536.93	898200
国有独资公司	194.56	36.08	24.23	40738
其他有限责任公司	2699.72	957.75	512.70	857462
股份有限公司	116.08	58.84	29.59	50638
私营企业	275.74	143.01	67.18	135080
私营独资企业	18.48	11.08	0.15	9497
私营有限责任公司	238.79	130.31	66.49	123650
私营股份有限公司	18.47	1.62	0.53	1933
按国民经济行业分组				
房屋和土木工程建筑业	4243.41	1350.06	746.55	1253361
建筑安装业	126.70	65.79	11.66	109600
建筑装饰业	0.00	0.00	0.00	0
其它建筑业	2.74	1.04	0.00	1748
按隶属关系分组				
中　央	1275.77	179.56	87.18	278066
省	151.99	10.83	3.61	15137
市	1635.89	698.43	390.48	530882
县（区、市）及其他	1309.19	528.06	276.94	540624
按企业资质等级分组				
施工总承包	4257.57	1359.40	737.71	1321540
特　级	479.53	479.53	238.31	226799
一　级	2878.53	566.16	325.75	776727
二　级	480.88	166.52	88.21	186059
三级及以下	418.64	147.21	85.44	131955
专业承包	115.27	57.48	20.51	43169
一　级	19.20	15.65	0.00	8437
二　级	62.05	24.52	8.20	18052
三级及以下	34.02	17.31	12.30	16680

13-9 济南市建筑业一级资质企业一览表(2009年)

SUMMARY OF CONSTRUCTION ENTERPRISES WITH GRADE Ⅰ QUALIFICATION(2009)

企 业 名 称	经 济 类 型	隶 属 关 系	所 属 行 业
中国建筑第八工程局第一建筑公司	国有	中央	房屋工程建筑
中国建筑第八工程局第二建筑公司	其他有限责任公司	中央	房屋工程建筑
中铁十局集团建筑工程有限公司	其他有限责任公司	中央	房屋工程建筑
山东城建工程有限公司	股份有限公司	省	房屋工程建筑
齐鲁建设集团公司	国有	省	房屋工程建筑
山东普利建筑工程有限公司	其他有限责任公司	省	房屋工程建筑
济南自强建筑劳务有限公司	股份有限公司	地（区、市）	房屋工程建筑
济南一建集团总公司	国有	地（区、市）	房屋工程建筑
山东三箭建设工程股份有限公司	国有独资公司	地（区、市）	房屋工程建筑
山东省建设建工集团有限责任公司	其他有限责任公司	地（区、市）	房屋工程建筑
济南长兴建设集团有限公司	其他有限责任公司	地（区、市）	房屋工程建筑
济南二建集团工程有限公司	其他有限责任公司	地（区、市）	房屋工程建筑
济南建工总承包集团公司	其他有限责任公司	地（区、市）	房屋工程建筑
济南四建集团有限责任公司	其他有限责任公司	地（区、市）	房屋工程建筑
济南长箭建设集团有限公司	股份有限公司	县	房屋工程建筑
章丘市第二建筑安装(集团)有限责任公司	其他有限责任公司	县	房屋工程建筑
山东平安建设集团有限公司	其他有限责任公司	县	房屋工程建筑
山东港基建设集团有限公司	其他有限责任公司	县	房屋工程建筑
济南长箭建设劳务有限公司	其他有限责任公司	县	房屋工程建筑
济南长泰建设集团有限公司	股份有限公司	其他	房屋工程建筑
济南英雄山建筑劳务有限公司	股份有限公司	其他	房屋工程建筑
福建省永泰建筑工程公司济南分公司	其他有限责任公司	其他	房屋工程建筑
济南鑫源建筑有限责任公司	其他有限责任公司	其他	房屋工程建筑
济南建华建筑施工有限公司	其他有限责任公司	其他	房屋工程建筑
济南舜联建设集团有限公司	私营有限责任公司	其他	房屋工程建筑
山东中恒建设集团有限公司	私营有限责任公司	其他	房屋工程建筑
济南坤华建筑有限公司	私营有限责任公司	其他	房屋工程建筑
济南勇拓建筑劳务有限公司	私营有限责任公司	其他	房屋工程建筑
济南中海建筑劳务有限公司	私营有限责任公司	其他	房屋工程建筑
中铁十四局集团第四工程有限公司	国有	中央	铁路、道路、隧道和桥梁工程建筑
中铁十四局集团有限公司	其他有限责任公司	中央	铁路、道路、隧道和桥梁工程建筑
中铁十局集团有限公司	其他有限责任公司	中央	铁路、道路、隧道和桥梁工程建筑

13-9续1

企业名称	经济类型	隶属关系	所属行业
中铁十局济南铁路工程有限公司	其他有限责任公司	中央	铁路、道路、隧道和桥梁工程建筑
济南汇通联合市政工程有限责任公司	其他有限责任公司	中央	铁路、道路、隧道和桥梁工程建筑
济南城建工程公司	国有	地（区、市）	铁路、道路、隧道和桥梁工程建筑
济南金曰公路工程有限公司	其他有限责任公司	地（区、市）	铁路、道路、隧道和桥梁工程建筑
山东琴通路桥集团有限公司	其他有限责任公司	地（区、市）	铁路、道路、隧道和桥梁工程建筑
山东省公路建设(集团)有限公司	是外合资经营	其他	铁路、道路、隧道和桥梁工程建筑
山东黄河工程局	国有	中央	水利和港口工程建筑
济南市黄河工程局	国有	中央	水利和港口工程建筑
山东水利工程总公司	国有	省	水利和港口工程建筑
山东省水利工程局	国有	省	水利和港口工程建筑
济钢集团山东建设工程有限公司	国有	省	工矿工程建筑
济南三林建安建筑劳务有限公司	私营有限责任公司	其他	工矿工程建筑
山东送变电工程公司	其他有限责任公司	中央	架线和管道工程建筑
中铁十局集团电务工程有限公司	其他有限责任公司	中央	架线和管道工程建筑
山东省路桥集团有限公司	其他有限责任公司	省	架线和管道工程建筑
济南金鼎电力安装有限公司	其他有限责任公司	县	架线和管道工程建筑
山东邮电工程有限公司	其他有限责任公司	其他	架线和管道工程建筑
山东电力建设第一工程公司	国有	中央	建筑安装业
山东电力建设第二工程公司	国有	中央	建筑安装业
山东移动通信工程处	国有	中央	建筑安装业
中铁十四局集团电务工程有限公司	其他有限责任公司	中央	建筑安装业
山东省华泰消防安全工程中心	国有	省	建筑安装业
山东省工业设备安装总公司	国有	省	建筑安装业
山东电建建设集团有限公司	其他有限责任公司	省	建筑安装业
山东省邮电工程有限公司济南分公司	其他有限责任公司	省	建筑安装业
济南消防工程有限公司	其他有限责任公司	地（区、市）	建筑安装业
济南建设设备安装有限责任公司	其他有限责任公司	地（区、市）	建筑安装业
济南港基泰和劳务工程有限公司	股份有限公司	县	建筑安装业
山东国舜建设集团有限公司	其他有限责任公司	县	建筑安装业
济南永辰工程劳务有限公司	其他有限责任公司	县	建筑安装业
济南汇富建筑劳务有限公司	其他有限责任公司	县	建筑安装业
济南胜杰建设劳务有限公司	其他有限责任公司	县	建筑安装业

13-9续2

企业名称	经济类型	隶属关系	所属行业
济南福源劳务有限公司	其他有限责任公司	县	建筑安装业
山东龙奥建筑安装工程有限公司	其他有限责任公司	其他	建筑安装业
济南平安建筑集团劳务有限公司	其他有限责任公司	其他	建筑安装业
山东众海公共安全器材有限公司	私营有限责任公司	其他	建筑安装业
济南盛顺装饰有限责任公司	私营有限责任公司	其他	建筑安装业
山东万斯达集团有限公司	私营有限责任公司	其他	建筑安装业
山东华森建筑消防项目咨询管理有限公司	私营有限责任公司	其他	建筑安装业
山东宏雁电子系统工程有限公司	私营有限责任公司	其他	建筑安装业
山东优士科技发展有限公司	私营有限责任公司	其他	建筑安装业
济南建功建筑劳务有限公司	私营有限责任公司	其他	建筑安装业
济南龙箭建筑劳务有限公司	私营有限责任公司	其他	建筑安装业
济南宏铁建筑装饰工程有限公司	国有	中央	建筑装饰业
山东省装饰集团总公司	国有	省	建筑装饰业
山东省齐鲁装饰设计院	其他联营	省	建筑装饰业
山东剑桥装饰工程有限公司	与港澳台商合资经营	省	建筑装饰业
山东省宏原消防工程有限公司	是外合资经营	其他	建筑装饰业
山东省永隆装饰工程有限公司	私营有限责任公司	其他	建筑装饰业
山东德泰装饰有限公司	私营有限责任公司	其他	建筑装饰业
济南一家人装饰工程有限公司	私营有限责任公司	其他	建筑装饰业
山东省鲁美建材装饰有限公司	私营有限责任公司	其他	建筑装饰业
山东省鸿鑫工程有限公司	私营有限责任公司	其他	建筑装饰业
山东福缘来装饰有限公司	私营有限责任公司	其他	建筑装饰业
山东福斯特建筑装饰有限公司	私营有限责任公司	其他	建筑装饰业
山东津单幕墙有限公司	私营有限责任公司	其他	建筑装饰业
山东海威装饰工程有限公司	私营有限责任公司	其他	建筑装饰业
山东万得福装饰工程有限公司	与港澳台商合资经营	其他	建筑装饰业
山东正元建设工程有限责任公司	国有	中央	工程准备
山东省城乡建设勘察院	国有	省	工程准备
山东省机械施工公司	其他有限责任公司	地（区、市）	工程准备
济南诚谊建筑劳务有限公司	其他有限责任公司	其他	其他未列明的建筑活动
济南民惠劳务有限公司	其他有限责任公司	其他	其他未列明的建筑活动
济南聚诚建筑劳务有限公司	私营有限责任公司	其他	其他未列明的建筑活动
济南祥瑞建筑安装有限责任公司	私营有限责任公司	其他	其他未列明的建筑活动

主要统计指标解释

EXPLANATORY NOTES ON MAIN STATISTICAL INDICATORS

建筑业统计单位 指从事房屋、构筑物建造和设备安装活动的法人企业。建筑业法人企业应同时具备的条件是：①依法成立，有自己的名称、组织机构和场所，能够承担民事责任；②独立拥有和使用资产，承担负债，有权与其他单位签订合同；③独立核算盈亏，能够编制资产负债表。

建筑业总产值(即自行完成施工产值) 是以货币表现的建筑安装企业在一定时期内生产的建筑业产品的总和。建筑业总产值包括：

⑴建筑工程产值：指列入建筑工程预算内的各种工程价值。

⑵设备安装工程产值：指设备安装工程价值，不包括被安装设备本身价值。

⑶房屋、构筑物修理产值：指房屋、构筑物修理所完成的价值，但不包括被修理房屋、构筑物本身的价值和生产设备的修理价值。

⑷非标准设备制造产值：指加工制造没有定型的、非标准的生产设备的加工费和原材料价值，以及附属加工厂为本企业承建工程制作的非标准设备的价值。

建筑业增加值 指建筑业企业在报告期内以货币表现的建筑业生产经营活动的最终成果。目前建筑业增加值采用分配法(收入法)计算，即从收入的角度出发，根据生产要素在生产过程中应得的收入份额计算。具体计算公式为：

建筑业增加值＝本年提取的固定资产折旧+应付工资+应付福利费+管理费用中的劳动待业保险金、税金+工程结算税金及附加+工程结算利润

房屋建筑施工面积 指在报告期内施工的全部房屋建筑面积，包括本期新开工的房屋面积、上期施工跨入本期继续施工的房屋面积、上期停缓建在本期恢复施工的房屋面积、本期竣工的房屋面积及本期施工后又停缓建的房屋面积。

房屋建筑竣工面积 指在报告期内房屋建筑按照设计要求全部完工，达到了住人和使用条件，经验收鉴定合格，正式移交使用单位的房屋建筑面积。

自有机械设备年末总台数 指归本企业所有，属于本企业固定资产的生产性机械设备年末总台数。包括施工机械、生产设备、运输设备以及其他设备。

自有机械设备年末总功率 指本企业自有施工机械、生产设备、运输设备以及其他设备等列为在册固定资产的生产性机械设备年末总功率，按设定能力或查定能力计算。包括机械本身的动力和为该机械服务的单独动力设备，如电动机等。计算单位用千瓦，动力换算可按1马力＝0.735千瓦折合成千瓦数。电焊机、变压器、锅炉不计算动力。

工程结算收入 指企业承包工程实现的工程价款结算收入，以及向发包单位收取的除工程价款以外的按规定列作营业收入的各种款项，如临时设施费、劳动保险费、施工机械调迁费等以及向发包单位收取的各种索赔款。

工程结算利润 指已结算工程实现的利润，如亏损以“-”号表示。计算公式为：

工程结算利润＝工程结算收入－工程结算成本－工程结算税金及附加

企业总收入 指与企业生产经营直接有关的各项收入，包括工程结算收入和其他业务收入。计算公式为：

企业总收入＝工程结算收入＋其他业务收入

14

运输与邮电

TRANSPORTATION POST AND TELECOMMUNICATION SERVICES

14-1 邮电业务量

POSTAL AND TELECOMMUNICATIONS SERVICES

指标	单位	2004年	2005年	2006年	2007年	2008年	2009年
国内分类业务量							
长途电话	万次	18775	14305	50725	87188	89052	92892
年末市内电话	万户	203.90	206.30	194.00	194.90	189.70	175
本地网电话通话量	万次	521447	407961	505252	494268	504981	575369
年末农村电话	万户	48.20	52.60	49.90	48.30	44.30	62.00
年末住宅电话	万户	187.73	189.80	191.00	187.30	156.90	138
年末移动电话用户	万户	232.8	239.0	346.0	407.8	505.5	582.1
宽带网及互联网拨号注册电话	户	828000	743435	762576	826231	886818	1009065
每百人互联网用户数	户/百人	14.03	12.44	12.64	13.66	14.69	16.73
邮电局所	处	206	211	223	227	222	208
国际及港澳分类业务量							
函　件	万件	9.20	8.00	5.70	6.40	10.40	7.20
包　件	万件	0.80	1.00	0.86	1.10	1.10	1.20
特快专递	万件	1.60	2.00	2.10	3.70	7.40	15.40
国际电话	万次	45.87	33.00	78.00	74.20	92.60	95.30
港澳电话	万次	17.93	13.00	28.00	35.80	30.4	31.20
电话交换机总容量	万门	235.30	253.95	253.80	224.50	238.6	237.2

注：1. 宽带网及互联网拨号注册电话指标1995、1999、2000、2001年数字指互联网拨号注册电话数。
2. 本表1996年及以后年份数字含邮政、电信系统外无线通讯业务量。
3. 邮电局部分业务量指标统计口径调整幅度较大。
4. 因电信资费计算方法调整，2001年份以后通话量指标次数计算变化较大。

14-2 邮电业务收入

POST AND TELECOMMUNICATIONS SERVICES INCOMES

单位：万元

指标	2004年	2005年	2006年	2007年	2008年	2009年
总　计	529861	518174	493722	526501	537551	566345
长途电信收入	48314	51516	54070	57543	120965	124616
国内长途电话	46562	49429	51668	54807	115213	119127
国际及港澳电话	1701	2030	2324	2655	5194	4967
国内国际电报	51	57	78	81	558	522
市内电信收入	242166	270381	271936	298862	242910	230379
市内电话	122694	85996	126481	130432	111737	80214
移动电话	103138	179488	144848	168064	128196	147244
其　他	16334	4897	607	366	2977	2921
数据通讯收入	38344	22638	39923	69878	72971	96341
其　他	152551	120304	69538	35992	55209	64382

注：2008邮政收入不包含邮政储蓄收入。

14-3 邮电通信设备拥有量

TELECOMMUNICATIONS FACILITIES

年 份	交换机总容量(万门)	市 话	农 话	电话机(万部)	市 话	农 话
1978				2.68	2.27	0.41
1980				3.56	3.10	0.46
1981				3.69	3.22	0.47
1982				3.95	3.48	0.47
1983				4.57	4.08	0.49
1984	3.31	2.46	0.85	4.98	4.48	0.50
1985	3.75	2.82	0.93	6.16	5.65	0.51
1986	4.50	3.48	1.02	6.56	5.99	0.57
1987	5.57	4.46	1.11	7.60	7.00	0.60
1988	6.04	4.55	1.49	8.65	8.02	0.63
1989	6.08	4.56	1.52	8.97	8.31	0.66
1990	6.35	4.95	1.40	9.87	9.12	0.75
1991	9.37	7.88	1.49	10.48	9.64	0.84
1992	13.69	12.02	1.67	14.03	13.25	0.78
1993	18.36	15.27	3.09	19.44	18.05	1.39
1994	31.96	29.07	2.89	28.60	26.68	1.92
1995	50.16	42.43	7.73	39.18	36.48	2.70
1996	57.45	51.82	5.63	57.92	54.03	3.89
1997	72.43	57.70	14.73	64.34	59.44	4.90
1998	108.00	98.20	9.90	73.00	66.60	6.40
1999	124.00	95.00	29.00	89.75	71.55	18.20
2000	173.72	133.31	40.41	106.34	83.08	23.26
2001	176.80	130.44	46.36	131.62	97.33	34.29
2002	182.60	105.90	38.60	156.90	118.30	38.60
2003	212.00	162.09	49.91	203.30	161.10	42.20
2004	235.30	179.90	55.40	252.10	203.90	48.20
2005	253.95	195.66	58.29	258.90	206.30	52.60
2006	253.80	203.80	50.00	243.90	194.00	49.90
2007	224.50	197.50	48.00	243.20	194.90	48.30
2008	238.60	178.30	60.30	234.00	189.70	44.30
2009	237.20	174.20	63.00	237.00	175.00	62.00

14-4 交通运输业基本情况

BASIC CONDITIONS OF TRANSPORTATION

指　　标	2004年	2005年	2006年	2007年	2008年	2009年
客运量总计(万人)	6891	7428	7991	15389	15899	14640
铁　路	1896	1924	2248	2518	2845	3072
公　路	4875	5364	5541	12630	12786	11246
民　航	120	140	202	241	269	322
旅客周转量(亿人公里)	229	245	276	312	413	518
铁　路	183	192	219	245	265	278
公　路	46	53	58	67	70	144
民　航					78	96
货运量总计(万吨)	15030	15697	16199	17184	21935	20858
铁　路	7140	7211	7413	7784	8344	9028
公　路	7888	8484	8784	9398	13588	11827
民　航	2	2	2	2	2	3
货物周转量(亿吨公里)	794	852	877	939	1048	1254
铁　路	747	796	821	878	966	1046
公　路	47	56	56	61	81	207
公路通车里程(公里)						
公路通车里程	4594	4799	9833	10273	11011	11347
有路面里程	4586	4797	9709	10156	10940	11314
高级、次高级	4554	4781	9252	9717	10531	10823
#高速公路	194	194	194	310	343	343
中　级	22	15	437	424	365	491
低　级	11	0	21	15	44	0
无路面里程	8	2	124	117	71	33
民用航空						
始发航线(条)	90	90	119	75	116	156
通航城市(个)	42	53	56	44	40	57
起飞架次(架次)	16365	17898	41901	23175	52557	63602
民用车辆(辆)						
民用汽车	231182	347687	436288	460721	532549	659209
私人汽车	139182	254288	309504	359025	422572	541943
载客汽车	157574	196415	245501	306689	374396	490449
#大　型	6054	7055	7844	8522	9895	10317
普通载货汽车	69904	71588	73767	73480	80668	100173
#大　型	16598	17594	18046	17948	19989	18052
摩托车	508907	577647	577669	531006	493790	460987
其它机动车	3704	79684	66186	80552	77485	68587
载货挂车	3815	3669	3736	3971	4259	5231

注：1. 公路通里程自2006年起调整统计口径，增加了村道公路统计。
2. 民用航空的相关统计口径2007年有所调整。
3. 自2009年5月起，全省实施新的运输量月度调查方案，调查范围较老口径有所扩大，与之相比的去年同期数据采用交通部反馈的2008年公路运输量专项调查反馈数据。2007公路客运量及公路旅客周转量口径调整。

14－5 独立核算公路交通运输企业财务指标(2009年)

MAIN INDICATORS OF ROAD ENTERPRISES WITH INDEPENDENT ACCOUNTING SYSTEM(2009)

指　　标	单　位	合　计			
			国　有	集　体	其　他
单位个数	个	331	19	6	306
亏损个数	个	34	6	1	27
资本金合计	万元	517642	403179	905	113557
流动资产合计	万元	252079	126305	2315	123459
其中：存货	万元	7486	4428	5	3052
固定资产合计	万元	996338	815202	1237	179900
固定资产原价合计	万元	1580737	1301577	4678	274483
累计折旧	万元	577418	480265	2467	94687
其中：本年折旧	万元	98694	63130	137	35427
资产总计	万元	1882775	1508567	4557	369651
流动负债合计	万元	508919	387737	2115	119067
长期负债合计	万元	237831	80961	341	156528
负债合计	万元	708887	478822	2456	227609
所有者权益合计	万元	1168440	1030193	2437	135810
其中：股本	万元	434857	374124	65	60668
主营业务收入	万元	741219	397205	7988	336026
主营业务成本	万元	422061	181343	4566	236152
营运费用	万元	68954	57161	61	11733
业务税金及附加	万元	26172	13532	287	12354
主营业务利润	万元	281102	199473	3038	78591
管理费用	万元	50165	29265	204	20696
其中：税金	万元	3124	718	96	2310
财产保险费	万元	1015	877	0	139
劳动、待业保险费	万元	5409	3929	0	1480
财务费用	万元	18242	13764	4	4474
利息支出	万元	16559	13586	4	2970
营业利润	万元	214156	156799	2893	54465
利润总额（亏损为-）	万元	215792	158285	2885	54621
应交所得税	万元	52221	41028	200	10993
转作奖金的利润	万元	4489	4465	0	24
应付利润	万元	6483	0	0	6483
其中：已分配股利	万元	-3071	0	0	-3071
本年应付工资总额	万元	769846	278400	4816	486630
本年应付福利费总额	万元	117383	60190	493	56700

14-6 分地区公路交通(2009年)

ROAD TRANSPORTATION BY REGION(2009)

指　　标	济南市	市　区	平阴县	济阳县	商河县	章丘市
公路通车里程(公里)	11346.6	4181.1	1140.6	1752.1	2075.6	2197.2
有路面里程	11313.5	4178.0	1140.6	1736.1	2061.6	2197.2
高级、次高级	10822.6	3964.8	1101.6	1698.7	1999.4	2058.1
#高速公路	343.2	251.2	35.5	9.8		46.7
中　级	490.5	213.2	39.0	37.0	62.2	139.1
低　级	0.4	–	–	0.4	–	–
无路面里程	33.1	3.1	–	16.0	14.0	–
公路客运量(万人)	11246					
旅客周转量(万人公里)	1442267					
公路货运量(万吨)	11827					
货运周转量(万吨公里)	2067239					

注：公路通里程自2006年起调整统计口径，增加了村道公路统计。

主要统计指标解释

EXPLANATORY NOTES ON MAIN STATISTICAL INDICATORS

公路里程　指在一定时期内实际达到《公路工程技术标准JTJ01-88》规定的等级公路，并经公路主管部门正式验收交付使用的公路里程数。包括大中城市的郊区公路以及通过小城镇街道部分的公路里程和桥梁、渡口的长度，不包括大中城市的街道、厂矿、林区生产用道和农业生产用道的里程。两条或多条公路共同经由同一路段，只计算一次，不得重复计算里程长度。它是反映公路建设发展规模的重要指标，也是计算运输网密度等指标的基础资料。

民用航空航线里程　指民航运输定期班机飞行的航线长度的总和。航线长度按机场之间的距离计算，通常有两种计算方法：一是将每条航线长度相加称为重复计算航线里程；一是将两线或两条以上航线经过同一区段里程，只计算一次航线长度称为不重复计算航线里程。一般常用的是后者，它能确切反映民航运输网的规模，是表明民航事业为国民经济服务和方便人民生活程度的主要指标。

货(客)运量　指在一定时期内，各种运输工具实际运送的货物(旅客)数量。它是反映运输业为国民经济和人民生活服务的数量指标，也是制定和检查运输生产计划、研究运输发展规模和速度的重要指标。货运按吨计算，客运按人计算。货物不论运输距离长短、货物类别，均按实际重量统计。旅客不论行程远近或票价多少，均按一人一次客运量统计；半价票、小孩票也按一人统计。

货物(旅客)周转量　指在一定时期内，由各种运输工具运送的货物(旅客)数量与其相应运输距离的乘积之总和。它是反映运输业生产总成果的重要指标，也是编制和检查运输生产计划，计算运输效率、劳动生产率以及核算运输单位成本的主要基础资料。计算货物周转量通常按发出站与到达站之间的最短距离，也就是计费距离计算。计算公式为：

货物(旅客)周转量＝Σ货物(旅客)运输量×运输距离

移动电话用户　指在移动电话营业部门登记，通过移动电话交换机进入移动电话网、占有移动电话号码的电话用户。用户数量以实际办理登记手续进入邮电部门移动电话网的户数进行计算，一部或一台移动电话统计为一户。

电话用户　指接入国家公众固定电话网，并按固定电话业务进行经营管理的电话用户。1997年以前，电话用户分为市内电话用户和农村电话用户。市内电话用户是指接入县城及县以上城市电话网上的电话用户；农村电话用户是指接入县邮电局农话台及县以下农村电话交换点，以县城为中心(除市话用户外)联通县、乡(镇)、行政村、村民小组的用户。从1997年起，电话用户数分组调整为以用户所在区域划分为“城市电话用户”和“乡村电话用户”，与过去的按市内电话和农村电话划分方法不同。而电话用户数、电话机部数统计方法不变。

15

国内贸易

DOMESTIC TRADE

15-1 各时期分行业社会消费品零售总额

TOTAL RETAIL SALES OF CONSUMER GOODS BY SECTION IN EACH PERIOD 单位:万元

年 份	社会消费品零售总额	批发零售业	住宿业	餐饮业	制造业	其 他	农民对非农业居民
1949	11426	7312		556	3514	–	44
1952	22248	16985		1223	3592	–	448
1957	34568	29279		1935	2381	3	970
1962	41436	35784		1655	2946	266	785
1965	40795	36470		1829	1856	287	353
1970	42993	39397		1537	1468	321	270
1975	60105	53239		2565	2914	1217	170
1978	81335	70661		2907	5120	2222	425
1979	96036	80703		4000	9060	823	1450
1980	119775	95121		4392	16489	1299	2474
“六五时期”							
1981	135236	103303		5388	21353	2157	3035
1982	152094	116241		8165	21398	2778	3512
1983	167948	127884		9225	23569	2953	4317
1984	200301	150233		11342	29563	4506	4657
1985	243080	181867		14823	32342	5535	8513
“七五时期”							
1986	294102	219730		17880	35565	5456	15471
1987	331504	240192		20305	45386	8963	16658
1988	425984	300090		30808	60463	12300	22323
1989	484392	343978		28634	71653	9729	30398
1990	528221	382047		25599	71505	10886	38184
“八五时期”							
1991	597989	424836		27443	78452	14186	53072
1992	732882	535080		37096	77951	21108	61647
1993	1013726	723914		56059	80101	28475	125177
1994	1454386	1037687		86141	99621	27914	203023
1995	1880151	1345321		133501	115105	42533	243691
“九五时期”							
1996	2256851	1570947		176100	141201	22261	346342
1997	2618976	1744014		216727	177219	50392	430624
1998	2911018	1893486		255616	207595	76994	477327
1999	3175983	2043078		305333	225132	83892	518548
2000	3547062	2287545		377550	233128	102535	546304
“十五时期”							
2001	3975320	2574216		485494	237545	118179	559886
2002	4464927	2935804		613178	231947	143702	540296
2003	5371750	4373831		741565	–	256354	–
2004	6984935	5691288	57973	940191	–	295483	–
2005	8078776	6575543	66490	1084425	–	352318	–
“十一五时期”							
2006	9393436	7571831	78098	1324135	–	419372	–
2007	11031462	8791908	86322	1648409	–	504823	–
2008	13566824	10684195	96391	2142271	–	643968	–
2009	16178724	12804035	106908	2545758	–	722023	–

15-2 各时期分经济类型社会消费品零售总额

TOTAL RETAIL SALES OF CONSUMER GOODS BY OWNERSHIP IN EACH PERIOD 单位:万元

年 份	社会消费品零售总额	国有经济	集体经济	个体私营经济	外商经济	其他经济
1949	11426	858	702	9817		49
1952	22248	4477	3729	13595		447
1957	34568	21263	10281	2056		968
1962	41436	26711	13026	914		785
1965	40795	26497	13073	874		351
1970	42993	28030	14493	201		269
1975	60105	37778	21946	211		170
1978	81335	52570	28140	199		426
1979	96036	62064	32363			1450
1980	119775	77023	39067	1211		2474
"六五时期"						
1981	135236	80674	49816	1710		3036
1982	152094	89154	55034	4395		3511
1983	167948	83740	67198	12694		4316
1984	200301	96029	82113	17501		4658
1985	243080	103846	103423	27297		8514
"七五时期"						
1986	294102	119937	119604	39090		15471
1987	331504	132402	142140	40304		16658
1988	425984	171523	181448	50690		22323
1989	484392	189207	207893	56893		30399
1990	528221	194266	235278	60492		38185
"八五时期"						
1991	597989	222732	246294	75892		53071
1992	732882	277528	285520	108186		61648
1993	1013726	359506	295086	151448		207686
1994	1454386	408523	376890	334396		334577
1995	1880151	461009	457112	524465		437565
"九五时期"						
1996	2256851	499440	509011	697406		550994
1997	2618976	392398	673909	892087		660582
1998	2911018	502099	625080	1020020		763819
1999	3175983	493841	656408	1177837		847897
2000	3547062	512597	691345	1392669		950451
"十五时期"						
2001	3975320	522287	717509	1599367		1136157
2002	4464927	535283	740616	1886842		1302186
2003	5371750	807107		3082963		1481680
2004	6984935	558795	279397	4608707	139699	1398337
2005	8078776	599845	298245	5403876	196676	1580134
"十一五时期"						
2006	9393436	674116	342016	6357187	250355	1769762
2007	11031462	892898	456440	9392382	289742	-
2008	13566824	959144	489702	11704387	413591	-
2009	16178724	1064363	549268	13945296	619797	-

15-3 限额以上批发零售贸易企业商品销售情况(2009年)

TOTAL PURCHASE SALES AND INVENTORY BY SECTOR ABOVE DESIGNATED SIZE (2009)　　单位:万元

指　　标	商品销售总额		
		批　发	零　售
总　计	16701485	11337292	5364193
一、批发业	11190754	10486181	704573
1.按批发行业小类分组			
农畜产品批发	426387	421237	5150
谷物、豆及薯类批发	6886	6886	0
种子、饲料批发	6198	6198	0
棉、麻批发	375339	375339	0
其他农畜产品批发	37963	32813	5150
食品、饮料及烟草制品批发	972882	936115	36767
米、面制品及食用油批发	188034	188034	0
糕点、糖果及糖批发	131826	131826	0
果品、蔬菜批发	143767	116565	27202
肉、禽、蛋及水产品批发	6099	5084	1014
盐及调味品批发	7468	7468	0
饮料及茶叶批发	26636	26188	447
烟草制品批发	429332	429332	0
其他食品批发	39721	31618	8103
纺织、服装及日用品批发	182265	140764	41500
纺织品、针织品及原料批发	36327	36327	0
服装批发	22456	14545	7910
鞋帽批发	8746	8078	668
厨房、卫生间用具及日用杂货批发	5233	3977	1256
化妆品及卫生用品批发	73850	48280	25570
其他日用品批发	35652	29556	6096
文化、体育用品及器材批发	201741	201097	644
文具用品批发	4153	4153	0
图书批发	172857	172857	0
其他文化用品批发	24730	24087	644
医药及医疗器材批发	1644863	1529731	115132
西药批发	977831	959678	18153
中药材及中成药批发	487127	401454	85673
医疗用品及器材批发	179905	168599	11306
矿产品、建材及化工产品批发	4229933	3865624	364310
煤炭及制品批发	1040620	1031801	8819
石油及制品批发	1001204	671269	329935
非金属矿及制品批发	137679	137679	0
金属及金属矿批发	1071855	1046299	25556

15-3续1

指　　标	商品销售总额		
		批　发	零　售
建材批发	43978	43978	0
化肥批发	599323	599323	0
农药批发	27381	27381	0
其他化工产品批发	307893	307893	0
机械设备、五金交电及电子产品批发	2987774	2848938	138836
农业机械批发	5657	5657	0
汽车、摩托车及零配件批发	762253	716553	45700
五金、交电批发	78839	29451	49388
家用电器批发	553317	553317	0
计算机、软件及辅助设备批发	200926	184137	16789
通讯及广播电视设备批发	23127	23127	0
其他机械设备及电子产品批发	1363655	1336696	26959
贸易经纪与代理	25851	25851	0
其他批发	519060	516824	2235
再生物资回收与批发	39151	39151	0
其他未列明的批发	479909	477673	2235
2.按登记注册类型分组			
内资企业	10533114	9828541	704573
国有企业	1738802	1629382	109419
集体企业	202214	169862	32352
股份合作企业	74659	74659	0
联营企业	2738	2738	0
国有联营企业	2738	2738	0
有限责任公司	4843722	4691418	152304
国有独资公司	429332	429332	0
其他有限责任公司	4414389	4262085	152304
股份有限公司	629086	351010	278076
私营企业	3021941	2894286	127655
私营独资企业	185603	159365	26238
私营合伙企业	45315	45259	57
私营有限责任公司	2736319	2650882	85438
私营股份有限公司	54703	38781	15923
其他企业	19953	15186	4767
港、澳、台商投资企业	621059	621059	0
合资经营企业（港或澳、台资）	363270	363270	0
港、澳、台商独资经营企业	257790	257790	0
外商投资企业	36581	36581	0

15-3续2

指　　标	商品销售总额	批　发	零　售
二、零售业	5510731	851111	4659620
1.按零售行业小类分组			
综合零售	2066491	433289	1633202
百货零售	1378459	23959	1354500
超级市场零售	685765	409330	276435
其他综合零售	2267	0	2267
食品、饮料及烟草制品专门零售	64822	6392	58430
粮油零售	11141	0	11141
糕点、面包零售	5171	0	5171
果品、蔬菜零售	3965	0	3965
肉、禽、蛋及水产品零售	18940	715	18225
饮料及茶叶零售	5021	0	5021
烟草制品零售	1451	550	901
其他食品零售	19134	5128	14006
纺织、服装及日用品专门零售	62013	3082	58931
纺织品及针织品零售	1818	0	1818
服装零售	23850	3082	20768
鞋帽零售	930	0	930
钟表、眼镜零售	3063	0	3063
化妆品及卫生用品零售	31841	0	31841
其他日用品零售	511	0	511
文化、体育用品及器材专门零售	109217	21838	87379
文具用品零售	17242	1590	15652
图书零售	46207	14123	32084
音像制品及电子出版物零售	2313	522	1791
珠宝首饰零售	22533	2840	19693
工艺美术品及收藏品零售	9096	0	9096
照相器材零售	4257	1064	3193
其他文化用品零售	7569	1700	5869
医药及医疗器材专门零售	67409	600	66810
药品零售	64899	168	64731
医疗用品及器材零售	2510	432	2078
汽车、摩托车、燃料及零配件专门零售	2447751	346986	2100765
汽车零售	1436483	83171	1353312
汽车零配件零售	61015	11960	49056
摩托车及零配件零售	8535	0	8535
机动车燃料零售	941718	251856	689862

15-3续3

指　　标	商品销售总额	批　发	零　售
家用电器及电子产品专门零售	523054	18404	504649
家用电器零售	372633	4830	367803
计算机、软件及辅助设备零售	84465	997	83468
通信设备零售	52731	10461	42269
其他电子产品零售	13225	2116	11109
五金、家具及室内装修材料专门零售	69932	10688	59243
五金零售	20764	1034	19730
家具零售	32939	6841	26098
其他室内装修材料零售	16229	2813	13415
无店铺及其他零售	100044	9831	90213
邮购及电子销售	32433	8522	23911
生活用燃料零售	1370	0	1370
其他未列明的零售	66241	1309	64932
2.按登记注册类型分组			
内资企业	4756782	441781	4315002
国有企业	184759	58553	126207
集体企业	44293	8974	35319
股份合作企业	18062	874	17188
联营企业	4812	0	4812
国有联营企业	1935	0	1935
集体联营企业	2877	0	2877
有限责任公司	996049	85310	910739
其他有限责任公司	996049	85310	910739
股份有限公司	1698197	46920	1651277
私营企业	1299128	74071	1225057
私营独资企业	53362	876	52486
私营合伙企业	8989	550	8439
私营有限责任公司	1189575	72072	1117503
私营股份有限公司	47203	574	46629
其他企业	511481	167078	344403
港、澳、台商投资企业	79185	0	79185
港、澳、台商独资经营企业	75145	0	75145
港、澳、台商投资股份有限公司	4040	0	4040
外商投资企业	674764	409330	265434
中外合资经营企业	138685	0	138685
中外合作经营企业	508987	409330	99657
外资企业	27092	0	27092

15-4 限额以上批发零

CAPITAL POWER OF WHOLESALES AND RETAIL SALES TRADE

指标	企业个数(个)	流动资产	存货	固定资产原价	累计折旧
总计	823	6582983	1699018	1637840	451500
一、批发业	443	4344258	1371307	1152979	308872
1.按批发行业小类分组					
农畜产品批发	8	230168	65241	27441	7527
食品、饮料及烟草制品批发	30	317494	132475	55256	17996
米、面制品及食用油批发	6	118538	91591	27297	6862
果品、蔬菜批发	7	5356	275	1537	598
纺织、服装及日用品批发	14	45789	10855	3176	418
文化、体育用品及器材批发	7	135871	10314	48899	8180
医药及医疗器材批发	59	502077	97564	32736	8067
矿产品、建材及化工产品批发	209	1335775	445289	958846	257107
煤炭及制品批发	73	229024	26822	18413	8050
石油及制品批发	11	350007	269446	890775	231294
金属及金属矿批发	86	348801	59965	16480	7424
建材批发	7	11889	1749	4453	1309
化肥批发	4	154846	59542	12250	4993
农药批发	2	24065	3028	290	94
机械设备、五金交电及电子产品批发	91	1607130	569361	14603	5037
汽车、摩托车及零配件批发	19	232557	36018	2486	1343
五金、交电批发	9	12890	1685	1727	522
家用电器批发	7	323550	67195	840	392
计算机、软件及辅助设备批发	17	21036	4987	1117	361
其他机械设备及电子产品批发	35	997352	455672	4885	2092
贸易经纪与代理	1	3607	1113	18	10
其他批发	24	166348	39096	12005	4530
2.按登记注册类型分组					
内资企业	438	4152669	1338070	1147099	308007
国有企业	35	527536	163580	109570	29617
集体企业	11	13047	1673	2662	1060
股份合作企业	1	17671	4916	4695	1389
联营企业	1	445	51	85	23
有限责任公司	88	2084482	676969	100377	32573
国有独资公司	1	95616	17834	20549	8077
其他有限责任公司	87	1988866	659135	79828	24496
股份有限公司	7	332215	257818	879022	226885
私营企业	291	1164220	228109	50506	16331
私营独资企业	23	16545	3508	7701	1024
私营合伙企业	6	15077	4015	1004	219
私营有限责任公司	255	1099933	201282	41265	14992
私营股份有限公司	7	32665	19304	537	96
其他企业	4	13053	4955	183	129
港、澳、台商投资企业	4	184151	33237	5730	752
外商投资企业	1	7438	0	151	113

售贸易企业资产实力（2009年）

ABOVE DESIGNATED SIZE（2009）

单位：万元

本年折旧	资产合计	负债合计	所有者权益	实收资本	国家资本	法人资本	个人资本
76392	9832500	7540911	2291589	2054128	261162	748726	865496
50501	6588137	5047917	1540220	1594343	182782	663388	654854
676	302065	246182	55883	27000	2008	21085	3706
2754	408557	245376	163181	19591	11179	2973	4275
1033	162358	134188	28170	10031	8031	1000	1000
165	6569	1726	4843	881	0	45	105
152	81610	41512	40099	6580	0	4500	1580
1365	237566	200462	37104	10788	6533	1270	985
1844	555296	494189	61107	53702	6735	12723	27077
41812	2315743	1398371	917372	345989	136189	103295	94503
695	257598	208151	49447	88736	59385	8445	20906
38243	1197820	441968	755852	156143	71293	80860	3990
1335	378239	309280	68959	65160	3111	6171	50205
110	20017	18769	1248	9686	0	0	3786
521	171054	146026	25028	6200	2400	1000	2800
53	32182	25327	6856	5060	0	3350	1710
1407	2503239	2310691	192547	1096239	9688	514304	516372
272	240749	171910	68839	59770	45	2330	1890
210	17801	14016	3785	3467	0	1559	1908
144	335318	329305	6014	1320	50	100	1000
109	23828	17486	6343	7891	450	3500	3741
648	1862079	1756410	105669	22789	9140	6415	7234
3	3626	2224	1402	1000	400	500	100
490	180435	108911	71525	33454	10050	2738	6255
50194	6384478	4916120	1468358	1531059	182782	658123	654854
3489	740554	603874	136680	112522	110288	129	0
216	16138	9679	6459	2731	0	0	228
278	23112	16242	6870	5589	5589	0	0
11	507	358	149	55	55	0	0
4619	3144924	2776403	368520	125010	18771	41027	37166
1113	135791	18135	117656	1000	1000	0	0
3506	3009132	2758268	250864	124010	17771	41027	37166
37484	1161469	433755	727715	49229	48079	1050	100
4058	1284443	1062700	221744	1235174	0	615341	617185
192	24214	11635	12579	7423	0	5340	2083
54	16465	14559	1906	1580	0	300	1280
3791	1210623	1006007	204616	1224271	0	609201	612422
22	33141	30499	2642	1900	0	500	1400
39	13331	13109	222	750	0	576	174
298	196178	119411	76766	63274	0	5265	0
10	7481	12385	–4904	10	0	0	0

15-4续

指　　标	企业个数(个)	流动资产	存　货	固定资产原　价	累计折旧
其他	81	527152	97088	35039	9786
二、零售业	380	2238725	327710	484861	142629
1.按零售行业小类分组					
综合零售	35	1094082	91826	249884	76587
百货零售	19	933643	68858	210792	58786
超级市场零售	15	160259	22910	38613	17591
其他综合零售	1	180	59	480	210
食品、饮料及烟草制品专门零售	23	23140	6923	7885	2664
纺织、服装及日用品专门零售	16	18844	11307	2033	458
服装零售	8	10223	4816	572	219
文化、体育用品及器材专门零售	28	49409	19241	24143	7633
图书零售	12	19384	9693	17711	5951
医药及医疗器材专门零售	16	22579	8107	5664	2767
药品零售	14	21395	7407	5545	2719
汽车、摩托车、燃料及零配件专门零售	162	764405	141115	133919	40468
汽车零售	107	674886	124869	64324	22681
汽车零配件零售	15	26396	4255	1355	617
摩托车及零配件零售	6	2031	513	871	313
机动车燃料零售	34	61092	11478	67370	16857
家用电器及电子产品专门零售	62	220588	36718	45257	8293
家用电器零售	30	192634	28206	44199	7883
计算机、软件及辅助设备零售	14	17653	5883	263	71
通信设备零售	9	5474	1321	568	211
其他电子产品零售	9	4828	1308	227	128
五金、家具及室内装修材料专门零售	25	23381	5337	13729	2817
无店铺及其他零售	13	22297	7137	2346	943
2.按登记注册类型分组					
内资企业	368	2064159	304943	449852	126090
国有企业	31	43698	18508	27032	9570
集体企业	15	8084	1811	6555	1533
股份合作企业	4	28375	7076	6499	1392
联营企业	2	81	31	354	172
有限责任公司	88	233252	49873	70351	17202
其他有限责任公司	88	233252	49873	70351	17202
股份有限公司	18	1302916	118757	235483	69462
私营企业	205	442452	105721	44159	13038
私营独资企业	22	10560	2673	4368	579
私营合伙企业	4	2047	1603	48	13
私营有限责任公司	171	418959	94513	35742	11286
私营股份有限公司	8	10886	6932	4002	1160
其他企业	5	5300	3166	59419	13721
港、澳、台商投资企业	6	29006	6121	5960	1703
外商投资企业	6	145560	16647	29049	14836

本年折旧	资产合计	负债合计	所有者权益	实收资本			
					国家资本	法人资本	个人资本
1530	644451	514399	130052	148599	2166	115284	29345
25890	3244363	2492995	751369	459785	78380	85338	210643
14646	1456581	1207583	248999	133916	60486	10723	25876
12340	1266549	1061219	205330	91475	58486	6923	24956
2261	189582	146364	43219	41941	2000	3300	920
45	450	0	450	500	0	500	0
333	33529	19868	13661	13578	3768	3262	6219
145	22997	20556	2441	3011	0	970	2021
89	11554	10939	615	1480	0	200	1280
852	75248	45456	29792	17562	1772	4825	9921
553	34321	21962	12359	2454	1210	200	0
364	27576	23288	4289	6279	988	339	4952
357	26170	22005	4165	6169	957	320	4892
7165	1292038	912134	379904	121804	10562	51998	41043
4008	1120650	833836	286813	81110	748	29759	35502
159	27507	24080	3428	3528	50	270	651
3	2839	2104	735	1422	0	322	1100
2995	141041	52113	88928	35744	9764	21647	3790
1267	272952	219939	53013	147747	314	4534	117647
1175	239355	203440	35915	130984	114	3159	102459
21	19888	5868	14020	12650	150	1175	11325
49	8773	6832	1941	3132	50	0	3082
21	4937	3800	1137	981	0	200	781
723	38524	27506	11018	8298	30	2632	2500
397	24918	16665	8253	7591	460	6056	465
23207	3040727	2349081	691646	406242	78380	82638	210643
896	65830	39134	26695	11206	10082	80	0
188	16949	8472	8477	5267	0	58	76
44	49243	28904	20339	9857	3628	530	5699
29	439	442	-3	81	40	0	0
3501	328019	246284	81734	87123	12502	42557	30153
3501	328019	246284	81734	87123	12502	42557	30153
13569	1999031	1594135	404896	112087	51928	17224	16483
2605	504832	419150	85683	179971	150	21640	158182
279	16687	12171	4516	4270	0	851	3419
2	2760	2789	-29	220	0	50	170
2141	471034	393965	77069	172115	150	20689	151276
183	14351	10226	4126	3367	0	50	3317
2376	76385	12560	63825	650	50	550	50
589	36712	16956	19756	17984	0	0	0
2095	166924	126957	39967	35559	0	2700	0

15-5 限额以上批发零售

PROFIT LOSS AND DISTRIBUTION OF WHOLESALES AND

指标名称	企业数（个）	主营业务收入	主营业务成本	主营业务税金及附加	主营业务利润
总　计	823	20867796	19505436	53889	6383070
一、批发业	443	15802903	14887568	39034	5952602
1.按批发行业小类分组					
农畜产品批发	8	378771	367049	787	10935
食品、饮料及烟草制品批发	30	878454	735148	21052	121436
米、面制品及食用油批发	6	188644	179475	147	8204
果品、蔬菜批发	7	132447	117317	5739	9391
纺织、服装及日用品批发	14	172308	162567	739	9002
文化、体育用品及器材批发	7	163134	146831	182	15436
医药及医疗器材批发	59	1449149	1382619	1355	64849
矿产品、建材及化工产品批发	209	9418097	8916838	11609	5572650
煤炭及制品批发	73	948593	901638	4050	40354
石油及制品批发	11	6432852	6045318	5869	5470611
金属及金属矿批发	86	959875	926620	1024	28952
建材批发	7	39985	38036	89	1859
化肥批发	4	600126	589323	25	10778
农药批发	2	25014	22620	245	2149
机械设备、五金交电及电子产品批发	91	2852202	2706177	2692	138462
汽车、摩托车及零配件批发	19	727251	687680	385	39186
五金、交电批发	9	75099	71850	704	2545
家用电器批发	7	506257	467736	262	34691
计算机、软件及辅助设备批发	17	182427	178641	65	3724
其他机械设备及电子产品批发	35	1335833	1276045	1239	57242
贸易经纪与代理	1	25851	25749	8	94
其他批发	24	464938	444592	609	19738
2.按登记注册类型分组					
内资企业	438	15202093	14325097	39002	5916716
国有企业	35	1604745	1527653	2740	73626
集体企业	11	190016	171677	6570	10623
股份合作企业	1	63811	62631	11	1170
联营企业	1	2738	2395	7	336
有限责任公司	88	4467300	4202172	18686	246241
国有独资公司	1	366951	268571	14875	83505
其他有限责任公司	87	4100350	3933601	3811	162736
股份有限公司	7	6108091	5728003	5796	5463239
私营企业	291	2745142	2612439	5145	120455
私营独资企业	23	177464	166494	1589	9381
私营合伙企业	6	44922	41133	20	1229
私营有限责任公司	255	2472117	2355999	3451	108105
私营股份有限公司	7	50638	48813	85	1740
其他企业	4	20249	18126	48	1028
港、澳、台商投资企业	4	569545	535668	32	31425
外商投资企业	1	31266	26804	0	4462

贸 易 企 业 损 益 及 分 配 (2009年)

RETAIL SALES TRADE ABOVE DESIGNATED SIZE(2009)

单位:万元

营业费用	管理费用	财务费用	营业利润	利润总额	应交所得税	劳动、失业保险费	本年应付工资总额	本年应交增值税	全部从业人员年平均人数（人）
607239	354833	97503	318866	303252	90654	3033	176502	325941	78820
355313	209369	48283	239493	234377	68101	1951	85592	139866	27135
2863	3932	6783	-1974	-1802	276	21	1339	3395	488
26579	30877	4797	62605	64675	15795	240	15726	20303	2983
3590	3413	2554	19	2342	380	34	1944	272	538
4687	2867	254	1693	1693	145	3	398	1401	310
5475	3285	360	394	489	200	11	1847	1401	1136
5582	8111	803	956	932	268	67	2851	2003	879
29708	19261	4167	14559	13732	4095	130	13607	13841	5398
204929	99552	18330	133360	125837	37872	503	31632	79514	9919
17044	10922	2972	8880	9108	3407	34	4271	13631	1656
160830	71730	3861	112091	105324	32450	298	21490	54424	5916
14570	7894	2229	6252	8409	1240	106	2272	7946	1142
531	851	118	651	-128	74	8	394	259	182
3197	2524	4211	868	1262	191	5	728	1659	311
409	577	361	801	705	187	0	231	58	79
71758	38865	12324	23053	24168	8208	465	16553	13563	5650
31447	6726	-122	1182	1428	1294	377	3435	3237	1146
1456	981	43	423	419	110	2	369	633	163
21910	6112	560	9862	9714	2627	30	7443	4471	2531
1847	1817	219	-249	-148	76	17	1086	1169	546
14607	22718	11609	11766	12679	4051	38	4149	3850	1212
241	100	-534	373	404	102	0	27	89	7
8177	5386	1254	6168	5943	1286	513	2010	5756	675
327038	203152	48300	234947	229452	66357	1922	80862	137209	25539
27639	23872	6480	8921	11191	5112	600	13124	17464	4443
5684	3443	377	2402	2308	232	16	1083	3035	516
290	446	131	303	84	21	0	84	14	70
302	22	0	12	12	3	0	115	64	35
70917	67493	30273	87871	87094	23279	406	30763	43069	7453
6820	19485	738	58142	58028	14633	194	10492	16042	985
64098	48008	29535	29728	29066	8646	212	20271	27027	6468
160100	70472	3741	114869	107656	32319	257	18773	53875	4860
60411	36815	7231	20784	21323	5387	641	16359	19070	7835
4483	2716	51	2189	2188	421	16	1205	2044	508
1710	523	90	236	211	38	2	274	217	159
53044	33289	6694	18478	19063	4917	617	14510	16524	7016
1174	288	397	-119	-139	11	6	370	287	152
1694	589	66	-215	-215	4	1	562	617	327
25478	4841	-372	4614	4988	1744	25	4351	2056	1557
2797	1376	356	-67	-63	0	4	379	601	39

15-5续

指　标　名　称	企业数（个）	主营业务收入	主营业务成本	主营业务税金及附加	主营业务利润
其他	81	1419985	1357245	2319	56253
二、零售业	380	5064892	4617868	14855	430468
1.按零售行业小类分组					
综合零售	35	1725263	1535148	6485	183216
百货零售	19	1178134	1023326	6161	148760
超级市场零售	15	544862	509882	259	34194
其他综合零售	1	2267	1941	65	262
食品、饮料及烟草制品专门零售	23	59245	48351	226	10575
纺织、服装及日用品专门零售	16	51233	42891	176	8166
服装零售	8	17799	13095	55	4649
文化、体育用品及器材专门零售	28	93709	76815	871	16023
图书零售	12	36802	27924	125	8753
医药及医疗器材专门零售	16	59673	47545	210	11820
药品零售	14	57529	45785	202	11543
汽车、摩托车、燃料及零配件专门零售	162	2461515	2324751	3699	132752
汽车零售	107	1583038	1486845	2556	93533
汽车零配件零售	15	53251	48483	75	4683
摩托车及零配件零售	6	7377	6871	73	434
机动车燃料零售	34	817849	782552	996	34102
家用电器及电子产品专门零售	62	468884	431193	1383	36168
家用电器零售	30	325161	295422	1207	28532
计算机、软件及辅助设备零售	14	80485	76667	79	3739
通信设备零售	9	50855	47966	69	2741
其他电子产品零售	9	12384	11139	29	1156
五金、家具及室内装修材料专门零售	25	57919	44061	1598	12223
无店铺及其他零售	13	87451	67113	207	19525
2.按登记注册类型分组					
内资企业	368	4459626	4060955	14803	382166
国有企业	31	161741	142349	457	18335
集体企业	15	41075	36927	1212	2926
股份合作企业	4	18636	15496	44	3096
联营企业	2	4394	4149	4	241
有限责任公司	88	851541	775498	2694	73288
其他有限责任公司	88	851541	775498	2694	73288
股份有限公司	18	1765486	1570838	7676	186973
私营企业	205	1178472	1100099	2322	75020
私营独资企业	22	50885	45316	385	5183
私营合伙企业	4	7888	7620	2	206
私营有限责任公司	171	1079326	1008934	1835	68113
私营股份有限公司	8	40374	38230	100	1517
其他企业	5	438281	415600	393	22288
港、澳、台商投资企业	6	75149	66445	23	8682
外商投资企业	6	530118	490468	29	39620

营业费用	管理费用	财务费用	营业利润	利润总额	应交所得税	劳动、失业保险费	本年应付工资总额	本年应交增值税	全部从业人员年平均人数（人）
29904	12343	9759	9348	8922	3191	102	9697	17426	3578
251926	145464	49220	79372	68875	22553	1083	90910	186075	51685
121232	61820	18578	47253	46580	16490	132	35734	29824	24896
77403	48950	18218	35896	35299	13287	62	27200	23076	19477
43794	12675	360	11326	11249	3195	71	8329	6704	5339
35	195	0	32	32	9	0	205	44	80
5413	3494	183	2166	2213	361	47	2948	1162	1770
4916	2007	205	1490	2429	183	18	1993	2321	956
3603	1127	58	312	1251	122	15	1315	1183	602
6367	7167	122	4073	4622	893	148	5716	4926	2057
3250	5387	8	775	769	308	125	3044	1303	814
5998	5192	–1	710	756	960	34	3898	1914	2611
5792	5052	–13	688	735	955	33	3830	1682	2579
57036	48465	29239	–182	1304	2605	597	26289	134306	12686
39660	34377	28670	–8227	–8006	2221	267	21065	126093	9049
3046	1317	18	304	295	40	121	984	870	546
276	49	40	77	77	26	0	264	581	121
14054	12723	512	7664	8938	317	209	3975	6763	2970
28965	11656	618	18602	5986	496	53	9081	6595	4230
23684	9422	497	17795	5387	239	40	7017	5439	3277
1893	971	48	880	876	186	6	1097	592	412
2686	922	68	–244	–464	11	3	738	410	387
702	341	5	171	187	61	3	229	154	154
7533	2956	355	1751	1382	163	15	2674	1276	1551
14467	2707	–79	3510	3603	403	39	2579	3752	928
204255	131292	48818	62247	51664	18505	850	83466	176623	47956
6252	12090	61	1813	1760	471	164	9069	3047	4126
988	1099	987	–88	–61	60	11	1615	822	1046
2438	2365	339	–360	–360	13	1	881	528	1160
195	10	1	34	26	1	4	49	347	23
41368	24297	2320	17376	9749	2115	319	20059	25699	11056
41368	24297	2320	17376	9749	2115	319	20059	25699	11056
96630	61091	42394	26077	21752	13135	84	30680	117529	18558
46503	23857	2752	11375	11354	2701	121	19450	23893	10012
1272	1597	172	2152	2082	156	0	765	1935	468
226	68	18	–46	73	2	10	89	457	54
43241	21584	2571	9476	9645	2510	109	17839	16896	9116
1765	607	–9	–207	–446	34	2	758	4605	374
9880	6483	–35	6020	7444	9	146	1663	4759	1975
4038	1644	8	3042	3179	850	168	1432	1814	683
43634	12528	393	14084	14032	3198	65	6012	7638	3046

15－6 限额以上餐饮业

MAIN ECONOMIC INDICATORS OF ENTERPRISES IN

指标名称	企业数（个）	资产合计	负债合计	所有者权益合计	实收资本	主营业务收入
总计	253	277965	191978	85987	77012	280551
1.按餐饮行业小类分组						
正餐服务	247	249568	172407	77162	69204	246680
快餐服务	5	25648	17816	7832	7299	32310
其他餐饮服务	1	2749	1756	994	509	1561
2.按登记注册类型分组						
内资企业	246	261516	178292	83224	74293	257798
国有企业	26	87164	45514	41650	32305	39157
集体企业	8	15353	15654	-301	3882	9355
有限责任公司	33	52031	37380	14651	12779	43489
其他有限责任公司	32	52015	37361	14654	12489	43114
股份有限公司	7	7653	6184	1469	2616	12379
私营企业	161	87462	69702	17760	20855	142932
私营独资企业	53	18160	14948	3212	4451	51572
私营合伙企业	4	379	90	289	146	1623
私营有限责任公司	96	67316	53833	13483	14978	85693
私营股份有限公司	7	1557	802	756	1260	3694
其他企业	11	11855	3859	7996	1856	10485
港、澳、台商投资企业	3	1800	1641	159	100	3685
合资经营企业（港或澳、台资）	2	1277	1336	-59	50	1729
港、澳、台商独资经营企业	1	523	306	217	50	1956
外商投资企业	4	14649	12045	2605	2619	19068

主 要 经 济 指 标 （2009年）

CATARING TRADES ABOVE DESIGNATED SIZE(2009)

单位:万元

主营业务成本	主营业务利润	营业费用	管理费用	财务费用	营业利润	利润总额	本年应付工资总额	本年应付福利费总额	全部从业人员年平均人数（人）
145996	119414	85741	30472	3594	3231	2548	43241	2534	25731
129104	103634	73430	28552	3346	1894	999	39934	1672	23168
16190	15009	12064	1632	229	1120	1248	3201	862	2467
702	772	247	288	20	217	300	106	0	96
136424	107378	75503	29737	3360	2470	1654	40690	1724	23787
19075	17783	12717	8131	231	−1863	−1870	8354	466	4138
3887	4955	2830	1331	774	131	931	1417	85	921
22780	18064	12958	4785	643	1133	779	6019	256	3769
22618	17869	12923	4764	620	1019	779	5971	253	3697
6394	5265	5043	500	234	−291	−336	1683	109	943
78948	56611	38844	13510	1371	3443	2324	21191	709	12766
30108	18859	13901	2949	337	1751	1391	8117	260	4646
1033	589	185	227	2	175	197	240	20	129
45541	35586	23807	10010	868	1214	738	12328	415	7564
2146	1348	950	324	164	78	−2	485	14	401
5340	4702	3111	1479	108	−84	−174	2025	98	1250
2150	1351	943	240	0	168	172	441	1	277
935	707	523	148	0	36	40	247	1	120
1215	644	420	92	0	132	132	194	0	157
7423	10685	9295	496	235	593	721	2111	810	1667

15－7 限额以上住宿业

MAIN ECONOMIC INDICATORS OF ENTERPRISES IN

指标名称	企业数（个）	资产合计	负债合计	所有者权益合计	实收资本	主营业务收入
总计	91	485610	269139	216471	143142	181923
1.按住宿行业小类分组						
旅游饭店	62	431275	219323	211952	128907	153042
一般旅馆	29	54335	49816	4520	14234	28882
2.按登记注册类型分组		0	0	0	0	0
内资企业	87	458430	236920	221509	136353	171514
国有企业	39	338360	176560	161800	73706	112315
集体企业	7	18623	11372	7251	5011	6393
股份合作企业	2	7911	1398	6512	1435	1581
有限责任公司	14	58013	24885	33129	49570	29775
国有独资公司	1	1492	114	1377	2699	511
其他有限责任公司	13	56522	24771	31751	46871	29264
股份有限公司	2	651	423	228	90	870
私营企业	22	30789	15402	15387	6541	18568
私营独资企业	3	1876	1987	-111	550	1142
私营合伙企业	1	920	509	411	300	677
私营有限责任公司	17	27370	12292	15079	5591	16172
私营股份有限公司	1	623	614	9	100	578
其他企业	1	4083	6881	-2798	0	2014
港、澳、台商投资企业	2	26520	30222	-3702	6473	7292
外商投资企业	2	660	1997	-1336	316	3117
中外合资经营企业	1	366	474	-108	50	379
外资企业	1	294.3	1522.7	-1228.4	265.6	2737.9

主 要 经 济 指 标（2009年）

QUARTERING TRADES ABOVE DESIGNATED SIZE（2009）

单位:万元

主营业务成　本	主营业务利　润	营业费用	管理费用	财务费用	营业利润	利润总额	本年应付工资总额	本年应付福利费总额	全部从业人员年平均人数（人）
54820	117418	61729	50063	3035	3833	-1339	31135	2640	15670
45085	99852	51426	42877	2649	3925	-2763	24944	2320	12473
9735	17566	10303	7186	386	-92	1424	6191	320	3197
0	0	0	0	0	0	0	0	0	
52827	109507	57750	46399	2257	4360	-838	28837	2545	14697
36147	70340	37261	31846	1531	150	-1021	18713	1747	8993
2677	3341	2361	953	205	-90	1486	1258	16	719
282	1215	524	475	7	231	215	133	45	185
6672	21252	8764	7019	323	5792	315	4810	407	2506
257	0	0	216	2	8	4	157	4	32
6415	21252	8764	6803	321	5784	311	4653	404	2474
364	454	294	34	5	121	170	79	14	60
6129	11560	7582	2893	187	956	795	3070	196	1827
335	745	523	273	8	-41	-40	228	0	324
273	367	230	85	10	42	42	125	18	50
5269	10155	6619	2445	162	968	791	2593	178	1362
253	293	210	90	6	-13	3	124	0	91
557	1346	964	3179	0	-2798	-2798	774	120	407
1092	5853	2860	2581	753	-339	-314	1586	95	602
901	2059	1120	1082	24	-188	-188	712	0	371
204	155	69	60	0	3	3	83	0	41
697.2	1903.8	1050.7	1022.6	24.3	-190.3	-190.2	629.4	0.1	330

15－8 商品交易市场分类情况

FREE MARKETS IN URBAN AND RURAL AREAS

指　　标	2009年	城　市	农　村	2008年	城　市	农　村
商品交易市场个数总计(个)	806	309	497	796	299	497
消费品市场	687	229	458	677	219	458
消费品综合市场	441	40	401	430	29	401
农副产品市场	121	73	48	122	74	48
农副产品综合市场	83	56	27	84	57	27
农副产品专业市场	38	17	21	38	17	21
工业消费品市场	125	116	9	125	116	9
工业消费品综合市场	49	44	5	49	44	5
工业消费品专业市场	76	72	4	76	72	4
其　他						
生产资料市场	119	80	39	119	80	39
生产资料综合市场	16	10	6	16	10	6
工业生产资料市场	60	53	7	60	53	7
农业生产资料市场	22	2	20	22	2	20
农业生产资料综合市场	10	1	9	10	1	9
农业生产资料专业市场	12	1	11	12	1	11
其　他	21	15	6	21	15	6

15-9 销售过亿元的商品交易市场一览表(2009年)

SUMMARY OF CONSUMER GOODS MARKETS WITH ANNUAL TRANSACTION VALUE ABOVE RMB 100 MILLION YUAN(2009)

市场名称	市场类别	年末营业面积(平方米)	市场总摊位数(个)	年成交额(万元)
济南科技市场管委会	计算机及辅助设备市场	40000	479	248006
济南东门小商品批发市场	工业消费品综合市场	14000	1350	24500
济南市新世界商城有限公司	工业消费品综合市场	27850	964	28950
济南海鲜大市场经营管理有限公司	水产品市场	30000	549	268044
济南市人防永新商城	其他纺织服装鞋帽市场	5000	100	24470
济南博茗茶叶市场	茶叶市场	76000	520	145000
济南段店润发商贸中心	其他综合市场	80000	1100	25000
济南段店润发汽车配件市场	机动车零配件市场	80000	500	12000
济南饮马盛发蔬菜批发市场	机动车零配件市场	16000	2000	143356
山东匡山汽车大世界	汽车市场	120000	70	720312
济南广友物流配送集团有限公司钢材市场	金属材料市场	30000	150	50000
济南广友茶叶市场	茶叶市场	40000	230	60000
山东匡山钢材市场	金属材料市场	27000	200	30000
山东老屯汽车配件城	机动车零配件市场	30000	511	9100
山东老屯茶城	茶叶市场	17000	330	9600
济南汽车配件市场	机动车零配件市场	7000	101	12000
济南西市场小商品批发市场	工业消费品综合市场	45000	1679	53978
济南西市场服装批发市场	服装市场	6800	330	9600
济南中恒商场	工业消费品综合市场	39000	1397	15000
山东齐鲁鞋城	鞋帽市场	11176	400	20000
济南泺口服装批发市场	服装市场	230000	4170	559120
济南众鑫鞋城	鞋帽市场	27800	252	78000
山东东亚金星家居	家具市场	85000	590	38966
山东灯具批发市场	灯具市场	26000	156	29800
济南黄台装饰材料市场	建材市场	45000	186	11260
山东建材市场	建材市场	50000	438	151000
山东济南重汽配件城	机动车零配件市场	61938	760	250000
山东泉胜物流市场	其他专业市场	247000	500	34000
济南堤口路果品批发市场	干鲜果品市场	100000	1100	43433
七里堡蔬菜综合批发市场	农产品综合市场	85000	5320	307321
山东汽车城	机动车零配件市场	120000	340	35000
济南永君钢材市场	金属材料市场	37000	62	32530
山东济南维尔康肉类水产综合批发市场	水产品市场	8000	261	46000
济南高科技市场	计算机及辅助设备市场	5500	148	19200
济南曲堤蔬菜销售有限公司	机动车零配件市场	233450	686	112583
济阳县方正家具市场	家具市场	17000	82	18260
商河县小商品批发城	工业消费品综合市场	19000	300	14014
商河县富东农贸综合市场	农产品综合市场	11000	220	22509
商河县白桥大蒜市场	机动车零配件市场	19000	310	24502
商河县尹巷棉花市场	棉麻土畜、烟叶市场	199800	44	15002
商河县商南农贸市场	机动车零配件市场	6000	200	12502
章丘市刁镇蔬菜批发市场	机动车零配件市场	40000	405	30500
章丘市绣惠钢铁设备交易中心	金属材料市场	85400	460	33210
章丘市绣江商贸城	服装市场	125000	720	12185

15-10 星级住宿业和限额

MAIN ECONOMIC INDICATORS OF ENTERPRISES IN QUARTERING

指　　标	法人企业（个）	从业人员（人）	营业额(万元)	
				客房收入
总　计	344	41824	461741	109106
一、住宿业	91	15756	181488	75829
1.按住宿行业小类分组				
旅游饭店	62	12529	152726	62377
一般旅馆	29	3227	28761	13452
2.按登记注册类型分组				
内资企业	87	14794	171307	71763
国有企业	39	9009	112048	42163
集体企业	7	749	6422	1870
股份合作企业	2	215	1585	764
有限责任公司	14	2517	29827	15761
国有独资公司	1	32	511	463
其他有限责任公司	13	2485	29316	15298
股份有限公司	2	78	870	390
私营企业	22	1819	18542	10056
私营独资企业	3	324	1161	717
私营合伙企业	1	50	677	606
私营有限责任公司	17	1353	16127	8464
私营股份有限公司	1	92	578	270
其他企业	1	407	2014	759
港、澳、台商投资企业	2	591	7000	2794
外商投资企业	2	371	3181	1273
中外合资经营企业	1	41	443	92
外资企业	1	330	2738	1180
二、餐饮业	253	26068	280253	33277
1.按餐饮行业小类分组				
正餐服务	247	23515	246793	33105
快餐服务	5	2467	31899	172
其他餐饮服务	1	86	1561	0
2.按登记注册类型分组				
内资企业	246	24124	257466	33170
国有企业	26	4199	39008	13212
集体企业	8	925	9397	1832
有限责任公司	33	3832	43520	3587
其他有限责任公司	32	3760	43145	3587
股份有限公司	7	994	12179	1538
私营企业	161	12914	142992	10904
私营独资企业	53	4637	51723	2607
私营合伙企业	4	129	1624	0
私营有限责任公司	96	7665	85603	8017
私营股份有限公司	7	457	3694	280
其他企业	11	1260	10370	2097
港、澳、台商投资企业	3	277	3685	107
合资经营企业（港或澳、台资）	2	120	1729	107
港、澳、台商独资经营企业	1	157	1956	0
外商投资企业	4	1667	19102	0

以上餐饮业经营情况 (2009年)

TRADES AND CATARING TRADES ABOVE DESIGNATED SIZE(2009)

			年末住宿和餐饮企业拥有客房数（间）	年末住宿和餐饮企业拥有床位数（个）	年末住宿和餐饮企业拥有餐位数（位）	年末餐饮营业面积（平方米）
餐费收入	商品销售收入	其他收入				
314727	13316	24592	20129	35283	143208	700249
82345	3982	19331	12230	20674	35030	198483
68409	3395	18545	8877	15032	28838	155009
13935	587	787	3353	5642	6192	43474
78585	3872	17087	11556	19604	32512	193821
52383	2992	14511	5611	9712	18914	89083
4247	6	300	447	861	1890	23200
700	100	21	266	540	1000	9800
11349	641	2075	2340	3840	4240	53300
35	11	2	85	154	200	1000
11314	629	2074	2255	3686	4040	52300
409	71	0	133	237	300	2000
8272	63	150	2349	3861	4286	13110
425	16	3	446	689	880	1500
70	0	0	80	160	100	1000
7469	47	147	1706	2762	2806	9410
308	0	0	117	250	500	1200
1225	0	30	410	553	1882	3328
1851	111	2244	476	754	1300	2800
1908	0	0	198	316	1218	1862
351	0	0	36	70	308	862
1558	0	0	162	246	910	1000
232382	9334	5261	7899	14609	108178	501766
199094	9334	5261	7819	14475	92876	462336
31728	0	0	80	134	9302	33430
1561	0	0	0	0	6000	6000
209739	9314	5244	7864	14539	102126	483746
23410	1234	1152	2298	4293	9735	49931
6847	648	70	505	999	5946	28901
38320	688	926	1058	1943	21635	96421
37945	688	926	1058	1943	21335	95390
10517	124	0	215	306	2241	31302
122962	6264	2862	3188	5965	59587	256706
44946	3762	408	808	1673	16296	91829
1624	0	0	0	0	888	2584
72948	2215	2423	2329	4207	40990	154671
3095	287	32	51	85	1303	7312
7683	356	234	600	1033	2982	20485
3558	20	0	35	70	976	3180
1602	20	0	35	70	376	1180
1956	0	0	0	0	600	2000
19085	0	17	0	0	5076	14840

主要统计指标解释

EXPLANATORY NOTES ON MAIN STATISTICAL INDICATORS

社会消费品零售总额　指国民经济各行业直接售给城乡居民和社会集团的消费品总额。它是反映各行业通过多种商品流通渠道向居民和社会集团供应的生活消费品总量，是研究国内零售市场变动情况、反映经济景气程度的重要指标。社会消费品零售总额包括：⑴售给城乡居民作为生活用的商品和修建房屋用的建筑材料；⑵售给社会集团的各种办公用品和公用消费品；⑶售给机关、团体、学校、部队、企业、事业单位的职工食堂和旅店(招待所)附设专门供本店旅客食用，不对外营业的食堂的各种食品、燃料；企业、单位和国营农场直接售给本单位职工和职工食堂的自己生产的产品；⑷售给部队干部、战士生活用的粮食、副食品、衣着品、日用品、燃料；⑸售给来华的外国人、华侨、港澳台同胞的消费品；⑹居民自费购买的中、西药品、中药材及医疗用品；⑺报社、出版社直接售给居民和社会集团的报纸、图书、杂志，集邮公司出售的新、旧纪念邮票、特种邮票、首日封、集邮册、集邮工具等；⑻旧货寄售商店自购、自销部分的商品；⑼煤气公司、液化石油气站售给居民和社会集团的煤气灶具和罐装液化石油气；⑽农民售给非农业居民和社会集团的商品。不包括售给国民经济各部门企业、事业单位(包括国有经济的农场)生产经营用的各种原材料、燃料、设备、工具等和售给批发零售贸易业、餐饮业作为转卖用的商品，旧货寄售商店受托寄售卖出的商品，服务业的营业收入，邮局出售邮票的收入，自来水、电力、煤气生产(供应)单位的产品供应收入，也不包括农民之间的商品销售。

商品销售总额　指对本企业(单位)以外的单位和个人出售(包括对境外直接出口)的商品总额。它反映批发零售贸易业在国内市场上销售商品以及出口商品的总量。商品销售总额包括：⑴售给城乡居民和社会集团消费用的商品；⑵售给工业、农业、建筑业、运输邮电业、批发零售贸易业、餐饮业、服务业等作为生产、经营使用的商品；⑶售给批发零售贸易业作为转卖或加工后转卖的商品；⑷对国(境)外直接出口的商品。不包括出售本企业(单位)自用的废旧包装用品；未通过买卖行为付出的商品；经本单位介绍，由买卖双方直接结算，本单位只收取手续费的业务；购货退出的商品以及商品损耗和损失等。

限额以上单位标准　指批发业年主营业务收入在2000万元及以上；零售业年主营业务收入在500万元及以上；住宿业、餐饮业年主营业务收入在200万元及以上。

零售业企业经营方式　(1)独立商店：指独立经营，未与其他商业单位建立连锁关系的商店。(2)连锁商店：指在核心企业或总店的领导下，由分散的、经营同类商品或服务的商业企业，通过规模化经营，实现规模效益的经济联合组织形式，也称为公司联号。一般连锁商店应由10个以上分店组成。其经营特征：①经营同类商品；②使用统一商号；③统一采购配送，采购与销售相分离。

零售业企业业态

——便利店：位于商业中心区、交通要道以及车站、医院、学校、娱乐场所、办公楼、加油站等公共活动区；商圈范围小，顾客步行5分钟内到达，目标顾客主要为单身者、年轻人，顾客多为有目的的购买；营业面积一般在100平方米左右，利用率高；以即时食品、日用小百货为主，有即时消费性、小容量、应急性等特点，商品品种在3000种左右，售价一般高于市场平均水平；商品销售方式以开架自选为主，结算在收银处统一进行；营业时间一般在16小时以上，提供即时性食品的辅助设施，开设多项服务项目；信息管理系统程度较高。

——折扣店：位于居民区、交通要道等租金相对便宜的地区；辐射半径2公里左右，目标顾客主要为商圈内的居民；自有品牌占有较大的比例，商品平均价格低于市场平均水平；以开架自选方式进行商品销售，并统一结算；用工精简，为顾客提供有限的服务；信息管理系统程度一般。

——超市：位于市、区商业中心、居住区；辐射半径2公里左右，目标顾客以居民为主；营业面积在6000平方米以下；经营包装食品、生鲜食品和日用品。食品超市与综合超市商品结构有所不同；采用自选销售，出入口分设，在收银台统一结算；营业时间12小时以上；信息管理系统程度较高。

——大型超市：位于市、区商业中心、城郊结合部、交通要道及大型居住区；辐射半径2公里以上，目标顾客以居民、流动顾客为主；实际营业面积在6000平方米以上；以大众化衣、食、日用品为主，品种齐全，注重自有品牌开发；采用自选销售方式，出入口分设，在收银台统一结算；设不低于营业面积40%的停车场；信息管理系统程度较高。

——仓储会员店：位于城乡结合部的交通要道；辐射半径5公里以上，目标顾客以中小零售店、餐饮店、集团购买和流动顾客为主；营业面积一般在6000平方米以上；以大众化衣、食、日用品为主，自有品牌占相当部分，商品在4000种左右，实行低价、批量销售；采用自选销售，出入口分设，在收银台统一结算；设相当于营业面积的停车场；信息管理系统程度较高并对顾客实行会员制管理。

——百货店：位于市、区级商业中心、历史形成的商业集聚地；目标顾客以追求时尚和品味的流动顾客为主；营业面积一般在6000平方米以上；综合性商品结构，门类齐全，以服饰、鞋类、箱包、化妆品、家庭用品、家用电器为主；采取柜台销售和开架面售相结合方式进行商品销售；注重服务，设餐饮、娱乐等服务项目和设施；信息管理系统程度较高。

——专业店：位于市、区级商业中心以及百货店、购物中心内；目标顾客以有目的选购某类商品的流动顾客为主；营业面积根据商品特点而定；以销售某类商品为主，体现专业性、深度性、品种丰富，选择余地大；采取柜台销售或开架面售方式进行商品销售；从业人员具有丰富的专业知识；信息管理系统程度较高。

——专卖店：一般位于市、区级商业中心、专业街以及百货店、购物中心内；目标顾客以中高档消费者和追求时尚的年轻人为主；以销售某一品牌系列商品为主，具有销售量少、质优、高毛利等特点；采取柜台销售或开架面售方式进行商品销售，商店陈列、照明、包装、广告讲究；注重品牌声誉，从业人员具备丰富的专业知识，提供专业性服务；信息管理系统程度一般。

——家居建材商店：位于城乡结合部、交通要道或消费者自有房产比较高的地区；目标顾客以拥有自有房产的顾客为主；营业面积一般在6000平方米以上；经营商品以改善、建设家庭居住环境有关的装饰、装修等用品、日用杂品、技术及服务为主；采取开架自选方式销售商品；提供一站式购足和一条龙服务，停车位一般在300个以上；信息管理系统程度较高。

——厂家直销中心：一般远离市区；目标顾客多为重视品牌的有目的的购买；单个建筑面积在100-200平方米左右；品牌商品生产商直接设立，商品均为本企业的品牌；采用自选式售货方式进行商品销售；各个租赁店使用各自的信息管理系统。

——其　　他：指上述未列明的零售业态。

批发零售贸易业　指不直接从事商品的生产，而是从农业、工业或其他的单位那里购买（或调拨）成品或半成品，未做任何加工，或只做简单的加工（如进行简单的分类、清洗、整理和包装等），通过转卖以获取利益的单位。

餐饮业　指在一定的场所（永久、半永久或临时性的设施）内，以烹饪、调制等手段，向购买者提供各种主要供现场消费的食品、饮料，并且所提供的这种服务要大于所提供的其他服务（如娱乐）的单位。

住宿业　指有偿为顾客提供临时住宿的服务活动。不包括提供长期住宿场所的活动（如出租房屋、公寓等）

批　发　指除零售以外的一切商品销售活动，包括对生产经营单位批发、对批发零售贸易业批发和出口。

零　售　指售给城乡居民直接用于生活消费的商品和社会集团直接用于公用消费的商品。包括：(1)售给城乡居民生活用的消费品；(2)售给机关、团体、学校、部队、企业、事业单位附设的专供本单位人员食用，不对外营业的食堂的各种食品、燃料；(3)售给部队干部、战士生活用的粮食、副食品、衣着品、日用品、燃料；(4)售给来华外国人、华侨、港澳台同胞的消费品；(5)售给行政事业单位、社会团体的办公、纸张、帐册、文印用品、计算工具、书报杂志和奖品；公共用品的纺织品、针织品；学校用的教学用品；文体用品；非专用的劳动保护用品，如工作服、套袖、围群、手套、毛巾、肥皂等；日用百货和杂品，包括职工食堂用的餐具、炊具、设备和清洁卫生工具等；家具、设备、日用电器、电讯设备、电影器材和照相器材，取暖用的设备和燃料，防暑、降温的饮料；供职工乘用的交通工具和油料；零星修理各种公用消费品、生活用房屋的各种零配件、材料、工具、建筑材料等；中、西药品、中药材和医疗器材；其他非生产性设备和用品。

16

对外贸易与国际旅游

FOREIGN ECONOMY TRADE
AND INTERNATIONAL
TOURISM

16-1 海关进出口商品总值

TOTAL VALUE OF IMPORTS AND EXPORTS BY CATEGORY OF COMMODITIES

单位:万美元

指　　标	2009年 进出口总额	出　口	进　口	2008年 进出口总额	出　口	进　口
总　值	565704	304706	260998	802699	459720	342979
按贸易方式分						
一般贸易	412095	192039	220056	671397	370267	301130
援助物资	731	731	–	889	889	–
捐赠物资	–	–	–	–	–	–
补偿贸易	–	–	–	–	–	–
来料加工装配贸易	3332	2338	994	3836	2554	1282
进料加工贸易	75437	56789	18648	77387	52620	24767
对外承包工程出口货物	45052	45052		25762	25762	–
投资设备	4508	–	4508	4322	–	4322
出料加工贸易	–	–	–	–	–	–
出口加工区进口设备	20	–	20	16	–	16
易货贸易	–	–	–	–	–	–
保税仓库进出境货物	24361	7664	16697	18875	7519	11356
来料加工装配进口设备	–	–	–	–	–	–
租赁贸易	–	–	–	–	–	–
其他贸易	168	93	75	215	109	106
按运输方式分						
江海运输	477937	276146	201791	718930	422702	296228
铁路运输	3171	2789	382	9595	8992	603
汽车运输	4869	2589	2280	11800	8778	3022
航空运输	42141	17400	24741	45744	12117	33627
邮　运	1935	1831	104	1821	1672	149
其　他	35651	3951	31700	14809	5459	9350
按企业性质分						
国有企业	241842	124706	117136	422418	225743	196675
集体企业	16727	12015	4712	30746	24135	6611
外商投资企业	171938	97962	73976	179343	114935	64408
中外合资	115100	57458	57642	3579	3293	286
中外合作	3605	3419	186	110927	68176	42751
外商独资	53233	37084	16149	64837	43466	21371
其　他	135197	70023	65174	170192	94907	75285

16-2 主要国别(地区)海关进出口商品总值

TOTAL VALUE OF IMPORTS AND EXPORTS OF MAIN COUNTRIES OR TERRITORIES BY CATEGOTY OF COMMODITIES　　单位:万美元

国　别(地区)	2009年 进出口总值			2008年 进出口总值		
		出口	进口		出口	进口
总　值	565704	304706	260998	802699	459720	342979
亚　洲	241360	150160	91200	346745	245527	101218
香　港	4515	3779	736	6267	5485	782
印　度	63122	50286	12836	48946	41995	6951
印度尼西亚	9666	3883	5783	8275	4324	3951
日　本	55008	26596	28412	61026	27778	33248
马来西亚	20016	3877	16139	31249	20675	10574
巴基斯坦	1462	1439	23	3065	3044	21
菲律宾	2012	1716	296	2993	2606	387
卡塔尔	474	74	400	988	332	656
沙特阿拉伯	4112	1701	2411	6312	5692	620
新加坡	6072	3089	2983	15931	12597	3334
韩　国	28727	19154	9573	61600	48288	13312
泰　国	4245	2677	1568	17058	5398	11660
土耳其	2921	2199	722	5075	2455	2620
阿拉伯联合酋长国	4028	2443	1585	6847	5743	1104
越　南	6677	6582	95	22746	22722	24
台湾省	7796	3919	3877	12313	5738	6575
非　洲	35284	28375	6909	45376	43195	2181
埃　及	1643	1643	–	3717	2057	1660
南　非	9314	2639	6675	5049	4597	452
欧　洲	118947	54340	64607	159879	89173	70706
比利时	4080	2947	1133	7273	6324	949
英　国	7802	5941	1861	6559	5586	973
德意志联邦共和国	41816	14929	26887	47197	19973	27224
法　国	6957	2451	4506	6957	4129	2828
意大利	10269	5142	5127	12282	8057	4225
荷　兰	7350	4192	3158	6889	5187	1702
西班牙	5950	5082	868	9647	8764	883
芬　兰	2346	482	1864	1978	781	1197
瑞　典	4983	1115	3868	4601	1538	3063
瑞　士	2807	244	2563	2235	130	2105
俄罗斯	4858	3391	1467	34578	14302	20276
拉丁美洲	50063	29111	20952	114151	36917	77234
阿根廷	2595	889	1706	2992	2983	9
巴　西	23384	11422	11962	67216	13459	53757
智　利	8354	1461	6893	20873	1671	19202
墨西哥	2779	2652	127	4613	4460	153
北美洲	81839	22743	59096	73614	35333	38282
加拿大	8572	2323	6249	10899	4361	6538
美　国	73257	20411	52846	62701	30966	31735
大洋洲	38212	19977	18235	62932	9575	53358
澳大利亚	24357	7663	16694	60962	8781	52181
新西兰	1734	193	1541	1597	421	1176

16-3 海关进出口商品分类金额

VALUE OF IMPORTS AND EXPORTS BY CATEGORY OF COMMODITIES 单位:万美元

商 品 类 别	2009年		2008年	
	出口	进口	出口	进口
总 值	304706	260998	459720	342979
活动物;动物产品	38	1593	91	1631
活动物	–	–	–	–
肉及食用杂碎	6	4	28	–
鱼、甲壳动物、软体动物及其他水生无脊椎动物	–	331	0	303
乳品;蛋品;天然蜂蜜;其他食用动物产品	30	1251	57	1328
其他动物产品	2	7	6	–
植物产品	1518	1563	2387	559
活树及其他活植物;鳞茎、根及类似品;插花及装饰用簇叶	1	1	2	14
食用蔬菜、根及块茎	714	13	1267	26
食用水果及坚果;柑桔属水果或甜瓜的果皮	442	43	624	8
咖啡、茶、马黛茶及调味香料	80	20	37	38
谷 物	–	22	16	22
制粉工业产品;麦芽;淀粉、菊粉;面筋	103	…	188	39
含油子仁及果实;杂项子仁及果实;工业用或药用植物;稻草、秸秆及饲料	176	1457	252	383
虫胶;树胶、树脂及其他植物液、汁	–	6	–	–
编结用植物材料;其他植物产品	2	1	1	29
动、植物油、脂及其分解产品;精制的食用油脂;动、植物蜡	97	12040	122	10043
动、植物油、脂及其分解产品;精制的食用油脂;动、植物蜡	97	12040	122	10043
食品;饮料、酒及醋;烟草、烟草及烟草用品的制品	1596	727	1229	1003
肉、鱼、甲壳动物、软体动物及其他水生无脊椎动物的制品	12	–	5	–
糖及糖食	15	24	16	24
可可及可可制品	–	8	–	1
谷物、粮食粉、淀粉或乳的制品;糕饼点心	80	1	53	2
蔬菜、水果、坚果或植物其他部分的制品	549	–	661	–
杂项食品	54	95	75	120
饮料、酒及醋	…	422	1	258
食品工业的残渣及废料;配制的动物饲料	886	177	418	598
烟草、烟草及烟草代用品的制品	…	–	–	–
矿产品	480	64393	2643	174656
盐;硫磺;泥土及石料;石膏料、石灰及水泥	479	56	2642	374
矿砂、矿渣及矿灰	–	45792	–	135868
矿物燃料、矿物油及其蒸馏产品;沥青物质;矿物蜡	1	18545	1	38414

16-3续1

商品类别	2009年		2008年	
	出口	进口	出口	进口
化学工业及其相关工业的产品	30770	5322	42504	8195
无机化学品；贵金属、稀土金属、放射性元素及其同位素的有机及无机化合物	855	1377	1211	2276
有机化学品	16130	1203	21598	2487
药　品	4728	374	1210	95
肥　料	3950	–	12226	–
鞣料浸膏及染料浸膏；鞣酸及其衍生物；染料、颜料及其他着色料；油漆及清漆；油灰及其他胶粘剂；墨水、油墨	1104	743	1043	976
精油及香膏；芳香料制品及化妆盥洗品	35	29	45	13
肥皂、有机表面活性剂、洗涤剂、润滑剂、人造蜡、调制蜡、光洁剂、蜡烛及类似品、塑料用膏、“牙科用蜡”及牙料用熟石膏制剂	299	196	168	287
蛋白类物质；改性淀粉；胶；酶	236	85	418	110
炸药；烟火制品；火柴；引火合金；易燃材料制品	…	–	15	–
照相及电影用品	19	25	–	8
杂项化学产品	3414	1290	4570	1943
塑料及其制品；橡胶及其制品	6881	18286	8277	14810
塑料及其制品	6254	17474	7632	13541
橡胶及其制品	627	812	645	1269
生皮、皮革、毛皮及其制品；鞍具及挽具；旅行用品、手提包及类似容器、动物肠线(蚕胶丝除外)制品	802	59	971	63
生皮(毛皮除外)及皮革	1	33	10	54
皮革制品；鞍具及挽具；旅行用品、手提包及类似容器；动物肠线(蚕胶丝除外)制品	793	22	948	2
毛皮、人造毛皮及其制品	8	4	13	7
木及木制品；木炭；软木及软木制品；稻草、秸秆、针茅或其他编结材料制品；蓝筐及柳条编结品	1440	582	1865	322
木及木制品；木炭	440	581	849	322
软木及软木制品	2	–	1	–
稻草、秸秆、针茅或其他编结材料制品；蓝筐及柳条编结品	998	1	1015	–
木浆及其他纤维状纤维素浆；回收(废碎)纸或纸板；纸、纸板及其制品	741	21722	803	10093
木浆及其他纤维状纤维素浆；回收(废碎)纸或纸板	…	21214	–	9516
纸及纸板；纸浆、纸或纸板制品	711	504	770	554
书籍、报纸、印刷图画及其他印刷品；手稿、打字稿及设计图纸	30	4	33	23

16-3续2

商品类别	2009年		2008年	
	出口	进口	出口	进口
纺织原料及纺织制品	20855	1970	21790	3154
蚕　丝	172	–	175	2
羊毛、动物细毛或粗毛；马毛纱线及其机织物	–	142	8	230
棉　花	488	168	769	1243
其他植物纺织纤维；纸纱线及其机织物	6	50	4	12
化学纤维长丝	297	434	498	682
化学纤维短纤	1549	389	1310	340
絮胎、毡呢及无纺织物；特种纱线；线、绳、索、缆及其制品	452	283	535	196
地毯及纺织材料的其他铺地制品	122	26	155	50
特种机织物；簇绒织物；花边；装饰毯；装饰带；刺绣品	85	136	275	123
浸渍、涂布、包覆或层压的纺织物；工业用纺织制品	207	52	162	44
针织物或钩编织物	14	85	20	77
针织或钩编的服装及衣着附件	9365	…	8668	–
非针织或非钩编的服装及衣着附件	4832	15	5258	19
其他纺织制成品；成套物品；旧衣着及旧纺织品；碎织物	3266	190	3953	136
鞋、帽、伞、杖、鞭及其零件；已加工的羽毛及其制品；人造花；人发制品	654	…	688	–
鞋靴、护腿和类似品及其零件	122	–	110	–
帽类及其零件	117	…	166	–
雨伞、阳伞、手杖、鞭子、马鞭及其零件	8	…	4	–
已加工羽毛、羽绒及其制品；人造花；人发制品	407	–	408	–
石料、石膏、水泥、石棉、云母及类似材料的制品；陶瓷产品；玻璃及其制品	8911	720	9162	1075
石料、石膏、水泥、石棉、云母及类似材料的制品	1100	382	1257	381
陶瓷产品	3395	50	3267	296
玻璃及其制品	4416	288	4638	398
天然或养殖珍珠、宝石或半宝石、贵金属、包贵金属及其制品；仿手饰；硬币	32	42	2	18
天然或养殖珍珠、宝石或半宝石、贵金属、包贵金属及其制品；仿手饰；硬币	32	42	2	18
贱金属及其制品	55905	7080	158241	9036
钢　铁	22088	1348	112652	3831
钢铁制品	31715	2807	39278	2390
铜及其制品	316	1281	316	1681
镍及其制品	2	5		3

16-3续3

商品类别	2009年		2008年	
	出口	进口	出口	进口
铝及其制品	837	360	4952	420
铅及其制品	2	2	6	1
锌及其制品	9	201	57	26
锡及其制品	–	…		
其他贱金属、金属陶瓷及其制品	49	287	26	77
贱金属工具、器具、利口器、餐匙、餐叉及其零件	496	574	477	399
贱金属杂项制品	391	215	477	208
机器、机械器具、电气设备及其零件;录音机及放声机、电视图像、	94425	72255		
声音的录制和重放设备及其零件、附件			103065	71910
核反应堆、锅炉、机器、机械器具及其零件	62184	52119	63098	54667
电机、电气设备及其零件;录音机及放声机、电视图像、	32241	20136		
声音的录制和重放设备及其零件、附件			39965	17243
车辆、航空器、船舶及有关运输设备	64572	35061	92542	17075
铁道及电车道机车、车辆及其零件;铁道及电车道轨道固定装置	618	57		
及其零件、附件;各种机械(包括电动机械)交通信号设备			63	13
车辆及其零件、附件,但铁道及电车道车辆除外	35320	4236	75394	6476
航空器、航空器及其零件	1228	30741	990	10278
船舶及浮动结构体	27406	27	16095	308
光学、照相、电影、计量、检验、医疗或外科用仪器及设备、	4801	17177		
精密仪器及设备;钟表;乐器;上述物品的零件、附件			3537	18898
光学、照相、计量、检验、医疗或外科用仪器及设备、	4721	17155		
精密仪器及设备;上述物品的零件、附件			3476	18890
钟表及其零件	2	22	6	8
乐器及其零件、附件	78	–	55	–
武器、弹药及其零件、附件	2	–	–	–
武器、弹药及其零件、附件	2	–	–	–
杂项制品	7807	407	8189	435
家具;寝具、褥垫、弹簧床垫、软坐垫及类似的填充制品;未列	5550	313		
名灯具及照明装置;发光标志、发光铭牌及类似品;活动房屋			5380	366
玩具、游戏品、运动用品及其零件、附件	1090	13	1174	1
杂项制品	1167	81	1635	68
艺术品、收藏品及古物	–	–	1	3
特殊交易品及未分类商品	2378	–	1613	3

16-4 按企业性质分海关进出口商品总值(2009年)

IMPORT AND EXPORT VALUE OF COMMODITIES BY OWNERSHIP(2009) 单位:万美元

指标	合计	国有企业	外商投资企业	中外合作	中外合资	外商独资	集体企业	其他
进口商品总值	260998	117136	73976	186	57642	16149	4712	65173
一般贸易	220056	104625	55437	135	43649	11653	4711	55283
捐赠物资	–	–	–	–	–	–	–	–
来料加工装配贸易	994	27	627	–	344	283	–	340
进料加工贸易	18648	11860	5449	51	3759	1639	–	1339
来料加工装配进口设备	–	–	–	–	–	–	–	–
租赁贸易	–	–	–	–	–	–	–	–
出口加工区进口设备	20	–	20	–	–	20	–	–
投资设备	4508	–	4508	–	1973	2535	–	–
保税仓库进出境货物	16697	615	7895	–	7895	–	–	8187
其他贸易	75	9	41	–	22	19	1	24
易货贸易	–	–	–	–	–	–	–	–
出口商品总值	304706	124706	97962	3419	57458	37084	12015	70023
一般贸易	192039	49942	68132	3209	37391	27532	11435	62530
援助物资	731	601	–	–	–	–	130	–
来料加工装配贸易	2338	69	1502	–	934	568	–	767
进料加工贸易	56789	30949	20562	210	11369	8983	6	5272
对外承包工程出口货物	45052	43139	112	–	112	–	438	1363
保税仓库进出境货物	7664	–	7652	–	7652	–	–	12
其他贸易	93	6	1	–	–	1	7	79

16-5 历年海关进出口总额

TOTAL IMPORTS AND EXPORTS BY CATEGORY(CUSTOMS STATISTICS) 单位:万美元

年份	进出口总额	进口总额	出口总额
1993	27446	21371	6075
1994	41746	23579	18167
1995	66587	29812	36775
1996	91347	48193	43154
1997	104230	52862	51368
1998	79943	45096	34847
1999	96125	60199	35926
2000	143935	86827	57108
2001	150143	90746	59397
2002	149264	79755	69509
2003	201554	117980	83545
2004	304678	167373	137305
2005	376213	198370	177843
2006	438930	194981	243949
2007	621804	278277	343527
2008	802699	342979	459720
2009	565704	260998	304706

16-6 利 用 外 资 情 况

UTILIZATION OF FOREIGN CAPITAL

指　　标	2004年	2005年	2006年	2007年	2008年	2009年
利用外资合同数(个)	152	148	149	129	69	74
对外借款	–	–	–	–	–	–
外商直接投资	152	148	149	129	69	74
外商其他投资	–	–	–	–	–	–
合同外资金额(万美元)	70085	112072	83293	102667	146672	115165
对外借款	–	–	–	–	–	–
外商直接投资	58426	94602	65823	102667	146672	115165
外商其他投资	11660	17470	17470	–	–	–
实际使用外资(万美元)	48269	54158	68203	61714	96441	98062
对外借款	9426	3140	4850	5643	9993	–
外商直接投资	20087	35128	40353	56071	86448	98062
外商其他投资	18756	15890	23000	–	–	–

16-7 对 外 经 济 技 术 合 作

TECHNOLOGICAL COOPERATION WITH FOREIGN COUNTRIES OR TERRITORIES

指　　标	单位	2004年	2005年	2006年	2007年	2008年	2009年
对外承包和劳务合作合同金额	万美元	21084	23346	82454	195285	392137	336350
对外承包	万美元	10884	7977	68352	178742	378661	324203
劳务合作	万美元	10200	15369	14102	14797	13476	12147
设计咨询	万美元	–	–	–	1746	–	–
对外承包和劳务合作合同项数	项	440	457	560	559	427	245
对外承包	项	63	59	37	58	30	28
劳务合作	项	377	398	523	493	397	217
设计咨询	项	–	–	–	8	–	–
对外承包和劳务合作营业额	万美元	26000	32114	47059	84730	85655	154792
对外承包	万美元	14640	19344	33726	64374	67614	136805
劳务合作	万美元	11360	12770	13333	18886	18041	17987
设计咨询	万美元	–	–	–	1470	–	–

16-8 出口500万美元以上企业一览表(2009年)

SUMMARY OF ENTERPRISES WITH ANNUAL EXPORTS VALUE ABOVE 5MILLION DOLLAR(2009)　　单位:万美元

单位名称	出口额	单位名称	出口额
山东电力基本建设总公司	28036	济南固锝电子有限公司	948
中国电子进出口山东公司	27392	济南实达紧固件有限公司	898
济南钢铁集团总公司	21201	济南元首针织股份有限公司	882
中国重汽集团	18896	济南百事达科技有限公司	880
济南玫德铸造有限公司	13856	中国山东国际经济技术合作公司	880
山东省冶金设计院有限责任公司	10435	山东立达进出口公司	860
山东太古飞机工程有限公司	7647	济南锅炉厂	859
齐鲁天和惠世制药有限公司	5763	济南巨龙纤维有限公司	853
济南轻骑摩托车股份有限公司	5363	济南成林塑胶制品有限公司	851
山东冠世时装加工有限公司	4897	济南天章纺织品进出口有限公司	841
济南松下映像产业有限公司	4407	济南博意达商贸有限公司	824
山东农业生产资料有限公司	3810	济南鲁阳锻造有限公司	823
浪潮进出口公司	3659	济南柴油机股份公司	814
济南台有玻璃有限公司	3102	济南邦和工贸有限公司	797
山东力诺光伏高科技有限公司	3015	NEC软件(济南)有限公司	772
浪潮网络科技公司	2796	山东凯莱(国际)贸易有限公司	727
济南绿霸化学品有限责任公司	2507	济南多保利机械有限公司	720
山东球墨铸铁管有限公司	2491	山东汇润丝绸有限公司	696
齐鲁安替比奥制药有限公司	2143	济南市冶金科学研究所	676
山东中氟化工科技有限公司	1961	商河宏业棉纺织（集团）有限公司	633
济南鲁东耐火材料有限公司	1753	山东诺思家纺织品有限公司	628
章丘海尔电机有限公司	1673	西门子变压器有限公司	625
济南考格尔特种汽车有限公司	1614	济南重工股份公司	618
山东源和电站工程技术有限公司	1567	翰森公司	606
济南弘正科技有限公司	1527	济南轻骑标志摩托车有限公司	602
山东力诺瑞特新能源有限公司	1525	济南海富塑胶公司	600
华民铸锻公司	1523	济南景泽贸易有限公司	595
山东圣泉化工股份有限公司	1505	甘霖公司	579
齐鲁制药厂平阴分厂	1419	济南派克线缆有限公司	574
华辰海外公司	1387	山东德礼贸易发展有限公司	568
济南美捷家用纺织品有限公司	1359	山东普利贸易有限公司	563
山东威明汽车产品有限公司	1190	济南冠益制衣有限公司	560
山东胜利股份有限公司	1173	山东棉机公司	549
济南华菱劲通钢管有限公司	1165	济南轨道交通装备有限责任公司	548
山东冠世针织有限公司	1062	山东克莱特服饰有限公司	547
济南万方炭素有限责任公司	1029	济南思迈迩制衣有限公司	541
山东省华源经贸公司	997	山东丰汇设备技术有限公司	530
济南华辰实业有限责任公司	982	济南晶恒有限责任公司	519
济南澳海炭素有限公司	953	济南博世磨具公司	508

16-9 涉外宾馆接待国际旅游者

FOREIGN TOURISTS RECEIVED BY TOURIST HOTELS

指　　标	2004年	2005年	2006年	2007年	2008年	2009年
国际旅游者人数合计(人次)	106643	120164	135940	160609	170263	187303
外国人	58039	69762	82134	97048	107487	116357
#日　本	12566	13273	17069	19826	22000	24848
菲律宾	235	478	313	961	1464	1176
新加坡	4226	4520	5605	6204	6642	7519
韩　国	11125	15232	18223	22019	23665	26523
加拿大	1827	2531	2881	3421	3909	4088
英　国	1019	1640	1953	2557	2955	3110
德　国	2247	2935	3422	3632	3900	4113
法　国	1148	1794	1930	2559	2929	3024
意大利	687	922	977	1300	1487	1541
瑞　士	137	280	255	439	536	573
澳大利亚	1385	1608	2463	2996	4008	4559
新西兰	185	225	584	705	874	1149
美　国	6838	8042	9348	10930	12025	12000
港澳和台湾同胞	48604	50402	53806	63651	62776	70946
#台湾同胞	19009	19273	19788	20547	21782	24541
国际旅游者人天数合计(人天)	193741	217634	278496	334722	355482	424977
外国人	118546	133777	202368	231992	236716	267238
港澳和台湾同胞	75195	83857	76128	102730	118766	157739
#台湾同胞	28639	34647	29406	35528	44160	53971
旅游外汇收入(亿美元)	0.37	0.42	0.53	0.71	0.83	0.93
#商品性收入	0.07	0.08	0.11	0.14	0.16	0.18
附:平均每天来济国际旅游人数(人次)	292	329	372	440	466	513
星级宾馆开房率(%)	60.0	57.1	59.6	70.5	63.8	63.3

16-10 济南与国外结成友好城市一览表(2009年末)

FOREIGN FRIENDLY CITIES OF JINAN(END OF 2009)

国别	城市	缔结日期
日本	和歌山市	1983.1.14
英国	考文垂市	1983.10.3
美国	萨克拉门托市	1985.5.29
日本	山口市	1985.9.20
加拿大	里贾纳市	1987.8.10
巴布亚新几内亚	首都地区	1988.9.28
韩国	水原市	1993.9.27
俄罗斯	下诺夫哥罗德市	1994.9.25
芬兰	万达市	2001.8.27
法国	雷恩市	2002.7.17
澳大利亚	郡德乐普市	2003.9.4
德国	奥格斯堡市	2004.10.10
乌克兰	哈尔克夫市	2007.5.23
以色列	卡法萨巴市	2009.5.11
白俄罗斯	维捷布斯克市	2009.9.20
佛得角	普拉亚市	2009.9.22

16-11 济南与各友好城市交流

BASIC STATISTICS OF TRANSMISSION BETWEEN FOREIGN FRIENDLY CITIES AND JINAN

指标	2004年	2005年	2006年	2007年	2008年	2009年
出访交流考察						
批数	24	20	18	418	35	16
人次	350	240	216	1533	200	94
派出进修生						
批数	2	3	–	–	–	–
人次	5	64	–	–	–	–
接待来访团组						
批数	36	25	29	282	35	31
人次	410	380	612	5128	450	185

主要统计指标解释

EXPLANATORY NOTES ON MAIN STATISTICAL INDICATORS

海关进出口总额 指实际进出我国国境的货物总金额。包括对外贸易实际进出口货物，来料加工装配进出口货物，国家间、联合国及国际组织无偿援助物资和赠送品，华侨、港澳台同胞和外籍华人捐赠品，租赁期满归承租人所有的租赁货物，进料加工进出口货物，边境地方贸易及边境地区小额贸易进出口货物（边民互市贸易除外），中外合资企业、中外合作经营企业、外商独资经营企业进出口货物和公用物品，到、离岸价格在规定限额以上的进出口货样和广告品（无商业价值、无使用价值和免费提供出口的除外），从保税仓库提取在中国境内销售的进口货物，以及其他进出口货物。进出口总额用以观察一个国家在对外贸易方面的总规模。我国规定出口货物按离岸价格统计，进口货物按到岸价格统计。

利用外资 指我国各级政府、部门、企业和其他经济组织通过对外借款、吸收外商直接投资以及用其他方式筹措的境外现汇、设备、技术等。

对外借款 是我国利用外资的重要部分。指通过对外正式签订借款协议，从境外筹措的资金，包括外国政府贷款、国际金融组织贷款、外国银行商业贷款、出口信贷以及对外发行债券等。1996年及以前还包括对外发行股票。

外商直接投资 指外国企业和经济组织或个人（包括华侨、港澳台胞以及我国在境外注册的企业）按我国有关政策、法规，用现汇、实物、技术等在我国境内开办外商独资企业、与我国境内的企业或经济组织共同举办中外合资经营企业、合作经营企业或合作开发资源的投资（包括外商投资收益的再投资）。即"外方投资者的投资股本"和总投资与注册资本差额部分的"外方股东对企业的直接贷款"。

外商其他投资 指除对外借款和外商直接投资以外的各种利用外资的形式。包括企业在境内外股票市场公开发行的以外币计价的股票（目前主要是在香港证券市场发行的H股和在境内证券市场发行的B股）发行价总额，国际租赁进口设备的应付款，补偿贸易中外商提供的进口设备、技术、物料的价款，加工装配贸易中外商提供的进口设备、物料的价款，外商投资企业差额借款。

对外承包工程 指各对外承包公司以招标议标承包方式承揽的下列业务：⑴承包国外工程建设项目，⑵承包我国对外经援项目，⑶承包我国驻外机构的工程建设项目，⑷承包我国境内利用外资进行建设的工程项目，⑸与外国承包公司合营或联合承包工程项目时我国公司分包部分，⑹对外承包兼营的房屋开发业务。对外承包工程的营业额是以货币表现的本期内完成的对外承包工程的工作量，包括以前年度签订的合同和本年度新签订的合同在报告期内完成的工作量。

对外劳务合作 指以收取工资的形式向业主或承包商提供技术和劳动服务的活动。我国对外承包公司在境外开办的合营企业，中国公司同时又提供劳务的，其劳务部分也纳入劳务合作统计。劳务合作营业额按报告期内向雇主提交的结算数（包括工资、加班费和奖金等）统计。

对外设计咨询 指以服务成果向业主收费的技术服务项目。包括承担地形地貌测绘，地质资源勘探与普查，建设区域规划，提供设计文件、图纸、生产工艺技术资料和工程技术经济咨询，工程项目的可行性考察、研究和评估，进行技术指导和培训人员等；也包括承担国（境）内利用外资进行建设的工程项目的上述规定的设计咨询项目的收取外币部分。

旅游者人数 包括入境国际旅游者人数、出境居民人数和国内旅游者人数。

⑴入境国际旅游者人数：指来中国参观、访问、旅行、探亲、访友、休养、考察、参加会议和从事经济、科技、文化、教育、宗教等活动的外国人、华侨、港澳同胞和台湾同胞的人数。不包括外国在我国的常驻机构，如使领馆、通讯社、企业办事处的工作人员；来我国常住的外国专家、留学生以及在岸逗留不过夜人员。

⑵出境居民人数：指大陆居民因公务活动或私人事务短期出境的人数。公务活动出境居民人数包括在国际交通工具上的中国服务员工，因私出境居民人数不包括在国际交通工具上的中国服务员工。

⑶国内旅游者人数：指我国大陆居民和在我国常住1年以上的外国人、华侨、港澳台同胞离开常住地在境内其他地方的旅游设施内至少停留一夜，最长不超过6个月的人数。

国际旅游(外汇)收入 指入境旅游的外国人、华侨、港澳同胞和台湾同胞在中国大陆旅游过程中发生的一切旅游支出，对于国家来说就是国际旅游（外汇）收入。

国际旅行社 指经营对外招徕并接待外国人、华侨、港澳同胞和台湾同胞来中国、归国或回内地旅游业务的旅行社。

国内旅行社 指负责经营招徕、组团、接待国内旅客的旅游业务，以及不对外招徕，负责经营接待国际旅行社或其它涉外部门组织的外国人、华侨、港澳同胞和台湾同胞来中国、归国或回内地的旅游业务的旅行社。

涉外饭店 指经有关部门批准，允许接待外国人、华侨、港澳同胞和台湾同胞的饭店。

三资企业 指中外合资经营企业、中外合作经营企业、外资企业、港澳台与大陆合资经营企业、港澳台与大陆合作经营企业，港澳台独资企业。

建成投产企业 指已完成原企业合同中规定的基建规模后已投入正常生产，或已正式开业经营。

从业人员 指在三资企业中工作，并取得劳动报酬或经营收入的全部人员。

外国人 包括加入外国国籍的中国血统华人，外国人的国别按所持护照区分。

华侨 指定居在国外但未加入外国国籍的中国同胞。从2000年起，华侨统计在外国人内。

港澳同胞和台湾同胞 指居住在我国港澳地区和台湾省的中国同胞，凡已加入外国国籍或定居在其他国家、地区的港澳和台湾同胞，应列为"外国人"或"华侨"。

客房出租率 指报告期客房实际出租天数除以报告期客房可出租天数的百分数。

科　技

SCIENCE AND TECHNOLOGY

17－1 科技综合情况

BASIC STATISTICS ON SCIENCE AND TECHNOLOGY

指标	单位	2003年	2004年	2005年	2006年	2007年	2008年
R&D活动人员	人年	13352	14675	16800	20102	23294	23697
R&D活动经费支出	万元	162492	243141	339413	420865	518560	576555
有科技活动的单位数	个	401	395	406	424	431	468
科技活动人员	人	45830	45523	50391	52427	56316	53286
#科学家和工程师	人	35564	33909	38150	38076	43775	42301
科技活动经费筹集额总额	万元	424793	524514	646195	766415	986089	1070468
政府资金	万元	72926	90113	100315	142302	160173	238921
企业资金	万元	262522	382835	494631	560429	749374	956930
事业单位资金	万元	55728	29718	34045	39110	51694	165554
融机构贷款	万元	20978	10995	10937	21947	17785	168214
国外资金	万元	29	678	97	221	2668	156619
其他资金	万元	12610	10175	6170	2406	4123	163277
科技活动经费支出总额	万元	426331	542854	652083	818972	995041	1195807
内部支出	万元	411540	511159	624867	775315	952309	1144751
#经常性支出	万元	392406	489584	601895	703643	914644	992623
#人员劳务费	万元	122635	152880	152177	183677	238677	373610
#固定资产购建	万元	94066	121211	160658	254213	251122	516181
#设备购置	万元	82143	112546	146320	236810	234600	463480
外部支出	万元	14791	31695	27216	43638	42731	192260
科技成果情况							
专利申请数	件	848	940	1202	1912	1908	2657
#发明专利申请数	件	241	341	407	727	755	1240
拥有发明专利数	件	302	704	1304	1570	2928	1943
科技项目（课题）情况							
项目（课题）数	项	6699	6396	6631	9218	10356	11469
项目参加人员折合全时当年	人年	16332	16064	16972	22888	29329	31675

17-2 科技项目（课题）情况(2008年)

BASIC STATISTICS ON SCIENCE AND TECHNOLOGICAL ITEMS(2008)

指标	项目（课题）数（项）	项目(课题)参加人员折合全时当量（人年）		项目（课题）实际经费支出（万元）
			科学家和工程师	
总计	11469	31675	27336	627945
按执行部门分组				
科研机构	1783	4293	3394	36101
高等院校	7001	6228	5881	36218
规模以上工业企业	1899	17076	14343	536872
其他	786	4078	3718	18754
按活动类型分组				
基础研究	3370	3002	2829	10198
应用研究	4212	6312	5850	37325
试验发展	2209	15327	12733	379346
研究与试验发展成果应用	1390	6634	5636	197322
科技服务	288	400	288	3754
按学科分组				
自然科学	1093	1404	1255	12759
农业科学	708	1172	1011	9572
医药科学	1557	4070	3707	12928
工程与技术科学	4591	23626	20025	588764
人文与社会科学	3520	1403	1338	3922
按项目来源分组				
国家科技项目	2172	4326	3970	80963
地方科技项目	4737	10292	8990	84896
企业委托科技项目	1092	1433	1260	25554
自选科技项目	2755	14621	12248	427813
来自国外的科技项目	135	216	202	1740
其他科技项目	578	787	666	6980
按项目合作形式分组				
与境外机构合作	73	399	332	16121
与国内高校合作	405	2263	2061	29858
与国内独立研究机构合作	300	1539	1343	60259
与境内注册外商独资企业合作	23	161	143	3580
与境内注册其他企业合作	709	1696	1468	54070
独立完成	6457	23761	20284	457219
其他	3502	1856	1705	6838

17－3 科 技 投

BASIC STATISTICS ON SCIENTIFIC

指　　标	单　位	合　计	
			科研机构
单位数	个	2619	123
#有科技活动单位数	个	468	123
单位科技活动人员	人	53286	2704
#科学家和工程师	人	42301	1775
科技经费筹集	万元	1070468	159868
#政府资金	万元	238921	158216
企业资金	万元	956930	156741
事业单位资金	万元	165554	155809
金融机构贷款	万元	168214	155809
国外资金	万元	156619	155809
其他资金	万元	163277	156531
科技经费支出	万元	1195807	162088
#内部支出	万元	1144751	162054
#经常费支出	万元	992623	161362
#人员劳务费	万元	373610	145203
科研基建支出	万元	283599	142970
外部支出	万元	192260	142312
有R&D活动的单位数	个	327	63
R&D人员折合全时人员	人年	23697	354
#科学家和工程师	人年	20773	337
全时人员	人年	17792	255
R&D经费内部支出	万元	576555	44156
#经常费支出	万元	566072	41415
#基础研究	万元	16065	2556
应用研究	万元	65516	16236
试验发展	万元	484491	22623

入 情 况 （2008年）

AND TECHNOLOGICAL FUNDS(2008)

高等院校	规模以上工业企业	其 他	中 央	地 方
13	2016	467	105	2517
12	225	108	29	439
11394	29154	10034	9559	43727
9166	22400	8960	6959	35342
87046	773627	49926	105516	964951
53112	17512	10081	37288	201633
25520	746068	28601	63551	893380
4343	0	5402	1382	164172
0	9009	3396	1435	166779
374	418	18	1061	155558
3698	619	2429	4277	159000
83160	886636	63923	115830	1087978
70432	851226	62114	96847	1056979
68943	712085	59296	93000	916687
12738	164884	50785	16536	357074
1488	139141	0	4939	278660
12728	35410	1809	20075	172185
13	151	100	20	307
5814	12706	4823	3723	19975
5480	10597	4359	3355	17418
2152	11421	3964	1820	15972
42256	449045	41098	28201	548354
41290	442521	40846	28045	538027
13134	0	375	5884.34	9806
27036	5211	17033	9698.49	46862
1121	437309	23438	10456	460355

17-4 规模以上工业企业科技活动情况(2008年)

MAIN INDICATORS OF INDUSTRIAL ENTERPRISES ABOVE DESIGNATED SIZE(2008)

单位：个

指　　　标	企业数	有科技活动的单位数	科技活动项目数	企业办科技机构数
总　计	2016	225	1736	137
按登记注册类型分				
国　有	82	16	188	9
集　体	103	5	102	5
股份合作	16	3	7	2
国有联营	2	2	158	1
国有独资公司	7	5	212	5
其他有限责任公司	372	66	526	37
股份有限公司	68	21	200	21
私营有限责任公司	765	63	163	33
与港澳台商合资经营	42	6	16	3
中外合资经营	95	17	60	5
按工业行业大类分				
采矿业	37	0	0	0
煤炭开采和洗选业	9	0	0	0
石油和天然气开采业	3	0	0	0
黑色金属矿采选业	4	0	0	0
非金属矿采选业	21	0	0	0
制造业	1936	221	1694	135
农副食品加工业	112	2	5	2
食品制造业	73	5	7	3
饮料制造业	35	4	52	2
烟草制品业	1	1	52	1
纺织业	68	5	13	4

17-4续

指　　标	企业数	有科技活动的单位数	科技活动项目数	企业办科技机构数
纺织服装、鞋、帽制造业	27	0	0	0
皮革、毛皮、羽毛(绒)及其制品业	6	2	3	1
木材加工及木、竹、藤、棕、草制品业	16	0	0	0
家具制造业	17	0	0	0
造纸及纸制品业	30	1	1	1
印刷业和记录媒介的复制	41	1	11	1
文教体育用品制造业	14	0	0	0
石油加工、炼焦及核燃料加工业	14	1	3	1
化学原料及化学制品制造业	166	15	114	7
医药制造业	83	16	136	10
化学纤维制造业	1	0	0	0
橡胶制品业	11	1	16	1
塑料制品业	67	1	1	0
非金属矿物制品业	177	16	91	10
黑色金属冶炼及压延加工业	20	2	156	2
有色金属冶炼及压延加工业	20	2	8	1
金属制品业	117	2	23	1
通用设备制造业	340	33	273	28
专用设备制造业	125	20	94	12
交通运输设备制造业	115	15	204	7
电气机械及器材制造业	108	27	140	15
通信设备、计算机及其他电子设备制造业	45	22	154	10
仪器仪表及文化、办公用机械制造业	62	26	135	14
工艺品及其他制造业	23	1	2	1
废弃资源和废旧材料回收加工业	2	0	0	0
电力、燃气及水的生产和供应业	43	4	42	2
电力、热力的生产和供应业	24	3	41	1
燃气生产和供应业	9	0	0	0
水的生产和供应业	10	1	1	1

17-5 规模以上工业企业技术改造及引进吸收(2008年)

INNOVATION AND RESORB OF INDUSTRIAL ENTERPRISES ABOVE DESIGNATED SIZE(2008)　单位：万元

指　标	技术改造经费支出	技术引进经费支出	用于消化吸收经费支出	购买国内技术支出
总　计	408180	12116	2112	6195
按登记注册类型分				
国　有	67315	828	61	1226
集　体	18713	1020	438	1320
股份合作	280	437	79	3
国有联营	112123	8729	741	1563
国有独资公司	99338	0	0	0
其他有限责任公司	27624	70	575	573
股份有限公司	39251	329	73	1390
私营有限责任公司	11054	0	38	65
与港澳台商合资经营	0	0	0	0
中外合资经营	2920	500	60	0
按工业行业大类分				
制造业	374628	12116	2112	6195
农副食品加工业	0	40	0	0
饮料制造业	172	0	0	0
烟草制品业	3691	0	0	0
纺织业	2120	0	0	0
皮革、毛皮、羽毛(绒)及其制品业	1980	0	60	0
印刷业和记录媒介的复制	255	201	47	0
石油加工、炼焦及核燃料加工业	18546	0	0	1138
化学原料及化学制品制造业	18638	1020	307	1380
医药制造业	10620	90	133	70
橡胶制品业	80	0	0	0
非金属矿物制品业	20047	437	135	63
黑色金属冶炼及压延加工业	112123	8729	741	1563
金属制品业	10176	0	0	0
通用设备制造业	22259	3	107	364
专用设备制造业	4074	0	211	283
交通运输设备制造业	95763	239	0	482
电气机械及器材制造业	37248	1328	61	753
通信设备、计算机及其他电子设备制造业	4494	0	0	16
仪器仪表及文化、办公用机械制造业	12344	30	310	84
电力、燃气及水的生产和供应业	33553	0	0	0
电力、热力的生产和供应业	33523	0	0	0
水的生产和供应业	30	0	0	0

17-6 规模以上工业企业技术资源(2008年)

TECHNICAL RESOURCES OF INDUSTRIAL ENTERPRISES ABOVE DESITNATED SIZE(2008)

指　　标	科技活动经费（万元）	新产品产值（万元）	科学研究与发展活动人员数（人）	R&D人员折合全时当量（人年）
总　计	886636	7336737	14474	12708
按登记注册类型分				
国　有	82310	496633	727	595
集　体	17705	183445	475	419
股份合作	2698	21333	104	78
国有联营	211295	1396705	1221	925
国有独资公司	217418	2062147	2392	2185
其他有限责任公司	215146	1645515	4712	4253
股份有限公司	47996	526437	2074	1750
私营有限责任公司	21591	115996	1152	1017
与港澳台商合资经营	6996	94788	296	284
中外合资经营	31564	72127	400	342
按工业行业大类分				
制造业	853059	7336737	14367	12618
农副食品加工业	3100	9530	15	15
食品制造业	1166	6241	89	89
饮料制造业	3435	27247	431	293
烟草制品业	16376	340650	199	177
纺织业	1959	7648	34	34
皮革、毛皮、羽毛(绒)及其制品业	1855	9809	0	0
造纸及纸制品业	75	0	7	7
印刷业和记录媒介的复制	2360	25756	82	80
石油加工、炼焦及核燃料加工业	766	0	73	73
化学原料及化学制品制造业	20791	173196	545	439
医药制造业	56914	308904	1134	1078
橡胶制品业	560	4310	62	56
塑料制品业	44	0	10	10
非金属矿物制品业	38597	262712	656	592
黑色金属冶炼及压延加工业	210936	1402358	1197	901
有色金属冶炼及压延加工业	1201	15182	60	57
金属制品业	7046	126172	36	36
通用设备制造业	47908	395513	1829	1533
专用设备制造业	10781	59503	694	572
交通运输设备制造业	236088	2179825	2795	2580
电气机械及器材制造业	37061	551290	511	461
通信设备、计算机及其他电子设备制造业	143291	1360365	3087	2760
仪器仪表及文化、办公用机械制造业	10311	67526	821	776
工艺品及其他制造业	440	3000	0	0
电力、燃气及水的生产和供应业	33576	0	107	90
电力、热力的生产和供应业	33508	0	107	90
水的生产和供应业	68	0	0	0

17-7 规模以上工业企业科技活动人员(2008年)

SCIENTIFIC AND TECHNOLOGICAL PERSONNEL OF INDUSTRIAL ENTERPRISES ABOVE DESIGNATED SIZE(2008) 单位:人

指 标	合 计		
		科学家和工程师	研究与发展人员
总 计	29154	22400	14474
按登记注册类型分			
国 有	2051	1495	727
集 体	830	674	475
股份合作	230	135	104
国有联营	3550	3371	1221
国有独资公司	4835	4773	2392
其他有限责任公司	7946	5583	4712
股份有限公司	3801	2460	2074
私营有限责任公司	2035	1499	1152
与港澳台商合资经营	484	326	296
中外合资经营	885	597	400
按工业行业大类分			
制造业	28394	21781	14367
农副食品加工业	78	34	15
食品制造业	188	84	89
饮料制造业	477	319	431
烟草制品业	421	365	199
纺织业	129	101	34
皮革、毛皮、羽毛(绒)及其制品业	118	99	0

17-7续

指标	合计	科学家和工程师	研究与发展人员
造纸及纸制品业	11	3	7
印刷业和记录媒介的复制	182	157	82
石油加工、炼焦及核燃料加工业	387	320	73
化学原料及化学制品制造业	948	771	545
医药制造业	1685	1104	1134
橡胶制品业	92	45	62
塑料制品业	11	10	10
非金属矿物制品业	1457	704	656
黑色金属冶炼及压延加工业	3526	3347	1197
有色金属冶炼及压延加工业	64	60	60
金属制品业	436	432	36
通用设备制造业	4892	3420	1829
专用设备制造业	1233	630	694
交通运输设备制造业	4830	4113	2795
电气机械及器材制造业	2011	1081	511
通信设备、计算机及其他电子设备制造业	3823	3446	3087
仪器仪表及文化、办公用机械制造业	1365	1106	821
工艺品及其他制造业	30	30	0
电力、燃气及水的生产和供应业	760	619	107
电力、热力的生产和供应业	598	508	107
水的生产和供应业	162	111	0

17-8 规模以上工业企业科技

SOURCES OF SCIENTIFIC AND TECHNOLOGICAL FUNDS AND EXPENDITURES

指　　标	科技活动经费筹集总额	企业资金	金融机构贷款	政府资金
总　计	765627	738068	9009	17512
按登记注册类型分				
国　有	55476	54219	0	1257
集　体	17016	15655	290	940
股份合作	3325	2622	700	4
国有联营	202670	202077	0	593
国有独资公司	200386	197901	0	2485
其他有限责任公司	165057	155124	2784	6978
股份有限公司	47554	41258	3650	2646
私营有限责任公司	18495	16500	195	1647
与港澳台商合资经营	6598	6538	0	40
中外合资经营	18154	16525	500	711
按工业行业大类分				
制造业	758588	731039	9009	17502
农副食品加工业	3100	3040	50	0
食品制造业	654	508	0	116
饮料制造业	3401	3401	0	0
烟草制品业	16376	16076	0	300
纺织业	3358	3133	100	90
皮革、毛皮、羽毛(绒)及其制品业	3881	3366	500	15
造纸及纸制品业	75	55	0	0
印刷业和记录媒介的复制	2400	2399	0	1
石油加工、炼焦及核燃料加工业	680	680	0	0
化学原料及化学制品制造业	20850	19140	900	679
医药制造业	21746	20569	0	759
橡胶制品业	568	538	0	29
塑料制品业	44	44	0	0
非金属矿物制品业	36821	35442	890	379
黑色金属冶炼及压延加工业	202250	201677	0	573
有色金属冶炼及压延加工业	1020	920	0	100
金属制品业	7670	7650	0	20
通用设备制造业	41281	38202	1715	1249
专用设备制造业	10829	10358	50	421
交通运输设备制造业	213358	210236	0	3122
电气机械及器材制造业	27917	25943	654	1161
通信设备、计算机及其他电子设备制造业	129979	118454	4050	7476
仪器仪表及文化、办公用机械制造业	10030	9011	0	1012
工艺品及其他制造业	300	200	100	0
电力、燃气及水的生产和供应业	7039	7029	0	10
电力、热力的生产和供应业	6979	6979	0	0
水的生产和供应业	60	50	0	10

活动经费筹集与使用 (2008年)

OF INDUSTRIAL ENTERPRISES ABOVE DESIGNATED SIZE(2008)

单位:万元

科技活动经费支出	研究与发展经费支出	新产品开发经费支出	经常费支出	科研基建支出
886636	449045	436553	712085	139141
82310	9666	10930	41688	33430
17705	11280	10934	15572	874
2698	1346	1178	1943	241
211295	98904	49518	192214	9375
217418	123619	143082	198743	17270
215146	130655	140625	148675	54859
47996	30808	34519	43894	1337
21591	13291	13710	17887	3265
6996	4885	3257	6598	398
31564	10010	10980	14512	16744
853059	447882	434777	707038	112602
3100	80	3020	3100	0
1166	928	247	993	1
3435	2420	1976	3207	34
16376	3702	2262	13217	0
1959	203	1224	1829	98
1855	0	844	875	980
75	75	0	75	0
2360	1355	1029	2310	0
766	126	128	210	86
20791	13828	11672	18606	940
56914	19040	15008	20756	35145
560	556	459	556	0
44	44	0	44	0
38597	21719	17284	37088	948
210936	98605	49109	191845	9375
1201	1021	1001	1001	200
7046	450	4627	7046	0
47908	24366	36507	39340	7542
10781	7990	8592	10145	243
236088	124555	139352	203749	29854
37061	4992	20037	27650	7866
143291	114875	113626	115619	16671
10311	6954	6474	7478	2619
440	0	300	300	0
33576	1164	1776	5047	26540
33508	1164	1708	4979	26540
68	0	68	68	0

17-9 规模以上工业企业科技活动项目(2008年)

SCIENTIFIC AND TECHNOLOGICAL ITEMS OF INDUSTRIAL ENTERPRISES ABOVE DESIGNATED SIZE(2008)

指　　标	科技项目数(项)		项目经费合计(万元)	专利申请数（个）	发明专利申请数（个）
		新产品开发项目数			
总　计	1736	1363	536082	1589	469
按登记注册类型分					
国　有	188	89	20706	189	47
集　体	102	73	15252	35	19
股份合作	7	6	1670	5	2
国有联营	158	65	95897	8	4
国有独资公司	212	206	154637	257	34
其他有限责任公司	526	485	135859	484	237
股份有限公司	200	181	36247	155	28
私营有限责任公司	163	131	17055	140	35
与港澳台商合资经营	16	9	6593	11	9
中外合资经营	60	48	14390	102	27
按工业行业大类分					
制造业	1694	1353	531206	1511	440
农副食品加工业	5	4	3100	2	1
食品制造业	7	5	964	8	3
饮料制造业	52	41	3000	0	0
烟草制品业	52	12	4137	34	8
纺织业	13	9	1782	1	1
皮革、毛皮、羽毛(绒)及其制品业	3	3	844	2	2
造纸及纸制品业	1	0	75	0	0
印刷业和记录媒介的复制	11	5	2310	14	4
石油加工、炼焦及核燃料加工业	3	1	203	0	0
化学原料及化学制品制造业	114	83	18579	38	25
医药制造业	136	127	18277	80	59
橡胶制品业	16	10	500	4	2
塑料制品业	1	0	44	0	0
非金属矿物制品业	91	62	36261	82	16
黑色金属冶炼及压延加工业	156	62	95598	8	4
有色金属冶炼及压延加工业	8	8	1001	4	1
金属制品业	23	17	6976	16	2
通用设备制造业	273	258	36602	168	53
专用设备制造业	94	83	9744	113	12
交通运输设备制造业	204	179	155761	284	26
电气机械及器材制造业	140	118	22799	221	28
通信设备、计算机及其他电子设备制造业	154	147	105337	364	183
仪器仪表及文化、办公用机械制造业	135	117	7014	66	8
工艺品及其他制造业	2	2	300	2	2
电力、燃气及水的生产和供应业	42	10	4876	78	29
电力、热力的生产和供应业	41	9	4808	77	28
水的生产和供应业	1	1	68	1	1

主要统计指标解释

EXPLANATORY NOTES ON MAIN STATISTICAL INDICATORS

科技综合统计范围 县及县以上所属国有独立核算的科学研究与技术开发机构；科技信息与文献机构；全日制普通高校，规模以上工业企业；一级资质等级及以上建筑企业；大中型交通运输企业；大型仓储企业；省级及以上的地质勘查及水利管理企事业单位、金融保险机构、广播电影电视企事业单位、工程设计单位；省会城市的公共设施服务机构；地市级及以上邮电通信企业、医疗卫生机构；有科技活动的县级及以上农林牧渔及服务业企事业单位；软件开发单位、综合技术服务机构等。

科技活动 是指在自然科学、农业科学、医药科学、工程与技术科学、人文与社会科学领域(简称科学技术领域)中与科技知识的产生、发展、传播和应用密切相关的有组织的活动。为核算科技投入的需要，科技活动可分为研究与试验发展(R&D)、研究与试验发展成果应用及相关的科技服务三类活动。本报表制度规定，独立的研究机构、情报文献机构和全日制普通高等学校统计R&D及其成果应用和科技服务三类活动，其他企事业单位的科技活动只统计R&D及其成果应用两类活动。

研究与试验发展(R&D) 是指在科学技术领域，为增加知识总量、以及运用这些知识去创造新的应用而进行的系统的创造性的活动，包括基础研究、应用研究、试验发展三类活动。

基础研究 是指为了获得关于现象和可观察事实的基本原理的新知识(揭示客观事物的本质、运动规律，获得新发现、新学说)而进行的实验性或理论性研究，它不以任何专门或特定的应用或使用为目的。其成果以科学论文和科学著作为主要形式。

应用研究 是指为获得新知识而进行的创造性研究，主要针对某一特定的目的或目标。应用研究是为了确定基础研究成果可能的用途，或是为达到预定的目标探索应采取的新方法(原理性)或新途径。其成果形式以科学论文、专著、原理性模型或发明专利为主。

试验发展 是指利用从基础研究、应用研究和实际经验所获得的现有知识，为产生新的产品、材料和装置，建立新的工艺、系统和服务，以及对已产生和建立的上述各项作实质性的改进而进行的系统性工作。其成果形式主要是专利、专有技术、具有新产品基本特征的产品原型或具有新装置基本特征的原始样机等。在社会科学领域，试验发展是指把通过基础研究、应用研究获得的知识转变成可以实施的计划(包括为进行检验和评估实施示范项日)的过程。人文科学领域没有对应的试验发展活动。

研究与试验发展(R&D)成果应用 是指为使试验发展阶段产生的新产品、材料和装置，建立的新工艺、系统和服务以及作实质性改进后的上述各项能够投入生产或实际应用，解决所存在的技术问题而进行的系统性的工作。

经常费支出 指调查单位在报告期为开展科技活动使用非基建项目资金支付的科技活动人员劳务费、设备购置费和其他日常支出。其他日常支出包括因开展科研活动而发生的各项管理费用和购买非资产性的材料、物资费用等。具体包括原料、材料、辅料、元器件、零配件、低值易耗品的费用(包括包装、运输、储存及各种杂费等)；房屋租金、水电费、燃料费、维修费；科研项目前期论证费、调研差旅费、资料费、计算机服务费、印刷费、邮寄费、专题技术及学术会议费，成果鉴定费；办公费、行政管理费、人事及财务管理费等。提供间接服务人员(如司机、保安人员、炊事人员，医疗保健人员等)的劳务费按其为科技活动提供服务的时间比例分摊计入本项支出。

人员劳务费 指报告期内调查单位以货币或实物形式直接或间接支付给科技活动人员的劳动报酬及各种费用，包括各种形式的工资，补助工资、津贴、价格补贴、奖金、福利、失业保险、养老保险、医疗保险、工伤保险、人民助学金等。为科技活动提供间接服务人员的劳务费不计入此项。

从事科技活动人员 指企业在报告期内，从事科技开发活动的时间(不包括加班时间)占全年工作时间10%及以上的工程技术人员、管理人员、工人及其他人员。从事科技开发活动时间占全年工作时间的比例在10%以下的人员不统计。从事科技活动人员合计中的各类分组人员均为从事科技活动时间占全年工作时间的比例在10%及以上人员的实际人数。

高级职称 指高级工程师，正、副教授，正、副研究员，高级统计师、高级会计师，高级经济师等。

中级职称 指工程师、讲师、助理研究员、技师、统计师、会计师、经济师等。

企业办科技机构 是指企业自办、或与外单位合办、管理上同生产系统相对独立的，或单独核算的专门技术开发机构(如企业办研究所、开发中心、开发部等专门技术开发机构)。企业科技管理职能科室(如技术科)一般不计入此表。若技术科同时挂有技术开发机构牌子，视其报告年内实际主要工作任务而定，主要任务是从事技术开发活动，可列入本表统计范围，否则不予统计。

科技活动经费筹集总额 指报告年内调查单位从各种渠道筹集到的科技活动经费(含科研基建费)。包括企业自筹资金、银行贷款、上级拨款和其他。

科技活动经费支出总额 指报告期内企业用于科技活动的全部实际支出。包括劳务费、科研业务费、科研管理费、非基建投资购建的固定资产、科研基建支出以及其他用于科技活动的支出总额。不包括生产性活动支出及归还贷款支出。

技术改造经费支出 指因本企业进行技术改造而发生的费用支出。技术改造是指企业在坚持科学技术进步的前提下，将科学技术成果应用于企业生产的各个领域(产品、设备、工艺等)，用先进的技术改造落后的技术，用先进的工艺、设备代替落后的工艺、设备，实现以内涵为主的扩大再生产，从而提高产品质量，促进产品更新换代、节约能源、降低消耗，全面提高综合经济效益。在技术改造经费支出中，属于研究与发展活动支出的经费，除了计入技术改造经费支出外，还要计入本企业研究与发展经费中。

技术引进经费支出 指企业在报告年内用于购买国外技术(包括购买设计、流程，配方、图纸、工艺专利等技术资料的费用，以及引进国外的关键设备、仪器，样机所支付的经费)。

获奖成果 指调查单位在报告年度内从地(市)及以上政府科技管理部门获得的各种科技成果奖。由几个单位合作获得的科技成果奖，为防止重复，仅由第一完成单位填报。对一项成果同一年只填报一次，且填报最高一级奖励。获奖成果分为:国家级奖、省部级奖和地市级奖。

国家级奖 指国家自然科学奖、国家发明奖、国家科技进步奖、国家星火奖等。

省、部级奖 指以国务院各部门和省、自治区、直辖市名义颁发的重大科技成果奖和科技进步奖。

地、市级奖 指由省(区、市)各部门和地(市、州、盟)政府(科委)名义颁发的重大科技成果奖和科技进步奖等。

独立研究与开发机构 指有明确的任务和研究方向，有一定学术水平的业务骨干和一定数量的研究人员，具有研究、开发、开展学术工作的基本条件，主要进行科学研究与技术开发活动，并且在行政上有独立的组织形式，财务上独立核算盈亏，有权与其他单位签订合同，在银行有单独户头的单位。包括国务院各部门、中国科学院、中国社会科学院和各省、自治区、直辖市以及地(市)以上[含地(市)]各部门所属的国有科学研究与技术开发机构。

独立研究与开发机构职工 指在独立研究与开发机构工作，并由其支付工资的人员。包括长期职工、临时职工和招聘人员，不包括编制以外的离休、退休人员和停薪留职人员。

研究与发展经费支出 指用于研究与发展课题活动(基础研究、应用研究、实验发展)的全部实际支出，包括用于研究与发展课题活动的直接支出和间接用于研究与发展活动的支出(如研究院、所管理费，维持研究院、所正常运转的必需费用和与研究发展有关的基本建设支出)。

科学家和工程师 指具有大学本科及以上学历和不具备上述学历但有高、中级职称的人员。

其他科技人员 指大专、中专毕业和具有初级职称的从事科技活动人员。

专业技术人员 指已取得科学技术职称，或大学、中专的理、工、农、医科系毕业，以及国民经济各部门从工作实践中提拔，从事理、工、农，医等自然科学技术的研究、教学、生产的专业人员和在机关、企业、事业中从事科学技术业务管理工作的专业人员。

工程技术人员 指在国民经济各行业中从事工程技术工作的自然科学技术专业人员，包括高级工程师、工程师、助理工程师、技术员和未评定职称的技术人员。

农业技术人员 指在国民经济各行业中从事农业技术工作的自然科学技术专业人员，包括高级农艺师、农艺师、助理农艺师、技术员和未评定职称的技术人员。

卫生技术人员 指在国民经济各行业中从事卫生医务工作的自然科学技术专业人员，包括正副主任医师、主治医师、医师、医(护)士和未评定职称的技术人员。

科学研究人员 指在国民经济各行业中从事科学技术活动的自然科学技术专业人员，包括正副研究员、助理研究员、研究实习员、技术员和未评定职称的技术人员。

自然科学教学人员 指在国民经济各行业中从事自然科学技术教学活动的专业人员，包括正副教授、讲师、助教、教师和在中学从事自然科学技术教学活动的人员。

发明 是专利法及其实施细则所称的发明，指对有关产品、方法或其改进所提出的新的技术方案。

18

教育与文化

EDUCATION AND CULTURE

18-1 教育事业

BASIC STATISTICS

指　　标	1952年	1957年	1962年	1965年	1970年	1975年	1980年
学校数(所)	2679	3106	3731	4318	5359	5412	5066
#高等教育	5	4	12	8	2	4	11
中等学校	37	67	112	410	1204	922	759
#中等职业学校	16	16	15	15	17	21	30
职业中专	–	–	4	227	151	112	6
普通中学	21	51	93	159	1024	783	710
小　学	2636	3034	3606	3899	4152	4485	4295
专任教师(人)	8555	13452	19606	26760	32508	42432	49608
#高等教育	671	1325	2598	2451	922	2468	3744
中等学校	1108	2569	3418	5321	9607	15274	19062
#中等职业学校	311	787	765	685	914	985	1338
职业中专	–	–	24	975	118	640	50
普通中学	797	1782	2629	3502	8445	13571	17294
小　学	6773	9550	13571	18971	21954	24654	26775
在校学生（万人）	26.87	31.95	49.82	68.27	80.20	90.28	83.56
高等教育	0.43	0.82	1.65	1.40	0.30	0.61	1.58
中等学校	2.73	5.14	5.80	10.43	18.97	25.43	20.24
中等职业学校	0.69	0.93	0.51	0.65	0.12	0.58	0.31
职业中专	–	–	0.07	2.08	1.04	0.92	0.04
普通中学	2.04	4.21	5.22	7.50	17.81	23.86	19.63
小　学	23.70	25.98	42.35	56.42	60.91	64.22	61.47
各类学校毕业生数(万人)	4.38	8.58	10.60	10.45	12.09	22.66	18.07
高等教育	0.14	0.11	0.31	0.43	–	0.20	0.03
中等学校	0.60	1.14	1.72	1.90	1.02	11.83	8.41
中等职业学校	0.13	0.14	0.32	0.03	–	0.20	0.46
普通中学	0.46	1.00	1.40	1.80	0.38	11.58	7.89
每一教师负担学生数(人)	31.41	23.75	25.41	23.27	24.67	21.28	16.84
#高等教育	6.41	6.19	6.35	5.71	3.25	2.47	4.22
中等学校	24.64	20.01	16.97	19.60	19.75	16.65	10.62
中等职业学校	22.33	11.84	6.64	9.51	1.36	5.95	2.29
普通中学	25.63	23.64	19.84	21.41	21.09	17.58	11.35
小　学	34.99	27.20	31.21	29.74	27.74	26.05	22.96
平均每万人口在校学生(人)	843	922	1418	1829	1968	2062	1822
#大学生	14	24	47	38	7	14	34
中专生	22	27	14	17	3	13	7
中学生	64	122	150	256	463	566	429
小学生	743	750	1206	1513	1494	1466	1339

注：2002年2004年包括成人教育、社会力量办学，职业中专项2005年前为农职业中学。2006年含幼儿园，高等教育不含社会力量办学。

1985年	1990年	1995年	2000年	2005年	2006年	2007年	2008年	2009年
4511	3924	3360	1725	1251	1080	1085	1092	1059
16	16	16	16	59	56	65	66	66
593	529	440	423	348	322	314	315	309
40	39	41	40	91	77	78	76	72
44	48	57	55	27	24	21	22	24
491	417	312	297	247	234	225	221	218
3899	3368	2890	1273	832	705	694	699	672
46806	55978	58779	62869	77334	79179	82559	81287	82940
4614	7245	7500	8269	24341	27203	30317	28475	29312
17530	21618	23946	26817	27435	26773	26886	27675	28191
2367	2890	2941	2916	4738	4269	4628	4505	4574
1032	1747	1845	1948	1818	1551	1627	1696	1777
13572	16065	17621	20585	21915	21673	21430	21522	21738
24579	26922	27417	27417	25201	24823	24967	24746	25036
78.38	79.48	91.69	95.79	129.28	131.79	135.55	140.52	142.66
3.02	3.73	5.66	9.30	48.71	53.36	57.08	60.78	63.26
25.34	28.08	36.64	44.99	42.50	39.53	38.79	40.07	32.96
1.92	2.51	4.79	5.75	9.88	8.69	9.03	8.7	8.21
1.63	2.32	2.84	3.80	3.17	2.78	3.33	3.24	3.2
21.49	22.45	27.15	33.82	30.91	29.09	28.01	28.56	29.2
49.98	47.57	49.23	41.40	37.88	38.73	39.51	39.51	39.06
17.31	17.12	20.88	23.65	33.58	30.29	34.85	36.52	36.91
0.45	1.03	1.68	1.55	13.49	10.31	15.22	16.46	17.12
7.36	8.24	10.39	10.80	14.03	14.24	13.77	13.61	13.12
0.52	0.62	1.16	1.84	3.29	3.55	3.28	3.54	3.11
6.39	6.66	7.78	8.16	10.40	10.21	9.94	9.27	8.92
16.75	14.20	15.60	15.24	16.72	16.88	16.42	17.29	17.2
6.55	5.15	7.54	11.25	20.01	19.62	18.83	21.34	21.58
14.46	12.99	15.30	16.78	15.49	14.76	14.43	14.48	11.69
8.12	8.69	16.30	18.84	20.86	20.36	19.51	19.3	17.95
15.83	13.98	15.41	16.43	14.1	13.42	13.07	13.27	10.11
20.33	17.67	18.20	15.10	15.03	15.6	15.83	15.97	15.6
1605	1518	1691	1702	2177	2195	2244	2325	2363
62	71	104	165	820	891	945	1006	1048
39	48	88	102	195	174	178	191	182
473	473	553	601	521	486	464	472	364
1024	908	908	736	638	647	654	654	647

18－2 普通高等院校一览表(2009年)

BASIC STATISTICS ON INSTITUTIONS OF HIGHER EDUCATION(2009)

单位:人

指　　标	在校学生数	毕业生数	招生数	教职工人数	专任教师	正高级	副高级	中级
总　计	493615	137699	153406	39606	25597	3202	6819	8698
综合性大学								
山东大学	57659	14504	15526	7950	3856	1046	1322	1164
济南大学	30633	7864	8505	2594	1860	238	495	831
理工院校								
山东建筑大学	21498	5415	5959	2071	1293	158	413	628
山东轻工业学院	19490	4949	5756	1462	1127	135	383	520
山东交通学院	16066	4188	4503	1332	913	63	227	382
山东电力高等专科学校				606	338	48	175	62
医药院校								
山东中医药大学	14177	2982	4291	1006	743	107	179	224
师范院校								
山东师范大学	30840	7779	9146	2675	1824	305	520	484
财经院校								
山东经济学院	19782	4280	5648	1371	1058	152	286	543
山东财政学院	15883	2947	4456	1290	780	109	278	333
政法院校								
山东警察学院	3477	1427	825	531	284	19	95	138
山东司法警官职业学院	2857	1012	1197	248	165	0	45	57
山东政法学院	9624	1921	3233	706	483	40	114	248
体育院校								
山东体育学院	7427	2183	2011	1061	668	58	212	238
艺术院校								
山东艺术学院	8443	2330	2327	943	750	61	165	261
山东工艺美术学院	7206	2102	2021	671	479	66	86	168
职业技术学院								
山东协和职业技术学院	11614	2997	4252	982	735	110	147	216
山东商业职业技术学院	16883	5020	5661	1197	774	17	233	219
山东劳动职业技术学院	9029	2589	3368	739	364	16	72	70
济南铁道职业技术学院	12438	2789	4776	798	509	21	179	214
山东力明科技职业学院	11525	3267	5106	804	578	23	129	139
山东圣翰财贸职业学院	8869	2388	3047	775	394	29	74	169
山东英才职业技术学院	11281	4370	3565	908	669	98	147	342
山东外事翻译职业学院	7916	1931	2506	520	300	35	18	70
山东杏林科技职业学院	8289	1510	2860	623	392	54	44	138
山东旅游职业学院	6433	1929	2148	469	358	6	75	100
济南工程职业技术学院	9636	2947	3833	521	410	4	87	86
山东电子职业技术学校	8501	2983	2994	472	389	3	132	154
济南职业学院	10468	4559	3656	677	534	14	100	138
山东现代职业学院	9432	4831	3945	988	591	133	222	203
山东凯文科技职业学院	6960	1221	2607	433	349	31	39	51
山东城市建设职业学校	7591	1282	3127	512	380	3	107	94
山东传媒职业学院	1340		677	73	59	0	19	14

18－3　中等专业学校一览表(2009年)

BASIC STATISTICS ON SPECIALIZED SECONDARY SCHOOLS (2009)

单位:人

指　　标	在校学生数	毕业生数	招生数	教职工人数	专任教师		
						副高级	中级
总　计	20118	9482	6211	2310	1340	414	434
工科学校							
山东省邮电学校				87	31	22	4
山东省质量工程学校	36	32		30	18	9	9
济南信息工程学校	1047	264	388	245	160	40	66
山东省特殊教育专业学校	764	219	358	110	51	4	25
山东省环境保护学校	760	220	180	79	51	25	12
济南电子机械工程学校	1588	618	687	224	169	36	76
医药学校							
济南卫生学校	4737	1799	1563	337	152	54	55
师范学校							
济南师范学校	671	289	203	240	125	47	38
济南幼儿师范学校	773	1071	257	227	124	52	32
财经学校							
山东省商贸学校	3137	874	1149	306	202	68	60
政法学校							
济南市人民警察学校							
体育学校							
济南市体育运动学校	385	143	125	115	47	14	15
艺术学校							
山东省电影学校	421	61	137	96	68	7	8
济南艺术学校	247	64	74	194	130	30	29
其它学校							
山东省人口学校	604	492		20	12	6	5

18－4 各类学校基本情况(2009年)

BASIC STATISTICS BY TYPE OF SCHOOL(2009)

指　　标	全 市	市 区	平阴县	济阳县	商河县	章丘市
学校数(所)	1059	663	73	42	101	180
高等教育	66	65				1
#研究生	14	14				
#普通本专科	34	33				1
中等职业教育	91	91				
中等职业学校	72	72				
技工学校	19	19				
基础教育						
普通中学	218	130	16	15	21	36
小　学	672	369	56	26	79	142
特殊教育学校	12	8	1	1	1	1
专任教师(人)	82940	62008	3155	4352	4190	9235
高等教育	29312	28920				392
#研究生						
普通本专科	25597	25205				392
中等职业教育	6453	6453				
中等职业学校	4574	4574				
技工学校	1879	1879				
基础教育						
普通中学	21738	12692	1473	1585	1719	4269
小　学	25036	13672	1650	2749	2448	4517
特殊教育学校	401	271	32	18	23	57
在校学生（人）	1426634	1120208	41082	60623	65509	139212
高等教育	632572	624283				8289
#研究生	25513					
普通本专科	468102	459813				8289
中等职业教育	109870	109870				
中等职业学校	82115	82115				
技工学校	27755	27755				
基础教育						
普通中学	219779	166093	18846	24927	23480	58651
小　学	390590	218748	22126	35634	41978	72104
特殊教育学校	1605	1214	110	62	51	168
各类学校毕业生数(人)	369098	298820	9944	13710	14240	32384
高等教育	171171	169661				1510
#研究生	6597	6597				
普通本专科	131102	129592				1510
中等职业教育	41945	41945				
中等职业学校	31086	31086				
技工学校	10859	10859				
基础教育						
普通中学	89247	50235	6013	8079	8192	16728
小　学	66543	36812	3928	5631	6044	14128
特殊教育学校	192	167	3	0	4	18

18-5 儿 童 学 前 教 育 情 况

BASIC STATISTICS ON KINDERGARTENS

指　　标	2007年	市　区	2008年	市　区	2009年	市　区
幼儿园数（所）	1328	778	1513	768	1495	771
教育部门办	254	125	253	106	241	91
其他部门办	66	65	70	69	63	61
集体办	576	358	579	330	593	343
民　办	432	230	611	263	598	276
教职工人数（人）	10913	8313	11626	8493	12136	8858
#教　师	6727	4883	7126	4987	7576	5341
保健师	502	421	562	434	592	451
在园幼儿数（人）	124802	78970	133641	82716	138611	87944

18－6　分县(市)区儿童学前教育基本情况(2009年)

STUDENT ENROLLMENT IN ADULT SCHOOLS BY TYPE(2009)

指　　标	幼儿园数（所）	在园人数（人）	入园人数（人）	教职工数（人）	专任教师（人）
全　市	1495	138611	51517	12136	7576
高新区	39	3563	1187	316	214
历下区	81	16303	4652	1958	1035
市中区	91	14930	4120	1698	1015
槐荫区	102	11480	3840	1254	682
天桥区	76	12985	4136	1573	841
历城区	187	19320	6481	1445	1067
长清区	195	9363	6047	614	487
平阴县	123	8072	2868	551	402
济阳县	102	7089	3972	499	298
商河县	166	13760	8439	545	377
章丘市	333	21746	5748	1683	1158

18-7 图书及出版事业

BASIC STATISTICS ON BOOKS AND PUBLISHING

指　　标	单　位	2004年	2005年	2006年	2007年	2008年	2009年
公共图书馆							
机构数	个	8	8	8	11	12	12
从业人员	人	366	379	377	407	417	420
总藏量	千册(件)	6984	7251	7524	7882	8761	9084
建筑面积	千平方米	82.0	80.0	80.0	67.0	72.0	69.7
#书　库	千平方米	22.7	22.0	22.0	23.0	24.0	24.0
阅览室	千平方米	20.9	20.0	20.0	20.0	22.0	21.1
阅览室席位数	千个	4.0	4.0	4.0	4.2	4.3	4.5
书刊外借人次	万人次	92.6	83.2	90.6	110.0	135.3	98.0
书刊外借册数	万册次	195.0	177.7	198.5	213.5	215.2	192.2
出版事业							
出版单位							
图　书	个	15	14	14	15	15	15
报　纸	个	45	45	39	53	52	52
杂　志	个	146	146	102	152	152	152
出版种类							
图　书	种	4245	5389	7205	5886	4559	6370
报　纸	种	53	53	53	53	52	52
杂　志	种	152	157	147	152	152	152
出版数量							
图　书	万册，万份	31635	27919.26	28822	39999	21607	23810
报　纸	万册，万份	166726	113751	114534	145423	144236	156026
杂　志	万册，万份	9319	7195	7072	6318	7281	6697
报纸出版总印张数							
总　计	万印张	774712	905427	1083815	1030849	1065227	899593
综合报	万印张	664008	406617	725990	600464	514920	705436
专业报	万印张	110704	498810	357825	430385	550307	194157
省级报	万印张	643061	763018	928880	899545	1043994	832232
综合报	万印张	532357	280692	586655	486376	507890	647124
专业报	万印张	110704	482326	342225	413169	536104	185108
市级报	万印张	131651	142409	139335	131304	21233	67361
综合报	万印张	131651	125925	123735	114088	7031	58312
专业报	万印张	–	16484	15600	17216	14202	9049

18-8 文化事业机构和人员

NUMBER OF INSTITUTIONS AND PERSONS IN CULTURE

指标	2004年	2005年	2006年	2007年	2008年	2009年
机构数(个)						
电影业	9	9	10	13	13	9
艺术业	29	30	30	26	26	24
文物业	12	16	17	19	21	26
图书馆业	8	8	8	11	12	12
广播电视业	22	24	24	24	10	10
群众文化业	148	147	140	141	145	146
艺术教育业	2	1	0	1	1	1
文艺科研业	2	2	2	2	2	2
其他文化业	7	17	18	27	37	71
非文化产业	6	2	2	2	2	3
从业人员数(人)						
电影业	355	356	359	439	439	382
艺术业	2046	1934	1997	1780	1757	1697
文物业	414	594	614	750	799	812
图书馆业	366	379	377	407	417	420
广播电视业	2484	3122	2886	3591	3309	8546
群众文化业	429	414	484	478	492	583
艺术教育业	118	55	0	88	93	98
文艺科研业	66	68	66	65	66	70
其他文化业	125	366	398	1044	1025	518
非文化产业	68	51	50	46	46	46

注:2009年前广播电视从业人员省直部门下属单位未作统计。

主要统计指标解释

EXPLANATORY NOTES ON MAIN STATISTICAL INDICATORS

普通高等学校 指按照国家规定的设置标准和审批程序批准举办，通过国家统一招生考试，招收高中毕业生为主要培养对象，实施高等教育的全日制大学、独立设置的学院和高等专科学校、短期职业大学。

小学学龄儿童入学率 指调查范围内已入小学学习的学龄儿童占校内外学龄儿童总数(包括弱智儿童，不包括盲聋哑儿童)的比重。计算公式为：

小学学龄儿童入学率＝已入学的小学学龄儿童数 / 校内外小学学龄儿童总数×100%

文化事业机构 指从事专业文化工作和为专业文化工作服务的独立建制的单位。不包括这些单位另外举办独立核算的其他机构和各部门的业余文化组织。

电影放映单位 指具有放映机器设备、固定或不固定的放映场所与专职或兼职的放映技术人员，经有关部门登记批准，经常为一定的观众对象放映电影的机构。包括经批准对外开放进行营业，并与电影发行放映管理机构分帐的专用放映单位和军委系统租片单位。

19

卫生体育

SPORTS AND PUBLIC HEALTH

19－1 体 育 事 业

STATISTICS OF SPORTS INSTITUTIONS

指　标	单 位	2004年	2005年	2006年	2007年	2008年	2009年
体育部门职工人数	人	791	803	741	725	743	656
#业余体育学校	人	372	398	350	460	393	
总计中:教练员	人	217	215	150	232	232	199
等级裁判员	人	146	124	76	66	35	
一级裁判员	人	51	39	19	13	10	
二级裁判员	人	95	85	57	53	25	30
三级裁判员	人	–	–	–	–		
二级运动员发展人数	人	390	508	713	542	380	377
少年儿童业余体校在校学生	人	3085	3025	670	600	475	
业余体校	所	13	13	4	4	6	12
运动员获奖牌数	枚	346	437.5	517.5	340	459	398
#世界级 金 牌	枚	–	–	–	16	9	6
银 牌	枚	–	–	–	3	8	3
铜 牌	枚	–	–	–	2	0	5
#洲 际 金 牌	枚	12	6	14	6	2	12
银 牌	枚	5	1	4	3	1	2
铜 牌	枚	1	0	4	0	0	
#全 国 金 牌	枚	8	10	35	40	28	17
银 牌	枚	3	9	20	50	27	10
铜 牌	枚	6	11	13	37	18	12
#全 省 金 牌	枚	139	169.5	178.5	72	121	119
银 牌	枚	81	124	138	58	115	10
铜 牌	枚	91	107	111	53	130	12
运动员破全国纪录	人次	0	0	0	0	0	0
运动员破全省记录	人次	0	0	10	0	0	0
运动员破全市纪录	人次	0	0	10	0	0	0
体育设施							
体育场	个	6	6	6	5	5	8
体育馆	个	5	5	5	3	5	10
游泳馆	个	5	5	5	3	2	2
室内外游泳池	个	6	6	6	2	3	3
有固定看台的灯光球场	个	3	3	3	2	2	2

注:等级裁判员为当年新评定的人数。

19-2 各时期卫生事业情况

STATISTICS OF HEALTH INSTITUTIONS IN MAJOR YEARS

年份	卫生机构(个)	医院及卫生院	卫生工作人员(人)	卫生技术人员	卫生机构床位(张)	医院及卫生院
1952	208	22	6277	4778	3160	1906
1957	708	45	10740	7991	5972	3401
1962	1191	98	13705	9648	7917	5662
1965	1144	114	18885	14881	9035	6438
1970	682	130	13273	10341	7878	6462
1975	934	137	20021	14956	9066	8050
1978	1017	148	24949	19198	11496	9856
1979	1078	152	26385	20110	11902	10781
1980	1091	151	27843	21295	12301	11052
“六五”时期						
1981	1188	152	29597	22559	12428	11436
1982	1159	151	30636	22814	12379	11383
1983	1177	156	31924	23948	12966	11674
1984	1160	157	32967	24502	13728	12960
1985	1175	165	34232	26185	14356	13791
“七五”时期						
1986	1184	167	35803	27360	14757	14165
1987	1137	166	37129	28159	15457	14721
1988	1103	171	38384	29167	16165	15580
1989	1137	180	39926	29878	16698	16176
1990	1300	178	41444	31130	18214	17216
“八五”时期						
1991	1233	177	40957	30815	18439	17538
1992	1331	180	41996	31541	18818	18178
1993	1285	193	43274	32871	20243	19320
1994	1228	213	43630	33007	20001	19064
1995	1185	216	43648	32848	20747	19534
“九五”时期						
1996	1674	214	45765	35219	20428	19716
1997	1567	220	44664	34188	21422	20706
1998	1574	227	45110	34596	21965	21130
1999	1570	226	45121	34000	21735	21086
2000	1414	231	45166	35669	21698	20830
“十五”时期						
2001	1414	231	45296	35790	21906	21033
2002	1708	243	39386	31945	21576	21042
2003	1868	246	41925	33803	22674	22262
2004	1917	243	41625	33998	24044	22588
2005	2138	246	41499	34129	24695	23524
“十一五”时期						
2006	2285	240	43023	35124	27695	26101
2007	2265	243	42513	34579	26055	25328
2008	5092	286	44416	36143	28939	27555
2009	5163	281	46311	37648	30920	28749

注:2009年卫生机构数包括卫生室,统计口径有变化。

19-3 卫生事业机构及床位

NUMBER OF HEALTH INSTITUTIONS AND BEDS

指　　标	2004年	2005年	2006年	2007年	2008年	2009年
各类卫生机构数(个)	1917	2138	2285	2265	5092	5163
医　院	153	156	162	158	202	199
社区卫生服务中心	–	–	1	115	137	222
卫生院	90	90	78	85	84	82
门诊部	48	45	47	30	28	22
急救中心(站)	1	1	1	1	1	1
采血供应机构	1	1	2	3	3	3
妇幼保健院(所、站)	12	10	12	12	12	12
专科疾病防治院(所、站)	10	9	9	8	8	8
疾病预防控制中心(防疫站)	12	11	13	13	12	12
医学科学研究机构	1	1	1	7	7	0
其他卫生机构	4	3	3	2	2	2
各类卫生机构病床数（张）	24044	24695	27695	26055	28939	30920
医　院	19677	20590	21298	20847	22496	23631
社区卫生服务中心	–	–	15	82	714	743
卫生院	2911	2934	4803	4481	5059	5118
门诊部	220	238	272	53	55	47
急救中心(站)	–	–	–	–	–	
采血供应站	–	–	–	–	–	
妇幼保健院(所、站)	456	150	562	492	524	614
专科疾病防治院(所、站)	253	254	220	100	91	91
疾病预防控制中心(防疫站)	–	–	–	–	–	
医学科学研究机构	–	–	–	–	–	
其他卫生机构	10	24	22	0	0	
千人拥有量						
平均每千人拥有病床(张)	4.07	4.13	4.59	4.31	4.79	5.12
每千人拥有卫生技术人员(人)	5.76	5.71	5.82	5.72	5.98	6.24
每千人拥有医生(人)	2.46	2.45	2.54	2.47	2.57	2.73
每千人拥有护士(人)	1.96	1.94	1.98	2.00	2.12	2.22

注：2009年卫生机构数包括卫生室，统计口径有变化。

19-4 分地区卫生事业机构及床位(2009年)

NUMBER OF HEALTH INSTITUTIONS AND BEDS BY DISTRICT(2009)

指标	全市	市区	平阴县	济阳县	商河县	章丘市
各类卫生机构数(个)	5163	3003	240	695	453	772
医院	199	180	4	2	2	11
疗养院						
社区卫生服务中心	52	51	1			
卫生院	82	30	10	8	12	22
门诊部	22	22				
诊所、卫生所、医务室	1119	954	55		16	94
急救中心(站)	1	1				
采血供应机构	3	2				1
妇幼保健院(所、站)	12	8	1	1	1	1
专科疾病防治院(所、站)	8	5	1	1		1
疾病预防控制中心(防疫站)	12	8	1	1	1	1
卫生监督所	7	6	1			
医学科学研究机构	0	0				
其他卫生构	2	1				1
		0				
各类卫生机构病床数(张)	30920	23302	1156	1001	890	4571
医院	23631	20274	787	747	422	1401
疗养院		0				
社区卫生服务中心	743	735	8			
卫生院	5118	1153	335	240	450	2940
门诊部	47	47				
妇幼保健院(所、站)	614	366	6	14	18	210
专科疾病防治院(所、站)	91	71	20			
千人拥有量						
平均每千人拥有病床(张)	5.12	6.67	3.11	1.83	1.44	4.53
每千人拥有卫生技术人员(人)	6.24	8.39	3.87	2.43	1.88	4.38
每千人拥有医生(人)	2.73	3.69	1.59	1.02	0.82	1.9
每千人拥有护士(人)	2.22	3.07	1.22	0.88	0.68	1.29

注:2009年卫生机构数包括卫生室,统计口径有变化。

19-5 分地区卫生技术人员分类情况(2009年)

MEDICAL TECHNICAL PERSONNEL BY REGION(2009)

单位：人

指　　标	全　市	市　区	平阴县	济阳县	商河县	章丘市
各类卫生机构工作人员合计	46311	36426	1751	1578	1388	5168
#卫生技术人员小计	37648	29301	1438	1329	1156	4424
医　生	16467	12888	592	558	505	1924
执业医师	14725	12011	456	369	334	1555
执业助理医师	1742	877	136	189	171	369
		0				
注册护士	13375	10722	453	482	420	1298
药剂人员	2880	2278	122	105	72	303
检验人员	1581	1262	66	47	44	162
其　他	2597	1584	194	100	95	624
在合计中：						
医院工作人员合计	31192	26375	904	1023	725	2165
#卫生技术人员小计	24616	20673	688	847	601	1807
医　生	10357	8767	265	292	212	821
执业医师	9875	8440	240	264	182	749
执业助理医师	482	327	25	28	30	72
注册护士	9869	8228	285	389	312	655
药剂人员	1826	1564	70	53	36	103
检验人员	921	777	30	29	24	61
其　他	1080	867	36	56	5	116
卫生院工作人员合计	5048	1991	518	425	470	1644
#卫生技术人员小计	4426	1664	474	388	426	1474
医　生	2013	741	217	228	226	601
执业医师	1269	522	138	96	104	409
执业助理医师	744	219	79	132	122	192
注册护士	1075	447	132	77	78	341
药剂人员	439	183	42	45	32	137
检验人员	159	47	19	10	17	66
其　他	635	193	55	24	65	298

19-6 医院、卫生院工作情况

BASIC STATISTICS ON HOSPITALS AND HEALTH INSTITUTIONS IN RURAL AREAS

指　　标	单　位	2004年	2005年	2006年	2007年	2008年	2009年
医　院							
单位数	个	153	156	162	158	202	199
诊疗人次数	万人次	1209	1334	1355	1427	1553	1655
#门诊人次数	万人次	1070	1197	1225	1239	1380	1418
急诊人次数	万人次	64	63	62	72	76	79
健康检查人数	万人次	42	49	88	78	79	75
入院人数	万人	32.1	36.0	40.0	44.9	53.2	57.9
出院人数	万人	32.0	35.8	39.9	44.2	53.0	55.1
平均开放病床数	张	17222	17963	18342	19219	20979	21887
病床使用率	%	74.46	75.21	77.02	82.78	83.71	84.22
病床周转次数	次	18.58	19.94	21.73	23.00	25.30	25.17
出院者平均住院日	日	13.45	12.87	12.34	12.70	11.80	12
卫生院							
单位数	个	90	90	78	85	84	82
诊疗人次数	万人次	205	233	255	247	322	286
#门诊人次数	万人次	197	207	217	229	306	272
急诊人次数	万人次	5.0	6.5	4.7	8.7	7.3	5.5
健康检查人数	万人次	14.0	14.0	7.0	22.0	15.4	12.8
入院人数	万人	3.9	4.1	3.9	4.5	4.9	7
出院人数	万人	3.8	4.1	3.9	5.1	5.8	7.7
平均开放病床数	张	2745	2742	2604	2551	3057	5019
使用率	%	36.31	37.55	40.83	38.10	40.59	31.28
病床周转次数	次	13.93	14.96	14.90	20.10	19.00	15.54
出院者平均住院日	日	13.38	7.59	7.49	6.60	6.10	5.71

机 构 分 类	总 收 入			
	合 计	财政补助收入	上级补助收入	业务收入/事业收入
合 计	1117973	120048	13618	110748
医院	1007066	102145	9933	106343
社区卫生服务中心(站)	25131	3689	1864	323
卫生院	41228	7183	1031	1251
门诊部	3580	575	25	487
诊所.卫生所.医务室	8406	0	477	
急救中心(站)	807	730	57	
妇幼保健院(所、站)	24840	3632	154	2032
专科疾病防治院(所、站)	6915	2094	77	312

收 入 与 支 出(2009年)

IN HEALTH INSITITUTIONS(2009)

单位:万元

总 支 出			总支出中:人员支出(万元)
合 计	财政专项支出	医疗支出	
1080922	44932	275497	229238
972712	38392	266628	196296
25210	1464	2662	7042
40292	1559	2966	14681
3107	152	9	674
7018			2767
1388	554	834	465
24394	1739	2061	6072
6801	1072	337	1241

主要统计指标解释

EXPLANATORY NOTES ON MAIN STATISTICAL INDICATORS

等级裁判员人数 指经考核正式批准授予等级裁判员称号的人数。裁判员等级分为国际裁判、国家级裁判、一级裁判、二级裁判、三级裁判。

体育场 指有400米跑道(中心含足球场),有固定道牙,跑道6条以上,并有固定看台的室外田径场地。体育场按看台容纳观众人数分为:甲级25000人以上,乙级15000-25000人,丙级5000-15000人,丁级5000人以下。

体育馆 指有固定看台,可供篮球、排球、羽毛球、乒乓球、体操等项目训练比赛活动用的室内运动场地。体育馆按看台容纳观众人数分为:甲级6000人以上,乙级4000-6000人,丙级2000-4000人,丁级2000人以下。

医院 指设有固定床位,能收容病人住院并能为病人提供医疗、护理服务的医疗机构,包括县及县以上医院、农村乡卫生院和其他医院三部分。医院按所属性质不同分为卫生部门、工业及其他部门和集体经济单位三类。县及县以上医院按业务性质不同分为综合医院和专科医院。

卫生技术人员 指卫生事业机构支付工资的全部职工中现任职务为卫生技术工作的专业人员,包括中医师、西医师、中西医结合高级医师、护师、中药师、西药师、检验师、其他技师、中医士、西医士、护士、助产士、中药剂士、西药剂士、检验士、其他技士、其他中医、护理员、中药剂员、西药剂员、检验员和其他初级卫生技术人员。

医生 指经卫生部门审查合格,从事医疗工作的专业人员。分为中医医生和西医医生。包括卫生技术人员中的中医师、西医师、中西医结合高级医师、中医士、西医士和其他中医。

民政、司法和其它

SOCIAL WELFARE CIVIL ADMINISTRATION AND OTHERS

20－1 社会治安主要指标

MAIN INDICATORS OF SOCIAL OFFENSE

指标	单位	2004年	2005年	2006年	2007年	2008年	2009年
刑事案件							
当年全部立案数	起	28581	31904	31282	32400	40936	60953
当年全部破案数	起	13311	16882	16935	18784	25953	28920
治安案件							
受理数	件	30216	31079	29025	31349	55181	76630
查处数	件	27339	27619	26007	26633	51761	73624
城市交通事故							
交通事故	起	922	911	1034	1501	1235	860
伤亡人数	人	1310	1186	1431	2113	1690	1269
#死亡人数	人	435	416	342	324	290	264
损失折款	万元	368	316	292	264	271	253
火灾事故							
火灾起数	起	1289	1071	1049	1883	863	795
伤亡人数	人	7	3	1	4	8	5
#死亡人数	人	4	2	0	3	5	5
损失折款	万元	94	76	66	201	181.5	250

20-2 分地区社会治安主要指标(2009年)

MAIN INDICATORS OF SOCIAL OFFENSE BY DISTRICT (2009)

指标	单位	全市	市区	平阴县	济阳县	商河县	章丘市
刑事案件							
当年全部立案数	起	60953	50843	1675	1765	2087	4583
当年全部破案数	起	28920	23677	747	685	1027	2784
治安案件							
受理数	起	76630	56391	2642	3917	5289	8391
查处数	起	73624	53473	2642	3861	5260	8388
城市交通事故							
交通事故	起	860	729	33	45	21	32
伤亡人数	人	1269	1044	82	60	34	49
#死亡人数	人	264	185	21	14	17	27
损失折款	万元	253	191	32	9	5	16
火灾事故							
火灾起数	起	795	700	10	50	27	8
伤亡人数	人	5	5				
#死亡人数	人	5	5				
损失折款	万元	250	163	39	36	2	10

20-3 分地区社会

BASIC STATISTICS ON SOCIAL SECURITY AND

指　　标	单 位	济南市(汇总)	济南市（省本级）	济南市(市本级)	历下区	市中区
优抚情况						
享受定期抚恤金人数	人	2734			86	115
#城镇享受人数	人	671			85	75
享受定期补助人数	人	23895			215	613
#在乡红军老战士等	人	11610			130	330
在乡复员军人	人	5897			3	73
带病回乡退伍军人	人	5089			74	183
社会救济情况						
城镇居民最低生活保障人数	人	61096			6598	10380
农村居民最低生活保障人数	人	73481				2097
社会救济福利事业费	万元	30094.6		5682.1	1751.0	2133.7
#农村社会救济费	万元	3699.6			4.3	61.9
城市居民最低生活保障费	万元	13710.1			1744.3	1808.8
精简退职老弱残职工救济费	万元	95.4				
社会办收养性单位						
收养性单位总数	个	107	3	3	1	3
职工人数	人	2050	959	311	6	20
床位数	张	17564	1200	811	40	257
收养人数	人	15839	1032	706	12	257
#老　人	人	15250	876	273	12	257
社会保障及扶贫						
建立社会保障服务网络的乡镇数	个	61				
城市市区居民最低生活保障金标准	元	330			330	330

保障和救济(2009年)

RECEIVING RELIEF FLINDS BY DISTRICT(2009)

槐荫区	天桥区	历城区	长清区	高新区	平阴县	济阳县	商河县	章丘市
59	84	504	385	20	225	396	576	284
53	68	80	7		33	20	207	43
510	754	3982	3624	216	1708	4685	2718	4870
316	403	2773	1171	88	823	2220	1106	2250
50	114	652	1244	56	393	1313	780	1219
138	214	459	975	67	425	892	611	1051
9987	14111	4200	4066	81	1774	2938	2741	4220
882	2419	10388	11525	609	8024	10527	15994	11016
2655.5	4030.7	2214.8	2637.9	211.3	1358.7	2684.8	2250.5	2483.6
27.6	94.5	316.5	681.6	98.5	278.6	893.2	551.7	691.2
2530.8	3530.3	987.8	911.7	17.2	321.0	526.5	547.9	783.7
					23.8	40.1		31.5
11	3	16	14	3	8	10	12	20
202	17	64	79	16	85	73	78	140
1365	346	1330	3204	122	877	2867	2423	2722
1201	346	1224	3001	120	877	2736	2423	1904
1201	346	1224	3001	120	877	2736	2423	1904
2	2	11	6		7	8	11	14
330	330	330	300	330	260	260	260	280

指　　标	单　位	济南市（汇总）	济南市（省本级）	济南市（市本级）	历下区	市中区
福利企业						
单位数	个	80	2	4	3	7
职工人数	人	4026	176	449	71	340
#残疾职工	人	1589	19	178	34	173
纳税总额	万元	1773.3	91.9	92.5	22.2	129.9
#增值税总额	万元	753.2	91.9	47.6	11.6	59.2
盈利总额	万元	1734	-3	31	7	75
亏损总额	万元					
福利工厂						
单位数	个	79	2	4	3	6
职工人数	人	3965	176	449	71	279
#残疾职工	人	1561	19	178	34	145
纳税总额	万元	1751.8	91.9	92.5	22.2	108.4
#增值税总额	万元	743.2	91.9	47.6	11.6	49.2
盈利总额	万元	1733.9	-2.6	30.7	6.6	74.6
其他福利企业						
单位数	个	1				1
职工人数	人	61				61
#残疾职工	人	28				28
纳税总额	万元	21.5				21.5
#增值税总额	万元	10				10
盈利总额	万元					
亏损总额	万元					

利 企 业 情 况（2009年）

WELFARE INSTITUTIONS（2009）

槐荫区	天桥区	历城区	长清区	高新区	平阴县	济阳县	商河县	章丘市
5	12	15	5	2	7	6	0	12
183	334	617	271	570	282	321	0	412
121	115	111	123	126	134	115	0	340
81.8	177.5	261.1	183.7	177.5	122.4	298.9	0.0	133.9
34.6	65.3	111.5	57.6	85.0	53.9	81.1	0.0	53.9
71	211	220	277	96	94	524	0	132
5	12	15	5	2	7	6		12
183	334	617	271	570	282	321		412
121	115	111	123	126	134	115		340
81.8	177.5	261.1	183.7	177.5	122.4	298.9		133.9
34.6	65.3	111.5	57.6	85.0	53.9	81.1		53.9
71.1	211.2	220.0	276.8	96.1	93.9	523.5		132.0

20-5 社会保障和救济

BASIC STATISTICS ON SOCIAL SECURITY AND RECEIVING RELIEF FLINDS

指　　标	单　位	2004年	2005年	2006年	2007年	2008年	2009年
优抚情况							
享受定期补助人数	人	15172	15340	14903	22830	24105	23895
#在乡红军老战士等	人						
在乡复员军人	人	11994	12406	11899	11806	11788	11610
带病回乡退伍军人	人	3178	2934	3004	4880	5836	5897
社会救济情况							
城镇居民最低生活保障人数	人	65590	67833	67395	64030	58974	61096
农村居民最低生活保障人数	人	32921	32842	32646	66796	66785	73481
收养性单位情况							
收养性单位总数	个	100	93	117	118	97	107
职工人数	人	1088	1180	1405	1359	1819	2050
床位数	张	4811	6526	18375	14738	15432	17564
收养人数	人	3876	5551	17804	13703	13998	15839
#老　人	人	3599	5546	17556	13133	13488	15250
社会保障及扶贫							
建立社会保障服务网络的乡镇数	个	88	65	64	61	61	61
城市市区居民最低生活保障金标准	元	208	230	230	280	300	330

20-6 律师、公证、司法基本情况(2009年)

BASIC STATISTICS ON LAW、NOTARIZATIONS AND MENDIATION(2009)

指标	单位	全市	市区	平阴县	济阳县	商河县	章丘市
律师工作							
律师事务所	个	160	150	1	2	2	5
执业律师	人	2057	2001	6	11	7	32
#专职律师	人	1850	1795	6	11	7	31
担任常年法律顾问	家	2686	2563	5	7	6	105
民事诉讼代理	件	13504	13092	21	32	53	306
#经济诉讼代理	件	2327	2249	6	11	14	47
刑事诉讼辩护及代理	件	619	617	0	0	1	1
行政诉讼代理	件	1623	1578	0	0	0	45
非诉讼法律事务	件	661	661	0	0	0	0
公证工作							
公证处	个	11	7	1	1	1	1
公证处人员	人	156	136	6	4	2	8
#公证员	人	81	71	3	2	2	3
办理公证总数	件	71487	68507	853	1217	222	688
#国内民事公证	件	44959	42594	474	1153	194	544
国内经济公证	件	15822	15207	379	64	28	144
涉台、港、澳公证	件	278	278				
涉外公证	件	10428	10428				
办理经济公证涉及金额	万元	116.22	109.41	2.60	2.00	0.12	2.10
基层司法工作							
人民调解委员会	个	5043	2205	366	835	644	993
人民调解员	人	16832	7371	1238	2391	2322	3510
调解纠纷总数	件	24415	9410	2640	4450	2625	5290
#调解成功	件	23981	9168	2626	4450	2553	5184
法律事务所	个	121	89	10	6	3	13
基层法律工作者	人	766	590	51	31	19	75
担任法律顾问	家	1137	845	116	33	47	96
民事诉讼代理	件	7764	6137	281	203	160	983
非诉讼代理	件	3473	2089	90	315	900	79
挽回经济损失	万元	23634.9	22269.6	380	578.3	217	190
法律援助工作							
法律援助机构	个	11	7	1	1	1	1
执业人员	人	22	17	0	1	1	3
办理法律援助案件	件	2940	2133	258	255	181	113

主要统计指标解释

EXPLANATORY NOTES ON MAIN STATISTICAL INDICATORS

社会福利事业单位收养人数 包括民政部门管理和城镇、农村集体举办的社会福利事业单位中收养的老人、少年儿童、缺乏生活自理能力的残疾人员和精神病人。

社会福利企业单位 指以安置城镇有一定劳动能力的盲、聋、哑和肢体残疾人员就业为目的,享受国家减免税待遇的国有或集体企业。包括福利工厂、福利商业和服务业、假肢厂和安置农场等单位。

律师 指受聘参加法律顾问处工作,担任法律顾问、刑(民)事代理人、刑事辩护人,办理非诉讼事件、解答法律询问,代写法律事务文书等主要从事律师业务的专职法律工作者和兼职律师。

公证人员 指在国家公证机关依法办理公证事务的司法人员,包括公证员、助理公证员和在公证处工作的其他人员。

调解人员 指在人民调解委员会担负调解民间一般民事纠纷和轻微违法行为引起纠纷的工作人员,包括调解委员会的委员和调解小组的调解员。

立案 指检察机关对犯罪线索进行初步调查后,认为存在职务犯罪事实并需要追究刑事责任时,依法决定作为刑事案件进行侦查的诉讼活动,是追究犯罪的开始。

附　录

APPENDIX

十 五 副 省 级

MAIN STATISTICAL INDICATORS

城市名称	生产总值(亿元)	第一产业(亿元)	第二产业(亿元)	#工业增加值(亿元)	第三产业(亿元)	全社会固定资产投资额（亿元）	房地产开发投资额（亿元）	地方财政一般预算收入（亿元）	地方财政一般预算支出（亿元）	金融机构人民币存款余额（亿元）	城乡储蓄人民币存款余额（亿元）	金融机构人民币贷款余额（亿元）
济南	3340.9	187.1	1433.5	1191.4	1720.3	1655.4	332.6	210.2	259.9	6363.3	1911.5	5700.9
沈阳	4359.2	197.0	2214.7	2012.2	1947.6	3676.0	1188.7	320.2	469.6	6657.4	2948.5	5084.9
大连	4417.7	313.4	2314.8	2061.8	1789.5	3273.5	578.9	400.2	471.2	6874.8	2930.7	4894.3
长春	2919.2	236.0	1501.4	1202.5	1181.8	2300.3	443.9	142.7	306.0	4308.8	1834.2	3819.3
哈尔滨	3258.1	417.4	1226.9	916.5	1613.8	1892.1	278.7	193.4	348.4	5031.1	2249.5	3433.3
南京	4230.3	129.2	1930.7	1640.5	2170.4	2668.0	595.7	434.5	461.3	10886.9	3056.4	9064.1
杭州	5098.7	190.3	2434.9	2157.1	2473.5	2291.7	704.7	520.8	490.4	14059.2	4223.6	12687.9
宁波	4214.6	183.9	2247.8	2006.6	1783.0	2004.2	374.5	432.8	506.1	8083.9	2869.6	7424.9
厦门	1623.2	21.0	786.0	670.0	816.2	882.1	294.6	240.6	268.2	3163.1	1158.1	2633.4
青岛	4890.3	230.3	2449.8	2204.1	2210.3	2458.9	459.5	377.0	433.6	6302.0	2527.9	4873.5
武汉	4560.6	149.1	2142.1	1772.1	2269.4	3001.1	778.6	316.1	452.5	8430.7	3010.1	6766.9
广州	9112.8	172.6	3394.7	3106.8	5545.6	2659.9	817.3	702.6	790.3	20401.7	7954.2	12598.2
深圳	8201.2	6.5	3831.6	3597.6	4363.1	1709.2	437.5	880.8	1000.7	16938.2	5723.8	11646.3
成都	4502.6	267.8	2001.8	1664.8	2233.0	4025.9	945.1	387.5	600.8	12416.0	4234.0	9869.0
西安	2719.1	110.4	1148.8	820.9	1460.0	2500.1	696.3	181.4	276.9	7522.1	3084.2	4482.6
济南位次	11	8	12	12	11	14	13	12	15	11	13	8

注:2009年起济南市实际外商直接投资改为实际到帐外资口径。

城 市 资 料 (2009年)

OF 15 LARGEST CITIES(2009)

规模以上工业增加值（亿元）	规模以上工业利润总额（亿元）	社会消费品零售总额（亿元）	进出口总额(海关)(亿美元)	进口总额(亿美元)	出口总额(亿美元)	实际到帐外资(亿美元)	城市居民人均可支配收入（元）	城市居民人均消费性支出(元)	农民人均纯收入（元）	居民消费价格总指数(%)
1154.0	275.9	1617.9	56.6	26.1	30.5	9.8	22721.7	14764.3	7804.8	100.3
2017.5	315.6	1778.6	65.7	30.5	35.2	54.1	18560.0	16447.8	9129.3	99.9
1733.1	239.3	1396.7	422.4	200.7	221.8	60.2	19093.0	15330.0	11190.0	100.2
1155.0	280.4	1089.4	85.5	74.7	10.8	6.4	16277.0	13409.0	5661.8	99.8
581.7	102.7	1507.9	36.9	22.2	14.7	6.0	15887.0	12358.1	6775.5	100.2
1459.5	318.3	1961.6	337.5	152.9	184.6	22.8	25504.1	16339.1	9858.0	100.1
1792.0	496.0	1804.9	404.2	132.4	271.8	40.1	26864.0	18595.0	11822.0	98.6
1617.3	452.7	1434.4	608.1	221.6	386.5	22.1	27368.0	18203.0	12641.0	99.4
654.6	185.1	488.6	433.1	156.5	276.7	16.9	26131.0	17990.0	9153.0	97.3
2338.1	464.9	1744.0	448.5	175.5	273.0	21.9	22367.9	16079.9	9249.0	100.5
1656.2		2164.1	114.7	56.5	58.3	29.4	18385.0	12710.3	7161.0	99.4
2938.5	739.7	3647.8	767.4	393.3	374.1	37.7	27609.6	22821.0	11067.0	97.5
3429.9	756.1	2598.7	2701.6	1081.8	1619.8	41.6	29244.5	21526.1	—	98.7
1477.1	264.5	1950.0	178.6	73.6	105.0	28.0	18650.0	14080.0	7129.0	100.3
725.3	131.3	1381.1	72.5	39.3	33.3	12.2	18963.0	14251.0	6275.0	99.7
12	9	9	14	14	13	13	7	10	9	2

二十六省会城市

MAIN STATISTICAL

城市名称	生产总值(亿元)	第一产业(亿元)	第二产业(亿元)	#工业增加值(亿元)	第三产业(亿元)	全社会固定资产投资额(亿元)	房地产开发投资额(亿元)	地方财政一般预算收入(亿元)	地方财政一般预算支出(亿元)	金融机构本外币存款余额(亿元)	城乡储蓄本外币存款余额(亿元)
济南	3340.9	187.1	1433.5	1191.4	1720.3	1655.4	332.6	210.2	259.9	6422.7	1931.6
石家庄	3114.9	305.3	1558.5	1400.1	1251.1	2436.3	370.3	126.0	236.4	5199.4	2583.2
太原	1545.2	31.1	675.5	501.0	838.6	782.0	165.0	117.5	159.9	5935.9	
呼和浩特	1634.8	78.1	593.3	487.1	963.5	800.8	178.3	106.7	165.0	2148.1	784.3
沈阳	4359.2	197.0	2214.7	2012.2	1947.6	3676.0	1188.7	320.2	469.6	6809.8	3011.3
长春	2919.2	236.0	1501.4	1202.5	1181.8	2300.3	443.9	142.7	306.0	4354.2	1861.3
哈尔滨	3258.1	417.4	1226.9	916.5	1613.8	1892.1	278.7	193.4	348.4	5096.9	2288.4
南京	4230.3	129.2	1930.7	1640.5	2170.4	2668.0	595.7	434.5	461.3	11088.4	3125.0
杭州	5098.7	190.3	2434.9	2157.1	2473.5	2291.7	704.7	520.8	490.4	14284.2	4286.9
合肥	2102.1	108.7	1105.0	840.5	888.5	2468.4	670.4	180.9	245.9	3761.4	1041.2
福州	2524.3	241.8	1197.8	1009.0	1084.7	1646.7	361.8	195.3	203.2	4919.1	2147.5
南昌	1837.5	109.7	1018.7	753.2	709.2	1464.9	198.3	115.9	181.8	3289.9	1197.3
郑州	3300.0	103.0	1797.0	1590.8	1400.0	2289.1	513.8	301.9	353.1	6592.9	2511.2
武汉	4560.6	149.1	2142.1	1772.1	2269.4	3001.1	778.6	316.1	452.5	8575.6	3010.1
长沙	3744.8	179.4	1893.6	1554.5	1671.8	2441.8	497.5	246.3	308.8	5325.8	1881.3
广州	9112.8	172.6	3394.7	3106.8	5545.6	2659.9	817.3	702.6	790.3	20944.2	8214.2
南宁	1492.4	211.2	527.5	395.8	753.7	1043.9	226.7	120.3	183.3	3231.4	1116.2
海口	489.6	34.1	119.8	83.1	335.7	277.0	78.0	38.4	66.6	1750.1	621.0
成都	4502.6	267.8	2001.8	1664.8	2233.0	4025.9	945.1	387.5	600.8	12535.0	4280.0
贵阳	902.6	50.1	402.2	288.3	450.3	782.6	210.3	105.4	169.8	2466.2	928.4
昆明	1808.7	114.1	824.6	632.4	870.0	1600.0	369.4	201.6	270.5	5896.8	1945.4
西安	2719.1	110.4	1148.8	820.9	1460.0	2500.1	696.3	181.4	276.9	7622.9	3125.3
兰州	926.0	30.0	433.6	331.2	462.4	506.2	98.6	57.0	119.8	2621.2	1090.0
西宁	469.4	19.5	249.3	209.0	200.7	312.0	63.8	28.2	85.1	1300.6	480.2
银川	578.2	32.3	285.8	238.5	260.0	492.1	99.6	44.0	89.2	1279.0	519.4
乌鲁木齐	1095.0	16.0	452.0	386.0	627.0	412.0	105.0	113.5	133.9	2958.6	1051.2
济南位次	8	9	11	11	7	14	15	9	13	9	13

注:2009年起济南市实际外商直接投资改为实际到帐外资口径。

主要经济指标 (2009年)

INDICATORS OF 26 CITIES(2009)

金融机构本外币贷款余额(亿元)	规模以上工业增加值（亿元）	规模以上工业利润总额（亿元）	社会消费品零售总额（亿元）	进出口总额(海关)(亿美元)	出口总额（亿美元）	实际外商直接投资(亿美元)	城市居民人均可支配收入（元）	城市居民人均消费性支出(元)	农民人均纯收入（元）	居民消费价格总指数(%)
6200.6	1154.0	275.9	1617.9	56.6	30.5	9.8	22721.7	14764.3	7804.8	100.3
2896.7	1203.2	299.0	1190.6	55.1	43.1	5.6	16607.0	10078.0	5977.0	100.3
4230.1	470.1	51.0	721.7	59.1	19.4	2.6	15607.0	11708.0	6828.0	99.9
2010.9	395.4	50.4	641.2	7.1	3.5	7.8	22397.0	14752.0	7802.0	100.1
5170.9	2017.5	315.6	1778.6	65.7	35.2	54.1	18560.0	16447.8	9129.3	99.9
3863.7	1155.0	280.4	1089.4	85.5	10.8	24.3	16277.0	13409.0	5661.8	99.8
3570.2	581.7	102.7	1507.9	36.9	14.7	6.2	15887.0	12358.1	6775.5	100.2
9444.5	1459.5	318.3	1961.6	337.5	184.6	22.8	25504.1	16339.1	9858.0	100.1
13113.3	1792.0	496.0	1804.9	404.2	271.8	40.1	26864.0	18595.0	11822.0	98.6
3528.8	767.5	115.1	703.4	64.3	44.5	13.0	17158.0	12695.0	6065.0	99.1
4246.1	906.6	124.1	1335.8	178.6	120.1	10.3	20748.0	14575.0	7669.0	98.7
2932.1	615.1	89.8	634.4	34.7	21.3	15.8	16472.4	12406.4	6296.0	99.7
4970.9	1332.5	501.1	1434.8	36.0	22.0	16.2	17417.0	10224.0	8121.0	99.8
7069.4	1656.2		2164.1	114.7	58.3	29.4	18385.0	12710.3	7161.0	99.4
5200.8	1158.2	274.2	1524.9	41.2	24.5	20.3	20004.0	14167.0	9432.0	99.4
13851.8	2938.5	739.7	3647.8	767.4	374.1	37.7	27609.6	22821.0	11067.0	97.5
3278.1	320.6	34.0	757.0	27.9	23.8	1.7	16813.0	11954.0	4521.0	98.2
1558.9	77.6	16.3	277.2	38.1	10.0	6.5	15237.0	11673.6	5643.0	99.9
10113.0	1477.1	264.5	1950.0	178.6	105.0	28.0	18650.0	14080.0	7129.0	100.3
2081.1	288.3	45.7	412.7	18.1	12.6	1.1	15041.0	11519.0	5316.0	97.7
5523.0	534.7	92.8	864.6	56.3	29.7	7.3	15674.0	11587.0	5080.0	100.8
4539.8	725.3	131.3	1381.1	72.5	33.3	13.2	18963.0	14251.0	6275.0	99.7
2007.2	308.2	60.3	469.8	4.9	3.1		12760.7	9653.4	4001.0	99.6
1174.4	195.0	7.6	201.6	4.4	2.1		12951.0	8796.9	4699.0	103.5
1289.1	228.1	36.5	185.5	6.7	9.6		15900.0	12300.0	5410.0	99.7
1659.9	378.0	103.7	473.0	36.8	29.7	1.3	13075.0	9045.0	6666.0	100.4
6	11	8	7	12	11	14	4	5	7	4

山东省十七城市

MAIN STATISTICAL INDICATORS

城市名称	生产总值(亿元)	第一产业(亿元)	第二产业(亿元)	第三产业(亿元)	全社会固定资产投资额(亿元)	房地产开发投资额(亿元)	地方财政一般预算收入(亿元)	地方财政一般预算支出(亿元)	金融机构人民币存款余额(亿元)	城乡储蓄人民币存款余额(亿元)	金融机构人民币贷款余额(亿元)
全省	33805.3	3226.6	19035.0	11543.7	19031.0	2428.7	2198.5	3266.8	34697.8	17082.8	25961.3
济南市	3340.9	187.1	1433.5	1720.3	1655.4	332.6	210.2	259.9	6363.3	1911.5	5700.9
青岛市	4890.3	230.3	2449.8	2210.3	2458.9	459.5	377.0	433.6	6302.0	2527.9	4873.5
淄博市	2473.1	87.9	1554.3	831.0	1009.6	140.6	128.8	162.0	2145.2	1185.0	1395.3
枣庄市	1201.3	103.8	744.4	353.1	579.8	68.1	60.8	101.0	807.7	442.6	585.8
东营市	2076.6	74.7	1541.3	460.5	1095.6	84.6	80.9	105.2	1301.0	640.2	899.4
烟台市	3728.7	285.9	2255.2	1187.6	2222.2	271.2	189.1	248.0	3342.3	1851.2	2105.1
潍坊市	2727.8	302.0	1564.7	861.1	1858.8	266.5	158.0	227.7	2739.0	1605.1	2042.6
济宁市	2279.2	270.4	1264.8	744.0	1084.6	82.4	134.7	198.4	1895.6	1073.0	1128.7
泰安市	1715.7	170.3	936.3	609.0	1031.9	52.2	91.4	134.5	1213.2	722.5	769.6
威海市	1969.4	136.3	1192.7	640.3	1165.5	209.5	102.5	136.9	1380.8	826.4	953.1
日照市	861.7	87.3	479.5	294.9	631.9	61.1	43.5	72.9	812.0	389.4	726.7
莱芜市	461.3	30.4	297.5	133.5	260.6	16.4	32.7	44.6	562.4	262.0	426.9
临沂市	2110.2	250.5	1063.4	796.3	1150.5	146.4	91.5	187.3	1762.3	1178.1	1287.4
德州市	1545.4	191.0	844.1	510.3	926.9	73.3	55.3	114.8	1088.4	707.8	773.2
聊城市	1375.9	198.6	808.5	368.8	700.0	32.4	55.4	107.3	1074.3	668.8	771.0
滨州市	1350.9	135.9	788.7	426.3	723.4	69.8	80.2	124.7	918.3	444.5	847.0
菏泽市	953.6	205.2	496.2	252.2	475.4	62.1	60.6	141.0	898.3	645.4	657.5
济南位次	3	9	6	2	4	2	2	2	1	2	1

注:2009年起济南市实际外商直接投资改为实际到帐外资口径。

主要经济指标 (2009年)

OF 17 CITIES IN SHANDONG(2009)

规模以上工 业增加值（亿元）	规模以上工业主营业务收入（亿元）	规模以上工业利税总 额（亿元）	规模以上工业利润总 额（亿元）	社会消费品零售总 额（亿元）	出 口总 额(亿美元)	实际到帐外 资(万美元)	城市居民人均可支配收入（元）	城市居民人均消费性支 出(元)	农民人均纯收入（元）	农民人均生活费支 出（元）	居民消费价格指数(%)
18847.8	70676.8	7253.4	4390.4	12363.0	795.7	801007	17811.0	12012.7	6119.0	4417.0	100.0
1154.0	3868.7	500.6	275.9	1617.9	30.5	98062	22721.7	14764.3	7804.8	4733.1	100.3
2338.1	9297.3	909.6	464.9	1744.0	273.0	218940	22367.9	16079.9	9249.0	5831.6	100.5
1648.5	6074.2	713.9	383.4	868.8	30.6	38759	19284.4	12685.3	8013.2	5170.7	99.4
672.0	2492.4	305.1	177.8	353.8	4.9	21626	15650.7	9608.0	6254.5	3753.5	100.1
1457.9	4423.1	748.3	484.0	303.3	17.6	16506	21312.7	13599.3	7326.9	4542.8	99.0
2301.1	8990.2	814.5	619.2	1220.0	198.3	108503	21125.4	14536.9	8641.6	4520.7	99.2
1499.0	6050.2	521.1	326.3	988.5	61.5	67777	17267.3	12484.1	7694.3	5240.0	100.5
1076.7	3378.4	413.4	255.2	867.4	15.7	41600	17720.5	11244.0	6470.2	3894.8	100.4
934.2	3035.3	374.9	219.6	556.3	7.1	8761	17671.9	12318.7	6600.3	3869.6	100.0
1156.1	4750.4	334.6	212.8	576.0	68.2	55037	20116.9	14442.2	9226.0	5441.0	101.1
463.8	1817.6	174.6	119.6	252.9	16.3	37656	15794.3	10881.1	6547.7	3859.4	99.8
303.6	1291.2	90.8	53.0	160.6	5.9	8874	18943.0	12597.9	7317.4	4116.6	101.1
1057.6	3794.8	310.0	207.2	974.2	21.9	30515	18780.9	12033.7	5882.0	3586.7	98.6
836.0	3275.6	387.8	196.4	567.0	9.6	13877	15706.1	10164.3	6138.2	2842.7	99.7
809.8	3208.8	305.7	205.0	472.4	8.4	9076	15957.2	11625.8	5539.0	3169.1	100.3
763.5	3135.9	253.8	151.2	360.3	17.7	16922	17499.8	11879.2	6244.6	4017.0	99.2
483.2	1886.8	191.2	111.4	482.5	8.7	8516	12737.3	8464.4	5047.2	3411.0	99.5
7	7	6	6	2	6	3	1	2	5	5	6

附录四

济南市统计局　国家统计局济南调查队
二〇〇九年统计调查工作大事记

CHRONICLE OF EVENTS OF JINAN STATISTICAL UNDERTAKING

1月1日，第二次全国经济普查正式登记的第一天，为进一步提高经济普查的社会知晓度，继在《济南日报》全文刊登《济南市第二次经济普查登记通告》后，又取得舜网大力支持，免费向全市20万手机用户以手机报的形式发送了此通告。手机报内容：济南市第二次经济普查领导小组办公室发布2号普查通告。全市经济普查登记将于2009年1月1日起全面展开，普查的标准时点是2008年12月31日，时期资料为2008年度。

1月上旬，济南市统计局被市政府办公厅表彰为"2008年度全市政府系统政务信息工作先进单位"、"2008年度全市政府系统电子政务信息工作先进单位"。

1月8日下午，省委常委、常务副省长、省第二次经济普查领导小组组长王仁元一行先后来到济南市历下区甸柳新村街道办事处统计站和市公交总公司视察第二次经济普查入户登记工作，并看望基层普查人员。济南市市委副书记、市长张建国汇报了济南市第二次经济普查入户登记工作情况并陪同视察。省政府副秘书长韩金峰、省统计局副局长潘振文、市统计局局长王祯祥等领导陪同视察。省市多家媒体进行了跟踪报道。

1月12日至1月20日，济南市组织开展了经济普查第二轮督查工作。本次督查全市共组成4个督查组，由市统计局4名副局长分别带队，市经普办相关业务组工作人员参加。此次督查的主要任务：一是对各县区入户登记前的培训工作和现场登记情况进行督查；二是对各县区的典型调查工作进展情况进行督查；三是组织开展对各县区单位清查数据质量进行验收。

1月14日，经济南市事业单位登记管理局（事证第137010000650号）文件批准，同意注销济南市统计局电子计算站。

1月20日，济南市统计局、国家统计局济南调查队召开局队长办公（扩大）会议，传达贯彻2009年全国、全省统计工作会议精神。局队领导、处室负责人参加了会议。

1月21日，济南市统计局、国家统计局济南调查队举办了以"金牛舞新春 和谐创辉煌"为主题的2009年春节联欢会，全局干部职工、离退休老同志140余人，齐聚一堂，喜迎新春！晚会以欢快喜庆的舞蹈《开门红》拉开了序幕，局队党组书记王祯祥发表了热情洋溢的新春祝辞。整台晚会既有歌舞、戏剧，又有快板、游戏，台上演员激情表演，台下观众热情互动，欢歌笑语、其乐融融，共同感受着统计局这个温暖的大家庭给大家带来的幸福和快乐。为鼓励干部职工的积极参与，晚会还评出了各类表演奖项，最后，在《我们是一家人》的歌曲声中，历时两个多小时的晚会圆满结束。

2月4日，济南市统计局、社会经济调查局召开2008年度军队转业干部座谈会，市统计局局长王祯祥和社会经济调查局局长高军到会并讲话。市社会经济调查局局长高军简要介绍了两局概况，并结合自身经历，从"对统计工作的认识"、"统计系统的构成"及"如何干好统计工作"三个方面作了深入浅出的阐述。军队转业干部一致表示，一定要发扬部队的好作风，一切从零开始，努力学习、踏实工作，干一行、爱一行、做好一行，以勤奋工作创造新的成绩，不辜负局队领导的期望，在新的工作岗位上再立新功。

同日，济南市召开新闻发布会，通报了全市2008年优化发展环境民主评议工作情况，并首次公布评议"成绩单"—— 对65个重点被评议部门、单位，按照经济和社会管理、行政执法、公用服务三类分别排出前5名予以公布。济南市统计局在经济和社会管理类22个部门、单位的民主评议中，综合得分名列第二。

2月10日，济南市政府召开2009年全市统计工作会议，学习贯彻全国和全省统计工作会议精神，总结2008年全市统计工作，部署2009年统计工作任务。县（市）区分管领导，市有关部门、单位分管领导，部分驻济大企业集团分管负责人，县（市）区统计局、调查队（局）领导，高新区计划统计局局长，受表彰的全市统计系统先进集体和个人代表，部分社会监督员以及市统计局、市社会经济调查局全体工作人员共计240余人参加了会议。省统计局副局长姜玉山，国家统计局山东调查总队副总队长谭杰，济南市委常委、副市长陈先运出席了会议并作重要讲话。会议由市政府副秘书长史同伟主持。会上，市统计局局长王祯祥作了题为《围绕中心 服务大局 为全市经济社会科学发展做出新贡献》的工作报告。市社会经济调查局局长高军宣读《全市统计系统先进集体和个人名单》，在主席台就坐的领导为获奖单位和个人颁奖。省统计局副局长姜玉山代表省统计局、国家统计局山东调查总队讲话。最后，市委常委、副市长陈先运作了重要讲话。

2月25日，由国家发改委秘书长韩永文带领的第二次全国经济普查山东督察组一行到济南市调研经济普查工作。督查组在济南市历下区召开了济南市经济普查工作汇报会。济南市委常委、副市长陈先运主持会议并向督查组介绍了济南市经济社会发展情况和经济普查开展情况。督察组一行在听取了济南市以及历下区趵突泉街道办事处经济普查情况汇报后，查阅了济南市经济普查相关资料，并到浪潮集团、重汽集团、济南华联等企业进行了调研。济南市政府副秘书长史同伟、市统计局局长王祯祥陪同调研。

2月27日，济南市统计局、国家统计局济南调查队《2008年济南市国民经济和社会发展统计公报》通过《济南日报》第三版专刊发布。《齐鲁晚报》、《生活日报》、《山东商报》、《山东电视台》、《济南电视台》、《济南人民广播电台》等十余家驻济媒体也刊登了《2008年济南市国民经济和社会发展统计公报》部分内容。

2月28日，国家统计局投资司司长汲凤翔等一行三人，在省统计局投资处处长王志珍等人的陪同下，到济南市考察调研固定资产投资、房地产开发形势。汲凤翔司长一行先后听取了济南市统计局"关于全市固定资产投资总体情况的汇报"，以及市发改委"关于济南市新增中央投资及重点项目情况的汇报"、市经委"关于济南市工业投资情况的汇报"、市建委"关于济南市房地产市场情况的汇报"、市旧城改造投融资管理中心"关于棚户区改造情况的汇报"。随后，又实地察看了济南阳光100房地产开发公司、济南变压器厂整体搬迁项目施工场地，围绕企业经营状况、产品市场情况和企业固定资产投资情况与企业（项目）负责人进行了深入交流。济南市政府副秘书长史同伟、市统计局局长王祯祥进行全程陪同，省统计局副局长刘银田等领导同志会见了调研组一行。

3月4日，济南市统计局、国家统计局济南调查队召开局领导干部会议，传达3月3日全市深入学习实践科学发展观活动动员大会精神，学习焉荣竹书记的讲话，同时对局队深入学习实践科学发展观活动具体实施方案进行研究。会议形成了深入学习实践活动的初步方案。

3月10日上午，济南市统计局、国家统计局济南调查队隆重召开深入学习实践科学发展观活动动员大会，会议由局队学习实践科学发展观活动领导小组副组长高军主持。局队学习实践科学发展观活动领导小组办公室主任郭金豹传达了局队党组关于成立深入学习实践科学发展观活动领导小组的文件精神，并进一步明确了领导小组办公室的职责和分工。学习实践活动领导小组组长王祯祥作了动员讲话。市委学习实践科学发展观活动第五指导检查组组长魏篁同志从检查组角度提出了指导意见。各县（市）区统计局、高新区科技发展局局长，市局队全体人员，离岗、离退休党员干部和社会监督员共155人参加了会议。

3月11日，济南市统计局、国家统计局济南调查队学习实践活动领导小组组长王祯祥带领局队学习实践活动领导小组办公室各工作组部分成员一行，赴全省开展深入学习实践科学发展观活动的第一批试点城市的淄博市统计局学习考察。学习考察组一行听取了淄博市统计局局长刘玉玺和原学习实践活动领导小组办公室负责同志关于学习实践活动的情况介绍，并就活动开展过程中的关键环节和突出问题进行了深入交流。

3月13日，济南市统计局、国家统计局济南调查队召开学习实践科学发展观活动工作骨干培训会议，局队学习实践活动领导小组办公室成员，各处（室）、中心负责人及联络员参加了培训。局队学习实践活动领导小组办公室主任郭金豹主持会议并对活动的开展提出了六个方面的具体要求。会上，学习实践活动领导小组办公室综合协调组组长张丽娟介绍了以处室为单位开展学习实践活动的组织分工情况；材料宣传组组长唐爱群要求各处室负责人对学习实践活动要高度重视，认真组织协调好本处室方方面面的工作；材料宣传组介绍了活动宣传方案，并就网络信息加载等内容进行了培训。

3月18日，国家统计局局长马建堂一行来到济南市调研经济运行情况。马建堂一行先后来到中国重汽集团济南商用车有限公司、东方道迩数字数据技术有限公司济南分公司、银座商城等企业调研，详细询问了中国重汽目前生产、销售、研发、管理情况，听取了东方道迩公司负责人关于空间信息数据领域数据获取、数据处理、数据应用等方面的业务的汇报，了解了银座商城的布点、销售情况。鼓励企业树立信心、激发活力，千方百计开拓市场，同时要正确判断形势，掌握政策走势，把握发展大势，强化管理，做好内功。省委常委、常务副省长王仁元，省统计局局长杜昌祚、国家统计局山东调查总队总队长宋志申和济南市委常委、副市长陈先运陪同调研。调研期间，马建堂还听取了济南市统计局局长王祯祥、国家统计局济南调查队队长高军关于《济南统计改革和发展基本情况》和《国家统计局济南调查队管理体制改革有关情况》的汇报。马建堂要求，统计系统要认真开展深入学习实践科学发展观活动，进一步解放思想，深化统计改革，服务科学发展。

3月20日至21日，济南市统计局、国家统计局济南调查队党组中心组举办深入学习实践科学发展观活动理论学习读书会。

3月26日上午，济南市统计局、国家统计局济南调查队共同主办"坚持科学统计，服务科学发展，加快省会经济社会发展论坛"。论坛邀请省统计局副巡视员左振华、省统计局主要业务处的处长作主题发言。市人大财经委副主任委员、第五指导检查组组长魏篁，市委宣传部副部长彭寿谦也亲临论坛给予指导。论坛由济南市统计局郭金豹副局长主持。

4月2日上午，济南市统计局局长王祯祥应邀参加市委党校开设的领导干部讲坛，向市管领导干部进修班、中青年后备干部培训班、处级公务员任职培训班的全体学员作了题为《化危为机，加快省会现代化建设——面对国际金融危机的思考与对策》的报告。

4月3日，济南市统计局局长王祯祥带领第一调研组来到历城区遥墙镇和临港开发区管委会调研。听取了历城区遥墙镇相关人员关于农民工返乡、农作物生长和农民收入变动等情况的介绍和临港开发区管委会关于开发区规划、投资和入驻企业在金融危机后的生产经营状况等情况的介绍。

4月15日，济南市统计局、国家统计局济南调查队向历城区遥墙镇捐赠防治美国白蛾资金仪式在遥墙镇政府举行。济南市统计局副局长郭金豹、国家统计局济南调查队纪检组长张丽娟代表济南市统计局、国家统计局济南调查队全体干部职工参加了仪式并将捐赠的150台全自动高效灭虫灯，发到各村安装启用。

4月20日上午，济南市统计局召开2009年一季度济南市国民经济发展统计新闻发布会。齐鲁晚报、济南日报、济南电视台等驻济各大新闻媒体记者、济南市统计局各业务处处长参加了发布会。会上，市统计局副局长、新闻发言人郭金豹通报了一季度济南市国民经济发展情况并回答了记者们关于当前关注的国际金融危机对济南市经济发展的影响、全运会对济南市经济发展的拉动情况、新增贷款幅度较大、汽车销售回升、旅游业等社会热点的提问。

4月23日，济南市统计局局长王祯祥带领办公室、综合处、工业处、投资处部分同志到商河县进行调研。调研过程中，王祯祥局长与商河县委、县政府领导同志就商河县一季度经济运行情况进行了交流并到商河开发区、商河县水处理厂、清源湖水库和力诺玻璃有限公司、宏业集团贾庄分厂、力诺新材料公司等三家工业企业进行了实地查看。

5月8日，济南市统计局局长王祯祥、副局长苑子建率领办公室、工业处、投资处、三产处部分人员深入市高新技术开发区开展调查研究。在高新区管委会副主任钱宇建、高新区计划统计局局长朱永强、投资服务局副局长路军等人的陪同下先后到法因数控、青年汽车项目施工现场实地查看项目施工进度，详细了解项目的设计生产能力、市场前景以及建设过程中遇到的困难等。随后，又深入同心电子有限公司、得安科技有限公司，同企业领导、生产一线工人深入交流与沟通，了解金融危机对企业的影响，以及企业对当前统计工作的意见和建议。

5月11日上午，济南市统计局、国家统计局济南调查队组织局队党组中心理论组学习，认真、系统地学习了《统计违法违纪行为处分规定》的全文，并从《处分规定》颁发的重要意义、如何做好宣传贯彻以及如何加强执法三方面进行充分研讨。

5月15日，济南市统计局召开了全市建设领域统计工作会议，认真贯彻落实济南市九届五次全委会精神。各县(市)区统计局、高新区计划统计局相关专业统计人员参加了会议。会议通报了市统计局、发改委、经委、建委印发《关于建立固定资产投资项目管理信息抄送制度的通知》的贯彻落实情况，以及投资项目档案化管理的执行情况；部署了"关于建立全市投资项目推进年233个重点投资项目月度监测"和"关于建立棚户区改造月度监测"的规定；研究探讨了关于如何将集资建房、团购、回迁等现象纳入房地产统计的办法；总结了今年以来建设领域统计报表中存在的问题与不足；进一步强调了提高建设领域统计数据质量的重要性和必要性；详细讲解了数据处理程序的应用技巧，并解答了县(市)区提出的有关问题。

5月15日下午3时，全国统计系统贯彻实施《统计违法违纪行为处分规定》(以下简称《处分规定》)视频会议在北京召开。济南市统计局、国家统计局济南调查队认真组织处级以上干部收看。会议结束后，局队领导就《处分规定》的组织、宣传和培训工作进行了部署，要求全市统计系统要认真学习领会国家统计局局长马建堂的讲话精神，加强对贯彻实施《处分规定》的组织领导，要把学习贯彻和培训《处分规定》列入重要议事日程，列入党组中心组学习的重要内容，列入局队深入学习实践科学发展观活动的重要内容，列入统计人员警示教育的重要内容。

5月18日，中共济南市纪委办公厅、济南市监察局办公室、济南市统计局办公室三部门联合转发了《关于认真学习贯彻〈统计违法违纪行为处分规定〉的通知》(济纪办发〔2009〕12号)。通知要求，全市各级各部门要充分认识贯彻实施《处分规定》的重要意义，要认真组织形式多样的学习贯彻活动，积极营造良好氛围；纪检监察、人力资源保障和统计部门应认真履行各自职责，严格执行《处分规定》，建立案件移送制度，进一步加强在查处统计违法违纪案件中的协调配合、相互支持，共同做好统计违法违纪案件的查处工作；要把查处统计违法违纪案件与建立健全预防统计违法违纪行为体制机制结合起来，坚持标本兼治、综合治理、惩防并举、注重预防的方针，逐步建立防范统计违法违纪行为发生的长效机制。

5月20日、21日，济南市统计局、国家统计局济南调查队组成代表队，参加了在省体育中心体育场举行的济南市市直机关第十二届田径运动会，并取得了运动成绩和精神文明的双丰收。

5月26日，济南市统计局、国家统计局济南调查队召开全市统计法制工作会议。会议由济南市统计执法监察支队支队长刘东涛主持。会议表彰了全市统计普法活动先进单位，传达了省统计局和国家统计局山东调查总队法制工作会议精神，总结了前期工作，部署了今后一个阶段的法制任务，学习了《统计违法违纪处分规定》，组织了工作经验交流、案卷评查和执法工作培训。省统计局副局长潘振文、济南市统计局局长王祯祥到会并讲话，省统计局法规处处长王强、国家统计局山东调查总队法规制度处处长刘传云到会指导。

5月27日，济南市统计局、国家统计局济南调查队干部职工积极参与“慈心一日捐”活动。局队151名干部职工共计捐款44200元。

5月27日下午，在中国传统的节日—端午节即将来临之际，济南市统计局、社会经济调查局领导唐爱群、王广俊、张丽娟来到了共建村-天桥区桑梓店镇怀庄村，看望了该村的“五保”老人，为他们送去粽子、食油、鸡蛋等慰问品，把党和政府的温暖及两局全体干部职工的爱心送到了老人们的家中。

6月12日，济南市统计局、国家统计局济南调查队召开局队党组扩大会议，学习贯彻中华人民共和国监察部、人力资源和社会保障部、国家统计局联合颁布的《统计违法违纪行为处分规定》。会议由局队党组书记、市统计局局长王祯祥主持，局队党组理论学习中心组成员、全市各县(市)区统计局局长，国家统计局历城、济阳、商河调查队队长参加了会议。

6月16日，济南市统计局会同市发改委、市经委、市节能办、市水利局、市城市节水办、市供电公司、济南水业集团有限责任公司等相关部门和单位，就济南市各县(市)区2008年万元GDP能耗、万元GDP电耗、万元GDP取水量、规模以上万元增加值能耗、规模以上工业万元增加值取水量等指标的完成情况进行了会商。济南市统计局副局长苑子建主持会议并讲话。

6月29日，济南市统计局、国家统计局济南调查队党组印发了《关于在全体党员干部中组织开展廉政警句征集活动的通知》。

6月30日，济南市统计局、国家统计局济南调查队党组召开深入学习实践科学发展观活动专题会议，传达学习济南市委第一批学习实践活动工作交流会精神，总结在检查阶段的工作情况，研究部署整改落实阶段的工作任务。这标志着学习实践活动正式转入整改落实阶段。

7月3日，济南市统计局、国家统计局济南调查队举办“我为党旗添光彩”为主题的演讲比赛。局队全体党员干部近百人齐聚党旗下，庆祝中国共产党成立88周年华诞。省统计局、山东调查总队、市文明办和市直机关工委的领导莅临指导并担任这次演讲的评委。在局队党组书记王祯祥简短而又热情洋溢的贺词之后，演讲比赛拉开了帷幕。来自局队机关六个党支部的选手围绕“我为党旗添光彩”这一主题进行演讲。经过激烈比赛，三支部的宋磊荣获一等奖，五支部的郑璇、六支部的李响荣获二等奖，一支部的赵虹、尹世锟、三支部的柳青和六支部的房建荣获三等奖，另有六个演讲节目获得优秀奖。庆祝活动在局队党组副书记高军指挥合唱的《没有共产党就没有新中国》歌声中圆满结束。

7月10日，济南市统计基层基础规范化工作会议在历下区文东办事处召开。会议组织参观了文东办事处统计站规范化建设，总结交流了统计基层基础规范化建设经验，明确了当前乡(镇、街道)统计站正规化建设的工作重点，部署了统计基层基础规范化建设检查验收工作任务。济南市统计执法监察支队刘东涛支队长到会并作了题为《落实科学发展观，再掀基层基础规范化建设新高潮》讲话。各县(市)区统计局分管领导及相关工作人员、部分乡(镇、街道)统计站站长参加了会议。

7月15日-16日，济南市召开上半年经济形势分析会议。济南市统计局、国家统计局济南调查队领导干部和各县(市)区统计局和高新区计划统计局局长和调查队队长以及济南市局队有关业务处处长共50余人参加会议。会议认真学习传达全省上半年经济形势分析会议精神；各县(市)区和高新区计划统计局局长作上半年经济形势交流发言；郭金豹副局长代表局队作上半年济南市经济形势分析报告；王祯祥局长作了全市上半年工作总结，安排部署了下半年工作任务；与会代表进行分组讨论；高军队长作会议总结。会议紧紧围绕“坚持科学统计，服务科学发展”这一主题，是深入学习实践科学发展观活动的一次具体而生动的实践。

7月23日，济南市统计局召开驻济省级及以上技术中心企业科技统计定报工作及培训会议。驻济56家国家级和省级技术中心企业，县(市)区统计局和市局相关处室科技统计人员，共80余人参加了会议，济南市统计局崔瑞宁副局长出席会议并讲话。

7月20日至25日，济南市统计局组成检查组，赴各县(市)区对2007年以来被命名的11家省级“统计站规范化建设示范单位”和新推荐的16家统计站进行了实地复核和逐项打分验收。认真做好省级统计站规范化建设示范单位和先进单位的评选推荐工作。

7月24日上午，根据市政府办公厅、园博会组委会的统一部署，济南市统计局副局长郭金豹、办公室主任吕历源一行来到济南园博会对口招展城市的施工现场(宁波园)，慰问紧张地战斗在施工一线的工程技术和施工人员。郭金豹副局长一行为他们送去啤酒、饮料、矿泉水、毛巾、肥皂、洗衣粉等慰问品，表达了统计系统广大干部职工对为园博会的如期举行而辛勤工作的工程技术和施工人员的深深敬意。

7月30日，济南市统计局、国家统计局济南调查队印发了《关于开展党风廉政建设学习教育活动月实施方案的通知》。

8月初，济南市统计局被市政府表彰为2008年度全市节能工作先进单位。

8月5日至7日，济南市统计局组成了由三名副局长带队的三个核查组，对济南市重点及亿元以上投资项目进行了集中核查。此次核查是根据国家统计局投资司和省统计局近期工作部署及相关要求，为进一步提高投资统计数据质量，准确把握投资增长趋势进行的，也是今年济南市统计执法检查的内容之一。核查涉及十个县(市)区共287个重点及亿元以上投资项目。

8月11日，济南市统计局、国家统计局济南调查队组织开展了机关青年宣誓活动并召开了青年座谈会。局队党组书记、局长王祯祥同志代表局队党组作了讲话；局队党组副书记、队长高军等局队领导也对青年提出了希望。

8月17日上午，济南市统计局、国家统计局济南调查队深入学习实践科学发展观活动群众满意度测评会议在省纪委培训中心召开。局队学习实践活动领导小组组长、党组书记、局长王祯祥，学习实践活动领导小组副组长、党组副书记、队长高军参加会议，市委第五指导检查组组长魏篁同志到会指导工作。会议由局队学习实践活动领导小组办公室主任、副局长郭金豹主持。县(市)区统计局和高新区计划统计局局长，国家统计局历城、济阳、商河调查队队长以及社会监督员、市局队全体党员群众和离退休老干部等120余人参加了会议。

8月21日-22日，济南市统计局、国家统计局济南调查队主办了“走势与展望——下半年经济形势研讨会”。研讨会邀请了市直八个相关部门参加一同就下半年经济走势进行了研究与探讨。济南市统计局局长王祯祥、国家统计局济南调查队队长高军到会并发言。会议由济南市统计局副局长郭金豹主持。

8月27日，按照《济南市统计局、国家统计局济南调查队关于开展党风廉政建设学习教育活动月实施方案的通知》要求，济南市统计局、国家统计局济南调查队组织党员干部收看了警示教育片《当前职务犯罪的趋势及其对策》、《贪官无孝子》、《莫让爱好变陷阱》，收到了良好的效果。

8月30日，济南市统计局局长王祯祥带领各县(市)区统计局局长到济南园博园建设工地进行了实地考察，通过听取建设服务中心的介绍和对各展区、展园的参观，详细了解了园博园的整体建设及投资统计情况。在察看由市统计局负责招展、对口接待已建成竣工的宁波园时，王祯祥局长就加强展园的维护管理向现场工作人员提出了要求，确保园博会展出期间宁波园以良好的形象向广大游人展示，为园博会添彩。同时指出，市区统计系统有关人员要围绕园博会的召开，认真履行统计职责，强化统计监测，积极反映园博会对济南经济发展的促进和拉动作用。

9月3日，济南市统计局在历下区组织召开第二次全国R&D资源清查试点工作会议。省、市、区相关领导参加了会议，会议由济南市统计局副局长崔瑞宁主持。省统计局副局长刘银田到会并讲话，历下区副区长聂军代表历下区政府到会致辞。济南市历下区作为此次全国R&D调查两个国家级试点之一，也是我省唯一的试点区，为切实做好第二次全国R&D(即研究与试验发展)资源清查的试点工作，确保历下区R&D试点工作的顺利进行，市统计局会同省、市、区三级共同召开了这次工作会议。

9月8日，济南市召开第二次R&D资源清查工作会议，全面动员部署第二次R&D资源清查工作，并进行业务培训。各县(市、区)统计局主要领导、业务骨干和数据处理人员、市统计局社科处、核算处、工交处、统计信息中心负责人和R&D清查业务人员参加了会议。会议由济南市统计局副局长崔瑞宁主持，市社会经济调查局局长高军就R&D资源清查工作的重要意义做了讲话。会议传达学习了全国和省第二次R&D资源清查工作会议精神；通报了清查准备工作情况并对统计系统清查工作提出要求；通报了全市R&D资源清查工作的进展情况并布置我市第二次R&D资源清查工作；介绍了清查工作总体方案和有关实施方案；讲解了R&D资源清查摸底程序。

9月9日，济南市统计局召开了为期两天的县(市)区工业、能源统计工作业务培训会。济南市统计局副局长苑子建到会并讲话，各县(市)区统计局、高新区计划统计局分管领导和负责工业、能源统计专业的四十余人参加了会议。

9月15日上午，济南市统计局、国家统计局济南调查队召开深入学习实践科学发展观活动总结暨行风民主评议工作动员会议。局队领导班子成员，全市各县(市)区统计局局长、高新区计划统计局局长、国家统计局各县级调查队队长，市局队全体人员参加了会议。局队学习实践活动领导小组组长王祯祥同志代表局队党组作总结动员讲话，对局队学习实践活动期间取得的3个方面的主要成效给予了充分肯定，详细阐述了学习实践活动过程中的4点体会，对下一步继续抓好科学发展观的贯彻落实做出了原则安排。会议还就扎实做好优化发展环境民主评议工作做了动员和部署。

9月14日，在济南市统计局、国家统计局济南调查队第31次局队长办公会上，国家统计局济南调查队队长高军全面传达了全省调查队系统机关建设经验交流会议精神，重点传达了山东调查总队党组书记、总队长宋志申同志《统一思想 扎实推进，努力提升山东调查队系统机关建设水平》的讲话精神，研究了贯彻落实会议精神意见，并根据全省调查队系统机关建设经验交流会议精神，结合当前济南实际，对下一阶段济南调查队机关建设工作进行了部署。济南市统计局、国家统计局济南调查队党组书记王祯祥在讲话中指出，队伍建设主要是以教育为主、制度为基、考核为励。

9月24日下午，济南市统计局副局长郭金豹做客“政务在线”问答，就“宣传贯彻新《统计法》”相关问题与网友进行在线交流。同时，并利用这个机会，就社会公众关心、关注的有关统计工作方面的一些热点问题和广大网友进行了在线交流，接受群众监督，倾听群众反映的问题。

9月29日，国家统计局人口司副司长赵云城、就业处处长张志斌、普查处处长刘勇利一行三人，在省统计局副局长潘振文、人口处处长孙明清的陪同下，到济南市调研大城市月度劳动力调查情况，并与我市劳动力调查的一线调查员及调查指导员进行座谈。济南市统计局、国家统计局济南调查队党组副书记高军参加了座谈会并代表济南市统计局、国家统计局济南调查队党组对国家、省统计局领导的莅临指导表示欢迎。座谈会由济南市统计局副局长崔瑞宁主持。

9月22日，第七届中国(济南)国际园林花卉博览会正式拉开帷幕，展会将持续到明年5月份。为了及时、准确、客观地反映园博会对济南经济、社会发展的促进作用及对贸易、住宿、餐饮、旅游、交通、通讯等行业发展的影响，在充分调研的基础上，济南市统计局制定了《园博会统计监测与分析工作方案》，并召开专门会议进行了部署。

10月16日，全国第十一届运动会即将在济南市奥体中心体育场开幕。作为主赛区的济南市高度重视全运会的统计监测工作，经过研究，建立了局第三产业统计处具体负责、相关专业处配合的工作机制。为了及时、准确、客观地反映全运会对济南经济、社会发展的促进作用及对贸易、住宿、餐饮、旅游、交通、通讯等行业发展的影响，制定了《全运会统计监测与分析工作方案》，在调查方案制定过程中，局领导多次听取汇报并进行工作指导，保证了调查方案的科学、严谨。按照方案的规定，全运会济南赛区组委会办公室确定一名副主任主抓此项统计监测工作，并对赛区内各项统计监测工作进行了部署安排，济南市统计局对赛区外各项统计监测工作进行了部署安排。通过以上工作，确保全运会统计数据真实可靠。

10月23日，济南市统计局召开城乡划分清查工作培训会议。各县(市)区分管局长及城乡划分清查工作的负责同志、各乡镇统计站站长共计180多人参加了会议。会议的主要内容是部署城乡划分清查工作，重点讲解了《城乡划分实施办法》、《统计用区划代码和城乡划分代码编制规则》、《2009年山东城乡划分清查工作方案》。是统计局副局长郭金豹到会并讲话。

10月24日，济南市召开县、乡(镇、街道办事处)两级法制培训会议，对各县(市)区统计局、调查队的分管领导、普法骨干及全部乡(镇、街道办事处)的统计站长进行了集中培训和考试。会议由济南市统计执法监察支队副支队长罗春波主持，济南市统计执法监察支队支队长刘东涛到会并讲话。

10月27日上午，济南市统计局召开1-3经济社会运行情况新闻发布会。市统计局党组副书记、国家统计局济南调查队队长高军向到会的新闻媒体公布了1-3季度全市经济运行和社会发展情况。驻济各大新闻媒体记者、市统计局、国家统计局济南调查队各业务处处长参加了会议。

10月29日，济南市统计局局长王祯祥参加了由济南市纪委、济南市电视台联合推出的优化发展环境民主评议工作《政务面对面》特别节目。王祯祥局长介绍了市统计局的工作职能，阐述了统计作为党政领导的参谋部、经济社会的晴雨表、社会公众的信息窗的重要作用，并解答了现场观众提出的社会公众关注的热点问题。

10月29、30日，济南市统计局、国家统计局济南调查队党组理论学习中心组传达学习了党的十七届四中全会精神、胡锦涛总书记视察山东时的重要讲话精神、市委常委会会议精神和全市领导干部会议精神，并就如何贯彻落实市委提出的“拓展城市发展空间，打造现代产业体系”进行了广泛的探讨。

11月2日上午，济南市统计局、国家统计局济南调查队召开副处级以上干部会议，认真学习传达贯彻胡锦涛总书记重要讲话精神和省、市领导干部会议精神、市委常委会议精神。会议由局队党组书记王祯祥主持。

11月3日，市统计局党组书记、局长王祯祥走进济南人民广播电台“政务监督热线”直播室，通过电波向听众朋友介绍了统计工作的开展情况，并就社会普遍关心的问题与社会民众交流沟通、解疑释惑。

11月12日上午，由济南警备区副政委任强、济南中级人民法院行政审判庭庭长商希平等组成的济南市2009年度社会治安综合治理暨平安济南建设工作考核组莅临济南市统计局、国家统计局济南调查队检查指导2009年度社会治安综合治理暨平安济南建设工作。考核检查组首先听取了市统计局局长王祯祥关于济南市统计局、国家统计局济南调查队近几年统计调查工作的简要介绍；听取了市统计局副局长郭金豹详细汇报了2009年度开展社会治安综合治理暨平安济南建设工作情况的汇报。

11月17日，济南市召开全市农村统计年报会议，传达贯彻省统计局农村统计年报会议精神，部署下一步农村统计工作。各县(市)区统计局、调查队(局)负责相关业务的人员参加了会议。国家统计局济南调查队副队长王广俊出席会议并讲话。

11月20日、11月21日，受市政法委、市综治委委托，济南市统计局、国家统计局济南调查队对济南市群众安全感情况进行抽样调查，并撰写调查报告，呈报市委、市政府。得到了省委常委、市委书记焉荣竹的批示是：“很好，群众安全感已成为解决温饱之后最重要的指数，要告政法各部门，此件反映的指数，有时比经济指标更重要，要再接再厉。”市委副书记、市长张建国的批示是：公众安全感是构建“和谐社会”的重要指标，也是重要的投资环境。这次调查，充分说明我市社会治安综合治理和平安建设工作取得了很大的成绩。望继续努力，狠抓落实，力争新的一年里有更大的进步。市委常委、市政法委书记李家政的批示是：请将张市长的重要批示与焉书记的重要批示一起转发政法各部门、各县市区学习。

11月22日，济南市领导干部统计法制培训班在北京国家统计局培训中心正式开班。国家统计局党组成员、纪检组长罗兰，济南市委常委、副市长陈先运，山东省统计局党组成员、副局长刘银田出席了开班仪式并分别作了重要讲话。开班仪式由国家统计局统计教育中心主任田鲁生主持。来自济南市各县(市)区政府分管统计工作的领导和市政府有关部门分管统计工作的领导60余人参加了培训班。

11月23日，在济南市第十一届全运会筹办工作总结表彰大会上，济南市统计局被市委市政府表彰为第十一届全运会筹办工作先进单位；郭金豹同志被表彰为第十一届全运会筹办工作先进工作者；郭威同志被表彰为第十一届全运会筹办工作先进个人并记三等功；孟志磊同志被表彰为第十一届全运会蹦床比赛筹办工作先进个人；孟照龙、徐雯同志被表彰为第十一届全运会先进工作者。

12月2日上午，山东省统计局、国家统计局山东调查总队、济南市统计局、国家统计局济南调查队联合在济南市历下区举办了简单而热烈的山东省暨济南市《统计法》宣传月活动启动仪式。省统计局党组成员、副局长刘银田，国家统计局山东调查总队党组成员、副总队长谭杰，济南市政府副秘书长史同伟，济南市统计局党组书记、局长王祯祥，历下区人民政府副区长华巍和济南市统计执法监察支队支队长刘东涛等领导出席了启动仪式。

12月4日，是全国12.4法制宣传日。济南市统计局局长王祯祥应邀做客舜网视频访谈直播间，以“认真贯彻新《统计法》，提高统计服务科学发展能力”为主题，与广大网友进行在线交流。

12月9日，山东省精神文明建设委员会印发《山东省精神文明建设委员会关于命名表彰2009年度省级文明机关的决定》(鲁文明委〔2009〕17号)。济南市统计局经上级复查，再次荣获2009年度“省级文明机关”称号，这是连续第五年获此殊荣。

同日，济南市召开工业交通、能源统计工作会议，会议传达贯彻省统计局工业、能源统计年报会议精神和各项制度，印发了《济南市工业能源统计工作考评办法》和《2009年工交、能源统计年报和2010年定期统计报表有关综合要求》，部署全市下一步工交、能源统计工作，市统计局副局长苑子建出席会议并讲话，各县(市)区统计局及高新区计划统计局分管业务副局长和业务骨干参加了会议。

同日下午，济南市统计局、国家统计局济南调查队邀请部分赴京参加全市领导干部统计法制培训班的县(市)区和市直有关部门分管统计工作的领导干部召开座谈会，深入探讨新《统计法》的有关精神，并结合济南市实际，分析当前济南市统计工作面临的形势，为更好地保障新《统计法》的贯彻落实献计献策。济南市统计局局长王祯祥在座谈会上就如何开展好新《统计法》的宣传提出了意见。

12月10日，济南市召开建设领域年报工作会议，会议主要传达了全省建设领域年报会议精神，对2009年年报和2010年定期报表进行了全面部署。市统计局副局长苑子建出席会议并讲话，各县(市)区统计局及高新区计划统计局分管业务副局长和各专业业务骨干参加了会议。

12月11日，济南市召开服务业统计工作年报会议，会议布置了服务业相关统计调查制度，下发了《济南市服务业统计与核算工作考核评比办法》，部署了全市2010年服务业统计工作。市统计局党组副书记高军出席会议并讲话，各县(市)区统计局及高新区计划统计局服务业统计与核算业务骨干参加了会议。

12月17日上午，济南市统计局、国家统计局济南调查队积极组织局队科级以上人员收看了国家统计局新《统计法》视频报告会。认真听取国家统计局政策法规司司长程子林的新《统计法》专题辅导和国家统计局党组书记、局长马建堂的重要讲话。报告会结束后，局队党组书记王祯祥在对全市前期围绕学习、宣传新《统计法》所开展的一系列培训、宣传活动进行阶段性总结的基础上，重点就如何认真贯彻落实好国家统计局局长马建堂在学习《统计法》报告会上的讲话精神，以及继续进一步加强对全市《统计法》的学习、宣传做出了具体部署。

12月18日，济南市召开全市贸易外经统计工作会议。各县(市)区统计局、高新区计划统计局局长和分管副局长及贸易外经统计业务骨干参加了会议。市统计局副局长陈志荣传达了全国、全省贸易外经统计工作会议精神；局长王祯祥强调了贸易外经统计工作以及贸易外经统计改革的重要性，并提出了具体要求。

12月16日、18日，济南市分别召开重点工业、交通邮政通讯企业2009年报和2010年定期报表统计工作会议，部署全市工业、能源、交运邮通、第二次R&D清查等统计工作。市统计局副局长苑子建分别出席会议并讲话，全市二十二家部门、企业集团相关专业统计人员参加了会议。

12月17日，济南市统计局召开全市第二次R&D清查工作培训暨2009年劳动工资、服务业统计年报工作会议。市统计局副局长崔瑞宁出席会议并讲话，各县(市)区统计局分管社会科技统计工作的领导、第二次R&D资源清查、劳资、工业科技统计人员、计算机业务人员和各县(市)区R&D清查重点乡(镇)街道办事处业务骨干参加了会议。

近日，济南市统计局、国家统计局济南调查队根据济南市普法办的统一部署，并结合工作实际，集中组织了对局、队全体在岗人员的普法考试。今年是“五五”普法的关键年，也是新《统计法》和《统计违法违纪处分规定》颁布的一年，为进一步提高局、队干部依法行政的意识，组织了本次考试。

12月26日，山东省生产力学会一届七次常务理事会在济南舜元大酒店隆重召开，出席会议的有学会顾问、会长、副会长、驻济及省内其他地市的常务理事、理事及秘书长共计五十余人。这次会议由济南市统计局负责承办，济南市统计局局长、中国生产力学会及山东省生产力学会常务理事王祯祥首先发表了热情洋溢的致辞，并向与会代表介绍了济南市经济社会发展情况和统计工作情况。本次会议由张义国会长主持。

12月29日，济南市统计局召开了全市服务业统计联席会议成员单位服务业统计工作会议。济南市统计局党组副书记、国家统计局济南调查队队长高军到会并讲话。全市服务业联席会议成员单位负责服务业统计工作的处室负责人和业务骨干及市统计局相关业务处室人员参加了会议。会议讲解了《济南市信息相关产业综合统计制度》、《济南市物流相关产业统计报表制度》和《济南市服务业统计调查制度》，并对2010年服务业部门统计工作进行了部署。

12月29、30日，济南市统计局分别召开了省、市直部门座谈暨表彰会。教育、卫生、劳动、科技、环保、公安、文化、出版、体育、民政、司法等60余位省、市直部门统计负责人和统计骨干参加了会议。市统计局副局长崔瑞宁到会并讲话。

12月30日，济南市政府印发《关于任命蔡精辉等工作人员职务的通知》(济政任〔2009〕103号)。市政府决定，任命蔡精辉为济南市统计局总统计师(试用期1年)；吕历源为济南市统计局副巡视员。

中国统计出版社最新图书简目

（仅供参考，以最后出书为准）

统计资料

中国统计年鉴-2010　中国统计摘要-2010　国际统计年鉴-2010
2010中国发展报告　中国第三产业统计年鉴-2010　中国区域经济统计年鉴-2010
中国劳动统计年鉴-2010　中国社会统计年鉴-2010　中国城市统计年鉴-2009
中国建筑业统计年鉴-2010　中国人口和就业统计年鉴-2010　中国工业经济统计年鉴-2010
中国商品交易市场统计年鉴-2010　中国房地产统计年鉴-2010　中国能源统计年鉴-2010
中国民政统计年鉴-2010　中国贸易外经统计年鉴-2010　2010中国地区经济监测报告
中国科技统计年鉴-2010　中国农村统计年鉴-2010　中国农产品价格调查年鉴-2010
中国高技术产业统计年鉴-2010　中国教育经费统计年鉴-2009　中国农村贫困监测报告-2010
全国农产品成本收益资料汇编-2010　中国科学技术协会统计年鉴-2010　工业企业科技活动资料-2010
第二次全国残疾人抽样调查资料系列　中国棉花年鉴-2008/2009　中国城市（镇）生活与价格年鉴-2010
中国县（市）社会经济调查年鉴-2010　中国农村住户调查年鉴-2010（中、英文）　中国农村全面建设小康监测报告-2010
中国国内生产总值核算历史资料（1952-2004）　中国季度国内生产总值核算历史资料（1992-2005）　中国零售和餐饮业连锁企业统计年鉴-2010
大中型批发零售和住宿餐饮企业统计年鉴-2010　2005年中国1%人口抽样调查系列资料

2010年省级综合统计年鉴系列

北京　天津　河北　山西　内蒙古　辽宁　吉林　黑龙江　上海　江苏　浙江　安徽　福建　江西　山东
河南　湖北　湖南　广东　广　西　海南　重庆　四　川　贵州　云南　西藏　陕西　甘肃　青海　宁夏
新疆　新疆生产建设兵团

2010年市（县）级综合统计年鉴系列

天津滨海新区　石家庄　唐山　邯郸　太原　大同　长治　阳泉　晋城　朔州　晋中
运城　忻州　临汾　呼和浩特　包头　沈阳　大连　长春　吉林市　四平　延吉　哈尔滨　齐齐哈尔
黑龙江垦区　上海浦东新区　苏州　无锡　常州　徐州　南通　盐城　镇江　江阴　丹阳　杭州
宁波　绍兴　台州　舟山　温州　金华　嘉兴　衢州　安庆　福州　福州经济技术开发区
厦门经济特区　南昌　上饶　济南　青岛　潍坊　东营　郑州　洛阳　三门峡　南阳　武汉　宜昌
十堰　荆州　黄冈　长沙　广州　东莞　惠州　深圳　桂林　南宁　柳州　来　宾　河池　海口　成都
贵阳　昆明　西安　庆阳　银川　乌鲁木齐　吐鲁番

“十一五”规划教材

非参数统计　医学统计学　概率论与数理统计　统计学　现代金融投资统计分析
多元统计分析　经济计量学教程　应用时间序列分析　统计指数理论及应用
统计数据处理概论　质量管理统计方法　社会统计学　多元统计分析实验
企业经营管理统计　市场调查与预测　统计学原理（非统计专业使用）
统计学：从数据到结论　国民经济核算教程（国民经济统计学）　概率论与数理统计（经济、管理类专业使用）

重点图书

新中国六十年　挑大学选专业2010—高考志愿填报指南　挑大学选专业2010—考研择校指南

欲购以上图书请与中国统计出版社发行部联系

电话：(010)63376907,63376908　同榻行书店电话：68783171,68783172

通讯地址：北京市西城区三里河月坛南街57号　邮政编码：100826